JN244330

会計法辯義

若槻禮次郎題字
市來乙彦序文
松本重威序文
稻葉敏著

大正七年發行

會計法辯義

日本立法資料全集 別巻
1223

信山社

前大藏大臣 貴族院議員 若槻禮次郎閣下題字
大藏次官 市來乙彥閣下序文
主稅局長 松本重威閣下序文
大藏屬 稻葉敏君著

會計法辯義

法政講究會發行

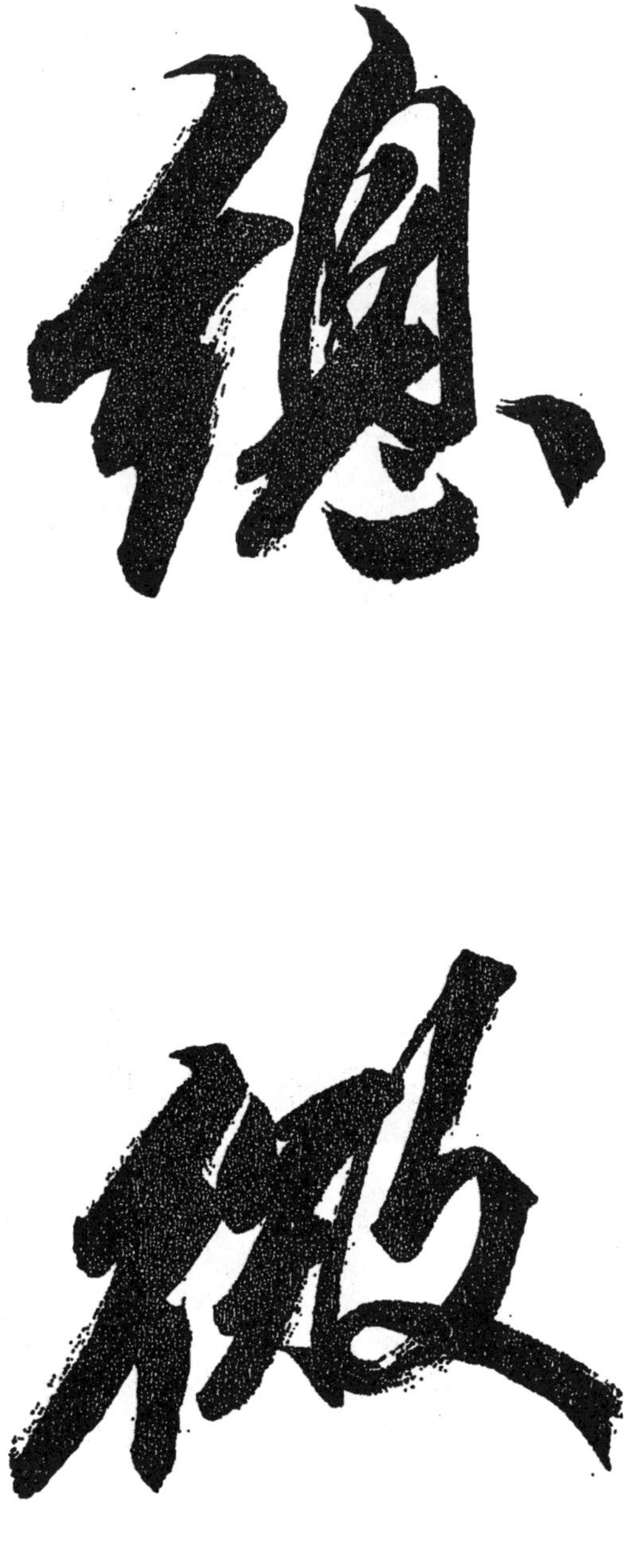

禮次郎書

會計法辯義序

會計法の制定せられし以來玆に三十年國家の收入支出に關する法制の備はれるや其れ久し然りこ雖も國家の機關は極めて複雜にして其收支は頗る錯綜せり隨て會計の法規も亦之を大にしては財政の運用に關し之を小にしては厘錢の出納に及ふ會計の局に當る者須く其一班を知るを以て足れりこせす進て其全豹を究めさる可からす又輓近時運の進步に鑑み會計法の改正を唱ふる者あり惟ふに之か改正を試みんと欲せは必すや先つ現行の法規を審かにせさる可からす友人稻葉敏君此に見る所あり其實務の經驗と學理の硏鑽とに基き會計法及會計規則の逐條解說を下し蒐めて一編と爲し名けて會計法辯義と謂

ふ今や稿成り將に之を世に公にせんとす其說く所懇切詳密にして能く法規の眞義を闡明するに足る庶幾くは會計の局に當る者由て以て執務の參考に資すへく會計法の改正を唱ふる者も亦採て以て現行の法規を審にするの資料に供するに足らん敢て一言を述へて序と爲す

大正七年三月

大藏次官　市來乙彥

序

會計法及會計規則は實に國家の收入、支出に關する一般の準則を定めたるものなるを以て之か解釋適用を忽にすへからさるは言を俟たさる所なり、著者稻葉敏君大藏省に在りて經理事務に從ふ茲に年あり、其の職責上常に會計法規の研究を怠らす今や積年研鑽の結果を錄して之を公刊せんとし、余に示して序を請ふ依て之を閱讀するに其の解說頗る精密立論亦見るへきもの尠からす、特に豫算に關する憲法上の疑義、時効問題、出納官吏責任論等に關しては最も意を濺きたるもの丶如し、由來會計法上の疑問寡からさるを以て局に會計事務に膺る者若くは豫算問題を議せんと欲する者若し本書を以て研究の資に供するあ

らは亦以て他山の石こ為すに足るものあらん敢て一言を巻首に叙すること然り矣

大正七年三月

主税局長　松本重威

自序

余曩ニ自ラ揣ラス相續稅法義解ヲ著ハシ今復會計法及會計規則ノ解說ヲ世ニ公ニセントス潜越ソ毀ハ固ヨリ余ノ甘受スル所ナリト雖茲ニ聊カ本書編成ノ理由ヲ一言シ余ノ微衷ノ存スル所ヲ明ニスヘシ

余職ヲ大藏省ニ奉シ經理事務ニ從フ十有餘年會計法上ノ問題ニ接スル每ニ先進ノ著述ニ依リテ立法ノ眞意ヲ探ラントシ或ハ學者ノ所說ニ從ヒ法理ノ性質ヲ窮明セント欲スト雖余カ意ヲ滿タスニ足ルモノ寡ナシ心私ニ思ラク世人余ト感ヲ同フスルモノ多カルヘシ若シ會計法及會計規則ノ理義ヲ解キ余ノ所信ヲ世ニ表白セハ或ハ同攻者ノ研究ノ資ト爲スニ足ルモノアランヤト是實ニ本書ヲ草スルニ至リタル所以ナリ從テ書中往々學者ノ所說ニ反シ時ニ或ハ判例ニ背クノ止ムヲ得サルニ出テタルモノアリ余固ヨリ妄ニ堅白異同ノ辯ヲ弄シテ快トスルモノニアラスト雖徒ニ學說ヲ祖述シ世說ニ阿附スルカ如キハ我カ意

ニアラサルナリ唯余ハ法學研究者ノ一員トシテ直言忌マス斷乎トシテ自ラ信スル所ヲ披瀝シタルニ過キス若シ夫レ所論ノ當否ニ至テハ識者ノ批判ニ俟タンノミ

大正七年三月

著者識

會計法辯義目次

第一編　總論……一
第一章　緒言……一
第二章　會計法ノ性質……六
第二編　各論……一四
第一章　總則……一四
第一條……一四
第二條……二〇
第三條……四一
第四條……四四
第二章　豫算……四五
第五條……五九
第六條……八五
第七條……九三
第八條……一一二
第九條……一一七

第三章　收入……一二〇
第十條……一二三
第四章　支出……一二七
第十一條……一二八
第十二條……一三〇
第十三條……一四〇
第十四條……一四四
第十五條……一四七
第五章　決算……一五八
第十六條……一六二
第十七條……一六六
第六章　期滿免除……一七〇
第十八條……一七四
第十九條……一八九
第七章　歲計剩餘定額繰越豫算外收入及定額戻入……二〇三
第二十條……二〇四
第二十一條……二〇七
第二十二條……二一五

第八章　政府ノ工事及物件ノ賣買貸借……二一九
第二十三條……二二八
第二十四條……二二九
第二十五條……二五七
第九章　出納官吏……二六六
第二十六條……二六七
第二十七條……二七九
第二十八條……二八三
第二十九條……二八九
第十章　雜則……二九〇
第三十條……二九〇
第三十一條……二九四
第十一章　附則……二九八
第三十二……二九九
第三編　會計規則……三〇三
第一章　會計年度所屬區分、歳入歳出金出納……三〇三
第一條……三〇三
第二條……三〇九

第三條……三一三
第二章　豫算……三一五
第一款　總豫算……三一五
第四條……三一五
第五條……三一七
第六條……三一八
第七條……三一九
第二款　豫定經費要求書……三一九
第八條……三一九
第九條……三三一
第十條……三三三
第三款　仕拂豫算……三三四
第十一條……三三四
第十二條……三三七
第十三條……三三七
第四款　歲入歲出現計書……三三八
第十四條……三三八
第十五條……三三九
第五款　豫備金支出……三四三

第十六條……三四三
第十七條……三四三
第十八條……三四五
第十九條……三四六
第二十條……三四六
第二十一條……三四七
第二十二條……三四八
第二十三條……三四九
第二十四條……三四九
第三章　收入……三五三
第二十五條……三五三
第二十六條……三五四
第二十七條……三五六
第二十八條……三五八
第二十九條……三五八
第三十條……三五八
第三十一條……三六〇
第三十一條ノ二……三六一
第四章　支出……三六三

第一款　仕拂命令……三六三
第三十二條……三六三
第三十三條……三六六
第三十四條……三六八
第三十五條……三六八
第三十六條……三七〇
第三十七條……三七一
第三十八條……三七一
第三十九條……三七一
第四十條……三七四
第四十一條……三七六
第四十二條……三七六
第四十三條……三七七
第四十四條……三七八
第二款　仕拂命令ノ執行……三七八
第四十五條……三七八
第四十六條……三八〇
第四十七條……三八二
第四十八條……三八三

第三款　計算報告……三八四
第四十九條……三八四
第五　十　條……二八五
第五章　決算……三八五
第一款　總決算……三八五
第五十一條……三八五
第二款　各省決算報告書及收入支出計算書……三八六
第五十二條……三八六
第三款　國債計算書……三八九
第五十三條……三八九
第五十四條……三九〇
第五十五條……三九二
第五十六條……三九三
第六章　定額繰越、過年度支出、定額戻入……三九四
第一款　定額繰越……三九四
第五十七條……三九四
第五十八條……三九七
第五十九條……三九九

第二款　過年度支出……四〇〇
第六十條……四〇〇
第六十一條……四〇一
第六十二條……四〇一
第三款　定額戻入……四〇二
第六十三條……四〇二
第六十四條……四〇三
第六十五條……四〇三
第六十六條……四〇四
第七章　政府ノ工事及物件ノ賣買貸借……四〇四
第一款　總則……四〇四
第六十七條……四〇四
第六十八條……四〇七
第六十九條……四〇九
第九十九條ノ二……四一二
第九十九條ノ三……四一八
第七十條……四一九
第七十一條……四二一

第七十二條……四二二
第七十三條……四二四
第七十四條……四二五
第七十五條……四二六
第七十六條……四二八
第七十七條……四二九
第七十八條……四三一
第七十九條……四三一
第八十條……四三二
第八十一條……四三三
第八十二條……四三三
第八十三條……四三四
第八章　出納官吏……四三五
第一款　收入官吏現金前渡ヲ受ケタル官吏……四三五
第八十四條……四三五
第八十五條……四四一
第八十六條……四四二
第八十七條……四四二
第八十八條……四四二

第八十九條……四四三
第九　十條……四四五
第九十一條……四四六
第九十二條……四四七
第九十三條……四四七
第九十四條……四四九
第九十五條……四五〇
第九十六條……四五〇
第九十七條……四五〇
第九十八條……四五一
第九十八條ノ二……四五三
第九十九條……四五四
第　百　條……四五五
第百一條……四五七
第百二條……四五八
第百三條……四六一
第百四條……四六二
第百五條……四六四
第百六條……四六六
第百七條……四六八

第百八條……四六九
第百九條……四六九
第百十條……四六九
第二款　金庫出納役……四七〇
第百十一條……四七〇
第九章　帳簿……四七六
第百十二條……四七六
第百十三條……四七七
第百十四條……四七八
第百十五條……四七八
第百十六條……四七九
第百十七條……四八〇
第百十八條……四八〇
第百十九條……四八一
第十章　雜則
第百二十條……四八二
第百二十一條……四八二
第百二十二條……四八二
第百二十三條……四八三

附錄

第一編　大藏省決議、通牒、及伺指令……四八五―五二八
第二編　會計諸法規……五二九―六〇七

會計法辯義

第一編　總論

第一章　緒言

抑モ國家ハ其ノ生存ヲ保維シ且ツ其ノ目的ヲ達セソカ爲ニ種々ナル制度機關ノ施設ヲ要ス卽チ他ノ國家ノ侵略ヲ防キ自國ノ獨立ヲ完全ナラシムルニハ陸海軍備ノ充實ヲ要シ民人ノ兇害ヲ除去シ其ノ安寧秩序ヲ保持スル爲ニハ警察機關ノ設備ヲ要シ民智ノ開發ヲ期スル爲ニハ敎育制度ノ完備ヲ要シ商工業ノ發達ヲ圖ルニハ交通機關ノ整備ヲ要スルカ如キ其ノ他國家ノ職分トシテ自ラ經營セサルヘカラサル各種ノ事業枚擧ニ遑アラス殊ニ近世進步セル國家ニ在リテハ各般ノ事務多々益々繁カラントス是ニ於テカ國家ノ經費ハ國運ノ進步發達スルニ隨ヒ愈々增加ノ傾向アルハ識者ヲ待テ後知ルヘキニ非サルナリ夫レ然リ國家ハ其ノ生存ノ條件トシテ巨多ノ經費ヲ要スル此ノ如シトセハ如何ニシテ之ヲ支辨スルノ道ヲ講スヘキヤ換言セハ國家カ其ノ所要ノ經費ニ充ツヘキ收入ヲ得ルニハ如何ナル手段方法ニ依ルヘキ

乎蓋シ國家カ收入ヲ得ル道一ナラス曰ク租税曰ク官業收入曰ク公債募集曰ク物件賣却曰ク償金收入等種々ナル種類アリト雖モ官有物件拂下代金ノ如キ一時ノ收入ニ過キサルヲ以テ固ヨリ永遠ノ收入トシテ期スヘカラス公債ノ如キ亦臨時的費用ニ充ツルヲ以テ財政ノ常道ト爲スノミナラス國家ノ債務ハ何レノ日カ償還ヲ爲ササルヘカラサルヲ以テ臨時的收入ノ方法トシテ止ムヲ得サル場合ニ之ヲ行フト雖モ到底永久ノ財源タルニ適セサルナリ果シテ然ラハ結局租税及官業收入ニ因ル收入ヲ以テ一般國家經費ニ充當スルヲ以テ財政上ノ本義トセサルヘカラス而シテ國家カ租税ヲ賦課スルニハ如何ナルモノヲ以テ課税ノ目的ト爲スヘキヤ又其ノ税率ハ如何ニ之ヲ定ムヘキヤ如何ナル事業ハ之ヲ官營ト爲スニ適切ナリヤハ是財政々策上ノ問題ニシテ其ノ利害得失ヲ論究スルハ財政家ノ任務ニシテ財政當局者ハ亦財政學上自ラ定マレル原則ニ從ヒ且ツ實際ノ狀況ニ鑑ミ適應ノ計畫ヲ立ツヘキナリ斯ノ如クニシテ茲ニ國家收入ノ途確立セラレタルトキハ更ニ實際國家ノ收入ニ歸スヘキ財産ノ處理ハ如何ニ之ヲ定ムヘキヤノ第二ノ問題ヲ生ス卽チ各行政官廳ヲシテ之ヲ收入セシメ且ツ必要ニ應シテ隨意ニ之ヲ支出セシムヘキヤ或ハ又其ノ收入支出ニ關シテハ一定ノ制限ヲ附スルノ必要ナキカハ是亦國家ノ財政上忽諸ニ

付スヘカラサル問題ナリトス思フニ收入支出ニ關シ一定ノ法則ナク又其ノ監督制度ノ具備スルナクンハ忽チ財政ノ紊亂ヲ來タスヘキハ睹易キノ理ナルヲ以テ之カ法則ヲ必要トスルハ蓋シ何人ト雖モ異論ナキ所ナリ是國家ノ根本法タル憲法カ其第六章ニ於テ會計ニ關スル大原則ヲ定メ同時ニ之ニ基キ本法ヲ制定セシ所以ナリ而シテ會計ノ監督機關タル會計檢査院ノ組織及職權ハ法律ヲ以ヲ之ヲ定ムヘキコト憲法第七十二條ノ示ス所ニシテ明治二十二年法律第十五號會計檢査院法ハ實ニ此ノ憲法ノ規定ニ根基スルモノナリ余輩ハ次章ニ會計法ノ性質ヲ述フルニ先チ此ニ少シク會計法沿革ノ梗概ヲ說述シ讀者ノ參考ニ資セントス

明治維新ノ初ニ在リテハ百般ノ政務未タ緒ニ就カス諸般ノ施設漸ク之ヨリ改マラントスルノ曙光アルニ過キサルヲ以テ會計事務ノ如キ見ルニ足ルヘキモノナキ固ヨリ怪ムニ足ラスシテ唯僅ニ帳簿ノ種類及記載ノ方式等ヲ定ムルニ過キサリシカ明治六年十二月初テ金穀出納順序ナルモノヲ制定スルニ至レリ而カモ其ノ規定タル多クハ金穀ノ收入支出ニ關スル帳簿ノ種類ヲ規定スルニ過キス稍々見ルヘキモノハ毎年十一月各廳ヨリ其ノ所管經費ノ見積表ヲ大藏省ニ送付シ大藏省ハ之ニ依リテ收支ノ豫算表ヲ作リ十二月中ニ太政官ニ上申スヘキ規定ノ如キノミ然レトモ

到底之ヲ以テ年々歳々増加ノ趨勢ニ在ル國家ノ財務ヲ燮理スルニ足ラサルナリ宜ナリ明治八年三月更ニ府縣ニ令達シ一周年ノ收入及支出ノ總額ヲ豫算シ本年ヨリ每年度様式ニ照準シ翌年二月二日ヲ期シ大藏省ニ差出サシメ豫メ收入及支出ノ科目ヲ示シ支出ニ關シテハ各科目ハ勿論小科目ト雖モ彼此流用ヲ禁シ但實際ノ必要上費額ノ流用ヲ要スルトキハ大藏省ニ申請スヘキコトヽシ同年五月各省ニ對シ亦同一ノ布達ヲ爲セリ

明治九年九月內務、海軍、工部、大藏諸省各廳作業費區分及受拂例則ヲ制定ス是レ當時既ニ鐵道、電信、鑛山、造幣、造船、製絲等ノ官業漸ク發達シタルヲ以テ一般收入支出ノ外特ニ獨立經濟ヲ立テシメ之ヲ經營セシムルノ却テ斯業隆盛ヲ期スルノ所以ナルヲ認ムルニ因ル今日ノ所謂特別會計ナルモノ全ク之ヨリ胚胎シタルモノナリトス

更ニ同年同月大藏省出納條例ノ制定セラルルヤ其ノ規定詳密ヲ極メ全體ヲ二十款ニ分チ條ヲ重ヌル二百七十有四殆ト會計ニ關スル事項ハ悉ク之ヲ網羅シタリト雖モ未タ以テ會計監督ノ途備ハラス然ルニ會計事務ノ益々複雜ト爲ルニ從ヒテ其ノ審査監督ヲ爲スノ急要ナルヲ以テ明治十一年一月金品出納實地檢査ノ爲大藏省吏員ヲ派出セシムルノ制ヲ定メ次テ明治十三年三月會計檢査院ヲ太政官內ニ設置ス

ルニ至レリ今其ノ取扱事務ヲ擧クレハ(一)會計ノ規則、記簿ノ法式ヲ定ムルコト(二)豫算及決算ノ審査及歳入出勘定帳ノ檢査(三)金穀物品ノ出納及作業費ノ檢査(四)各廳ノ會計帳簿ノ檢査等ナリ越テ明治十四年四月會計事務ニ關スル各種ノ規則ヲ統一セン力爲會計法ヲ發布シ同時ニ會計檢査院章程ヲ制定ス今茲ニ同會計法ノ大綱ヲ擧クレハ會計年度、歳計ノ區分、歳入出科目ノ分類、豫算ノ編成、金錢ノ出納、收支ノ決算等ニシテ現行會計法ノ淵源ヲ爲スモノナリ又會計檢査院章程ハ豫算及決算ノ審査報告、金品出納財產管理ノ監督及地方税ニ關スル豫算決算報告ノ審査等ヲ規定セリ是ニ於テカ會計ニ關スル法規ハ稍々整頓セルカ如シト雖モ之ヲ實際ニ施行スルニ當テハ一長一短未タ間然スヘキ點ナキニアラス卽チ明治十五年一月會計法及會計檢査院章程ヲ改正シテ會計檢査院ノ權限ヲ決算審査ノミニ制限シタル如キ同十七年七月經費金支出條規ヲ制定シ各廳ノ經費ヲ大藏省ニ於テ管理執行セシムル如キ同十八年三月歳入出豫算條規ヲ定メテ豫算編成ノ方法ヲ一層精密ナラシメタル如キ同十九年三月歳入出出納規則ヲ設ケテ出納ノ順序ニ改良ヲ加フル等幾タヒカ法規ノ修正加除行ハレ遂ニ明治二十二年二月憲法ノ發布ニ續テ本法ノ改正發布ヲ見ルニ至リ次テ會計檢査院法、會計規則、物品會計規則諸特別會計法、歳入歳出豫算概定順序、豫定經費算出概則、出納官吏現金取扱規則等ノ發布アリテ會計ニ關スル法制ハ此ニ漸ク殆ト完成ヲ告クルニ至レリ爾來明治二十六年十月會計規則ニ一部ノ修正ヲ加ヘタルノ外是等ノ諸法規ハ孰レモ變更ヲ見サルナリ

第二章　會計法ノ性質

會計法ハ國家ノ收入支出ニ關スル法則ヲ規定スルモノナレハ財政法規タルコト固ヨリ論ナク從テ其ノ法則ノ研究ハ亦財政學ノ範疇ニ在ルコト明ナリト謂フヘシ然レトモ會計法ハ收入ニ關シテハ僅ニ一條ヲ設ケテ徵收方法ニ關スル根本的大原則ヲ示スニ過キスシテ詳細ノ手續ハ之ヲ國稅徵收法等ノ法規ニ讓リ其ノ他ハ概ネ支出ニ關スル準則ヲ規定セラレタリ是ヲ以テ如何ニシテ國家ノ收入ヲ企圖スヘキヤノ政策問題ハ固ヨリ會計法ノ關スル所ニアラサルヲ以テ一般ニ會計法ノ財政學研究ノ目的トシテ重要視セラレサル故ナキニ非ラス蓋シ思フニ租稅及公債論ハ財政學上主要ノ目的物タル論ナシト雖モ之ト同時ニ國家經費論亦緊要ニシテ之ヲ忽ニスヘカラサルヲ以テ國家經費ノ支出ニ關スル本法ノ規定ハ輕々ニ看過スヘキモノニアラサルヘシ

要スルニ會計法ハ國家ノ歲入及歲出ニ關スル手續ヲ規定シタルモノニシテ實體的規定トシテハ僅ニ一二ノ規定ヲ存スルノミ其ノ他ハ悉ク歲入歲出ニ關スル事務ヲ掌理スル行政官吏ノ履踐スヘキ一定ノ準則ヲ示スモノナリ故ニ會計法ハ公法ニシテ且ツ形式法ナリト謂フヲ得

何ヲカ公法ト謂フヘキヤ蓋シ公法トハ私法ニ相對スル法律學上ノ術語ニシテ一般多數ノ學說ニ從ヘハ公法トハ權力者ト服從者及權力者相互間ノ關係ヲ規律スルノ法ニシテ服從者ト服從者相互ノ關係卽チ私人ト私人トノ關係ヲ規定スルモノハ私法ナリ或學者ハ權力關係ヲ規律スルモノハ公法ニシテ平等關係ヲ規定スルモノハ私法ナリト謂フト雖モ單ニ公法ハ權力關係ノ規定ナリト云フトキハ所謂國際公法ナルモノハ國家ト國家トノ關係卽チ對等關係ノ規定ナルヲ以テ遂ニ之ヲ私法ト稱セサルヘカラサルニ至ルヲ以テ此派ノ學者ノ所謂權力服從ノ關係ノ外ニ權力者相互ノ關係ヲ規律スルモノ亦公法ナリト謂フノ正當ナルニ如カサルナリ然レトモ更ニ一步ヲ進メテ精密ニ之ヲ論スレハ一般ノ通說モ亦權力團體ノ組織ヲ定ムルモノハ其何レニ屬スルヤ直ニ判明ナラサルノ憾ナキ能ハス是ニ於テカ近時ノ學者ハ權力團體ノ組織ナル語ヲ附加シテ「公法トハ權力團體ノ組織及權力團體カ之ト對等ナ

ル又ハ服從スル人格者ニ對スル權力發動ノ關係ヲ規律スルモノナリ」ト定義スルニ至リ公法ノ意義一層明白ト爲ルニ至レリ會計法ハ前述ノ如ク會計事務卽チ國家ノ收入支出ニ關スル事務ヲ取扱フ官吏ニ對シテ其依據スヘキ一定ノ規律ヲ定ムルモノナレハ其ノ公法タルヤ勿論ナリト謂フヘシ

何ヲカ形式法ナリト云フ曰ク形式法トハ實體法ニ相對スル語ニシテ其規定ノ內容ハ單ニ取扱若ハ手續ニ關スルモノナルカ故ニ之ヲ稱シテ形式法ト謂フ反之實體法トハ人格者ト人格者トノ間ノ意思ノ範圍ヲ定ムルモノナリ卽チ實體法ハ規定ノ實質人格間ノ權義ノ關係ヲ定ムルヲ目的トスルモノナリ形式法ハ法律上或ル事項ヲ爲スニ付キ踐ムヘキ一定ノ形式條件ヲ定ムルモノナリ假令民法ハ吾人平等間ノ意思ノ限界ヲ定ムルモノナレハ私法タルト同時ニ實體法ナリ反之民事訴訟法ハ民事上ノ爭議卽私法上ノ權利ノ爭ヲ決スル爲メ裁判所ニ訴ヲ求ムル方法及裁判所ノ審理裁判ニ關スル手續ヲ規定スルモノナレハ公法タルト同時ニ形式法ナリト謂フヘキナリ會計法ハ特別ノ必要ニ基キ期滿免除及出納官吏ノ責任ニ關スル如キ一二實體的規定ノ存スルモノアリト雖モ其ノ大部分ハ國家ノ收入支出ニ關スル財務官吏ノ手續ニ關スルモノナレハ之ヲ所謂形式法ト稱スルモ決シテ不當ニアラサルナリ

以上説明シタル如ク會計法ハ其ノ大部分ハ行政官廳ニ對スル一定ノ規律ヲ定ムルモノニシテ一般臣民ハ之ニ依テ直接ニ何等ノ拘束ヲ受クルモノニアラス官廳ハ之ヲ遵奉スルノ義務ヲ負フヘシト雖臣民ハ何等ノ義務ヲ負フコトナシ故ニ其ノ性質ハ寧ロ訓令ノ性質ヲ有スルモノト謂フヘキナリ會計法ハ學者ノ所謂法規ヲ定ムルモノニアラサルナリ（法規トハ國家ト臣民トノ間又ハ個人相互ノ意思ノ限界ヲ定ムル抽象的法則ニシテ一般的ノ拘束力ヲ有スルモノヲ云フ法規ノ特色ハ其定ムル所抽象的ナルト拘束力ノ一般的ナルトニアリ美濃部博士行政法論參照）蓋シ法律ノ内容ハ必スシモ法規ヲ定ムルヲ目的トスルモノニアラス如何ナル事項ヲ定ムルモ全ク立法者ノ随意ナリトス何トナレハ憲法ハ或ル事項ハ必ス法律ヲ以テ定ムヘキコトヲ命スルモ（所謂立法事項）法律ヲ以テ定ムヘキ事項ヲ限定スルモノニアラサレハナリ從テ其ノ内容ノ如何ニ依リテ其ノ效力ニ差異アルハ勿論ナリ

今此ニ會計法ノ性質ヲ述ヘ終ルニ臨ミ會計法ト憲法、會計規則及民法トノ關係ヲ説明セントス

第一　會計法ト憲法トノ關係

會計法ノ淵源ハ實ニ帝國憲法ノ規定ニ存ス蓋シ憲法ハ國家ノ根本法ニシテ各種ノ法令ニ直接間接ノ區別コソアレ皆源ヲ憲法ニ汲マサルハナシ從テ憲法ニ牴觸スル以テノ法令ハ遵由ノ効力ナシト謂ハサルヘカラス是憲法第七十六條第一項ノ反面

ヨリ當然出ツヘキ結論ナリト信ス同條ハ必スシモ憲法施行當時現ニ行ハレシ法令ニ關シテノミ適用セラルルモノニアラス今日ニ於テモ尙同條ノ適用アルヘキハ理論上疑ナキ所ナリ然リ而シテ憲法ハ何カ故ニ特ニ一章ヲ設ケ直接ニ會計ニ關スル規定ヲ爲シタルヤ惟フニ國家カ收入ヲ圖ルニ一定ノ規矩ナク支出ヲ爲スニ何等ノ準繩ナクンハ國家ノ財政ハ一日モ安固タルヲ得サルノミナラス國家收入ノ最大部分ヲ占ムル租稅ヲ課セラルヘキ民人ノ不安之ヨリ甚シキハナシ是憲法上特ニ收入支出ニ關スル根本法則ヲ定ムル所以ナリトス會計法ハ實ニ此ノ憲法ノ規定ヨリ由來スルモノナリ卽チ會計法ハ憲法ニ依リ定メラレタル收入支出ニ關スル大原則ヲ敷衍シタルモノシテ憲法ノ補充的規定ト稱スヘキナリ此ノ如ク憲法ト會計法トハ直接ニ本末ノ關係ヲ有スルヲ以テ會計法ノ眞髓ヲ知ラレト欲セハ勢ヒ憲法第六章以下ノ解說ヲ試ミサルヘカラス是本著ノ後ニ各條ノ說明ヲ爲スニ當リ同時ニ憲法第六章會計ニ關スル規定ヲ略說スル所以ナリ看官余ノ潛越ヲ咎ムルナクンハ幸ナリ

第二　會計法ト會計規則トノ關係

會計法ハ主法ニシテ會計規則ハ助法ナリ會計法ハ憲法ニ基キ會計事務ニ關スル大體ノ原則ヲ規定シ會計規則ハ更ニ會計法ノ定ムル範圍ニ於テ之ヲ演繹シテ詳細ナ

ル會計事務ニ關スル規定ヲ設ケタルモノナリ即チ會計規則ハ會計法ノ補足的規定タルカ故ニ學理上主タル會計法ニ對シ之ヲ助法ト稱スルノミ

會計法ハ又法律ヲ以テ之ヲ規定シ會計規則ハ勅令ヲ以テ之ヲ定ム故ニ其効力ニ於テ輕重ノ差異ヲ生ス即チ法律ハ法律ヲ以テスルノ外之ヲ廢止變更スルヲ得サルニ依リ（緊急命令ヲ以テ法律ヲ改廢スルハ格別）會計規則ヲ以テ會計法ノ規定ヲ變更スルヲ得ス（憲法第九條）反之法律ヲ以テ勅令ニ反スル規定ヲ設クルハ決シテ違憲ニ非サルナリ何トナレハ法律タルト勅令タルト均シク國家ノ意思表示タルニ過キサルヲ以テ憲法上特ニ第九條ノ如キ明文アルニ非ラスンハ法律ヲ以テ勅令ヲ廢止變更スルモ固ヨリ其ノ隨意ナリト謂ハサルヘカラス唯夫レ憲法第九條但書ノ規定アルハ帝國議會ノ意思ヲ重ンシタル結果ニシテ即チ法律ハ帝國議會ノ協賛ヲ經テ之ヲ制定スルモノナレハ縱令其効力ノ發生ハ裁可ノ時ニ在リト雖モ之ヲ改廢スルニモ亦至尊單獨ノ意思ヲ以テセス其ノ成立ノ場合ニ於ケルト同一ノ手續ニ依リ議會ノ協賛ヲ經タル法律ヲ以テスヘキコト終始一貫ノ理法ニ屬スレハナリ然レトモ我カ從來ノ立法ノ慣例ハ法律ヲ以テ勅令ヲ改廢セス勅令ハ常ニ勅令ヲ以テ之ヲ廢止變更スルヲ例トセリ是固ヨリ當然ノコトニシテ殊更ニ勅令ノ改廢ヲ爲スニ法律ヲ以テスルノ要ナケレハナリ

以上說明ノ如ク會計規則ハ會計法ノ演繹的規定ニ外ナラサルヲ以テ苟モ會計法ヲ知ラント欲セハ須ク同時ニ會計規則ヲ辨セサルヘカラス是本著ノ併セテ會計規則ノ說明ヲ試ムル所以ナリ

第三　會計法ト民法トノ關係

國家ノ歲入中租稅ハ權力關係ニ基ク強制收納ニ屬スルヲ以テ平等關係ノ規律タル民法トハ毫モ相關スル所ナシト雖國債募集其他國有物件拂下ノ如キ一私人トノ契約ニ基クモノハ其行爲ニ關シテハ固ヨリ民法ノ適用ヲ受クヘキコト論ヲ俟タス又歲出ニ於ケルモ俸給、恩給金其ノ他之ニ類スル公法上ノ義務ニ基ク國家ノ歲出ハ私法ノ規定ヲ以テ律スヘカラスト雖各官廳ニ於ケル日常一般ノ支出卽チ政府ノ工事請負及物件ノ購買等ハ皆私法的關係ニ外ナラサルヲ以テ是等ノ行爲ニ付テハ亦民法ノ支配ヲ受クヘキナリ然リト雖會計法ノ實質ハ亦既ニ述フル如ク民法ノ如ク私人ト私人トノ間ノ法律關係ヲ規定スルモノニアラス會計法中時ニ或ハ私法上ノ行爲ニ關シ規定スル所アルモ是所謂私法的規定ニアラスシテ國家カ會計官吏ヲシテ私法上ノ行爲ヲ爲サシムヘキ場合ニ特別ノ必要ニ基キ一定ノ制限ヲ加フルニ過キスシテ規定其モノハ依然トシテ會計官吏ノ事務執行ニ關スル準則タルヲ失ハス固

ヨリ此ノ場合ニ於テ會計官吏ノ行フ行爲ハ私法上ノ行爲ニ屬スルヲ以テ其行爲ノ結果ニ付テハ全然民法ノ適用ヲ受クヘキハ勿論ナリ

唯此ニ例外ト見ルヘキハ會計法第十八條及第十九條ノ期滿免除ニ關スル規定ナリ卽チ兩條ノ規定ハ政府ノ總テノ債務ハ其ノ仕拂フヘキ年度經過後五ケ年内ニ請求ヲ受ケサルトキハ其ノ義務ハ消滅シ又政府ノ總テノ債權ハ其ノ納付セシムヘキ年度經過後五ケ年内ニ納入ノ告知ヲ爲サヽレハ其ノ權利ハ消滅スヘキ旨ヲ規定スルモノニシテ民法ノ定ムル時効ト全ク其性質ヲ同フス然レトモ民法上ノ消滅時効ハ總テ私法上ノ權利ノ消滅ニ關スルモノナルヲ以テ公法上ノ義務ニ屬スル納稅義務ノ如キ將タ學者ノ所謂公法上ノ債權ト稱スル俸給、恩給請求權ノ如キ若シ何等ノ規定ナクンハ直ニ民法上ノ時効ヲ之ニ適用スルヲ得サルノミナラス私法上ノ權利タルト公法上ノ權利タルヲ問ハス國家ハ會計事務ノ整理上時効期間ヲ短縮セシムルノ必要アルト且ツ二者ノ間ニ之カ區別ヲ設クルノ理由ナキトニ依リ茲ニ汎ク總テノ債權債務ニ關スル特種ノ時効ヲ定メタル所以ナリ從テ本條ニ包含セラルル私法上ノ權利ノ消滅時効ニ關スル部分ハ民法ノ消滅時効ニ對スル例外規定ト見ルヘク此ノ點ハ又同時ニ會計法ハ公法ナリト云フニ對スル唯一ノ例外ト謂フヘキナリ

第二編　各論

第一章　總則

本章ハ會計法ノ全般ニ渉ル最モ重要ナル原則ヲ定メタルモノニシテ卽チ第一條ニハ會計年度竝ニ一切ノ出納事務完結期ヲ定メ第二條ニハ歲入歲出ノ區別ヲ明ニシ第三條ハ各年度ニ於テ決定セル經費ノ定額ヲ他ノ年度ノ經費ニ充當スルヲ禁シ第四條ハ各官廳ハ法令ヲ以テ定メタル以外ニ特別ノ資金ヲ有スルヲ得サル旨ヲ明ニセリ蓋シ是等ノ事項ハ實ニ會計ノ基礎法トモ稱スヘキモノナルヲ以テ之ヲ本法ノ初メニ總括的ノ法則トシテ規定セル所以ナリ其ノ詳細ハ各條ニ於テ之ヲ說明セントス

第一條　政府ノ會計年度ハ每年四月一日ニ始マリ翌年三月三十一日ニ終ル

一會計年度所屬ノ歲入歲出ノ出納ニ係ル事務ハ翌年度十一月三十日マテニ悉皆完結スヘシ

會計年度ハ會計事務ノ基礎ヲ爲スモノニシテ會計年度定マラスンハ會計事務ハ何

時始メテ何時終ルヘキヤ殆ト際涯ナキニ至ラン若シ收支計算上ニ一定シタル時ノ區畫ヲ設ケサレハ歲入歲出ノ狀況ハ容易ニ之ヲ知ルヲ得サルノミナラス會計事務ノ整理ハ得テ期スヘカラス是本法ノ首條ニ於テ先ツ會計年度ヲ定メタル所以ナリ本條第一項ハ會計年度ノ始期及終期ヲ明ニシ第二項ハ實際ノ出納事務ヲ掌ルヘキ期間即所謂會計事務ノ整理期限ヲ定メタルモノナリ而シテ此ニ會計年度トハ政府ノ歲入歲出計算上ノ便宜ノ爲メ特ニ定メタル期間ヲ稱スルモノニシテ更ニ法理的ニ之ヲ說明セハ豫算カ其ノ効力ヲ保有スヘキ一定ノ時限ヲ云フ換言セハ豫算ニ定ムル收入支出ノ實行ヲ爲シ得ル一定ノ時期ヲ云フモノトス蓋シ普通ノ意義ニ從ヘハ會計トハ金錢又ハ物品ノ出納ヲ計算スルコト若ハ金錢又ハ物品ノ出納其モノヲ稱スルカ如シト雖モ政府ニ屬スル物品ノ出納計算ニ關シテハ特ニ明治二十二年六月勅令第八十四號物品會計規則ノ存スルモノアルヲ以テ茲ニ所謂會計ノ語ニハ物品會計ヲ包含セサルト同時ニ又單ニ金錢出納ノ計算若ハ金錢出納事務其モノノミヲ云フニアラスシテ汎ク出納ニ關スル總テノ事務ヲ稱スルモノト知ルヘキナリ本條第一項ハ會計年度ヲ四月一日ヨリ翌年三月三十一日マテノ間ト定メタリト雖モ元來會計年度ヲ定ムルハ國家財政上ノ便宜ニ依ルモノニシテ必スシモ四月一日ヨ

リ始メテ翌年三月三十一日ニ終ラシメサルヘカラサル法理上必然ノ理由アルニアラス曆年ニ依リ一月ヨリ十二月ニ至ルマテヲ一會計年度ト定ムルモ妨ナク或ハ七月ヨリ翌年六月ニ至ル間ヲ一會計年度ト定ムルモ亦不可ナキナリ現ニ各國ノ法制モ區々ニシテ一樣ナラス然レトモ其ノ期間短キニ過クレハ徒ラニ計算上ノ煩累ヲ增スノミニシテ實際ニ益ナク之ニ反シテ其ノ期間長キニ失スルトキハ計算上ノ煩雜ヲ避クルヲ得ヘシト雖モ豫算編成上ニ不便ヲ來タスノミナラス豫算ト實際ノ收入支出ヲシテ益々遠サカラシムルノ不便アリ故ニ各國ノ立法例ハ十二ケ月ヲ以テ一會計年度ノ期間ト爲スモノ多キカ如シ唯我憲法第六十四條ハ國家ノ歲出歲入ハ每年豫算ヲ以テ帝國議會ノ協贊ヲ經ヘキヲ命スルヲ以テ二年若ハ三年間ニ一回豫算ノ協贊ヲ經ルカ如キハ固ヨリ違憲タルヲ免レスシテ必ス每一年帝國議會ノ協贊ヲ經サルヘカラス（帝國議會ノ協贊ヲ經ル能ハサリシ場合ハ前年度豫算施行ニ關スル憲法第七十一條ノ規定アリ）ト雖モ十二ケ月ヲ以テ一會計年度ノ期間ト爲ササルヘカラサル憲法上ノ制限アルニアラサルナリ今試ミニ我國ニ於ケル會計年度ノ變遷ヲ觀ルニ明治二年九月初テ規定ヲ設ケ十月ヨリ翌年九月迄ヲ一會計年度ト定メタリシモ明治五年十一月之ヲ改メ曆年ニ依リ一月ヨリ十二月ニ至ル間ト爲シ明治七年十月更ニ七月ヨリ翌年六月ニ至ル間ヲ以テ

會計年度トシ爾來久シク此ノ制ニ依リシカ明治十七年十月遂ニ之ヲ改メテ四月ヨリ翌年三月ニ至ル間トシ明治二十二年現行會計法ノ制定セラルルニ當リ之ヲ踏襲スルニ至リシモノナリ此ノ如ク我國ニ於テモ會計年度ノ始期及終期ニ關シテハ從來ノ立法ハ變動常ナシト雖モ要スルニ會計年度ノ始期ヲ定ムルニハ可成的歳入ト歳出トハ常ニ其ノ均衡ヲ得セシムヘシテフ財政學上ノ原則ニ適合スル時期ヲ選ムヲ可トス即チ最モ歳入ノ多キ時期ヲ選定スヘキナリ思フニ本法制定當時ニ於テハ今此ニ定ムル年度ヲ以テ適當ト認メタルモノナルヘシト雖モ現行制度ニ於テハ年度ノ初ニ歳入歳出ニ伴ハス大藏省證劵ノ發行頻繁ナル爲メ兌換劵ノ增發ト爲リ兌換劵ノ增發ハ延テ物價ノ騰貴ヲ促カシ物價ノ騰貴ハ更ニ需要ノ減退ヲ來タシ生產ノ發達ヲ阻害シ經濟界ヲシテ萎微振ハサルニ至ラシムルノミナラス更ニ國家ノ上ヨリ觀察セハ大藏省證劵發行ノ爲ニハ利子支拂ノ損失ヲ被ラサルヲ得サル等ノ不利益アリ是ニ於テカ近時漸ク會計年度改正ノ議盛ンナルト同時ニ一方ニハ會計年度ノ改正ヲ企ツルヨリ租稅ノ納期ヲ改メ歳出ニ適應セシムルノ計畫ヲ立ツヘシト論スル者アリ二者其ノ道途ヲ異ニスルモ以上ノ弊害ヲ除去セントスルノ目的ヤ同一ナリ唯夫レ右スルト左スルト何レカ安全ニ目的地ニ到達スヘキヤ大ニ考慮ヲ要

スヘキノミ蓋シ租税ノ納期ヲ定ムルニ當リ漫ニ國家財政上ノ利便ニノミ著眼シ納税義務者ノ不便ヲ顧ミサルトキハ遂ニハ滯納相踵テ起リ國家ハ豫期ノ收入ヲ得ル能ハサルノミナラス遂ニハ税源ヲ枯渇セシムルノ虞アルヲ以テ固ヨリ深思熟慮スヘキハ勿論ナリト雖モ納税義務者ノ痛苦ヲ增加セサル限リ納期ノ改正必スシモ不可ナラスト謂フヘシ

本條第二項ハ出納事務ノ完結期ヲ明ニシタルモノナリ既ニ會計年度ヲ定ムル以上ハ能フヘクンハ歲入歲出ハ總テ其ノ年度ニ於テスヘキハ勿論ナリト雖モ實際上政府ニ於テ收入支出ヲ爲スニハ一定ノ順序方法アリ其手續ヲ履踐シ然ル後金庫ニ於テ其出納ヲ爲ス迄ニハ幾多ノ日子ヲ要シ到底年度內ニ完結スルヲ得サル場合アリ加之現年度ニ於テ支拂フヘキ事實ヲ生スルモ債權者ニ於テ支出ノ請求ヲ爲サス次年度ニ至リ請求ヲ爲スカ如キ事例ハ決シテ尠シトセス然ルニ政府ニ於テハ現年度ニ豫算ノ餘裕アリシヲ以テ之カ必要ナル支出ノ計畫ヲ爲シタルニ拘ハラス次年度ノ請求ニ係ルヲ以テ次年度ノ豫算ヲ以テ其ノ仕拂ヲ爲ササルヘカラストセハ現年度ノ豫算ハ空シク不用ニ歸シ次年度豫算ハ却テ豫期セサル支出ノ爲ニ大ニ減少セラレ恰モ初ヨリ豫算ヲ削減セラレタルト同一ノ結果ニ歸スルノ弊ニ陷ルヘシ更ニ事

務取扱上ノ方面ヨリ觀察スルモ他日計算上ノ誤謬ヲ發見スルコトアラン爲ニ帳簿ノ訂正ヲ要スルハ勿論金庫出納上ニモ影響ヲ及ホササルヲ得サル場合ヲ生ス是本項ヲ以テ一會計年度所屬ノ出納事務ハ翌年度十一月三十日マテニ悉皆完結スヘシト規定スルト同時ニ(一)會計規則第四十四條ヲ以テ各年度ニ於テ經費ヲ精算シテ仕拂命令ヲ發スルハ翌年度五月三十一日限トシ(二)會計規則第三條ヲ以テ一會計年度所屬ノ歳入歳出金ノ出納ヲ取扱フヘキ期間ヲ翌年度六月三十日限ト定メタル所以ナリ以テ實際ノ必要ニ應スルヲ得ヘシ(誤謬整理ニ關シテハ明治三十一年七月大藏省訓令第四八號歳入歳出年度科目所管廳誤記訂正手總明治廿四年六月大藏省令第十五號金庫ニテ現金領收後誤謬ヲ發見シタルトキ整理手續ナルモノアリ參看ヲ要ス)今單ニ本條第二項ニ付テノミ之ヲ觀察スルトキハ一會計年度所屬ノ出納事務ノ整理期限ヲ翌年度十一月三十日ト爲シタルハ聊カ其ノ期間長キニ失スルカ如キ感アリト雖モ一方ニハ金庫ニ於ケル出納事務ノ閉鎖期ヲ年度經過後相當延長セサルヘカラサル必要アルコト前述ノ如クナルヲ以テ一切ノ會計事務完結期トシテ强チ長期ナリト謂フヘカラス而カモ會計規則第三條ニ於テハ金庫閉鎖期ヲ翌年度六月三十日ト定ムルト同時ニ第百十九條ヲ以テ各年度經過後七ケ月ノ末日卽チ十月三十日限リ大藏大臣ハ會計簿ヲ締切ルヘシト規定セルヲ以テ實際ニ於テハ一會計年度所屬ノ歳入歳出ハ殆ト常ニ此

ノ時期ニ於テ完了スルモノト謂フヘシ
前述ノ如ク會計年度及出納事務整理期限ヲ定ムル以上期限經過後ニ於テハ其ノ年度ニ屬スル總テノ會計事務ハ一切完結ヲ告ケシメサルヘカラスト雖モ國家ノ債權債務ハ年度經過ニ依リ直チニ消滅スヘキモノニアラス本法ノ定ムル時効ノ完成ニ依リテ始テ權利義務ノ消滅ヲ來タスモノナレハ從テ會計整理期限經過後支拂ノ請求ヲ受クルコトアラン或ハ國家ニ於テ權利ノ執行ヲ遺忘シタルカ爲ニ後日ニ於テ收入セサルヘカラサルノ必要ヲ生スルコト之アラン是等ノ場合ニ處スルカ爲ニ所謂過年度支出及豫算外收入ニ關スル規定ノ存スルモノアリ順ヲ逐フテ後ニ詳説スル所アルヘシ

第二條　租稅及其ノ他一切ノ收納ヲ歳入トシ一切ノ經費ヲ歳出トシ歳入歳出ハ總豫算ニ編入スヘシ

本條ハ國家會計ノ實質ヲ爲ス歳入及歳出ノ如何ナルモノナルヤヲ明ニシ同時ニ歳入歳出ハ總豫算ニ編入スヘキヲ命シ以テ本法ハ所謂總計豫算主義ヲ採リタルコトヲ明ニセリ豫算ノ編成主義ニハ總計豫算主義ト純計豫算主義トアリ總計豫算トハ本條ノ如ク一切ノ歳入歳出ヲ總計シテ豫算ヲ編成スルモノナリト雖モ純計豫算ハ

之ニ反シ歳入中ヨリ之ニ要シタル費用例令租税ヲ徴收スルカ爲ニ要セシ費用ヲ控除シ其ノ殘額卽純收入ヲ歳入トシ歳出ニアリテモ若シ之ニ關聯スル收入アルトキハ之ヲ控除シ其殘額ヲ歳出ト爲スモノナリ故ニ純計豫算主義ニ在リテハ全體ノ歳出入ノ狀況ヲ知ルヲ得スシテ一部分ノ歳入歳出ハ遂ニ表現セラレサルヲ以テ議會ハ其ノ當否ヲ審案スルヲ得スシテ會計監督上ノ不便タルヲ免レス是本條ノ總計豫算主義ヲ採用シタル所以ナリ

右ノ如ク一切ノ歳出入ハ總豫算ニ編入セサルヘカラサルモノナリト雖モ本法第三十條ハ特別ノ須要ニ因リ本法ニ準據シ難キモノアルトキハ特別會計ヲ設置スルコトヲ得ト規定シ卽チ特別會計ハ本法ニ準據シ難キ場合ニ設置スルモノナルヲ以テ之ヲ本條ノ總豫算ニ編入スルヲ要セス從テ本條ニ所謂總豫算中ニハ特別會計ニ屬スル豫算ヲ包含セス一般會計ニ屬スル總豫算ノ義ト知ルヘキナリ固ヨリ一般會計ノ總豫算中ニハ特別會計ヨリ繰入ルヘキ各種ノ益金ノ如キ歳入トシテ計上セラルルコトアルヤ勿論ナリ

本條ニ依リ歳入トハ租税及其他一切ノ收納ヲ稱スルモノタルヲ知ルヘシ抑モ國家ノ收入ハ學理上之ヲ大別シテ公法上ノ收入及私法上ノ收入ト爲スコトヲ得公法上

ノ收入ハ所謂權力的收入又ハ公權的收入ト稱スルモノニシテ卽チ命令權ノ作用ニ基ク國家ノ收入ヲ總稱ス私法上ノ收入トハ其名ノ示ス如ク國家カ私法上ノ契約ニ依リ收入スルヲ云フ公法上ノ收入中其最モ大部分ヲ占ムルモノハ租稅ナルコト今更呶々ノ辯ヲ要セス其他手數料罰金、科料等其重ナルモノナリ私法上ノ收入ノ主ナルモノハ官業收入官有財產ヨリ生スル收入及國債募集ノ方法ニ依ルモノ等ナリトス余輩請フ左ニ是等歲入ノ各種類ニ付分說槪論セストス

第一　公法上ノ收入

甲　租稅　租稅トハ國家カ其一般的經費ニ充テンカ爲メ服從者ヨリ權力ヲ以テ無償ニ徵收スル金錢上ノ收入ヲ云フ

(イ)租稅ハ國家命令權ノ作用ニ基クモノナリ

租稅ハ權力ヲ以テ被治者ヨリ金錢ヲ徵收スルモノニシテ此點ニ於テ彼ノ軍事上ノ徵發若ハ公用徵收ト毫モ異ナル所ナシ然レトモ徵發ハ軍事上必要ノ物品ヲ特別ナル場合ニ於テ私法上ノ契約ニ依リ之ヲ求ムルノ不利不便ナルカ爲命令權ニ依リ之ヲ徵收スト雖モ其ノ目的ハ元來物品ニ相當スル價格其モノヲ徵收スルニアラサルヲ以テ其ノ物品ニ相當スル價額ヲ辯償ス公用徵

收ノ場合ニ於テモ國家ノ命令權ニ依リ土地所有權若ハ其上ニ存スル物權ヲ徵收シテ之ヲ企業者タル國家又ハ其他ノ者ニ移轉セシムルモ是唯公益上ノ必要アルカ故ニ其物件ヲ徵收スルニ過キスシテ其物ノ財產上ノ價格ヲ目的トスルモノニアラサルヲ以テ物件取得者ヨリ賠償ヲ爲サシメ被徵收者ヲシテ財產上ノ損害ナカラシム租稅ハ之ニ反シテ其ノ目的全ク國家ノ收入ヲ得ンカ爲ニ外ナラサルカ故租稅ノ徵收ニ對シテハ何等ノ反對給付ヲ與ヘサルナリ

(ロ)租稅ハ無償ニテ徵收スル金錢收入ナリ

租稅ハ前項ニ述フル如ク國家ノ收入ヲ得ンカ爲ニ徵收スルモノナレハ特別ニ反對給付ヲ與フルコトナシ此點ニ於テ租稅ハ全ク手數料ト其ノ性質ヲ異ニス手數料ハ國家ノ特別行爲ヲ要求シ若ハ營造物ヲ使用スル者ニ對シ其ノ國家ノ行爲又ハ營造物利用ノ報償トシテ一個人ヨリ徵收スルモノナリ(營造物ニ付テハ後ニ詳說スヘシ)

租稅ハ古來ノ沿革ニ徵スレハ各國共ニ其ノ初メハ勞力又ハ物品ヲ以テ納付シタルモノニシテ貨幣經濟ノ行ハルルニ及ヒテ始メテ金納制ト爲リタルハ

何人モ既ニ熟知セル所ナリ我國ニ於テモ久シク物納金納ノ兩制行ハレ積年ノ舊慣ハ一朝ニシテ之ヲ改ムルヲ得サルヲ以テ明治維新ノ際ニモ金納ト共ニ物納制行ハレタリシカ地租改正著手後漸ク物納制ヲ廢スルニ至レリ唯冲繩縣及小笠原島伊豆七島ノ如キ未開地ニ在リテハ內地ト同樣ニ律スルヲ得サルヲ以テ例外ヲ設ケラレタリシカ現今ニ於テハ全ク物納制ハ廢セラレテ其ノ跡ヲ留メサルナリ茲ニ稍々疑ノ存スルハ現行印紙稅ノ納付ニアリト雖モ是亦金錢納付ノ租稅タルヲ失ハス卽チ納稅義務者カ印紙ヲ買取ルトキ其代金ヲ支拂フハ是卽チ稅金納付ニ外ナラス固ヨリ印紙稅ヲ納ムヘキ義務ノ發生ハ證書帳簿作成ノ時ニアリト雖モ其ノ以前印紙ヲ買取ルハ此ノ義務ノ發生ヲ豫想シ稅金ノ前拂ヲ爲スモノナリ蓋シ稅金納付ノ目的ナクシテ印紙ヲ買取ルモノハ之アラサレハナリ而シテ實際ニ印紙ヲ貼用セシムルハ納稅義務者ヲシテ稅金納付ヲ確證セシムル唯一ノ方法ニシテ若シ印紙ノ貼用ナキ間ハ縱令其ノ以前ニ印紙代金ヲ支拂ヘシ事實アルモ納稅義務ヲ履行シタルモノト認メサルハ固ヨリ其ノ所ナリトス

論者或ハ印紙稅法第六條ニ「印紙稅ハ證書帳簿ニ印紙ヲ貼用シテ納ムルモノ

トストアルヲ以テ納税義務者ハ印紙ヲ貼用シテ義務ノ履行ヲ終ルモノナリ是即チ物品納付ノ實證ニアラスヤト然レトモ是單ニ外形上ノ事實ノミニ著眼シ法理上ノ觀察ヲ誤ルモノト謂フヘシ試ミニ問ハン物納制タルニハ物夫レ自身ニ於テ相當ノ價値アルモノナラサルヘカラス然ルニ印紙其モノハ紙片ト等シク殆ト價値ナキモノニアラスヤ其ノ之ヲ納付セシムルヲ以テ物納税ト稱スルハ全ク皮想ノ見タルヲ免レス余ヲ以テ之ヲ見ルニ印紙税ハ唯其ノ税金額多クハ甚タ大ナラサルヲ以テ一々金錢ヲ以テ之ヲ徴收スルハ到底其ノ堪ヘ得ル所ニアラス又民人ノ不便忍フヘカラサルナリ之ヲ以テ徴收ノ簡便ヲ圖ルノ方法トシテ印紙制度ヲ採用シタルニ過キスシテ法理上ノ性質ハ金錢納付税ナリト云フモ決シテ不當ニアラサルナリ

(ハ)租税ハ一般的ノ標準ニ依リ賦課スル金錢ナリ

租税ハ一般的畫一ニ賦課スルヲ以テ其ノ本義ト爲ス故ニ若シ一般均一ノ標準ニ依ルニアラスシテ單ニ一部人若ハ特定ノ人ニノミ對シテ賦課スル如キハ租税ノ原理ニ反スルモノナリ彼ノ所謂分擔金ノ如キ租税ニ似テ非ナルモノト謂フヘシ即チ分擔金トハ營造物其ノ他特定ノ事業ノ費用ニ充ツル爲之

ニ因リテ特別ニ利益ヲ受ル者ニ對シ不平等ニ賦課スルモノナリ例令河川法等ニ於テ河川ノ修理ニ要スル費用ノ一部ヲ關係ノ府縣若ハ市町村ノ負擔ニ歸セシメ其團體員ヨリ徵收スル所ノモノナリ故ニ外形上金錢ヲ强制徵收スルノ點ニ於テ租稅ト同一ナリト雖モ單ニ一部ノ團體員ニ限リ之ヲ賦課スル特質ハ租稅ト異ナル重要ノ區別點ナリトス蓋シ租稅ハ特別ニ利益ヲ與フル報償トシテ之ヲ徵收スルモノニアラサルカ故一般畫一ニ負擔力ニ應シテ徵收スルモノナリ

乙　手數料　手數料トハ國家カ一個人ノ利益ノ爲ニ特別ニ行フ行爲ニ對シ若ハ營造物使用ニ對スル報償トシテ之ニ依リテ利益ヲ受クル者ヨリ徵收スル公法上ノ課金ナリ

(一)手數料ハ公法上ノ課金ナリ

玆ニ所謂手數料ハ公法上ノ關係ニ基クモノニシテ其ノ利益ヲ受ケタル者ヨリ國家カ直接ニ强制シテ徵收スルモノナリ故ニ私法上ノ名義ニ依リ一私人カ國家ニ對シテ仕拂フモノハ手數料ニアラス例令鐵道ノ旅客荷物ノ賃金ノ如ク國家命令機ノ作用ニ依リ强徵スルモノニアラスシテ國家ト個人トノ合

意契約ニ基ク純然タル私法上ノ收入ハ此ニ所謂手數料ニアラサルナリ然レトモ私法上ノ手數料モ亦國家收入ノ一部分ヲ爲スモノナレハ國家ノ收入ヲ論スルニ當リテ固ヨリ之ヲ除外スルヲ得ス余輩ハ私法上ニ因ル收入トシテ次ニ述フル所アラントス

(二)手數料ハ報償トシテ個人ヨリ國家カ徴收スルモノナリ

手數料ハ國家ノ特別行爲又ハ營造物利用ノ報償トシテ支拂フモノナリ此點ニ於テ租税ト全ク性質ヲ異ニス租税ハ國家ノ收入ヲ得ンコトヲ目的トスルカ故ニ無償ニ一般的ニ賦課スルモノナリト雖モ手數料ハ國家ノ行爲又ハ營造物ヲ利用スルニ依リテ利益ヲ受クル者ヨリ之ニ對スル報償トシテ相當ナル料金ヲ徴收スルモノナリ假令試驗手數料各種免許料及特許料ノ如キ(國家行爲ノ要求ニ對スル報償)小學校ノ授業料官公立避病院ノ施療料(營造物利用ニ對スル報償)ノ如キ是ナリ故ニ手數料ヲ課スルニハ個人カ國家ノ行爲ニ依リ受クル利益又ハ營造物維持ニ要スル費用ヲ充サシムルヲ以テ其ノ標準ト爲サヽルヘカラス租税及手數料ノ區別ハ全ク此ニ存ス故ニ若シ一個人ノ受クル利益ニ比例セス若ハ其ノ行爲等ニ要スル費用ヲ標準トセス單ニ收入ノ增加ヲ企ツルトキハ手數料

ハ其ノ特質ヲ失ヒ租稅ト選フナキニ至ラン蓋シ租稅及手數料ノ區別ハ憲法上重要ノ問題ニ屬ス何トナレハ憲法第六十二條ニ依レハ新ニ租稅ヲ課シ及稅率ヲ變更スルニハ法律ヲ以テスルヲ要スト雖モ報償ニ屬スル行政上ノ手數料（行政上ノ手數料トハ司法上ノ手數料ニ相對スルモノニシテ前記諸手數料ヲ云ヒ司法上ノ手數料トハ司法裁判上ノ行爲ニ對シ徵收スル手數料ヲ云フ）及其ノ他ノ收納金ハ此ノ如キ制限ヲ受ケサレハナリ而シテ二者ヲ區別スルノ標準ハ前ニモ述フル如ク報償ノ性質ヲ有スルヤ否ヤニ依リ決スルノ外ナシ只夫レ實際上各個ノ場合ニ於テハ一私人ノ受クル利益多クシテ却テ手數料ノ額少キコトアリ或ハ同一ノ利益ヲ受クル者ノ間ニ於テモ其ノ地位ノ如何ニ依リ異ナリタル金額ノ手數料ヲ徵收スルコトアリト雖モ其金額ニシテ報償タル性質ヲ失ハサル限リ手數料ト稱スルコトヲ得ヘキモ報償ノ觀念ヲ度外視シ專ラ義務者ノ負擔力ノ多少ニ依リ其金額ヲ定ムルトキハ手數料ハ其ノ本來ノ特質ヲ失フモノト謂フヘシ

丙

分擔金　分擔金トハ營造物其ノ他特定ノ事業ノ費用ニ充ツルカ爲ニ之ニ依リ特ニ利益ヲ受クル者ニ對シ其ノ費用ノ全部又ハ一部ノ分擔ヲ命スルモノニシテ國家カ他ノ公共團體ヨリ徵收スルモノト各個人ヨリ徵收スルモノトアリ

國家ノ公共團體ヨリ徵收スル場合ハ府縣郡其他ノ地方團體ノ利益ノ爲ニ起シタル事業ニ對スル費用ノ分擔ヲ命スルモノニシテ彼ノ內務省所管歲出臨時部ニ屬スル何々治水費國庫納付金ト稱スルモノノ如キナリ此ノ場合ニ於テ分擔ヲ命セラレタル公共團體ハ更ニ其ノ利益ヲ受クル團體員ニ對シテハ其費用ノ賦課ヲ爲スヘキナリ次ニ各個人ヨリ徵收スルモノハ一地方ノ住民又ハ一階級ノ人民ノ爲ニ利益ナル事業ヲ起スニ因リ特ニ其ノ利益ヲ受クル者ヲシテ其ノ費用ノ全部又ハ一部ヲ分擔セシムルニ在リ（市制第八十五條第八十八條町村制第八十八同第八十九條河川法第二十四條以下參照）分擔金ハ利益ヲ受クル者ヨリ徵收スルニ於テ手數料ニ相類スト雖モ手數料ハ各個ノ利用行爲ニ對シ課スルモノナルニ反シ分擔金ハ營造物ノ維持又ハ事業ノ費用ヲ充タスカ爲ニ一時ニ若ハ數次ニ徵收スルモノナル點ニ於テ異ナレリ分擔金ハ手數料ニアラサルヲ以テ之ヲ賦課スルニハ法律ヲ以テセサルヘカラス何トナレハ分擔金ハ租稅ニ似テ非ナルモノナルコト此ニ述ルカ如シト雖モ而カモ人民ノ財產ヲ強制徵收スルモノナルカ故ニ法律ノ根據アルヲ要スルハ明ナリトス

以上說明ノ如ク分擔金ハ國家カ他ノ公共團體若ハ一部地方ノ人民ニ對シテ其

ノ費用ノ負擔ヲ命スルニ過キスシテ之ヲ以テ一般國家經費ニ充ツルヲ目的ト
スルモノニアラス故ニ國家收入論トシテハ固ヨリ重キヲ措クニ足ラサルナリ
唯余輩ハ公法上收入ノ一例トシテ此ニ其性質ヲ概説シタルニ過キス

丁　罰金、科料及沒收金

罰金科料及沒收金ハ共ニ犯罪者ニ制裁トシテ科スルモノナリ罰金ニハ刑法上一般ノ犯罪（即チ國家社會ノ一般ノ安寧秩序ヲ侵害スル罪）ニ科スルモノト各税法等ニ於テ財政上ノ目的ヲ達センカ爲即チ脱税防止ノ手段トシテ科スルモノアリ後者固ヨリ刑罰ノ一種タルハ論ナキ所ナルモ其ノ目的單純ニ犯人ニ痛苦ヲ加ヘ改過遷善ノ効果ヲ收ムルヲ目的トスルノミニアラスシテ依テ以テ税金ノ逋脱ヲ防遏シ同時ニ國庫ノ收入ヲ確保スルヲ目的トスル特質ヲ有スルヲ以テ學者ハ之ヲ財政罰ト稱シ一般刑罰ト之ヲ區別スルヲ例トス而シテ罰金ト謂ヒ科料ト謂ヒ實質ニ於テ異ナルモノニアラス唯其ノ科スル金額ノ多寡ニ依リ之ヲ區別シタルニ過キス即チ二十圓以上ヲ罰金トシ十錢以上十二圓未滿ヲ科料ト稱スルノミ

沒收モ亦刑罰ノ一種ナルモ本刑ノ外ニ附加シテ科スルモノナリ沒收ノ目的ハ本來其ノ物件ノ存在カ國家社會ニ危險ナリトノ理由ヲ以テ濫ニ私人ノ所有ヲ

禁セントシテ之ヲ沒收スルモノト物其モノハ危險性ニアラサルモ之ヲ犯罪者ノ手裡ニ存セシムルハ再ヒ犯罪ニ供用セラルルノ虞アルカ故沒收スルモノ及犯人ヲシテ其物ヲ獲得セシムルトキハ不正ニ利益セシムルモノ即チ不當利得ヲ公認スルノ結果トナルカ故ニ之ヲ沒收スルモノトアリ沒收ノ目的物ハ金錢ナルコトアリ或ハ物件タルコトアリ其物件タル場合ニ於テ財産上ノ價値アル物ハ之ヲ拂下ケテ國家ノ收入トシ若シ賣却スルノ適切ナラサルモノハ之ヲ棄却スルノ外ナカルヘク沒收物件ノ處分ハ全ク政府當局ノ隨意ニ決定スル所ナリ

戊　官吏遺族扶助法ニ因ル國庫納付金並公立學校職員退隱料及遺族扶助料法ニ因ル納付金

官吏遺族扶助法納金ハ明治二十三年六月法律第四十四號官吏遺族扶助法第二條ニ依リ文官判任以上ノ者ハ當然其俸給百分ノ一ヲ國庫ニ納ムヘキ義務ヲ有スルモノニシテ俸給仕拂ノトキ金庫ニ於テ直ニ差引徵收スルモノナリ故ニ遺族扶助法納金ハ公法上ノ收入タルコト勿論ナリ

明治二十三年十月法律第九十一號府縣立師範學校長俸給並公立學校職員退隱料及遺族扶助料第十六條ニ於テモ亦同樣ノ規定アリテ公立學校職員モ其俸給

百分ノ一ヲ國庫ニ納付スヘキ義務ヲ負フモノトス

第二　私法上ノ收入

甲　官業收入　此ニ官業收入トハ國家ノ命令權ノ作用ニ依ラス全ク私人ト對等關係ニ立チ或種類ノ業務ヲ營ムニ固リ生スル收入ヲ云フ鐵道收入、其他專賣收入郵便電信等ニ固ル收入等ノ如キ是ナリ左ニ之ヲ詳論スヘシ

（一）　鐵道收入　鐵道敷設ハ郵便電信等ト同シク國家命令權ノ作用ヲ必要トスル事務ニ非ス故ニ私人ノ經營ニ任スルモ將タ國家自ラ經營スルモ全ク國家ノ自由ニシテ其ノ何レヲ可トスヘキヤハ國家ノ政策上ノ問題ニ屬ス若シ國家之ヲ經營スルトキハ之ヲ營造物ト爲スコトヲ得ヘク或ハ之ヲ一ノ營業トシテ經營スルコトヲ得ヘシ我國現行ノ制度ハ鐵道ハ私人ノ經營ヲ許シ同時ニ國家ニ於テ敷設スヘキ鐵道線路ヲ豫定シ其區域ニ付テハ私設ヲ許ササルヲ原則トス而シテ國家カ鐵道ヲ經營スル場合モ一私人カ敷設スル場合ニ於テモ共ニ之ヲ營造物トセスシテ純然タル營業ト爲シタルカ如クシテ毫モ公法上ノ關係アルヲ認メサルナリ故ニ鐵道ニ於ケル旅客貨物ノ運賃ハ全ク私法上ノ收入ニ屬スルモノト謂フヘシ

郵便電信電話事業モ亦本來國權ノ作用ヲ必要トスルモノニ非ス故ニ國家之ヲ專業ト爲ス場合ニ於テモ一私人カ營業ヲ爲スト同一ノ形式ニ依ルコトヲ得ヘシ或ハ直接ニ公共ノ用ニ供シテ一ノ營造物トシテ施設スルコトヲ得ヘシ若シ國家カ營業トシテ之ヲ行フトキハ國家ト個人トノ關係ハ全ク私法上ノ關係ナルコト前項ニ既ニ述フル所ノ如シ此ノ場合ニ私人カ郵便電信ヲ利用スルハ國家ト契約ヲ結フニ外ナラス從テ私人ノ支拂フ料金ハ之ヲ私法上ノ給付ナリト云フヘク若シ反之一營造物トシテ施設スルモノナルトキハ私人ノ之ヲ利用スルハ公法上ノ關係ナルヲ以テ郵便電信料ハ公法上ノ手數料タル性質ヲ有スルモノト謂ハサルヘカラス現行法ハ果シテ何レノ主義ニ據リタルヤ頗ル明瞭ナラサルモノアリ從テ學說モ亦區々一ナラスト雖郵便法第二十七條電信法第二十一條ニハ料金ノ不納額ハ國稅滯納處分ノ例ニ依リ徵收スヘキコトヲ規定シ且ツ國稅ニ次キ他ノ債權ニ優先スルノ規定存スルヨリ之ヲ見レハ却テ之ヲ公法上ノ手數料ナリト認ムルヲ穩當トスヘキカ如シ

本項ノ說明ヲ終ルニ臨ミ序次此ニ營造物ノ性質ニ付一言スル所アルヘシ

營造物トハ物及人又ハ物ノミヲ以テ組織シ國家又ハ其他ノ公共團體ノ意思表示ニ依リ權力ヲ用ヒスシテ直接ニ公共ノ用ニ供セラルル設備ヲ謂フ例之物ノミヲ以テ組織スル營造物ハ道路、公園、堤防、溝渠、橋梁等ノ如キ是ナリ人及物ヨリ成ルモノハ學校、病院、水道、郵便、電信、電話、渡船場等ノ如キ是ナリ(一)營造物タルニハ直接ニ公衆ノ利用ニ供セラルルモノタルヲ要ス故ニ要塞砲臺、官廳ノ建物敷地其他國家カ收入ヲ得ルヲ目的トスル山林原野ノ如キハ營造物ニアラス(二)命令權ヲ行フモノニアラサルヲ要ス故ニ官廳其モノハ營追物ニアラス又小學校ニ於テ學齡兒童ノ就學ヲ强制スルコトアルモ是小學校令ナル法規ノ命スル作用ニシテ小學校ナル營造物其レ自身ノ行フ所ニアラス或ハ又時ニ命令權ヲ行フ官廳カ其事務ノ一部トシテ營造物ノ目的ト爲ルヘキ事業ヲ行フコトアルモ其ノ官廳ヲ以テ營造物ナリト云フヲ得ス(三)行政法上ノ營造物タルニハ國家又ハ府縣郡市町村等ノ公共團體カ營造物ト爲スノ意思ヲ表示スルヲ要ス故ニ一私人カ自己ノ所有内ニ道路ヲ設ケテ一般ノ通行ヲ許スコトアルモ未タ之ヲ以テ營造物ナリト稱スルヲ得ス一私人カ營造物ヲ設立維持スル場合ニ於テ國家若ハ他ノ公共團體カ之ヲ國家又ハ他ノ公共團體ノ營造物ト爲スノ意思ヲ表示シタル時ニ於テ始メテ國家又ハ公共團體ノ營造物ト爲ルモノナリ假令代用私立小學校ハ一私人ノ設立維持スルモノナリト雖モ公共團體カ之ヲ其ノ代用小學校ト爲スノ意思ヲ表示スルトキハ公共團體ノ營造物ト爲ルノ類ノ如シ固ヨリ此ノ如キ場合ニ於テ私人ハ其營造物ノ所有權ヲ失フコトナシト雖モ其ノ權利ヲ實行シテ公共ノ利用ヲ妨クル如キ行爲ヲ爲スヲ得サルナリ唯後ニ至リテ公共ノ利用ヲ廢シタルトキ卽チ國家又ハ他ノ公共團體カ廢止ノ意思ヲ表示シタルトキハ其ノ私人ノ所有權ハ完全ニ之ヲ行使シ得ヘキノミ

(二)專賣收入　專賣トハ國家カ收入ヲ得ンカ爲ニ一般人ノ營業ヲ禁制シ國家自ラ獨占其業ヲ營ムヲ謂フ現行法ニ於ケル實例ハ鹽、煙草、樟腦ノ專賣ニ過キサルナリ

專賣ハ右ノ如ク一私人ノ營業ヲ禁止シ國家獨リ自ラ其ノ業務ヲ營ミ通常ノ價格以上ニ代價ヲ定メテ購買者ヲシテ直接ニ增價部分ニ對スル負擔ヲ餘義ナクセシムルカ故ニ多クノ財政學者ハ曰ク是卽チ租稅徵收ノ一方法トシテ之ヲ行フモノナレハ其ノ實質ハ租稅ト同一ニシテ唯其形ヲ變シタルニ過キ

サルナリ而シテ若シ專賣カ租稅ニアラストスルトキハ消費稅ノ大半ハ法律ニ固ラスシテ之ヲ徵收スルニ至ルヘキヲ以テ之ヲ租稅徵收ノ一方法ト見ルヲ正當トスト此說固ヨリ一理ナキニアラス蓋シ專賣制度ノ起因ハ租稅徵收ノ一便法トシテ之ヲ行ハンカ爲ナリシヤ疑ヲ容レサレハナリ專賣制度ヲ設ケシ立法上ノ理由ハ正ニ此ノ如シ然レトモ既ニ成立セル專賣其モノノ法律上ノ性質如何ト問ハハ余輩ハ之ヲ私法的行爲ト見ルヲ正當ナリト答ヘント欲ス何トナレハ專賣行爲其モノハ私法上ノ賣買ト其ノ性質異ナル所ナク全ク契約關係ニ外ナラサレハナリ固ヨリ國家ハ收入ヲ得ンコトヲ主タル目的トスルカ故ニ普通ノ場合ニ於テ相當ト認ムル價（專賣ヲ行フ以前ニ於ケル一般ノ市價）ヨリ多クノ價格ヲ要求スト雖モ而カモ此ノ價格ヲ承諾シテ之ヲ買求ムル以上ハ毫モ私法上ノ契約タルヲ妨ケサルナリ恰モ個人間ノ賣買ニ於テ或種ノ物品ニ付賣主カ事實上其物ノ製造販賣ヲ獨占スルトキハ買主ハ他ニ同種ノ物品ヲ販賣スル者ナキヲ以テ縱令其價頗ル高シト信スルモ之ヨリ買取ルノ止ムナキニ至レル場合尙契約タルヲ失ハサルト同理ナリ國家ノ專賣ハ事實上ノ獨占ト異ナリ法律ヲ以テ個人ノ營業ヲ禁スルカ故ニ二者固ヨリ同一ニ論スヘカラ

ルハ勿論ナリト雖モ購買者ヨリ之ヲ見レハ選擇ノ自由ナキコト彼此全ク其事情ヲ同フスルモノト謂フヘキナリ專賣ハ此ノ如ク其ノ實施ノ必要條件トシテ一方ニ私人ノ營業ヲ禁止シ以テ完全ニ其ノ効果ヲ收ムルヲ得ヘキモノナルヲ以テ之ヲ公法上ノ關係ニ基ク收入ナリト謂フヲ得サルニアラスト雖モ余輩ハ專賣行爲卽チ賣買其モノト禁令トハ別個ノ法律關係ニ屬スルモノト認ムルヲ至當ト信スルカ故此ノ見地ヨリ專賣收入ヲ私法上ノ收入トシテ此ニ說明ヲ試ムル所以ナリ

乙 官有財產收入 官有財產トハ國家カ所有スル財產ヲ云フモノナリト雖モ而カモ財產ノ語ハ法律上如何ニ之ヲ解スルヲ正當トスヘキカ學說紛々未タ決スル所アルヲ知ラス從テ今此ニ財產ノ定義ヲ下サントスルハ頗ル難事ニ屬ス（拙著相續稅法義解百一頁乃至百四頁參看）唯此ニ余輩ノ財產ト稱スルハ金錢的價値ヲ有シ本來賣買交換ノ目的ト爲リ得ル總テノモノヲ云フノ義ニシテ具體的ニ之ヲ說明セハ動產不動產、船舶（現行法ニ於テハ船舶ハ動產タルコト明ナリト雖モ格段ナル物ナルカ故特ニ之ヲ掲ク）其他金錢債權、株劵（株主權タルヲ證スル證劵ニシテ記名式、無記名式アリ）等ヲ云フ官有財產ハ其ノ目的ヨリ區別シテ收益財產及行政財產ノ二種ト爲スコトヲ得行政財產トハ國家カ直接ニ國家行政ノ用ニ供スルモノヲ云フ例之營造物ヲ構成スル物件、官廳ノ建物ノ如キ是ナリ行政財産モ時ニ或ハ收入ノ源泉タルコトナキニアラス例之公園地ノ一部分ヲ貸下クル場合ノ如シ收益財産トハ其名ノ示ス如ク收入ヲ得ルヲ目的トスル財産ナリ今其ノ主ナルモノヲ擧クレハ土地森林原野等ノ如キ是ナリ故ニ官有財産ヨリ生スル收入トシテハ官有地ノ貸下料、森林原野ヨリ生スル主産物、副産物ノ賣却代金、鑛山ヨリ生スル收益、國有株劵ヨリ生スル收入等其重ナルモノナリ

丙　國債募集　國債トハ國家カ私法上ノ契約ニ因リ負擔スル金錢債務ヲ云フモノニシテ一般ニ公債ト稱スルモノ卽チ是ナリ蓋シ公債ト稱スルトキハ國家以外ノ公共團體ノ債務ヲモ包含スヘク從テ國債ト稱スルヨリ其意義廣汎ナリ故ニ學者ハ公債ヲ分チ國債及地方債トシテ説明ヲ試ムルモノアリ卽チ國債ニ對シテ地方債ト云フトキハ地方公共團體卽チ府縣郡市町村其他ノ地方公共團體ノ負擔スル金錢債務ヲ稱スルモノトス

國債ハ其使用ノ目的如何ニ依リテ或ハ軍事公債、鐵道公債ト云フカ如ク種々ナル名稱ヲ附スト雖モ其性質ニ於テ何等異ナル所アルニアラス唯募債ノ時ト場所及其國ノ財政狀態如何ニ依リ期限ノ長短其他ノ條件（利子步合）ニ差異ヲ生スル

コトアルノミ
募債ノ方法ニ因ル國家ノ收入ハ租稅ト異ナリ其ノ收入額ノ大ナルニ從ヒ國家ノ債務ヲ增加シ其ノ結果トシテ利子支拂ノ義務常ニ相伴フヲ以テ國家ノ負擔ヲ重カラシムルモノナレハ萬已ムヲ得サル場合ニアラサレハ可成之ヲ避ケサルヘカラス

以上ハ國家ノ歲入中其最モ重ナルモノヲ擧ケタルモノニシテ此ノ外尙幾多ノ雜收入アリト雖モ其ノ金額大ナラサルノミナラス今一々之ヲ解說スルノ遑アラサルヲ以テ此ニ歲入ノ說明ヲ終リ以下更ニ歲出ニ付一言ヲ費シ最後ニ總豫算ノ何物ナルカヲ明ナラシメント欲ス

歲出トハ國家ノ經費ノ支出ヲ謂フモノニシテ國家ノ經費トハ一言以テ之ヲ蔽ヘハ立法、司法、行政各機關ノ爲ニ要スル一切ノ費用ヲ謂フ更ニ之ヲ詳說セハ各官廳ニ於ケル廳舍其他ノ設備費、官吏ノ俸給、事務執行費卽チ旅費、通信運搬費、各種ノ物品購買費等其他一切國家ノ事務ヲ行フニ必要ナル費用ハ皆是レ國家經費ノ一部分ヲ爲スモノナリ

國家ノ經費ハ觀察點ノ如何ニ依リ種々ニ分類スルヲ得ヘシ例之時期ノ長短ニ依リ

テ之ヲ區別セハ經常費臨時費ト云フカ如ク物件ノ種類ニ依リ分類スルトキハ物品費、人員費ト爲リ其ノ他生産ヲ目的トスルト否トニ依リ區分スルトキハ生産的經費不生産的經費ト云フカ如シ今更ニ國家ノ目的ニ依リ大別スルトキハ(一)立法事務費(立法府ノ建築費議員歳費等)(二)司法事務費(裁判所費、判事書記ノ俸給及旅費等)(三)行政事務費(各省其他ノ行政官廳ニ要スル經費及陸海軍費等)ニ分類スルコトヲ得ヘシ要スルニ國家ノ經費ハ種々ナル標準ニ依リ區分スルコトヲ得ヘシト雖モ今一々之ヲ詳説スルハ本著ノ目的ニアラス且ツ其ノ必要ナキヲ以テ之ヲ省略ス

國家經費ノ一切及收入ノ總テハ之ヲ總豫算ニ編入セサルヘカラス之ヲ總計豫算主義ト云フハ本條ノ初ニ於テ既ニ述ヘタル所ナリ而シテ總計豫算主義ハ又所謂豫算ノ不可分制ト一致スルモノナリ蓋シ豫算編成方法ニ可分制ト不可分制トアリ可分制ハ豫算ヲ適宜ニ分割シテ一部分ニ付議會ノ協贊ヲ經若ハ一會計年度ノ總額ヲ一時ニ豫定セス其幾分ヲ初ニ豫定シ順次ニ其年額ヲ定ムルノ類是ナリ不可分制ハ之ニ反シテ各部ノ豫算全體ヲ通シテ之ヲ總豫算トシ一括シテ議會ノ協贊ヲ經ルヲ要ス故ニ若シ一部分ノ豫算ニシテ不成立ニ終ルトキハ遂ニ全部不成立ニ歸スルモノナリ夫レ此ノ如ク可分制ハ豫算ノ統一ヲ缺キ其ノ年度ノ歳入歳出ノ狀況ヲ一目瞭

然タラシムル能ハサルノ缺點アリ然レトモ一方ニハ不可分制ノ如ク一部分ノ豫算不成立ノ場合ニ全部豫算ノ不成立ヲ來タササルノ利益アリ各國立法例ハ區々ナリト雖要スルニ不可分制ハ豫算ノ統一ヲ保ツ上ニ必要ナルノミナラス年度始ニ於テ歳出入ノ概況ヲ知リ國庫ト市場トノ關係ヲ豫測スルヲ得ルノ便益アルヲ以テ寧ロ不可分制ヲ以テ優レリトセサルヘカラス（田尻博士財政ト金融參照）豫算ノ不可分制ハ特別會計ヲ設置スルノ主義ト相容レサルモノナリ何トナレハ豫算ノ統一ヲ保ツ爲ニ既ニ總豫算ヲ編成シ而シテ尙其以外ニ特別豫算ノ獨立存在ヲ認ムルハ主義ニ於テ撞着スルモノナレハナリ加之之カ爲ニ豫算ヲ複雜ナラシメ容易ニ豫算全體ノ狀況ヲ窺フ能ハサルノ不便アリ然レトモ或特種ノ國家事業ニ對シテハ一般豫算ノ影響ヲ受ケシメス一定ノ範圍ニ於テ特別ニ收入支出セシムルノ必要ヲ感スルコトアリ之ヲ以テ本法第三十條ハ明ニ特別會計設置ヲ認メタルコト前既ニ述ヘタル所ナリ其ノ詳細ハ後ニ述フル所アルヘシ

第三條　各年度ニ於テ決定シタル經費ノ定額ヲ以テ他ノ年度ニ屬スヘキ經費ニ充ツルコトヲ得ス

本條ハ各年度ニ於テ決定シタル經費ノ定額卽チ議會ノ協賛ヲ經且ツ天皇ノ裁可ニ

依リテ既ニ確定セラレタル歳出豫算額ヲ以テ之ト異ナリタル年度ノ歳出ニ充當スルヲ得ストノ原則ヲ定メタルモノナリ換言セハ當該年度ニ於テ決定シタル歳出豫算ニ剩餘アルモ之ヲ翌年度ニ屬スル經費ノ支拂ニ充ツルヲ得ス或ハ之ト反對ニ前年度ノ經費ニ屬スルモノヲ本年度ノ豫算定額ヨリ支拂フコトヲ得サル旨ヲ規定セルモノナリ更ニ之ヲ例解センカ(一)大正三年度歳出豫算ニ於テ拾萬圓ノ建築費ヲ認メラレシニ實際豫算施行ノ結果二萬圓ノ剩餘ヲ生シタリトセヨ此ノ場合ニ大正四年四月ニ至リ新ニ建築事業ヲ起シ其前年度豫算殘額ヲ之ニ充當シ以テ間接ニ大正四年度ニ於ケル建築費ノ補充ヲ爲サントスルヲ許ササルナリ(二)大正三年度ニ於テ或物品ノ購買ヲ爲シ殊更ニ其代金ノ支拂ヲ爲サス大正四年度ニ至リテ其ノ年度ノ豫算ヲ以テ之ヲ仕拂フコトトシ其ノ購買代金ニ相當スル價格アル他ノ物品ヲ更ニ購入セントスルカ如キヲ禁セントスルモノナリ

思フニ本條ノ規定ハ第一條ト相待テ甚タ重要ノモノナリトス何トナレハ若シ單ニ會計年度ヲ定ムルモ本條ノ原則ヲ定メサレハ濫費ノ弊ニ陷リ遂ニ會計ノ紊亂ヲ來スノ虞アルヲ以テナリ然レトモ實際上ノ必要ハ又種々ナル例外ヲ認メサルヘカラス即チ本法第二十一條第二十二條及會計規則第六十條ノ如キ是ナリ蓋シ是等ノ場

合ニ於テハ初ヨリ其ノ年度内ニ到底事業ノ完成期スヘカラス從テ其ノ支出ヲ終ル能ハサルコト明白ナルカ故ニ豫算ニ於テ特ニ之ヲ認許シ又ハ事業ノ竣工ニ數年ヲ要スルモノノ如キハ初年度ニ於テ豫メ總額ヲ定メ置キ事業ノ進行ニ伴ヒ順次ニ使用セシムルヲ便宜トシ其ノ他不可避事故ノ爲工事製造ヲ遲延シ遂ニ其年度ニ於テ之カ支出ヲ爲ス能ハサルニ至リシ場合ノ如キ他ノ年度ニ跨リテ支出ヲ爲スノ洵ニ止ムヲ得サルモノト謂フヘキナリ會計規則第六十條ニ於ケル過年度支出ノ如キ亦然リ若シ此ノ例外ヲ認メサルトキハ年度經過後ニ於ケル債權者ノ請求ニ對シテハ如何ナル方法ニ依リ其ノ仕拂ヲ爲スヘキヤ思ヒ此ニ到ラハ是亦實際上止ムヲ得サルモノト謂ハサルヘカラス

本條ハ此ノ如ク今年度經費ノ定額ヲ以テ他ノ年度ニ屬スル經費ニ充ツルコトヲ得サルヲ明ニスト雖モ而カモ其ノ經費ハ本年度ノ經費ナリヤ將タ前年度ノ經費ニ屬スルモノナリヤ卽チ年度所屬ニ關シテハ實際上往々疑ノ生スルモノアリ一例ヲ以テセハ大正三年二月物品購買ノ契約ヲ爲シタリシニ履行遲延シ翌年度ニ渉リタル場合ノ如キハ其ノ經費ハ何レノ年度ニ屬スヘキモノナルヤ又例之大正三年三月廿五日某官吏ノ死亡若ハ退官ノ事實アリ而シテ大正三年四月ニ至リ退官賜金又ハ死

亡賜金ノ請求アリタルトキハ何年度所屬經費ヨリ之ヲ仕拂フヘキモノナリヤ理論ヲ以テ直ニ決スルヲ得サルヘシ之ヲ以テ會計規則第一條及第二條ニ於テハ歲入歲出ノ所屬年度ヲ明確ニシ會計整理ノ便ヲ圖ルト同時ニ豫メ實際上ノ疑義ヲ妨カントセリ而カモ實際ノ適用ニ當リテハ尙幾多ノ疑問ヲ生スルヲ免レス詳細ハ同規則ノ說明ニ之ヲ讓ラン

第四條　各官廳ニ於テハ法律勅令ヲ以テ規定シタルモノノ外特別ノ資金ヲ有スルコトヲ得ス

本條ハ會計ノ統一ヲ保チ且ツ其ノ紛亂ヲ防カンカ爲ニ各官廳ニ於テハ法律又ハ勅令ヲ以テ認容セラルル場合ノ外特別資金ヲ有スルヲ得サル旨ヲ規定シタルモノナリ既ニ本法第二條ニ於テ國ノ一切ノ歲入及歲出ハ之ヲ總豫算ニ編入セシムルノ主義ヲ採リタル以上本條ハ固ヨリ當然ノ規定ナリト謂ハサルヘカラス然リ而シテ現行法ニ於テハ勅令ヲ以テ特別資金ヲ有セシムルノ例ナク法律ヲ以テ特別資金ノ保有ヲ認メシハ本法第三十條ニ所謂特別會計設置ノ場合ニシテ特別會計法ニ於テ之ヲ認ムルアルノミ

此ニ特別資金ヲ有スルトハ固ヨリ現金保有ノ意味ニアラスシテ特別會計ニ於テモ

現行法ハ總テ現金ハ之ヲ金庫ニ保管セシメ官廳ヲシテ現金ノ保管ニ任セシムルコトナシ（收入官吏其領收金ヲ金庫ニ納付スル間一時保管スルハ例外ナリトス）此ノ趣旨ハ本法第十二條第二項ニ於テ國務大臣ハ其所管ノ收入ヲ國庫ニ納ムヘク直ニ之ヲ使用スルヲ得ストシ又其ノ第十三條前段ニ於テ其ノ所管定額ヲ使用スル爲ニ國庫ニ向テ仕拂命令ヲ發スヘシト規定セルヨリ見ルモ明白ナリト謂フヘシ

第二章　豫算

本章ニ於テハ豫算提出ノ時期、豫算編成ノ方法、豫備費ノ設置及其支出ノ事後承諾並ニ大藏省證券發行ノ最高額ハ豫メ議會ノ協贊ヲ經ヘキコト等ヲ規定セリ以下各條ノ說明ヲ爲スニ先チ茲ニ豫算ノ性質ニ付詳論スル所アルヘシ蓋シ豫算ノ性質ニ關シテハ從來學者ノ論爭頗ル盛ンニシテ各其見解ヲ異ニシ吾人ヲシテ其ノ何レカ是ナルヤヲ知ルニ苦マシムルモノアリ請フ左ニ諸說ヲ揭ケテ併セテ鄙見ヲモ述ヘントス

第一說　豫算ハ法律ナリト曰ク法律ハ議會ノ協贊ヲ經テ發表スル國家ノ意思ニシテ其ノ實質ノ如何ヲ問フコトナシ而シテ憲法第六十四條ニ依レハ國家ノ歲出歲

入ハ毎年豫算ヲ以テ帝國議會ノ協賛ヲ經ヘシトアルニ依リ豫算ハ必ラス帝國議會ノ協賛ヲ經ヘキモノタルヤ言ヲ待タス卽チ豫算ハ議會ノ協賛ヲ經テ天皇之ヲ裁可シ公布スルニ依リテ初テ行政官ニ對スル命令ノ効力ヲ生スルモノニシテ恰モ法律ト其成立並効力發生ノ手續ヲ同フシ唯其ノ内容ヲ異ニスルニ過キス法律ノ法律タル所以ハ其ノ規定事項ノ如何ニアラスシテ議會ノ協賛ヲ經タル形式上ノ條件具備スルヲ要スルニアルノミ故ニ豫算ハ我國法上ニ於テモ亦一ノ法律ナリト然レトモ議會ノ協賛ヲ經テ發表スル國家ノ意思ハ總テ法律ナリトノ前提ハ何ヲ根據トシタルヤ思フニ此ノ説ハ憲法第三十七條ニ「法律ハ凡テ議會ノ協賛ヲ經ルヲ要ス」トアルヲ見直ニ帝國議會ノ協賛ヲ經タルモノハ凡テ法律ナリト速斷シタルニアラサルカ今虚心坦懷本條ヲ解スルトキハ決シテ此ノ如キ結論ヲ生スルモノニアラス同條ハ法律トシテ國家ノ意思ヲ表示スルニハ總テ議會ノ協賛ヲ經ルヲ要スル旨ヲ明ニシタルニ過キスシテ之ヲ以テ直ニ其反面ヨリ議會ノ協賛ヲ經タルモノハ皆法律ナリト云フハ正當ナル論理ニアラサルナリ是恰モ馬ハ動物ナリト云フヲ以テ動物ハ凡テ馬ナリト云フト等シク誰カ之ヲ失當ノ論法ニアラスト云ハンヤ若シ果シテ議會ノ協賛ヲ經タルモノハ皆法律ナリト云フトキハ

憲法第六十二條第三項ノ國債募集及豫算ニ定メタルモノヲ除ク外國庫ノ負擔タルヘキ契約ハ皆是法律ナリ若ハ法律ヲ以テ定ムヘキモノナリト爲サヽルヘカラス然レトモ國債募集及ヒ契約ハ私法上ノ法律行爲ナルモ固ヨリ法律其モノニアラス又本來法律ヲ以テ定ムルヲ要スルモノニアラス我現行ノ立法例ハ國債條例其他國債募集ニ關スル單行法律少カラスト雖モ是其ノ普通私法ノ成文法ナキ時代ニ於テ法律ヲ以テ之ヲ補充シ若ハ一般私法ノ規定ニ依リ難キ事情アリ其ノ例外ヲ規定スルノ必要アルカ爲ニ外ナラスシテ國債募集其モノハ一ノ私法的行爲ニ過キス豫算外國庫負擔ノ契約ノ如キ法律ヲ以テ規定セシコトナク又法律ヲ以テスルヲ要セサルナリ更ニ極論セハ緊急勅令ノ事後承諾ヲ得タル場合若ハ財政上ノ緊急處分ノ事後承諾ヲ得タル場合ニハ是亦法律ナリト謂ハサルヘカラサルニ至ル然レトモ勅令ハ議會ノ協賛ヲ經タルノ故ヲ以テ其性質ヲ變シテ法律ト爲ルコトナシ憲法第七十條ノ財政上ノ緊急處分モ亦後日議會ノ協賛ヲ經ルモ依然處分タルノ性質ヲ變スルモノニアラサルナリ故ニ豫算ハ法律ナリトノ說ハ我國法ノ下ニ於テハ理由ナキモノト謂フヘシ

第二說　訓令說　曰ク豫算ハ法律ニアラス命令ニモアラス元首ノ行政官廳ニ對ス

ル訓令ノ性質ヲ有スルモノナリ一般人ハ豫算ニ對シテ何等ノ服從義務アルコトナシ唯行政官ハ法令ヲ遵守スヘキノミナラス豫算ニ付テモ亦準據セサルヘカラス要スルニ豫算ハ全ク行政内部ニ於ケル準則タル效力アルニ止マルモノナリト此ノ説ハ故穗積博士ノ唱フル所ニシテ清水博士ノ如キ全ク訓令ナリト斷シ上杉博士亦議會ノ豫算議定權ノ法律上ノ性質ハ議會カ之ヲ以テ豫算ノ内容トスル意見ノ上申タルニ過キス行政機關ニ命シ之ヲ以テ支出ノ準則ト爲シ之ヲ超越スルコトナカランヲ訓令スルハ天皇ナラサルヘカラス然ラハ即チ議會ノ協賛ヲ以テ豫算ノ成立條件トスルコトハ法律ノ制定ト異ナルコトナシ唯之アルノ故ヲ以テ議會ノ上ル成案ヲ以テ直ニ豫算ト爲スハ許スヘカラサル誤解ナリト謂ヒ以テ豫算ハ行政官ニ對スル訓令ナルヲ明言セリ

此ノ訓令說ニ對シテハ有力ナル二種ノ反對論アリ其ノ一ハ一木博士ノ駁論ニシテ博士著日本法令豫算論ハ其ノ説ク所頗ル詳密ヲ極ム今其ノ一端ヲ擧クレハ曰ク元首ハ行政ノ中樞ニシテ獨リ國家ノ行政機關ヲ統轄スルノ權ヲ有スルモノナリ而シテ議會ハ元首行政權ノ行用ヲ制限スルノ場合アリト雖モ直接ニ官廳ニ對シテ指揮監督スルノ權ヲ有セス故ニ官廳ハ元首若ハ其ノ委任ヲ受ケタル上級官

廳ヨリ訓令ヲ受クルヲ得ヘキモ議會又ハ貴、衆兩院ヨリ訓令ヲ受クルヲ得ヘカラサルナリ豫算ノ原案ハ素ト政府ノ手ニ成ルモノナルヲ以テ元首ノ同意ヲ得タルコト論ヲ待タス然レトモ議會ニ於テ修正削除シタル豫算ニ對シテハ裁可ニ依リテ初テ元首ノ意思ヲ明ニスルヲ得ヘシ豫算ハ天皇ノ裁可ヲ要セス單ニ議會ノ決議ニ由リ成立スルモノナリ單ニ議會ノ議決ニ由リ成立スルモノハ訓令ニ非ラサルナリト斷シ更ニ豫算ニ裁可ヲ要セサルノ理由ヲ述ヘテ曰ク政府ハ天皇陛下ノ政府ナリ國務大臣ハ陛下ノ委任ニ由ルニ非サレハ政府ノ同意ヲ表スルヲ得ヘカラス若シ裁可ニ依リテ元首豫算ノ全部ニ同意スルニ非サレハ豫算成立ニ至ラストセハ憲法第六十七條ハ何ノ必要アリテ特ニ一部ノ歳出ニ元首ノ同意ヲ要スルコトヲ規定シタルヤ裁可ヲ以テ豫算ノ成立ニ必要ナリトスルトキハ憲法第六十七條ハ全ク冗文ニ歸スヘシ從テ憲法ニ於テ特ニ第六十七條ノ規定ヲ設クルトキハ豫算成立ノ爲裁可ヲ要セサルノ意ナリト解セサルヘカラス憲法カ豫算ノ裁可ニ付規定スル所ナキハ當然ノ事理ニシテ更ニ言明ヲ要セサルカ爲ニアラスシテ豫算實ニ裁可ヲ經ルヲ須ヒサルカ爲ナリ裁可ヲ要セサルカ故ニ裁可ヲ拒ムノ權ナシ裁可ヲ拒ムノ權ナキカ故憲法ハ第六十七條ノ歳出ニ付政府ノ同意ヲ要スル

ノ必要ヲ有スル所以ナリト

其ノ二ハ市村博士ノ論スル所ニシテ一木博士ノ駁論トハ全ク其立論ノ根據ヲ異ニス博士曰ク訓令ハ上司ヨリ下司ニ對シテ下ス所ノ命令ニシテ命令者ハ決シテ之ニ拘束セラルルコトナク何時ニテモ訓令ヲ取消スノ權限ヲ有セサルヘカラス豫算果シテ訓令ナリトセハ元首ハ何時ニテモ其ノ取消變更ヲ爲シ得ルモノト云ハサルヘカラス然レトモ豫算ハ憲法ノ特別條文ニ該當スル場合ノ外ハ天皇自身モ之ヲ變更スルヲ得ス其ノ訓令ニアラサルヤ炳乎トシテ夫レ明カナリト

第三說　豫算ハ國家ノ收入支出ニ關シ政府カ議會ニ對スル責任ノ標準ヲ定メテ以テ決算審査ノ基礎ト爲スモノナリト此ノ說ハ一木博士ノ唱導スル所ニシテ其ノ要ニ曰ク政府カ支出ノ必要又ハ有益ナルコトヲ證明スルノ責任ヲ免ルルハ帝國議會ノ既ニ前以テ之ヲ承認シタルノ事實ニ因ルモノナルヲ以テ議會ニ對スル責任ノ標準ハ單ニ議會ノ決議ニ因テ之ヲ定ムルヲ得ヘキコト又事後承諾ノ場合ト異ナル所ナシ故ニ余輩カ元首ノ裁可ヲ待タス成立スルモノナリト云フハ立法ノ理由ヨリ論スルモ豫算ノ性質ニ反スル不當ノ說ニアラス（第二說中所論參照）唯議會ノ決議ニ加フルニ天皇ノ裁可ヲ以テシ正式ニ之ヲ公布スルトキハ政府責任ノ標準ヲ

定ムルト共ニ併セテ官廳ニ對シテ豫算ヲ遵行スルノ義務ヲ負ハシムルコトヲ得ヘキノ差アルノミ蓋シ日本憲法ハ此ノ二個ノ元素ヲ分離シ豫算ヲ以テ專ラ政府ト議會トノ關係ヲ定ムルモノトシ官廳ニ對シテ財務ノ準繩ヲ示シ之ヲ遵行スルノ義務ヲ負ハシムルハ別ニ天皇ノ命令ヲ以テスルノ法ヲ取レルモノナリ要スルニ豫算ハ法律ニアラス命令ニモアラス單ニ議會カ政府ニ對シ必要又ハ有益ナル支出及之ニ對スル收入ノ承認ヲ與フルニ過キス政府カ天皇ノ裁可ヲ經テ豫算ヲ公布シタルトキハ即チ既定ノ豫算ニ基キ官廳ニ對シ收入支出ノ準繩ヲ命令スルノ一法ヲ取リタルニ外ナラサルナリト

第四説　豫算ハ國家ノ歳入歳出ヲ豫メ計算シテ財源及支出ノ標準ヲ定メタル行政官廳ニ對スル命令ナリト從テ豫算ニ裁可ヲ要ストハ副島博士ノ所説ニシテ殆ト第一説ノ訓令説ト相同シキカ如シト雖モ博士ノ國法學ハ根本ニ於テ第一説ヲ唱フル諸博士トハ其主義ヲ異ニスルヲ以テ立論亦自ラ異ナルモノアルハ固ヨリ其ノ所ナリトス博士曰ク歳入歳出ノ豫算ハ議會ノ協賛ヲ以テ天皇之ヲ定ムルモノニシテ議會ハ天皇ノ豫算確定行爲ニ協賛スルニ過キサルナリ而シテ議會ノ協賛ナルモノハ君主ノ行爲ニ同意ヲ表スルモノニシテ單ニ豫算ヲ審查シテ其ノ可否

ノ意見ヲ上奏スルノ意味ニアラサルナリ（第二說中上杉博士所論參照）又政府ハ豫算ニ關スル議案ヲ提出シ又ハ議會ノ議決ニ同意ヲ與フル等種々ノ作用ヲ爲セトモ是皆豫算制定ニ關スル內部ノ作用ニシテ政府カ天皇ニ對シ獨立シテ議會ト合意シ之ヲ確定スルヲ得ルモノニアラサルナリ豫算ハ此ノ如ク天皇之ヲ制定スルモノナル以上裁可ヲ要スルコト自ラ明ナリ裁可ハ實ニ豫算ヲ制定スル形式ナリ既ニ憲法上豫算ヲ制定スルハ天皇ノ大權ニ存スト爲ス以上憲法上豫算ノ裁可ニ付何等ノ規定ナシト雖モ即チ天皇ハ豫算ヲ裁可スト規定セルト同一ナリト

第五說　トシテ此ニ市村博士ノ所說ヲ紹介センニ博士曰ク國家ノ意思行爲ハ必スシモ法律、命令、訓令等ノ範疇ニ比附援引シテ說明スルノ要ナシ故ニ余ハ豫算ヲ以テ一會計年度ニ於ケル歲入歲出ノ見積ニシテ憲法ニ特別ノ例外ナキ限リハ常ニ帝國議會ノ協贊ヲ以テ定ムヘク其ノ效力ハ一般ニ國家ノ會計行爲ヲシテ其ノ範圍內ニ於テ働カシムルコトヲ目的トスルニ在ルモノナリト

以上諸家ノ說ハ各相異ナレリト雖モ要スルニ豫算ハ裁可ニ依リテ行政官廳ニ對スル效力ヲ生スルモノト爲スハ皆一致スル所ナリ故ニ此點ニ關シテハ最早ヤ論議ノ要ナキモノト謂フヘシ唯夫レ一派ノ學者ノ唱フル如ク豫算ハ果シテ議會ノ議決ニ

因リ成立シ天皇ハ之カ裁可ヲ拒ムノ權ナシト謂フヘキカ是大ニ考究ヲ要スヘキ點ナリトス蓋シ本論ノ根據ハ（第二說ニ對スル反對論參照）實ニ憲法第六十七條ノ規定ニ存ス卽チ曰ク同條ノ規定アル所以ハ豫算實ニ裁可ヲ要セス議會ノ議決ニ依リテ直ニ成立スルカ故憲法上ノ大權ニ基ク既定ノ歲出及法律ノ結果若ハ法律上政府ノ義務ニ屬スル歲出ハ政府ノ同意ヲ得サレハ廢除削減スルコトヲ得サルコトトシ以テ議會ノ豫算議定權ニ制限ヲ加ヘタルモノナリ若シ豫算ハ天皇ノ裁可ニ由ルニ非サレハ成立セサルモノナリトセハ何ソ此ノ如キ制限ヲ加フルノ必要アランヤ卽チ其廢除削減ヲ不可ナリトセハ天皇ハ豫算ノ裁可ヲ拒ムヲ得レハナリ豫算ハ裁可ニ依リ成立スルモノトセハ憲法第六十七條ハ全ク無用ノ法文ニ歸セント然レトモ余輩熟ラ稽フルニ憲法第六十七條「憲法上ノ大權ニ基ク既定ノ歲出及法律ノ結果ニ依リ又ハ法律上政府ノ義務ニ屬スル歲出ハ政府ノ同意ナクシテ議會之ヲ廢除シ又ハ削減スルヲ得ス」トノ規定ヲ以テ豫算ハ裁可ヲ要セストノ根蔕ト爲スハ失當ノ見ニアラサルナキヤ思フニ議會ノ豫算ニ協贊スルハ恰モ立法行爲ニ協贊スルト其ノ理ヲ同フス卽チ憲法ニ於テ法律ハ凡テ議會ノ協贊ヲ經ルヲ要スト謂ヒ若ハ國家ノ歲出歲入ハ每年豫算ヲ以テ帝國議會ノ協贊ヲ經ヘシト謂ヘルハ其ノ意味ニ於テ毫モ異ナル所ア

ルニアラズ從テ議會ハ其ノ立法行爲ニ協贊ヲ爲スニ付テハ全ク議會ノ自由意思ニ基キ隨意ニ之ヲ決定スルヲ得ヘク豫算ノ議定ニ付テモ亦全ク自由ナリ固ヨリ議會ハ豫算ニ關シテハ發案權ヲ有セサルヲ以テ更ニ豫算ヲ編成シテ政府提出案ヨリ過大ノ金額ヲ見積計上スルカ如キハ之ヲ爲シ得サル當然ナリト雖モ豫算ノ廢除削減ハ是亦協贊權ニ伴フ當然ノ結果ト謂ハサルヘカラス是憲法第六十七條ノ豫算議定ニ關スル制限ヲ規定スルノ必要ヲ生スル所以ナリ或ハ曰ハン豫贊ハ現行ノ法制ヲ基礎トセサルヘカラス豫算ハ以テ法律上必要ノ制度ヲ廢スルヲ得ス契約上政府ノ義務ニ屬スル歲出ハ之ヲ排除スルヲ得ス豫算ハ現行法令ノ範圍ニ於テ成立スルヲ得ヘシ等ノ法則ハ之ヲ普通一般ノ法理ヨリ演繹スルヲ得ヘシ特ニ第六十七條ヲ設クルノ要ナシ若シ同條ノ規定ニシテ實ニ豫算ノ法律及契約等ニ對スル關係ヲ定ムルノ意ナリトセハ政府ノ同意ノ有無ニ依リ區別スルノ理由ナシ法律上契約上必要ノ歲出ハ政府ノ同意アルモ之ヲ廢滅スルヲ得ヘカラス同條ハ政府ト議會トノ關係ヲ規定スルモノニシテ豫算ト法令トノ關係ヲ規定スルモノニアラサルナリト

夫レ然リ法律上必要ノ歲出ハ政府ノ同意ヲ得ルモ議會ハ全ク之ヲ廢滅スルヲ得サルヘシト雖モ一定ノ限度卽法律ノ執行ヲ妨ケサル範圍ニ於テ削減ニ同意スルハ毫

モ不可ナキノミナラス一歩ヲ進メテ論スルトキハ豫算ハ其ノ實質收入支出ノ分量ノ假定タルヲ以テ法令ヲ改廢スルノ目的ヲ以テ豫メ之　要スル費目ヲ廢除削減スルモ豫算ノ性質ニ反スルモノニアラス、元來豫算ハ必ス法令ヲ以テ基礎トセサルヘカラサルノ理由ナシ故ニ他日法令新設ノ目的ヲ以テ新ナル費目ヲ豫算スルモ不法ニアラサルト同時ニ現在ノ法令ヲ改廢スルノ目的ヲ以テ豫メ之ニ相當スル費目ヲ削除スルモ亦違法ニアラス是實ニ豫算ノ豫算タル性質ヨリ生スル當然ノ歸結ナリト謂ハサルヘカラス唯夫レ豫算ハ分量ノ假定、事實ノ豫見ニ過キサルヲ以テ之ヲ以テ直ニ法令ヲ變更廢止スルノ效力ヲ生スル者ニアラス從テ縱令法令ノ改廢ヲ目的トスル豫算成立スルモ若シ其ノ法令ニシテ改廢セサル間ハ其施行ヲ妨クルヲ得サルニ依リ豫算ナキノ故ヲ以テ之ニ要スル支出ヲ拒ムヲ得ス豫備費ヲ以テ補充スルカ若ハ財政上ノ緊急處分ニ因リ其費途ヲ求ムヘキナリ固ヨリ實際ニ於テハ法律上必要ノ經費又ハ大權ノ作用ニ基ク經費ノ排除削減ニ政府ノ同意ヲ表スル場合ニ於テハ一方ニハ其之ヲ目的トスル法律ノ廢止又ハ變更案ノ提出セラレテ確定セラルルニ至ルヘク若ハ官制ノ改正等行ハルヘキニ依リ排除削減豫算先ツ成立シ關係法令獨リ存在スルカ如キハ極メテ稀ナルヘシト雖モ不幸ニシテ此ノ如キ豫算先ツ成立シテ廢止法律案ノ確定スルニ至ラサル場合(解散等ノ爲)ヲ生スルコトアルモ前述シタル如ク法令ノ施行ハ依然トシテ之ニ依リテ妨ケラルルコトナキヲ以テ豫算ノ議定ニ關シテ大權ニ基ク經費又ハ法律上必要ノ經費ヲ削除スルヲ得ストノ斷定ハ法理上當然ノ結果ニアラサルナリ是憲法第六十七條ノ特ニ之ヲ明言セル所以ナリ加之豫算ハ天皇ノ裁可ニ依リ成立シ議會ノ議決ニ依リテ直ニ國法上ノ效果ヲ生スルモノニアラストスルモ尚且ッ憲法第六十七條ノ規定ヲ設クルノ必要アルモノトス何トナレハ若シ同條所定ノ費目ハ政府ノ同意ナク議會カ之ヲ排除削減スルモ天皇ハ之カ裁可ヲ拒ムコトヲ得ヘキヲ以テ同條ノ規定ノ目的ハ依テ以テ達セラルルニ至ルヘシト雖モ之カ爲ニ豫算全體ヲ不成立ニ歸セシメ前年度豫算施行ノ止ムナキニ終ラシムルノ不便ハ到底之ヲ免ルルヲ得ルモノニアラス其之ヲ避クルノ道唯政府ノ同意ヲ條件トシ濫リニ排除削減ヲ爲サシメサルニ在ルノミ故ニ豫算ノ成立ニ裁可ヲ要スルモノトスルモ憲法第六十七條ハ決シテ無用ノ規定ニアラサルナリ

之ヲ要スルニ豫算ノ實質ハ全ク國家ノ歳入歳出ノ見積タルニ過キスシテ固ヨリ法則ヲ定ムルモノニアラス故ニ議會ノ議決ヲ經テ天皇之ヲ裁可シ公布スルモ實質上ノ意義ニ於ケル法律ト爲ルモノニアラス又形式上ノ意義ニ於テモ豫算ハ決シテ法

律ニアラサルコト其自身既ニ明白ナリトス豫算ハ行政官廳ニ對スル訓令ナリトノ說ニ對スル第一ノ批難タル豫算ハ議會ノ議決ニ由リ直ニ成立スルモノナルカ故訓令ニアラスト云フハ前述シタル如ク其根蔕余輩ノ採ラサル所ナリ第二ノ批難タル訓令ハ訓令者ニ於テ何時ニ於テモ取消ノ權ヲ有セサルヘカラス然ルニ一タヒ裁可公布シタル豫算ハ之ヲ取消スニ由ナキヲ以テ訓令ニアラスト云フノ說ハ訓令ノ一般的性質ヨリ論斷シタルモノニシテ必スシモ不當ナリト云フヲ得サルカ如シト雖モ訓令ノ訓令タル所以ハ之ニ伴フ取消權ノ有無ニアラスシテ上司ヨリ下司ニ對シ其ノ權限內ニ於テ適法ニ命セラレタル事項ハ下官之ヲ遵奉スルノ義務ヲ負ハサルヘカラサルコトニ存ス固ヨリ一般ノ原則トシテ命令ヲ發スルノ權アル者ハ又之ヲ取消スノ權ヲ有セサルヘカラス訓令ノ如キ殊ニ然リト謂ハサルヘカラスト雖モ是絕體ノ原則ニアラス此ノ意味ニ於テハ訓令說必シモ排斥スヘキモノニアラサルカ如シト雖モ寧ロ單ニ行政官廳ニ對スル命令ナリト云フノ妥當ニアラサルカ其ノ他豫算ハ法律ニアラス命令ニアラスシテ一會計年度ニ於ケル歲入歲出ノ見積ニ過キスト云フモ是唯一面ノ事實ヲ表示スルニ過キスシテ之ヲ以テ未タ豫算ノ法理上ノ性質ヲ明ニシタルモノト云フヲ得ス何トナレハ豫算ハ事實ノ假定タルト同時ニ又

實ニ國家ノ意思タルモノナレハナリ豫算ハ豫算ナリト云フカ如キハ問ニ對スル答ト爲スニ足ラサルナリ

以上所論ノ如クナルヲ以テ余輩ハ豫算ハ國家ノ歳入歳出ノ見積ニシテ行政官廳ニ對スル命令ナリト謂フ第四説ヲ以テ當ヲ得タルモノト信ス抑モ豫算ノ國法上ノ効果ハ行政官廳ニ對シ收入支出ノ準則タル効果ヲ生スルノミ直接ニ臣民ニ對シテ何等ノ効力ヲ生スルモノニアラス而シテ此ノ効力ノ發生ハ實ニ天皇之ヲ裁可シ公布スルニ因ルモノニシテ法律ノ拘束力發生ノ場合ト異ナルコトナシ此ノ如ク豫算ハ裁可ニ依リ成立シ公布ニ依リ行政官廳ニ對スル命令ノ効力ヲ生スルモノニシテ議會ノ議決ノミニテハ未タ國法上何等ノ効果ヲ生スルモノニアラス元來議會ノ議決ハ外部ニ對シテ効力ヲ有スルモノニアラサルハ其機關ノ性質上自ラ明ナル所ナリ又其ノ内部關係ニ於テモ或學者ノ論スル如ク政府ト議會ト獨立ニ豫算ヲ協定シ之ニ由テ直ニ國法上ノ効果ヲ生シ天皇ハ之ヲ裁可セサルモ豫算不成立トシテ前年度豫算ヲ施行スルヲ得スト云フカ如キハ天皇ノ大權ヲ侵犯スルモノト謂ハサルヘカラス固ヨリ豫算ハ法律ト同シク議會ノ協贊ヲ經ルヲ要スルヲ以テ議會ノ議決シタル豫算ヲ變更スルヲ得サルハ勿論ナリト雖モ之ヲ裁可スルト否トハ全ク天皇ノ自

由ニ存ス此ノ點ニ付モ法律案ノ裁可ト法理上ノ性質ヲ異ニスル所ナシ更ニ詳言セハ議會ノ協贊ハ天皇ノ豫算ヲ確定スルニ付之ニ同意ヲ表スルニ過キサルナリ天皇ハ議會ノ議決ヲ經タル豫算ヲ以テ適當ナリトセハ之ヲ裁可公布スヘキノミ裁可ハ實ニ豫算ヲ確定スル唯一ノ形式ナリ又豫算ハ行政官廳ニ對シ之ニ依リ收 支出ノ標準ト爲スヘキ義務ヲ負ハシムル國家ノ命令ナルヨリ之ヲ見ルモ裁可ヲ要スルハ當然ニシテ憲法ノ特ニ之ヲ明言セサル毫モ怪ムニ足ラサルナリ蓋シ議會ハ既ニ屢々述ヘタルカ如ク官廳ニ對シテ命令スルノ權ヲ有セサルヲ以ヲ議會ノ議決ノミニテ直ニ行政官廳ニ對スル命令ノ効力ヲ生セサルハ何人モ異論ナキ所ニシテ其ノ効力ノ發生ハ實ニ天皇カ豫算ヲ裁可シ公布シタルニ因ルモノナルコト是亦疑ヲ容レサルモノト謂フヘキナリ

第五條　歲入歲出ノ總豫算ハ前年ノ帝國議會集會ノ始ニ於テ之ヲ提出スヘシ

必要避クヘカラサル經費及法律又ハ契約ニ基ク經費ニ不足ヲ生シタル場合ノ外追加豫算ヲ提出スルコトヲ得ス

國家ノ歳入歳出ハ毎年豫算ヲ以テ帝國議會ノ協賛ヲ經ヘシトハ憲法第六十四條第一項ノ命スル所ナリ而シテ國家ノ歳入歳出ヲ帝國議會ニ協賛ヲ求メシムル所以ハ財政計畫ノ國家ノ最大緊要事タルカ故ナルハ今更余ノ辯ヲ待タサル所ニシテ議會ノ豫算議定權ハ實ニ憲法第六十四條ニ根源シ其ノ目的全ク政府ノ財政ヲ事前ニ監督スルカ爲ニ外ナラサルナリ

只此ノ憲法第六十四條第一項ノ規定ニ對シ例外ヲ爲スモノハ同法第六十六條ノ皇室經費及第六十八條ノ繼續費ニ關スルモノナリ即チ皇室費ハ現在ノ定額即チ憲法施行當時既ニ定マレル費額ヲ毎年國庫ヨリ支出スヘキモノニシテ將來增額ヲ要スル場合ノ外帝國議會ノ協賛ヲ要セサルモノトス（憲法施行當時ノ定額ハ三百萬圓ニシテ爾來久シク變更ナカリシカ明治四十二年ニ於ケル帝國議會ニ對シ政府ハ更ニ百五十萬圓ノ增額ヲ要求シ其ノ協賛ヲ經タルヲ以テ現在ニ於ケル皇室費ノ定額ハ即四百五十萬圓ナリトス）繼續費モ亦其ノ年割額ヲ定メテ一タヒ議會ノ協賛ヲ經レハ其各年度ニ於ケル費額ハ更ニ議會ノ協賛ヲ經ルヲ要セサルナリ唯夫レ是等ノ經費ハ議會ノ協賛ヲ要セサルモ之ニ要スル財源ハ固ヨリ國ノ歳入ニ待タサルヘカラサルヲ以テ國家ノ收入支出ヲ明ナラシムル爲年々豫算ニ之ヲ掲上スルヲ要ス是卽收支對照上ノ便宜ニ基クモノニシテ一般歳出豫算ノ如ク議會ニ豫メ支出ノ承認ヲ求メシムルノ趣旨ニアラサルヤ論ヲ待

タス

國家ノ歳入歳出ハ豫メ議會ノ協賛ヲ經サルヘカラサルコト前述ノ如シト雖モ歳入ニ對スル議會協賛ノ効果ハ歳出ト自ラ異ナルモノアリ蓋シ歳入ノ主ナル租税手數料其他一切ノ收入ハ時ノ經濟狀況其ノ他種々ナル原因ニ依リ變動常ナク行政官廳ノ任意ヲ以テ左右シ得ヘカラサル性質ノモノナレハ豫算ノ款項ニ不足又ハ超過スルコトアルハ寧ロ當然ニシテ其ノ超過シタル場合ニ於テモ歳出豫算超過ノ場合ノ如ク敢テ議會ニ承諾ヲ求ムルノ必要ナシ

又租税其ノ他法令ニ基ク收入ノ如キ憲法第六十三條及本法第十條ニ依リ徵收スルモノニシテ外國立法例ノ如ク豫算ニ依リテ租税徵收ノ權ヲ得ルモノニアラス從テ是等法令ノ規定ニ基ク收入ノ如キ縱令豫算ニ之ヲ掲ヶス若ハ帝國議會之ヲ削除スルコトアルモ行政官廳ハ法令ノ規定ニ從ヒ之ヲ徵收セサルヘカラス果シテ此ノ如クンハ此ノ種ノ歳入ニ關シテハ議會ノ協賛ヲ求ムルノ要ナキカ如シト雖モ元來歳出ハ歳入アルヲ前提トス卽チ歳入ノ範圍ニ於テ歳出ヲ決定スルモノナリ故ニ歳出ノ協賛ヲ求ムルニハ必スヤ同時ニ歳入ヲ示ササルヘカラサル必要アルノミナラス其ノ收入シタル金額ヲ國家ノ經費ニ充當スルヲ承認スルノ目的ヲ有スルモノナレ

ハ決シテ無用ニアラサルナリ

之ニ反シ法令ノ規定ニ基ク收入ニアラスシテ每年行政官廳ノ隨意ノ決定ニ依リ收入スルモノハ議會協贊ノ效力大ニ異ナルモノアリ即チ此種ノ歲入ハ議會ニ於テ寧ロ歲出ニ充當スルヲ承認スルニ止マラス又實ニ之ヲ收入スヘキ行爲ヲ承認スルモノナリ從テ若シ此ノ種ニ屬スル歲入ヲ揭ケサルカ若ハ議會ニ於テ削除セラレタルトキハ行政官廳ハ之ヲ收入スルニ由ナキモノト謂フヘシ

豫算ハ每年帝國議會ノ協贊ヲ經ヘキコトハ憲法上ノ義務ナルコト上來論述スル所ニ依リ明ナリ然レトモ憲法ハ如何ナル時期ニ之ヲ提出スヘキヤヲ規定セス從テ前年ノ帝國議會ニ之ヲ提出セハ會期ノ始タルト其ノ中ハタルト將タ終期ニ近キタル時期ニ於テスルト其ノ問フ所ニアラスト謂ハサルヘカラサルカ如シト雖モ飜テ豫算ノ性質ヨリ之ヲ顧ミルニ國家ノ歲入歲出中特ニ其ノ支出ノ標準タルモノハ議會ニ於テモ最モ愼重ニ之ヲ審議シ以テ國政ノ運用ニ支障ナカラシムコトヲ期セサルヘカラス此ノ目的ヲ達センカ爲ニ可成長期ノ期間ヲ附與シ議會ヲシテ政府ノ要求スル各費目ハ必要又ハ有要ノ費途ナルヤ否ヤ又之ヲ必要若ハ有益ナリトスルモ其ノ見積金額ハ過大ニ失セサルヤ等逐一各費目ニ涉リ精細ニ審議セシムルヲ要ス既

ニ會期ノ半ハ經過シ或ハ會期ノ將ニ盡キントスルノ秋ニ當リ突如之ヲ提出シ單ニ形式上ノ議了ヲ强ヒ或ハ豫算ヲシテ不成立ニ終ラシムルカ如キ政略ヲ弄スルノ弊ヲ防クハ洵ニ緊要ノコトナリトス是本條第一項ニ於テ歲入歲出ノ總豫算ハ前年ノ帝國議會集會ノ始ニ於テ之ヲ提出スヘキヲ命シタル所以ナリ

然ラハ本條第一項ノ議會集會ノ始トハ如何ナル時期ヲ指スモノナルヤ今少シク憲法及議院法ヲ通覽スルニ帝國議會ノ召集ハ固ヨリ天皇ノ大權ニ存シ而シテ議會召集ノ勅諭ハ集會ノ期日ヲ定メ少クトモ四十日前ニ發布スヘク議員ハ其ノ期ニ各議院ノ會堂ニ集會スヘキ義務ヲ負ヒ各議院ハ抽籤法ニ依リ總議員ヲ數部ニ分割シ每部ニ部長一名ヲ部員中ニ於テ互選シ茲ニ全ク兩議院ノ成立ヲ告ケタル後更ニ勅命ヲ以テ開會ノ日ヲ定メ兩院議員ヲ貴族院ニ會合セシメ開院式ヲ行フモノトス（憲法第七條議院法第一條乃至第五條）之ニ由テ之ヲ觀レハ帝國議會開會ノ日ハ卽チ開院式ノ行ハルル日ニシテ帝國議會ハ正ニ此ノ時ヲ以テ始マルモノト謂フヘシ集會ノ始ト開會ノ始トハ議院法上明白ナル區別ノ存スルコト此ノ如シ然ルニ本條第一項ニ於テ帝國議會集會ノ始ト謂ヘルモノ單ニ文理上ノ解釋ヨリスレハ召集令ニ依リ各議院ニ議員ノ集會シタル時ナルカ如キ觀アリト雖モ立法ノ意ハ開會ノ始ノ意義ナルコト之ヲ忖度

スルニ難カラサルナリ何トナレハ議員ノ集合ハ未タ以テ帝國議會ノ成立セルモノト云フヲ得ス議會未タ成立セス（議會ノ成立ハ前段所論ノ如シ）卽チ議會トシテ權能ヲ行フコト能ハサル狀態ニ在ル間ニ於テ之カ提出ヲ命スルカ如キハ全ク無意味ニ屬スレハナリ豫算提出ノ時期ニ關スル實際ノ慣例ハ開院式ヲ行ヒタル後初テ開カルヘキ日ニ於テ之ヲ提出スルヲ例トス而シテ近來ニ於ケル議會ノ慣例ハ年末開院式ノ翌日ヨリ翌年一月二十日マテ議事ノ都合テフ理由（議案少キ爲カ或ハ豫算書調製ノ爲ナルヤハ余輩ノ與リ知ル所ニアラス）ヲ以テ休會ヲ爲スヲ以テ政府ニ於テハ其ノ休會期ノ盡クル翌日ニ豫算ヲ提出スルヲ例トセリ蓋シ休會期滿了ノ翌日ハ卽チ將ニ議會カ之ヨリ審議討査ニ著手セントスルノ時ニシテ開會ノ初タルヲ失ハサルモノト謂フヘシ或ハ曰フ議會既ニ成立シタル後ハ休會中ナルヲ問ハス直ニ提出セサルヘカラスト然レトモ議會カ自己ノ權能ニ依リ一定期間議事ノ進行ヲ停止シタル以上其ノ期間中ハ政府ヨリ豫算案ヲ提出スルモ議會ハ之ニ對シ何等ノ意思ヲ表示セサルヘキナリ然ルニ尙其間ニ於テ强テ之カ提出ヲ命スルカ如キハ余輩其ノ何ノ意タルカヲ解スルニ苦ムモノナリ故ニ政府ノ從來ノ慣例ハ毫モ本條第一項ノ規定ニ反スルモノニアラサルナリ

我カ帝國議會ハ貴族院及衆議院ノ兩院ヨリ成ルカ故ニ單ニ議會ニ提出スト云ヘハ

其ノ何レノ院ニ提出スルモ可ナルカ如シト雖モ政府ノ豫算ヲ議會ニ提出スルニハ先ツ衆議院ニ之ヲ提出セサルヘカラス蓋シ法律案ノ提出ハ貴族院ニ先ツ之ヲ提出スルモ將タ衆議院ニ先ニ提出スルモ全ク政府ノ隨意ナリト雖モ（議院法第五十三條）豫算ニ關シテハ憲法第六十五條ノ規定アリテ必ス先ツ衆議院ニ之ヲ提出セサルヘカラス所謂衆議院ニ於ケル豫算先議權ト稱スルモノ即チ是ナリ憲法ハ何カ故ニ豫算ニ關シ此ノ如キ特例ヲ定メタルヤ必スヤ其ノ理由ナクンハアラサルナリ美濃部博士ハ説明シテ曰ク憲法ニ於テ豫算先議權ヲ定メタルハ特ニ衆議院ノ意思ニ重キヲ置キタルノ旨趣ニ出テタルモノニシテ單ニ議事進行ノ順序ノミヲ定ムルノ趣意ナリト解スヘカラス若シ單ニ此ノ如キ意味ナリトセハ議院法又ハ其ノ他ノ法律ヲ以テ定ムヘキヲ至當トシ憲法中ニ堂々之ヲ規定スルノ理由ナシト余輩モ亦立法ノ意蓋シ此ニ在ルヲ信セントスルモノナリ博士ハ更ニ豫算先議權ヨリ演繹シテ左ノ斷案ヲ下セリ曰ク衆議院ノ豫算先議權ノ結果貴族院ニ於テハ衆議院ノ議決セシ豫算案ヲ原案トシテ審議セサルヘカラス然ルニ一方ニハ貴、衆兩議院ハ法律案ノ提出權ヲ有スルモ豫算ニ關シ發案權ヲ有セサルヲ以テ原案ニ對シ廢除削減ヲ爲シ得ルモ原案ニ定ムル以上ニ金額ヲ增加シ又ハ新ナル費用ヲ加フルヲ得ス此ノ結果トシテ貴族院ニ於テハ衆議院ノ議決案ヲ原案トスルコト前述ノ如クナル故ニ衆議院カ若シ政府案ヲ廢除削減シタル場合ニハ之ヲ政府案ニ復活スルノ議決ヲ爲スコトヲ得ス何トナレハ是原案ニ存セサル費目ヲ發案スルノ結果ニ歸著スレハナリ是衆議院ノ豫算先議權ヨリ當然生スル結論ナリト

然レトモ此ノ結論ハ果シテ正當ナリト云フヲ得ヘキカ余輩大ニ疑ナキ能ハス兩議院ハ固ヨリ豫算ノ發案權ヲ有セサルヲ以テ政府ノ提出シタル豫算案ニ對シ其金額ヲ增加シ又ハ新ナル費目ヲ增設スルコトヲ得サルハ論ヲ待タスト雖モ（此點ニ關シテハ一木博士ノ反對說アリ即チ議會ニ於テ政府ノ豫算ヲ增額シ又ハ新ニ項目ヲ設クルモ憲法ニ違反セス此ノ場合ニ於テハ議會ハ政府ノ要求ニ先チ其承認ヲ公言スルモノナリ政府若シ支出ヲ爲ストキハ議會ニ對シ更ニ其ノ必要ヲ證明スルノ責ナキヲ示ス者ナリ唯議會ハ政府要求ノ外ノ議決ニ依リ事業ヲ强要スルヲ得ヘカラサルハ勿論ナリト然レトモ此ノ說ハ議會ニ豫算ノ發案權ヲ認ムルノ結果トナルノミナラス政府ノ要求ニ先チ承認ヲ公ニスルモノナリト云フ如キハ牽强附會ノ甚シキモノナルヲ以テ余輩之ヲ採ラス）衆議院ニ於テ政府案ニ對シ其一部分ヲ廢除削減シタル場合ニ貴族院ニ於テ更ニ政府ノ原案ニ復活セシムルノ議決ヲ爲シ得サルノ理由ナシ是豫算議定權ニ伴フ當然ノ結果ニアラスヤ豫算ハ政府ヨリ先ツ衆議院ニ之ヲ提出スルモ衆議院ノ修正シタル豫算ハ固ヨリ確定ノ効力ヲ有スルモノニアラサルハ勿論之ヲ以テ貴族院ニ於ケル豫算議定ノ基礎ト爲スモノニアラス換言セハ衆議院ノ議決シタル豫算案其モノヲ以テ貴族院ニ

於ケル豫算ノ原案ト爲スニアラス豫算ノ原案ハ依然トシテ政府提出ノ豫算案ナリト謂ハサルヘカラス唯衆議院ノ廢除削減ハ政府案ニ同意ヲ表スルニ當リテ一種ノ條件ヲ附シタルニ過キス故ニ貴族院ニ於テハ同院獨立ノ意思ニ依リ其ノ廢除削減ハ國政ノ運用ヲ阻害スルモノト認ムルトキハ廢除削減シタル衆議院ノ意思ニ同意セス却テ無條件ニ政府案ニ同意ヲ表スル事ヲ得ヘシ豫算先議權ノ効果トシテ衆議院ノ修正シタル範圍ニ於テスルニアラサレハ貴族院ハ廢除削減スルヲ得スト云フカ如キハ理由ナキモノト謂ハサルヘカラス蓋シ豫算先議權ヲ認メタルハ衆議院ノ意思ニ重キヲ置キタルカ爲ナリト云フハ貴族院ヲ拘束スヘキ力アル議決ヲ爲スコトヲ承認スルノ意ニアラスシテ立法ノ意思ハ衆議院ハ貴族院ニ比シ國民多數ノ意思ヲ代表シタル議員ヨリ成ルカ故ニ國家ノ經費豫算ニ關シテハ國費ノ負擔ヲ爲ス多數國民ノ代表機關ニ先ツ之ヲ諮ラントノ意味ニ出テタルモノナラント信ス之ヲ先例ニ徴スルニ第三回帝國議會ハ松方内閣ノ下ニ召集セラレタル解散後ノ議會ナリシカ衆議院ハ豫算審議ノ結果明治二十五年度追加豫算中海軍省所管ノ軍艦製造費呉製鋼所設立費及文部省所管ノ震災豫防費等ヲ削除シテ之ヲ貴族院ニ送付シタルニ貴族院ニ於テハ右ノ中軍艦製造費及震災豫防費ヲ復活シ衆議院ノ同意ヲ求メ

タリ然ルニ衆議院ハ爲ニ大ニ激昂シ貴族院カ衆議院ノ送付シタル豫算中海軍省所管及文部省所管ニ新ニ款項ヲ挿入シタルハ不法ナリト抗議シ貴族院ハ復タ更ニ適法ノモノナリト議決シ再ヒ衆議院ニ送付シタリシニ衆議院亦直ニ理由ナシトテ貴族院ニ返附シタリ是ニ於テ貴族院ハ憲法第四十九條ニ依リ上奏文ヲ捧呈シ勅裁ヲ仰キシニ天皇ハ之ヲ樞密院ニ諮詢シ勅諭ヲ發セラレ以テ其ノ局ヲ結ヘリ當時樞密院ノ奉答スルモノ左ノ如シ

憲法上豫算ニ對スル貴族院及衆議院ノ協贊權ハ我帝國憲法第六十五條ニ依リ衆議院ハ貴族院ニ先チテ政府ヨリ豫算ノ提出ヲ受クルノ外兩院ノ間軒輊スル所ナキモノナリ故ニ後議ノ議院ハ前議ノ議院ニ對シテ何等羈束セラルルコトナク從テ前議ノ議院ニ於テ削除セル款項ヲ存留スルハ固ヨリ後議ノ議院ノ修正權內ニ屬スヘキモノトス但シ後議ノ議院ハ前議ノ議院ニ對シ議院法ノ命スル所ニ依リ同意ヲ求ムルヲ以テ唯一ノ手續トスルノミ

貴、衆兩議院ノ豫算協贊權ニハ何等ノ優劣ナク唯審査ニ先後ノ別アルニ過キサルコトハ之ニ依リ愈々明白ナリト謂フヘク亦以テ余輩ノ言ノ妄ナラサルヲ證スルニ足ラン從テ又或一部論者ノ主張スルカ如ク豫算先議權ノ結果トシテ先議權ノ修正削除シタル豫算案ニ對シ更ニ貴族院ニ於テ修正削除ヲ爲スヲ得スト云フカ如キハ恣ニ先議權ヲ不當ニ擴張セントスルモノニシテ我國法ニ於ケル解釋論トシテ殆ト一顧ノ價値ナキモノト謂ハサルヘカラス今期議會ニ於テ衆議院カ海軍擴張費豫算三千萬圓ヲ削除シタルニ對シ貴族院ニ於テ更ニ四千萬圓ノ削減ヲ試ミタルカ如キモ固ヨリ貴族院ノ豫算議定權ニ基ク當然ノ權能ニシテ毫モ不法ニアラサルナリ

以上說明シタル如ク歲入歲出ノ總豫算ハ之ヲ前年ノ帝國議會集會ノ始ニ提出セサルヘカラス而シテ此ニ前年ノ帝國議會ト云ヘルハ其ノ提出セントスル豫算ノ屬スル年度ニ對スル前年ノ謂ヒニシテ卽チ前年度ノ帝國議會ト謂フノ義ニ外ナラサルナリ

此ノ如ク歲入歲出ノ總豫算ナルモノハ事前ニ於テ豫メ翌年度ニ於ケル收支ノ分量ヲ豫算スルモノナルカ故其ノ實施ニ當リテ豫算ニ不足ヲ生シ若ハ全然豫算ニ見積ラサル支出ヲ要スルコトアリ或ハ又豫算編成後ニ於テ或費目ノ必要ヲ生スルコトアリ是等豫算ノ不足ヲ補フ爲ニハ憲法第六十九條ノ豫備費ノ設ケアリト雖モ豫備費ハ固ヨリ無限ノ蓄積ヲ有スルモノニアラスシテ一定ノ金額ニ過キサルヲ以テ（現行ノ豫備費ハ第一、第二豫備金ヲ合シテ總額六百萬圓）之ノミヲ以テ未タ充分ナリト謂フヲ得ス是ニ於テカ各國何レモ追加豫算ヲ認メサルハナシ我國ニ於テモ憲法施行後久シク追加豫算ニ關スル明文ノ規定ナカリシト雖モ第一議會以來政府ハ常ニ追加豫算ヲ提出シ議會亦之ヲ認メテ敢テ怪マサリシカ逐年追加豫算ノ提出益々頻繁ニ政府ハ初ヨリ追加豫算ノ提出ヲ豫期シテ豫算ヲ編成スルノ傾向アルヨリ帝國議會ハ之ヲ一定ノ範圍ニ制限セント欲シ遂ニ本條第二項ノ追加法案ヲ提出シ之ヲ可決確定シ明治三十五年八月法律第四十七號ヲ以テ本條第二項ノ追加ヲ見ルニ至リタルモノナリ

追加豫算ノ提出ハ本條第二項ノ明ニ認ムル所ト爲リシヲ以テ其當否ハ今日ニ於テハ最早ヤ議論ノ餘地ナシト雖モ追加豫算其モノノ法理上ノ性質如何ハ尚攻究ヲ要スルモノアリ

卽チ追加豫算ハ總豫算ニ對スル追加トシテ之ヲ提出スルモノナリヤ將タ總豫算以外ニ獨立シテ別箇ノ豫算トシテ之ヲ提出スルモノナリヤ故穗積博士ハ其ノ著憲法提要ニ於テ論シテ曰ク憲法第六十四條ハ國家ノ歲入歲出ハ毎年豫算ヲ以テ議會ノ協贊ヲ經ヘシト云ヘルニ依リ卽チ豫算ハ一年ノ一切ノ歲出入ヲ總計シテ分割スヘカラス合併スヘカラス之ヲ調製シテ毎年議會ノ議ニ付セサルヘカラス故ニ他國ノ如ク數年ヲ通シテ一會計期トシ又ハ一年ヲ分チ數會計期トシテ豫算ヲ定ムルハ違

憲ナリ又豫算ハ一切ノ歳出入ヲ總括スヘキモノトス若シ特種ノ歳出入ニ付特別ノ豫算ヲ設ケ議會ニ於ケル別箇獨立ノ議決ノ目的トナスアラ、明ニ違憲ナリ現行會計法ニ追加豫算ナルモノアリ蓋シ豫算ノ追加修正ノ意ナルカ如シ若シ之ヲ豫算ヲ分割シテ議決ニ付スルコトヲ得ルモノトセハ法理ニ反スルノミナラス濫用ノ弊ハ立憲ノ大義ヲ紊亂スルニ至ラントス故ニ博士ハ追加豫算ヲ以テ總豫算以外ニ獨立シタル別箇ノ豫算ニアラスシテ總豫算ノ補充的追加ト看做スカ如シ然ルニ政府並ニ帝國議會ハ後說ヲ採リ追加豫算ハ全ク總豫算ノ外ニ獨立シタル別箇ノ豫算ナリト云フニ一致セリ此ノ論定ノ如何ニ依リ結論ニ大ナル徑庭ヲ生ス即チ前說ニ從フトキハ大正二年度ノ帝國議會ニ於ケル如ク大正三年度豫算ノ不成立ニ歸シタル場合ニ於テハ其ノ他ノ大正三年度追加豫算モ亦不成立ニ歸スルモノト謂フヘシ（大正二年度追加豫算ハ何レノ說ニ從フモ成立疑ナシ）何トナレハ追加スヘキ本體既ニ消滅ニ歸シタルヲ以テ附隨スルニ由ナケレハナリ然ルニ後說ニ依レハ此ノ場合ニ於テモ追加豫算ハ全ク別箇ノ豫算ナルカ故ニ總豫算ノ成立如何ニ拘ハラス存留シ得ヘキナリ後說ハ實際ノ運用上極テ便利ナルノミナラス單ニ本條第二項ヨリ解スルトキハ强チ不當ニアラサルカ如シト雖モ翻テ憲法第六十四條及本法第二條ヨリ推考スルトキハ豫算不分別ノ原則ハ之ヲ推測スルニ難カラス從テ本條第二項ノ追加豫算ヲ認ムルモ亦此ノ旨趣ヲ破ラサル範圍ニ於テスルモノニアラサルナキヤ然ルニ直ニ本條第二項ノ規定ヲ以テ單純ニ總豫算不足ナル場合ニ追加トシテ別箇ニ豫算ヲ編成シ議會ノ協賛ヲ求ムルヲ認ムルモノナリト謂フハ聊カ豫算不分割ノ原則ニ背馳スルノ嫌アルニ似タリ然レトモ一般ノ通説ハ豫算ノ不可分主義ナルモノハ追加豫算ノ如キ場合ヲ謂フニアラスシテ豫算ノ一部分ヲ議定（各省ノ豫算中或二三省ノ豫算ヲ除外スル如キ）シ若ハ一會計年度ノ豫算全額ヲ一度ニ議定セス先ツ六ケ月ヲ議スルカ如キヲ禁セントスルモノナリ故ニ追加豫算ヲ以テ別個ノ豫算ナリトスルモ所謂不可分主義ニ乖戻セサルモノナリトセリ實際論トシテハ此ノ説ヲ以テ便利トシ理論トシテハ前説ヲ以テ至當トスヘキカ如シ

追加豫算ニハ當該年度ノ經費ニ對スル追加豫算ト翌年度經費ニ對シ更ニ追加スルモノトノ二種類アリ例之今期議會ニ於テハ大正七年度ニ屬スル收支ノ總豫算ヲ提出スルヲ恒例トスヘキモ其ノ總豫算提出後更ニ大正七年度所屬經費ノ必要ヲ生シタル場合ニハ之ヲ大正七年度追加豫算トシテ協賛ヲ求ムルヲ得或ハ又本年度即チ大正六年度豫算ニ不足ヲ生シ若ハ新ニ經費ノ必要ヲ生シタルトキハ大正六年度追

加豫算トシテ要求スルヲ得ル等ノ如シ而シテ本條第二項ハ追加豫算提出ニ關スル制限ヲ規定シタルモノナルハ前述ノ如シ卽チ本條第二項ニ依レハ必要避クヘカラサル經費及法律又ハ契約ニ基ク經費ニ不足ヲ生シタル場合ノ外ハ之ヲ提出スルコトヲ得サルナリ

本項ノ解釋ニ關シテ少シク疑ノ生スルモノアリ先ツ本項ヲ解シテ第一必要避クヘカラサル經費第二法律又ハ契約ニ基ク經費ニ不足ヲ生シタル場合ノ外之ヲ提出スルヲ得スト云フモノノ一解釋ナリ次ニ(一)必要避クヘカラサル經費ニ不足ヲ生シタル場合(二)法律又ハ契約ニ基ク經費ニ不足ヲ生シタル場合ノ外追加豫算ヲ提出スルヲ得ストスルモノハ第二ノ解釋ナリトス第一ノ解釋ニ從ヘハ必要避クヘカラストヲ云フハ全ク事實問題ニ屬シ豫メ其ノ範圍ヲ限定セラルルモノニアラス既定豫算ノ外ニ新ナル事實上ノ必要生シタルトキハ追加豫算ヲ提出スルコトヲ得反之第二ノ如ク解スルトキハ「不足ヲ生シタル」ノ語ハ自ラ既定ノ豫算金額アルヲ前提トスルカ故前年度豫算ニ於テ既ニ確定セル費目ニ不足ヲ生シタル場合ナラサルヘカラス從テ豫算ニ定額ナキモノハ新ニ其ノ必要ヲ生スルモ追加豫算ヲ提出スル能ハサル結果ヲ生ス加之「不足ヲ生シタル場合」ノ語ハ少クトモ過去若ハ現在ヲ意味スルモノナ

ルハ文勢上明ナルヲ以テ將來ニ對スルモノ卽チ翌年度豫算ニ屬スル追加ヲ提出スルヲ得サル如キ奇怪ナル結果ヲ生スルニ至ラン

蓋シ本項ノ規定ハ文理解釋上前述ノ如ク二樣ノ解釋ヲ生スル亦實ニ止ムヲ得サルナリ果シテ然ラハ如何ニ解スルヲ以テ最モ能ク立法ノ眞髓ヲ得タリトスヘキヤ或論者ハ曰ク本項ヲ特ニ追加シタル立法ノ精神及本項ハ制限的規定ナリトノ理由ヲ以テ狹義ニ解スルヲ至當トシ若シ第一ノ如ク廣義ニ解スルトキハ本項ヲシテ死法タラシムルモノナリト論者ノ說ハ一理アルモノナリト雖モ立法者ハ既ニ一方ニ包括的ノ語ヲ以テ或ル特定ノ場合ヲモ包含スルノ文字ヲ用キタルニ拘ハラス尙且ツ之ト相對シテ其ノ特定ノ場合ヲ示スノ徒爾ナルヲ敢テス之ヲ廣義ニ解スルト狹義ニ解スルトヲ論セス論者ノ批難ハ到底之ヲ免ルヽヲ得サルナリ何トナレハ必要避クヘカラサル經費テフ語ハ頗ル廣汎ノ意義ヲ有シ其ノ必要ハ如何ナル原因ニ依リタルヲ問フモノニアラス故ニ法律ノ結果又ハ政府ノ義務ニ屬スル經費ハ何レモ必要避クヘカラサル經費ノ中ニ包含セラルヘキヲ以テナリ故ニ余輩ハ之ヲ追加豫算ノ性質ニ鑑ミ第一ノ如ク解スルヲ以テ最モ機宜ニ適スルモノト信ス此ノ如ク論シ來レハ本條第二項ハ全ク無意義ニシテ之ヲ設クルモ何等ノ實効ナキカ如シト雖モ

必要避クヘカラサルヤ否ヤノ事實上ノ認定ハ帝國議會ノ隨意ノ權能ニ屬スルヲ以テ實際上其ノ必要アルモノハ議會ハ斷然之ヲ排斥スヘキヲ以テ政府ヲシテ其ノ濫出ヲ警シムルノ効果アルヘキハ余輩ノ信シテ疑ハサル所ナリ

上來論述スル所ニ依リ追加豫算ノ提出ハ(一)必要避クヘカラサル經費(二)法律又ハ契約ニ基ク經費ニ不足ヲ生シタル場合ニ限ルモノトス而シテ茲ニ必要避クヘカラサル經費トハ抽象的ノ語ニ過キサルヲ以テ如何ナル經費ハ果シテ必要避クヘカラサルモノナリヤ否ヤハ各場合ニ臨ミ其ノ事實ニ依リ之ヲ決セサルヘカラスト雖モ今一例ヲ擧クレハ或ル外國ニ於テ騷亂甚シク而カモ其ノ國自ラ之ヲ鎭制スル力ナク在外帝國臣民ノ身體財產將ニ危急ニ瀕セントスルニ當リ之ヲ保護スル爲軍隊若ハ軍艦派遣ニ要スル費用ノ如キ其最モ著シキモノナリ又天災地變等ノ爲メ官廳ノ廳舍其他ノ設備ヲ失ヒ若ハ壞敗ニ歸シタル場合ニ之カ回復ニ要スル經費ノ如キ亦必要避クヘカラサルモノナルコト異論ナキ所ナルヘシ尙此ニ注意ヲ要スヘキハ必要避クヘカラサルヲ要スルカ故或ル經費ハ固ヨリ有益ノモノタルヤ疑ナキモノナリト雖モ單ニ有益ナリトノ理由ヲ以テ追加豫算ヲ提出スルヲ得サルナリ此ノ如キ經費ハ本豫算ニ於テ徐ロニ其ノ必要ナリヤ否ヤ若シ之ヲ必要トスルモ時ノ財政狀態

ハ之ヲ容ルヽノ餘地アリヤ否ヤ等ヲ講究シ議會若シ必要有益ナルヲ認ムレハ協贊ヲ與フルニ至ランノミ決シテ之ヲ其ノ年度ニ於ケル追加豫算トシテ提出スルノ急ナルモノニアラサルナリ之ヲ要スルニ其ノ必要避クヘカルラサルモノナリヤ將タ有益タルニ過キサルヤハ結局程度ノ問題ニ屬スルヲ以テ各個ノ場合ニ於テ事實ニ依リ之ヲ決スルノ外ナキハ辯ヲ待タサルナリ

其ノ他法律又ハ契約ニ基ク經費ハ殆ト枚擧ニ遑アラスト雖モ今其ノ二三ノ例ヲ擧クレハ法律ノ結果ニ依ルモノハ市町村交付金、官吏恩給金、官吏遺族扶助金、死傷手當金、徵兵費、囚徒費、難破船費ノ如キ其ノ他法律ヲ以テ其ノ存在ヲ認ムル帝國議會、裁判所及會計檢査院ノ經費建物ノ築造、議員ノ歲費旅費其他職員ノ俸給旅費)等ノ如キ亦之ニ屬ス政府ノ契約上ノ義務ニ屬スルモノハ償還金、賠償金及雇傭關係ニ基ク給料等是ナリ蓋シ是等ハ法律ノ存在スル限リ當然支出セサルヘカラサルカ若ハ法律上ノ義務トシテ當然其ノ負擔ノ責ヲ免ルヽ能ハサルモノナレハ之カ支出ハ到底必要避クヘカラサルモノト謂ハサルヘカラス是其ノ追加豫算ノ提出ヲ認ムル所以ナリ追加豫算提出ノ時期ニ關シテハ何等ノ規定ナキヲ以テ議會開會中何時ニテモ之ヲ

提出スルヲ得若シ議會閉會中其ノ必要ヲ生シタルトキハ臨時議會ヲ召集シテ追加豫算ヲ提出スルモ妨ナシ

豫算ハ毎年帝國議會ノ協賛ヲ經サルヘカラサルコト憲法第六十四條及本條ノ規定ニ依リ明ナリト雖モ若シ其ノ豫算成立ニ至ラサルトキハ政府ヲシテ如何ナル處置ヲ採ラシムヘキヤ豫算ナキノ故ヲ以テ國家ノ政務ハ寸時モ之ヲ廢スルヲ得ス然レトモ政府ノ欲スル所ニ從ヒ隨意ニ其ノ支出ヲ爲サシムルハ豫算協賛主義ニ反シ立憲ノ旨趣徹底セサルヲ如何セン是ニ於テカ憲法第七十一條ハ此ノ如キ場合ニハ前年度ノ豫算ヲ施行スヘキヲ命シ豫メ之ニ備フルノ方法ヲ設ケタリ憲法第七十一條ニ曰ク帝國議會ニ於テ豫算ヲ議定セス又ハ豫算成立ニ至ラサルトキハ前年度豫算ヲ施行スヘシト今茲ニ豫算不成立ノ原因ヲ擧クレハ(一)帝國議會ニ於テ其ノ豫算ヲ議定セサルトキ(二)其ノ他ノ原因ニ依リ不成立ニ歸シタル場合トニ分ツコトヲ得

第一ノ原因ニ基クモノ即チ帝國議會ニ於テ豫算ヲ議定セサル場合

甲　帝國議會ノ開期既ニ盡クルモ豫算議了セラレサルトキ

蓋シ我帝國議會ハ兩院制ナルヲ以テ衆議院ノ議決ヲ經ルモ貴族院ノ同意ヲ經サレハ議會ノ意思トシテ効力ナキヲ以テ兩院共同ノ議決ヲ見サレハ豫算ハ成

立スルニ由ナキナリ故ニ(一)一院ニ於テ豫算ヲ否決シタルトキ(二)兩院議決ヲ異ニシタルヲ以テ兩院協議會ニ附スルモ尚意見一致セス協議不調ニ終リタルトキ(大正二年度通常議會ニ於ケル大正三年度一般會計總豫算ノ不成立ニ歸シタルカ如シ)(三)會期既ニ盡キテ閉會ニ至レルトキハ豫算成立セス

乙　豫算提出後議了前ニ衆議院解散セラレタルトキ

解散ヲ命スルハ天皇ノ大權ニ屬シ且ツ何等ノ制限ナキヲ以テ如何ナル事由ニ基クヲ問ハス民意ヲ新ニスルノ必要ヲ認ムルトキハ何時ニテモ解散ヲ命スルヲ妨ケサルナリ

第二ノ原因ニ基クモノハ第一ノ原因以外ニ基ク總テノ不成立ノ場合ニシテ

(一)議會成立セス(議員召集ニ應セス若ハ内外ノ情況ニ依リ議會ヲ召集スル能ハサルトキ)又ハ豫算提出前ニ解散セラレタルトキ

(二)政府ノ同意ナクシテ議會カ憲法第六十七條ノ歳出ヲ排除削減シタルトキ

(三)豫算編成ニ關スル法令ニ違反シ(豫備費ヲ削除シタル如キ)若ハ議事カ法令ニ違反シタルトキ(出席議員定數ニ滿タスシテ議決シタルトキノ如シ)

右(二)及(三)ノ場合ハ議會ニ於テ豫算ヲ議了スルモ其ハ議決カ憲法其ノ他ノ法令ノ

規定ニ違反スルヲ以テ効力ヲ生セサルカ故豫算ハ遂ニ不成立ニ歸スルモノナリ

(四) 裁可ヲ經サルトキ

此ノ場合ハ極メテ稀ナルヘシト雖若シ議會ニ於テ甚シク豫算ヲ削減シタル場合ノ如キ爲ニ政務ヲ行フ能ハス若ハ政務ヲ行フニ甚シキ障害アリト認ムルトキハ天皇ハ豫算ヲ裁可セス不成立ニ歸セシメ前年度豫算ヲ施行スルヲ得但シ從來ノ政府ノ實例ニ依レハ此ノ如キ虞アルトキハ議決以前ニ解散スルヲ常トセリ從テ實際ニ於テハ不裁可ニ因ル豫算ノ不成立ヲ見ルコト殆ト稀ナルヘシ

豫算不成立ノ場合ハ以上説明スル所ノ如シ之ヲ要スルニ憲法第七十一條ノ旨意ハ前年度ノ豫算ヲ以テ直ニ其ノ年度ノ豫算トシテ之ヲ施行スヘシトノ義ニ外ナラサルヲ以テ其ノ豫算施行ノ爲ニハ何等ノ手續ヲ要セサルカ如シト雖モ從來ノ慣例ハ此ノ場合ニハ勅令ヲ以テ前年度豫算施行ノ旨ヲ公布スルヲ例トセリ是蓋シ通常ノ場合ニ於テ議會ノ議決シタル豫算ヲ施行スルニハ裁可公布等ノ手續ヲ要スルヲ以テ豫算成立ニ至ラスシテ前年度豫算ヲ施行スル場合ニ於テモ其ノ施行ヲ命スルニハ齊シク大權ノ作用ニ基クヲ要ストノ見解ニ出テタルモノナルヘシト雖モ豫算不成立ノ場合ニ前年度豫算ノ施行ヲ命スルハ必スシモ憲法上ノ必要條件ニアラスト

信ス

總豫算不成立ノ結果ハ他ノ豫算ニ如何ナル影響ヲ及ホスヘキヤ卽チ追加豫算並ニ特別會計豫算ノ運命如何ハ大正二年度議會ニ於テ初テ實際問題トシテ現ハレタルモノナルヲ以テ世間多少論議ヲ試ムルモノアリシカ遂ニ政府ハ何等ノ影響ヲ及ホスモノニアラストノ解釋ヲ採リ大正三年度追加豫算及特別會計豫算ノ公布ヲ見ルニ至リタリ余輩ハ前段ニ追加豫算ノ性質ヲ述フルニ當リ追加豫算ニ對スル影響如何ハ既ニ論定シタルヲ以テ此ニハ單ニ特別會計ニ屬スル豫算ニ對シ如何ナル影響ヲ及ホスヘキヤノ問題ニ答ヘント欲ス

或學者ハ曰ク特別會計ノ豫算案ハ概シテ總豫算案ノ總計額ト不可分ノ關係ニアリ故ニ其ノ既ニ決定セラレタルモノト雖モ其ノ歲入ノ或部分カ總豫算案ノ歲出ヨリ補助セラルヽ關係ニ在ルモノハ總豫算案ノ不成立ト共ニ不成立ト爲ラサルヘカラス若シ然ラサルトキハ其ノ特別會計豫算ハ歲入ヲ前年度豫算ニ採リ其ノ歲出ヲ新年度ノ豫算ヨリ支出スルノ奇觀ヲ呈スヘシ且ツ此ノ場合ニ於テ若シ其ノ歲入カ歲出金額ヲ支辨スルニ足ラサルトキハ歲出中如何ナル費目ヲ節スヘキヤ不明ニシテ仕拂命令權ヲ歲入額ニ止メシムルコト能ハス是特別會計法ニ違反スルノ結果トナ

ルヘシト

然レトモ此ノ說ハ前提ニ於テ余輩ト全然見解ヲ異ニス即チ學者ノ所謂特別會計ノ豫算案ハ概シテ總豫算案ノ總計額ト不可分ノ關係ニ在リト云フノ點ハ余輩ノ首肯シ能ハサル所ナリ蓋シ特別會計ナルモノハ一般會計ニ對スル除外例トシテ法律ヲ以テ定ムルモノニシテ之カ豫算モ亦特別會計規則ニ基キ編成スルモノニシテ一般會計ノ豫算トハ法理上何等ノ關係ヲ有スルモノニアラス特別會計規則ニ於テ一般會計總豫算ト俱ニ帝國議會ニ提出スヘシト謂ヘルハ議會ヲシテ歲入歲出ノ全體ノ狀況ヲ通覽スルニ便ナラシメンカ爲ニ出テタルモノニシテ決シテ豫算不可分主義ヲ貫カントスルノ旨趣ニアラサルナリ固ヨリ特別會計ヨリ生スル純益金ハ之ヲ一般會計ノ歲入ニ繰入ルヽコトアルヲ以テ事實上一般會計總豫算編成ニ際シテハ特別會計ノ純益金ヲ收入ノ財源トシテ計上シ或ハ又之ト反對シ一般會計總豫算中歲出トシテ特別會計ニ收入ノ財源ヲ與フルコトアリト雖モ之ヲ以テ相互的不可分ノ關係ニアリ若ハ本末的關係アリト云フハ其ノ當ヲ得ス何トナレハ是唯豫算中ニ互ニ一部分ノ財源ヲ供シタルニ過キサレハナリ故ニ若シ他日特別會計ノ純益ナクンハ之ヲ以テ收入ノ目的トシタル一般會計豫算ハ其ノ目的ヲ達セラレサルヲ以テ更ニ

他ヨリ其收入額ニ相當スル財源ヲ求メテ歲出ニ充當センノミ此理法ハ一般會計ノ總豫算中ヨリ歲出トシテ特別會計ニ收入ノ財源ヲ與ヘタル場合ニ於テモ同一ナリトス學者ハ特別會計ノ一部分カ總豫算ノ歲出ヨリ補助セラル、場合ニ總豫算不成立ニ歸シタルニ拘ラス尙獨リ特別會計存スルモノトセハ其ノ特別會計豫算ハ歲入ヲ前年度豫算ニ採リ其ノ歲出ヲ新年度ノ豫算ヨリ支出スルノ奇觀ヲ呈スト云フモ是實ニ變例ノ場合ニ於ケル止ムヲ得サル現象ト云フノ外ナキノミナラス豫算不成立ノ場合ニ於ケル前年度豫算ハ法理上ヨリ之ヲ觀察セハ新年度ノ到來ト共ニ當然新年度豫算トシテ施行セラルルモノナレハ歲入モ亦前年度豫算ニ採ルニアラスシテ新年度豫算ヨリ之ヲ求ムルモノト謂ハサルヘカラス學者又曰此ノ場合ニ若シ其ノ歲入カ歲出金額ヲ支辨スルニ足ラサルトキハ歲出中如何ナル費目ヲ節スヘキヤ不明ニシテ仕拂命令權ヲ歲入額ニ止メシムルコト能ハスト余輩ハ其ノ何ノ意タルヤヲ解スル能ハサルモ若シ歲入不足ナル場合ニハ何レノ歲出ヲ節スヘキヤ不明ナリトノ意義ナリトセハ余輩ハ答ヘテ曰ハントス是豫算施行ノ任ニ當ル者ノ隨意ニ決スヘキモノニシテ緩急其宜ニ隨ヒ何レノ費目ヲ節スルモ全ク自由ナリト故ニ仕拂命令權ヲ歲入額ニ止メシムルコト能ハスト云フカ如キハ寧ロ杞憂ニ過キサルモノト謂フヘシ若シ學者ノ說ニ從ヒ特別會計豫算ト一般會計豫算トハ不可分ノ關係ニ在ルヲ以テ之ト運命ヲ共ニスヘシトセハ特別會計設置ノ理由ヲ沒却シ遂ニ特別會計ハ其ノ特別會計豫算ノ本質ヲ失フニ至ラン

以上論述シタル所ニ依リ余輩ハ總豫算不成立ノ結果ハ特別會計豫算ニ何等ノ影響ヲ及ホスモノニアラスト斷言セントス

豫算不成立ノ結果前年度豫算施行ニ關シテハ尙左ノ如キ數個ノ疑問ヲ生ス

第一　會計法第二十一條ニ依リ前年度豫算ニ於テ繰越ノ明許ヲ得タル經費ハ豫算不成立ノ場合ニ尙其ノ繰越額ヲ使用シ得ルヤ或學者ハ繰越ノ明許ハ豫算其者ニアラサルヲ以テ之ヲ後年度ノ豫算ト看做スコトヲ得サルニ依リ後年度ニ於テ之ヲ使用スルヲ得スト云ヘリ然レトモ前年度豫算ニ於テ繰越使用ヲ明白ニ承認セラル丶トキハ翌年度ニ於ケル豫算ノ成立如何ヲ問ハス之ヲ使用シ得ルモノト謂ハサルヘカラス何トナレハ是繰越使用ハ本法第三條ノ例外規定ニ屬スル當然ノ結果ナレハナリ是恰モ繼續費ノ年割額ヲ初年度豫算ニ於テ決定シタルトキハ翌年度以降ニ豫算不成立ノ場合ヲ生スルモ既ニ決定セラレタル年割額ヲ使用シ得ルト同一ノ理由ニ基クモノナリ（次項参照）

第二　繼續費ノ年割額ヲ定メタルトキハ後年度ニ豫算不成立ト爲ルコトアルモ前年度豫算ニ依ラス其年割額ヲ使用シ得ルヤ

思フニ繼續費ノ年度割支出額ヲ定メタルトキハ其滿期ニ至ル迄ハ確定豫算ノ効力ヲ有スルカ故總豫算ノ成立如何ニ拘ハラス既定ノ年割額ヲ使用シ得ヘキナリ若シ其ノ繼續費ニシテ年割額ヲ定メス單ニ其ノ總額及年限ヲ定メ各年度ニ於テ適宜其ノ支出額ヲ定メシムルモノナルトキハ（今日ノ實際ハ此ノ制ヲ採ラサルヲ以テ問題ハ生セサルヘキモ）此ノ場合ニハ後年度ノ支出額未タ定ラサルヲ以テ前年度豫算額ヲ施行スルノ外ナク卽チ前年度支出額ヲ標準トセサルヘカラサルナリ

第三　豫算外國庫ノ負擔トナルヘキ既定契約ニ屬スル經費ハ豫算不成立ノ爲ニ如何ナル影響ヲ被ルヘキヤ

蓋シ豫算外國庫負擔ノ既定契約ニ基ク經費ハ國家ハ因ヨリ其ノ支出ヲ免ルヘキモノニアラス故ニ其ノ豫算ニシテ不成立ニ歸シタルトキハ前年度豫算ヲ施行スルノ外ナク從テ若シ經費ニ不足ヲ生シタルトキハ豫備費ヨリ補充スルコトヲ得ヘク豫算不成立ノ爲ニ其ノ支出ヲ妨ケラルヽコトナキナリ

第四　大藏省證劵發行最高額ハ豫算不成立ノ場合ニ如何ニ之ヲ定ムヘキヤ

抑モ大藏省證劵發行制限額ハ固ヨリ豫算其モノニアラスト雖モ每年帝國議會ノ協賛ヲ經サルヘカラス而シテ其ノ協賛ヲ求ムルニ當リテハ之ヲ豫算書ノ冒頭ニ掲記シ豫算ト共ニ協賛ヲ經ルヲ例トシ且ツ其ノ制限額ハ豫算ノ金額ト比例シテ之ヲ定ムルノミナラス元來大藏省證劵ノ發行ハ收支均衡ヲ得サル場合卽チ收入寡クシテ歲出多キ場合ニ一時ノ便法トシテ收入ヲ補ハンカ爲ニスルモノニシテ換言セハ豫算ノ施行ヲ助クルノ方便タルモノナレハ豫算ト運命ヲ共ニスヘキヲ至當トシ更ニ一面ヨリ之ヲ考フレハ大藏省證劵ノ發行ハ豫メ收入ノ豫算ヲ立ツルト同一ニシテ卽チ收入豫算ノ一部ヲ爲スモノナリト云フヲ得ヘキニ依リ大藏省證劵發行最高額ハ豫算不成立ノ場合ニハ前年度豫算ニ掲クルモノニ準據スルモ妨ナキカ如シ

第六條　歲入歲出ノ總豫算ハ之ヲ經常臨時ノ二部ニ大別シ各部中ニ於テ之ヲ款項ニ區分スヘシ

總豫算ニハ帝國議會參考ノ爲ニ左ノ文書ヲ添付スヘシ

第一　各省ノ豫定經費要求書但各項中各目ノ明細ヲ記入

スヘシ

第二　其ノ年三月三十一日ニ終リタル會計年度ノ歳入歳出現計書

本條及次條ハ豫算編成ノ方法ニ關スル大原則ヲ示スモノナリ而シテ本條ハ歳入歳出ノ總豫算ハ之ヲ經常部及臨時部ノ二ニ分チ各部中ニ於テハ更ニ之ヲ款項ニ區分スヘキヲ命シタリ故ニ經常ノ歳出入ハ之ヲ經常部ニ臨時ノ歳出入ハ之ヲ臨時部ニ掲上セサルヘカラス經常及臨時ノ區別ニ關シテハ財政學者間ニモ議論ノ存スル所ナリト雖モ一言以テ之ヲ蔽ヘハ國家ノ存在ト共ニ永久的ニ年々繰返シテ行ハルヘキモノト推定セラル、收入支出ハ之ヲ經常收入又ハ經常費ト稱スヘク反之必スシモ永年繰返シテ行ハルヘキヲ推定セラル、ニアラスシテ時ノ必要ニ隨ヒ收入支出セラル、モノ之ヲ臨時收入又ハ臨時費ト稱ス故ニ彼ノ所謂繼續費ノ如キ五年若ハ十年ノ間毎年繼續シテ支出セラル、モノナリト雖モ之レ國家財政上ノ便宜若ハ事業ノ性質ニ依リ一事業ニ對スル豫算ノ總額ヲ各年度ニ分割使用スルニ過キスシテ其ノ性質ハ却テ臨時的ナリト謂ハサルヘカラス（繼續費ニ付テハ後ニ詳論スヘシ）從テ之ヲ經常費ト

稱スルヲ得サルナリ

今茲ニ經常歳出ノ一例ヲ示サン國家ノ機關特ニ憲法上定メラルル機關例之議會、裁判所、會計檢査院其他各行政機關ニ關スル經費又ハ官吏ノ俸給、恩給金、租税徴收費其ノ他官業營業費、陸海軍常備費等ノ如キ是ナリ

又經常歳入ハ例之各種ノ租税收入及官業又ハ官有財産ヨリ生スル收入其ノ他法令ノ規定ニ基ク各種ノ免許手數料等之ニ屬ス

次ニ臨時歳入ノ例ハ官有物拂下代、若ハ全ク臨時ニ收入スル所謂雜收入ニ屬スルモノ其ノ他借入金、繰入金等是ナリ

臨時歳出ノ例ハ實ニ枚擧ニ遑アラスト雖モ一般ニ最モ多ク行ハルヽハ營繕工事費ナリ公共團體若ハ私設會社ノ特種事業ニ對スル補助金其ノ他一時的ノ事業費等ハ總テ臨時歳出ニ屬スルモノト云フヘシ要スルニ臨時費ハ前ニモ述ヘル如ク全ク一時的性質ノモノニシテ決シテ毎年永久ニ繰返サルヽモノニアラス其ノ偶々同一經費ノ連年繼續スルコトアルモ是偶然ノ結果タルニ過キスシテ爲ニ臨時的ノ性質ヲ變スルモノニアラサルナリ

歳入歳出ノ總豫算ハ之ヲ經常、臨時ノ二部ニ大別スルノ外尚各部中之ヲ款項ニ區分

セサルヘカラス蓋シ豫算ノ全體ヲ經常ト臨時ニ區分スルノ理由ハ一ハ以テ豫算ノ紛交錯雜ヲ防クニ在ルヤ勿論ナリト雖モ經常費ハ經常收入ヲ以テ支辨スヘク臨時費ハ宜シク臨時收入ヲ以テ支辨スヘシト云フ財政上ノ原則ニ適合セシメントスルコト亦其ノ目的ノ一タラスンハアラス而シテ各部中更ニ之ヲ款項ニ區別スルハ其ノ目的全ク豫算ノ內容ヲ秩序的ニ明瞭ナラシムルト同時ニ歲出ニ付テハ主トシテ各費目ヲ限界シテ濫リニ相侵スコトナカラシムルニ在リ所謂豫算ノ目的ナルモノ亦款項ニ依リ之ヲ知ルヲ得ヘシ

歲入歲出總豫算款項ノ區分ハ大藏大臣之ヲ定ムルモノニシテ（會計規則第七條）每年度ニ於テ適宜其必要ニ應シテ定ムルカ故固ヨリ一定不變ニアラスト雖モ經常歲入ノ如キハ大體ニ於テ各年度ヲ通シ大差アラサルナリ今從來行ハレシ實例ヲ見ルニ經常部歲入ニ於テハ先ツ「租稅」ナル欵ヲ置キ次ニ其ノ租稅ノ種類ヲ明ナラシムル爲地租、所得稅、營業稅、等稅目ヲ異ニスル每ニ各別ニ項ヲ設クルカ如シ而シテ租稅ハ多クハ現金ヲ以テ納付セシムト雖モ印紙稅法ノ如ク全然印紙ヲ以テ納付セシムルモノアリ加之現金納付ヲ原則トシテ印紙納付ヲ認ムルモノアリ之ヲ以テ租稅ノ外ニ更ニ「印紙收入」ノ款ヲ設ケタリ而カモ國家ノ歲入ハ單ニ租稅ノミニ止マラス之ト相對シテ歳入ノ大部分ヲ占ムル官業及官有財産收入アリ或ハ免許手數料其ノ他ノ收入アリ故ニ租稅及租稅外トノ區別ヲ明ナラシムル爲ニ更ニ款ヲ分テ「官業及官有財産收入」トシ是等ノ收入ヲ分類シテ郵便電信電話收入、專賣益金、各製造所益金、森林收入、官有物貸下等ノ各項ニ分チ前各款ニ包含セラレサル一切ノ收入ヲ包容センカ爲ニ「雜收入」ノ款ヲ設ケ更ニ之ヲ免許手數料、罰科及沒收金、辨償違約金、官吏遺族扶助法納金、其他ノ收入等ノ各項ヲ置キ以テ收入ノ目的ヲ明白ナラシム

歳出豫算ニ於ケル科目ノ區分モ亦其ノ經費ノ性質ニ依リ大體ノ區別ヲ爲スコト歳入豫算ト異ナル所ナシト雖モ我會計法ハ各省各別ニ豫算定額ヲ有スルノ主義ヲ採リタルヲ以テ（本法第十三條參照）各省各別ニ款項ヲ新ニシ以テ互ニ其ノ畛域ヲ侵スコトナカラシムルヲ期セリ蓋シ亦實際上豫算ノ錯雜ヲ防クノ一助トナルヤ必セリ今左ニ大藏省所管豫算中ノ一例ヲ示サンニ租稅ニハ關稅及內國稅トノ區別アルヲ以テ稅關費ト內國稅徵收費トハ各款ヲ別異ニシ先ツ他ノ諸費トノ大體ノ區別ヲ爲シ後俸給、廳費及修繕費、雜給及雜費等ノ各項ヲ設クルコト他ノ各省ト殆ト異ナルコトナシ

前述ノ如ク豫算款項ノ區分ヲ爲スハ大藏大臣ノ權能ニ屬スルヲ以テ大藏大臣ハ時ノ必要ニ應シテ或ハ甲科目ヲ廢シ乙科目ヲ設ケ或ハ甲乙各科目ヲ合シテ兩科目ヲ

設クル等全ク隨意ナリト雖モ款項一タヒ定マルトキハ本法第十二條ニ依リ國務大臣ハ各項ノ金額ヲ彼此流用スルヲ得サルヲ以テ款項ノ區分ハ會計法上極メテ喫緊ノコトニ屬スルノミナラス財政々策上ノ見地ヨリスルモ甚タ重要ナリト謂ハサルヘカラス何トナレハ徒ニ各項ヲ細密ナラシムルトキハ自ラ經費ノ濫用ヲ防止スルノ効果アルヘキモ一方ニハ流用不能ナル爲各項ノ豫算額ヲ過大ニ見積ルノ弊ニ陷リ易シ反之各項ノ區分ヲ粗大ナラシムルトキハ融通ノ範圍従テ大ナルカ故比較的豫算額ヲ寡少ナラシムルヲ得ルノ利益アリト雖モ他方ニハ濫費ニ流ル、ノ弊ヲ免ル能ハサルナリ故ニ此點ニ關シテハ政府議會共ニ細心ノ注意ヲ拂ハサルヘカラス之ヲ要スルニ「款」ハ豫算ノ目的ヲ包括的ニ示サント欲シ「項」ハ其ノ各個ノ目的ヲ分示スルモノト云フヘク款ト項トニ依リ先ツ豫算ノ目的ハ概略之ヲ窺知スルヲ得ヘシ（豫算ノ目的ニ關シテハ第十二條ニ於テ大ニ論スル所アルヘシ）然レトモ款項ノミヲ以テハ固ヨリ未タ充分ニ其ノ細目ヲ知ルヲ得ス例之俸給ニハ奏任俸給アリ判任俸給アリ又單ニ廳費ト稱スルモ其ノ種類數多アリ旅費ノ如キモ國内旅行ノ爲ニスル物ト外國旅行ノ爲ニ要スル物アリ國内旅行ニ於テモ旅行ノ目的ニ依リテ種々ニ分類スルヲ得ヘキナリ是ニ於テカ本條第二項ハ議會參考ノ爲ニ左ノ文書ヲ添付スヘシト謂ヒ第一各省ノ豫定經費要求書但シ各項中各目ノ明細ヲ示スヘシト云ヒ豫算ノ内容ヲ一層明白ナラシムル各目ノ明細書ヲ總豫算ニ添付セシム是卽チ帝國議會カ豫算ヲ議定スルニ當リ其ノ豫算ハ果シテ必要又ハ有益ナリヤ否ヤヲ決スルノ資料ヲ供給セシムルモノナリ

此ニ所謂豫定經費要求書ナルモノハ各省大臣ヨリ其ノ所管經費ノ需要高ヲ算定シ且ツ前年度ノ豫算定額ト增減ノ比較ヲ立テ大藏大臣ニ送付シタルモノナリ大藏大臣ハ其ノ各省ヨリ提出シ來リタル豫定經費要求書ニ基キ歲入ノ景況如何ヲ調査シ歲入歲出總豫算ヲ調製スルモノトス而シテ各省ニ於テ豫定經費要求書ヲ作ルニハ經常臨時共ニ款項ニ區分シ更ニ各項中所要金額ヲ各目ニ區分シ尙必要ノ場合ニ於テハ番號ヲ以テ之ヲ細分シ又經費所要ノ理由計算ノ基ク所ヲ示スヘシ但シ目ノ區分ハ各省大臣大藏大臣ト協議シテ之ヲ定ムヘク尙各省ノ豫定經費要求書ニハ各省所管經費全體ニ關スル說明ヲ附スヘシ（會計規則第四條第八條乃至第十條）詳細ハ會計規則ノ說明ニ讓ラントス

總豫算ニハ豫定經費要求書ノ外本條第二項第二號ニ依リ其年三月三十一日ニ終リタル會計年度ノ歲入歲出現計書ヲモ添付セサルヘカラス是卽チ議會カ前年度ニ於ケル豫算ノ實際施行ノ結果ヲ査案シ以テ次年度ニ於ケル豫算額ノ過不足如何ヲ審

議決定スルノ參考タラシムルニ外ナラサルナリ所謂往ヲ顧ミ來ヲトセントスルモノナリ議會ハ之ニ因リ以テ豫算ノ目的及其金額ノ適切ナルヤ否ヤヲ決シ若シ不當又ハ不必要ナルモノハ之ヲ排除削減シ其ノ權能ヲ行使スルニ遺憾ナカルヘキナリ歲入歲出現計書ノ調製ニ關シテハ會計規則第十四條第十五條ノ規定アルヲ以テ同條ニ於テ之ヲ解說スヘシ

本條ノ解說ヲ終ルニ臨ミ此ニ一言ヲ要スル者ハ本條第二項第一號ニ依リ議會參考ノ爲ニ提出スル豫算各目ノ明細表ナルモノハ議會ノ議決ニ依リ款項ト同シク隨意ニ流用ヲ爲シ能ハサルノ効果ヲ生スルモノナリヤ換言スレハ各項中ノ各目明細ハ所謂立法科目又ハ議決科目ノ中ニ包含セラルヽモノナリヤ否ヤノ點ナリトス余輩ノ信スル所ニ依レハ本條ハ既ニ豫算ノ各部ハ之ヲ款項ニ區分スヘキヲ命シタルヲ以テ款項ノ區別ハ必ス之ヲ定メサルヘカラスト雖モ爾餘ノ目節ノ如キハ全ク政府ノ隨意便宜ニ依リ之ヲ定ムルモノナリ學者ノ所謂隨意科目若ハ行政科目ト稱スル所以ノモノ蓋シ之カ爲ナリトス故ニ今議會參考ノ爲ニ各項中各目ノ明細ヲ表示シ議會ハ之ニ依リテ其ノ目的ヲ是認スルモ之ヲ以テ直ニ議會ノ協贊ヲ經タルヲ理由トシ款項卽チ議決科目ト稱スルモノト等シク政府ノ隨意ニ變更ヲ試ムルヲ許サス

ト論結スルヲ當ハ得サルナリ要スルニ此ノ問題ハ本法第十二條ノ所謂豫算ノ目的ナルモノ、解釋如何ニ歸スルヲ以同條ニ於テ詳論セント欲ス

第七條　豫算中ニ設クヘキ豫備費ハ左ノ二項ニ分ツ

第一　豫備金

第二　豫備金

第一豫備金ハ避クヘカラサル豫算ノ不足ヲ補フモノトス

第二豫備金ハ豫算外ニ生シタル必要ノ費用ニ充ツルモノトス

凡ソ事實ノ豫見ヲシテ實際ニ適中セシムルハ難シ豫算ハ既ニ屢々述フル如ク翌年度ニ於ケル歳入歳出額ノ見積計算ニ過キサルヲ以テ實際上ノ結果ハ歳入ノ増加ヲ見ルコトアルヘク或ハ歳出ノ増多ヲ來タスコトアリト雖モ是寧ロ當然ニシテ敢テ怪ムニ足ラサルナリ而シテ歳入ノ増加ハ國庫ノ剩餘ニ歸シ歳出ノ増加ハ豫算ノ不足ト爲リ結局國庫ノ負擔額ヲ大ナラシムルモノナルヲ以テ歳出ノ増加ハ之ヲ戒メサルヘカラス然リト雖モ避クヘカラサル事由ノ爲ニ豫算ノ不足ト爲リ若ハ豫算外

ノ經費ヲ要スルコトアルハ又數ノ免レサル所ナリ是憲法第六十九條ニ於テ「避クヘカラサル豫算ノ不足ヲ補フ爲ニ又ハ豫算ノ外ニ生シタル必要ノ費用ニ充ツル爲ニ豫備費ヲ設クヘシ」ト規定セル所以ナリ本條ノ規定ハ全ク之ニ由來スルモノナリ卽チ豫算ニ豫備費ヲ設クルハ憲法上ノ要件ナルヲ以テ豫算中ニ必ス豫備費ヲ設ケサルヘカラス從テ豫備費ノ設ケナキ豫算ハ縱令議會ノ協賛ヲ經ルコトアルモ其ノ議決ハ固ヨリ無効ニシテ豫算案トシテ確定ノ効力ヲ生セサルナリ（余ハ前既ニ述ヘタル如ク豫算ハ議會ノ議決ニ依リ直ニ豫算ノ効力ヲ生スルモノニアラス唯單ニ豫算案トシテ確定力ヲ有スルニ過キスシテ豫算ノ効力ハ全ク天皇ノ裁可ニ依リテ効力ヲ生スルモノト爲スノ正當ナルヲ信スルモノナリ）此ノ如キ場合ニ於テハ豫算不成立トシテ前年度豫算ヲ施行スルノ外ナキコト前論セシ所ノ如シ

本條ノ規定ニ依レハ豫備費ハ之ヲ第一豫備金、第二豫備金ノ二項ニ分チ而シテ第一豫備金ハ避クヘカラサル豫算ノ不足ヲ補ヒ第二豫備金ハ豫算ノ外ニ生シタル必要ノ費用ニ充ツルモノトス故ニ二者共ニ憲法第六十九條ノ所謂豫備費ニ屬スト雖モ其ノ用途自ラ異ナルモノアルヲ知ルヘシ卽チ第一豫備金ヲ以テ補充シ得ヘキ經費ハ其ノ目的、金額等豫算ニ掲上セラル、モノナルモ經濟狀況ノ變動ニ依リ物價騰貴シ爲ニ必要物品ノ購買費ニ不足ヲ生シ若ハ到底初ヨリ充分ルナ豫想ヲ立ツルコト困難ナル經費ニ不足ヲ生シタル場合ノ如ク初ヨリ豫算存在スルモ尙其科目ノ金額ニ不足ヲ生シタル場合ニ之ヲ補フモノナリ之ニ反シテ第二豫備金ハ豫算ニ全ク其ノ費目ノ設ケナキ場合ニ新ニ支出ノ必要ヲ生シタルトキ之ニ充當セントスルモノナリ

豫備金ノ支出ハ憲法第六十九條ノ規定ニ依リ避クヘカラサル豫算ノ不足ヲ補フ爲若ハ豫算ノ外ニ生シタル必要ノ費用ヲ充タスカ爲ニスルニアラサレハ之ヲ爲スヲ得ス而カモ其支出ヲ爲スニ付テハ會計規則第十八條第二十二條ノ適用ヲ受ケサルヘカラスシテ事頗ル嚴密ナリトス卽チ第一豫備金ヲ以テ補充シ得ヘキ費途ハ毎年度豫メ勅令ヲ以テ之ヲ定メ其ノ費目以外ニ於テハ豫算不足ノ故ヲ以テ漫ニ之カ支出ヲ許サヽルナリ蓋シ豫算ノ不足ハ果シテ避クヘカラサル事由ニ原因スルヤ否ヤハ實際上疑問ヲ生スルヲ免レサルヲ以テ一刀兩斷豫メ勅令ヲ以テ決定セントスルノ趣旨ニ出テタルモノナリ又第二豫備金ノ支出ヲ爲スニハ必ス勅裁ヲ請ハサルヘカラス故ニ若シ勅許ヲ得スンハ之ヲ支出スルニ由ナシ其ノ他豫備金支出ニ關シテハ會計規則第十六條以下第二十四條ニ詳細ノ規定アリ以テ其ノ濫費ヲ防カントスル立法ノ用意周到ナルヲ知ルニ足ラン

第一豫備金及第二豫備金ハ各其ノ用途ヲ異ニスルコト前述ノ如シ果シテ然ラハ今若シ避クヘカラサル豫算ノ不足ヲ補ハントスルニ當リ第一豫備金既ニ盡キタルモ第二豫備金ノ存スルモノアルトキハ之ヨリ支出スルモ違法ナラサル乎單ニ本條ノ正面ヨリ之ヲ觀察スレハ此ノ如キハ豫備金支出ノ區分ヲ亂スノ嫌ナキニアラスト雖モ飜テ憲法第六十九條ノ趣旨ヲ翫味スルトキハ却テ其ノ至當ナルヲ覺フ蓋シ憲法第六十九條ハ避クヘカラサル豫算ノ不足ヲ補フ爲又ハ豫算外ニ生シタル必要ノ費用ニ充ツル爲豫備費ヲ設クヘキヲ命ス故ニ之ニ基キ既ニ豫備費ヲ設ケタル以上豫算不足若ハ豫算外ノ支出ハ必ス之ヨリ支辨セサルヘカラス換言セハ同條ハ二者ノ目的ノ爲ニ豫備費ヲ設クヘキヲ規定スルモ二者ヲ區分シ互ニ流用スルヲ禁セントスルノ趣意ニアラサルナリ夫レ然リ今若シ避クヘカラサル豫算ノ不足ヲ補フニ當リ第一豫備金盡キタルノ故ヲ以テ追加豫算ヲ提出シ若ハ財政上ノ緊急處分又ハ國庫剩餘金（國庫剩餘金支出ニ付テハ後ニ評論セン）ノ支出ヲ爲サンカ明ニ憲法違反タルヲ免レス何トナレハ豫備金ヲ措テ他ヨリ支出ヲ求メントスルハ憲法第六十九條ノ旨趣ヲ沒却セントスルモノナレハナリ是余輩ノ第一豫備金盡キタル場合ニ於テハ第二豫備金ヨリ補充スヘキヲ至當トスト云フ所以ナリ從テ余輩ハ斷シテ曰ハントス本條ニ於ケ

ル豫備費トノ區分ハ「項」中ニ「目」ヲ設置スルカ如ク一應ノ區分ヲ試ミタルニ過キスシテ兩者互ニ有無相通スルヲ禁セントスルノ旨趣ニアラスト

以上ノ論定ハ又反對ニ第二豫備金ノ盡キタル場合ニ於テハ第一豫備金ヨリ補充シ得ヘキヲ推論シ得ルコト更ニ贅言ヲ要セサルナリ

此ニ本法及憲法ノ解釋ニ關シ實際問題トシテ最モ議論ノ存スルモノハ豫備金ヲ拂盡シタル場合ニ於テ避クヘカラサル豫算ノ不足又ハ豫算外ノ支出ニ充テン爲國庫剩餘金ヲ支出シ得ルヤ否ヤノ點ナリトス從來政府ト議會トハ此點ニ關シ常ニ所見ヲ異ニシ互ニ相讓ラス曾テ議會ニ於テハ憲法違反ノ決議ヲ爲シ事後承諾ヲモ併テ拒否シタルノ例アリシト雖モ政府ハ敢テ之ヲ顧ミス必要ニ隨ヒ國庫剩餘金ノ支出ヲ爲スコト今尚昨ノ如ク議會モ亦近來遂ニ政府ハ一日モ政務ヲ曠廢スルヲ得サルニ依リ自己ノ責任ヲ以テ憲法法律ノ認メサル行爲ヲ爲スモ洵ニ止ムヲ得ス唯夫レ責任ヲ以テ支出シタルモノナルカ故政府ハ責任解除ノ意味ヲ以テ議會ニ承諾ヲ求メ議會ハ亦此ノ理由ニ於テ承諾ヲ與フルノ例トナレリ而カモ此ノ如キ漠然タル理由否ナ法理上ノ根據ナキ決定ハ反對論者ヲ首服セシムルニ足ラス毎期議會ニ於テ違憲論ヲ叫ハシムル豈ニ故ナシトセンヤ第三十一議會ニ於テ大藏大臣ハ衆議院ニ

於テ議員ノ質問ニ對シ國庫剩餘金支出ノ理由ハ全ク議會ト其見ル所ヲ同フシ政府ハ憲法法律ノ認メサル行爲ヲ爲スモノナレハ若シ議會ノ承諾ヲ得サルトキハ政治上ノ責任ヲ負フモノナリト答辯セラレタリ嗚呼議會ノ理由果シテ當ヲ得タリヤ將タ違憲論誤レルカ請フ左ニ鄙說ヲ述ヘン

違憲論者ハ曰ク憲法第六十四條第二項ハ豫算超過又ハ豫算外支出ヲ認ムルモ此ノ支出ニ充ツヘキ財源ハ何レニ之ヲ求ムヘキヤヲ明ニセス之ヲ以テ憲法第六十九條ハ避クヘカラサル豫算ノ不足ヲ補フ爲又ハ豫算外ニ生シタル必要ノ費用ニ充ツル爲豫備費ヲ設クヘキヲ命シ以テ憲法第六十四條第二項ノ場合ニ豫メ備ヘシメントスルモノニシテ是卽チ特種ノ原因ニ基ク支出ノ爲特別ノ財源ヲ指定スルモノナルカ故豫算超過若ハ豫算外ノ支出ハ必ス之ニ依ラサルヘカラス若シ此ノ場合ニ國庫剩餘金ノ存スルヲ奇貨トシ豫備費ヲ措キ之ヨリ支出スルコトアラハ是實ニ憲法第六十九條ノ旨趣ニ反スルモノナルコト何人モ首肯スル所ナラン之ト同時ニ豫備費既ニ盡キタルノ故ヲ以テ國庫剩餘金ヨリ支出スルモ亦違憲ナリ唯此ノ場合ニ於テハ臨時議會ヲ召集シテ新ニ協賛ヲ求ムルカ或ハ憲法第七十條ノ所謂財政上ノ緊急處分ニ依リ公債募集若ハ大藏省證劵ノ發行其他豫算款項ノ變更等ニ依リ支出ノ途

ヲ講スルノ外策ナキナリ本法第八條ニ於テ豫備金支出ハ年度經過後帝國議會ノ承諾ヲ求ムルヲ要ストシ他ニ豫備費以外ニ支出シタル場合ニ關シ何等ノ規定スル所ナキハ亦以テ豫算外ヨリ支出スルノ外ニ豫算超過又ハ豫算外ノ支出アルヲ認メサルノ一證ト爲スニ足ルヘシ是ヲ以テ憲法第六十四條第二項ハ豫算超過又ハ豫算外支出ニ關シ無限ノ權利ヲ認ムルモノニアラサルナリ豫備費以外ノ支出ニシテ追加豫算又ハ憲法第七十條ニ依ラサルモノハ憲法違反ナリト

之ニ反對スル論者ハ辨シテ曰ク憲法第六十四條第二項ハ汎ク豫算ノ款項ニ超過シ又ハ豫算外ノ支出アルトキハ後日帝國議會ノ承諾ヲ求ムルヲ要スト云ヘルヲ以テ解釋上同項ハ單ニ同法第六十九條ニ依ル豫備費ヲ以テ支出シタル豫算超過又ハ豫算外支出ノミニ局限セラルヘキモノニアラサルハ明白ナリトス而シテ憲法第六十九條ハ豫算超過又ハ豫算外ノ必要費ニ應スル爲ニ豫備費ヲ設クヘキヲ命シタルハ論者ノ言ノ如シト雖モ而カモ之ヲ以テ制限的規定ナリトシ豫備費以外ニ豫算超過又ハ豫算外ノ支出ヲ認メスト云フハ獨斷タルノ嫌アルヲ免レサルヘシ蓋シ國家ノ經濟タルト私人經濟タルトヲ問ハス苟モ必要避クヘカラサル支出ハ必ス之ヲ免ルルヲ得ヘキニアラス何トナレハ財産ナキノ故ヲ以テ私法上ノ債務ヲ免ルヽヲ得ス

豫算ナキノ故ヲ以テ國家ハ其ノ支拂ノ義務ヲ免ルヽヲ得サレハナリ今若シ法令契約ノ結果國家ノ支拂ハサルヘカラサル義務アリトセハ豫算不足ノ故ヲ以テ其ノ仕拂ヲ拒絶スルヲ得サルヤ此ノ如シ而カモ追加豫算ハ議會開會中ニアラサレハ臨時議會ヲ召集シタル後ニ之ヲ提出スルノ手續ヲ爲サヽルヘカラス支拂ノ延期ハ法律又ハ契約ノ變更ヲ待タサルヘカラス緊急財政處分ヲ爲スニハ憲法第七十條ニ示ス條件ヲ具備セサルヘカラス此ノ時ニ際シ若シ國庫剰餘金ノ存スルモノアラハ之ヨリ支出スル何ノ不可カ之アラン抑モ國庫剰餘金ハ會計法第二十條ニ依リ翌年度ノ歳入ニ繰入ルヘシトアリ既ニ今年度ノ歳入ニ編入セラルヽ以上今年度ノ一般歳出ニ充當セラルヘキハ當然ナリ故ニ之ヲ以テ豫算超過又ハ豫算外支出ノ資ニ供スルハ毫モ不法ニアラサルナリト

余輩モ亦此ノ説ノ如ク國庫剰餘金ノ支出ヲ以テ憲法ニ違反スルモノニアラスト信ス抑モ憲法第六十四條第二項ハ實ニ豫算超過又ハ豫算外支出ノ根本規定ニシテ同條ヲ措テ他ニ復タ其根源ヲ求ムヘカラス即チ同項ハ豫算ニ依ラサル支出ヲ爲ス政府ノ權限ヲ認ムルモノナリ又之ト同時ニ其ノ支出ヲ爲シタルトキハ後日帝國議會ノ承諾ヲ求ムヘキ義務ヲ負ハシメタリ而シテ憲法第六十九條カ更ニ豫算超過又ハ豫

算外支出ノ爲ニ豫備費ヲ設クヘキコトヲ命シタルハ同法第六十四條第二項ニ於テ豫算超過又ハ豫算外支出ヲ認メタル結果ニ外ナラサルハ辯ヲ待タサル所ナリ憲法義解モ亦第六十九條ヲ解シテ曰ク第六十四條第二項ハ豫算超過及豫算外支出ニ付議會ノ承諾ヲ求ムヘキコトヲ定ムルモ其ノ支出ヲ爲スニハ如何ナル財源ニ依ルヘキヤヲ明ニセス是本條ニ於テ豫備費ヲ設ケテ之ニ應セシムル所以ナリト夫レ此ノ如ク憲法第六十九條ハ同法第六十四條第二項ノ場合ニ處スルノ規定タルヤ論ナシト雖モ之ヲ以テ豫算超過又ハ豫算外ノ支出ハ第六十九條ノ豫備費以外ニハ唯追加豫算ヲ求ムルカ第七十條ノ緊急處分ニ是依ラサルヘカラスト云フハ偏狹ノ解釋ナリト謂ハサルヘカラス惟フニ憲法第六十九條ハ單ニ豫算不足又ハ豫算外支出ノ必要ニ應スル爲ニ豫備費ヲ定メ置クヘキコトヲ命スルニ過キスシテ豫備費盡キタル場合ハ何レヨリ之ヲ支出スヘキヤハ因ヨリ本條ノ關スル所ニアラス而カモ其ノ支出ハ到底免ルヘカラサルコト前述セシ所ノ如シ若シ此ノ場合ニ國庫剩餘金アリ其ノ年度ノ歳入ニ繰入ラルヽモノアルニ當リテ之ヨリ支出スルハ寔ニ適當ノ處置ナリト謂ハサルヘカラス何ヲ苦テ臨時議會ヲ召集シ追加豫算ヲ要求シ或ハ國債募集其ノ他一時ノ借入ヲ爲スノ要アランヤ蓋シ前年度ノ國庫剩餘金ニシテ其ノ年度ノ

歳入ニ繰入タルモノハ之ヲ費消スヘカラス之ヲ保有シテ翌年度ニ繰越スヘシトノ無稽ノ論ハ余輩未タ之ヲ聞カサルナリ國庫剰餘金ノ使用既ニ不法ナラス又豫算超過若ハ豫算外ノ支出ハ憲法第六十四條第二項ノ規定ニ依リ政府ノ權能ニ屬スルヲ以テ此ヲ以テ彼ニ充ツ決シテ違法ニアラサルナリ

反對論者ハ第六十四條ノ豫算超過又ハ豫算外ノ支出ハ政府ニ無限ノ權能ヲ認ムルモノニアラス第六十九條ニ依リ設ケラレタル豫備費ノ範圍ヲ超越スヘカラスト謂ヘ之カ論據トシテ會計法第八條ヲ援用シ同條ハ豫備費ノ支出ヲ爲シタルトキハ議會ノ承諾ヲ求ムヘキコトヲ規定スルモ豫備費以外ニ支出シタルモノニ付テハ全ク規定スル所ナシ是即チ豫備費ヨリ支出スルノ外豫算超過又ハ豫算外ノ支出アルコトナキカ故ナリト言フト雖モ是其ノ末ヲ見テ源ヲ究メサルノ誹ヲ免レサルモノト謂フヘシ元來豫算超過又ハ豫算外ノ支出ヲ爲シ得ルヤ否ヤノ問題ハ憲法第六十四條ニ依リ之ヲ決セサルヘカラス然ルニ同條ハ豫算ノ款項ニ超過シ又ハ豫算ノ外ニ生シタル支出アルトキハ後日帝國議會ノ承諾ヲ求ムルヲ要スト謂ヒ毫モ豫算超過又ハ豫算外支出ニ關シ何等ノ制限ヲ加フルコトナシ換言セハ憲法第六十九條ニ定ムル豫備費以外ニ豫算超過又ハ豫算外支出アルコトナシトノ意味ヲ發見スルコト

能ハサルナリ其ノ第六十九條ニ於ケル亦既ニ前述セル所ノ如シ反對論者ハ會計法第八條ヲ以テ憲法第六十四條第二項ノ解釋ニ制限ヲ試ミントス是豈ニ其本末ヲ誤ルモノニアラスシテ何ソヤ論者ノ說ハ却テ憲法ノ旨趣ニ背反スルヲ如何セン

論者又曰本法第十一條ニハ每會計年度ニ於テ政府ノ經費ニ充ツル所ノ定額ハ其ノ年度ノ歲入ヲ以テ之ヲ支辨スヘシトアリ今若シ前年度ノ國庫剩餘金ヲ以テ其ノ年度ノ歲出ニ充當スルハ此ノ規定ニ違反スルモノナリト然レトモ論者ハ未タ本法第十一條ノ眞髓ヲ悟了セサルノミナラス第二十條ノ規定ヲ看過シタルモノニアラサルカ蓋シ本法第十一條ノ意ハ今年度ニ於ケル經費ハ今年度ノ歲入ヲ以テ支辨スヘク翌年度若ハ其ノ後ノ年度ニ於ケル歲入ヲ以テ之ニ充當スルヲ得セシムルトキハ自然歲出ノ增加ヲ來タスノ虞アルヲ以テ之ヲ防カント欲スルノ主意ニ外ナラスシテ既ニ本法第二十條ニ依リ本年度ノ歲入ニ繰入レタル前年度ノ剩餘金ヲ支出スルモ是豈ニ本法第十一條ノ關スル所ナランヤ若シ夫レ本法第三條ヲ以テ歲出殘額整理規定ナリトシ國庫剩餘金ノ支出ヲ以テ同條ニ違背スルモノナリト謂フカ如キハ得テ論スルニ足ラサルナリ

之ヲ要スルニ豫算超過又ハ豫算外ノ必要費ノ爲ニ國庫剩餘金ヲ支出スルハ憲法第

六十四條第二項及會計法第二十條ノ解釋上決シテ違憲違法ニアラサルナリ憲法カ剩餘金ニ付キ何等規定スル所ナキハ他ニ理由ノ存スルモノアルカ爲ニ外ナラスシテ之ヲ以テ歲出ニ充當スルヲ禁セントスルノ主意ニアラス抑モ國家ノ財政ハ私人經濟ト異ナリ出ツルヲ量リテ入ルヲ制スルヲ原則トス歲出ヲ見積リ然ル後之ニ相當スル收入ノ計畫ヲ立ツルハ財政ノ特質タリ之ニ反シテ私人經濟ニ於テハ先ツ入ルヲ量リテ出ツルヲ制セサルヘカラス其ノ出ツルヲ制シテ入ルノ多カランヲ欲シ資產ノ蓄積ヲ計ルハ私人經濟ノ常道ナリト雖モ國家ハ每年ノ所要經費ヲ見積リ之ニ相應スル收入ヲ得ハ以テ足レリトス一年度ニ要スヘキ經費ニ充ツルノ外更ニヨリ以上ノ收入ヲ計ラントスルカ如キハ一般ノ財政主義ニ反スルモノト謂フヘシ從テ豫算編成ノ初ニ於テハ固ヨリ國庫剩餘金ナルモノヲ想像スルモノニアラス國庫ニ剩餘ノ生スルハ時ノ經濟狀態其他ノ原因ニ依リ全ク偶發的ニ生スルモノトス是憲法上國庫剩餘金ニ關シ何等規定スル所ナキ所以ナリ然レトモ國家ノ收入ハ課稅物件ノ消長ニ依リ租稅收入ニ變動ヲ來タシ經濟市場ノ振否如何ニ依リテハ專賣收入ニ少カラサル影響ヲ及ホスヘキヲ以テ收入豫算ハ概シテ性質上不確定タルヲ免レス故ニ豫算調製ニ際シテハ收入豫算額ハ勢ヒ歲出豫算額ニ比シ寡少ニ見積ラサ

ルヲ得ス何人カ其ノ任ニ膺ルモ多少ノ斟酌ヲ試ミサルヘカラス是實際上豫算施行ノ結果時ニ或ハ收入額ノ歳出額ヨリ増加シ國庫剩餘金ヲ生スルコトアル所以ナリ本法第二十條ハ此ノ如キ場合及一般經費節約ノ結果剩餘ヲ生スヘキ場合ヲ豫想シ各年度ニ於テ歳計ニ剩餘アルトキハ其ノ翌年度ノ歳入ニ繰入ルヘシト規定シ以テ國庫剩餘金ヲ其ノ年度ノ歳出ニ充當スルノ不可ナキヲ明ニセリ之ニ由テ之ヲ觀レハ憲法ニ剩餘金ニ關スル規定ナキノ故ヲ以テ之ヲ豫算超過又ハ豫算外ノ支出ニ充當スヘカラスト論定スルノ不當ナルヲ知ルヘキナリ

此ニ立法論トシテ學者ノ批難スルハ憲法第六十九條ニ基ク會計法第七條ノ豫備金ハ其ノ費途ノ目的ヲ定メ即チ第一豫備金ハ會計規則第十八條ニ依リ勅令ヲ以テ豫メ之ヨリ支出シ得ヘキ費目ヲ限定シ第二豫備金ハ勅裁ヲ經テ支出スヘキコト前述ノ如クナルニ唯々豫備費以外ノ豫算超過又ハ豫算外支出ニ至リテハ後日帝國議會ノ承諾ヲ求ムルノ外何等ノ制限ナキヲ以テ會計法改正ニ依リ權衡ヲ失ハサルコトヲ計ルヘシ然ラサレハ補充科目ニ存セサル豫算超過ハ第一豫備金ヲ以テ支出スルヲ得サルニ拘ハラス國庫剩餘金ヨリ支出スルハ自由ナルカ如キ不權衡ヲ生スルノ虞アリト謂フニ在リ夫レ然リ會計法正面ノ解釋トシテハ此ノ如キ断案ヲ下ス敢テ

理ナキニアラス政府從來ノ慣例ハ國庫剩餘金ノ支出ニ關シテハ一々勅裁ヲ仰クヲ例トスルヲ以テ實際ニ於テハ此ノ如キ不權衡論ヲ唱フルノ要ナキカ如シト雖モ是偶々政府ノ政治上ノ理由然ラシムルニ過キスシテ法律上ノ要求ニアラサルカ故ニ若シ將來政府ニ於テ勅許ヲ得スシテ剩餘金ノ支出ヲ爲スコトアルモ其ノ違法ヲ咎ムヘカラサルニ依リ若シ他日本法改正ノ機ニ會スルアラハ明文ヲ以テ此ノ點ヲ判明ナラシムルニ如カス此ノ如クンハ同時ニ國庫剩餘金支出ニ關スル憲法竝ニ會計法上ノ爭議ハ自ラ消滅スルニ至ルノ利益アラン敢テ立法者ノ一考ヲ煩サントス

國庫剩餘金支出ニ關聯シテ尙玆ニ一問題アリ卽チ其ノ年度ニ於ケル剩餘ノ見込額ヲ以テ豫算ノ不足又ハ豫算外支出ノ費目ニ充ツルコトヲ得ルヤ否ヤ例ヘハ大正二年度豫算施行ニ際シ大正三年四月ヨリ五月迄ハ所謂整理期間中ニ屬スルヲ以テ若シ大正三年四月ニ至リ或費目ニ全然殘餘ヲ生スルコト明白ナルモノアラハ第一、第二ノ豫備金既ニ盡キタルトキハ之ヲ以テ大正二年度ニ於ケル豫算超過又ハ豫算外ノ支出ニ供スルヲ得ルヤ嘗テ政府ニ於テハ之ヲ剩餘金ト看做シテ其ノ支出ニ供シタルコトアリシト雖モ此ノ場合ニ於ケル剩餘ハ歲計ノ剩餘ト爲ルヘキ見込額タルニ過キスシテ眞ノ歲計剩餘ニアラス實ハ大正二年度所屬ノ豫算定額ナリト謂ハサルヘカラス故ニ今之ヲ以テ他ノ豫算額ノ不備ヲ補ハントセハ款項ノ流用ト爲リ又豫算外ノ支出ニ供セントスルハ豫算ノ目的ニ背反スルヲ如何セン假リニ之ヲ歳計ノ剩餘ナリトセンカ本法第十一條ノ規定ニ依リ翌年度ノ歳入ニ繰入ルヲ要シ大正二年度ノ歳出ニ充當スルヲ得ス之ヲ以テ各年度ニ於ケル豫算ノ剩餘見込額ヲ以テ豫算超過又ハ豫算外ノ支出ニ供スルハ會計法ノ許サヽル所ナリト謂フヘシ

以上豫備費ニ關スル本條ノ說明ヲ終ルニ臨ミ序次此ニ憲法第七十條ノ規定ニ關シ陳述スル所アラン

豫備費既ニ拂盡クシ國庫剩餘金亦存セサルトキ尙豫算超過又ハ豫算外ノ支出ヲ要スルトキハ國家ハ如何ニシテ之カ支辨ノ道ヲ講スヘキ乎曰ク臨時議會ヲ召集シテ追加豫算ヲ求メ若ハ憲法第七十條ニ依ル財政上ノ緊急處分ヲ爲スノ外途ナキコト前既ニ述フル所ノ如シ而シテ憲法第七十條ニ依レハ財政上ノ處分ヲ爲スニハ(一)公共ノ安全ヲ保持スル爲緊急ノ需要アルヲ要シ(二)內外ノ情形ニ因リ帝國議會ヲ召集スルコト能ハサル場合タルヲ要スルヲ以テ國家有事ノ日ニアラスンハ叨リニ第七十條ノ處分ヲ爲ス能ハサルナリ何トナレハ內外ノ情形ニ因リ帝國議會ヲ召集スル能ハサル場合ハ戰爭、內亂若ハ惡疫全國ニ瀰蔓スルカ如キ等ノ時變アルトキニアラサレハ有リ得ヘカラサレハナリ此ノ點ニ於テ財政上ノ緊急命令ハ憲法第八條ノ法律ニ代ハル緊急命令ト異ナルナリ憲法第八條ノ緊急命令ハ議會閉會中緊急ノ必要アル場合ニ直ニ法律ニ代ハル命令ヲ發スルヲ得ルモノナリト雖モ憲法第七十條ニ因ル緊急命令ハ緊急ノ需要アルノミナラス尚且ツ帝國議會ヲ召集スル能ハサルノ事情アルニアラサレハ同條ノ處分ヲ爲スヲ得サルナリ加之憲法第八條緊急命令ヲ發シタルトキハ次期議會ニ之ヲ提出シ其ノ承諾ヲ得サルトキハ將來ニ向テ效力ナキヲ公布セサルヘカラスト雖モ同法第七十條ノ緊急命令ハ次ノ會期ニ議會ニ提出シ其ノ承諾ヲ求ムヘキハ一ナルモ不承諾ノ場合ニ別ニ失效ノ旨ヲ公布スヘキ規定ナキヲ以テ之ヲ爲スヲ要セサルナリ是蓋シ憲法第七十條ノ財政上ノ處分ハ多クハ一時限ノ效力ヲ有スルニ過キスシテ卽チ次期會期迄ノ應急處分ニ外ナラサルヲ以テ次期ノ會期ニ至レハ既ニ過去ノ處分ニ屬シ將來ノ效力如何ヲ問フノ要ナキヲ以テノ故ナラン例之國債ノ募集ヲ爲シ或ハ大藏省證劵ヲ增發シ其他豫算ノ款項ヲ變更シテ科目ノ流用ヲ爲ス如キ是ナリ或論者ハ憲法第七十條ニハ汎ク財政上必要ノ處分ヲ爲スコトヲ得トアルニ依リ新ニ租税ヲ課シ若ハ税率ノ增減ヲ爲ス如キ其他國債ノ償還ヲ停止シ又ハ豫算外國庫ノ負擔ヲ契約スル如キ皆之ニ包含セラルヘ

シト雖モ是等ハ法規トシテ將來永ク効力ヲ有スヘキニ依リ憲法第八條ニ依ル緊急命令ヲ以テスヘク從テ若シ不承諾ノ場合ニ於テハ將來ニ効力ナキ旨ヲ公布セサルヘカラスト謂フト雖モ此ノ説ハ第八條ニ依ル緊急命令ト第七十條ニ因ル緊急處分トヲ全ク同一視セントスルモノニシテ其ノ目的及範圍等ニ差異アルヲ知ラサルモノト謂フヘシ而ニ一派ノ論者ハ曰ク第七十條ニ因ル財政上ノ處分トハ實際ニ生シタル一箇又ハ數箇ノ事件ヲ處理スルノ謂ヒナルカ故事財政ニ關スルモ租税ヲ課シ又ハ税率ヲ増減スル如キハ現實ノ一事件ヲ處理スルニアラスシテ將來遵由スヘキ法規ヲ定ムルモノナレハ宜シク憲法第八條ニ依ルヘキモノナリ然レトモ豫算ニ依ラスシテ支出ヲ爲スヲ得ルハ第七十條ノ要件アル場合ニ限ル而シテ新ニ租税ヲ起シ又ハ税率ヲ増加スルノ緊要アルハ急遽支出ノ必要迫レハナリ空シク國庫ニ剩餘ヲ生セシムル爲新租増徴ヲ敢テスルハ緊急ノ必要ニ基クモノト云フヲ得ス租税ノ新設増率ハ憲法第八條ノ規定ニ依ルヘキモノナリト雖モ實際ニ於テハ同法第七十條ノ條件即チ緊急ノ需要アリ且ツ帝國議會ヲ召集スルコト能ハサルノ情形アルニアラサレハ緊急命令ヲ以テ之ヲ定ムルコト能ハス換言セハ財政處分トシテハ憲法第七十條ニ依リ法律ニ代ハル命令トシテハ第八條ニ依リ即チ兩條ノ處分ニ依リ財

政處分ヲ全クスルヲ得ヘシ故ニ若シ其ノ勅令ニシテ後日帝國議會ノ承諾ヲ得サルトキハ將來ニ効力ナキヲ公布セサルヘカラスト余輩敢テ問ハント欲ス憲法第七十條ノ所謂財政上必要ノ處分ナルモノハ果シテ一事件若ハ數事件ヲ處理スルノミノ謂ヒナルヤト余ヲ以テ之ヲ見ルニ同條ニハ「公共ノ安全ヲ保持スル爲緊急ノ需用アル場合ニ(中略)財政上必要ノ處分ヲ爲スコトヲ得」トアルニ依リ之ヲ推考セハ其ノ處分ハ必スシモ一事件ノ處理ノミニ限ルニアラス公共ノ安全ヲ保持スル爲必要ナル場合ニハ一事件ノ處理タルト全般ニ渉ルノ處理タルトヲ問フノ要ナキノミナラス多クノ場合ニハ寧ロ一事件若ハ數事件ノ處理ハ其ノ事件ニ關係アル者ノミニ効果ヲ及ホスノミニテ一般公共ノ安全ヲ保持スルノ結果ヲ齎ラスコト少キニアラスヤ論者ノ如キ制限的解釋ハ却テ立法ノ精神ヲ矯ムルモノト謂フヘシ余輩ハ第七十條前段ノ文勢ヨリスルモ處分ナル語ハ最モ廣義ニ解セサルヘカラサルヲ信ス若シ然ラスンハ立法ノ旨趣ハ徹底セラレサルナリ蓋シ新ニ租税ヲ起シ若ハ增率ヲ課スルモ亦處分ノ一方法タルニ外ナラス故ニ若シ必要アラハ同條ニ依リ租税ヲ課スル何ノ不可カ之アラン然リト雖モ是唯法理上ノ決定タルノミ實際上ニ於テハ臨時應急ノ財政處分トシテハ國債ノ募集若ハ大藏省證劵ノ發行ハ最モ適切ナル方法タルヘ

ク新ニ租税ヲ課シ一時ノ急ニ應セントスルカ如キハ濫ニ爲政者ノ敢テスル所ニアラサルヘシ若シ假リニ公債其他ノ借入意ノ如クナラス止ムヲ得ス租税徴收ノ方法ニ依ルコトアランモ憲法第七十條ニ依ル財政處分トシテ決シテ違法ニアラサルナリ此ノ場合ニ於テ帝國議會若シ承諾ヲ拒ムコトアルモ法律上政府ハ別ニ將來ニ効力ナキヲ公布スルノ義務ナキモ若シ將來永遠ニ効力ヲ有スルノ勅令ヲ發シタルモノナルトキハ政治上ノ理由ヨリ政府ハ將來ニ効力ナキ旨ヲ宣言スルニ至ラン唯實際問題トシテ若シ新ニ租税ヲ課シ若クハ増率スルカ如キ場合アリトスルモ多クハ一時限ノモノタルヘク將來永遠ニ効力ヲ保有スルノ處分ヲ爲サントハ余輩ノ想像スル能ハサル所ナリ

今既往ニ於ケル財政上ノ緊急處分ノ一例ヲ示セハ明治三十六年十二月勅令第二百九十一號ヲ以テ軍備補充ニ要スル經費支辨ノ爲一時借入ヲ爲シ又ハ特別會計ニ屬スル資金ヲ繰替使用シ若ハ國庫債券ヲ發行スルヲ得セシメ尙ホ京釜鐵道株式會社ノ線路工事速成ニ必要ナル資金調達ニ便宜ヲ與フル爲政府ハ同會社ノ發行スル債券ニ對シ元利支拂ノ保證ヲ爲スコトヲ得セシメタルカ如シ右勅令ニ依レハ一時借入ノ償還期ハ二年以内國債證券ハ五ケ年以内ナルヲ以テ既ニ今日ニ於テハ規定ノ

目的ハ其ノ効力ヲ失ヒ只京釜鐵道會社ノ債券ニ對スル保證債務ノ責任存スルノミナラン

第八條　豫備金ヲ以テ支辨シタルモノハ年度經過後帝國議會ニ提出シ其ノ承諾ヲ求ムルヲ要ス

本條ハ豫備費支辨ノ事後承諾ニ關スル規定ナリ前既ニ述フル如ク豫備費ハ避クヘカラサル豫算ノ不足ヲ補フ爲メ又ハ豫算外ニ生シタル必要ノ費用ニ充ツル爲ニ之ヲ設ケタルハ憲法第六十九條ノ規定ニ依リ明カナル所ニシテ其ノ豫算ノ不足ヲ補ヒ又ハ豫算外ノ支出ヲ爲シタルトキハ後日帝國議會ノ承諾ヲ求ムルヲ要スルハ亦憲法第六十四條第二項ノ規定スル所ナリ果シテ然ラハ豫備金ヲ以テ支辨シタルモノハ當然憲法第六十四條第二項ニ依リ帝國議會ノ承諾ヲ求メサルヘカラスシテ特ニ本條ヲ設クルノ必要ナキカ如シ特ニ憲法第六十九條ノ豫備費以外ニ豫算超過又ハ豫算外ノ支出ヲ認メサル論者ニ在リテハ到底本條ノ蛇足タルヲ辨解スルニ由ナカルヘキナリ唯夫レ余輩ノ如ク憲法第六十四條第二項ハ同法第六十九條ノ豫備費支辨ノミナラス廣ク豫算超過又ハ豫算外ノ支出ヲ認ムルモノナリトノ解釋ヲ採ルニ及ンテ初メテ本條規定ノ理由ヲ忖度シ得ヘキノミ卽チ憲法第六十四條第二項ニ

テハ其ノ帝國議會ニ承諾ヲ求ムルノ時期ニ關シテハ年度內ナルト將タ年度經過後タルトヲ問フコトナシ然ルニ本條ニ於テ豫備金ヲ以テ支辨シタル豫算超過又ハ豫算外ノ支出ハ年度經過後帝國議會ニ提出シ其ノ承諾ヲ求ムヘシト謂ヒ年度內ノ議會ニ提出スルニ及ハスト爲セシ所以ハ元來豫備費ハ他ノ一般豫算費目ト共ニ一會計年度間其ノ範圍內ニ於ケル支出ヲ承認セラレタルモノナレハ豫備費ノ存スル限リ其ノ年度間之ヲ支出スルヲ得ヘシ從テ年度經過後ニ於テ一括シテ議會ノ承諾ヲ求ムレハ足レリトシ一々臨時帝國議會ノ開會アル每ニ其ノ支出ノ承諾ヲ求ムルノ煩ヲ避ケシムルニ在リ反之國庫剩餘金支出ノ場合ハ豫備費ノ如ク性質上初ヨリ其ノ支出スヘキ金額ノ一定ノ範圍ヲ有セサルノミナラス又其ノ支出ヲ特ニ豫メ承認セラレタルモノニアラサルカ故其ノ支出ヲ爲シタルトキハ年度經過ヲ待タシムル必要ナキヲ以テ其ノ以後ニ開カルヘキ議會ニ直ニ提出シテ其ノ承諾ヲ求メシムル所以ナリ

豫備金ヲ以テ支辨シタルモノハ何故ニ議會ノ承諾ヲ求メサルヘカラストセシヤ蓋シ議會カ豫算ヲ議定スルニ當リテハ豫算ノ目的及金額ノ當否ヲ査案シ之ニ協贊ヲ與フルモノナレハ其ノ目的及金額ノ範圍內ノ支出ニ關シテハ政府ハ豫メ其ノ責任

ノ解除ヲ得タルモノニシテ單ニ豫算ノ範圍ニ於テ支出ヲ爲シタル事實ヲ證明セハ充分ナリ然ルニ豫備費ノ如キハ固ヨリ豫算中ニ之ヲ掲ケテ支出ノ協賛ヲ經タルモノナリト雖モ單ニ必要避クヘカラストノ抽象的目的ト金額トヲ定ムルニ過キサルヲ以テ其ノ果シテ避クヘカラサル豫算ノ不足ヲ補フ爲ナリヤ將タ豫算ノ目的外ニ生シタル必要ノ費用ナルヤ否ヤハ事實ニ依リ之ヲ決スルノ外ナキヲ以テ政府ヲシテ豫備金支出ノ後其ノ事實ヲ證明セシメ以テ其ノ責任ノ解除ヲ求メシムルモノトス

此ノ場合ニ於ケル議會ノ承諾ハ其ノ支出ノ必要止ムヲ得サルニ出テタルモノナルヲ承認スルモノニシテ恰モ憲法第八條ノ所謂緊急勅令及同法第七十條ノ財政上ノ緊急處分ノ事後承諾ト其ノ性質ヲ同フシ既ニ決行シタル政府ノ行爲ニ對シ後ヨリ同意ヲ表スルモノナリ故ニ協賛トハ少シク異ナル所アルヲ知ルヘシ協賛ハ豫メ事前ニ於テ政府ノ行爲ニ同意ヲ表スルモノナルモ承諾ハ事後ニ政府ノ行爲ヲ追認スルモノナリ更ニ他言ヲ以テセハ協賛ハ政府ノ行爲ニ翼賛スルモノニシテ承諾ハ政府ノ責任ヲ解除スルモノナリ政府ノ行爲ニ協翼參賛スルニハ議會ハ之ニ對シテ變更修正ヲ試ムルヲ得ヘシト雖モ（但シ豫算ニ對スル協賛權ハ議會ハ發案權ヲ有セサルヲ以テ自ラ制限アルコト前述ノ如シ）事後ニ

承諾ノ意ヲ表スルニハ全ク承諾ヲ與フルカ若ハ之ヲ拒ムノ二途アルノミ條件ヲ付シ若ハ修正ヲ加フルハ事後承諾ノ場合ニ之ヲ容認スルヲ得サルナリ

承諾ノ効果ハ政府ノ支出ハ止ムヲ得サルモノニシテ正當ノ支出ナリ卽チ豫算超過又ハ豫算外ニ支出ヲ爲シタルハ不法ニアラストノ證明ヲ得之ニ依リテ豫算ニ依ラサリシ支出ノ責任ハ全ク解除セラルヽニ至ルモノナリトス

議會ノ承諾ハ政府ノ豫算ニ依ラサリシ變態支出ノ責任ヲ解除セントスルモノナリト雖モ不承諾ノ場合ニハ政府ハ責任ノ解除ヲ得サルナリ然レトモ既ニ爲シタル豫算ノ施行ハ之ヲ取消スコトヲ得サルハ固ヨリ言ヲ待タス何トナレハ若シ豫算ニ依ラサル支出ニシテ他日議會ノ承諾ヲ得サルコトアルモ政府ト議會トノ內部關係ニ於テ責任解除ヲ得サルニ止マリ仕拂命令官カ正當ニ其ノ權限內ニ於テ仕拂命令ヲ發シタルトキハ固ヨリ有効ニシテ之ニ依テ其ノ支拂ヲ受ケタル者取消サルヽ理由毫モ存在セサレハナリ同法第七十條ノ財政上ノ緊急處分ニ於ケルモ亦豫算ニ依ラサル支出ノ場合ト同一ニ論結シ得ヘキナリ

帝國議會ニ於テ豫算超過又ハ豫算外ノ支出ヲ承諾セサルトキハ政府ハ責任ノ解除ヲ得サル前述ノ如シ故ニ決算審査ニ際シテハ政府ハ更ニ其ノ必要不可避事由ヲ辯

明セサルヘカラサルノ責任ヲ有ス若シ此ノ場合ニ議會尙ホ其ノ事由ヲ認メサルトキハ政府ノ責任ハ遂ニ解除セラレスシテ止マンノミ而カモ政府ノ豫算ニ依ラサリシ支出ハ避クヘカラス若ハ必要ノ原因ニ基キシモノナリトノ議會ノ認定ヲ得サリシ事實ヲ存スルノミニテ他ニ何等國法上ノ効果ヲ生スルモノニアラス果シテ然ラハ議會ノ承諾ヲ求ムルハ遂ニ何等ノ意義ヲ爲ササルモノト云フヘキ乎曰ク否ナ議會ノ承諾ヲ得サル場合ニハ國法上ノ効果ヲ生セサルモ之ヲ以テ何等ノ實効ナキ規定ナリト速斷スヘカラス蓋シ議會カ豫算議定及決算審査ヲ爲スニ當リテハ漫然政府ノ要求ヲ否認シ若ハ正當ノ支出ヲ否定スルモノニアラス時ニ或ハ黨略上ノ犧牲ニ供セラレ或ハ感情ノ衝突ヨリ不當ノ決議ヲ見ルコト之ナキヲ保シ難シト雖モ多クノ場合ニ於テハ議會ノ決議ハ公正ノモノナリト看做ササルヲ得ス從テ若シ議會ニ於テ政府ノ支出ヲ不當ナリトシ承諾ヲ與ヘサルカ如キコトアランカ輿論ハ政府ヲ攻擊シテ止マサルヘク事ノ重大ナルモノニ至テハ遂ニ政府當局者ハ其ノ責ヲ負フテ職ヲ退カサルヘカラサルニ至ルコトアラン之レ固ヨリ政府ノ政治道德上ノ範圍ニ屬シ國法上ノ責任ニアラサルハ勿論ナリト雖モ之ヲ以テ政府ニ於テモ豫算超過又ハ豫算外ノ支出ヲ爲スニハ常ニ愼重ノ注意ヲ拂ヒ苟モ之ヲ濫ニセサル間接ノ

効果アルヘキハ余輩ノ信シテ疑ハサル所ナリ豫備金ノ支出ヲ議會ニ承諾ヲ求ムルノ手續ハ會計規則第二十四條ノ規定スル所ニシテ即チ各省大臣其支出計算書ヲ作リ各費途毎ニ説明ヲ付シ年度經過後五ケ月以内ニ之ヲ大藏大臣ニ送付シ大藏大臣ハ第一豫備金支出ト第二條備金支出トニ大別シ其ノ總計算書ヲ作リ之ニ説明ヲ付シ各省大臣ヨリ送付シタル計算書ト共ニ議會ニ支出スルノ手續ヲ爲スヘキモノトス

第九條　毎年度大藏省證券發行ノ最高額ハ帝國議會ノ協賛ヲ經テ之ヲ定ム

凡ソ經常歳入ノ多クハ各一定ノ時期アリテ毎時必スシモ同一額ノ收入ヲ得ルモノニアラス爲ニ或ル時期ニ於テハ支出額多クシテ收入額ノ之ニ伴ハサルコトアリ此ノ場合ニ於テ一時ノ便法トシテ私法上ノ契約ニ依リ一時ノ借入ヲ爲サシメ其年度内ニ之ヲ償却セシムル方法アリ大藏省證券ノ發行即チ是ナリ大藏省證券ノ發行ニ關シテハ明治十七年第二十四號太政官布告ノ規定アリト雖モ大藏省證券モ亦是國債ノ一種ニ外ナラサルヲ以テ憲法第六十二條第二項ニ依リ議會ノ協賛ヲ經サルヘカス此ヲ以テ本條ニ於テハ毎年度大藏省證券發行最高額ハ議會ノ協賛ヲ經テ之ヲ

定ムヘキヲ規定セリ而シテ大藏省證劵ノ發行ハ元是豫算施行上ノ便タルニ過キサルヲ以テ總豫算中ニ之ヲ掲ケテ豫算ト共ニ協賛ヲ求ムルヲ例トスルコト前ニ述ヘタルカ如シ

大藏省證劵ノ性質ハ右ニ述フル所ノ如シ故ニ其ノ公債ト異ナル點ハ單ニ期間ノ長短及募集ノ方法ニ些ノ異ナルモノアルニ過キス共ニ國家ノ私法上ノ債務タルハ同一ナリトス即チ大藏省證劵ハ一會計年度内ニ於テ收入支出ノ均衡ヲ得サル場合ニ一時負債ヲ起スニ過キサルヲ以テ其ノ年度内ニ於テ之ヲ償却セサルヘカラス然ルニ一般國債ハ一年度ノ歳入ヲ以テ或ル必要ナル支出ニ充ツルヲ得サル場合ニ其ノ必要ヲ充サンカ爲ニ募集スルモノニシテ多クハ長期ヲ以テ償還ス又其募入スヘキ額モ大ナルヲ以テ汎ク一般人ノ應募ニ便ナル爲一口ノ應募額ヲ小ナラシムルヲ例トスルカ如シ

今日ノ實際ハ國債募集ハ常ニ法律ヲ以テスルヲ例トスルモ是固ヨリ法規ヲ定ムルモノニアラスシテ政府ニ國債募集ノ權能ヲ與フルト募集ニ關スル細則ヲ定ムルニ過キス而シテ是等細則ノ標準トナルモノハ明治十九年勅令第六十六號整理公債條例ナリトス其ノ後明治三十九年四月法律第三十四號ヲ以テ國債ニ關スル一般ノ規

定ヲ設ケタルヲ以テ國債募集ニ關シテハ原則トシテ此ノ法律ノ定ムル手續ニ依ラサルヘカラス公債募集ニ關スル規定ノ大部分ハ臣民ニ對スル命令ニアラスシテ應募者ニ對スル契約ノ條件ヲ定メタルモノニシテ只行政官府ニ對シテ命令ノ性質ヲ有スルノミ此ノ如ク公債募集ハ固ヨリ私法的行爲ナリト雖モ法律ヲ以テスルノ結果私法ノ規定ト異ナリタル規定ヲ設クルコトヲ得ヘシ整理公債條例及國債ニ關スル法律中時効及公示催告ニ關スル特別規定ノ如キ其ノ例ナリ

大藏省證券ノ外明治二十七年六月法律第十六號ヲ以テ一時借入ヲ爲スノ方法ヲ認ムルアリ即チ同法第二條ニ依レハ政府ハ國庫出納上會計年度間一時不足ヲ生スルトキハ相當ノ利子ヲ附シ日本銀行ヨリ借入ヲ爲スコトヲ得ヘシ大藏省證券ハ證券ヲ以テ一般ヨリ借入ルルモノナルニ反シ此ノ借入金ハ日本銀行ヨリ特ニ一時融通ヲ爲スモノナリ二者共ニ一會計年度內ニ於ケル負債ナルヲ以テ若シ彼ヲ制限スルノ要アリトセハ此モ亦制限スルノ必要アルモノト云フヘシ是ヲ以テ其ノ第三條ハ大藏省證券ノ發行額ト合セテ當該年度該證券ノ發行額ヲ超過スルヲ得スト規定セリ

本條ノ適用上稍々疑ノ生スルハ大藏省證券發行ノ最高額トハ一年度間ニ發行シ得

ヘキ總額ノ意味ナルヤ將タ一回若ハ數回ニ現ニ發行シ得ヘキ最高限度ヲ云フモノナリヤ否ニ在リ若シ本條ヲ平易ニ解スルトキハ毎年度ニ於ケル發行總額ヲ意味スルカ如シト雖モ此ノ如キハ立法ノ本旨ニアラス何トナレハ今假リニ反對論ノ如クシ最高總頭五千萬圓ナリトシ年度ノ初ニ於テ既ニ三千萬圓ノ大藏省證券ヲ發行シ七月ニ至リ之ヲ償却シタル場合ニ爾後九月ニ至リ更ニ三千萬圓ノ證券發行ヲ必要トスルモ前回ノ發行額ヲ控除シタル殘額二千萬圓ノ外發行スルヲ得サルコトトナルヘシ是豈ニ證券發行ノ旨趣ニ反スルモノニアラスシテ何ソヤ一旦證券ノ發行ヲ爲スモ既ニ之ヲ償却シタルトキハ再ヒ之ヲ繰返ヘスモ何等ノ害ナキノミナラス大藏省證券發行ノ効用實ニ此ニ存スルモノト謂フヘシ唯其ノ發行最高額ハ豫メ之ヲ制限スルニアラスンハ巨額ノ大藏省證券ノ發行ハ時ニ市場ノ金融ニ影響ヲ及ホスノ虞アルヲ以テ本條ヲ必要トスルニ至レルモノトス故ニ後說ノ如ク現ニ發行シ得ヘキ最高額ノ義ナリト解スヘキナリ

第三章　收入

收入ハ支出ノ根源ナリ支出ハ收入アルヲ前提トス收入ハ實ニ國家ト個人タルヲ問

ハス經濟的活動ノ原動力ナルヲ以テ支出ヲ爲スニハ必ス收入ニ待タサルヘカラサル言ヲ俟タス而シテ立憲制ノ下ニ於ケル國家ノ收入支出ハ必ス豫算ヲ以テ其ノ範圍ヲ定ムルヲ主義トスルカ故本法ニ於テモ總則ニ續テ先ツ豫算ヲ規定シ次ニ本章ヲ以テ收入ノ手續ニ關スル根本原則ヲ明ニシ更ニ次章ニ支出ニ關シテ規定スル所アリ後ニ其ノ支出ノ結果ヲ明ニスル爲決算ノ章ヲ設ケタル如キ條章ノ排列洵ニ其ノ當ヲ得タルモノト謂フヘシ

本章ハ題シテ之ヲ收入ト謂フ蓋シ收入トハ汎ク國庫ニ收納スル資金ヲ總稱スルモノナルヲ以テ租稅タルト其他ノ收納タルトヲ問ハサルハ勿論ナリト雖モ此ニ所謂收入ハ彼ノ特別會計ニ屬スル資金ヲ一般會計ニ繰入ル場合ノ如キハ之ヲ包含セサルナリ固ヨリ是等ハ其名ノ如ク特別ニ會計ヲ異ニスルモノナルヲ以テ一般會計ヨリ之ヲ觀レハ收入トシテ計算セサルヘカラサルハ論ナキ所ナルモ是唯豫算編成上若ハ豫算ノ施行上收入トシテ取扱フニ過キスシテ其ノ實一旦收入シタル國庫金ヲ會計上ノ便宜ノ爲ニ他ノ會計ノ資金トシテ轉換スルニ過キサルナリ本章ノ所謂收入ナル語ハ其ノ第十條ノ規定ヨリ之ヲ見ルモ國家カ自己以外ヨリ直接ニ收納スル場合ニ關スルモノナルコト規定ノ實質ヨリ既ニ明白ナリトス唯此ニ一言セントス欲

スルハ收入ト歳入トノ語ニ如何ナル差異アリヤノ點ナリ鄙見ニ依レハ收入トハ現實ノ收入ノ意義ニ用キ歳入トハ一會計年度ニ於テ其ノ年度ノ收入トナルヘキモノヲ稱スル場合ニ用キタルカ如シ卽チ豫算ニ於テ歳入ト謂フトキハ其年度ニ於テ收納スヘキ一切ノ收入豫定額ヲ云フモノニシテ其ノ豫定シタル歳入ヲ實際ニ收納スル場合ニ之ヲ收入ト稱スルカ如シ約言セハ歳入トハ將來收入スヘキモノ收入トハ現在收入スルコトヲ謂フト解セハ大過ナカルヘシト雖モ歳入又ハ收入ノ語ニ本來此ノ如キ區別アル意義アルモノニアラス唯余輩ハ本法ノ立法者ハ前述ノ如キ意味ニ之ヲ用ヒタルニアラサルヤト推測セシニ過キサルナリ

第十條　租稅及其ノ他ノ歳入ハ法律命令ノ規程ニ從ヒ之ヲ徵收スヘシ
法律命令ニ依リ當該官吏ノ資格アル者ニ非サレハ租稅ヲ徵收シ又ハ其ノ他ノ歳入ヲ收納スルコトヲ得ス

本條第一項ハ租稅及其ノ他ノ歳入ハ法律命令ノ規定ニ從ヒ之ヲ徵收スヘシト謂ヒ更ニ第二項ヲ以テ其ノ徵收若ハ收納ヲ爲スニハ一定ノ資格ヲ具備スル者ニアラサレハ之ヲ爲シ得サルコトヲ明ニシ以テ租稅ノ徵收其他ノ歳入ノ收納ヲ嚴ニシ國定

收入ノ確實ヲ期スルト同時ニ民人ヲシテ不法ノ強徴ニ遇フコトナカラシメンコトヲ圖レリ

故ニ國家ノ歳入ハ種々アリト雖モ總テ本條ニ依リ必ス法令ノ規定ニ從ヒ徴收セサルヘカラス國家ノ歳入中最大部分ヲ占ムルモノハ租税ナルコト前既ニ述ヘタル所ナリ又租税ヲ課スルニハ必ス法律ヲ以テセサルヘカラサルハ憲法第二十一條及第六十二條ニ依リ明カナル所ナリ憲法制定以前ニ於テハ租税ハ元首ノ命令ヲ以テ之ヲ定メタルモノナリト雖モ憲法施行後ニ於テモ法律ヲ以テ改メサル限リ舊ニ依リ之ヲ徴收セサルヘカラサルハ憲法第六十三條ノ規定スル所ナリ從テ現今ニ於テハ租税法ノ新設改廢ハ憲法上必ス法律ヲ以テセサルヘカラス蓋シ租税ハ國家命令權ニ依リ無償ニ人民ノ財産ヲ提供セシムルモノナレハ此ノ義務ヲ負ハシムルニ帝國議會ノ協賛ヲ經タル法律ノ形式ヲ以テスルハ固ヨリ當然ナリト謂ハサルヘカラス夫レ此ノ如ク租税ヲ課スルニハ必ス法律ヲ以テセサルヘカラサルカ故租税法ニ從ヒ徴收スルハ是卽チ本條ノ規定ニ適合スルモノナリト雖モ現行租税法ハ多クハ臣民ノ納税義務及其ノ範圍ヲ定ムルニ過キスシテ其ノ義務ノ履行ヲ命スル方法換言セハ租税ヲ實際ニ徴收スルニハ如何ナル方法ニ依ルヘキヤヲ規定セス偶々實體法

タル租税法規中特別ナル徴收方法ヲ併セテ規定スルモノナキニアラスト雖モ多クハ一般的徴收方法ヲ規定スル國税徴收法ニ準據セシムルヲ我立法ノ慣例トスル所ナルヲ以テ租税法ニ特別規定ナキモノハ必ス國税徴收法ノ規定ニ從ヒ之ヲ徴收セサルヘカラス同法第一條ハ此ノ旨趣ヲ明ニセリ曰ク「國税ノ徴收ハ關税其ノ他別ニ法律ヲ以テ定ムルモノノ外總テ此ノ法律ニ依ル」ト今試ニ關税ヲ除キタル租税法中徴收ニ關スル特別規定ノ存スルモノノ一例ヲ擧クレハ酒造税法第七條、第十五條砂糖消費税法第四條、第五條織物消費税法第四條、第五條印紙税法第六條所得税法第四十二條通行税法第四條登錄税法第一條第十七條等ノ如キ是ナリ

此ノ他租税ノ徴收ニ關シ命令ヲ以テ規定セルモノハ明治三十五年四月勅令第百三十五號國税徴收法施行規則及明治三十年六月大藏省令第十號國税徴收法施行細則等ナリ共ニ徴收關係法規トシテ之ニ準據セサルヘカラサルハ言ヲ待タス

國家ノ歳入中租税ニ似テ非ナルモノハ所謂公法上ノ手數料ナリトス手數料ハ前述シタル如ク國家ノ特別政費ニ對スル報償トシテ關係者ヨリ特別ニ徴收スル公法上ノ收入ナリ手數料ニハ行政上ノ手數料及司法上ノ手數料トノ區別アルコト亦既ニ述ヘタル所ナリ而シシテ憲法第六十二條第二項ニ依レハ行政上ノ手數料ハ法律ヲ

以テ之ヲ定ムルヲ要セスト雖モ司法上ノ手數料ハ必ス法律ヲ以テ定メサルヘカラス憲法ハ何カ故ニ二者ノ間此ノ如キ區別ヲ爲シタルヤ是他ナシ行政上ノ手數料ハ警察上ノ許可、權利ヲ設定スル行政行爲、公ノ證明等ニ對シテ徵收スルモノニシテ其ノ金額モ多クハ小ナリト雖モ司法上ノ手數料ハ裁判ヲ求メ若ハ一私人ノ權利ヲ保護シ或ハ法律上ノ關係ヲ確認スルコトヲ目的トスル國家ノ行爲ニ對シ徵收スルモノニシテ其ノ額亦大ナルノミナラス時ニ或ハ全ク報償ノ性質ヲ有セス名ハ手數料ト稱スルモ其ノ實質租稅ト毫モ擇フナキモノアルヲ以テノ故ナラン

本條第一項ニハ「租稅及其ノ他ノ歲入」ト謂ヒ總テノ國家ノ收入ハ之ニ包含セラルルヲ以テ租稅其他ノ公法上ノ收入タルト私法上ノ收入タルトヲ問ハス皆共ニ法令ノ規定ニ從ヒ徵收セサルヘカラサルカ如シト雖モ彼ノ物品ノ拂下代金又ハ貸下料金ノ如キ私法上ノ收入ハ全ク契約ノ結果ニ基クモノニシテ特ニ其ノ納付義務ニ關シ規定スル法律命令アルニアラス又其ノ徵收ノ語ヨリ之ヲ推考スルモ「其ノ他ノ歲入トハ總テ手數料等ノ如キ公法上ノ收入ヲ指スノ意ナルコトヲ窺知スルニ足ルヲ以テ本條第一項ノ其ノ他ノ歲入ニハ私法上ノ收入ヲ包含セサルモノト云フヘシ然レトモ之ヲ以テ私法上ノ收入ヲ爲スニハ何等法令ニ拘束セラルルコトナク全ク隨意

ナリト云フヲ得ス物件ノ賣却、貸下等ニ關シテハ本法第二十四條其他會計規則第七章ノ規定ニ從ハサルヘカラサルハ言ヲ待タス

前述ノ如ク本條第一項ハ租税及其他ノ收入ハ法令ノ規定ニ從ヒ徵收セサルヘカラサルコトヲ明ニスト雖モ果シテ何人カ其ノ任ニ膺ルヘキヤ未タ知ルヘカラサルナリ故ヲ以テ第二項ニ於テハ法律命令ニ依リ當該官吏ノ資格アル者ニ非サレハ租税ヲ徵收シ又ハ其ノ他ノ收入ヲ收納スルヲ得ストシ一定ノ官吏ヲシテ收入事務ヲ掌ラシメ一般行政官吏ヲシテ漫ニ收入事務ノ執行ニ關與セシメサルノ主義ヲ明ニセリ現行法ノ下ニ於テ內國税徵收ノ權限ヲ有スル者ハ税務署長ニシテ（税務署官制第一條第四條）關税徵收ノ權限アル者ハ税關長ナリ（税關官制第一項第二項）トス蓋シ官制ハ官廳ノ組織及官廳ヲ組織スル吏員ノ職務權限等ヲ定ムルニ過キスシテ其ノ權限ヲ行フニハ實體法其ノ他ノ法令ノ規定ニ從ヒ行動セサルヘカラス假令租税ヲ徵收スルニ當リテモ各税法ニ依リ賦課方法ノ異ナルモノアルヲ以テ自己ノ職權ヲ行ハントスル根本法ノ規定ニ從ヒ之ヲ執行セサルヘカラサルカ如シ本條第一項ニ於テ租税及其他ノ歲入ハ法律命令ノ規定ニ從ヒ之ヲ徵收スヘシト謂フハ亦此ノ意味ヲ明ニシタルニ外ナラサルナリ然レトモ租税徵收ノ權限ヲ有スルモノハ當然他ノ總テノ收入ヲ收納スル

ノ權アリト云フヲ得サル勿論ナリ故ニ租稅以外ノ歲入ヲ收納スルニハ特別ナル權限授與ノ事實ナクンハアラス收入官吏タルノ任命ハ是卽チ特別授權ノ一形式ニ外ナラサルナリ

第四章　支出

本章ノ規定ハ支出ニ關スル制限ヲ爲シタルモノニシテ會計法中最モ重要ノモノナリト謂フヘシ蓋シ租稅ノ徵收其他公法上ノ收入ハ直接ニ民人ノ利害ニ影響ヲ及ホスノミナラス國家財政ノ基礎ト爲ルモノナレハ收入ニ關スル規定ノ重要ナル固ヨリ言ヲ俟タサル所ナリト雖モ支出ニ關スル規定如何ハ直ニ國家經濟ノ消長ニ關スルヲ以テ會計ニ關スル規定トシテハ其ノ支出ニ關スルモノハ寧ロ緊切ナルモノト謂ハサルヘカラス爾餘ノ規定ノ如キ多クハ何レモ直接若ハ間接ニ支出ニ關係ヲ有シ窮極其ノ支出ヲシテ正當ナラシムルヲ目的トスルニ過キサルナリ此ニ支出トハ讀ンテ字ノ如ク國庫ノ資金ヲ外ニ拂出スヲ云フモノナリト雖モ國家ノ會計ハ私人ノ會計ト異ナリ實際ニ現金支出ヲ爲スニハ種々ナル形式ヲ踐マサヘカラス卽チ國家カ支出ヲ爲スニハ國務大臣各其ノ所管定額ノ範圍內ニ於テ國庫ニ向テ仕拂命令

ヲ發スルモノトス（實際ニ於テハ國務大臣ハ本省以外ノ經費ニ付テハ他ノ官吏ニ委任シテ仕拂命令ヲ發行セシム）仕拂命令ノ發行ハ實ニ現實仕拂ノ先驅ヲ爲スモノナリ而シテ國庫ニ於テ其ノ仕拂命令ヲ受ケタルトキハ之ニ因リテ其ノ命令カ法令ノ規定ニ反スル所ナキヤ否ヤヲ調査シ成規ノ手續ニ違背スルナキヲ認メタルトキハ初テ債權者ニ仕拂ヲ爲スヘキナリ世ノ解釋者ハ國務大臣若ハ其ノ委任ヲ受クタル者カ仕拂命令ヲ發シタルトキハ之ヲ以テ支出アリト謂フト雖モ嚴正ニ之ヲ論スレハ仕拂命令ノ發行ハ支出ノ準備ニ過キスシテ之ヲ以テ直ニ支出アリト云フヲ得ス仕拂命令ニ基キ國庫カ仕拂ヲ爲シタルトキ初テ支出アリト謂フヲ得ヘキナリ何トナレハ仕拂命令ノ發行ハ常ニ當然支拂ノ事實相伴フモノニアラス法令ノ規定ニ違背セル仕拂命令ハ國庫ハ必ス其ノ支拂ヲ拒絶スヘク又權利者ノ死亡其他ノ原因ニ依リ支拂ノ請求ナクシテ止ムコトアルヘキヲ以テナリ然レトモ一般的ニハ仕拂命令ノ發行アリタルトキハ債權者ハ其ノ支拂ノ請求ヲ爲スヘキヲ普通トシ右ノ如キ事實ハ極テ稀ナルヘキヲ以テ仕拂命令ノ發行ヲ以テ支出アリト謂フモ强テ咎ムルニ足ラサルヘシ

第十一條　每會計年度ニ於テ政府ノ經費ニ充ツル所ノ定額ハ其ノ年度ノ歳入ヲ以テ之ヲ支辨スヘシ

本年度ニ於ケル歳出ハ本年度ノ歳入ヲ以テ支辨スヘク若シ今年度ニ於ケル經費ニ充ツルニ次年度又ハ其後ノ年度ニ於ケル歳入ヲ以テ順次ニ充當スルヲ得ヘシトセハ勢ヒ國家ノ經費ハ膨張セサルヲ得スシテ遂ニハ財政上ノ基礎ヲ危フスルノ虞アリ加之既ニ會計年度ノ制ヲ設ケ收入支出ヲ行フ一定ノ期間ヲ定ムル以上當然此ノ如クナラサルヘカラス若シ然ラサレハ會計年度ヲ設ケタル旨趣ハ遂ニ沒却セラルルニ至ラン是本條ノ規定アル所以ナリトス

此ニ所謂「每會計年度ニ於テ政府ノ經費ニ充ツル所ノ定額」トハ當該年度豫算ニ於テ支出スヘク承認セラレタル豫定額ヲ謂フモノニシテ又「其ノ年度ノ歳入ヲ以テ之ヲ支辨スヘシ」ト謂フハ其年度ニ於テ收入スヘキ金額ノ範圍ニ於テ其ノ支出ニ供スヘシト云フノ意義ナリトス故ニ實際上其ノ年度ノ經費ヲ支辨スルニ當リテハ其ノ年度ニ於テ事實上收納シタル金額タルヲ要セス實際ニ於テハ年度開始ト同時ニ未タ一ノ收入金ナキモ支出ノ必要ヲ生スヘク又或ハ年度開始前ニ於テ支出ノ命令ヲ發スルノ必要アルヲ以テ明治二十二年七月勅令第九十五號ヲ以テ會計度開始前現金支出規則ヲ設ケタルハ決シテ本條ノ趣旨ニ乖戻スルモノニアラス彼ノ歳計剩餘金ノ如キモ之ヲ翌年度ノ歳入ニ繰入ルヘキハ本法第二十條ノ規定スル所ナルヲ以テ

其繰入金ハ亦是當該年度ノ歳入トナルモノナレハ其ノ支出ニ充當スルコトヲ得ヘキナリ此點ニ付テハ議論アルヲ以テ後ニ第二十條ヲ説明スルニ當リ詳細辨スル所アルヘシ若シ夫レ時アリテ歳入不足ヲ告ケ豫定ノ經費ヲ償フニ足ラサル場合ニ於テハ即チ臨時議會ヲ召集シ國債募集又ハ新ニ租税ヲ課シ若ハ増徴ヲ爲ス等ノ途ヲ講シ之ヲ補塡スルノ外ナシト雖モ實際ニ於テハ豫算ヲ編成スルニ際シ既往年度ノ實蹟其ノ他諸般ノ事情ヲ斟酌シテ先ツ歳入額ヲ豫定シ後ニ歳出額ヲ定ムルヲ以テ歳入額ノ歳出額ヲ償フニ足ラサルカ如キ現象ヲ呈スルハ殆ト稀ナリト謂フヘシ

第十二條　國務大臣ハ豫算ニ定メタル目的ノ外ニ定額ヲ使用シ又ハ各項ノ金額ヲ彼此流用スルコトヲ得ス

國務大臣ハ其ノ所管ニ屬スル收入ヲ國庫ニ納ムヘシ直ニ之ヲ使用スルコトヲ得ス

本條第一項ハ豫算ヲ施行スルニ當リ其ノ金額ヲ豫算ニ於テ定ムル目的以外ニ使用シ又ハ各項ノ金額ヲ相互ニ流用スルヲ禁シ第二項ハ總テノ收入金ハ國庫ニ納付スヘク直ニ之ヲ使用スルヲ得ストシ以テ支出ノ制限及收入金ノ濫用ヲ防カントセリ

豫算施行ノ任ニ當ル者ハ本條ニ依リ國務大臣ナルコトヲ知ルヘシ而シテ國務大臣トハ直接ニ元首ニ隷屬シ元首補弼ノ責ニ任スルモノヲ謂フ國務大臣ハ又同時ニ内閣官制及各省官制ニ依リ行政長官タルノ職ヲ兼ヌルモノニシテ本條ニ所謂國務大臣トハ行政長官タル大臣ヲ指スモノト謂ハサルヘカラス何トナレハ憲法上ノ國務大臣ノ職責ハ天皇輔弼ノ責ニ任スルニ在リテ行政事務ノ執行ニ任スルモノニアラサレハナリ然ルニ豫算ノ施行ハ是即チ行政事務ノ執行ニ外ナラサルヲ以テ此ノ如ク解スルヲ至當ナリト信ス

本條第一項ノ「豫算ニ定メタル目的ノ外ニ定額ヲ使用シ」トハ之ヲ如何ニ解スルヲ以テ正當トスヘキヤ若シ豫算ノ目的外ニ逸スレハ忽チ不當ノ支出ト爲リ決算審査ニ際シ何等辯護ノ辭ナカラン由來會計檢査報告ニ於テ其支出ノ不當ヲ鳴ラスモノ多クハ本條第一項ノ規定違背ヲ理由トスルモノナリ故ニ本項ノ解釋ニハ最モ愼重ノ注意ヲ拂フヲ要ス

或解釋者ハ曰ク豫算ノ目的トハ款項ノ謂ヒニアラスシテ各省豫定經費要求書ニ示ス內容即是ナリ固ヨリ豫定經費要求書ハ議會參考ノ爲ニスルモノナレトモ其ノ實質ハ豫算ノ仕譯內譯ヲ爲スモノナリ故ニ之ヲ以テ豫算ノ目的ト爲サヽルヘカラス

ト然レトモ此ノ見地ヨリスレハ豫算各目ノ流用ハ一般的ニ自由ナリト謂フヲ得スシテ假令廳費(項)ニ於テ器具費(目)ヲ以テ圖書購買費(目)ニ流用スルハ豫算ノ目的ニ反スルノ結果トナルヘシ豫算ノ目的トハ果シテ此ノ如ク議會參考ノ爲ニ提出スル豫定經費要求書ニ示ス目節ノ細分ヲ謂フモノナルカ余輩ハ否ト答フルニ躊躇セサルモノナリ

抑モ豫算ノ目的ナルモノハ豫算ヲ措テ他ニ求ムヘカラス而シテ豫算ハ本法第六條ノ規定ニ依リ經常、臨時ノ二部ニ大別シ各部ハ之ヲ款、項ニ區分セサルヘカラス款、項ハ卽チ豫算ノ目的ヲ示スモノナルコトハ余輩既ニ同條ニ於テ之ヲ說明セリ同條第二項ニハ又議會參考ノ爲ニ各項中更ニ目節ニ細分シタル豫定經費要求書ヲ豫算ニ添付スヘキコトヲ命スト雖モ是唯議會ノ豫算議定ノ參考ニ供スルニ過キスシテ豫算ノ款項ニ示ス金額ハ此ノ如キ內容ヲ有スルモノヨリ成ルモノナリト云フ百尺竿頭更ニ一歩ヲ進メタル明細ノ說明ニ過キサルナリ豫算ノ目的ナルモノハ既ニ款項ニ於テ表示セラレテ明ナリ議會ノ豫算ヲ議定スルニ當リ其ノ議決ノ目的トナルモノハ豫算ノ款項ニ示ス金額ナリトス一般學者ノ豫算ノ項ヲ以テ議決科目ト謂ヒ目以下ヲ行政科目若ハ隨意科目ト稱スル所以ノモノ亦是カ爲ナラスンハアラス唯夫レ實際問題トシテ往々項ノ範圍内ナルヤ否ヤノ疑ヲ生スルコトアルヘシ此場合ニ於テハ議會參考ノ爲ニ添付シタル各目明細書ハ採テ以テ判斷ノ資ト爲スニ恰好ノモノト謂フヘキナリ

鄙見ヲ謂テセハ議會參考ノ爲ニ添付スル豫定經費要求書各目明細ナルモノハ豫算其者ニアラスシテ豫算ノ附屬表ナリト信ス豫算其者ニアラサルカ故ニ豫算ノ議決ノ効果ハ之ニ及ハサルナリ世ノ識者ニシテ此ノ如キ睹易キ理ヲ辨セスシテ目節ヲ以テ豫算ノ目的ヲ制限セントスルハ頗ル奇怪ナリト謂ハサルヘカラス

之ヲ要スルニ本條ニ所謂「豫算ニ定メタル目的」トハ項ニ依リテ表示セラレル目的ヲ云フニ外ナラサルナリ何トナレハ豫算ノ定額トハ項ニ依リテ定マル金額ヲ指スモノナレハ其ノ定額ニ關シ豫算ニ定メタル目的ト云フトキハ項ニ依リテ表示セラルル目的ノ外他ニ其ノ目的ヲ求ムルニ由ナケレハナリ余輩ハ此ノ理由ニ依リ各目以下ノ流用ハ絕體ニ自由ナルヲ主張セントスルモノナリ今試ニ左ニ二三ノ事例ヲ掲ケテ之ヲ說明セントス

第一例

項	目	金額
廳費	備品費	五〇、〇〇〇圓
	圖書購買費	二〇、〇〇〇
	筆墨諸費	一〇、〇〇〇
	通信運搬費	五、〇〇〇
		一五、〇〇〇

今此ノ例ニ於テ若シ通信運搬費ニ不足ヲ生シタルトキハ備品費ヨリ之ヲ流用スルモ將タ圖書購買費ヲ以テ之ヲ補フモ全ク自由ナリ即チ各目ハ相互ニ流用ヲ爲シ得ルヲ以テ豫算施行上極メテ便利ナリトス反對論ニ從ヘハ此ノ如キハ豫算ノ目的ニ反シ第一項ノ違反トナルヘシ

第二例

項	目	
俸給及諸給		二、〇〇〇、〇〇〇圓
	勅任俸給	一五、五〇〇

奏任俸給	二四〇、〇〇〇
判任俸給	一、七四四、五〇〇

本例ニ於テ奏任俸給ニ若シ不足ヲ生シ而シテ判任俸給ニ剩餘アルトキハ之ヨリ流用シテ毫モ妨ケナキナリ判任俸給ニ不足ヲ告ケ勅任俸給若ハ奏任俸給ハ剩餘アル場合ニ其何レヨリ流用スルモ亦自由ナリトス實際ニ於テハ判任俸給不足ニシテ奏任俸給ヨリ流用スルカ如キハ極メテ稀ナルヘシト雖判任俸給ヨリ奏任俸給ニ轉用スルノ要アルハ珍シカラサル事實ナリ此點ニ關シテハ一般ノ各目流用ヲ認ムル者ニシテ尙反對ヲ唱フルモノアリ蓋シ其ノ理由トスル所結局豫算ノ目的ニ反スト云フニ歸スルカ又ハ政策上俸給各目相互ノ流用ハ穩當ナラスト謂フニ過キスシテ其ノ第一ノ理由ハ豫算ノ目的ヲ誤解シ第二ノ理由ハ解釋論ヲ左右スルニ足ラサルヲ以テ改メテ反駁ヲ加フルノ要ヲ見サルナリ

第三例

項目	
新營費	一一八、〇〇〇圓
某官廳々舍新營費	一〇、〇〇〇
某省官舍厩舍新築費	八、〇〇〇
各所新營	一〇〇、〇〇〇

本例ニ於テ某官廳々舍新營費ニ八、〇〇〇圓ノ剩餘ヲ生シ官舍及厩舍新築費ニ一、〇〇〇圓ノ不足ヲ生シタルトキハ彼ヨリ此ニ其ノ殘餘ヲ流用スルモ違法ニアラス反對ノ解釋者ハ豫算ニ於テ某官廳ノ新築トシテ豫算ヲ要求シタル以上ハ之ヲ他所ノ新築ニ供用スルハ豫算ノ目的ニ反スト謂ヘリ

以上ノ三例ニ於ケル各目ハ共ニ議會ノ參考ノ爲ニ提出シタル豫定經費要求書ノ各目明細書ニ示ス所ノモノナリ卽チ第一例廳費五萬圓、第二例俸給二百萬圓、第三例ニ於ケル新營費拾壹萬八千圓ハ此ノ如キ內譯ヨリ成立ラルモノナルヲ表示スルモノナリ而カモ此ノ內容ハ之ニ依リテ豫算ノ目的ヲ制限セントスルノ旨趣ニアラサルハ既ニ述フル所ノ如シ實際豫算ヲ施行スルニ當リテハ廳費又ハ俸給若ハ新營費等

ノ範圍ヲ出テサル限リ各相互ニ流用ヲ爲スモ決シテ豫算ノ目的ニ背馳スルモノニアラサルナリ若シ反對論者ノ如ク項ノ內譯モ亦豫算ノ實質ヲ爲スモノナルカ故ニ目ノ金額變更ヲ試ムルハ豫算ノ目的ニ反スルモノナリト斷スルトキハ豫定經費要求書ニ基カサル他ノ新費目ノ設置ヲ要スルモ如何トモスヘカラス論者ノ説ニ從ヘハ所謂行政科目又ハ隨意科目ト稱スルモノノ存在ヲ否認セサルヘカラサルニ至ル例之廳費ニ於テ既定ノ目以外ニ支出ノ必要アリ而カモ其ノ費用ハ廳費ノ性質ヲ有スルヲ以テ（即チ廳務ヲ行フ爲必要ナル支出）之ヨリ支出スルヲ相當トスル場合ニ新ニ目ヲ設ケ適當ナル名稱ヲ附シ本項ヨリ支出スルヲ否認セントスルヤ俸給ノ項中ニ賞與ノ目ヲ新ニ設置シ官吏ニ賞與金ヲ給スルハ豫算ノ目的ニ反ストシ之ヲ違法トスルノ勇アリヤ新營費ノ殘與ヲ以テ豫算ニ示ササル新ナル工事費ニ充當スルハ豫算ノ目的ニ乖戻スト謂フヘキ乎反對論者ト雖恐ラク然リト答フルニ躊躇セサルヲ得サルヘシ余輩未タ此點ニ關スル反對説アルヲ聞カサルナリ是蓋シ豫算ノ目的ナルモノハ實ニ項ニ依リテ表示セラルルモノナルカ故項ノ目的ノ範圍ト認メラルルニ於テハ豫定經費要求書ニ掲ケサル目節モ新ニ之ヲ設置スルニ妨ナシトノ理由ニ基ケハナリ飜テ立法上ヨリ之ヲ論スルモ俸給ノ爲ニ支拂フ以上之ヲ奏任俸給トシテ支拂フモ將

タ判任俸給ノ為ニ支拂フモ之ヲ行政執行者ノ自由ニ委スルヲ以テ寧ロ經理運用ノ妙味ヲ發揮セシムルノ効果アルモノト謂フヘシ新營費ノ場合ニ於ケル亦然リ豫算ノ目的ハ其ノ定額ヲ新營ノ費用ニ供セシムルニ在リ故ニ甲官廳ヲ建築スルト乙廳舍ヲ新築スルト共ニ新營工事タル以上決シテ豫算ノ目的ニ背反セサルナリ且ツ國家ノ利害ヨリ之ヲ見ルモ甲廳舍ヲ新築スルモ乙廳舍ノ新築ニ資金ヲ投スルモ其ノ間ニ撰フ所ナシ法豈ニ膠柱ノ愚ヲ強ウルヲ敢テセンヤ論者或ハ之ヲ以テ經費濫用ノ端ヲ開カント憂フル者アリト雖急ヲ措テ不急ニ事ヲ起スカ如キハ普通ニ想像スル能ハサル所ナリ是所謂杞人ノ憂タランノミ

若シ夫レ反對論ニ從ヘハ新設ヲ正當ナラシムルノ理由遂ニ求ムヘカラサルニ至ラン世ノ會計事務ニ從事スル者口ヲ開ケハ漫ニ豫算ノ目的ニ反スルヲ如何セント言ヒ小心翼々之ニ違ハサラントシ却テ自ラ豫算定額使用ノ範圍ヲ限縮シ國家ニ有益ナル事務ノ遂行ヲ妨ケ必要ナル經費ノ支出ヲ躊躇スルニ至ルノ結果ヲ生スルハ迂愚ノ極ト謂ハサルヘカラス

前段詳論セシ如ク本條第一項前段ノ「豫算ニ定メタル目的」トハ項ニ依リ表示セラルル目的ヲ云フトセハ其第一項末段ノ「各項ノ金額ヲ彼此流用スルヲ得ス」トノ規定ハ

全ク蛇足ヲ加フルニ過キスシテ殆ト無意義ニ終ラシムルノ結果ト爲ルヘシ何トナレハ各項相互ノ流用ハ卽チ豫算ノ目的外ニ逸スルモノニシテ本條ノ前段ハ既ニ之ヲ禁スルノ意味ナルヲ窺フニ充分ナレハナリ吾人ノ考フル所ニ依レハ豫算ノ各項金額ノ流用ハ事體重要ノコトニ屬スルヲ以テ之ヲ明ニ禁スルト同時ニ其反面ニ於テ各目ノ流用ハ自由ナリトノ意味ヲ明瞭ナラシメンカ爲ノ婆心ニ出テタルニ非サルカ而シテ前陳ノ批難ハ反對ノ解釋ヲ採ルモ亦到底免ルルヲ得サルナリ蓋シ反對論者ノ如ク豫算ノ目的ハ項ノ如キ粗大ナル範圍ヲ云フニアラスシテ目節ニ依リテ表示セラルルモノナリト云フトキハ各項金額ノ流用ハ此ノ目的ニ背反スルモノナルコトハ當然言フヲ待タサル所ナリ故ニ余輩ノ如ク解スルヲ以テ立法ノ意思ニ副フモノト謂フヘシ

本條第一項ハ豫算定額使用ニ關スル制限ヲ定メ第三項ハ收入金ノ處理ニ關スル方法ヲ規定シタルモノナリ國務大臣ハ法令ノ規定ニ依リ各種ノ收入ヲ爲シ得ルハ勿論ナリト雖本條第三項ハ其收入金ハ厘毛ノ微ト雖直ニ之ヲ使用スルヲ得スシテ國庫ニ納付スヘキコトヲ命セリ故ニ例之不必要品ヲ賣却シ其代金ヲ以テ直ニ他ノ必需品ノ購買ヲ爲スカ如キハ本條ノ禁スル所タリ此ノ場合ニハ賣却代金ハ之ヲ國庫ニ

納付シ必要品ハ更ニ相當費目ヨリ支拂フヘキモノトス是其收入金ノ濫用ヲ防クト同時ニ會計ノ統一ヲ期スルカ爲必要ナルニ出ルモノニシテ總計豫算主義卽チ一切ノ歲入歲出ヲ總豫算ニ揭上セシムルノ主義ヨリ當然出ツヘキ結果ニシテ深ク說明ノ要ナカルヘシ若シ夫レ實際上ノ便宜ヨリスレハ此ノ如キハ頗ル迂遠ナルカ如シト雖收入ヲ以テ直ニ經費ノ一部ニ充當シ其不足部分ノミヲ支出トシテ計算スルトキハ收入支出ノ全體ハ遂ニ之ヲ知ルヲ得ス從テ其弊ノ生スヘキハ睹易キノ理ナルヲ以テ收支ノ嚴正ヲ期セントセハ本項ノ如クナラサルヘカラス

第十三條　國務大臣ハ其所管定額ヲ使用スル爲ニ國庫ニ向ヒテ仕拂命令ヲ發スヘシ但シ別ニ定ムル所ノ規定ニ從ヒ他ノ官吏ニ委任シテ仕拂命令ヲ發セシムルコトヲ得

本條ハ支出上ノ形式ヲ定ムルモノナリ國務大臣カ其所管定額卽チ豫算ニ依リ使用ヲ許サレタル金額ヲ實際ニ使用スルニハ國庫ニ向テ現金仕拂命令ヲ發スルヲ要ス國務大臣ハ前條第二項ニ依リ其所管ニ屬スル收入金ハ總テ國庫ニ拂込マサルヘカラサルヲ以テ現金ヲ保管スルコトナシ從テ其ノ支出ヲ爲スニモ先ツ國庫ニ對シテ

現金ヲ一定ノ人ニ支拂フヘク命令ヲ發スルモノナリ國庫ニ付テハ後ニ詳論スヘシ
國務大臣ハ本條但書ニ依リ別ニ定ムル規定ニ從ヒ他ノ官吏ニ委任シテ仕拂命令ヲ發セシムルヲ得是レ國務大臣ヲシテ一々仕拂命令發行ノ任ニ膺ラシムルハ煩雜ニ堪ヘサルヘキヲ以テナリ而シテ仕拂命令ノ委任ニ關スル現行ノ規定ハ明治二十二年七月勅令第八十九號仕拂命令委任規程是レナリ其ノ第一條ニ依ルトキハ各省大臣他ノ官吏ニ委任シテ其ノ所管定額ノ仕拂命令ヲ發セシムルトキハ會計規則第十一條ニ依リ仕拂豫算額ヲ定メテ之レヲ委任スヘク又其ノ第二條ニ依レハ委任ヲ受ケタル仕拂命令官ハ其ノ發シタル仕拂命令ニ付責任ヲ負フモノトス此ノ規定ニ基キ委任ヲ受ケタル仕拂命令官ノ責任ハ單ニ公法上ノ責任ニ止マリ卽チ仕拂命令官トシテ其ノ職務ヲ行フニ當リ怠慢過失アリトノ理由ニヨリ懲戒法上ノ責ヲ負フニ過キスシテ爲ニ國家ニ損害ヲ被ラシムルコトアルモ民法上其ノ賠償ノ責ニ任スルモノニアラス是レ一般官吏ノ責任ト同一ニシテ他方ニハ出納官吏ノ責任ト異ナル點ナリ固ヨリ仕拂命令官カ故意ニ官金詐取ノ目的ヲ以テ仕拂命令ヲ發行シタル場合ノ如キハ其ノ職務ノ範圍ヲ超越シテ不法ニ國家ニ損害ヲ生セシメタルモノナルヲ以テ私法上賠償責任ヲ負擔スヘキハ論ヲ俟タスシテ一般官吏モ亦其ノ權限外ニ

於ケル不法行爲ニ關シテハ民法上ノ責任ヲ負フヘキハ當然ナリ彼此誤解スル勿ランコトヲ望ム

仕拂命令ノ發行ニ關スル形式ハ明治二十六年十一月大藏省訓令第四〇號仕拂命令仕拂請求書集合仕拂命令及集合仕拂請求書發付等ニ關スル取扱手續ニ依ルヘキナリ

本條ノ解說ヲ終ルニ臨ミ茲ニ國庫ノ性質ニ關シ一言セントス

抑モ國庫ハ法人ナリヤ否ヤノ問題ハ今更喋々ノ辯ヲ要セサルヘシト信スルモ時ニ或ハ反對論ヲ主張シ國庫ハ人格ヲ有セス他ノ國家機關ト同シク純然タル國家ノ機關ナリト論スル者アリ是餘ノ敢テ茲ニ一言ヲ費スノ所以ナリ反對論者ハ曰ク國家ハ權力ノ主體タルト同時ニ復タ私法上ノ權利ノ主體タルヲ得ルモノナリ國家ノ外ニ國庫ナル人格ヲ認ムルハ非ナリ國庫ハ國家ノ現金ノ出納及保管ニ任スル國家ノ機關ニシテ他ノ行政機關ト異ナル所アラサルナリト夫レ然リ國庫ヲ以テ國家ノ外ニ獨立シタル權利主體ト認ムルハ固ヨリ吾人ノ與ミセサル所ナリ吾人ハ國庫ハ人格ヲ有スルモノナリト主張スルモ國家以外ニ更ニ別箇獨立ノ國庫ナル法人格ヲ認ムルモノニアラス蓋シ近世權利思想ノ發達セル國家ニ於テハ單ニ權力ヲ以テノミ

百般ノ政務ヲ處理セントスルカ如キハ固ヨリ不可ナルニ依リ一私人ニ對シテモ全ク權力ヲ以テセスシテ平等ノ地位ニ立チ相互ノ合意ヲ以テスルヲ國家及民人ノ利益ナリト認メ國家モ私法的關係ニ於テハ私法上ノ權利ノ主體トシテ契約ヲ爲シ財産ヲ所有シ得ルノ能力ヲ認ム而シテ財産ヲ所有スルノ狀態ハ權力關係ノ存在ヲ認ムルモノニアラス其ノ權力ノ應用ヲ必要トセス單ニ財産權ノ主體タル國家ノ一面ヲ稱シテ國庫ト稱スルニ過キス從テ國家ハ法理上二ノ資格ヲ有スルモノナリ卽チ權力ノ主體タル國家、財産權ノ主體タル國家ト云フモノ是ナリ故ニ國庫ハ法人ナリト謂フモ國家ノ外ニ別箇ノ存在ヲ有スル權利主體ヲ認ムルノ意ニアラサルハ勿論ナリ國家モ國庫モ共ニ同一ノ本體タリ唯今日ノ法制ハ權力ノ主體トシテノ國家ト財産權ノ主體トシテノ國家ノ地位ヲ區分スルヲ以テ便宜且ツ法理ニ合スルモノト認メタルニ依ルモノニシテ反對論者ノ所謂權力ノ主體タル國家モ財産權ノ主體タルヲ得サル理由ナシトノ法理上ノ根帶ニ基クモノナリ此ノ如クナルヲ以テ本條ニ所謂國庫ノ意義モ亦財産權ノ主體タル國家ト云フノ意味ニ解スルヲ妥富トス而シテ其ノ國庫ニ屬スル現金ノ出納保管ヲ爲ス實在ノ機關ハ卽チ日本銀行總裁ナリトス卽チ日本銀行總裁カ金庫出納役トシテ之ニ任スルモノトス（本法第三十一條會計規則第百十一條）明治二十二年十二月勅令第百二十六號金庫規則ニ依レハ金庫ハ卽チ國庫ニ於テ保管出納スル現金ヲ取扱フ所ナリトス金庫ニハ中央金庫、本金庫、支金庫ノ三種ノ區別アリテ東京ニ中央金庫地方ニ本金庫及支金庫ヲ置キ本金庫及支金庫ノ位置及各金庫ノ出納區域ハ大藏大臣之ヲ定メ同時ニ大藏大臣ハ總テノ金庫ヲ管理スルモノトス而シテ中央金庫其他ノ金庫ノ現金ノ保管出納ハ日本銀行之ヲ取扱フモノトス故ニ日本銀行ハ本金庫支金庫ノ現金ノ保管出納ヲ取扱フ爲各地ニ其ノ支店、出張店又ハ代理店ヲ設置セサルヘカラス此ノ如ク日本銀行ハ金庫ノ現金ノ保管出納ニ任スルカ故中央金庫、本金庫、支金庫ノ現金ノ保管出納ニ付政府ニ對シ一切ノ責任ヲ有スルモノトス（金庫規則第一條乃至第十一條）

之レニ因リテ之ヲ觀レハ金庫其モノヲ以テ國家ノ現金ヲ出納保管スル機關ナリト謂フヲ當レリトス論者ノ説ハ國庫ヲ以テ金庫ノ觀念ト同一視スルモノニシテ現行ノ法制ニ適合セサルモノナリト謂フヘシ

第十四條　國庫ハ法律命令ニ反スル仕拂命令ニ對シテ仕拂ヲ爲スコトヲ得ス

前條ニ於テハ國家ノ經費ヲ支出スルニハ國務大臣各其所管ノ豫算定額內ニ於テ國

庫ニ向ヒ仕拂命令ヲ發シ若ハ別ニ定ムル規程ニ從ヒ他ノ官吏ニ委任シ仕拂命令ヲ發セシムルモノトセリ果シテ然ルトキハ仕拂命令官ノ仕拂命令ニ接スルトキハ國庫ハ何時ニテモ其ノ命令ニ依リ仕拂ヲ爲サヽルヘカラサルヤ本條ハ此ノ問題ニ答ヘントスルモノナリ卽チ本條ノ規定ニ依レハ縱令仕拂命令官ノ命令アルモ若シ其ノ命令ニシテ法律命令ノ規定ニ違背シタルモノナルトキハ國庫ハ之ニ對シテ仕拂ヲ爲スヲ得サルナリ蓋シ仕拂命令ノ發行ニ關シテハ會計規則第三十二條乃至第四十四條ノ規定其ノ他各省大臣ノ定メタルモノアリ其ノ規定多クハ單ニ形式ニ關スルモノナリト雖會計規則第三十二條及第四十一條ノ如キハ實質ニ關スルモノトス卽チ第三十二條ノ所謂「該經費ハ仕拂豫算額ニ超過スルコトナキヤ支出科目及所屬年度ヲ誤ルコトナキヤ將タ豫算ノ目的ニ違フコトナキヤ否ヤヲ調査スヘキヲ命スルハ是實質ニ關スルモノナリ其ノ他本法第十五條ノ正當ナル債主又ハ其ノ代理人ノ爲ニスルニアラサレハ仕拂命令ヲ發行スルヲ得ストノ規定ノ如キ若ハ本法第十八條及第十九條ノ規定ノ如キ皆是實質ニ關スル規定ナリ今若シ國庫ニシテ此等實質上並ニ形式上ノ規定ニ反スル仕拂命令ニ接シタルトキハ斷然其ノ支拂ヲ拒絕セサルヘカラサルヤ單ニ本條ノ解釋ヨリスレハ廣ク法律命令ニ反スル仕拂ヲ爲スコ

トヲ得スト規定シ方式ニ關スル規定ニ違背スルト實質上ノ規定ニ反スルトハ其ノ問フ所ニアラサルヲ以テ二者何レノ場合ニ於テモ仕拂ヲ爲スコトヲ得スト謂ハサルヘカラス更ニ立法的見地ヨリ之ヲ考フルニ仕拂命令ノ形式的規定ニ違反スルト實質的法令ニ反スルト共ニ法令ノ規定ニ違背スルノ點ハ同一ナリトス然ルニ實質的規定ニ違反スル場合ニハ調査ヲ爲スニ及ハス直ニ其ノ仕拂ヲ爲スモ不可ナク形式的規定ニ反スルトキハ絕體ニ仕拂ヲ爲スヘカラスト云フハ論理一貫セサルノ嫌アルニ似タリ然リト雖實際上ノ必要ハ時ニ或ハ論理ニ拘泥スルヲ得サル場合アリ蓋シ仕拂命令ノ方式ニ違背スルヤ否ヤハ仕拂命令其モノヲ點檢スレハ直ニ判明シ得ヘク卽チ其ノ調査容易ナルニ反シ實質上違法ナリヤ否ヤハ人各其ノ見ル所ヲ異ニシ概シテ之カ解決頗ル困難ナリト謂ハサルヘカラス之ヲ以テ會計規則第四十五條第一項ニ於テハ實際仕拂命令執行ノ任ニ當ル金庫ニ對シテ其ノ仕拂命令ノ合式ニシテ且ツ仕拂豫算各項ノ金額ニ超過セサルトキハ仕拂ヲ爲スヘキヲ命シ實質上法令ノ規定ニ違背スルヤ否ヤハ唯其ノ豫算金額ニ超過セサルヤ否ヤノ點ヲ除ク外之ヲ調査スルニ及ハストシ以テ仕拂ノ敏活ヲ期セシメタリ故ニ實際ニ於テハ仕拂命令ノ形式ニ欠クル所ナク且ツ豫算定額ノ範圍內ナルニ於テハ其ノ支拂ヲ爲ササ

ルヘカラサルナリ

第十五條　國務大臣ハ政府ニ對シ正當ナル債主若ハ其ノ代理人ノ爲ニスルニ非サレハ仕拂命令ヲ發スルコトヲ得ス

左ノ諸項ノ經費ニ限リ國務大臣ハ主任ノ官吏ニ委任シ又ハ政府ノ命シタル銀行ニ委任シテ現金支拂ヲ爲サシムル爲ニ現金前渡ノ仕拂命令ヲ發スルコトヲ得

第一　國債ノ元利拂

第二　軍隊軍艦及官船ニ屬スル經費

第三　在外各廳ノ經費

第四　前項ノ外總テ外國ニ於テ仕拂ヲ爲ス經費

第五　運輸通信ノ不便ナル内國ノ地方ニ於テ仕拂ヲ爲ス經費

第六　廳中常用雜費ニシテ一箇年ノ總費額千圓ニ滿タサ

ルモノ

第七　場所ノ一定セサル事務所ノ經費

第八　各廳ニ於テ直接ニ從事スル工事ノ經費但シ一主任官ニ付六千圓マテヲ限ル

本條ハ仕拂命令ノ發行ニ關スル原則並ニ其ノ例外ヲ規定シタルモノナリ何ヲカ仕拂命令ノ發行ニ關スル原則ト云フ曰ク國務大臣ハ政府ニ對シ正當ナル債主若クハ代理人ノ爲ニスルニ在ラサレハ仕拂命令ヲ發スルヲ得サルコト是ナリ何ヲカ仕拂命令ノ發行ニ關スル例外ト云フ曰ク國務大臣ハ本條第二項第一號乃至第八號ノ經費ニ限リ主任ノ官吏ニ委任シ又ハ政府ノ命シタル銀行ニ委任シテ現金支拂ヲ爲サシムル爲ニ現金前渡ノ仕拂命令ヲ發スルヲ得ルコト是ナリ果シテ然ラハ本條第一項ノ原則ナルモノハ當然言フヲ待タサル所ニシテ殆ト明白ノ事理ナルカ如シ何トナレハ凡ソ仕拂命令官カ仕拂命令ヲ發スルニ當リテハ必スヤ支拂ハサルヘカラサル法律上ノ理由並ニ其ノ支拂ヲ爲スヘキ權利者ノ何人ナルヤヲ確認シタル後ニアラサレハ其ノ命令ヲ發スルモノニアラス一般的ニ論スレハ正當ナラサル債權者若

ハ其ノ代理人ニ仕拂命令ヲ發スルカ如キハ想像スヘカラサル所ナリ固ヨリ實際ニ於テハ時ニ或ハ仕拂命令官ノ過失ニ基因シ正當ナラサル債主ニ仕拂命令官カ假裝債主ト共謀シテ故意ニ法律違反ヲ敢テセントスルコト之ナキヲ保シ難シト雖モ此ノ如キハ到底法律ヲ以テ絶體ニ防遏スルコト不可能ニシテ本條第一項ノ規定ヲ設クルモ決シテ其ノ實効ヲ期スヘカラサルナリ之ヲ以テ本條第一項ハ其第二項ノ例外ヲ規定センカ爲明白ナル原則ヲ擧ケタルニ過キスシテ本條規定ノ効用ハ寧ロ第二項ニ存スルモノト謂フヘシ

本條第一項ニ付テハ別ニ解説ヲ要スル點ナキカ如キモ債主及代理人ノ意義ニ付テ一言セン

一、債主　トハ即チ債權者ト全ク其意義ヲ同フシ國家ニ對シ一定ノ行爲若ハ給付ヲ爲シタルニ由リ反對給付ヲ受クルノ權利ヲ有スルモノヲ云フ而シテ反對給付ハ必ス金錢ヲ以テシ決シテ金錢以外ノ物品ヲ以テ支拂ヲ爲スコトナシ故ニ簡約ニ之ヲ説明セハ本條ニ所謂債主トハ政府ニ對シテ金錢ノ支拂ヲ受クルノ權ヲ有スル者ヲ汎稱スルモノナリ從テ所謂公法上ノ債權即チ官吏ノ俸給及恩給其他ノ年金ヲ受クルノ權利者タルト將タ私法上ノ債權即チ雇傭契約ニ基キ一定ノ勞務ニ

服シタル報酬或ハ賣買ニ依リ物品ヲ提供シタル者ノ其ノ代金ヲ受クルノ權ヲ有スル者タルトヲ問ハス皆債主ノ語ニ包含セラルルナリ

二、代理人　トハ本人ノ委託ニ依リ本人ノ爲ニ或ル法律行爲ヲ爲スノ權限ヲ有スル者ヲ云フ故ニ此ニ債主ノ代理人ト云フトキハ政府ニ對シテ金錢ノ支拂ヲ受クルノ權利ヲ有スル者ヨリ代テ其ノ金錢支拂ヲ受クルノ權ヲ委セラレタル者ヲ云フ而シテ實際上代理人タル資格ヲ有スルヤ否ヤハ本人ヲシテ證明セシムルノ外ナシ其證明ノ方法ハ卽チ本人ヨリ代理人ニ對スル權限ノ委任ヲ證スル書面（委任狀ノ如キ）ヲ徵スルヲ通常トス

本條第一項ハ此ノ如ク仕拂命令官ハ債主ノ代理人ニ對シテモ仕拂命令ヲ發行スルヲ得ル旨ヲ明ニセリ然ラハ今若シ其代理人カ正當ノ代理人ニアラスシテ代理ヲ證スル委任狀ハ全ク僞造ノモノタリシニ既ニ仕拂命令ヲ發シ國庫ニ於テモ亦其ノ支拂ヲ爲シタル後他日眞正ノ債主ヨリ仕拂ノ請求ヲ受ケタルトキハ如何曰ク此ノ場合ニハ仕拂命令官ハ再ヒ仕拂命令ヲ發行セサルヘカラス何トナレハ眞正ナラサル代理人ニ仕拂ヲ爲スモ是所謂誤拂ニシテ之ニ因リテ正當ナル債主ニ對スル仕拂ノ義務ヲ消滅スルモノニアラサレハナリ其ノ債主ヲ誤認シテ全ク第三者ニ仕拂ヲ爲

シタル場合亦之ト同一ニ論スルヲ得ヘシ

前例ノ場合ニ於テ仕拂命令官ハ國家ニ對シテ二重仕拂ノ損害ヲ賠償セサルヘカラサルヤ否ヤト云フニ前既ニ述フル如ク仕拂命令官ハ現金出納官吏ノ如ク汎ク民法上ノ責任ヲモ負擔セシメラルルコトナキヲ以テ縱令過失ニ因リ國家ニ損害ヲ蒙ラシムルコトアルモ一般官吏カ其ノ職務執行上國家ニ損害ヲ及ホスコトアルモ之ニ對スル賠償責任ヲ負ハシムルコトナキト同一ノ理由ニ基キ私法上ノ責任ヲ負ハシムルコトナシ唯相當ノ注意ヲ拂ヒタリヤ否ヤ即チ過失ノ有無ヲ調査シ官吏懲戒法上ノ處分ヲ加フルコトアルノミ

尙前例ニ於テ仕拂命令官ハ全然過失ノ責任ナシト云フヘカラサルカ如キモ仕拂ノ實行者タル金庫ニ於テハ形式上完全ナル仕拂命令ニ對シ仕拂ヲ爲シタルモノニシテ毫モ公法上及私法上ノ責任ヲ負フコトナキハ勿論ナリ何トナレハ仕拂命令其者ハ法令ニ違反スルモノニアラス即チ有効ナル命令ニ基キ仕拂ヲ爲シタルモノニシテ仕拂上毫末モ瑕瑾ナケレハナリ此點ニ關シテハ會計規則第四十五條ニ於テモ「金庫ハ仕拂命令ヲ受ケタルトキハ其ノ命令合式ニシテ且ツ仕拂豫算各項ノ金額ニ超過セサルトキハ仕拂ヲ爲スヘシ」ト規定セルヨリ之ヲ見ルモ此ノ如ク論斷セサルヘ

カラス

本條第二項ハ或ハ國家ノ經費ノ如キ其各個ニ付一々仕拂命令官ヲシテ仕拂命令ヲ發セシムルハ頗ル繁細ナルニ依リ正當ナル債主ニアラサル者ナリト雖主任官吏又ハ政府ノ命シタル銀行ニ委任シテ各個ノ仕拂ヲ爲サシムル爲ニ是等ノ者ニ對シテ現金前渡ノ仕拂命令ヲ發スルコトヲ得ルノ特例ヲ設ケタリ即チ其ノ例外ノ場合ハ左ノ各號ニ限リ其ノ他ハ絶體ニ前拂ヲ爲スヲ得サルモノトス

一國債ノ元利拂　國債トハ讀ンテ字ノ如ク國家ノ債務ノ意味ニシテ特ニ金錢債務ノ謂ヒナリトス彼ノ諸公債又ハ大藏省證劵ノ如キ皆國債證劵ニシテ就中公債ノ元金又ハ利子ノ如キハ無數ノ債主ニ仕拂ハサルヘカラサルカ故ニ豫メ銀行ニ委任シテ其ノ仕拂ヲ爲サシムルモノトス但シ會計規則第四十二條ニ依レハ銀行ニ委任シテ現金ノ支拂ヲ爲サシムルハ本號ノ仕拂ニ限ル是蓋シ金庫ノ外ニ銀行ヲシテ國庫金ノ仕拂ヲ爲サシムル如キハ全ク變例ニシテ止ムヲ得サル理由アルニ因ル即チ國債元利金償還ノ場合ノ如キハ其ノ支拂ヲ爲スヘキ箇所ハ單ニ金庫ニ止マラス可及的廣ク多クノ場所ニ於テスルヲ債主ノ利便トスレハナリ

二軍隊軍艦及官船ニ屬スル經費　此ニ軍隊トハ陸海軍ノ各部隊ヲ指シ軍艦トハ戰

鬪ノ用ニ供スヘキ艦船ヲ云フ官船ハ官ノ船舶ニシテ戰事運送用ニ供スル船舶若ハ病院船等其ノ主ナルモノトス

凡ソ軍隊ノ如キ其各部隊ハ平時ニ在リテ一定ノ營所ニ屯在セルモノナレハ現金前渡ヲ爲スニ及ハス各個ノ場合ニ仕拂命令ヲ發セシムレハ可ナルカ如シト雖モ而カモ軍隊ハ非常急變ノ場合ニハ何時ニテモ出動セサルヘカラスシテ旦夕其所ヲ異ニスルヲ以テ豫メ現金ヲ交付シ主任官吏ヲシテ其ノ支拂ヲ爲サシムルノ便ナルニ如カス殊ニ常ニ行軍演習等ノ軍事上ノ訓練ヲ要スルニ於テヲヤ又軍艦ニ於ケルモ常時碇泊スヘキ所屬港ヲ有スルモ是亦航海演習等ノ爲メ出沒常ナキヲ例トスルヲ以テ一々仕拂命令ヲ發シテ金庫ヨリ現金ヲ受取ラシムルカ如キハ其不便ヤ忍フヘカラサルナリ官船ニ屬スル經費亦然リ推シテ知ルヲ得ヘキナリ

三 在外各廳ノ經費 トハ外國ニ在ル官廳ノ經費卽チ大使館、公使館、領事館、其ノ他淸國各港ニ在ル郵便局ノ經費ノ如キモノヲ云フ蓋シ外國ニ於テハ國庫金ノ取扱ヲ爲スヘキ機關ノ存スルモノナク仕拂命令ヲ發スルヲ得サルヲ以テ豫メ現金前渡ノ仕拂命令ヲ發シテ現金ヲ主任ノ官吏ニ交付シ主任官吏ヲシテ其ノ仕拂ノ任ニ當ラシムルモノトス四前項ノ外豫テ我國ニ於テ仕拂ヲ爲ス經費　是即チ外國駐在官吏ノ俸給、旅費等前項ノ範圍ニ入ラサル豫テノ外國經費ヲ云フモノニシテ前項ト同一ノ理由ニ基クモノトス

五運輸通信ノ不便ナル內國ノ地方ニ於テ仕拂ヲ爲ス經費　運輸通信ノ不便ナル地方ニ於テハ金庫ノ設置ナキヲ以テ主任官吏ニ對シテ現金前渡ヲ爲スハ洵ニ機宜ニ適スルモノト謂フヘシ

本號ニ所謂內國地方トハ外國地方ニ相對シテ用ヒラレタル語ニシテ普通ニ所謂內地ト稱スルモノト其意味ヲ異ニスルモノノ如シ蓋シ本法制定當時ニ於テハ內國地方ト稱スレトモ何等ノ疑問ヲ生セサリシカ今日ノ如ク臺灣、朝鮮、樺太等新ニ領地ノ增加シタル場合ニ於テ內國地方ト謂フトキハ是等殖民地ハ之ニ包含セラルヤ否ヤ疑ナキ能ハスト雖モ既ニ前述ノ如ク外國ニ對スル內國地方ノ意味ナリトセハ新領土モ亦當然之ニ包含セラルルモノト謂ハサルヘカラス而カモ新領土ニ對スル法令ノ効力換言セハ從來ヨリ一國內ニ行ハレツツアル總テノ法令ハ當然新領土ニ其ノ効力ヲ及ホスモノナリヤ否ヤハ國法上ノ重大問題ニシテ學者間ニモ頗ル議論ノ存スル所ナルヲ以テ先ツ之ヲ決定スルニアラサレハ本號ノ適用

ニ關シテモ直ニ其ノ可否ヲ斷定スルヲ得サルナリ余輩ノ信スル所ニ依レハ法令ノ規定其レ自身ノ性質上直ニ施行スルヲ得サルモノ若ハ法令自ラ其ノ施行區域ヲ定ムルモノヲ除ク外ハ當然其ノ効力ヲ及ホスモノト謂ハサルヘカラス何トナレハ法令ハ原則トシテ國內何レノ所ニモ行ハルヘキハ國權當然ノ作用トシテ殆ト疑ヲ容ルヘカラサレハナリ是ニ於テカ我カ立法ハ臺灣領有ニ際シ法律ノ當然行ハルルヲ防遏センカ爲ニ明治二十九年法律第六十三號ヲ以テ其ノ第四條ニ於テ「法律ノ全部又ハ一部ヲ臺灣ニ施行スルモノハ勅令ヲ以テ之ヲ定ム」（同法ハ施行期限ノ定アリシカ屢々其ノ期限ヲ更新シ現行法ノ有効期限ハ大正十年十二月末日限トス）トシ樺太ノ割讓ヲ受ケタルトキハ明治四十年三月法律第二十五號ヲ以テ又朝鮮併合ノ際ニハ明治四十四年法律第三十號ヲ以テ前示法律第六十三號ト同一ノ規定ヲ爲シタリ故ニ本法ノ如キモ是等法律ノ結果直ニ新領土ニ其効力ヲ及ホス能ハスト雖臺灣ニハ明治二十九年五月勅令第百六十七號ヲ以テ本法ヲ臺灣ニ適用シ樺太ニ於テモ前示法律第二十五號ノ發布ト同時ニ勅令第九十五號ニ依リ本法ハ行政執行法、治安警察法、新聞紙條例、出版法及質屋取締法ト共ニ施行セラルルニ至リタルヲ以テ臺灣樺太ニ於テハ固ヨリ本法ノ効力ヲ有スヘキハ論ナキ所ナルモ臺灣及樺太廳ハ共ニ特別會計制度行ハルルヲ以テ本號ノ適用ニ關シテハ實際上ノ問題ヲ生セサルナリ朝鮮ニ於テハ單ニ特別會計ヲ行フノミナラス本法ヲ朝鮮ニ施行スルノ勅令ナク朝鮮總督ノ命令ヲ以テ特種ノ會計規則ヲ設ケ會計事務ヲ處理セラルルヲ以テ朝鮮ニハ本法ノ適用ナシ從テ亦本號ノ適用ニ關スル問題ヲ生セサルナリ

六　廳中常用雜費ニシテ一ケ年ノ總費額千圓ニ滿タサルモノ　茲ニ廳中トハ其ノ廳內ニ於テトノ意義ニ解スヘク常用雜費トハ其ノ廳內ニ於テ事務ヲ行フ爲ニ常時要スル諸雜費ヲ云フ卽チ日常使用スル雜品代例之歲出豫算科目中通常廳費ト稱スルモノノ中筆紙墨文具費、薪炭、油類、蠟燭、燐寸、綴糸、等ノ雜用品費ハ勿論通信費、運搬費ノ類ノ如キ是亦廳中常用雜費ノ語ニ包含セラルルモノト謂フヘシ蓋シ日常其廳ニ於テ使用スル雜費ノ如キ每回小額ノ仕拂ニ對シ一々仕拂命令ヲ發スルハ頗ル煩雜ニ堪ヘサルヲ以テ是等ノ總費額ニシテ一ケ年千圓ニ滿タサルモノハ縱令金庫所在地ノ官廳ニ於テモ其ノ必要ヲ認ムルトキハ現金前渡ヲ爲スヲ妨ケスト規定セルハ固ヨリ至當ナリト謂ハサルヘカラス唯實際ニ於テハ常用雜費ニ屬スルモノト雖現金前渡ヲ爲スハ極メテ稀ニシテ多クハ上級官廳ヨリ保管轉換ヲ以テ實物交付ノ方法ヲ採レルモノノ如シ然レトモ地方ノ狀況如何ニ依リテハ運搬費其ノ他ノ關係上官廳所在地ニ於テ直接ニ購買セシムルノ有利ナルコト之レ有ラン仕拂命令官タル者宜ク其得失ヲ考量シテ適宜ノ方法ヲ採ルヘキノミ

七場所ノ一定セサル事務所ノ經費　此ニ場所ノ一定セサル事務所トハ其ノ事務ノ性質上永ク一定ノ場所ニ於テ其事務ヲ行フヲ許ササル全ク一時的臨時ノ出張所ヲ謂フ例之土木測量事務等ノ爲臨時一定ノ場所ニ滯在スルモ其事務終レハ更ニ他ニ轉輾其所在ヲ變スルカ如キ事務所ノ類是ナリ

本號ノ適用ニ關シ或ハ論者ハ官吏其ノ職務ノ爲出張シタル場合ニ要スル通信運搬費ノ如キ事務所ノ設置アルト否トヲ問ハス本號ノ經費ノ中ニ包含セラルルト云フ者アリ便ハ便ナリト雖モ文理解釋上到底否定セサルヘカラス

八各廳ニ於テ直接ニ從事スル工事ノ經費但シ一主任官ニ六千圓マテヲ限ル　蓋シ政府ノ工事ハ多ク企業者ヲシテ工作物其ノ他ノ建設物ノ築造ヲ請負ハシムルト雖特ニ或ハ政府自ラ其ノ工事ヲ起スヲ以テ利益ト認ムル場合アリ卽チ木材、石材等ノ原料品存在スル場合ノ如キ政府ニ於テ直接經營スルヲ利便トスヘシ此ノ場合ニ於テハ人夫ヲ使役シ其ノ他種々ナル雜品ノ買入ヲ要スヘシ況ンヤ又總テノ材料ヲ民間ヨリ買收シテ工事ヲ爲ス場合ノ如キ屢々仕拂ノ必要ヲ生シ零細ノ支拂ニモ一々仕拂命令官ノ仕拂命令ヲ要ストセハ徒ニ手數ヲ要シ自然事業ノ進行ヲ妨クルノ結果ヲ生スヘキニ依リ現金ヲ主任官吏ニ交付シ以テ其ノ不利不便ヲ避ケシメントセリ然レトモ一時ニ其工事ノ完成ニ要スヘキ全額ノ費用ヲ前渡スルハ必要ノ程度ヲ超越シ却テ國家ニ損害ヲ及ホスノ危險ヲ增スノミナルヲ以テ其額ヲ制限シテ一主任官ニ一回ニ六千圓ヲ超ヘサル範圍トセリ但會計規則第四十條ノ場合ニ該當スルトキハ更ニ現金交付ヲ爲シ得ルヲ以テ此ノ制限アルモ爲ニ工事ヲ廢阻セラルルカ如キコトナカルヘシ

以上ノ場合ニ於テハ現金前渡ノ仕拂命令ヲ發スルコトヲ得ルナリ而シテ現金前渡ノ仕拂命令ヲ發スルニハ何會計規則第三十九條ノ規定ニ從ハサルヘカラス又現金前渡ヲ受ケタル官吏ハ出納官吏ノ一ニシテ所屬長官其ノ職務ヲ監督スヘク其監督ニ關スル規則ハ會計規則第四十一條ノ規定ニ依リ大藏大臣各省大臣ニ協議シテ定ムヘキモノトス

第五章　決算

豫算ハ一會計年度ニ於ケル歳入歳出ノ見積計算ナルコト前章既ニ屢々詳論セシ所

ノ如シ而シテ決算ナルモノハ其ノ豫算施行ノ實際ノ結果ヲ示スモノニシテ一ハ事實ノ豫想ニ過キサルモ一ハ確定ノ事實ヲ表現スルモノナリ換言セハ決算ハ一會計年度ニ於ケル收入支出ノ實際上ノ計數ヲ明ニシタルモノナリ

憲法第七十二條ニ依レハ國家ノ歲出歲入ノ決算ハ會計檢查院之ヲ檢查確定シ政府ハ其ノ檢查報告ト倶ニ之ヲ帝國議會ニ提出スヘシト謂ヘルヲ以テ決算ハ必ス之ヲ議會ニ提出セサルヘカラス是蓋シ政府ノ會計監督ヲ完全ナラシムル爲ニ出テタルモノニシテ豫算ノ協贊ト相待テ決算ノ審查ハ實ニ會計監督上缺クヘカラサルモノナリ何トナレハ事前ニ於テ豫メ一定ノ範圍ヲ以テ協贊ヲ與フルモ事後ニ於テ其ノ實際上ノ收入支出ハ豫算ノ範圍ヲ超越セサルヤ否ヤ若ハ法令ノ規定ニ牴觸スル所ナキヤ等ヲ審按スルニアヲサレハ財政監督ノ眞ノ目的ハ達シ得ヘカラサレハナリ議會ニ於ケル決算審查ノ目的ハ即チ一會計年度ニ於ケル實際ノ收入支出ハ豫算又ハ法令ノ規定ニ違反スル所ナキヤ否ヤヲ審查決定スルニ在リ然リ而シテ此目的ヲ達センカ爲メニハ議會ハ其ノ收入支出ノ證憑ヲ一々精查スルニアラサレハ其ノ當否ヲ決スルニ由ナシ然ルニ此事タルヤ到底短期間ノ開會ニ過キサル帝國議會ノ能ク企及スヘキ所ニアラス是會計檢查院ナル獨立ノ審查機關ヲ設ケテ其ノ任ニ當ラ

シメ其ノ檢査確定ノ報告ヲ得テ之ト共ニ議會ニ提出セシムル所以ナリトス此ノ如ク會計檢査院ハ職トシテ政府ノ會計ノ檢査ヲ行フモノナルヲ以テ濫ニ行政長官ノ頤使抑壓ニ屈從スルコトナカラシムル爲メ直接ニ天皇ニ隷屬スル獨立ノ機關トハナセリ又其ノ組織及ヒ職權ハ一般官制ト異ナリ司法、行政裁判所ト同シク必ス法律ヲ以テ之ヲ定ムヘキコト憲法第七十二條第二項ノ規定スル所ナリ是事ノ重要ナルヲ以テ其ノ組織權限等ヲ定ムルニモ法律ヲ以テ愼重ニ規定スル所以ナリ從テ其ノ改廢ニモ亦當然法律ヲ以テセサルヘカラサルコト言ヲ待タス現行會計檢査院法ハ明治二十二年五月法律第十五號ノ定ムル所ナリ就テ參看セラレンコトヲ希望ス

以上說明スル如ク決算ハ先ツ會計檢査院其ノ收入支出ヲ檢査確定シ然ル後其ノ檢査報告ト共ニ議會ニ提出スルモノナルヲ以テ議會ニ於テハ其ノ收入及支出額等總テノ事實上ノ調査ハ會計檢査院ノ檢査報告ヲ基礎トシ之ニ依テ其ノ當否ヲ判定スヘキモノナリ從テ帝國議會ニ於ケル決算審査權ノ範圍ハ自ラ制限ヲ受クルモノト謂フヘシ卽チ決算ハ豫算及法令ノ範圍ヲ超越スルコトナキヤ否ヤノ法律上ノ問題ヲ解決スルニ過キスシテ收入支出ニ關スル事實ノ調査ニ關シテハ之ヲ禁スルノ直接ノ明文ナシト雖モ議會ニ於テハ此ノ如キ權能ヲ有セサルモノト解セサルヘカラ

ス何トナレハ憲法第七十二條ニ於テモ「決算ハ會計檢査院之ヲ檢査確定シ云々」ト規定セルヨリ之ヲ見ルモ決算卽收入支出ノ實際上ノ計數ナルモノハ會計檢査院之ヲ檢査確定スルモノニシテ此ノ以外ニ更ニ重複シテ其ノ事實ノ調査決定ヲ爲スヘキ機關ノ存在ハ憲法上將タ會計法上之ヲ發見スル能ハサル所ナレハナリ

帝國議會ノ決算審査ノ法律上ノ効果如何ハ憲法上聊カ議論ノ存スル所ナリト雖モ議會ハ不當ノ收入支出ナルヲ認ムルモ政府ニ對シテ問責ヲ加フルヲ得スシテ單ニ其不當ナルヲ宣言スルニ過キサルヘシ是レ帝國議會ハ政府ニ對シテ直接ニ命令監督スルノ權限ヲ有スルモノニアラサルカ故ナリ人或ハ曰ハントス果シテ此ノ如クンハ議會ノ決算審査權ハ殆ト無用ニ歸シ何等法律上ノ効果ナキニ終ラント然レトモ貴衆兩院ハ各上奏案ヲ有スルヲ以テ政府ノ失政ヲ糺彈スルコトヲ得ヘキナリ故ニ若シ其ノ不當支出ノ甚シキヲ認ムレハ之ヲ闕下ニ伏奏シ以テ將來再ヒスルコトナカラシムルヲ期スヘキナリ更ニ之ヲ政治道德上ヨリ考フルモ旣ニ政府カ決算ヲ議會ニ提出スル所以ノ理由ヲ覺ラハ漫然不當ノ收入支出ヲ敢テシ恬トシテ顧ミサルカ如キハ殆ト有リ得ヘカラサルヲ以テ帝國議會ノ決算審査權ノ効果ハ自ラ政府ノ會計監督ノ目的ヲ達スルモノト謂フヘシ然レトモ政府ハ自己ノ權能ニ基キ不當ノ

收入支出ニアラスト解釋シ同一事項ヲ再ヒスルハ固ヨリ其ノ自由ニシテ洵ニ止ムヲ得サルナリ故ニ若シ政府其ノ正當ナルヲ信セハ議會ノ決議如何ハ其ノ問フ所ニアラス宜シク所信ヲ行フヘキノミ

第十六條　會計檢査院ノ檢査ヲ經テ政府ヨリ帝國議會ニ提出スル總決算ハ總豫算ト同一ノ樣式ヲ用ヰ左ノ事項ヲ明記スヘシ

歲入ノ部

歲入豫算額

調定濟歲入額

收入濟歲入額

收入未濟歲入額

歲出ノ部

歲出豫算額

豫算決定後增加歲出額

仕拂命令濟歳出額
翌年度繰越額

國家ノ歳出入ノ決算ハ會計檢査院之ヲ檢査確定シ其ノ檢査報告ト共ニ帝國議會ニ提出スヘキコト是憲法第七十二條ノ命スル所ナルコト既ニ述タルカ如シ本條ハ之カ提出ニ關スル形式ヲ定メタルモノナリ蓋シ決算ハ豫算實行ノ結果ヲ表明スルモノナレハ其之カ表示ヲ爲スニハ亦豫算ト同一ノ方法樣式ヲ用キシムルヲ可ナリトス何トナレハ今若シ歳入出ヲ經常、臨時ニ大別シ更ニ之ヲ款項ニ區分シ以テ豫算ト相照應スルヲ得セシメハ其支出ハ直ニ以テ豫算ニ超過セシヤ否ヤ豫算外ノ支出ナルヤ否ヤ等ヲ判定スルヲ得テ其ノ審查ニ頗ル便利ナルカ故ナリ是本條第一項ニ於テ總決算ハ總豫算ト同一ノ樣式ヲ用キシムル所以ナリ而シテ玆ニ總決算トハ總豫算ニ相對スルノ語ニシテ卽チ各省決算報告書ニ依リ調製シタル全班ノ決算ヲ云フ此ノ總決算ニハ總豫算ト同一ノ樣式ニ依リ尙左ノ事項ノ計算ヲ明記セサルヘカラス卽チ

歳入ノ部ニ於テハ

(一)歳入ノ豫算　是卽豫算ニ見積リタル歳入額ナリトス

(二)調定濟歳入額　トハ法令ノ規定ニ従ヒ歳入徴收官カ徴收スヘク決定ヲ與ヘタル歳入額ヲ云フ

(三)收入濟歳入額　トハ(二)ノ決定ニ基キ實際國庫ニ收納シタル金額ヲ云フ

(四)收入未濟歳入額　トハ收納スヘク決定シ既ニ其ノ手續ヲ爲シタルモ未タ實際收納ニ至ラサル金額ヲ云フ例之出納閉鎖期マテニ納付ニ至ラサル場合ノ如シ

之ニ依リ歳入ノ状況ハ明白ナリト云フヘシ又歳出ノ部ニ於テハ

一、歳出豫算額　トハ豫算ニ於テ歳出トシテ承認セラレタル額ヲ云フ

二、豫算決定後増加歳出額　卽チ一旦議會ニ於テ總豫算ヲ議決シタル後ニ追加豫算ヲ提出シテ歳出額ヲ増加シタル場合ハ勿論豫備金又ハ國庫剩餘金ヨリ補充シタル歳出額其ノ他前年度豫算ノ繰越額等ヲ總稱スルモノトス

三、仕拂命令濟歳出額　トハ其年度ニ於テ支拂ヲ爲スヘク既ニ金庫ニ對シテ命令ヲ發シタル金額ヲ云フ仕拂命令ヲ發スレハトテ必スシモ實際ニ支拂アリト云フヘカラサルモ金庫ニ於テハ五年間ハ其ノ支拂ニ應スルモノナレハ實際ノ支拂ヲ待テ歳出額ト爲ストキハ仕拂命令ヲ發シタル年度經過後五年ヲ經サレハ之ヲ確定スル能ハサルヲ以テ仕拂命令濟額ヲ以テ歳出額ト看做シタルモノト

ス蓋シ實際上ニ於テモ其ノ年度ノ金庫閉鎖期マテニ仕拂命令ノ呈示ヲ爲ササルカ如キハ極テ稀ニ又其金額モ小ナルヘキヲ以テ計算上ハ大ナル影響ナキモノト謂フヘシ唯夫レ歳入ノ部ニ於テハ調定濟歳入額ト收入濟歳入額トヲ區別シタル筆法ヨリセハ歳出ニ於テモ仕拂命令濟額ト實際仕拂濟額トヲ併記セシムルヲ可トスヘキカ如シト雖モ歳入ニ於テハ之ヲ調定スルモ實際總テヲ收入スルハ頗ル困難ニシテ既往ノ實績ニ徴スルモ調定額全部ノ收入ハ到底不可能ナルヲ以テ調定額ヲ基礎トシ收入濟額及收入未濟額ヲ列記シ以テ其ノ實際收入ノ狀況ヲ明ナラシムルノ必要アルモノト云フヘシ然ルニ歳出ニ於テハ前既ニ述フル如ク仕拂命令濟額ハ多クハ實際其ノ年度ノ金庫閉鎖期迄ニハ仕拂ハルヘキヲ以テ之ヲ歳出額ト見ルモ大差ナキヲ以テ實際ノ支出額ヲ擧ケシメサル所以ナリ

四、翌年度繰越額　翌年度繰越ニ關シテハ本法第二十一條第二十二條ノ規定アリテ其ノ年度ノ歳出額ヲ翌年度ニ繰越使用スルモノナルカ故ニ此ノ繰越額ヲ明記セサレハ之ニ相當スル金額ハ其ノ年度ニ於ケル不用額ト看做サルルニ至リ大ニ計算ノ齟齬ヲ來タスヲ以テ之ヲ歳出ノ部ニ明記セシムルモノトス以上決算報告ノ樣式ニ關スル說明ハ略ホ之ヲ盡シタリ依テ以テ其ノ年度ニ於ケル歲入歲出ノ實際ノ結果ヲ判明ナラシムルヲ得ヘキナリ

總決算ハ豫算ト同シク各省大臣ヨリ送付スル各省決算報告書ニ基キ大藏大臣之ヲ調製スルモノトス卽チ會計規則第五十一條ハ之ヲ明ニセリ蓋シ大藏大臣ハ財務ノ總轄者トシテ國家全體ノ財務ヲ總轄スルモノナルヲ以テ歲計ノ施行ニ必要ナル總豫算編成權ヲ委スルト同時ニ決算調製權ヲ以テシタルハ固ヨリ當然ノコトナリトス

決算調製ノ時期ニ關シテハ何等規定スル所ナキモ會計規則第五十二條ニ依レハ各省大臣ヨリ其省所管ニ屬スル經費ノ決算報告書ヲ調製シテ大藏大臣ニ送付スヘキ期限ハ翌年度十一月三十一日ナルヲ以テ大藏大臣ノ之ヲ綜合調製スルハ其以後タルハ勿論ナリト雖議會ニ提出前會計檢査院ノ檢査確定ヲ經ルヲ要スルヲ以テ其ノ翌年度ノ議會ニ提出スルハ到底不可能ナルヘキヲ以テ翌々年ノ帝國議會開會前會計檢査院ニ於テ檢査確定スルニ要スル相當日子ノ存スル程度ニ於テ適宜調製スヘキモノト信ス

第十七條　前條ノ總決算ニハ會計檢査院ノ檢査報告ト俱ニ左

ノ文書ヲ添付スヘシ

第一　各省決算報告書

第二　國債計算書

第三　特別會計計算書

前條ハ決算編成ノ方法ヲ規定シ本條ハ其ノ總決算書ニ添付スヘキ文書ノ種類ヲ示シ以テ決算審査ノ參考ニ供セシメントス

一、會計檢査院ノ檢査報告　會計檢査院ノ檢査報告ハ憲法第七十二條ニ於テ既ニ決算ト倶ニ提出スヘキヲ命シタリ而シテ會計檢査院ノ檢査報告ニ關シテハ會計檢査院法第十四條ノ規定アリ即會計檢査院ハ決算ヲ檢査確定スルト同時ニ（イ）總決算及各省決算報告書ノ金額ト各出納官吏ノ提出シタル計算書ノ金額ト符合スルヤ否ヤ（ロ）歳入ノ賦課徴收歳出ノ使用官有物ノ得有沽賣讓與及利用ハ各々其豫算ノ規程又ハ法律勅令ニ違フコトナキヤ否ヤ（ハ）豫算超過又ハ豫算外ノ支出ニシテ議會ノ承諾ヲ受ケサルモノナキヤ否等ニ付報告書ヲ作ルヘキモノトス以テ議會ヲシテ決算審査ノ憑據ヲ得セシメントス

二、各省決算報告書　ハ會計規則第五十二條ノ規定スル所ニシテ各省大臣ハ翌年度十一月三十一日迄ニ各省豫定經費要求書ト同一ノ區分ニ依リ其省所管ニ屬スル經費ノ決算報告書ヲ調製シ之ヲ大藏大臣ニ送付スヘシ」トアルモノ是ナリ卽チ各省決算報告書ハ各省大臣ヨリ提出シタル其省所管經費ノ決算報告書ニシテ總決算ノ基礎ヲ爲スモノナリ總決算ハ實ニ各省決算報告書ヨリ成ル卽チ各省決算報告ハ總決算ノ實質內容ヲ爲スモノナリ各省大臣ハ其所管ノ豫算施行ニ關シ豫算並ニ法令ノ規定ニ違反セサルコトヲ之ニ依リテ證明シ議會亦之ニ依リテ收入支出ノ當否ヲ審按スルコトヲ得ヘキナリ

三、國債計算書　國債計算書ニ關シテハ會計規則第五十三條第五十四條ノ規定アリ此ノ規定ニ依レハ國債計算書ハ大藏大臣之ヲ調製スルモノニシテ其ノ計算書ニハ(一)當該年度末日ニ於ケル國債ノ種類及元高ヲ示ス所ノ計算(二)當該年度ニ於テ償還シ及仕拂タル各種國債ノ元高及利子ノ計算(三)最近五ケ年度間ニ於ケル各種國債增減ノ形況ヲ示ス所ノ計算等ヲ示ササルヘカラス

蓋シ國家ノ財政狀態ヲ知ラント欲セハ單ニ其ノ一ケ年度ノ歲入歲出ヲ知ルノミヲ以テ足レリトセス先ツ國債ノ總額ハ幾何ナリヤ其ノ種類如何將タ償還ノ景況

如何等ヲ知ラサルヘカラス固ヨリ豫算ニ於テハ國債償還ニ充ツヘキ資金及利子ハ之ヲ明白ニスト雖其ノ他ハ之ヲ知ルニ由ナキヲ以テ別ニ國債計算書ヲ提出シテ國債ノ狀況ヲ明示セシムルモノトス

四、特別會計計算書　ハ會計規則第五十五條第五十六條ノ規定スル所ニシテ卽チ會計法第三十條ニ據リ特別ノ會計ヲ立ツルコトヲ許サレタル事務ヲ管理スル所ノ各省大臣之ヲ調製シ每年度經過後五ケ月以內ニ之ヲ大藏大臣ニ送付スヘキモノトス而シテ其ノ特別計算書ニハ(一)收入計算(二)支出計算(三)最近五ケ年度間資金ノ增減(四)最近五ケ年度間損益ノ比較ヲ示スヘキモノトス

特別會計ハ其ノ純益又ハ國庫ヨリ支辨スル補助金ノミヲ總豫算ニ收入支出トシテ計上スルニ過キスシテ全體ノ收入支出ハ特別ニ豫算ヲ組成シ特別會計法ニ依リ收支スルモノナルカ故ニ別ニ特別會計計算書ヲ作リテ之ヲ明ニスルニアラサレハ收支ノ總計ハ勿論資金ノ增減損益ノ計算等ヲ知ルヲ得ス從テ特別會計ノ基本タル事業其モノノ存廢ノ可否並ニ其ノ收支見積ノ當否等ヲ審按スルコト能ハス是之ヲ必要トシタル所以ナリ

第六章　期滿免除

此ニ期滿免除トハ法定ノ期間ノ滿了ニ依リテ債務ヲ免除スルノ謂ヒニシテ民法ニ所謂消滅時效ト全ク其性質ヲ同フスルモノナリ蓋シ民法ニ於テ時效ト稱スルハ時ノ經過ニ因ル權利ノ取得又ハ喪失ノ事實ヲ云フ卽チ其ノ權利ヲ取得スルモノ之ヲ取得時效ト云ヒ權利ヲ消滅セシムルモノ之ヲ消滅時效ト稱ス約言セハ取得時效ハ法定ノ條件ヲ以テ法定ノ期間物ヲ占有シ又ハ財產權ヲ行使スルトキハ其ノ物又ハ權利ヲ取得スルニ至リ（民法第百六十二條第百六十五條參照）消滅時效ハ一定ノ期間權利ヲ行使セサルニ依リ其ノ權利ヲ失フニ至ルモノナリ（民法第百六十六條以下）本章規定ノ期滿免除モ亦權利者カ一定ノ期間其ノ權利ヲ行使セサルニ依リ其ノ權利ヲ消滅セシムルモノナリ是余輩カ民法ノ定ムル消滅時效ト全ク其ノ性質ヲ同フスト云フ所以ナリ唯民法ニ於テハ取得時效ヲ認ムルノ要アルニヨリ汎ク時效ト稱シ取得及消滅時效ヲ規定スルモ會計法ニ於テハ固ヨリ取得時效ヲ定ムルノ要ナキニ依リ單ニ消滅時效ノミヲ規定セリ而シテ本法ノ之ヲ時效ト稱セスシテ期滿免除ト題セシハ債務免除ノ方面ヨリ觀察シタルカ故ナリトス民法ハ權利方面ヨリ看テ權利ヲ消滅セシムルカ故消滅時

効ト稱シタルノミ其ノ本質ニ至テハ何レモ時ノ經過ニ因ル權利消滅ノ方法ナルヲ以テ彼此異ナル所ナキナリ

然ラハ卽チ一定ノ時ノ經過ハ何カ故ニ其ノ權利ヲ消滅セシムルヤ債務ヲ免除スルハ理由ナク債務者ヲ保護シ漫ニ債權者ノ權利ヲ奪フモノニアラサルカ是實ニ期滿免除(時効)ノ根基ニ關スル問題ニシテ一般ノ通說ハ公益上實ニ止ムヲ得サルニ出ツトノ理由ニ基クモノト爲セリ卽チ長期間繼續セル事實上ノ狀態ヲ保護スルハ實ニ公益上缺クヘカラストノ趣旨ニ出テタルモノナリ抑モ永年間何等ノ請求ヲ受クルコトナキ狀態ハ既ニ一種ノ秩序ヲ爲スモノト云フモ不可ナキナリ然ルニ今若シ突然權利ヲ主張セラルルニ於テハ例之自己ハ其ノ嘗テ負ヒタル債務ハ既ニ償却シ若ハ前主ノ債務ニシテ自己ハ全ク與リ知ラス從テ其ノ義務ノ存スルヤ否ヤハ全然不明ナルニ拘ハラス永年後ニ其ノ請求ヲ受クルニ於テハ或ハ之ニ對スル抗辨ノ資料ヲ失ヒ爲ニ止ムナク再ヒ不當ノ請求ニ應セサルヘカラスシテ遂ニ吾人ハ胸中常ニ不安ノ念ヲ絕ツテ得サルナリ更ニ之ヲ債權者ノ地位ヨリ觀察センニ既ニ其ノ權利ヲ主張シ得ヘキニ何等ノ請求ヲ爲サス漫然時日ヲ空過スルハ自己ノ過失怠慢ニ出ツルニアラスンハ或ハ其ノ權利ヲ拋棄スルノ意思ナルヤ知ルヘカラス固ヨリ權利

ノ拋棄ハ妄ニ之ヲ推定スヘキニアラス余輩亦之ヲ以テ時効ノ根基ト爲スモノニアラスト雖實際上債權者ノ權利ヲ行使セサル原因ハ必スヤ此ノ二者ヲ出テサルヘキヲ信ス果シテ然ラハ是等ノ權利者ヲ保護シ絕體ニ其ノ權利ノ主張ヲ爲サシムルハ社會ノ秩序吾人ノ平安ヲ害スルノ結果ヲ生スルヲ以テ法律カ斷然一定ノ期間ノ經過ヲ以テ其ノ權利ヲ消滅スルモノト爲シタルハ全ク公益ヲ慮リタルモノニシテ洵ニ其ノ當ヲ得タルモノト謂ハサルヘカラス法律ノ格言タル眠レル者ハ保護セストノ一語偶々以テ時効ノ根基ヲ窺フノ一端ト爲スニ足ルヘシ

以上説明スル如ク我民法上ノ時効ト茲ニ所謂期滿免除トハ其ノ制定ニ關スル立法上ノ理由ヲ同フスルモノナリト雖民法ハ私法ニシテ私人ト私人トノ關係ヲ規律スルヲ以テ其ノ目的トシ本法ハ公法ニシテ主トシテ國家機關ノ會計事務ニ關スル準則ヲ定ムルヲ以テ本質トスルコト既ニ前ニ屢々論述シタル如クナルヲ以テ民法ニ於ケル如ク時効ニ關シテ詳細ノ規定ヲ爲サス僅ニ本條及次條ヲ設ケタルノミ是ヲ以テ時効ニ關シテ種々ナル疑問ヲ生スルニ至ル洵ニ已ムヲ得サルナリ即チ民法第百四十五條ノ「時効ハ當事者カ之ヲ援用スルニ非サレハ裁判所之ニ依リテ裁判ヲ爲スコトヲ得ス」トノ規定ハ之ヲ本法ニ適用シ得サルヤ否ヤノ問題ノ如キ其ノ一ナリ

余惟フニ民法ハ一私人相互ノ關係ヲ規律スルモノナルカ故私人ノ意思ハ努メテ之ヲ尊重スルヲ旨トセサルヘカラサルヲ以テ一旦時效完成シタルトキハ理論上其ノ權利ハ消滅スト雖モ他方ヨリ之ヲ見レハ相手方ニ於テ時效ニ因リテ債務ノ消滅スルヲ屑シトセス之ヲ辨濟センコトヲ欲シ或ハ既ニ債務ヲ辨濟シタルコトヲ立證シ以テ正當ニ權利ノ消滅ヲ主張セントスル者ニ對シ强テ當事者ノ意思ニ反シテ時效ニ因リ其ノ權利ハ既ニ消滅シタルモノナルヲ以テ原告ニ請求權ナシトシテ訴ノ却下ヲ爲スノ必要ナキノミナラス此ノ如キハ法律保護ノ適當ナル範圍ヲ超越シ却テ不當ノ干渉ヲ爲スモノト謂ハサルヘカラス故ニ民法ノ此ノ規定ハ固ヨリ至當ナリト雖公法上ノ權利ニ關シテハ直ニ之ヲ適用スルヲ得サルハ勿論立法上ヨリ之ヲ論スルモ尚攻究ヲ要スヘキモノナリト信ス何トナレハ公法上ノ權利ハ單ニ一私人ノ便益ノ爲ニノミ附與スルモノニアラスシテ同時ニ國家ノ利益タルヲ認ムルノ結果ナルヲ以テ從テ若シ絶體ニ時效期間ノ經過ニ依リテ其ノ權利ヲ消滅セシムルノ國家ニ利益ナルヲ認ムルトキハ當事者ノ援用ヲ待タシムルノ要ナケレハナリ更ニ解釋上ヨリスルモ私法ノ規定ハ直ニ之ヲ公法ニ適用スルヲ得サルハ公法私法ヲ區別シタル根本目的ヨリスルモ當然自明ノ理ニシテ殆ト疑ヲ容ルルノ餘地ナキモノ

ト謂フヘシ故ニ本法ノ解釋トシテハ民法第百四十五條ノ規定ハ單ニ私法上ノ權利ニ關シテノミ適用アルモノト謂ハサルヘカラス從テ公法上ノ權利ニ關シテハ裁判官ハ當事者ノ援用ヲ待ツコトナク時效ニ依リテ其ノ權利ノ消滅セシモノナルヲ知ルニ於テハ直ニ之ヲ理由トシテ原告ニ請求權ナキヲ判決スヘキナリ

以上ノ外時效ノ中斷及停止ニ關スル民法ノ規定ハ本法ノ時效ニ之ヲ適用シ得ヘキヤ等ノ疑問ヲ生スト雖余輩ハ大體論トシテ私法上ノ權利ニ關シテハ前述ノ原理ニ依リ積極ニ之ヲ解セント欲スルモノナリ此點ニ關シテハ第十九條ノ説明ニ於テ詳論スル所アルヘシ

第十八條　政府ノ負債ニシテ其ノ仕拂フヘキ年度經過後滿五ケ年內ニ債主ヨリ支出ノ請求若ハ仕拂ノ請求ヲ爲サヽルモノハ期滿免除トシテ政府ハ其ノ義務ヲ免ル丶モノトス但シ特別ノ法律ヲ以テ期滿免除ノ期限ヲ定メタルモノハ各々其ノ定ムル所ニ依ル

期滿免除ノ性質ニ關シテハ大體本章ノ題下ニ既ニ論述セシ所ノ如シ余ハ是ヨリ本

條ノ解說ヲ爲スニ先チ次條ノ規定ト相比シ條文ノ字句ニ付一言セントス抑モ本條ハ政府ノ債務消滅ニ關スル期滿免除ヲ規定シ次條即チ第十九條ハ政府ノ債權（租稅ノ如キハ之ヲ債權ト稱スルノ妥當ナラサルモ暫ク之ヲ包含スルモノトシテ此ノ語ヲ使用ス）消滅ニ關スル期滿免除ヲ規定シタルモノナリ二者共ニ五ケ年ノ期間ニ依リ免除ノ効力ヲ生スルハ同一ナリ然ルニ本條ニ於テハ明ニ「期滿免除トシテ政府ハ其ノ義務ヲ免ルルモノトス」ト規定セルニ拘ハラス第十九條ニ於テハ單ニ其ノ義務ヲ免ルルモノトスト言ヒ期滿免除トシテ其ノ義務ヲ免レシムルノ旨趣ナルヲ明言セサルハ何ソヤ蓋シ之ヲ明言セサルハ一定期間ノ滿了ニ因リテ權利義務ノ消滅ヲ來タサシムル規定ハ即チ期滿免除ニ外ナラサルヲ以テ之ヲ無用トシタルニ因ルモノナランカ果シテ然ラハ本條ニ於テ特ニ此ノ文字ヲ附加セシハ却テ蛇足ニアラサルナキヤ若シ本條ニ之ヲ明示スルノ要アリトセハ次條ノ規定ニ於テモ同一ノ必要アリト謂ハサルヘカラス余ハ寧ロ此ノ語ノ不必要ナルヲ信スルモノナリ何トナレハ本章ハ既ニ期滿免除ト題スルヲ以テ時效ニ因リテ消滅スルモノナルコト疑ヲ容ルルノ餘地ナケレハナリ若シ夫レ立法ノ婆心茲ニ出テタルモノナリトセハ次條ノ規定ニ於テモ同樣ノ注意ヲ拂ハサルヘカラス然ルニ次條ニ於テハ單ニ「其ノ義務ヲ免ルルモノトス」ト謂ヘルヲ以テ本條ノ「期滿免除ト

シテ其ノ義務ヲ免ルルモノトス」ト謂フト其ノ效力ニ差異アルカ如キ惑ヲ惹起セシムルニ至リタルハ立法ノ不用意ト評スルノ外ナケン

以下進ンテ本條ノ解說ヲ試ムヘシ本條ハ所謂政府ノ負債トハ如何ニ之ヲ解スヘキヤ政府ノ語ニ付テハ余輩既ニ第一條ニ於テ一言シタル如ク憲法ニ所謂政府ノ說明トシテハ大權輔弼ノ憲法上ノ機關卽チ國務大臣及樞密顧問官ヲ稱スルモノナリトノ故穗積博士ノ所說夫レ或ハ至當ナランモ然トレモ一般的ニハ尙國家ノ行政機關ノ總稱ナリト云フヲ適切ナリト信ス蓋シ政府本來ノ意義ハ國政ヲ行フ官府ノ總稱ナルコト字義上自ラ明白ナレハナリ現ニ我現行法令ニ於テモ此ノ意味ニ用キルモノ少シトセス故ニ政府トハ內閣其モノヲ指スニアラス從テ又國務各大臣ノ總稱ニ非ス唯實際ニ於テハ國務大臣政府トシテ國家代表ノ地位ニ立ツ場合アリ（憲法上ニ於ケル政府ノ語ノ如シ）他ノ行政官廳政府トシテ國家ヲ代表スル場合アリ（稅法上ニ於ケル政府ノ語ノ如シ）ト雖要スルニ政府トハ國家ノ代表機關ニ過キサルヲ以テ國家其モノトハ之ヲ區別セサルヘカラサル言ヲ待タス然ルニ本法ニ於ケル政府ノ語ハ他ノ法令ニ於ケルモノト全ク異ナリ國家ノ代名詞トシテ政府ノ語ヲ用ヒタルモノナリ例ヘハ第一條ニ於テ「政府ノ會計年度」ト謂ヒ第十五條ニ「政府ニ對シ正當ナル債主」ト謂ヒ其他第八章ニ於テ「政府

ノ工事物件云々」ト謂フカ如キ是ナリ從テ本法ノ解説トシテハ之ヲ國家ノ意味ニ解セサルヘカラス固ヨリ嚴正ナル法理論トシテ政府ニ對シ債權ヲ有スト云フカ如キハ不通ノ論タルヲ免レサルナリ

以上説明ノ如クナルヲ以テ此ニ所謂政府ノ負債トハ即チ國家ノ負債ヲ謂フニ外ナラス然リ而シテ國家ノ負債トハ國家ノ負擔スル債務ノ義ナリト雖民法ニ所謂債務ノ如ク汎ク作爲不作爲ノ義務ヲ總稱スルモノニ非スシテ金錢上ノ債務ニ限ラルルモノトス何トナレハ會計法ハ收入支出ニ關スル規定ニシテ其ノ收入支出ハ總テ金錢ヲ以テ之ヲ行フモノナルカ故金錢債務以外ノ債務ハ會計法ノ關スル所ニアラサレハナリ從テ往年小笠原伊豆七等ニ於テ特別ニ施行セラレタル物品税ノ如キ其ノ納付後之ヲ賣却シテ收入ニ充ツルモノナルカ故實際國庫ニ收納スルモノハ總テ金錢ナリト雖物品税ノ如キハ金錢債務ト稱スヘカラサルヲ以テ本法ノ時效ヲ之ニ適用スルヲ得サルハ勿論租税納付ノ義務ハ公法上ノ義務ナルニ依リ民法上ノ時效モ亦適用スルヲ得サルナリ今ヤ物品税ハ全ク廢止セラレタルヲ以テ之ヲ論議スルノ無用ナルヲ信スト雖論理上ノ決定ハ正ニ此ノ如クナルヘキヲ一言セントスルノミ

本條ニ依リ期滿免除ノ目的ト爲ルモノハ國家ノ金錢上ノ債務ニ限ルコト右ニ論ス

ル所ノ如シ而シテ金錢上ノ債務ハ公法上ニ於テハ俸給、恩給、年金其他ノ賜金又ハ旅費等ノ如キ是ナリ私法上ニ於テハ賣買、請負、雇傭、貸借等ノ原因ニ依リ生スルモノ其ノ重ナルモノナリ公法上ノ關係ヨリ生スル金錢仕拂ノ義務及私法上ノ契約關係ヨリ生スル金錢仕拂ノ義務ハ共ニ此ニ所謂國家ノ負債ノ語ニ包含セラルルヤ論ヲ待タス然ルニ世ノ論者或ハ國家ノ私法的行爲ヨリ生スル債務ニ付テハ民法ノ時效ノ規定ニ從ハサルヘカラス何トナレハ國家カ國庫トシテ私權關係ニ立ツ以上國家モ私法上ノ行爲ニ付テハ個人ト均シク私法ノ規定ニ從フヘキ旨ヲ明ニスル法制ノ下ニ於テハ反對ノ意思表示ナキ限リ私法ノ規定ニ從フヘキハ當然ナレハナリト然リ論者ノ言ヤ一部分正當ナルモノアリ即チ國家ト雖私法上ノ行爲ニ付テハ反對ノ意思表示ナキ限リ私法ノ規定ニ從フヘシト謂フノ點是ナリ然レトモ論者ハ會計法ノ時效ノ規定ハ民法ノ時效ノ規定ニ對スル特別規定タルヲ覺ラサルモノナリ民法ノ時效ニ關スル規定ニシテ會計法ノ時效ト抵觸スルモノハ會計法ノ規定ニ從ハサルヘカラス會計法ノ時效ハ多クハ民法ノ時效期間ヲ特別ノ理由ニ依リ短縮シタルモノナリ論者ノ所謂反對ノ意思表示ヲ爲シタルモノナリ余輩ハ論者カ此點ヲ看過セシヲ惜マスンハアラス夫レ此ノ如ク本條ノ期滿免除ノ目的ト爲ルモノハ單ニ公法上ノ債務ノミニアラサルナリ之ト同一ノ理由ニ基キ次條ニ於ケル政府ニ納ムヘキ金額別言セハ國家ノ私人ニ對スル債權モ亦租税其ノ他手數料等ノ如キ公法上ノ權利ノミナラス物品拂下代金貸下料又ハ違約金等ノ如キ全ク私法的關係ヨリ生スル債權ヲモ包含スヘキコト疑ヲ容ルヘカラサルナリ尙政府ノ債權ニ關シテハ次條ニ詳論スル所アルヘシ

本條ノ規定ニ依レハ政府ノ負債ハ其仕拂フヘキ年度經過後滿五ケ年ノ經過ニ依リ消滅スルモノトス然ラハ此ニ「其ノ仕拂フヘキ年度」トハ如何余輩惟フニ「仕拂フヘキ年度」トハ讀ンテ字ノ如ク仕拂ヲ爲スヘキ年度ト云フノ意味ニシテ仕拂ヲ爲スヘキ年度トハ即チ現實ニ仕拂義務ノ生シタル時ノ屬スル年度ノ義ニ外ナラス今試ニ左ニ二三ノ事例ヲ示サン

一政府カ賣買ニ依リ物件ヲ購入スル場合ニ於テハ物件納付ノ日ノ屬スル年度ヲ以テ仕拂フヘキ年度トス蓋シ賣買ハ雙務契約ノ一種ニシテ相手方ニ於テ其ノ債務ノ履行ヲ提供スルマテ反對給付ヲ拒ムヲ得ルノミナラス（民法第五百三十三條）本法ハ原則トシテ前金拂ヲ爲スヲ許ササルヲ以テ其ノ賣買ノ目的タル物件ノ納付後ニアラサレハ未タ現實ニ仕拂ヲ爲スヘキ義務ノ生シタルモノト謂フヲ得サレハナリ

二工事建築等ノ請負ハ其ノ工作物ノ完成後ニ報酬ヲ仕拂フヘキモノナルヲ以テ仕事完成ノ時ノ屬スル年度ハ卽チ仕拂フヘキ年度ナリ但シ契約ニ特別ノ仕拂時期ノ定メアルモノハ固ヨリ其時ノ屬ズル年度ヲ以テ仕拂フヘキ年度ナリトス例之工事ノ既成部分ニ對シ幾分ノ仕拂ヲ爲スヘク豫メ契約ヲ爲シタル場合等ノ如キ是ナリ

三雇傭契約ニ基ク給料ハ其ノ勞務ヲ終リタル時ノ屬スル年度ハ仕拂フヘキ年度ナリトス日々ニ傭役スル場合ノ傭人料ノ如キ是ナリ但シ雇員其ノ他囑託員ノ給料ノ如ク期間ヲ以テ定メタル報酬ハ其ノ期間ノ滿了シタル時ノ屬スル年度ナリトス唯契約上特種ノ仕拂時期ノ定メアルモノハ固ヨリ其ノ時ノ屬スル年度ナルコト疑ナシ

四賃貸借ニ因ル賃借料仕拂ノ義務ハ其ノ契約ニ依リ定マレル賃借料仕拂ノ時ノ屬スル年度

五國債ノ元利償還賞勳年金恩給諸祿其ノ他俸給等ハ其ノ仕拂ヲ爲スヘク法令上定メラレタル時ノ屬スル年度

六旅費ハ其ノ支給スヘキ事實ノ生シタル時ノ屬スル年度卽チ公務ノ爲旅行シタル

日ノミ屬スル年度

七　工業用酒精酒類其ノ他酒精含有飲料戻税法（明治三十九年四月法律第四十六號）ニ依ル税金ノ下戻ハ酒類ヲ法定條件ニ從ヒ使用シタル時ノ屬スル年度

八　酒造税法第十二條ノ造石税免除金ハ其免除處分ノ決定アリタル時ノ屬スル年度ヲ以テ仕拂フヘキ年度トス蓋シ酒造税法第十二條ノ場合ニ於テハ酒類ノ腐敗亡失其ノ他免除ノ原因タル事實アルモ未タ直ニ當然政府ニ造石税免除ノ義務ヲ生スルモノニアラス政府ニ於テ其ノ事實ノ眞實ナルヲ確認シタル後免除處分ヲ爲シタルトキ茲ニ初テ請求者ハ免除セラルヘキ權利ヲ得一方ニハ之ト同時ニ政府ニ於テハ請求者ノ前ニ納入シタル造石税金拂戻ノ義務ヲ負フニ至レルモノナリ故ニ此ノ場合ノ免除處分ハ新ニ權利發生ノ原因ト爲ルモノニシテ此ノ免除處分ノアリタル時ヨリ仕拂ノ義務ヲ生スルモノト謂フヘシ是恰モ發明者ハ特許ヲ求ムルノ權利アルモ發明ト同時ニ直ニ特許權ヲ有スルモノニアラスシテ特許局ノ審査決定ニ依リ始テ特許權ヲ得ルト同一理ナリ唯特許權ハ一種ノ私權タルニ反シテ租税ノ拂戻請求權ハ公法上ノ權利タルノ差アルノミ

九　國税徴收法第五條ニ依リ市町村ニ交付スヘキ金額ハ市町村ニ於テ徴收シタル國

税金ヲ國庫ニ送付シタル時ノ屬スル年度ナリトス

十　租税ノ過誤納ニ因ル拂戻ノ義務ハ過納若ハ誤納ノ事實ヲ認メテ行政廳ノ處分又ハ裁判判決ニ依リ其ノ金額ノ更訂ヲ爲シ又ハ全然其ノ取消ヲ爲シタル時ノ屬スル年度ナリトス例之租税ヲ徴收スルニ當リテ百圓ヲ徴收スヘキニ過テ百五十圓ヲ徴收シ(過納)或ハ納税義務ナキ者ニ對シ納税義務アリトシテ不法ノ徴收ヲ爲シタル(誤納)場合ニ於テハ何レモ不當ノ徴收ナルヲ以テ其ノ超過額及誤納金ハ固ヨリ之ヲ還付セサルヘカラスト雖モ苟モ行政廳ノ處分ニ依リテ一旦其決定額ヲ徴收シタル以上縦令實質上違法ナリトスルモ其ノ處分ノ取消變更ナキ間ハ法律上有効ナル處分ニ基ク徴收ニシテ形式上決シテ違法ナリト謂フヘカラス唯夫レ實質上違法ナル場合ニ於テハ遂ニ前ノ處分ノ取消變更セラルルノ結果ヲ生シ此ニ始メテ過誤納金額ノ拂戻ヲ受クルニ至ルヘキナリ故ニ前ノ處分ノ取消變更ナキ間ハ納税義務者ハ未タ以テ拂戻ヲ受クルノ權ヲ有スルモノト謂フヘカラス一方ニ拂戻ヲ受クヘキ權利ノ對立スルナクンハ國家ニモ未タ返還義務ノ成立シタルモノト謂フヘカラサルナリ是余輩カ租税過誤納金ノ拂戻ニ關シテハ其更訂又ハ取消處分ノアリタルトキ卽チ其ノ拂戻ヲ爲スヘキ義務ノ確定シタル時ノ屬スル

年度ヲ以テ本條ニ所謂仕拂フヘキ年度ナリト謂フ所以ナリ

反對論者曰ク租稅過誤納ノ場合ハ共ニ不法ノ徵收ナルヲ以テ徵收ト同時ニ國家ハ之ヲ還付セサルヘカラサル義務ヲ負フモノトス即チ過誤納金ノ拂戾請求權ハ過納若ハ誤納ト同時ニ發生スルモノナリ實體ニ於テ拂戾請求權アルカ爲其ノ權利實行ノ手段トシテ處分ノ取消若ハ變更ヲ求ムルヲ得セシムルモノナリ故ニ其ノ不當ニ徵收ヲ爲シタル時ノ屬スル年度ヲ以テ仕拂フヘキ年度ナリト謂ハサルヘカラスト然レトモ租稅拂戾請求權ト之カ原因タル處分ノ取消若ハ變更ヲ求ムルノ權トハ全ク之ヲ區別セサルヘカラス租稅ノ賦課ニ關スル處分ノ更正又ハ取消ヲ求ムルノ權ハ形式上ニ於テハ其處分ヲ受ケタル者ハ何人モ此ノ權利ヲ有スルモノト謂ハサルヘカラス何トナレハ一定ノ期間內ニ於テハ納稅額ノ決定通知ヲ受ケタル者ハ之ニ對シテ異議ヲ申立テ若ハ一般訴願法ノ規定ニ從ヒ其處分ノ取消變更ヲ求ムルノ權ヲ有シ必スシモ實質上其ノ拂戾權ヲ有スル者ノミニ限ルモノニアラサレハナリ果シテ然ラハ處分ノ取消若ハ變更ヲ求ムルノ權ハ實質ニ於テ拂戾請求權アルヲ前提トスルモノニアラサルヤ明ナリ但シ實質ニ於テ租稅ノ過納若ハ誤納アル場合ニ於テハ前ノ處分ノ取消又ハ變更セラルルノ結果ヲ生

シ權利者ノ要求ハ容認セラレテ拂戻ヲ受クルニ至ルヘク反對ノ場合ニ於テハ權利者ノ要求ハ排斥セラレテ拂戻ヲ受クルコト能ハサルニ至ルヘキヲ以テ此ノ意味ニ於テ過誤納金ノ拂戻請求權ハ過納若ハ誤納ノ事實ト同時ニ發生スルモノナリト謂フハ必スシモ不可ナキニアラスト雖モ實質ニ於テ過誤納アリシヤ否ヤハ判決又ハ處分ノ結果ヲ待ツニアラサレハ之ヲ知ルヲ得サルノミナラス行政官廳ノ職權內ニ於テ爲シタル決定ハ之ヲ取消變更セサル間ハ形式的ニハ適法ノ處分ナリト認メサルヲ得ス卽チ過誤納ニアラスト推定セサルヘカラサルナリ是實ニ行政法理ノ然ラシムル所ニシテ余輩ノ特ニ注意ヲ乞ハント欲スルノ點ナリトス蓋シ議論ノ岐ルル所實ニ此ニ在レハナリ

之ヲ要スルニ本條ニ所謂「仕拂フヘキ年度」トハ現實ニ仕拂義務ノ生シタルトキ他言ヲ以テセハ仕拂義務ヲ履行セサルヘカラサルニ至リシ時ノ屬スル年度ヲ謂フモノニシテ更ニ其反面ヨリ之ヲ說明セハ權利者カ其ノ權利ヲ行使シ得ルニ至リシ時ノ屬スル年度ト謂フニ外ナラサルヲ以テ其他ハ之ニ依リテ類推判斷スルヲ得ヘキナリ

前述ノ如ク仕拂フヘキ年度ノ意義明白トナルニ至レハ滿五ヶ年ノ起算點ハ容易ニ

之ヲ知ルヲ得ヘシ卽チ期滿免除ノ期間ノ始期ハ其ノ仕拂フヘキ年度經過後ノ年度ノ初ナリトス例之大正四年十二月分ノ俸給ハ大正五年四月一日ヨリ時效ノ進行ヲ始ムルモノトス故ニ此ノ時ヨリ卽チ大正五年四月一日ヨリ起算シテ滿五ケ年内ニ其ノ支出ノ請求又ハ仕拂ノ請求ヲ受ケサルトキハ政府ハ全ク其ノ債務ヲ免ルルニ至ルヘシ

然ラハ此ニ「支出ノ請求又ハ仕拂ノ請求」ト謂ヒ支出ト仕拂トヲ區別シタルハ如何惟フニ支出ノ請求トハ仕拂命令官ニ對シテ債權額ニ對スル支出ノ要求ヲ爲スノ謂ヒニシテ仕拂命令官此ノ請求ノ正當ノ理由アルヲ認メテ仕拂命令ヲ發行シタルトキ其ノ仕拂命令ニ基キ金庫ニ向テ現金ノ仕拂ヲ請求スルハ茲ニ所謂仕拂ノ請求ナリトス故ニ支出ノ請求ト仕拂ノ請求トハ形式上別個ノ請求ナリト謂ハサルヘカラス從テ時效期間ノ如キ各別ニ之ヲ計算セサルヘカラス例之前例大正四年十二月分ノ俸給ハ其仕拂フヘキ年度タル大正四年度ノ經過後卽チ大正五年四月一日ヨリ時效期間進行スヘキヲ以テ大正十年三月三十一日ニ至ラサレハ期滿免除ニ罹ルコトナシ故ニ大正十年二月ニ至リテ俸給請求權ヲ有スル者仕拂命令官ニ支出ノ請求ヲ爲シ仕拂命令ヲ受領シタルトキハ其ノ仕拂命令ヲ受領シタル時ノ屬スル年度經過後

滿五ヶ年內ハ何時ニテモ金庫ニ對シテ仕拂ノ請求ヲ爲シ得ルカ如シ

右解釋ノ失當ナラサルハ會計規則第四十三條及金庫出納事務規程第二十二條ニ依リ之ヲ知ルヲ得ヘキナリ此ノ如ク同一ノ債務ニ對シテ二重ノ時效期間ヲ定ムルハ我國仕拂制度ノ然ラシムル所ナリト雖交通機關發達シ取引ノ頻繁ヲ極ムル今日ニ於テ金庫ニ對スル仕拂請求期間ヲ五年ト定ムルハ長キニ失スルノ嫌アリ殊ニ金庫事務整理ノ上ヨリスルモ之ヲ短縮スルノ要アルハ余輩ノ辯ヲ待タサル所ナルヘシ

右ニ説明シタル如ク政府ノ負債ハ其ノ仕拂フヘキ年度經過後滿五ヶ年ヲ經過スルニ依リテ期滿免除トシテ其ノ義務ヲ免ルルモノナリト雖本條ハ但書ヲ設ケテ若シ特別ノ法律ヲ以テ他ニ期滿免除ノ期限ヲ定メタルモノアルトキハ各々其ノ定ムル所ニ依ルト謂ヘリ是ニ於テ民法ハ此ニ所謂特別ノ法律ナリト謂フヲ得ヘキヤ否ヤノ疑問ヲ生ス若シ夫レ民法ヲ以テ此ニ所謂特別ノ法律ト謂ヒ得ヘクンハ國家ノ私法上ノ債權債務ハ總テ民法ノ時效ノ規定ニ從ハサルヘカラサルヲ以テ或ハ五年ヨリ長キ期間ヲ以テ時效ニ係リ或ハ五年ヨリ短キ期間ヲ以テ時效完成スル場合ヲ生シ會計ノ統一ヲ期セントシタル本法ノ目的ヲ達スルヲ得サルナリ故ニ余ハ民法ハ此ニ所謂特別ノ法律ノ語ニ包含セラレサルモノト解セントス蓋シ民法ハ一私人

ノ行爲ノ準則ヲ定ムルモノナリ即チ民法ハ私人相互ノ間ニ於ケル法律關係ヲ規律スル一般法ニシテ會計法ノ時効ニ關スル規定ハ却テ民法ニ對スル特別規定ナリト謂フヘク從テ民法ニ對スル特別規定ニ於テ更ニ特別ノ規定アルモノハ其ノ特別法ノ定ムル所ニ依ルト謂フトキハ民法ヲ除外シタル其ノ他ノ法律ナルコト殆ト疑ヲ容ルヘカラス若シ然ラスンハ民法ノ規定ノ例外ヲ規定セントシタル會計法ノ旨趣ハ遂ニ沒却セラルルニ至ルヘキヲ以テナリ論者或ハ民法ノ時効ニ關スル規定ニ對シ會計法ノ時効ニ關スル規定ヲ以テ特別規定ニ屬スルモノナリトノ余輩ノ前提ヲ批難スル者アランモ元來私法上ノ行爲ニ付テハ國家モ一般私法ノ適用ヲ受クヘキハ當然ナルニ拘ラス殊更ニ本條ニ於テ汎ク政府ノ負債ナル語ヲ用ヒ私法上ノ債務ヲ包含セシメタルノ趣意ヨリ之ヲ觀ルモ一般私法ノ規定ニ對スル例外規定ナリト謂フハ決シテ失當ノ見解ニ非サルヘシ却テ或論者ノ如ク本條ノ債務ニハ私法上ノ債務ヲ包含セスト云フカ如キハ根帶ヲ有セサル臆斷ノ説ト謂ハサルヘカラス

現行ニ於テ特別法律ヲ以テ國家債務ノ期滿免除ヲ規定セルモノハ(一)整理公債條例第十四條ナリトス即チ同條ハ整理公債ノ元利償還ニ關スルモノニシテ元金ニ付テハ償還スヘキ期日ヨリ滿十五年利金ニ付テハ償還スヘキ期日後滿五ケ年ヲ經過ス

ルニ依リテ償還ノ義務ナキニ至ルモノトス(二)海軍公債條例第九條ニ於テモ整理公債條例ニ據ルヘキ旨ノ規定アリ(三)官吏恩給法第十六條ニハ「恩給ハ之ヲ受クヘキ事由ノ生シタル後七ケ年内ニ之ヲ請求セサレハ其ノ權利ヲ拋棄シタルモノトス」トノ規定アリ期滿免除ノ語ナキト雖一定期間ノ經過ニ因リ義務ノ消滅ヲ來スモノナルカ故其ノ性質ニ於テ異ナル所ナシ唯此ニハ權利ノ方面ヨリ觀察シ且ツ其ノ權利ハ之ヲ拋棄シタルモノト看做シタルヨリ一般時效ト其立法上ノ理由ヲ異ニシタルカ如キ感ナキ能ハサルモ共ニ時ノ經過ニ因リ權利義務ノ消滅ヲ來タスハ同一ナルヲ以テ余ハ之ヲ期滿免除ノ特例トシテ茲ニ揭クルヲ躊躇セサルナリ(四)軍人恩給法第二十六條ニモ同樣ノ規定アリ(五)大藏省證券ハ其仕拂期日ヨリ起算シ滿六ケ月間ハ之ヲ仕拂フヘシ滿六ケ月ヲ過ルトキハ一切仕拂ヲ爲ササルモノトス」トアリ(六)關稅法第八條ニハ關稅ノ過誤納ニ因テ生スル請求權ハ關稅納付ノ日ヨリ滿二ケ年ヲ經過シタルトキハ時效ニ因リテ消滅ストノ規定(七)保管金規則第一條ハ法律勅令又ハ從來ノ規則ニ依リ政府ニ於テ保管スル公有金私有金ハ左ノ計算法ニ從ヒ滿五年ヲ過キテ拂戻ノ請求ナキトキハ政府ノ所得トス」ト規定シ(八)郵便爲替法第十三條ニモ郵便爲替證書ノ有效期間滿了ノ日ヨリ三ケ年間前條ノ請求ヲ爲ササルトキハ其郵

便爲替金ハ國庫ノ所有ニ歸ストアリ其他(九)郵便貯金法第十八條第二十條等ニモ特種ノ時効期間ヲ定ムルモノアリ詳細ハ就テ參看セラレンコトヲ請フ

第十九條　政府ニ納ムヘキ金額ニシテ其ノ納ムヘキ年度經過後滿五ケ年内ニ上納ノ告知ヲ受ケサルモノハ其ノ義務ヲ免ルルモノトス但シ特別ノ法律ヲ以テ期滿免除ノ期限ヲ定メタルモノハ各々其ノ定ムル所ニ依ル

本條ハ國家ノ公法上及私法上ニ於ケル債權消滅ニ關スル期滿免除ヲ規定セルモノニシテ前條ノ反面ノ規定タルニ過キサルヲ以テ大體ノ意義自ラ判明ナラント信スルモ尚一二ノ辯ヲ費スノ必要アルモノハ「政府ニ納ムヘキ金額」及「其納ムヘキ年度」ノ意義ナリトス鄙見ニ依レハ政府ニ納ムヘキ金額ハ亦政府ノ負債ト同シク公法上ノ關係ヨリ徵收スヘキ金額ノミナラス私法上收納スヘキ金額ヲモ包含スルモノトス卽チ租稅及手數料ハ勿論拂下代金、貸下料等總テ政府ニ收納スヘキ金額ヲモ包含スヘキハ前條ニ既ニ一言セシ所ナリ唯此ニ注意ヲ要スルハ政府ニ納ムヘキ金額ハ法令若ハ官廳ノ處分、契約又ハ裁判判決等ニ依リ其納ムヘキ額ハ既ニ定マレルモノタルヲ要スルコト是ナリ從テ政府ニ納付スヘキ義務アル場合ニ於テモ其ノ義務額ノ確定セサルモノハ茲ニ所謂「納ムヘキ金額」ナリト謂フヲ得ス故ニ不法行爲ニ基ク損害賠償請求權ノ時効ニ付キ本條ヲ適用シテ「其納ムヘキ年度」トハ被害事實發生ノ日ノ屬スル年度ナリト謂フノ說ハ余輩ノ左祖スル能ハサル所ナリ蓋シ不法行爲ニ因ル損害賠償請求權ハ一ノ債權タルハ固ヨリ論ナシト雖賠償請求權其モノハ未タ以テ直ニ金錢債權ナリト斷スルヲ得サルノミナラス一般ノ金錢債權ト趣ヲ異ニシ賠償責任ハ不法行爲ト同時ニ發生スルモノナリト雖モ其ノ責任ノ範圍換言セハ納ムヘキ金額ハ定マラサルヲ以テ本條ニ所謂政府ニ納ムヘキ金額アリト謂フヲ得ス從テ又納ムヘキ年度ナルモノ存スルノ理ナシ唯夫レ裁判ノ結果若ハ相互ノ契約ニ依リ損害賠償トシテ若干ノ金額ヲ國家ニ仕拂フヘシト確定セラレタルトキハ茲ニ初テ本條ノ時効ヲ適用シ得ヘキノミ故ニ不法行爲ニ基ク損害賠償請求權ノ時効ニ關シテハ當然民法第七百二十四條ヲ適用スヘキモノニシテ本條ハ決シテ此ノ如キ權利ヲ想像スルモノニアラサルナリ是實ニ余輩カ前ニ本法時効ノ適用ヲ受クヘキ債權債務ハ金錢上ノ債權債務ニ限ラルルモノナリトノ論理ノ結果タルニ外ナラサルナリ殊ニ明治四十二年(オ)第三百七十四號大審院判決ニ於テ會計法第十九條但書ニ

ハ特別ノ法律ヲ以テ期滿免除ノ期限ヲ定メタルモノハ各々其ノ定ムル所ニ依ルトアリテ所謂特別ノ法律トハ同法律以外ノ一切ノ法律ヲ指稱スルモノナルヲ以テ國カ不法行爲ノ被害者ト爲リ加害者ニ對シテ民事裁判所ニ損害ノ賠償ヲ請求スルトキハ其ノ請求權ハ一私人カ被害者ナルトキト同シク民法第七百二十四條ニ依リ國ハ損害及加害者ヲ知リタルトキヨリ三年ノ時效ニ依リ消滅スルモノナリト論定セラレタレハ結論ニ於テ鄙見ト一致スト雖其ノ理由ニ至テハ全然相反スルモノニシテ本條ノ所謂特別ノ法律ノ語ニハ民法ヲ包含セサルモノナルハ前條ニ於テ評論セシ所ナルヲ以テ茲ニ贅言セサルナリ

次ニ「其ノ納ムヘキ年度」トハ法律上國家ニ對シテ現實ニ納付セサルヘカラサルニ至リタル時ノ屬スル年度ヲ謂フ是恰モ前條ニ於テ「仕拂フヘキ年度」ノ意義ヲ說明シタルト同一ノ論法ニ基クモノニシテ租稅ニ付テ之ヲ例セハ土地ノ所有者ハ地租條例ニ依リ地租ヲ納付セサルヘカラサル義務ヲ有ス卽チ土地所有者ノ納稅義務ハ土地ノ所有ト同時ニ發生スルモノナリト雖此ノ義務ノ內容ハ法令ノ規定ニ從ヒ其ノ履行ヲ求メラレタル場合ニ納付スヘキ義務ナルヲ以テ法定ノ納期到來スルモ國稅徵收法ノ規定ニ從ヒ納稅ノ告知ヲ受クルニアラサレハ未タ現實的ニ納付スヘキ義務

ヲ生セス從テ單ニ法定納期ヲ經過シタルノ事實アルモ納税告知書ヲ發スルコトナクンハ本條ニ所謂「納ムヘキ金額」並ニ「納ムヘキ年度」ノ存在セサルヲ以テ時効ハ進行スルニ由ナク幾年ノ後ニ於テモ之ヲ徴收スルヲ得ヘキナリ然レトモ納税告知ハ固ヨリ納税義務發生ノ原因ニ非ス納税義務ノ履行ヲ命スル一ノ行政處分ニシテ告知ニ依リテ納税義務ハ其ノ告知ノ明示セル範圍内ニ於テ强制スルヲ得ルニ至ルモノナルコトハ何人モ疑ヲ容レサル所ナリ

更ニ所得税、營業税等ニ付テ謂フモ亦然リ所得ノ決定若ハ課税標準ノ算定ハ單ニ事實ノ決定ヲ爲ス行政處分タルニ過キスシテ義務ノ履行ヲ命スル行政處分タルニアラサルヲ以テ未タ現實ニ納付ノ義務ヲ生スルモノニアラス固ヨリ其ノ決定以前ニ於テモ法定ノ條件ヲ具備スル者ハ皆納税ノ義務ヲ有シ且ツ其ノ義務ノ範圍モ實質的ニハ自ラ定マルモノトス例ヘハ所得税法施行地ニ住所ヲ有シ俸給豫算年額千圓ノ所得アルヘキ者ハ納税義務アルコト並ニ其ノ納金額及納期日ハ法律上既ニ定マレル所ナリ又營業税法ニ定ムル營業ヲ爲ス者例之一定ノ店舗其他ノ營業場ヲ設ケ物品販賣ヲ業トシ一ケ年ノ賣上金額二千圓以上ニ達スル者ハ同法第十二條ニ依リ既ニ納金額モ一定セルカ如シ之ヲ要スルニ所得ノ決定又ハ課税標準ノ算定（相續税法ニ於ケル課税價額ノ決定モ同一ナリ）ハ納税者ノ申告ノ果シテ事實ニ適合スルヤ否ヤヲ判定シテ之ニ依リテ以テ課税權ノ實行ヲ確實ナラシメント欲スルノ旨趣ニ出テタルモノナリ而シテ其ノ之ヲ通知スルハ豫メ納税義務額ノ範圍ヲ知ラシメ且ツ之ニ對シテ不服異議アル者ヲシテ再ヒ審査請求ヲ爲サシメ卽チ其ノ當否ヲ覆審スルノ道ヲ與ヘントスルカ爲ナリ

以上説明ノ如クナルヲ以テ決定通知アルモ未タ現實ニ租税ヲ納付スヘキ義務ノ發生シタルモノナリト謂フヲ得ス一歩ヲ進メテ國税徴收法ノ規定ニ從ヒ納税告知書ヲ發スルニ及ンテ茲ニ始メテ現實的納税義務ヲ生スルモノト謂フヘシ余輩ハ本條ノ「納ムヘキ年度」ヲ此ノ如ク解スルヲ以テ最モ理論ニ適スルモノタルヲ信スト雖モ實際上ヨリ之ヲ觀察スルトキハ若シ租税ノ賦課ヲ怠リタル場合ニ於テハ幾十年ヲ經過スルモ納税義務ノ消滅スル期ナク時效制度ヲ設ケタル立法ノ趣旨ハ遂ニ徹底スルヲ得サルナリ是ニ於テカ一部ノ論者ハ納税義務履行期日ハ法律ヲ以テ之ヲ定ムルカ故其ノ期限ニ到ラサレハ納付ノ義務ナキハ勿論實際租税ヲ徴收スルニハ課税標準額決定ノ通知納税告知等形式上ノ條件ヲ履踐セサルヘカラサルハ論ヲ俟タスト雖納税ノ義務及其ノ範圍ハ法律上既ニ定マレルモノナルヲ以テ課税ノ實體既

ニ備ハリ法定納期ノ到來スルトキハ本條ニ所謂政府ニ納付スヘキ金額ニシテ其ノ納ムヘキ年度」ニ該當スルモノト謂ハサルヘカラス故ニ例之大正四年度分ノ所得稅ハ大正十年四月ニ至ルトキハ時效完成シ政府ハ之ヲ徵收スルニ由ナキナリト謂ハリ大藏省ニ於テハ本問題ニ關シテハ本法施行當時ヨリ事實發生ノ時ノ屬スル年度ヲ以テ其ノ納ムヘキ年度ナリト解釋シ來レリ即チ相續稅ニ付ヲ之ヲ例セハ大正四年度ニ於テ相續稅ヲ課スヘキ相續開始ノ事實アリタルトキハ其開始日ノ屬スル年度ヲ以テ納ムヘキ年度ナリトスルカ如シ今參考ノ爲ニ大藏省ニ於ケル二三往復文書ノ適例ヲ左ニ示スヘシ

一、既往ニ溯リ賦課又ハ免除處分ニ依リ追徵又ハ還付スヘキモノノ時效起算方ハ其ノ處分ヲ爲シタル年度即チ追徵ニ付テハ之カ納入ヲ告知シ又還付ニ付テハ之カ拂戾ヲ請求シ得ヘキ年度經過後滿五ケ年ヲ以テ完成スルモノトスト解釋スルヲ至當ト認メラレ候得共其地價ノ誤謬訂正等ニ依ルモノニアリテハ甚シキハ十數年ニ溯リテ追徵又ハ還付ヲ爲サヽルヲ得サル場合往々有之少カラサル手數ヲ要シ時效ヲ設ケラレタル趣旨ニ悖ル樣存セラレ候ニ付會計法ノ仕拂フヘキ年度又ハ納ムヘキ年度トハ事實納入ヲ要シ又ハ過誤納トナリタル年度ヲ意味スルモノト解シ其年度ノ翌年度ヨリ起算ノ中斷ナク滿年經過シタルモノハ時效完成シタルモノトシテ取扱可然哉(四十二年八月二十三日仙臺稅務監督局照會)

回答(四十二年九月七日主稅局回答)

會計法ノ時效起算方ハ原因タル事實ノ發生シタルトキノ屬スル年度ノ翌年度ヨリ起算スヘキ義ニ有之候

二、賦課スヘキ法人ノ所得稅又ハ相續稅ノ調查決定ヲ爲サス課稅洩ト爲リタルモノニ對スル會計法第十九條ノ時效ノ計算方ハ賦課洩發見ノ場合卽チ課稅標準ノ決定通知ヲ爲シタル日ノ屬スル翌年度ヨリ之ヲ計算シ可然哉又ハ第一種所得稅ニ付テハ事業年度ノ最終日相續稅ニ付テハ相續開始ノ日ノ屬スル翌年度ヨリ之ヲ計算スヘキヤ(明治四十四年十二月六日廣島稅務監督局照會)

回答(明治四十五年十一月八日主稅局回答)

後段御見込ノ通ニテ可然

三、既往ニ溯リ賦課又ハ免除處分ニ依リ追徵又ハ還付スヘキモノノ時效起算方ノ件ニ關シ明治四十二年八月二十三日當局照會ニ對シ同年九月七日ヲ以テ追徵又ハ還付ヲ要スル事實ノ發生シタル年度ノ翌年度ヨリ起算スヘキ義ナル旨御回答ノ次第モ有之候處所謂税法第四十一條ニ依ル更訂處分ノ結果還付ヲ要スヘキモノノ如キハ所得金額ノ査覈更訂通知ヲ爲シタル時ヲ以テ還付ヲ要スル事實カ發生シタルモノト解スルヲ至當ト存候ヘ共云々（明治四十四年十二月十九日仙臺税務監督局照會）

同答（明治四十五年一月十八日主税局回答）

更訂スヘキ事實ノ發生シタル年度ノ翌年度ヨリ起算スヘキモノト存候

其ノ解釋上ニ關スル是非ノ批判ハ固ヨリ讀者諸君ノ自由ニ任スルノ外ナシト雖此ノ解釋亦一理ナキニアラス只夫レ此ノ如ク事實ノ發生ヲ以テ權利義務ノ依テ生スル原因タル事實其モノヲ指ストキハ例之今茲ニ數年前ヨリ恩給ヲ受クル者恩給ヲ受クルノ資格ナシトシ恩給證書ヲ取消サレタル場合ノ如キ其ノ既ニ受ケタル部分ノ恩給金返還ノ義務ハ其ノ取消處分ノアリタル日ノ屬スル年度經過後ノ年度ヨリ時効進行セスシテ取消處分ノ存セサル以前卽チ恩給ヲ受ケタル當初ヨリ既ニ恩給ヲ受クルノ資格ナキニ拘ラス之ヲ受領シタルニ依リ其不法ニ恩給ヲ受ケタル事實ノ發生シタル日ノ屬スル年度ヲ以テ所謂「納ムヘキ年度」ト解セサルヘカラサルニ至リ行政官廳ノ有効ナル處分ノ存在スルニ拘ラス之ヲ取消ササル以前既ニ返還スヘキ義務アリトシ恩給金受領當時ノ年度經過後ヨリ時効ノ進行ヲ開始スヘシト云フ

ハ頗ル論理ニ背反スルノ嫌アルヲ以テ大藏省ニ於テモ近時ニ至リ恩給證書取消ノ場合ニ於ケル恩給金返還ノ義務ハ其ノ取消處分ノ日ノ屬スル年度ヲ以テ所謂「納ムヘキ年度」ナリト解釋スルニ至レリ

余輩惟フニ形式上缺クル所ナキ行政處分ハ其ノ之ヲ取消ササル以上ハ縱令實質上違法ナルモ依然有効ノ處分タルヲ失ハサルヲ以テ之ニ基キ仕拂ヲ受ケタル恩給金額ハ其當時ニ於テハ固ヨリ正當ノ取得ナリト謂ハサルヘカラス從テ當時未タ返還ノ義務ナキハ明ナリ其ノ取消アリタル場合ニハ此ノ時ヨリ初メテ不當取得ノ返還ノ義務發生シタルモノト謂フヲ以テ法理上正當ノ見解ト爲ササルヘカラス故ニ余ハ恩給金返還義務ノ時効ハ恩給取消ノ日ノ屬スル年度經過後ノ翌年度ヨリ進行ヲ始ムルモノナリト斷セント欲ス是余カ前ニ租稅過誤納ノ場合ニ於ケル拂戾請求權ノ發生ハ事實過誤納アリタル時ニアラスシテ行政處分判決等ニ依リ過誤納ト決定シタル時ヨリ生スルモノナリト詳述シタルト同一ノ理由ニ依ルモノニシテ理論上間然スル所ナキヲ信ス若シ夫レ事實發生說ハ政府ニ納ムヘキ義務アル場合ニハ義務者ニ利益ナリト雖政府ヨリ仕拂ヲ受クル場合ニハ權利者ノ不利ニ歸スルノ結果ヲ生シ得失相半スルヲ以テ實際論トシテ之ヲ考フルモ必スシモ當ヲ得タルモノト

謂フヲ得サルヘシ然レトモ若シ理論的解釋ヲ貫カンカ納稅義務ノ如キ（地租ニ付テハ特別ノ規定アリ）幾十年ノ後ニ至ルモ消滅スルノ期ナク時効制度ヲ設ケタル旨趣ヲ沒却スルニ至ランコト既ニ一言セシ所ノ如シ是レ其ノ實例モ亦便宜ニ從ヒ或ハ事實發生說ヲ採リ或ハ反對ノ解釋ヲ採ル所以ナラン乎

以上ハ公法上政府ニ納ムヘキ金額ノ時効ニ關ス此ノ他私法上政府ニ納ムヘキ金額ハ官有物拂下代及其ノ貸下料等其ノ重ナルモノナリト雖是等ハ賣買賃貸借ノ法理ヲ適用スヘキモノナレハ前條ニ於テ說明シタル所ヲ反對ニ想像スルトキハ義理自ラ釋然タルモノアラント思推スルヲ以テ敢テ贅セサルナリ

之ヲ要スルニ國家ニ對スル金錢上ノ債務ハ其ノ納ムヘキ年度經過後ノ年度初ヨリ滿五ケ年內ニ上納ノ告知ヲ受ケサルトキハ全ク其ノ義務ヲ免ルルニ至ルモノトス茲ニ上納ノ告知トハ總テ納付スヘキ請求ヲ謂フニ外ナラス租稅ニ付テ之ヲ例セハ納稅告知書ヲ發スルハ卽チ此ニ所謂上納ノ告知ナリ蓋シ納稅告知ハ法定期間內ニ一定ノ金額ヲ納付スヘク催告ヲ爲スモノナリ尙嚴正ニ之ヲ法律的ニ說明スレハ法律上定リタル納稅義務ノ履行ヲ命スル一種ノ行政處分ナリトス反之國家カ私法上ノ債務ノ履行ヲ命スルニハ所謂納入告知ノ形式ニ依ル納入告知ハ私法上ノ請求タ

ルニ非ナラスシテ納税告知トハ法律上ノ性質ヲ異ニスルハ勿論ナリト雖此ニ所謂上納ノ告知トハ是等ノ請求ヲモ包含スルモノナルコト辯ヲ俟タサルナリ

本條但書ノ所謂「特別法律ヲ以テ期滿免除ノ規定セルモノ」ニ該當スルモノハ現行ニ於テハ關税法第七條第八條地租條例第二十五條第二十六條第二十七條等是ナリ

公法上政府ニ納ムヘキ金額中罰金及科料ニ付テハ總テ刑法第三十一條ニ依リ確定判決後三年若ハ一年ノ期間ニ依リ時効完成ス又其ノ中斷ニ關シテハ特ニ同法第三十四條ノ規定アリ參看セラレンコトヲ請フ

上來述ヘタル如ク期滿免除ハ請求シ得ヘキニ拘ラス一定ノ期間何等ノ請求ヲ爲スコトナキヨリ生スル法律上ノ効果ナルヲ以テ此ノ効果ノ發生ヲ妨ケントセハ須ラク其ノ期間内ニ權利ノ行使ヲ爲スコトヲ要ス本條及前條ニ於テモ「請求ヲ爲ササルモノ」又ハ「上納ノ告知ヲ受ケサルモノ」云々ト規定セルヲ以テ請求若ハ上納ノ告知アリタルトキハ期滿免除ノ効力ヲ生セサルコト反對推理當然ノ論結ナリト謂フヘシ

此ノ如ク時効完成以前ニ於ケル請求ハ即チ所謂時効ノ中斷ニシテ本章ニハ特ニ時効中斷ニ關スル何等ノ規定ナシト雖中斷セラレタル時効ハ更ニ其ノ中斷アリタル

日ノ屬スル年度經過後ノ年度始ヨリ新ニ其ノ期間ノ進行ヲ開始スヘキハ理論上當然ナリト謂ハサルヘカラス而シテ此ニ所謂納入ノ告知ハ卽チ請求ノ方法ニ外ナラスシテ前條ニ所謂「請求」ト實質ニ於テ異ナル所ナキハ前述セル所ナル故ニ請求又ハ納入告知ノ語ハ最モ廣義ニ解スヘク彼ノ民法ニ於テ時效中斷ノ原因トシテ列記セル差押、假差押若ハ假處分等ノ如キモ相手方ニ對シ權利實行ノ意思ヲ表示スル最モ顯著ナル行爲ナルヲ以テ一ノ請求方法ナリト謂フヲ得ヘキナリ況ンヤ又前條及本條ノ規定ハ是偏ニ時效期間及其ノ起算點ニ關スルニ止マリ其ノ他ハ一般法ノ定ムル時效ノ規定ヲ適用スルヲ妨ケスト（明治二十八年四月大藏省決議）ノ解釋ハ必スシモ失當ノ見解ニアラサルニ於テヲヤ（余ハ公法上ノ債權債務ニ付テハ此ノ說ニ反對スルモノナリ）今試ニ右大藏省決議ノ理由ヲ示サンニ曰ク「兩條ハ請求又ハ納入告知ノ時效中斷ノ原因タルコトヲ示スニ過キスシテ其ノ此ニ限ルコトヲ定メス故ニ一般法ニ定ムル中斷ノ原因ハ政府ノ債權債務ノ時效ヲモ中斷スヘシ會計法ニ於ケル特別規則ハ偏ニ時效期間及其ノ起算點ニ止マル」ト然レトモ此ノ說ハ私法上ノ債權債務ニ關シテハ中レリト雖モ公法上ノ債權債務ニ關シテハ明ニ民法ノ規定ヲ適用スルノ意思ヲ示ササレハ直ニ之レヲ適用スルヲ得サルハ余輩カ前ニ屢々述ヘタル所ノ如シ故ニ何レヨリ之ヲ論スルモ是等强制執行若ハ強制執行ノ準備行爲ハ其ノ權利ノ請求ヲ認ムルニ足ルコト充分ナルヲ以テ會計法上時効中斷ノ原因トナルコト理論上疑ヲ容レサルナリ何トナレハ本法ハ請求ノ方法ニ關シテ何等ノ規定スル所ナケレハナリ唯後ノ解釋ニ從ヘハ承認ノ如キモ當然民法規定ノ適用上本法ノ時効中斷ノ原因タルニ反シ「請求」又ハ「上納告知」ノ語ノ意義當然ノ解釋トシテハ聊カ疑問ノ餘地ナキニアラス蓋シ承認ハ相手方ノ權利ヲ認ムル行爲ナルヲ以テ其ノ權利ノ存在スルノ明確ナリト雖元來時効制度ヲ設ケタル所以ハ單ニ其ノ權利ノ存否不確實ナルヲ唯一ノ理由トスルモノニアラスシテ永ク權利ヲ行使セサル怠慢者ハ之ヲ保護スルニ及ハストノ理由亦其ノ一因タルカ故ニ相手方ノ承認アルモ一定ノ期間其ノ請求即チ權利ノ實行ヲ爲ササルトキハ時効完成スヘシト謂フ反對論ヲ想像シ得ルノミナラス請求トハ權利者ヨリ債務者ニ對シ其ノ權利ヲ主張スルノ行ヒニシテ承認トハ相手方ノ權利ヲ認ムルモノニシテ二者其ノ法律行爲ノ性質ヲ異ニスルヤ辯ヲ待タス從テ請求ト承認トヲ同一ニ論スルヲ得サルハ勿論ナリト行フヘシ唯一面ヨリ之ヲ觀レハ既ニ相手方ニ於テ其ノ權利ヲ承認セシ以上時効ニ罹ラシムルノ要ナシトスルハ當然ノ事理ナルカ如シト雖此ノ如キハ立法論ニ屬シ解釋論トシテハ固ヨリ其ノ當ヲ得タルモノニアラサル

ナリ然レトモ余輩ハ本法ノ時効ニ關スル規定ハ單ニ期間及其ノ起算點ニ關スルモノナリトノ解釋ヲ姑ラク是認セント欲スルカ故ニ承認ニ關シテハ民法ノ時効ニ關スル規定ヲ適用シテ會計法上時効中斷ノ原因トナルモノナリト謂ハントス唯此ニ注意ヲ乞ハント欲スルハ本法ノ時効ノ規定ハ民法ノ時効ニ對シテハ特別ノ規定ナリト謂フハ時効期間及其ノ起算點ニ在ルノミナラス民法ノ規定ニ對シテ特例タルハ私法上ノ權利義務ニ關スルモノノミニ限リ公法上ノ權利義務ニ關シテハ民法ノ時効ニ關スル規定ヲ適用スルヲ得サルコト是ナリ從テ公法上ノ權利義務ニ付テハ他ニ特別ノ規定ナキ限リ承認アルモ時效中斷ノ効力ヲ生セサルナリ

時効ノ停止ニ關シテモ亦同一ニ論スルコトヲ得ヘシ卽チ單ニ本條及前條ノ規定當然ノ解釋トシテハ固ヨリ時効ノ停止ナルモノヲ認ムルニ由ナシ唯私法上ノ權利義務ニ付テハ時効期間及其起算點ヲ外ニシ其ノ他民法ノ規定ヲ適用シ得ヘキ（國家ノ性質上適用シ能ハサルモノアルハ勿論ナリト雖）カ故ニ民法第百五十八條第百六十條第百六十一條ニ依リ時効ノ停止セラルル場合アルヲ否定スヘカラサルノミ彼ノ明治二十八年四月大藏省決議ニ於テモ亦「會計法ハ時効停止ノ原因ヲ示サスト雖又停止ヲ認メサルコトヲ示サス故ニ一般法ニ於ケル時効停止ノ原因ハ會計法ノ時効ニモ適用ス」ト謂ヒ此ノ旨趣

ヲ明ニセラレタリ

以上說明ノ如ク時效ノ中斷及停止ニ關シテハ公法上ノ權利義務ト私法上ノ權利義務トノ間ニ自ラ差別ヲ生スト雖是果シテ立法ノ本意ナリヤ否ヤ思フニ本法制定ノ當時ニ於テハ今日ノ民法ハ固ヨリ存在セス從テ現行民法ノ規定スル時效ノ中斷、停止（余カ前ニ論述セシ解釋上當然生スル中斷原因ヲ除キ）原因ノ如キ立法ノ豫想スル所ニアラサリシハ明ナリ當時ニ於テハ亦一般法トシテ出訴期限法ナルモノアリト雖而カモ現行民法ノ如ク中斷及停止原因ニ付規定ノ存スルモノナキカ故ニ實際上公法上ノ權利義務ト私法上ノ權利義務トノ間ニ時效ノ完成ニ關シ何等ノ區別ヲ生セサリシカ現行民法ノ施行セラルルニ及ンテハ公法上ノ權利義務ニ關シテハ時效ニ關スル民法ノ規定ヲ適用スルノ意ヲ明ニセサレハ直ニ民法ノ規定ヲ適用スルヲ得サルハ勿論ナルニ依リ前述ノ如ク不統一ノ結果ヲ生スルニ至ルモ實ニ止ムヲ得サルナリ

第七章　歲計剩餘定額繰越豫算外收入及定額戾入

豫算ハ一會計年度ニ於ケル歲入歲出ノ見積計算ニシテ政府ノ會計ハ必ス之ニ準據

シテ行ハサルヘカラス而シテ豫算實行ノ結果ハ或ル費目ニ不足ヲ生シ或ル費目ニ剩餘ヲ生スルコトアルヘキハ豫算ノ性質上當然免ルヘカラサル理數ナリトス其ノ不足ニシテ必要避クヘカラサルモノナルトキハ豫備金ヲ以テ之ヲ補充シ其ノ他今此ニ述ヘントスル歳計剩餘金ヲ以テ之カ支出ニ充ツルコトヲ得ヘキハ前ニ憲法第六十七條ノ解釋ヲ試ムルニ當リテ既ニ詳論セシ所ノ如シ然ラハ今若シ豫算ニ定ムル支出ヲ爲スニ及ハスシテ剩餘ヲ生シタルトキハ如何ニ之ヲ處理セシムヘキヤ又或ハ眞ノ剩餘ト稱スヘキニアラサルモ其ノ年度ニ於テ支出ヲ終ラスシテ爲ニ殘餘ヲ生シタルトキハ如何或ハ一旦支出ヲ爲シタルモノニシテ更ニ返納ヲ命スル場合ニハ其ノ金額ハ如何ニ整理ヲ要スルヤ其ノ他豫算ニ定ムルモノノ外ニ臨時ノ收入アリタル場合ニ其ノ收入ハ如何ニスヘキカ本章ハ是等ニ關シテ適當ナル處理方法ヲ採ラシメンカ爲ニ設ケタルモノニシテ本法中亦重要ノ規定ナリト謂フヘシ詳細ハ各條ニ於テ説明セントス

第二十條　各年度ニ於テ歳計ニ剩餘アルトキハ其ノ翌年度ノ歳入ニ組入ルヘシ

歳計ノ剩餘トハ其ノ年度ニ於ケル支出額ノ收入額ヨリ寡キカ爲其ノ收入ニ剩餘ヲ

生シタル場合ヲ云フモノナルヲ以テ各年度ニ於ケル歳計ノ剩餘ハ其ノ年度ノ收入支出ノ計算修了後ニアラサレハ之ヲ知ルヲ得サルナリ而シテ會計年度ハ四月ニ始マリ翌年三月三十一日ニ終ルモノナリト雖其ノ年度ニ屬スル歳入歳出ハ必ス事實上其年度內ニ於テ悉皆收入シ若ハ支出シ得ヘキニアラサルヲ以テ會計規則第四十四條ハ各年度ニ屬スル經費ヲ精算シテ仕拂命令ヲ發スルハ翌年度五月三十日限トシ又同規則第三條ハ金庫ニ於テハ毎年度所屬ノ歳入歳出金ハ六月三十日マテ出納スルヲ得ルコトヲ規定セルコト前述セシ所ノ如シ故ニ六月三十日以後ニアラサレハ收入支出ハ未タ判明セサルナリ而カモ會計規則第百十九條ニ依レハ歳入歳出ノ現計ヲ示ス大藏省主計簿締切ハ各年度經過後七ヶ月ノ末日卽チ翌年十月三十一日ナルヲ以テ實際ニ於テモ總テノ誤謬訂正等ハ其間ニ行ハルヘク主計簿締切以後ニ於テハ最早ヤ訂正ノ途杜絶シ全ク其ノ年度ノ歳入歳出ハ此ニ確定セラルルニ至ルモノトス此ノ歳入歳出現計簿ニ表示セラルル歳入殘餘額ハ純然タル剩餘ニシテ本條ニ所謂歳計ノ剩餘ト爲ルモノナリ故ニ縱令年度經過後所謂整理期間內卽チ主計簿締切以前ニ於テ剩餘金ヲ生スヘキ見込確立スルモ未タ以テ此ニ所謂歳計ノ剩餘アリト稱スルヲ得スシテ單ニ豫算定額ノ殘餘アリト謂フニ過キサルナリ從テ之ヲ

其ノ年度ノ支出ニ供スルトキハ前年度豫算ヲ本年度ニ使用スルノ結果ト爲リ本法第三條ニ違反シ若シ同年度ノ他ノ費目ニ流用スルトキハ豫算目的外ノ使用ト爲リ本法第十二條ニ抵觸スルニ至ルヲ以テ整理期間ヲ經過シ眞ノ歲計剩餘トナルモノニアラサレハ亦如何トモスヘカラサルナリ

本條ハ若シ歲計ニ剩餘ヲ生シタルトキハ之ヲ翌年度ノ歲入ニ組入ルヘキモノトセリ故ニ歲計剩餘金ハ必ス之ヲ翌年度ノ歲入ニ編入セサルヘカラス而シテ一タヒ之ヲ翌年度ノ歲入ニ繰入ルルトキハ之ヲ如何ナル費途ニ供スルモ全ク政府ノ自由ナリト謂ハサルヘカラス是本條其ノ他ニモ剩餘金ノ支出ニ關スル何等制限ノ規定ナキヨリ當然推論スヘキ解釋ナリトス

由來國庫剩餘金ノ處分ニ關シテハ學者政治家ノ常ニ論爭スル所ニシテ帝國議會開設以來殆ト連年問題ト爲リ政府ト議會トハ常ニ見解ヲ異ニセルハ前述セシ所ノ如シ而シテ余輩ハ前ニ憲法第六十四條ノ解釋ニ關聯シテ歲計剩餘金ノ豫算外若ハ不可避豫算ノ不足ヲ補フ爲ニ之ヲ使用スルヲ得ヘキコトヲ論斷セリ此ノ如ク國庫剩餘金ヲ豫算外若ハ豫算不足ノ場合（豫備費ノ既ニ消盡シタルトキ）ニ之ヲ使用スルハ憲法其他ノ法令ニ牴觸スルモノニアラスト雖モ豫算超過又ハ豫算外ノ支出ハ後日帝國議會ノ承

諸ヲ求メサルヘカラサルヲ以テ政策問題トシテハ若シ其ノ支出ノ巨大ニシテ且ツ臨時議會ヲ召集スルノ遑アル場合ニハ豫メ先ツ帝國議會ヲ召集シテ其ノ協贊ヲ求ムルノ安全ナルニ如カス且ツ豫算ニ依リテ支出スルハ立憲國ニ於ケル會計ノ常道ナルヲ以テ此ノ如ク追加豫算ヲ求ムルハ洵ニ機宜ニ適シタルモノナリト謂フヘシ昨年六月政府ノ臨時議會ヲ召集シテ海軍費六百萬圓支出ノ協贊ヲ經タル亦此ノ趣旨ニ出テタルモノナラン

第二十一條　豫算ニ於テ特ニ明許シタルモノ及一年度内ニ終ルヘキ工事又ハ製造ニシテ避クヘカラサル事故ノ爲ニ事業ヲ遲延シ年度内ニ其ノ經費ノ支出ヲ終ラサリシモノハ之ヲ翌年度ニ繰越シ使用スルコトヲ得

本條ハ豫算定額ノ繰越ニ關スル規定ニシテ各年度ノ經費ヲ以テ他ノ年度ノ經費ニ充當スヘカラストノ原則（本法第三條）ニ對スル例外ヲ規定シタルモノナリ即チ豫算ヲ繰越使用スルニハ（一）豫算ニ於テ特ニ明ニ之ヲ許容シタル場合（二）一年度内ニ終ルヘキ工事又ハ製造ニシテ避クヘカラサル事故ノ爲ニ事業ヲ遲延シ年度内ニ其ノ經費ノ

支出ヲ終ハラサリシ場合ニ限ルモノトス

凡ソ或ル事業ニ對スル經費ヲ豫算スルニ當リテヤ初ヨリ其ノ年度內ニ完結スヘキ疑念ナキ能ハサル場合アリ而カモ繼續費トシテ數年ニ分割スヘキ程ニモアラサルトキハ豫メ其ノ殘餘部分ヲ翌年度ニ繰越使用ノ承認ヲ受クルハ極テ便利ナリト謂フヘシ是本條前段ノ規定出テタル所以ナリ又豫算編成當時ニ於テ其ノ年度內ニ普通完成スルヲ得ヘシト豫想セラルルトキハ豫算ニ繰越使用ヲ明言スルノ要ナク況ンヤ繼續費ト爲スノ必要ヲヤ然ルニ豫算ノ施行ニ當リテハ本來其ノ年度ニ終了スヘキ工事又ハ製造モ避クヘカラサル故障ノ爲事業ノ進行ヲ爲ス能ハス遂ニ年度內ニ完成ノ見込ナキニ至リ從テ其ノ全部ニ對スル代金ノ仕拂ヲ爲ス能ハス其ノ經費ノ剩餘ヲ生スルコトアリ此ノ場合ニ其ノ工事又ハ製造ヲ翌年度ニ繼續セシメ之カ完了ヲ俟テ其ノ支出ニ供セシムルハ唯ニ國家經濟上利益アルノミナラス再ヒ豫算ヲ編成シテ議會ノ協贊ヲ求ムルノ煩ヲ避クルヲ得ヘキナリ本條後段ノ規定アル所以此ニ存スルモノナリ次ニ豫算ニ於テ特ニ明許シタルモノトハ讀ンテ字ノ如ク理義明白別ニ說明ヲ要セサルヘシ而シテ一年度內ニ終ルヘキ工事トハ次條ノ繼續費ニ相對スルモノニシテ卽チ數年ヲ期シテ竣工スヘキ工事製造其他ノ事業ニ對當セ

シムル語ニシテ約言セハ當初ノ豫算ニ於テハ其ノ年度内ニ終ルヘク豫想セル工事製造ノ類ヲ謂フ次ニ避クヘカラサル事故ノ爲ニ事業ヲ遲延ストハ例之某廳舍ヲ建築セントシ工事進行中偶々暴風雨ノ爲建物倒壞再ヒ建立セサルヘカラサルカ如キ場合若ハ工事製造場ノ附近ニ惡疫流行シ交通遮斷セラレ其ノ業務ニ從事スル能ハサルカ如キ或ハ又時偶々酷寒ニ際シ或作業ニ不便ヲ來タシ到底豫定ノ如ク進捗スルヲ得サルカ如キ是亦避クヘカラサル事故ノ一例トシテ數フルヲ得ヘキナリ其ノ他種々ナル原因ヲ想像スルコトヲ得ヘシト雖要スルニ避クヘカラサルヤ否ヤハ事實上ノ問題ナルヲ以テ各場合ニ於テ之ヲ判定スルノ外ナキナリ

本條ノ適用ニ關シテハ實際上議論ノ存スルモノ寡カラス左ニ逐一詳論セントス

第一、避クヘカラサル事故ノ爲其ノ年度内ニ全ク工事製造ニ著手セサル場合ニ尙翌年度ニ繰越使用ヲ爲シ得ルヤ否ヤ

議者曰ク「事業ヲ遲延シ」又ハ「其ノ經費ノ支出ヲ終ラサルモノ」ト云フハ是事業ノ中途ニアルモノナルヲ知ルヘシ故ニ全ク事業ニ著手セサル間ハ繰越ヲ爲スヲ得サルナリト更ニ又曰ク「終ルヘキ工事」云々トアルヲ以テ其ノ初ナカルヘカラス郎チ工事ノ著手アルヲ要ス著手ナクンハ事業ナシ唯目的アルニ過キス豫算ハ繼續費ヲ除ク外

一年度限ノモノナリ年度內工事ヲ爲サヽルニ其ノ經費ヲ繰越使用スルハ豫算ノ原則ニ反スト然レトモ事業ノ遲延ニハ事業ニ著手後竣工遲延スルコトアリ或ハ事業ノ著手ヲ遲延シ爲ニ竣工遲延スルコトアリ論者ハ事業ノ中途ヨリ遲延スル場合ノミヲ想像シ事業ニ著手以前ニ障害起リ事業ノ著手ヲ遲延スルノ止ムヘカラサル場合アルヲ忘却セルモノニ非サルカ又更ニ「終ルヘキ工事云々」ノ語ヲ以テ其ノ初ナカルヘカラスト謂フハ根底ニ於テ誤レルモノアリト謂フヘシ何トナレハ此ニ工事ノ終アリト謂フトキハ必ス其初アリシヲ前提トスルモ一年度內ニ終ルヘキ工事アルモ事業ニ著手セサレハ工事ノ終ナシ從テ亦始ナキニアラスヤ論者ハ「終ルヘキ工事」ヲ以テ直ニ著手以上ノ工事ト看做シタルモノニシテ獨斷ノ誹ヲ免レサルヘシ論者ノ「工事ノ著手アルヲ要ス著手ナケレハ事業ナシ唯目的アルニ過キス」ト云フハ是亦事業ノ解釋ヲ誤リタルモノナリ元來事業ナル語ハ工事作業其他技工ヲ要スル事項ヲ總稱スルニ過キスシテ必スシモ現實若ハ著手以上ノ意味ヲ有スルモノニアラス故ニ事業ヲ以テ直ニ著手セラレタル事業ナリト解シ著手ナケレハ事業ナシト斷スルハ誤レルモノト謂ハサルヘカラス要スルニ本條ノ「一年度內ニ終ルヘキ工事」トハ「數年ヲ期シテ竣工スヘキ工事」卽チ次條ノ所謂繼續費ニ相對スルノ語ナルハ前述ノ

如シ故ニ之ヲ一年度内ニ終ルヘク定メラレタル工事又ハ製造ノ意味ニ解スヘク換言セハ「一年ヲ期シテ竣工スヘキ工事」トノ意義ニ異ナラス從テ未タ工事製造ニ著手セサルモ避クヘカラサル事故ノ爲ニ原因スルトキハ繰越使用ヲ爲シ得ルモノト解セサルヘカラス

第二、本條後段ノ事由ニ因リ翌年度ニ繰越シタルモノ再ヒ其ノ事由生シタルトキハ之ヲ翌々年度ニ繰越スコトヲ得ヘキヤ

定額繰越ハ元來一年度内ニ終ルヘキ工事又ハ製造ノ避クヘカラサル事故ノ爲竣工遲延シ其ノ經費ノ支出ヲ終ラサル爲繰越使用ヲ許スニ過キサルヲ以テ更ニ事業遲延ノ事由生スルモ之ヲ其ノ翌年度ニ越繰スヲ得スト主張スル者アリト雖此ノ說ハ深キ理由アルニアラスシテ全ク文字ニ拘泥シタル皮想ノ見タルノミ若シ事實上同一事由ノ再現スルコトアラハ復タ本條後段ニ依リ次年度ニ繰越シ使用スルヲ得ヘキハ論理上疑ナキ所ナリ何トナレハ既ニ一旦繰越シタル以上其年度ヨリ之ヲ見レハ亦是一年度内ニ終ルヘキ工事又ハ製造タルニ外ナラサレハナリ殊ニ本條ノ精神ヨリ之ヲ推考スルモ一タヒ著手シタル事業ヲ中道ニシテ之ヲ廢スルノ國家經濟上ノ不利益タルハ架說ヲ要セス結局更ニ豫算ヲ要求シテ之ヲ繼續セサルヘカラス立

法者豈ニ之ヲ豫想シテ而カモ尚且ツ繰越使用ヲ許サス改メテ豫算ノ要求ヲ爲サシムル如キ煩ヲ强ユルノ愚ヲ爲サンヤ余輩ハ以上ノ理由ニ依リ繰越ノ繰越亦本條當然ノ解釋トシテ爲シ得ヘキヲ確信スルモノナリ

第三、繼續費ニシテ竣工年度ノ最終ニ至リ避クヘカラサル事故ノ爲工ヲ竣ヘス爲ニ支出殘餘ヲ生シタルトキハ尙之ヲ翌年度ニ繰越シ使用スルコトヲ得ルヤ

前論者ノ筆法ヲ以テセハ繼續費ニ關シテハ竣工年度マテ遞次ニ繰越使用スルヲ得トアルノミニシテ其ノ後繰越使用ヲ明言セサルニ依リ之ヲ消極ニ解セサルヘカラサルカ如キモ余輩ハ此ノ場合ニ於テモ最終ノ竣工年度ハ卽チ一年度內ニ終ルヘキ年度ニ該當スルモノトシテ本條後段ヲ適用シテ繰越使用ヲ爲シ得ヘシト解セントス蓋シ繼續費タルカ故ニ本條後段ヲ適用スヘカラストノ理由毫モ見ルヘキモノナキノミナラス竣工年度ノ一年ヲ期スルモノト數年ヲ期スルモノトヲ問ハス時變ノ發生ハ得テ期スヘキニアラサルヲ以テ其之カ適用ヲ除外スヘキ立法ノ意志明ナラサル場合ニハ寧ロ廣ク其ノ適用ヲ爲スハ當然ナレハナリ

第四、繼續費ヲ以テ支辨スル事業ノ繼續年中ニ避クヘカラサル事故生シタルトキハ本條後段ニ依リ繰越スヘキヤ將タ第二十二條ニ依リ繰越スヘキモノナリヤ

本問ニ對シハ之ヲ區別シテ答ヘサルヘカラス即チ其ノ繼續費ニシテ若シ年割額ヲ定メタルモノナルトキハ本條後段ニ依リ繰越スヲ相當トシ反之若シ總金額及年限ノミヲ定メタルモノナルトキハ第二十二條ニ依リ繰越スヘキモノトスルヲ正當ノ見解トスヘシ何トナレハ繼續費ノ年割額ヲ定メタルトキハ各年度ニ於ケル割當額ハ實ニ其年度ニ於ケル特種ノ豫算ヲ構成スルモノニシテ之ヲ變更セサル限リ不動ノ性質ヲ有シ一般豫算不成立ノ場合ト雖何等ノ影響ヲ被ルコトナク其ノ年割額ヲ支出シ得ヘキモノナルヲ以テ恰モ一年度限ノ豫算ト異ナル所ナキニ依リ本條後段ヲ適用スヘキハ當然ナリト謂フヘク只タ夫レ年割額ヲ定メス總額及年限ノミヲ定メタル場合ニ於テハ毎年度ノ仕拂殘額ヲ竣工年度マテ遞次繰越使用スルヲ得ルハ本法第二十二條ノ明言スル所ニシテ而カモ其ノ殘額ヲ生スルニ至リシ事由ハ如何ナル原因ニ基クモノナルヤ其ノ問フ所ニアラサルヲ以テ第二十二條ニ依リ繰越ヲ爲スヲ正當トスヘケレハナリ世ノ論者繼續費タルノ故ヲ以テ直ニ總テノ場合ニ本法第二十二條ヲ適用スヘキモノナリト謂フハ年度割繼續費ノ性質ヲ悟了セサルノ致ス所ナランヤ

第五、本條前段ニ依リ繰越シタル金額ニシテ避クヘカラサル事故ノ爲其ノ支出ヲ終ラサルトキハ更ニ本條後段ニ依リ再ヒ他ノ年度ニ繰越シ使用スルヲ得ルヤ否ヤ消極論者ハ曰ク豫算明許ノ場合ハ避クヘカラサル事故ハ勿論其ノ他總テノ事由ヲ想像シテ繰越ノ明許ヲ與ヘタルモノナレハ一タヒ翌年度ニ繰越使用ヲ爲シタル以上ハ如何ナル理由アルモ更ニ翌々年度ニ繰越使用スルヲ得スト然レトモ此ノ説ハ本條前段ト後段トノ立法上ノ趣旨ヲ混同スルモノニシテ余輩ノ首肯シ能ハサル所ナリ蓋シ豫算ニ繰越ノ明許ヲ與フル場合ハ事業ノ性質上其ノ年度内ニ果シテ終了スヘキヤ否ヤヲ豫知スルコト困難ナルカ故特ニ初ヨリ豫算ニ明ニ繰越使用ヲ認容スルモノナルニ反シ本條後段ノ場合ハ元來一年度内ニ完成スヘキ工事又ハ製造ニ關スル事業ナルモ偶々事變ノ發生ニ因リ事業遲延ノ止ムヘカラサルニ至リ遂ニ其ノ經費ノ支出ヲ終ハル能ハサルニ因リ繰越使用ヲ許容スルニ過キサルヲ以テ二者立法上ノ理由ヲ異ニスルモノナリ故ニ豫算ノ明許ニ因リ繰越シタル金額ト雖モ再ヒ避クヘカラサル事由ノ爲事業遲延シタル場合ニハ本條後段ヲ適用シテ之ヲ後年度ニ繰越スヲ得ルモノト謂ハサルヘカラス但シ本條後段ニ依リ繰越使用ヲ爲シ得ルハ其事業ノ工事又ハ製造ニ關スルモノタルヲ要スルハ法文嚴トシテ爭フヘカラ、ス論者又曰ハントス本條ハ繼續費ト異ナルヲ以テ甲年度ノ定額ヲ乙年度ニ繰越スヲ得ルモ更ニ之ヲ丙年度ニ繰越使用スルヲ許サス繼續費ハ其繼續年限豫メ一定シ難キニ反シ豫算明許ノ場合ハ一年度內ニ終ルヘキヤ否ヤ疑ハシキヲ以テ之ヲ翌年度ニ繰越使用ヲ許スニ過キサルヲ以テ其ノ年限ニ長短ノ差アルニ過キス又本條後段ノ工事又ハ製造ノ避クヘカラサル事由ニ因ル事業繰越ノ如キ結果ヨリ之ヲ觀レハ亦是繼續費ト毫モ異ナルナキニアラスヤ本條ニ於テハ固ヨリ豫算ニ明許アルモノノ繰越及一年度內ニ終ルヘキ工事製造ノ避クヘカラサル事故ノ爲ニ遲延シタル場合ノ繰越ヲ明言スルノミニシテ本問ノ如ク各年度ニ亘リ各個ノ繰越事由連發シタル場合ヲ直接ニ規定セスト雖モ正當ナル解釋ニ從ヒハ當然本條後段ヲ適用シテ更ニ繰越ヲ爲シ得ルコト疑ヲ容レサルナリ

第二十二條　數年ヲ期シテ竣功スヘキ工事製造及其ノ他ノ事業ニシテ繼續費トシテ總額ヲ定メタルモノハ毎年度ノ仕拂殘額ヲ竣功年度マテ遞次繰越使用スルコトヲ得

國家ノ歲入歲出ハ毎年豫算ヲ以テ帝國議會ノ協贊ヲ經ヘク今年度豫算ヲ以テ明年度ノ支出ニ供スルヲ得サルヲ原則トス卽チ豫算ハ一會計年度ニ於ケル收支ノ見積

ヲ爲スモノニシテ後年度ニ渉ルノ計畫ヲ定ムルモノニアラス然レトモ國家ノ經營スヘキ事業ハ往々ニシテ一年度ニ完結スルヲ得ス彼ノ鐵道ノ敷設港灣ノ修築其ノ他要塞軍港ノ築造軍艦ノ製造等其ノ完成ニ多年ノ日子ヲ要スルヤ言ヲ待タス此ノ如キ場合ニ毎年新ニ豫算ヲ以テ其ノ支出ヲ要求スルハ煩累ナルノミナラス不幸ニシテ議會成立ニ至ラス若ハ議會ニ於テ協賛ヲ與ヘス爲ニ其ノ豫算ノ成立セサルトキハ遂ニ其支出ヲ爲スニ由ナク事業ハ中止セサルヘカラサルニ至ラン固ヨリ議會カ初ニ於テ其ノ事業ノ必要ヲ認メ之ニ對スル費目ノ協賛ヲ與ヘタル以上後日ニ至リ其ノ支出ヲ認メサルカ如キ極メテ稀ナルヘシト雖豫算不成立ノ場合ヲ生スヘキハ決シテ寡カラスト云フヘシ此場合ニ於テ前年度豫算施行ノ便法アリト雖モ前年度豫算額以上ニ支出ヲ爲スヲ得サルヲ以テ到底實際ノ必要ヲ充タス能ハサルノ結果ヲ生スルコトアルハ睹易キノ理ナリ是憲法第六十八條ノ特別ノ須要アル場合ニハ政府ハ豫メ年限ヲ定メ繼續費トシテ帝國議會ノ協賛ヲ求ムルコトヲ得ル旨ヲ規定セル所以ナリ本條ハ全ク此ノ規定ヨリ胚胎スルモノナリ而シテ其ノ根本法タル憲法第六十八條ハ單ニ年限ヲ定メ繼續費トシテ議會ノ協賛ヲ求ムヘキヲ規定スルニ過キサルヲ以テ所謂年度割制トスヘキヤ將タ總額制ト爲スヘキヤハ政府ノ隨意

ナリトス從テ財政上其何レヲ可トスヘキヤノ實際問題ヲ生スルモ現今政府ノ實例ハ總額ト年割額トヲ初年度ニ於テ確定スルノ主義ヲ採レリ總金額制ハ總額ト年限及初年度ニ於ケル金額トヲ定ムルノミニシテ次年度以降ノ分ハ當該年度ニ於テ順次其ノ必要ニ應シテ之ヲ定ムルモノトス其ノ何レカ果シテ實際ニ適切ナルヤハ俄ニ判定シ難シト雖年割額ヲ定ムル主義ニ對スル批難ハ元來繼續費ハ其ノ性質臨時費ニ屬スルヲ以テ多クハ國債募集ノ方法ニ依リテ之ヲ支辨スルヲ例トスルヲ以テ各年度ニ於ケル國債募集額ハ豫メ一般ニ周知セラレ爲ニ實際募集ニ際シ不利不便寡カラサルニ依リ策ノ得タルモノト謂フヘカラス殊ニ其ノ年割額ハ實際ノ必要ニ伴ハサルヲ以テ屢々變更ヲ試ミサルヘカラス爲ニ市場ヲ誘惑スルノ虞アリト云フニ在リ然レトモ之ヲ辯護スル者ハ曰ク國債募集ノ公示ハ一面ニハ產業ノ方針ヲ定メシムルノ利益アルノミナラス若シ全ク年割額ヲ定メスンハ各省大臣ノ無謀ナル支出ヲ促カシ結局工事完成マテニ財源ノ不足ヲ告クルコトナキヲ保スヘカラス且ツ夫レ年割額ヲ廢スルノ結果ハ其ノ繼續費ハ單ニ豫算ノ參考書タルノミ特種ノ豫算トシテ成立セサルカ故ニ本條ニ依リ繰越使用ヲ爲スヲ得ス爲ニ年々議會ノ協贊ヲ求メサルヘカラサルナリト余輩ヲ以テ之ヲ見ルニ二說各理由アリト雖實際ノ便

宜ヨリスレハ總金額ト年限及初年度ノ額ノミヲ揭ケ次年度以後ハ每年適宜ニ之ヲ定ムルノ便ナルニ如カス何トナレハ年割額ヲ定ムルモ工事ノ進程物價及金融ノ變動等ニ依リ容易ニ實行ヲ期スヘカラスシテ事業ノ繰延ト爲リ年々既定年割額ノ變更ヲ爲スハ實例ノ證スル所ナレハ寧ロ年割額ヲ定ムルノ實益ナキナリ現今ノ實例ハ年割額主義ヲ採ルコト前述ノ如シト雖モ是政府ノ欲スル所ニアラス曾テ政府ハ總金額ト年限及初年度額トヲ定メテ協賛ヲ求メタリシニ議會ハ却テ是レ行政府ノ自由裁量ノ範圍ヲ大ナラシムルモノニシテ監督上ノ不便アリトシ遂ニ之ヲ否定シタルヨリ止ムヲ得ス今日ノ主義ヲ持續セルモノノ如シ

之ヲ要スルニ繼續費ハ總金額及年限ヲ定ムルヲ以テ實際ニ適切ナルモノト謂フヘシ彼ノ反對論者ノ年割額ヲ廢スルトキハ單ニ豫算ノ參考書タルノミ特種ノ豫算トシテ成立セサルカ故ニ本條ニ依リ繰越使用ヲ爲スヲ得スト謂フカ如キハ余輩其ノ何ノ意タルカヲ解スルニ苦マスンハアラサルナリ本條ハ炳然トシテ數年ヲ期シ繼續費トシテ總額ヲ定メタルモノハ每年度ノ仕拂殘額ヲ竣工年度マテ遞次繰越使用スルコトヲ得ト規定セルニアラスヤ繼續費ノ年割額ヲ定ムルハ法ノ要求スル所ニアラスシテ豫算編成上ノ便宜問題ニ過キサルナリ

此ノ他繼續費ニ關スル種々ノ問題ハ前既ニ隨時隨所ニ略ホ論究シタルヲ以テ深ク贅言ヲ須ヒサルヘシ唯此ニ本條ノ繰越使用ノ外尙本年度經費ノ殘餘ヲ翌年度ニ使用スルヲ認ムル彼ノ所謂委任經理ニ付キ說明スル所アラントス

明治二十三年法律第二十七號ニ依レハ陸軍軍隊ノ糧食、被服、消耗品、陣營具及馬匹ニ係ル給與ハ定額ヲ各隊ニ交付シ隊長ニ委任スルコトヲ得而シテ其ノ給與ノ殘金、廢物賣却代金及補償金等ハ之ヲ積立金トシテ委任經理ニ依ル費途卽チ前段ノ費途ニ使用スルコトヲ得ルモノニシテ極メテ便利ナリトス又同法ニ依レハ陸軍諸學校生徒ニ屬スル給與其ノ他軍隊ニ準據スヘキ必要アルモノハ勅令ヲ以テ之ヲ定メ經理ヲ委任スルコトヲ得

委任經理ハ此ノ如ク定額交付ト同時ニ確定歲出ト爲リ其ノ殘餘ノ積立ハ豫算ト何等ノ關係ヲ有セサルモノトナルナリ是繼續費ト自ラ異ナル所以ナリ然レトモ其ノ積立金ハ固ヨリ國家ノ財產タルヲ以テ其ノ支出ニ關シテハ亦會計監督ノ實ヲ擧ケサルヘカラス是委任經理ノ會計ニ關シテハ會計檢查院法第十六條ノ規定ヲ適用セシムル所以ナリトス

第二十三條　誤拂過渡トナリタル金額ノ返納出納ノ完結シタ

ル年度ニ屬スル收入及其ノ他一切豫算外ノ收入ハ總テ現年度ノ歳入ニ組入ルヘシ但シ法律勅令ニ依リ前金渡、概算渡、繰替拂ヲ爲シタル場合ニ於ケル返納金ハ各々之ヲ仕拂ヒタル經費ノ定額ニ戻入ルヽコトヲ得ヘシ

本條ハ過誤納金ノ返納其ノ他豫算外ノ收入若ハ出納完結シタル年度ニ屬スル收入ハ之ヲ一般歳入ヘ組入ルヘク唯法令ノ命スル所ニ從ヒ前金渡、概算渡、繰替拂ヲ爲シタル場合ニ於ケル返納金ハ其之ヲ仕拂ヒタル經費ノ定額ニ戻シ入ルヽコトヲ得ヘキヲ規定ス

故ニ前段ノ場合ニ於テハ必ス歳入ヘ組入レサルヘカラサルヲ以テ一旦仕拂ヲ了シタルモノハ縱令錯誤其ノ他如何ナル原因ニ依ルトヲ問ハス總テ原科目ニ戻入ルヲ許サス之ニ反シテ但書ノ場合ニ於テハ一タヒ仕拂濟ニ係ルモノナリト雖其返納金ハ原科目ニ戻入レ更ニ支出ニ供スルヲ得ヘキナリ是蓋シ一旦仕拂命令ヲ發シテ金庫ニ於テモ既ニ拂渡ヲ爲シタル以上ハ帳簿上ノ整理ハ既ニ完了セシモノナレハ支出ハ依然之ヲ支出トシ他方ニ誤拂若ハ過拂ニ因ル返納金ハ之ヲ臨時ノ收入トシテ

一般歳入ヘ編入セシムルハ偏ニ會計事務整理上ノ便宜ニ基クモノト謂フヘク又出納ノ完結シタル年度ニ屬スル收入ハ當該年度ノ出納閉鎖後ニ屬スルヲ以テ其ノ年度ノ歳入ト爲スニ由ナク其ノ他豫算外ニ收入セシモノハ總テ其ノ收入セシ現年度ノ歳入ト爲スノ至當ナルハ辯ヲ待タサル所ナリト雖彼ノ法令ニ依リ前金渡若ハ概算渡ヲ爲シタル場合ハ其ノ性質上精算ノ結果過不足アルヘキハ免ルヘカラサルノ理ニシテ其ノ返納金ヲ總テ一般歳入ニ組入ルヘキモノトセハ其ノ費目ノ豫算金額ハ減少セラルルニ至ルヲ以テ概算渡ヲ爲スニハ常ニ必要以下ノ金額ヲ見積リ拂渡ヲ爲スノ弊ヲ生シ易ク特ニ前金渡、概算渡ヲ認メタル立法ノ旨趣ハ貫徹セラレサルナリ其ノ他繰替拂ノ如キ一時繰替仕拂ヲ爲スモノナレハ後ニ返納アル場合ニ原科目ニ復セシムルハ是亦當然ナリ是本條ノ但書ヲ設ケテ例外ヲ規定セル所以ナリ
此ニ誤拂、過渡トナリタル金額トハ二者共ニ仕拂フヘカラサルモノヲ仕拂ヒタル金額ヲ云フモノナリト雖誤拂ハ全然仕拂ノ義務ナキニ之ヲ仕拂ヒ若ハ甲者ニ仕拂フヘキヲ誤テ乙者ニ仕拂ヒタルカ如キ場合ヲ謂ヒ過渡トハ千圓仕拂ノ義務アル場合ニ過テ千五百圓ヲ仕拂ヒタルトキハ其五百圓ハ全ク過分ノ仕拂タルカ如キヲ謂フ
誤拂、過渡ハ之ヲ返納セシムルコト右ノ如シト雖支出科目ヲ誤リタル場合卽チ甲科

目ヨリ支出スヘキヲ過テ乙科目ヨリ支出シタル場合ノ如キハ其ノ金額ニ過不足アルニアラス又仕拂フヘキ債主ヘ仕拂ヲ爲シタルモノニシテ其ノ仕拂ヲ受ケタル者ハ何等ノ過失ナク又何等ノ不當利得アルニアラス全ク官廳内部ノ手續ヲ誤リタルニ過キサルヲ以テ之ヲ返納セシムルノ要ナク單ニ歳出科目更正ノ手續ヲ爲シ正當科目ヨリ支出シタル如ク整理ヲ了スヘキナリ

誤拂、過渡ヲ爲シタル場合ニ於テ政府ニ於テ私人ニ對シ金錢ノ仕拂ヲ爲スヘキ債務アルトキハ明治三十四年六月勅令第百三十一號ニ依リ債務ノ相殺ヲ爲シ得ヘシ相殺ノ手續ニ關シテハ同年七月大藏省訓令第二十六號ヲ以テ相殺金額取扱順序ナルモノ制定セラレタリ

相殺ニ關スル勅令ノ適用ハ政府ト私人間トノ債務ニ限ルヲ以テ公法上ノ關係ヨリ生スル債權卽チ官吏タル資格ニ於テ政府ニ債權ヲ有スル場合ニ於テハ固ヨリ適用ナキコト知ルヘキナリ故ニ例之官吏ノ俸給六十五圓ヲ支給スヘキ場合ニ過テ七十五圓ヲ拂渡シタル場合ニ於テモ十圓ノ過渡額ハ翌月俸給支給ノ際之ト相殺シテ五十五圓ヲ仕拂フコトヲ得ハ便ハ卽チ便ナリト雖之ヲ爲スヲ得スシテ返納セシムルノ外ナキナリ

俸給ノ返納金ハ之ヲ一般歳入ニ編入スヘキヤ將タ定額ニ戻入スヘキモノナルヤ現行ノ實例ハ既ニ定額ニ戻入ヲ是認スルヲ以テ茲ニ之ヲ論スルノ無用ナルカ如キモ是本條但書ノ解釋ニ關スル問題ニシテ或ハ俸給ハ其ノ性質上前金渡ニアラサルヲ以テ定額ニ戻入スヘキモノニアラストノ反對解釋ヲ試ムルモノアルヲ以テ敢テ左ニ一言ヲ費サント欲ス

論者曰ク俸給ノ月俸以上ノ場合ハ月ヲ以テ單位ト定メ單位ハ日給ヲ受クル者ノ單位即チ一日ト同一ノモノトス然ラハ一日乃至三日又ハ二十一日乃至二十三日ヲ以テ俸給支給日ト爲スモ是唯支給期日ヲ表示スルニ止マリ月ナル單位ヨリ之ヲ見レハ前後ノ名ヲ附スヘキ理由ナシ又月俸以上ノ場合ハ月ノ半ニ就任シタル者ノ外途中退官者ニモ尙全月分ヲ支給スルハ卽チ月ヲ以テ單位トシタル自然ノ結果ナリ其ノ他ニハ更ニ前金渡ト認メ得ヘキ點ナシト然レトモ現行俸給令ニ於テ年俸ハ十二分シテ毎月之ヲ支給スト謂ヘルハ年額ヲ以テ定メタル俸給支給ノ方法ヲ定ムルモノニシテ明治二十五年十二月大藏省令第十一號文官俸給支給細則ニ於テ其ノ月廿一日乃至二十三日ノ間ニ仕拂フヘキコトヲ規定シタルハ全ク論者ノ說ノ如ク俸給支給期日ヲ表示スルニ過キサルモ此ノ如キ俸給支給ノ方法ハ是卽チ前金拂ノ方法

ヲ採ルモノナリト謂ハサルヘカラス蓋シ俸給ナルモノハ官吏ヲシテ其地位ニ相當スル生活ヲ營マシメ以テ其ノ品位ヲ保持セシムルノ資料トシテ給與スルモノナリト雖モ經濟學上ノ見地ニ從ヘハ亦是勞務ニ對スル報酬タルニ外ナラサルヲ以テ其ノ勞務ヲ提供シタル後ニ於テ之ヲ仕拂フヲ原則トセサルヘカラス果シテ然ラハ縱令月ヲ以テ計算ノ單位ト定ムル場合ニ於テモ其ノ月ノ經過後ニ於テ仕拂フヘキモノナリト謂フハ條理ノ然ラシムル所ナリト謂フヘシ若シ論者ノ說ニ從ヘハ假リニ「俸給ハ十二分シテ毎月之ヲ支給ス但シ各前月ニ於テ之ヲ仕拂フモノトス」トノ規定アル場合ニ於テモ尙前金拂ニアラスト謂ハサルヘカラサルニ至ラン知ルヘシ月ヲ以テ單位ト爲シタリト云フハ單ニ計算上ノ便宜ノ爲ニシテ之ヲ以テ前金拂ニアラストノ說ト爲スニ足ラサルヲ又月ノ半ニ就任シタル者ニ對シ日割計算ノ方法ニ依リ支給スルハ却テ日ヲ以テ單位ト爲シタルモノニシテ是寧ロ俸給ノ性質ヨリ生スル當然ノ結果ナリト謂フヘク月ノ半途ニ退官、死亡セシ者ニ對シ全月分ノ俸給ヲ給與スルハ月ヲ以テ單位ト爲シタル自然ノ結果ニアラスシテ全ク俸給ノ性質上勤務日數ニ應シテ仕拂フヘキモノナリトノ原則ニ對スル例外ニシテ法ノ特典ニ基クモノト謂ハサルヘカラス又論者ノ俸給支給後他廳ニ轉任シタル者ニ對シ日割返納ヲ命スルハ解釋上許スヘカラストノ批難モ現行ノ俸給支給方法ハ前金拂ニアラストノ前提ヨリ出テタルモノニシテ余輩ノ如ク之ヲ以テ前金拂ナリトスルトキハ其ノ廳ヨリ之ヲ見レハ轉任以後ノ其月分ハ仕拂フヘカラサルモノ即チ過渡ニ屬スルヲ以テ之ヲ返納セシムルハ固ヨリ當然ニシテ決シテ法令ヲ曲解シタル便宜ノ處分ニアラサルナリ

本條但書ニ於ケル法律勅令ニ依リ前金渡、概算渡、繰替拂ヲ定メタルモノノ例ハ現行ニ於テハ本法第十五條第二項ノ場合(前金渡)ノ外明治四十年二月法律第五號官廳ニ於テ印刷局製造ノ物件買入ニ關スル件(前金渡)及明治二十二年十一月勅令第百二十一號ニ依ル旅費其他概算渡ノ件(概算渡及前金渡)其他概算渡ニ關シテハ數多ノ勅令アリト雖今之ヲ省略セン繰替拂ニ關シテハ明治二十四年一月勅令第一號在外國難民貸與金一時繰替支辨ノ件同三十八年二月勅令第三十五號官設鐵道ニ於テ徴收シタル通行税ノ拂戻金一時繰替支辨ノ件同三十六年三月勅令第二十三號郵便電信電話官署ノ現金受拂ニ關スル件等ナリ

繰替拂ハ總テ一定ノ目的ノ爲前渡ヲ受ケタル現金ヲ一時他ノ目的ノ爲ニ仕拂フヲ謂フ例之海軍省所管機動費ノ現金前渡ヲ受ケタル出納官吏ハ其ノ現金ヲ以テ艦船

經費ニ限リ一時繰替支辨スルヲ得ルカ如キ若ハ通信官署カ郵便事務費ノ仕拂ニ充テン爲前渡ヲ受ケタル現金ヲ一時爲替資金ニ振替仕拂ハシムルカ如キ是ナリ此ノ場合ニ於テハ款項ノ流用アルカ如キモ是唯一時ノ融通ニ過キスシテ一方ノ仕拂資金回送セラルルトキハ之ヲ元ノ定額ニ戾入整理スルヲ以テ各項ノ定額ハ依然變更セラレス故ニ實際上ハ各項ノ定額内ニ於テ現金仕拂ヲ相互ニ流用スルニ過キサルナリ此ノ如ク繰替拂ハ極テ便利ナリト雖一時ニテモ各項金額ノ流用ヲ爲スモノナルヲ以テ法令ノ規定ナクンハ縱令小額ノ仕拂ト雖モ之ヲ爲スヲ得サル勿論ナリトス

尙此ニ一言スヘキハ彼ノ官吏出張中人夫賃其他小額ノ仕拂ヲ要スル場合ニ繰替仕拂ヲ爲スコトヲ得ルヤ否ヤノ問題是ナリ余ノ考フル所ニ依レハ此ノ問題ハ寧ロ繰替仕拂ノ問題ト謂ハンヨリ本法第十五條ノ正當ナル債主若ハ其ノ代理人ニ對スル仕拂ナリト謂フヲ得ヘキヤ換言セハ官吏カ國家ニ代リテ其ノ必要ノ經費ヲ繰替仕拂ヒタル後國家ニ對シ補償返還ヲ求メタル場合ニ（受領證等ノ證憑物ヲ添ヘ）之ヲ正當ナル債主ノ請求トシテ之ニ對シ仕拂命令ヲ發スルヲ得ヘキヤ否ヤノ問題タリト謂フヘシ之ニ依リテ本問ヲ決スルトキハ容易ニ解決セラルヘシト信ス而シテ之ニ對スル卑見ハ

積極的ニ之ヲ爲シ得ヘシト斷スルモノナリ即チ繰替拂ヲ爲シタル官吏ニ對シ正當ナル債主トシテ仕拂命令ヲ發スルコトヲ得ヘキナリ論者或ハ本條但書ノ規定ヲ根據トシ繰替拂ハ法令ノ命スル場合ナラサルヘカラストノ理由ヲ以テ反對ニ解スル者アリト雖本條但書ノ所謂繰替拂ハ普通ニ所謂立替仕拂ト異ナリ豫算金額ノ一時ノ流用ナルコト前述ノ如クナルヲ以テ法令ノ規定アルヲ要スト雖本問ノ事例ニ於ケル繰替拂ハ所謂立替仕拂ト稱スヘキモノニシテ豫算金額ノ流用ニアラス從テ當時ニ於テハ豫算ニ何等ノ關係ヲ有セサルモノナリ彼此同一ニ律セントスルハ誤レルノ甚シキモノト謂ハサルヘカラス余輩ハ一般ノ理論ニ鑑ミ官吏ノ立替仕拂ヲ有効ニ認メント欲スルモノナリ蓋シ官吏ハ職務上國家ノ事務ヲ執行スル際ニ必要已ムヲ得ス且急ヲ要スル場合ニ於テ自己ノ責任ヲ以テ其費用ヲ代償スルヲ得ヘキハ理論上疑ナキ所ナリ何トナレハ人夫ヲ傭役シ其ノ他職務ヲ行フニ必要ナル物品ヲ購求シ事務ノ遂行ヲ期スルハ國家ノ利益ニシテ此場合ニ於ケル官吏ノ行爲ハ實ニ國家ノ爲事務管理ヲ爲スモノニシテ法令ノ明文ヲ以テ禁止セナル限リ之ヲ爲シ得ヘシト論スルハ當然ノ解釋ナリトスヘケレハナリ更ニ行政法上ヨリ之ヲ論スルモ行政事務ヲ行フニ當リ其事務執行ニ伴ヒ生スル必要行爲ハ積極的ニ之ヲ爲シ得ル

權限ノ規定スルモノナシト雖モ反對ニ之ヲ禁スルノ意思明カナラサルモノハ之ヲ積極ニ解スヘキハ一般ノ原則ナリトス而シテ爲ニ費用ヲ要シタル場合ニ其ノ出費カ國家ニ必要避クヘカラサルモノナリセハ國家ハ亦其ノ費用ヲ辨償セサルヘカラス然ラサレハ國家ハ理由ナク不當ノ利得ヲ爲スモノニシテ民法ノ規定ヲ蹂躙スルノ結果トナルヘシ是レ恐ラク反對論者ト雖容認スル所ニアラサルヘシ從テ此ノ場合ニ於テ繰替拂ヲ爲シタル官吏ハ卽チ會計法上正當ナル債主ト爲ルモノナリ之ニ對シテ仕拂命令ヲ發スルモ豈ニ違法ナリト謂フヘケンヤ唯夫レ仕拂命令官ハ其ノ仕拂命令ヲ發スルニ當リテハ其ノ支出ハ果シテ國家ノ爲必要有益ノモノナリシヤ否ヤヲ自ラ決定スルノ權限ヲ有スルヲ以テ能ク之ヲ調査シ必要ナルモノハ之ヲ仕拂ヒ然ラサルモノハ拒否スヘキノミ

第八章　政府ノ工事及物件ノ賣買貸借

本章ハ政府ニ於テ工事ヲ營ミ又ハ物件ノ賣買貸借ヲ爲スニ付特種ノ方式ヲ定メテ一定ノ制限ヲ附シ以テ是ヨリ生スルコトアルヘキ弊害ヲ未發ニ防止セントス欲スルヘモノナリ固ヨリ賣買貸借其者ノ法律上ノ効果ニ關シテハ民法ノ規定ニ從ハサルヘ

カラサルハ言ヲ俟タス本章ハ唯會計官吏監督ノ必要ヨリ是等私法上ノ行爲ヲ爲スニ付一定ノ條件ヲ定ムルニ過キサルナリ以テ民法ニ對スル例外規定ナリト誤認スルナカランコトヲ要ス

第二十四條　法律勅令ヲ以テ定メタル場合ノ外政府ノ工事又ハ物件ノ賣買貸借ハ總テ公告シテ競爭ニ付セス隨意ノ約定ニ依ルコトヲ得ヘシ

第一　一人又ハ一會社ニテ專有スル物品ヲ買入又ハ借入ルルトキ

第二　政府ノ所爲ヲ秘密ニスヘキ場合ニ於テ命スル工事又ハ物品ノ賣買貸借ヲ爲ストキ

第三　非常急遽ノ際工事又ハ物品ノ買入借入ヲ爲スニ競爭ニ付スル暇ナキトキ

第四　特種ノ物質又ハ特別使用ノ目的アルニ由リ生產製

造ノ場所又ハ生産者製造者ヨリ直接ニ物品ノ買入ヲ要スルトキ

第五　特別ノ技術家ニ命スルニ非サレハ製造シ得ヘカラサル製造品及機械ヲ買入ルルトキ

第六　土地家屋ノ買入又ハ借入ヲ爲スニ當リ其ノ位置又ハ構造等ニ限アル場合

第七　千圓ヲ超ヘサル工事又ハ物品ノ買入借入ノ契約ヲ爲ストキ

第八　見積價格四百圓ヲ超ヘサル動産ヲ賣拂フトキ

第九　軍艦ヲ買入ルルトキ

第十　軍馬ヲ買入ルルトキ

第十一　試驗ノ爲ニ工作製造ヲ命シ又ハ物品ヲ買入ルルトキ

第十二　慈恵ノ爲ニ設立セル救育所ノ貧民ヲ傭役シ及其ノ生産又ハ製造物品ヲ直接ニ買入ルルトキ

第十三　囚徒ヲ傭役シ又ハ囚徒ノ製造物品ヲ直接ニ買入ルルトキ及政府ノ設立ニ係ル農工業場ヨリ直接ニ其ノ生産又ハ製造物品ヲ買入ルルトキ

第十四　政府ノ設立シタル農工業場又ハ慈恵教育ニ係ル各所ノ生産製造物品及囚徒ノ製造物品ヲ賣拂フトキ

本條ハ政府ノ工事又ハ物件ノ賣買貸借ハ法律勅令ヲ以テ特ニ規定スル場合ノ外總テ公告シテ競爭ニ付スヘキコトヲ命シ恣ニ契約ヲ爲スヲ許ササルナリ是其ノ比較的低廉ナル對價ヲ以テ可成精巧ナル物件ヲ得ンコトヲ期スルト同時ニ一面ニハ會計官吏ノ其間ニ私曲ヲ挾ムノ弊ヲ防遏セント欲スルカ爲ナリ競爭入札ノ方法ハ果シテ能ク此ノ目的ヲ達スルヲ得ルヤ隨意契約ニ比シ利益ナル結果ヲ得ヘキヤ否ヤハ實際上ノ問題トシテ事實ニ依リ之ヲ決スルノ外ナキモ立法ノ目的正ニ此ニ在ルヤ疑ヲ容レサルナリ世間或ハ競爭入札ノ弊害ヲ實際上ヨリ論證シテ此ノ制限ヲ撤

廢センコトヲ主張スル者アリ所論頗ル詳密ヲ極ムルカ故ニ後ニ之ヲ紹介シ併セテ之ニ對スル鄙見ヲ述ヘント欲ス

政府ノ工事又ハ物件ノ賣買貸借ハ此ノ如ク競爭ニ付セシムルヲ原則トスト雖モ特種ノ物件ノ如キ他ニ供給者ナキ場合若ハ競爭ニ付セシムルノ不適當ナル場合其他競爭ニ付セサルモ何等ノ弊害ヲ生スルノ虞ナカルヘシト認メラルル場合ニ於テハ之ヲ競爭ニ付スルノ實益ナキヲ以テ本條ハ但書ヲ設ケ一々各場合ヲ列擧シ隨意契約ニ依ルノ妨ナキヲ明言セラレタリ今左ニ是等各場合ノ説明ヲ試ムルニ先チ茲ニ最モ議論ノ焦點トナル政府ノ工事又ハ物件ノ賣買貸借ニ關スル意義ニ關シテ述フル所アラントス

本章ハ題シテ政府ノ工事及物件ノ賣買貸借ト謂ヒ本條ニ於テモ亦同一ノ語字ヲ用キテ「政府ノ工事又ハ物件ノ賣買貸借ハ總テ公告シテ云々」ト謂ヘリ讀ンテ字ノ如ク之ヲ解セハ殆ト疑ヲ容ルルノ餘地ナキカ如シ然ルニ實際上人夫ヲ使役シ之ニ對シテ賃金ヲ仕拂ヒ若ハ物品ノ運送ヲ委託シ之ニ對シテ運搬費ヲ仕拂フカ如キ場合ハ如何ニ之ヲ處理スヘキヤノ問題ヲ生シ或ハ物件ノ語ニハ勞力及運搬ヲ包含スト謂ヒ或ハ勞力ハ之ヲ包含スヘキモ運搬ハ之ヲ包含セストト論シ種々ナル解釋ヲ試ムル

者アルニ至レリ今前者ノ說ク所ヲ聞クニ物ニハ有形物ト無形物トアリ勞力及權利ノ如キハ無形物ナリト謂フヘク從テ此ニ所謂物件ノ語モ之ヲ廣義ニ解スレハ勞力モ亦之ニ包含セラルヘク既ニ勞力ヲ以テ物件ノ語ニ包含セラルルモノナリトセハ運搬モ亦勞力ノ買入ニ外ナラサルヲ以テ勿論之ニ包含スルモノト謂ハサルヘカラスト更ニ後說ヲ唱フル者ハ曰ク運搬ハ一ノ事業ニシテ卽チ人ト物トノ關係ナリ物其者ニアラス若シ事業ヲモ物件中ニ包含セラルルモノトセハ「工事」ノ二字ハ無用ニ歸シ單ニ物件ノ賣買貸借ト謂フヲ以テ足レリトス其之ニ出テサルヲ見レハ運搬事業ノ物件ノ語ニ包含セサルコト明ナリト然レトモ余輩ハ前二說ト異ナリ物件及物品ノ語ニハ全然勞力運搬ノ二者ヲ包含セスト爲スモノナリ蓋シ前二說ハ何レモ牽强附會ノ說ニシテ正鵠ヲ得タルモノニアラス元來物ナル語ハ有體物ヲ指スノ義ニシテ勞力若クハ權利ヲ以テ物ナリト謂フハ普通ノ觀念ニ反スルヲ以テ法ノ擬制ニ基クニアラサルヨリハ此ノ如キ斷案ヲ下スヲ得ス彼ノ舊民法ニ於テハ物ニ有體物アリ無體物アリト謂ヒ而シテ權利ヲ以テ無體物ト稱シタルカ如シト雖現行民法ハ全ク之ヲ排斥シ物トハ有體物ヲ謂フトシ以テ一般普通ノ觀念ニ從ヒタルハ寔ニ至當ノ立法ト謂フヘシ論者或ハ「物」ノ字ニ加フルニ「件」ノ字ヲ以テセシハ立法ノ意之ヲ

廣義ニ解セシメント欲スルカ爲ナリト云フ然ラハ余輩ハ更ニ問ハントス物件ト物品トハ同一ノ意義ナルヤ論者如何ニ之ヲ廣義ニ解セント欲スルモ物品ノ語ニハ勞力ヲ包含スト謂フヲ得サルヘシ故ニ若シ果シテ本條第一項ノ本文記載セル物件ノ語ニ勞力及運搬ヲ包含スルモノトセハ但書ノ例外ニ屬セサルモノハ總テ公告シテ競爭入札ノ方法ニ依ラサルヘカサルヲ以テ本問ノ事例ニ於ケル人夫傭役賃、物品運搬賃等其費額ノ細大多少ヲ問ハス隨意契約ヲ爲スヲ得スト論定セサルヘカラス何トナレハ本條第七項ニハ「千圓ヲ超ヘサル工事又ハ物品ノ賣買貸借」ト謂ヒ到底勞力運搬ヲ包含スルモノナリト解釋スルノ餘地ナケレハナリ余輩ハ文理解釋上此ノ如ク物件又ハ物品ノ語ニ勞力若ハ運搬ノ如キ之ニ包含スルモノト解スルヲ得サルナリ況ヤ又「賣買貸借」ト謂ヘルヲ以テ雇傭契約ニ基ク報酬（人夫費）運送契約ニ基ク報酬（所謂運搬費）ノ如キ法理上到底賣買貸借ノ結果ニ依ル費途ト稱スヘカラサルモノヲ包含セシムルニ由ナキニ於テヲヤ果シテ然ラハ政府カ是等賣買貸借以外ニ因ル支出ヲ爲サントスルニハ如何ナル制限ニモ從フヲ要セサル乎余輩ハ然リト答フルニ躊躇セサルナリ本條ハ工事又ハ物件ノ賣買貸借ニ關スル規定ナルヲ以テ其ノ他ノ私法的行爲ニ就テハ一般ノ規定ニ從ヒ之ヲ爲スヘク即チ隨意契約ニ依ルヘキハ論ナキナリ然ルニ世ノ解釋者殊更ニ普通ノ意義ニ反スル附會ノ說ヲ試ミ立法ノ缺點ヲ補ハントスルカ如キ風アルハ余輩ノ怪訝ニ堪ヘサル所ニシテ是自縄自縛ノ愚ニ陷ルモノニアラスシテ何ソヤ余輩ハ寧ロ初ヨリ人夫使役料其ノ他運送費ノ如キ賣買貸借ニアラサルモノハ本章ノ關スル所ニアラス故ニ競爭入札法ニ依ルヲ要セスト爲スヲ以テ立法ノ精神ヲ得タルモノト信ス論者或ハ立法ハ何カ故ニ是等ノ費途ニ付テハ無制限ニ隨意契約ニ依ラシムルヤヲ疑フモノアラント雖蓋シ是等ノ經費ハ多クハ一時ニ千圓ヲ超ユルカ如キハ殆ト稀ニシテ實ニ微々タル仕拂ニ過キサルノミナラス事急施ヲ要スル場合多ク一々競爭ニ付スルノ適當ナラサルモノアルヲ以テ立法者ハ初ヨリ此點ニ關シ何等規定セサルナリ是實ニ本條第七號規定ノ旨趣ト立法上ノ理由ヲ同フスルモノナリ或ハ曰ハン運搬費ト雖モ今日海軍ニ於ケル石炭運搬費ノ如キ千圓ヲ超過スルコトアリ斯カル場合ニ尙ホ競爭ニ付スルノ要ナキカト然レトモ是唯極メテ稀ナル事實ナルノミナラス鐵道、船舶ノ運賃ノ如キ常ニ一定ノ標準價格ヲ公示スルモノニシテ政府ノ運搬ナルノ故ヲ以テ特ニ價格ヲ引上クルカ如キ之ナキヲ以テ敢テ競爭ニ付スルノ要ナク寧ロ最モ賃率ノ低廉ナルモノヲ選ミ之ト隨意ニ運送契約ヲ結ハシムルノ利ナルニ如カス故ニ此ノ場合ニ於テモ尙競爭ニ

付スルノ必要ヲ認メサルナリ

以上說明ノ如ク余輩ハ雇傭契約若ハ運送契約ニ基ク傭人料運送費ノ如キ本章ノ關スル所ニアラスト信スルモ玆ニ聊カ立法ノ意思ヲ疑ハサルヲ得サルハ本條第十二號ニ「慈惠ノ爲ニ設立セル救育所ノ貧民ヲ傭役シ」或ハ第十三號ニ「囚徒ヲ傭役シ云々」ト謂ヒ共ニ隨意契約ニ依ルコトヲ得ヘキ旨ヲ規定セルコト是ナリ若シ余輩ノ說明ノ如ク雇傭若ハ請負契約ニ屬スルモノハ賣買貸借ノ語ニ包含セス從テ本條第一項本文ノ原則ニ入ラサルヲ以テ特ニ例外ヲ規定スルノ要ナシトセハ此ノ規定ハ全ク無意義ニ歸シ卽チ之ヲ明言セサルモ同一ノ結果ニ歸著スヘシ然ルニ此ノ規定ヲ設ケタルヨリ推考スレハ或ハ立法ノ意ハ勞力又ハ運搬ヲ以テ物件ノ買入ト看做シタルモノニアラサルナキヤ今假リニ一步ヲ讓リテ然リトスルトキハ第十二號、第十三號以外ノ他ノ人夫ヲ傭役シ又ハ運搬ヲ爲ス如キ但書例外ノ規定（第十一號ヨリ第十四號迄）中ニ之ヲ包含セシムル規定ナキヲ以テ原則ニ戻リテ總テ競爭ニ付セサルヘカラサルノ奇觀ヲ呈ス是ニ於テカ一部ノ論者ハ或ハ第七號ノ「物品」ノ語ニ勞力、運搬ヲ包含スルモノトシ買入ノ語ニ傭入若ハ運搬ノ委託ヲ包含スルモノトシ依リテ以テ競爭ニ付スルニ及ハストノ頗ル附會ノ說明ヲ試ムルニ至リタルハ前述セル如クナリト雖モ余輩ハ到底「物品買入」ノ語ニ雇傭契約ニ基ク人夫ノ傭入其ノ他運送契約ニ因ル運搬ノ委托ヲ包含スト云フカ如キ非理ナル解釋ヲ認ムルヲ得サルナリ縱令立法ノ眞意ハ此ニ在ラスシテ彼ニ在リトスルモ其ノ意思ヲ表明スルニ足ルノ語字ヲ以テセサル以上解釋ヲ以テ强テ之ヲ補充スルヲ得サルナリ反對論ノ如キハ之ヲ極言スレハ假令「得ス」トノ規定アルニ之ヲ「得」ト解スルニ非スンハ立法ノ意ヲ解スル能ハサル場合ニ尙解釋ヲ以テ「得ス」ニ非ス「得」ノ旨趣ナリト謂フト同樣立法ノ不備ヲ矯メントスルモノニシテ解釋ノ範圍ヲ超越スルモノト謂ハサルヘカラス故ニ余輩ハ第十二號第十三號ノ勞力者ヲ傭役スル場合ノ規定ハ全ク蛇足ヲ加フルニ過キサルカ如シト雖モ是立法者ノ婆心ニ出ツルモノト謂フヘク卽チ所謂念ノ爲メ規定ナリト解シ以テ一般論者ノ不合理ナル解釋ヲ排セントス蓋シ此ノ如キ立法例ハ往々其ノ例ニ乏シカラサルヲ以テ强チ不當ノ見解ニアラスト信ス然レトモ立法ノ意思ハ勞力請負ニ關シテハ第十二號、十三號ニ例外トシテ勞力傭入ニ關シ隨意契約ヲ爲シ得ル旨ヲ規定セルヨリ見レハ本文ノ原則ニハ當然之ヲ包含セシムルノ旨趣ナルヲ推測シ得サルニアラス之ヲ以テ一般論者ハ本條本文ノ「物件」ノ語ニ勞力ヲ包含スルモノナリトノ非理ナル解釋ヲ下スニ至リタルハ前述セル如クナルノミナラス現ニ勅令ヲ以テ勞力請負ニ關シテハ隨意契約ニ依ルコトヲ得ル旨ノ規定アルヲ以テ余ノ解釋ハ實際ト相一致セサルモノナルヲ一言シ置カント欲ス唯夫レ余輩ノ解釋ニ從ヘハ勅令ハ全ク無用ノ長物ニ歸セン敢テ識者ノ批判ヲ俟ツ以下直ニ各號ノ說明ニ移ラン

第一　一人又ハ一會社ニテ專有スル物品ヲ買入又ハ借入ルヽトキ

一人又ハ一會社ニテ專有スル物品ハ他ニ之ト同一物品ヲ所有シ販賣スル者ナク從テ之ヲ競爭ニ付スルノ無益ナル知ルヘキノミ茲ニ「專有スル物品」トハ必スシモ專賣權ヲ有スル物件トノ意味ニアラスシテ單ニ一人又ハ一會社ニ於テ專ラ所有シ販賣スル場合ヲ云フ何トナレハ一人又ハ一會社ニテ專賣特許權ヲ有スル物件モ多數ノ人ニ依リテ販賣セラルヽ場合ニ於テハ競爭ニ付スルノ利益ナルコトアレハナリ

第二　政府ノ所爲ヲ秘密ニスヘキ場合ニ於テ命スル工事又ハ物品ノ賣買貸借ヲ爲ストキ

政府ノ所爲ヲ秘密ニスヘキ場合ハ例之要塞砲臺ノ建築ヲ爲スカ如キ若ハ戰鬪準備ノ爲メ豫メ軍需品ノ購入ヲ爲スカ如キ場合ニ於テハ軍略上政府ノ所有ヲ秘密ニスヘキ必要アルヲ以テ公然一般ノ競爭ニ付スルヲ得ス政府ノ信頼スルニ足ル

相當ノ者ト隨意契約ヲ結ハシムルモノトス

第三　非常急遽ノ際工事又ハ物品ノ買入借入ヲ爲スニ競爭ニ付スル暇ナキトキ

非常急迫ナル場合ニ於テ工事ヲ爲シ若シ物品ノ買入借入ヲ爲サントスルモ競爭ニ付スルノ暇ナキトキハ是亦隨意契約ニ依ラシムルノ外アラサルナリ例之洪水ノ爲河川氾濫シ堤防決潰セラレタルニ依リ之カ修築ヲ要シ若ハ其ノ危急ニ瀕シテ防禦工事ヲ爲シ又或ハ暴風ノ爲メ堂宇破壞セラレタルニ由リ之カ修繕ヲ爲スカ如キ場合ハ事頗ル急ヲ要スルヲ以テ到底競爭ニ付スルノ暇ナキモノト謂ハサルヘカラス又是等ノ場合ニ要スル物品ノ買入借入ヲ爲ス亦然リト謂フヘシ戰時ニ際シ軍需品ヲ買入ルヽ場合モ亦非常急遽ノ際ナリト雖此ノ場合ニ於テハ多クハ徵發ノ方法ニ依リ强制買收スルヲ例トスルカ如シ

第四　特種ノ物質又ハ特別使用ノ目的アルニ由リ生產製造ノ場所又ハ生產者製造者ヨリ直接ニ物品ノ買入ヲ要スルトキ

茲ニ特種ノ物質トハ物ニ特種ノ性質ヲ有スルヲ謂ヒ特別使用ノ目的トハ特ニ其物ノ使用ヲ必要トスルヲ謂フ例之同一種類ノ物ニテモ其ノ產地ノ異ナルニ依リ若ハ其ノ製造方法ノ巧拙如何ニ依リ其ノ物ノ効用ニ著シキ差異アルヲ以テ是等

特徴ヲ有スル物ノ購買ハ競爭ニ付シ一般ヨリ之ヲ購入スルヨリ直接ニ生產製造ノ場所又ハ生產者製造者ヨリ買入ルルノ確實安全ナルニ如カス是本號ノ隨意契約ニ依ラシムル所以ナリ

本號ハ此ノ如ク特種ノ物質ヲ有シ又ハ特別使用ノ目的アルニ由リ生產者製造者ヨリ其物ヲ直接ニ買入ルルヲ行政官廳ニ於テ必要ト認ムル場合ニ隨意契約ニ依ラシムルモノナルヲ以テ其ノ物品買入ノ爲ニ競爭ニ付シ得サルヤ否ヤノ如キ因ヨリ其ノ問フ所ニアラサルナリ

本號ニ於テハ生產製造ト謂ヒ二者ヲ區別セリト雖生產ナル語ヲ廣義ニ解スレハ自ラ製造ヲモ包含スヘキニ依リ此區別ハ重要ニアラサルカ如シ唯物ノ種類ニ依リテハ之ヲ製造ト稱スルノ妥當ナラスシテ却テ生產ト稱スルノ適切ナルヲ覺フルコトアリ例之鑛物中ヨリ或ル種ノ金屬ヲ得ルカ如キ場合ニハ之ヲ金屬ノ製造ト云フハ中ラサルカ如シ石炭採掘ノ如キ亦然リ故ニ此區別ハ全ク無用ナリト謂フヘカラサルナリ然レトモ生產ト製造トノ二者ヲ正確ニ區別スルハ頗ル困難ナリ今試ニ兩者ノ意義ヲ說明シテ生產トハ天然物ニ勞力ヲ施シ專ラ自然力ノ作用ニ因リ或物ヲ產出セシメ又ハ動物ヲ養フテ其繁殖ヲ圖リ若ハ直ニ吾人ノ利用ニ

供シ得ヘキ天然物ヲ採取スルヲ謂ヒ製造トハ自然物ニ人工ヲ加ヘテ新ニ其狀態ヲ異ニスル物體ヲ製作スルヲ謂フトセハ蓋シ中ラスト雖遠キニアラサルヘキカ要スルニ本號ニ於ケル生產製造ノ區別ハ甚タ困難ナリト雖之ヲ區分スルノ强チ不必要ナリトハ謂フヘカラス唯「生產製造ノ場所又ハ生產者製造者」ト謂ヒ「生產所ト生產者」及「製造所ト製造者」ト區別スルニ至テハ全ク其ノ必要ナキモノト謂フヘシ何トナレハ生產又ハ製造ノ場所ハ固ヨリ權利ノ主體タルニアラサルヲ以テ其ノ場所ヨリ直接ニ買入ルト云フモ法理上ニ於テハ其物ノ生產者又ハ製造者ヨリ買入ルルニ外ナラスシテ縱令生產者又ハ製造者ノ住所ト生產、製造ノ場所ト異ナル場合ニ於テ其ノ生產、製造ノ場所ヨリ事實上買取ル場合ニ於テモ尙生產者製造者ヨリ買得スルモノナレハナリ

第五　特別ノ技術家ニ命スルニ非サレハ製造シ得ヘカラサル製造品及機械ヲ買入ルルトキ

本號ハ前號ノ場合ト其ノ理由ヲ同フシ特別ナル技術家ノ製造シタル物又ハ機械ニ非サレハ其ノ効用ナキ場合ニハ他ヨリ之ヲ買入ルルニ由ナク從テ之ヲ競爭ニ付スルノ無益ナルカ故ナリ此ニ製造品及機械ト謂フモ是亦一般ニ器械ト稱スル

モノト其ノ他ノ物トノ區別ヲ爲シタルモノナルヘシト雖モ機械ハ製造品ニ外ナラサルヲ以テ法文ノ用語トシテハ當ヲ得サルカ如シ

第六　土地家屋ノ買入又ハ借入ヲ爲スニ當リ其ノ位置又ハ構造等ニ限アル場合

此ニ位置又ハ構造ニ限アル場合トハ例之某地ニ官廳々舍ヲ建設センカ爲其ノ敷地ヲ買收スルニ際シ其ノ位置ニ他ニ適當ナル地所ナキ時ノ如キ若ハ既ニ現存セル廳舍ノ増築ヲ爲スノ必要アリ爲ニ隣地ヲ買得スルノ要アル場合ノ如キ其ノ位置即チ一定ノ場所ヲ必要ノ條件トスルヲ以テ隨意契約ニ依リ其ノ地ノ所有者ヨリ之ヲ買得セサルヘカラサルカ如シ又假令家屋ノ買入若ハ借入ヲ爲スニ當リテ一定ノ構造ヲ有スル家屋ニハ自ラ制限アリテ無限ニ得ヘキモノニアラス從テ其ノ地ニ於テハ他ニ適當ナル家屋ヲ求ムヘカラストセハ是位置竝ニ構造ニ制限ヲ受クル場合ニシテ競爭ニ付スルノ餘地ナキモノト謂フヘシ

第七　千圓ヲ超エサル工事又ハ物品ノ買入借入ノ契約ヲ爲ストキ

千圓ヲ超ヘサル工事又ハ物品トハ例之工事ニ付テハ其ノ工事費ノ請負代價千圓以内ナルモノ物品ハ其ノ買得セントスル物ノ價格千圓以内ナルモノ若ハ其ノ借入レントスル物ノ借賃カ千圓以内ナルモノヲ謂フ或ハ物品ノ借入ニ付テハ千圓

ヲ超ヘサルヤ否ヤハ其ノ物品ノ價格ニ付テ之ヲ決スヘク借入料金ノ千圓以內ナルヤ否ヤヲ問フコトナキカ如ク解セラレサルニアラサルモ立法ノ意ハ蓋シ千圓ヲ超ヘサル工事千圓ヲ超ヘサル物品ノ借入、千圓ヲ超ヘサル賃借ノ支拂ヲ爲スヘキ契約ヲ爲ストキハ隨意契約ニ依ラシムルノ旨趣ナルコト疑ナク是實ニ借入ノ性質上然ラサルヘカラサル所ナリト謂フヘシ何トナレハ借入物品ノ價格ハ如何ニ高價ナリト雖モ之ニ對シテ借賃ヲ支拂フヲ要セサル場合ニハ競爭ニ付スルノ必要ナキヲ覺ラハ借入物品其者ノ價格ハ之ヲ問フノ要ナキコト自ラ釋然タルモノアラン

本號ヲ設クルノ主意ハ千圓以內ノ金額ナルニ於テハ之ヲ競爭ニ付セサルモ弊害ヲ生スルノ虞少ク且ツ一方ニ小額ノ仕拂ヲモ一々競爭ニ付セサルヘカラストセハ會計官吏ハ到底其ノ煩ニ堪ヘサルノミナラス物品供給者ニ於テモ亦其ノ煩累ヲ厭フテ遂ニ競爭ニ應スル者ナキニ至ルヘキヲ保スヘカラサルカ故ナリ

第八　見積價格四百圓ヲ超ヘサル動產ヲ賣拂フトキ

此ニ所謂見積價格トハ官廳自身ノ見積價格ヲ謂フモノニシテ官廳ニ於テ四百圓ヲ超ヘスト認メタルトキハ隨意契約ニ依ルコトヲ得ヘキナリ

動産トハ其ノ所在ヲ轉輾セシムルヲ得ヘキ有形ノ物體ヲ指スモノニシテ不動産ニ相對スル法律上ノ熟語タリ卽チ不動産トハ物其レ自身不動ノ性質ヲ有スルモノニシテ土地家屋ノ如キ是ナリ民法ニ於テモ不動産トハ土地及其ノ定著物ヲ謂フトシ此ノ他ノ物ハ總テ動産トストヒ明ニ不動産及動産トノ區別ヲ爲シタリ是實ニ物ノ性質上ヨリ來ル正當ノ區別ナリト謂フヘシ蓋シ土地ノ不動的性質ヲ有スルハ論ヲ俟タス土地ノ定著物亦其ノ土地ニ附著シテ効用ヲ全フスルモノナレハ土地ト共ニ一體ヲ爲スモノトシテ之ヲ不動産ト看做シタルハ固ヨリ當然ナリト謂フヘク土地及之ニ定著セル物ノ外ハ隨所ニ其ノ位置ヲ轉スルモ何等其物ノ効用ニ變化ヲ及ホサス卽チ性質上轉輾シ得ヘキモノナルヲ以テ之ヲ動産ト名クルハ實際ニ適合スルモノト謂フヘシ

其ノ何故ニ四百圓ヲ超過セサル動産ノ賣却ハ隨意契約ニ依ラシムルヤハ前號ノ千圓ヲ超過セサル物品ノ買入等ヲ爲ス場合ニ於ケルト全ク同一ノ理由ニ基クモノナリ唯買入ノ場合ニハ千圓ヲ限度トスルモ本號ニ於テ四百圓ノ範圍ニ限リタルハ動産ノ賣却ハ卽チ國有財産ノ處分ニ外ナラスシテ事重要ニ屬スルヲ以テ此ノ區別ヲ見ルニ至リタルモノトス

第九　軍艦ヲ買入ルルトキ
軍艦ハ陸軍ニ於ケル銃礮等ト同シク海軍ノ基礎ヲ爲スモノニシテ軍艦ナクンハ海軍ノ存在ヲ認ムルヲ得ス軍艦ハ實ニ海軍ノ生命ナルヲ以テ軍艦ヲ買入ルルニハ最新最鋭ナルモノヲ撰ハサルヘカラスシテ價格ノ平準ヲ得ンコトヲ目的トスル競爭入札ノ方法ハ此ノ目的ト一致スルモノニアラス蓋シ戰闘用具ノ如キハ價格ノ高低ハ其ノ問フ所ニアラス最モ精鋭ナルヲ尙フモノナルコト識者ヲ俟タスシテ既ニ明ナル所ナレハナリ

第十　軍馬ヲ買入ルルトキ
是亦前號ト其旨趣ヲ同フシ軍馬ハ陸上戰闘ニハ武器ト共ニ缺クヘカラサルモノナルコト辯ヲ俟タサル所ニシテ古來ヨリ千軍萬馬ノ一語此ノ意ヲ表明シテ餘リアリト謂フヘシ軍馬ハ亦軍艦ト同シク其品質ニ重キヲ措カサルヘカラス精悍逸足ニアラスンハ砲煙彈雨ノ間ヲ馳騁スルニ便ナラス故ニ是亦競爭入札法ニ不適當ナルモノト謂ハサルヘカラス
本號ニハ軍馬ト謂ヒ銃砲彈丸等ノ買入ノ場合ヲ規定セサルハ是他ナシ此等ノ軍用品ハ政府ニ於テ直接ニ製造ニ從事スルヲ以テ將來ニ於テモ是ヲ買入ルノ必要

ナク若シ假リニ其ノ必要ヲ生シタリトセハ勅令ヲ以テ之ヲ定ムレハ足ルモノナレハ極テ稀ナル例外ノ場合ヲ豫想シテ規定ヲ爲スノ要ナシト認メタルニ由ルモノナラン乎

第十一　試驗ノ爲ニ工作製造ヲ命シ又ハ物品ヲ買入ルルトキ

試驗ノ爲ニ工作又ハ製造ヲ命シ若ハ其ノ物品ヲ買入ルル場合ハ一時試ミノ爲ニ或物ヲ製造セシメ若ハ或ル工作物ヲ建造セシメ其人ノ技能又ハ其ノ物品ノ適否ヲ檢案スルヲ目的トスルカ故他ノ人若ハ他ノ物品ヲ以テ代用スルヲ得ス故ニ是亦隨意契約ニ依ラシムルノ外ナキナリ

第十二　慈惠ノ爲ニ設立セル救育所ノ貧民ヲ傭役シ及其ノ生產又ハ製造物品ヲ直接ニ買入ルルトキ

慈惠ノ爲ニ設立セル救育所トハ例之現今東京市ニ於テ設立維持スル養育院ノ如キヲ謂フ是等慈惠ノ爲ノ救育所ハ自ラ生活シ能ハサル幼老、癈疾者等ヲ救育スルヲ目的トスルモノナリ卽チ不過者ヲ救助養育スルヲ以テ主眼トシ毫モ營利ノ目的ヲ有セサルモノナルカ故其ノ所ノ貧民ヲ傭役シ若ハ此ノ所ニ於テ生產又ハ製造セラレタル物品ヲ直接ニ買入ルル場合ニハ隨意契約ニ依ラシムルモ國家ニ不利ナキヲ以テナリ何トナレハ其ノ成製品ハ一般市場ノ物價ヨリ必ス低廉ナルヲ通常トスルヲ以テナリ若シ假リニ偶々高價ナルモノアリトスルモ此ノ如ク慈惠ノ爲ニ設立セラルル救育所ノ利益ヲ保助スルノ結果ト爲ルヲ以テ多少ノ不利ハ敢テ國家ノ顧ミル所ニアラサルヘシ

本號ニ於テモ亦生產ト製造トヲ區別セリ蓋シ立法ノ意ヲ忖度スルトキハ生產品トハ農產物、畜產物ノ類ヲ稱シ製造品ハ或物品ヲ原料トシテ人工ヲ加ヘテ製成シタル物ヲ謂フノ意ナルカ如シト雖モ元來二者ノ間此ノ如キ劃然タル區別アルモノニアラサルハ既ニ前述セシ所ナリ

第十三　囚徒ヲ傭役シ又ハ囚徒ノ製造物品ヲ直接ニ買入ルルトキ及政府ノ設立ニ係ル農工業場ヨリ直接ニ其ノ生產又ハ製造物品ヲ買入ルルトキ

本號ニ於ケル物件ハ總テ政府經營ノ下ニ生產製造セラルルモノナルヲ以テ其物品ヲ直接ニ買入ルル場合ニ隨意ノ契約ニ依ラシムルハ固ヨリ相當ナリト謂ハサルヘカラス元來國家ノ物品ヲ國家自ラ買得スト謂フカ如キハ法理論トシテハ固ヨリ不通ノ論タルヲ免レスト雖モ國家ハ會計整理上ノ便宜ノ爲メ各官廳獨立ニ經濟ヲ行ハシムルヲ以テ賣買貸借交換等總テ各人各相互間ニ於ケルト同一ノ形

式ヲ取ラシムルモノトス
囚徒ノ傭役スル場合ニ對價トシテ仕拂フ賃銀ナルモノハ既ニ一定セルモノアリテ要役者ノ如何ニ因リ高低アルモノニアラス又囚徒ノ製造物品ノ如キモ監獄署ニ於テ既ニ相當ノ價格ヲ定メテ拂下ヲ爲スモノナレハ之ヨリ直接ニ買入ルル場合ニハ何等ノ弊害ヲ生セサルヘク其ノ他政府ノ設立セル農工業場ヨリ直接ニ其ノ生産又ハ製造物ヲ買入ルル場合ニ於テモ亦然リ政府ハ決シテ不當ノ利益ヲ貪リ其ノ生産物若ハ製造物品ヲ賣拂フ如キコト之ナキノミナラス之ニ從事スル者亦固ヨリ官吏ナルヲ以テ一私人ト契約ヲ爲ス場合ト異ナリ其ノ間ニ弊害ヲ生スルノ虞殆ト之ナカルヘキヲ以テ隨意ニ契約ヲ爲サシムルハ當然ナリトス

第十四　政府ノ設立シタル農工業場又ハ慈惠敎育ニ係ル各所ノ生産製造物品、及囚徒ノ製造物品ヲ賣拂フトキ

前二號ハ買入ノ場合ニ關スルモノナリト雖モ本號ハ政府ヨリ賣拂フ場合ニ關スルモノナリ抑モ政府ノ物件拂下ニ關シテハ競爭入札法ニ依ルヲ以テ一般的ニハ國家ニ有利ナルモノト謂ハサルヘカラス（後ニ詳論スヘシ）從テ普通ノ場合ニ於テハ競爭ニ付セシムルノ得策ナルニ如カス且ツヤ物件ノ賣却ハ一會計年度ヲ通シテ屢々

行ハルモノニアラサルヲ以テ鄭重ナル取扱ノ下ニ之ヲ行ハシムルモ敢テ煩ナリト謂フヘカラス然レトモ常ニ生産製造ヲ繼續スル場合ニ於テハ其ノ生産又ハ製造セラレタル物品ハ隨時ニ之ヲ賣却スルヲ便トシ即チ頻々賣却ヲ決行セサルヘカラサル場合ニ尙且ツ一々一般ニ公告シテ競爭入札ニ附セサルヘカラストセハ其ノ煩累ニ堪ヘサルノミナラス物品ノ種類ニ依リテハ永ク保存スルニ不便ナルモノナキニアラス是本號ノ規定アル所以ナリ

而シテ此ニ政府ノ設立シタル農工業場トハ例之現在ニ於テハ農科大學ノ附屬タル農園、千住製絨所、製鐵所、釀造試驗所等ノ類ノ如シ慈惠ノ目的ノ爲ニ政府ノ設立セル機關ハ現在其例ニ乏シト雖モ政府ノ設立セル敎育所ハ其數頗ル多シ即チ官立各學校ハ總テ之ニ包含セラルルモノナリ故ニ其ノ生産又ハ製造セラルル物亦甚タ多カルヘシ工業學校ニ於ケル工藝品農林學校ノ生産品等其ノ重ナルモノナリ

隨意契約ニ關シテハ以上ノ外尙法律又ハ勅令ヲ以テ規定セルモノ頗ル多ク今一々枚擧ニ遑アラサルヲ以テ省略ス看官之ヲ諒セヨ

本條ノ解說ヲ終ルニ臨ミ茲ニ競爭契約及隨意契約ノ得失ヲ論究セントス依テ先ツ

兩者ノ手續一班ヲ概說センニ競爭契約ニ關シテハ會計規則第七十二條以下ニ規定アリ之ニ依レハ競爭契約ハ入札方法ヲ以テ之ヲ行フヘク而シテ此ノ方法ヲ行ハンニハ契約ヲ爲サントスル事項ノ內容其他必要ナル事項ヲ一定ノ期間內ニ公告スルヲ要ス公告ノ方法ハ官廳ノ揭示場若ハ官報新聞紙等廣ク一般ニ周知セシムルノ方法ヲ採ルコトヲ要シ公告ノ後所定ノ期日到レハ入札者ヲシテ各自ニ入札セシメ入札ノ結果豫テ定メ置キタル政府ノ豫定價格內ニ於テ其ノ最モ政府ノ利益ト爲ルヘキ價格ノ申込ヲ爲シタル者ヲ以テ落札者ト定メ之ト契約ヲ締結スルニ至ルモノトス(詳細ハ會計規則ノ說明ニ讓ラントス)之ニ反シテ隨意契約ハ政府ノ適當ト認ムル者ニ對シ契約ノ內容ヲ示シテ其ヲ諾スルニ至レハ之ト隨意ニ契約ヲ爲スモノニシテ別ニ何等ノ方式ヲ要セサルナリ故ニ便宜問題トシテ二者ヲ比較スルトキハ固ヨリ霄壤ノ差ニアラサルナリ然レトモ單ニ實際ノ便利ニノミ著眼シ國家ノ利害ヲ顧慮セサルハ爲政家ノ與ミセサル所ナリ今其ノ兩者ニ付利害得失ヲ考究スルニ競爭契約ハ隨意契約ニ比シ實ニ左ノ如キ利益アリ

第一　會計官吏ノ不正私曲ヲ爲ス機會ヲ寡カラシム從テ國家ノ有利ナル結果ヲ齎ラスヘシ

蓋シ一人又ハ一會社ト隨意ニ契約ヲ爲ス場合ニ於テハ之ヲ競爭ニ付スルヨリ會計官吏ノ私利ヲ圖ルコトノ容易ナルヘキハ今更呶々ノ辯ヲ要セス官吏ノ私利ヲ圖ルノ結果ハ勢ヒ供給物件ノ粗惡ト爲リ又賣拂ノ場合ニハ相當ナル代價ヲ得ル能ハサルニ至リ國家ノ不利計ルヘカラサルモノアラン現ニ屢々吾人ノ耳朶ニ觸ルル收賄事件ハ多クハ隨意契約ノ場合ニ於テ起生スルモノナリ見ヨ彼ノ吾人ヲシテ驚嘆セシメタル海軍收賄事件ノ如キ比々皆然ラサルハナシ論者或ハ曰ントス官吏ノ不正ニ對シテハ刑法上ノ制裁之ニ加フヘキモノアリ且ツヤ官吏ヲ拘束スル服務規律ノ存スルアリ以テ不正ヲ防遏スルニ足ルヘク政府ト人民トノ私法上ノ關係ヲ規定スルニ當リ何ソ官吏ノ私利私曲ヲ制スルノ法ヲ加味スルノ要アランヤト然レトモ元來刑法ノ目的ハ犯罪者ヲ處罰シ將來再ヒ罪ヲ犯スノ念慮ヲ斷タシメント欲シ他方ニハ一般人ヲシテ刑罰ノ峻嚴ナルニ威服セシメ因テ以テ犯罪ヲ未發ニ防カントスルニ在リ故ニ刑法上ノ制裁ハ間接ニ不正行爲ヲ防壓スルノ効果アルヘキモ直接ニ犯行ヲ防止スルコト足ラサルナリ（唯死刑ハ例外ニシテ死刑ヲ科スルハ犯人暴戾無道到底改悛ノ望ナク之ヲ生存セシムルノ社會ニ危險ナルヲ以テ其生命ヲ奪フモノトス）又服務規律ノ如キ官吏ノ贈遺ヲ受クルコトヲ明ニ禁制スト雖之ヲ犯サントスル者ニ對シテハ其ノ防制力甚タ薄弱

ナリト謂ハサルヘカラス故ニ法ヲ犯スヲ意トセサル破廉恥者流ニ對シテハ到底罰則ヲ以テ之ヲ防止スル能ハサルナリ夫レ然リ故ニ法ハ或行爲ヲ禁止スルヲ目的トスル場合ニ其ノ行爲ヲ爲スニ困難ナル方法ヲ設ケテ之ヲ防制センスルコトアリ政府ノ工事物件ノ賣買貸借ニ競爭契約ヲ採ラシムル如キ即チ是ナリ元來官吏ノ贈賄ヲ受クルハ刑法及服務規律等ノ禁スル所ナリト雖モ本條ニ於テ競爭契約ニ依ラシムルハ此ノ禁制行爲ヲ事實上尙犯シ易カラサラシムルカ爲ニシテ決シテ無用ノ規定ナリト謂フヘカラス論者ハ政府ト人民トノ私法上ノ關係ヲ規定スルニ當リ何ソ官吏ノ私利ヲ圖ルヲ防クノ規定ヲ爲スノ要アランヤト云フト雖モ是實ニ論者ノ謬見ニ基クモノニシテ本章ノ規定ハ決シテ政府ト人民トノ私法上ノ關係ヲ規定スルモノニアラスシテ政府カ人民ト私法上ノ行爲ヲ爲スニ付一ノ制限的規定ヲ爲スニ過キスシテ其ノ私法的法律關係ハ依然民法ノ規定ニ依ルヘク敢テ國家ハ私人トノ間ニ於ケル特種ノ私法的規定ヲ爲スモノニアラサルナリ本章ノ規定ハ實ニ官吏ノ私利ヲ圖ルヲ防クヲ目的トスルモノニシテ若シ果シテ論者ノ言フ如ク官吏ノ私利ヲ圖ルヲ防クノ規定ハ其ノ要ナキモノトセハ會計法ノ多クノ規定ハ國家ノ利益ヲ害セラレサランコトヲ圖ルト同時ニ官吏ノ私利

私曲ヲ防カント スルノ目的ヲ有スルモノナレハ總テ之ヲ規定スルノ要ナシト謂フノ結論ニ到達スヘシ論者尙然リト答フルノ勇アルヤ否ヤ

第二　競爭ノ結果仕拂額ヲ寡カラシメ收入額ヲ多カラシムルノ利益アリ

今此ニ政府ハ見積價格五十萬圓ノ工事ヲ起サント シ之ヲ競爭ニ付スルトセンカ本工事ノ請負ヲ熱望スル者ノ中ニハ手ヲ空フシテ事業ノ閑ナルヲ嘆センヨリ小利ニ甘ンシテ其ノ業ニ從フノ優レルニ如カストスル者アリ此ノ輩必スシモ事業ノ結果ヲ粗惡ナラシメテ請負金額ヲ低廉ナラシムルモノト謂フヘカラス甲ハ四十萬圓乙ハ四十五萬圓丙ハ五十萬圓丁ハ五十五萬圓ヲ以テ入札シタリトセヨ甲ハ政府ノ豫定價格以內最低價格ヲ以テ申込ヲ爲シタルヲ以テ之ト請負契約ヲ締結スルトキハ假リニ五十萬圓ノ豫定價格ヲ以テ隨意契約ニ附スル場合ト比シ政府ノ支出額ハ十萬圓ノ減少ヲ來タシタルモノニシテ是實ニ十萬圓ノ利益ヲ得タルモノト謂フヘキナリ

反對論者ハ曰ク競爭ハ價格ヲ低廉ナラシムト云フモ入札者ハ相當ノ利益ヲ見積リ其ノ代價ヲ定ムルモノナレハ競爭ノ場合ニハ普通ノ市場價格ニ依リ其ノ代價ヲ定ムルトキハ必勝ヲ期スル能ハサルカ故勢ヒ幾分低廉ニ見積リ入札ヲ爲シ落

札ト爲ルニ至レハ納付スヘキ物件ヲ粗惡ニシ以テ其ノ間ニ利益ヲ得ンコトヲ圖ルカ故結局其價ハ低廉ナルニアラスシテ寧ロ實質ヨリ之ヲ評價スレハ却テ高價ト爲リ若シ又物件ノ引渡ヲ受クルニ際シ其ノ物ハ契約ニ定メタル條件ニ適合スルヤ否ヤノ檢査ヲ嚴正ニ勵行スルトキハ供給者ハ豫期ノ利益ヲ得ル能ハサルヲ以テ遂ニ落札價格ハ一般ノ市價ト同一若ハ高價タラサルヘカラサルニ至ラント此ノ言ヤ洵ニ穿チ得タルカ如キモ未タ盡ササルモノアリ蓋シ國家ヲ對手トシテ物件供給ノ契約ヲ爲サントスル者ハ必スヤ一般ノ市場價格ヨリ高價ニ見積ルヲ普通ノ狀態ト爲ス是實ニ國家ハ一私人ニ比シ其ノ需要ノ力換言セハ購買力强キヲ見越スノ結果ニシテ利慾ノ念ニ際涯ナキ營利者流ノ常トシテ固ヨリ深ク怪ムニ足ラサルナリ一方ニハ政府亦一私人ノ如ク些々タル代價ノ高低ニハ著眼セス寧ロ目的物ノ完全ナルヲ得ンコトヲ欲スルノ風アルヲ以テ自然的ニ官廳ノ請負賣買等ハ市場一般價格ヨリ高價ト爲ルニ至リタルモノニシテ此ノ風習ハ實際ニ局ニ當ル者ノ均シク目擊スル所ニシテ喋々余輩ノ辯ヲ俟タサル所ナリトス從テ入札者ニハ競爭ノ餘地多キヲ以テ必スシモ市場價格ヨリ低價ニ申込ミ他日落札ノ場合ニ粗造品ヲ納付スルモノナリト謂フヲ得ス故ニ物件ノ檢査ヲ嚴ナラシム

ルトキハ遂ニ落札價格ヲ騰貴セシムルニ至ルト謂フカ如キハ未タ其一ヲ知テ二ヲ知ラサル者ノ言ト謂ハサルヘカラス若シ假リニ此ノ如キ惡結果ニ陷ルノ虞アルトキハ宜シク檢査ヲ勵行シテ契約ニ定ムル條件ニ符合セサルモノハ假借セス之ヲ拒否スヘキナリ此ノ如クニシテ異日他ノ事業ノ爲ニ競爭契約ニ付スル場合ニ於テ論者ノ言フカ如ク市場價格以上ノ入札價格ナルトキハ必ス豫定價格ニ超過スヘキヲ以テ再入札ニ附スルノ方法アリ何ソ他日ノ競爭契約ヲ顧慮シテ目的物ノ檢査ヲ寛ニスルノ要アランヤ由來政府ノ工事ニ關シ弊害ノ生スルハ竣工檢査ノ嚴ナラサルニ基因スルモノ多キヲ以テ工事ノ監督ヲ嚴ニスルト共ニ工事完成ノ場合ニ於テモ亦其ノ檢査ヲ嚴密ニスルハ頗ル緊要ノコトナリトス竣工後朞年ナラスシテ壁落チ雨漏ルカ如キ失態ヲ生スルカ如キコトアルハ甚タ遺憾ニ堪ヘサルナリ

以上二箇ノ利益ハ競爭契約ノ特長トスル所ナリト雖モ又其ノ短所ナキニアラス即チ競爭ニ付スルニハ相當ノ日子ヲ要シ且ツ種々ナル手續ヲ要スルヲ以テ急速ヲ要スル場合ニ適當ナラス又物件ノ如何ニ依リテハ到底競爭契約ニ付スル能ハサルモノアリ故ニ本法ハ原則トシテ競爭契約主義ヲ採ルモ是等ノ場合ニハ隨意契約ニ依

ラシムルノ主義ヲ採リ以テ實際ニ適合セシメントセリ
要スルニ競爭契約ハ隨意契約ニ比シ國家ニ有利ナルハ競爭本來ノ性質上決シテ否定スヘカラサルナリ余輩ハ實際ノ結果モ亦不利ナラサルヲ信スト雖モ競爭契約ヲ排セントスル論者ハ曰ク、時ノ經過ト共ニ法制ヲ免レントスル者ヲ生シ種々不正手段ヲ弄スルヲ以テ勅令ヲ發シテ隨意契約ノ特例ヲ設ケ或ハ省令ヲ發シテ入札者ノ資格ヲ制限スルハ是競爭契約ノ價値ナキヲ證スルモノナリ又之ヲ實際ニ徵スルニ公告ハ數多ノ對手ヲ得ントスルモノナルモ之ニ應スル者ハ多クハ御用商人ニシテ新商人ノ侵入ヲ許サス官廳ニ於テモ他ノ商人ノ應募者ナキヲ知ルモ形式上ノ手續ヲ履践セサルヘカラサルヲ以テ公告ヲ爲スニ過キス萬一新商人ノ來テ落札者ト爲ルコトアルモ種々ナル妨害ヲ蒙ルヘキヲ以テ遂ニ正廉ナル商人ヲ驅逐スルニ至リ一部分ノ不正ノ徒相聯合シテ競爭入札ニ應セントス其ノ結果知ルヘキノミト然レトモ一利一害ハ數ノ免レサル所唯其ノ利害ノ大小ヲ考慮シテ其ノ害ヤ利益ニ比シテ小ナルモノナラシメハ之ヲ用ウルニ何ノ妨ケカ之アランヤ況ンヤ論者ノ憂フル事實ノ如キハ或地方ニ於ケル一部ノ現象タルニ過キスシテ必スシモ一般的ニ然リト斷論スルヲ得サルノミナラス近時御用商人ノ結託ハ漸ク其ノ跡ヲ斷タントスルノ風潮ヲ呈セルニ於テヲヤ今夫レ論者ノ説ニ従ヒ随意契約主義ヲ採ルニ至ラハ其弊ヤ到底競爭契約ノ比ニ非サルコト識者ヲ俟テ後知ルヘキニアラサルナリ我カ立法ハ競爭契約ヨリ生スル弊害ヲ慮ルカ爲明治三十三年六月勅令第二八〇號ヲ以テ「政府ノ工事又ハ物件ノ購入ニシテ無制限ノ競爭ニ付スルヲ不利トスルトキハ指名競爭ニ付スルコトヲ得(後略)ト規定シ又明治二十三年九月勅令第一九三號ハ入札者ナキ場合又ハ再度ノ入札ニ付スルモ尚豫定價格ノ制限ニ達セサルトキハ最初競爭ニ付スルトキ定メタル價格及其他ノ條件ヲ變更セサル範圍ニ於テ随意契約ヲ爲スコトヲ得ト規定シ以テ實際ニ適應セシメタリ

余輩ハ上來縷々其ノ得失ヲ論述シタル如ク競爭契約ヲ絶體ニ排斥セントスルノ説ハ到底吾人ノ賛同スル能ハサル所ナリ若シ夫レ随意契約ニノミ是依ランカ弊害續出國家ノ不利是ヨリ甚シキモノナキヲ斷言セントス

第二十五條　軍艦兵器彈藥ヲ除ク外工事製造又ハ物件買入ノ爲ニ前金拂ヲ爲スコトヲ得ス

前金拂ハ其ノ目的トスル反對給付ヲ得サル以前ニ於テ對價ヲ支拂フモノナルカ故ニ若シ後ニ至リテ其ノ目的物ノ引渡ヲ得サルトキハ其ノ返還若ハ損害ノ賠償ヲ求

ムルノ外ナシ而カモ債務者ニシテ資力乏シキ者ナルトキハ完全ニ其ノ履行ヲ求ムルヲ得サルナリ故ニ有償契約例之賣買ニ於テハ買主ハ其ノ賣買ノ目的タル物ノ引渡ヲ受ケ然ル後其ノ代金ヲ支拂フヲ以テ安全ノ策ナリトス之ヲ以テ本條ニ於テハ特種ノ場合ノ外一般的ニハ前金拂ヲ爲スヲ得ストシ以テ豫メ損害ヲ蒙ルコトナキヲ期セントセリ

本條ノ規定ハ國家ノ利益ヲ保護スル上ニ於テ寔ニ已ムヲ得サルヘシト雖モ之ヲ一般論トシテ考フルトキハ賣主ニ於テモ其物件ノ代金ヲ得サル以前ニ其物ノ引渡ヲ爲ストキハ他日代金ノ支拂ヲ受クル能ハサルニ至ルノ危險ナキヲ保シ難シ是ニ於テカ民法第五百三十三條ハ雙務契約當事者ノ一方ハ相手方カ其ノ債務ノ履行ヲ提供スルマテハ自己ノ債務ノ履行ヲ拒ムコトヲ得但シ相手方ノ債務カ辨濟期ニアラサルトキハ此ノ限ニ在ラスト規定シ以テ同時履行ヲ原則トシ契約者相互ノ權利ヲ保護セントシタリ故ニ今之ヲ本條ノ規定ト相對スルトキハ枘鑿相容レサルカ如シト雖モ國家ハ契約ノ當事者トシテ相手方ニ損害ヲ蒙ラシムルカ如キコトナク一般人モ亦國家ニ對シテハ無限ノ信用ヲ以テ取引ヲ爲スカ故ニ代金ノ支拂ヲ受ケサルモ前以テ契約ノ目的物ノ引渡ヲ爲スヘク實際上毫モ不便ナカルヘキナリ

一般ノ原則ハ右ノ如シト雖特種ノ物件即チ軍艦、兵器、彈藥等ノ軍用品買入ニ關シテハ前金拂ヲ爲シ得ルノ除外例ヲ認メタリ蓋シ是等ノ物件ハ若シ外國ヨリ買入ルル場合ニ於テハ前金拂ヲ許ササルトキハ之ニ應スル者ナキ場合ニハ甚タ不便ナルノミナラス內地製造物購入ノ場合ニ於テモ其ノ製造ニハ多額ノ資本ヲ要スルヲ以テ前金支拂ヲ認メテ機宜ノ處置ヲ採ラシメ供給者ノ便ヲ計リ其ノ買入ノ容易ナランコトヲ期シタリ

本條ニハ軍艦兵器彈藥トアルヲ以テ其以外ノ工事製造又ハ物件買入ノ爲ニハ前金拂ヲ爲スヲ得サルナリ是ニ於テカ軍馬ヲ買入ルルノ必要アルトキト雖モ前金拂ヲ爲シ能ハサルヤノ疑問ヲ生ス蓋シ一般ニ兵器ト謂フトキハ所謂武器ト同一ノ意義ヲ有シ直接ニ戰鬪ノ用ニ供スル銃炮刀劍等ノ如キ性質上武器タル物件ヲ稱ス故ニ普通ノ意義ニ從ヘハ軍馬ハ兵器ノ語ニ包含セラレサルヲ以テ前金拂ヲ爲シ得サルモノト謂ハサルヘカラス立法論トシテ之ヲ考覈スルトキハ軍馬買入ノ場合ニ於テモ前金拂ヲ爲シ得ルヲ以テ策ノ得タルモノト爲ス是恰モ前條ニ於テ軍艦買入ト軍馬買入ト共ニ齊シク隨意契約ニ依ラシムルト同一ノ理由ニ基クモノニシテ即チ戰時急迫ノ場合ニ外國ヨリ馬匹ヲ購入スルカ如キ場合ニハ大ニ其ノ必要ヲ感スルモ

ノト謂フヘシ立法者或ハ兵器ヲ廣義ニ解シテ軍隊ノ戰鬪用具ヲ指スノ義ナリトシ軍馬ヲ包含セシムルノ意ナルヤ知ルヘカラスト雖解釋上到底一疑問タルヲ免レサルヘシ何トナレハ此ノ意味ヲ以テセハ軍艦モ亦兵器ノ語ニ包含セラルヘキヲ以テ特ニ之ヲ掲記スルノ要ナケレハナリ余輩ハ之ヲ狹義ニ解シテ前述ノ如ク物其自身利器（人畜ヲ傷害シ若ハ物件ヲ破壞スルノ用ニ供シ得ヘキ特種ノ器具）タルノ性質ヲ有スルモノヲ謂フト曰ハント欲ス

以上説明ノ如ク本條ハ軍艦、兵器、彈藥ヲ除ク外工事製造又ハ物件買入ノ爲ニ前金拂ヲ爲スコトヲ得サル旨ヲ明ニスト雖モ其ノ他ノ場合ニモ尚前金拂ヲ爲シ得サルヤ否ヤニ關シテハ何等明文ノ徴スヘキモノナシ之ヲ以テ實際上種々ナル問題ヲ生シ解決頗ル困難ヲ極ムルモノノ如シ左ニ其ノ一二ヲ示サントス

一、土地ヲ買收シタル場合ニ其ノ地上ニ存在スル建物ヲ移轉セシムル爲其ノ移轉料ヲ移轉前ニ仕拂フコトヲ得ルヤ否ヤ

消極論者曰ク本條中ニ物件ノ移轉料ヲ包含セサルハ反對論者ノ言ノ如シ然レトモ本條ノ規定以外ニ前金拂ヲ爲スニハ明治二十三年三月勅令第三十二號（在外各廳經費中租税區費其他雜税、建物借料ノ前金拂）明治二十四年三月勅令第二十四號ノ如キ勅令ナカルヘカラス從テ

物件移轉料モ勅令ノ規定ニ依ルニアラサレハ前金拂ヲ爲スヲ得サルナリ是本法第二十三條但書規定ノ結果當然此ノ如クナラサルヘカラサル所ナリト

積極論者ハ曰ク國家ノ仕拂ニ關シ前金拂ヲ爲シ得サル場合ハ本條ノ明示セル如ク工事製造又ハ物件買入ノ場合ニシテ其ノ他ノ場合ニ於テ前金拂ヲ爲スニハ命令ノ根據アルヲ要ストノ規定ノ存スルモノナシ反對論者ハ本法第二十三條但書ニ「法律勅令ニ依リ前金渡概算渡繰替拂ヲ爲シタル場合ニ於ケル返納金ハ各々之ヲ仕拂ヒタル經費ノ定額ニ戻入ルルコトヲ得」トノ規定アルヲ以テ前金拂ヲ爲スニハ法律又ハ勅令ノ規定アルヲ要スト謂フモ同條但書ノ規定ハ本文ノ「誤拂過渡トナリタル金額ノ返納出納ノ完結シタル年度ニ屬スル收入及其ノ他一切豫算外ノ收入ハ總テ現年度ノ歲入ニ組入ルヘシ」トノ原則ニ對スル例外ヲ規定シタルニ止マリ本條ト何等ノ關係アルコトナシ同條ニ所謂前金渡ノ語ニハ前金拂ヲ包含セサルモノト解セサルヘカラス卽チ前金渡トハ官吏其他ニ對シ旅費、俸給、宿舍料其他ノ諸手當ノ如キ給與的ノ性質ヲ有スルモノノ仕拂ヲ爲ス場合ヲ謂ヒ前金拂トハ工事製造費又ハ物件買入代ノ如キ普通民法上ニ於ケル債務辨濟ノ性質ヲ有スルモノノ仕拂ヲ爲ス場合ヲ謂フ換言セハ前者ハ公法關係ニ於テ前渡ヲ爲ス場合ヲ謂ヒ後者ハ私法關係ニ於テ前拂ヲ爲ス場合ヲ謂フ二者均シク前拂ニ屬スルモ彼是法律關係ヲ異ニセル點ニ於テ其ノ性質ヲ異ニセリ是本法ニ於テ二者ヲ區別セシ所以ナリトス此ノ區別ハ現行法令ノ明文ニ徵スルモ既ニ明白ナリ今現行前金渡ニ關スル勅令ヲ示サンニ(一)明治二十二年十一月勅令第百二十一號(外國留學生學資金及手當給與)(二)同二十九年四月勅令第百五十八號(外國駐在武官手當飼馬料給與)(三)同三十八年一月勅令第二十二號(陸海軍人軍屬ノ旅費支給)(四)同三十七年一月勅令第十號(艦船乘組ノ傭人給料)三十九年五月勅令第百一號(航路標識視察船及海底電線布設船乘組員ノ食卓料支給)等ノ規定アリ更ニ前金拂ニ關スル法令ノ規定如何ヲ見ルニ(一)明治二十三年三月勅令第三十二號(前段參照)(二)同二十四年三月勅令第二十四號(前段參照)(三)同二十九年二月法律第二號(官設鐵道用品資金會計ヨリ官設鐵道用品ヲ買入ルヽトキ前金拂並概算渡ヲ爲スコトヲ得ルノ件)(四)同四十年二月法律第五號(印刷局製造ノ物件ヲ買入ルヽ場合ニ前金拂ヲ爲スコトヲ得ルノ件)等ノ規定アリテ前金拂ニ關シテ偶々一二ノ勅令アリト雖モ總テノ場合ニ之ト同一ノ勅令ヲ要スト云フハ根據ナキ見解ト謂ハサルヘカラス若シ本條ニ於ケル立法ノ精神ニシテ軍艦兵器彈藥ヲ除ク外絕體ニ前金拂ヲ禁スルノ趣旨ナリトセハ勅令ヲ以テ之カ例外ヲ規定スルモ其ノ效力ナカルヘシ何トナレハ命令ヲ以テ法律ヲ變更スルヲ得サルハ憲法第九條ノ明定スル所ナレハナリト今兩說ヲ比較翫味スルニ本法ノ解說トシテハ前金渡ト前金拂トハ同一ノ意義ヲ有

スルモノニアラスト云フ後說ノ所論ヲ以テ立法ノ趣意ニ合スルモノト信ス從テ本條ニ所謂工事製造又ハ物件買入以外ノ仕拂ニ關シテハ勅令ノ規定存セサルモ前金拂ヲ爲ス決シテ違法ニアラス前例明治二十三年勅令第三十二號同二十四年勅令第二十四號ハ固ヨリ法律ニ違反スルノ規定ニアラスシテ法律ノ許容セル範圍ニ於ケル規定ナリト雖モ本法第二十三條但書ノ規定ニ依ル法律ノ委任ニ基クモノナリト謂フヘカラス同勅令ノ規定存セサルモ此ノ如キ場合ニハ前金拂ヲ爲スヲ妨ケサルナリ極論セハ同勅令ノ存在ハ單ニ前金拂ヲ爲シ得ル場合ヲ具體的ニ明言シタルニ過キサルモノト謂フノ外ナキナリ

之ヲ要スルニ余輩カ本問ニ關シ積極說ニ左胆セントスルハ本條ニ於テ軍艦兵器彈藥ヲ除ク外工事製造物件買入ノ爲ニ前金拂ヲ爲スヲ得ストアルヲ以テ其ノ他ノ場合ニハ前金拂ヲ爲シ得ルモノト解スルハ反對推理當然ノ結果ナルノミナラス消極論者ノ云フカ如ク本條ニ對スル例外ノ規定ヲ本法第二十三條但書ニ於テ勅令ニ委任シタルモノナリト謂フハ條文ノ排列上ヨリ之ヲ考フルモ到底信ヲ措クニ足ラサルカ故ナリ聞クカ如クンハ鐵道院ニ於テハ從來常ニ後說ノ如ク取扱ヒ來リシモ會計檢査院モ亦嘗テ審理詰問ヲ爲シタルコトナシト其ノ如何ナル理由ニ基ケルヤヲ

知ラスト雖恐ラク前述ノ理由ニ基クモノナランカ

二、保險料ノ仕拂ハ前金拂ナリト謂フヘキヤ

官廳ノ器具機械等ヲ火災保險ニ付スルノ必要アル場合ニ保險契約ト同時ニ若ハ其ノ以後保險金受取以前ニ保險料ヲ仕拂フハ前金拂ナリト謂フヘキヤ蓋シ保險契約ハ契約ノ締結ト共ニ有効ニ成立スルモノナリト雖保險者ノ責任ノ生スルハ契約ヲ以テ保險料仕拂ノ後ニアリト為スヲ通例トスルヲ以テ保險契約ノ目的ヲ達セシメント欲セハ勢ヒ保險料ノ仕拂ヲ為ササルヘカラス保險契約ヲ締結スルモ保險料ヲ仕拂ハサレハ保險者ノ責任即チ危險ノ發生ニ際シ保險金ヲ支拂フヘキ義務ヲ生セサルヲ以テ此ノ場合ニ於ケル保險料ノ仕拂ハ保險金受領ノ為ニハ絶體的必要條件タルモノナレハ之ヲ前金拂ト稱スヘキニアラス假リニ數歩ヲ讓リテ對價ヲ得サル以前ニ仕拂フモノハ總テ前金拂トナリト云フ説ヲ以テ正解ト為スモ余輩ノ持論ニ從ヒハ保險料ノ仕拂ハ物件ノ買入代ト稱スヘカラサルハ勿論工事製造費ニモアラサルヲ以テ從テ本條ノ範圍外ニ屬シ前金拂ヲ為シ得ルモノト謂ハサルヘカラス明治三十七年十月大藏省決議ニ依レハ煙草製造所ノ建物機械器具及作業原料品ヲ火災保險ニ付スル場合ニ保險料ノ仕拂ヲ為スハ性質上前金拂ニアラストノ理由ノ下

ニ之ヲ是認セリ

三、辯護士ニ仕拂フ訴訟代理委任手數料ハ前金拂ヲ爲シ得ルヤ

訴訟行爲ノ代理ヲ委任スル場合ニ其ノ行爲以前ニ一部又ハ全部ノ費用ヲ仕拂フハ一般ノ慣例ニシテ若シ其ノ仕拂ヲ爲サヽレハ之ニ應スル者ナキトキ（殊ニ外國裁判所ニ訴訟ヲ提起セントシテ外國人タル辯護士ニ依賴スルカ如キ場合）事前ニ之カ仕拂ヲ爲ス洵ニ已ムヲ得サルモノニシテ恰モ保險料ヲ仕拂ハサレハ其ノ目的タル保險金ハ得ル能ハサルト同シク辯護士手數料ヲ仕拂ハサレハ訴訟行爲ヲ爲ス能ハサルニ依リ（外國ニ於テモ或審級ノ裁判所ニテハ辯護士ニ依ルニアラサレハ訴訟行爲ヲ爲ス能ハサル制限アルヲ假定ス）請求ノ目的ヲ達スルヲ得サルナリ果シテ然ラハ是亦性質上前金拂ニアラスト謂ヒ得ヘキニ似タリ若シ假リニ然ラストスルモ物件買入ノ爲ニスル仕拂ニアラサルヲ以テ本條ヲ根據トシ前金拂ヲ爲スヲ得スト謂フヲ得サルナリ但シ辯護士ニ對シテ仕拂フ所謂成功謝金ノ如キハ勝訴ノ後ニ仕拂ハルヘキモノナルヲ以テ前金拂ヲ爲スノ要ナク又實ニ之ヲ爲スヲ得サルナリ何トナレハ謝金提供ノ契約ハ停止條件付ニシテ即チ請求ノ目的ヲ達スレハトノ條件付義務ヲ負フニ過キサルヲ以テ未タ實際ニ仕拂ノ義務ヲ生セス仕拂ノ義務ヲ生セサルニ仕拂ヲ爲スノ違法タルヤ敢テ言ヲ待タサル所ナレハナリ

之ヲ要スルニ本條ノ物件買入ノ語ハ或論者ノ如ク勞力ノ買入ヲモ包含スト謂フノ說ハ余輩ノ賛同スル能ハサル所ニシテ物件ノ語ハ之ヲ狹義ニ解スヘキハ既ニ前條ニ於テ詳論セシ如クナルヲ以テ本條ニ於テモ亦同一ノ解釋ヲ爲スヘキハ當然ナルノミナラス明治四十年二月法律第五號モ亦「官廳ニ於テ印刷局製造ノ物件ヲ買入ルル場合云々」ト謂ヒ物品ト同一意義ニ用ヒラレタルカ如シ以テ我カ意ヲ強クスルニ足ルト信スルハ非乎

第九章　出納官吏

本章ハ出納官吏ノ責任及出納官吏ノ責任ヲ保障セシムル條件其ノ他出納官吏ト仕拂命令官トノ兼職ヲ許サヽルコト等ヲ規定ス而シテ此ニ所謂出納官吏トハ政府ニ屬スル現金若ハ物品ノ出納ヲ掌ル官吏ヲ謂フ卽チ(一)收入官吏(二)現金前渡ヲ受ケタル官吏(三)金庫出納役(四)物品會計官吏是ナリ

一、收入官吏トハ租稅其他ノ歲入ヲ收納シ得ル權限ヲ有スル官吏ヲ云フ本法第十條第二項ニ依レハ法律命令ニ依リ當該官吏ノ資格アル者ニ非サレハ租稅ヲ徵收シ又ハ其ノ他ノ歲入ヲ收納シ得サルモノトス而シテ租稅徵收ノ權限ヲ有スル者ハ既ニ前ニモ述ヘタル如ク税關長及税務署長等ナリトス其ノ他租税以外ノ收入ヲ爲シ得ル者ハ各省大臣ノ命令ヲ受ケタル官吏ニシテ是等ノ收入官吏ハ歳入歳出外現金出納官吏トシテ歳入歳出外現金出納ノ職務ヲモ兼掌スヘキモノトス（明治三十七年一月大藏省訓令第三號）

二、現金前渡ヲ受ケタル官吏トハ本法第十五條第二項ノ規定ニ依リ特ニ現金前渡ヲ受ケタル官吏ヲ云フ

三、金庫出納役トハ國庫金ノ保管出納ヲ掌ル者ヲ云フ會計規則第百十一條ニ依レハ會計法第三十一條ニ依リ國庫金ノ取扱ヲ日本銀行ニ命シタル場合ニ於テハ日本銀行總裁ハ金庫出庫役トシテ金庫ノ出納ヲ掌ルヘシトアリ卽チ日本銀行總裁ハ金庫出納役トシテ國庫金取扱ノ任ニ膺ルモノナリ

四、物品會計官吏トハ現金以外ノ物品ノ出納保管ヲ掌ル官吏ヲ云フ物品ノ出納ニ關シテハ明治二十二年六月勅令第八十四號物品會計規則ノ存スルモノアリ特種ノ規定アルヲ以テ全然同規則ノ適用ヲ受クヘク從テ會計規則ニ於テモ物品會計官吏ニ關シテハ何等規定スル所ナキナリ

第二十六條　政府ニ屬スル現金若ハ物品ノ出納ヲ掌ル所ノ官

吏ハ其ノ現金若ハ物品ニ付一切ノ責任ヲ負ヒ會計檢査院ノ檢査判決ヲ受クヘシ

本條ハ政府ノ現金若ハ物品ノ出納ヲ掌ル所ノ官吏ノ責任ヲ規定スルモノニシテ卽チ出納官吏ハ其ノ出納セシ現金若ハ物品ニ付一切ノ責任ヲ負ヒ會計檢査院ノ檢査判決ヲ受ケサルヘカラストセリ然ラハ責任トハ何ソヤ左ニ少シ論スル所アルヘシ抑モ責任ニハ道義上ノ責任アリ法律上ノ責任アリト雖モ道德上ノ責任ハ固ヨリ法律上ノ問題タラサルヲ以テ此ニ之ヲ論スルノ要ナシ而シテ法律上ノ責任トハ一言以テ之ヲ蔽ヘハ法律上自已ノ履行セサルヘカラサル義務ヲ履行セサルニ依リ受ケサルヘカラサル法律上ノ效果ヲ謂フ例之或行爲ヲ爲スヘキ法律上ノ義務アル場合ニ(直接法律規定ノ結果タルト契約ノ結果タルトヲ問ハス)其ノ義務ヲ履行セサルトキハ之ヨリ生スル損害ヲ賠償セサルヘカラス若ハ處罰ヲ受ケサルヘカラス其ノ損害ヲ辯償シ若ハ處罰ヲ受ケサルヘカラサルノ責ヲ負フハ卽チ法律上ノ義務違背ノ結果ニシテ此ノ結果ニ附帶スル法律上ノ要求ヲ充タササルヲ得サル責務ハ亦法律規定ノ效果タルニ外ナラサルナリ之ヲ稱シテ責任ト謂フ故ニ義務ト責任トハ其ノ間自ラ區別アルヲ知ルヘシ世俗一般的ニハ責任ト義務トヲ同一義ニ用ウルヲ通例トスルモ法律上ノ用語トシテ

ハ此ノ意味ニ用キラレタルコト疑ヲ容レサルナリ
此ノ如ク法律上ノ責任ハ實ニ法律ニ因リ生スルモノナレハ吾人ノ日常生活ニ於テ互ニ相扶ケ相憐ミ相愛シ相親ミ相禮シテ他人ノ生存ヲ妨クヘカラステフ千古ニ涉リテ渝ラサル吾人共同生活上ノ自然ノ義務トハ因ヨリ日ヲ同フシテ語ルヘカラサルナリ
法律上ノ責任ハ法律ノ規定ニ依リテ初テ發生スルモノナルコト前述ノ如クナルヲ以テ其ノ責任ノ生スル根源タル法律ノ異ナルニ依リ責任ノ種類及其程度等亦自ラ異ナルモノアリ今之ヲ大別スレハ公法上ノ責任及私法上ノ責任ト爲スコトヲ得更ニ公法上ノ責任ヲ區別シテ刑罰法上ノ責任及特別ノ服從關係ヨリ生スルモノ即チ服務法上ノ責任ト爲ス刑罰法上ノ責任ハ一般ニ何人ト雖モ其ノ法規ニ違犯スルトキハ其ノ責ヲ負ハサルヘカラス之ニ反シテ服務法上ノ責任ハ特別ニ國家ト服務關係ニ立ツ者即チ官吏其他之ニ準スヘキ者ノ負フ所ノ責任ナリ私法上ノ責任ハ即チ民法上ノ責任ニシテ刑罰法上ノ責任ト同シク一般共通ノ責任ナリトス
出納官吏ハ何故ニ現金若ハ物品ニ付テ一切ノ責任ヲ負ハサルヘカラサルヤ現行ノ下一般官吏ノ職務執行ニ際シ國家ニ對シ損害ヲ加ヘタル場合ニ其ノ責任ニ關シ何

等規定スル所ナキニ單リ出納官吏ニ付テノミ其ノ責任ヲ問ハントスルハ抑モ如何ナル立法上ノ理由ニ基クモノナルカ是蓋シ一般官吏ノ職務執行ハ多クハ公權ノ執行ヲ爲スニ在リテ其ノ結果國家ニ財産上ノ損害ヲ被ラシムルカ如キハ殆ト之ナカルヘシト雖政府ノ現金若ハ物品ノ出納保管ニ任スル者ハ職務ノ性質上其ノ執行ノ良否ハ直ニ財産上ノ利害ニ影響ヲ及ホスヲ以テ其ノ現金若ハ物品ニ付一切ノ責任ヲ負ハシメ以テ國家ノ財産ノ保護ヲ完全ナラシメンコトヲ期スルモノナリ議者或ハ一般官吏ノ責任ニ比シ出納官吏ノ責任重キヲ唱ヒ權衡其ノ宜キヲ得サルヲ以テ宜シク出納官吏責任ニ關スル規定ヲ削除スヘシト難スル者アリ然レトモ冷靜ニ之ヲ考フルトキハ現金若ハ物品ノ出納事務ハ事務ノ性質上直ニ國家ニ財産上ノ損害ヲ被ラシムル危險多キヲ以テ充分之カ責任ヲ嚴ニセサルトキハ國家ハ到底其ノ財産ノ鞏固ヲ望ムヘカラス是其ノ次條ノ如キ賠償責任ヲ負ハシムルト同時ニ一方ニハ其ノ責任ヲ確保セシムル爲メ身元保證ノ制度ヲ設クル所以ニシテ洵ニ止ムヲ得サルニ出テタルモノト謂フヘク其ノ一般官吏ノ國家ニ對スル賠償責任ニ關シ何等規定スル所ナキハ前述ノ如キ理由ニ因ルモノニシテ之ヲ以テ不公平ノ立法ナリト云フカ如キ批難ハ敢テ齒牙ニ懸クルニ足ラサルナリ

論者又或ハ官吏ノ過失怠慢ニ付テハ行政上他ニ懲戒方法ノ途備ハルヨリ即チ官吏服務規律ヲ以テ充分ナリ更ニ之ヲ加重スルノ要ナシト云フト雖モ懲戒ト損害賠償トハ全ク其ノ目的ヲ異ニス過失怠慢者ヲ懲戒スルトキハ將來ニ其ノ過失怠慢ヲ寡少ナラシムルノ効果アルヘキモ現在ニ生シタル財產上ノ損害ハ回復セラルルコトナシ賠償責任ヲ負ハシムルハ懲戒ヲ直接ノ目的トスルニアラスシテ財產上ノ損害ヲ賠償セシムルヲ目的トス豈ニ其ノ必要ナシト謂フヘケンヤ

然ラハ此ニ一切ノ責任トハ如何通常一切ノ責任トハ總テノ責任ト云フノ意味ナルヲ以テ私法上ノ責任ハ勿論公法上ノ責任ヲモ包含スヘキ理ナルカ如シト雖公法上責任ニ付テハ會計檢査院ノ檢査判決スヘキ限ニ在ラサルヲ以テ（次條ノ規定參照）一切ノ責任ト云フモ自ラ制限アリ即チ此ニハ私法上ノ賠償責任ノ意味ニ解セサルヘカラス人或ハ出納官吏ノ責任ハ其ノ保管スル現金若ハ物品ノ毀損紛失ニ付テハ其保管上全ク避ケ得ヘカラサル事實ヲ證明スルニ非サレハ負擔ノ責ヲ免ルル能ハサルモノニシテ即チ輕過失ヲモ許ササルヲ以テ民法上ノ保管者ノ賠償責任（民法第四百條第六百四十四條）ヨリ重キ責任ヲ負ハサルヘカラス此ノ重キ責任ノ負擔ハ即チ本條ノ規定ヨリ生スルモノナルヲ以テ之ヲ公法上ノ責任ト謂ハサルヘカラスト論スル者アリ然レトモ

賠償義務其者ハ官吏關係ヨリ直接ニ當然生スル義務ニアラスシテ出納官吏ノ職務上ノ過失ニ基キ發生スル第二次ノ義務ナルヲ以テ必然ニ公法的性質ヲ有スルモノト云フヘカラス賠償義務發生ノ原因ハ固ヨリ官吏カ公法上ノ義務ニ違背スルニ由テ生スルモノナリト雖モ公法上ノ義務違反ヨリ生スル法律上ノ効果ハ必スシモ當然公法上ノ法律關係ナルニアラサルナリ賠償責任ハ專ラ國家ノ財產上ノ利益ヲ保護スルカ為ニ認メラルルモノニシテ公益保護ノ為ニスルモノニ非サルカ故私法上ノ義務タル性質ヲ有ストスルヲ以テ正當ト為スヘシトノ美濃部博士ノ反對論（同博士著日本行政法論）ヲ以テ正當トスヘキニ似タリ博士ハ又有賀博士カ賠償責任ハ天皇ノ恩赦ニ依リ減免スルノ制（會計檢查院法第二十條）アルヲ以テ公法的性質ヲ有スルノ最モ有力ナル證據ナリト云フノ說ニ對シ國家ニ對スル義務ヲ國家カ免除シ得ル規定ヲ設ケタリトテ敢テ怪ムニ足ラスシテ之ヲ以テ公法的タルヲ證スルニ足ラスト謂ヘリ

思フニ賠償義務ノ私法的タルハ現行法制亦之ヲ認ムル所ナリ即チ明治三十二年十二月勅令第四百五十七號會計檢查院事務章程第二十九條第三十三條第三項ハ出納官吏ニ對スル公訴起リタルトキハ之ニ附帶シ私訴ヲ提起スルコトアルヘキヲ豫想セルヨリ之ヲ見ルモ賠償義務其モノハ即チ私法上ノ義務ナルヲ證スルニアラスヤ

蓋シ賠償義務ハ私法上ノ義務ナルカ故賠償ヲ求ムルノ權亦當然私法上ノ權利タルナリ若シ公法上ノ義務ナリトセンカ其ノ請求權亦公法上ノ權利ナリト謂ハサルヘカラス從テ民事刑事ヲ裁判スヘキ裁判所ニ私訴トシテ請求スルヲ得サルノ結果ト爲ルヘシ之ヲ要スルニ公法上ノ責任ナリヤ將タ私法上ノ責任ナリヤハ必スシモ單ニ其ノ責任ノ生スル法律ノ公私ニ依リ之ヲ決スルヲ得スシテ其ノ責任ノ性質ニ依リ之ヲ判斷スルノ外ナキナリ賠償ノ責任ハ財產上ノ損害ヲ補償セシムルノ外他ニ何等ノ目的ヲ有セサルモノナリ毫モ公法的性質ヲ有セサルナリ

此ノ如ク出納官吏ノ現金若ハ物品ノ保管出納ニ關シ生シタル賠償責任ハ私法上ノ義務ナリト雖モ之ヲ必ス民事裁判所ニ向テ其ノ損害ノ賠償ヲ要求スルヲ要セス一般的ニハ先ツ會計檢查院ノ判決ヲ受ケシムルモノトス本條ニ於テ「一切ノ責任ヲ負ヒ會計檢查院ノ檢查判決ヲ受クヘシ」ト謂ヘルモノ卽チ之カ爲ナリ

會計檢查院ノ檢查判決ヲ受ルカ爲ニ(一)收入官吏ハ一年度內ニ執行シタル出納ノ計算書ヲ調製證憑書類ヲ添ヘ歲入徵收官ニ送付シ歲入徵收官ハ之ヲ檢查シ檢查書ヲ添ヘ會計檢查院ニ送付スヘク(會計規則第九十七條)(二)現金前渡ヲ受ケタル官吏ハ每月仕拂計算書ヲ調製シ證憑書類ヲ添ヘ仕拂命令官ニ送付シ仕拂命令官ハ下檢查ヲ爲シ檢查

書ヲ添ヘ之ヲ會計檢査院ニ送付スヘク（會計規則第九十八條）(三)金庫出納役ハ一年度內ニ執行シタル出納計算書ヲ調製シ證憑書類ヲ添ヘ大藏大臣ニ送付シ又毎月各金庫出納內譯書ヲ調製シ證憑書類ヲ添ヘ大藏大臣ニ送付シ大藏大臣ハ前各項ノ出納計算書及內譯書ヲ調製シ之ヲ會計檢査院ニ送付スヘキモノトス（會計規則第百十一條）而シテ一旦提出シタル出納官吏ノ計算書ハ如何ナル事由アルモ之ヲ提出後修正變更スルコトヲ得ス（會計規則第百一條）是其ノ收支計算ノ錯雜紛交ヲ防キ以テ其ノ間ニ生スルコトアルヘキ弊害ヲ豫防セントスルカ爲ナリ

會計檢査院ハ以上ノ如ク出納官吏ヨリ提出シタル計算書及證憑書類ヲ檢査シ正當ナリト判決シタルトキハ該官ニ對シ認可狀ヲ交付シ其ノ責任ヲ解除ス若シ必要ナル場合ニ於テハ之ヲ推問シ辯明又ハ正誤ヲ爲サシメ仍ホ正當ナラスト判決シタルトキハ本屬長官ニ移牒シテ處分ヲ爲サシム（會計檢査院法第二十條）本屬長官其ノ判決ニ基キ處分ヲ命シ出納官吏其ノ負擔スヘキ缺損金ノ辨償ヲ終ヘタルトキハ會計檢査院ハ本屬長官ヲ經由シテ認可狀ヲ交付スヘキモノトス（會計檢査院事務章程第二十八條二項）各省大臣會計檢査院ノ判決ニ基キ出納官吏ノ損失金辨償ヲ命シタル場合ニ於テ指定ノ期限內ニ其ノ辨償ヲ爲ササルトキハ身元保證金ヲ以テ辨償ニ充ツルモノトス此

ノ場合ニ於テ公債證書若ハ土地ヲ以テ保證金ニ代用シタルモノナルトキハ各省大臣之ヲ公賣ニ付シ其代價ヨリ損失金額ヲ控除シ若シ剩餘アルトキハ出納官吏ニ返付スヘク若シ保證人ヲ以テ保證金ヲ免除シタル場合ニハ保證人ヲシテ損失金ヲ辨償セシムルモノトス（會計規則第百五條）

出納官吏數職ヲ兼務シ其ノ各職毎ニ身元保證ヲ爲シタル場合ニ於テハ其ノ何職ヲ行ヒタルヨリ生スル責任ナルヲ問ハス互ニ流用シテ辨償ニ充ツルコトヲ得（同規則第百七條）身元保證金ヲ以テ辨償スルニ足ラサルトキハ其ノ不足額ハ固ヨリ之ヲ出納官吏ヨリ徵收セサルヘカラス（同規則第百六條）

本法第二十八條ノ規定ニ依レハ必スシモ身元保證金ヲ納付セサルヘカラサルモノニアラス出納官吏ニシテ身元保證ヲ納メシムルヲ要スルモノハ勅令ヲ以テ之ヲ定ムルモノトシ明治三十五年八月勅令第二十號ハ各省大臣ハ其ノ必要ト認ムル場合ニ於テハ身元保證金納付ヲ命スルコトヲ得ト規定シタルヲ以テ必スシモ身元保證金ヲ納付セシムルニ及ハス然レトモ實際ニ於テハ保證人ヲ立テシメ又ハ保證金ヲ納付セシムルヲ例トス

出納官吏若シ身元保證金ノ提供ナク又ハ保證金ノ納付若ハ保證人等アルモ辨償金

ヲ補償スルニ足ラサルトキハ如何ニシテ之ヲ追徵スヘキヤ會計規則第百六條ハ前述ノ如ク出納官吏ヨリ徵收スヘキヲ命スルモ若シ出納官吏ニシテ其命ニ應セサルトキハ之ヲ强制スルニ由ナシ蓋シ會計檢查院ノ判決ハ民事裁判判決ノ如ク執行力ヲ有スルモノニアラス單ニ計算書證書類ニ基キ賠償義務アルコトヲ決定スルニ過キスシテ之ニ依リ本屬長官ハ其ノ辨償ヲ命スルモ若シ之ニ應セサルトキハ更ニ進ンテ强制スヘキ權限ノ規定ナキヲ以テ此ノ場合ニ於テハ民事訴訟ヲ提起スルノ外ナキナリ

出納官吏ニ對スル賠償義務ノ履行ヲ民事裁判所ニ請求シタル場合ニ於テハ裁判所ハ獨立ノ意見ヲ以テ判決ヲ爲スヘキカ故ニ時ニ成ハ會計檢查院ノ判決ト一致セサルコトアルモ毫モ怪ムニ足ラス固ヨリ民事裁判所ニ於テモ出納官吏ノ責任ヲ定ムルニ付テハ本法第二十六條第二十七條ニ依ラサルヘカラサルハ言ヲ俟タス唯其ノ保管上果シテ避ケ得ヘカラサルノ事實アリシヤ否ヤノ認定ハ會計檢查院ノ判決ニ羈束セラルルコトナク獨立自由ノ見解ヲ以テ定ムヘキノミ其ノ結果偶々會計檢查院ノ判決ト異ナルコトアルヘキハ當然ニシテ寔ニ已ムヲ得サルナリ

出納官吏ハ以上說明ノ如ク其ノ責任ニ付テハ會計檢查院ノ檢查判決ヲ受ケサルヘ

カラスト雖各省大臣ハ亦所屬出納官吏ノ所爲ニ因リ政府ノ損失ヲ生スルニ至リタルモノト認ムルトキハ會計檢査院ノ判決ヲ待タス出納官吏ニ辨償ヲ命スルヲ得ルモノトス此ノ場合ニ辨償ヲ命セラレタル出納官吏ハ免責ノ理由アリト信スル時ハ計算書ヲ作リ證憑ヲ添ヘ本屬大臣ヲ經由シテ之ヲ會計檢査院ニ送付シ其ノ判決ヲ求ムルコトヲ得但シ各省大臣ハ此ノ場合ニ於テ其ノ命シタル損失金ノ辨償ヲ猶豫セス徵收スヘキナリ而シテ若シ會計檢査院ニ於テ其ノ出納官吏ニ向テ辨償ノ責ナシト判決シタルトキハ既ニ納付セシメタル辨償金ハ直ニ之ヲ還付セサルヘカラス（會計規則第八十八條第八十九條）

出納官吏ノ賠償義務ハ財產上ノ損失ヲ補塡セシムルヲ目的トスル私法上ノ義務タルコト既ニ前述ノ如クナルヲ以テ退官ノ事實ニ因リテ決シテ消滅スルモノニアラス是レ賠償請求權ノ懲戒權ト全ク異ナル所ナリ懲戒權ハ官吏ノ服務關係ヨリ生スル權利ニシテ官吏ヲ戒飾スルヲ以テ目的トス故ニ官吏ニシテ既ニ退官シタルトキハ固ヨリ之ニ懲戒ヲ加フルノ必要ナク又既ニ官吏關係消滅シタル以後ニ於テハ懲戒ヲ加フルノ途ナキナリ之ニ反シテ賠償請求權ハ出納官吏カ其ノ職務執行ニ際シ國家ニ財產上ノ損害ヲ加ヘタルニ因リ其ノ損害ヲ賠償セシムルヲ目的ト爲スカ故

ニ退官ノ後ニ於テモ之ヲ追求スルニアラスンハ國家ノ被リタル損害ハ同復セラルルコトナシ故ニ會計規則第百十條ニ於テモ出納官吏ノ身元保證金ハ其ノ解職後會計檢査院ニ於テ其ノ官吏ノ執行シタル會計事務ニ付責任解除ノ決定ヲ與ヘタル後ニアラサレハ還付セサルコトヲ明ニセリ

出納官吏ハ其ノ保管スル現金若ハ物品ニ付一切ノ責任ヲ負ハサルヘカラサルヲ以テ其ノ部下ノ官吏ヲシテ自已ノ責任ニ屬スヘキ事務ヲ執ラシメ依テ損失ヲ生スルニ至ラシメタルトキハ國家ニ對シテ自ラ其ノ責ニ任セサルヘカラス此ノ場合ニ受任者タル部下ノ官吏ニシテ故意過失ニ依リ損害ヲ生セシメタルモノナキトキハ此者ニ對シ出納官吏ヨリ求償ヲ爲シ得ヘキハ勿論ナリトス然ルニ若シ各省大臣ノ命令ヲ以テ特ニ其ノ代理官若ハ分任官ヲ定メタルトキハ其ノ代理官若ハ分任官ノ所爲ニ付テハ責ヲ負フヘキモノニアラス却テ其ノ代理官若ハ分任官ニ於テ其ノ責ニ任セサルヘカラス（會計規則第八十四條第八十五號）是即チ各省大臣ノ命令ニ依リ代理官ハ出納事務ノ全部ヲ代理シ分任官ハ其ノ一部ヲ分掌スヘキ職務ヲ負フニ至リタルモノナレハ出納官吏ト同シク其ノ事務ニ付テ責任ヲ負ハシムルハ因ヨリ當然ノ事理ナレハナリ之ニ反シテ前ノ場合ニ於テハ出納官吏自已ノ任意ヲ以テ事務ヲ代理セシムルモ

ノナルカ故ニ自ラ其ノ結果ニ付テ責任ヲ負ハサルヘカラサルハ是亦當然ニシテ毫モ怪ムニ足ラサルナリ

第二十七條　前條ノ官吏水火盜難又ハ其ノ他ノ事故ニ由リ其ノ保管スル所ノ現金若ハ物品ヲ紛失毀損シタル場合ニ於テハ其ノ保管上避ケ得ヘカラサリシ事實ヲ會計檢査院ニ證明シ責任解除ノ判決ヲ受クルニ非サレハ其ノ負擔ノ責ヲ免ルヽコトヲ得ス

出納官吏ハ自巳ノ管掌スル現金又ハ物品ニ付一切ノ責任ヲ負ハサルヘカラサルハ前條ノ規定スル所ナリ然リト雖如何ナル場合ニ於テモ絕體ニ出納官吏ヲシテ責任ヲ負ハシムルハ頗ル苛酷ナルノミナラス又實ニ責任ノ原理ニ反スルモノト謂ハサルヘカラス蓋シ責任トハ前ニモ述フル如ク法律又ハ契約ニ依リ或ル行爲ヲ爲シ又ハ爲ササル義務アルニ拘ラス其ノ行爲ヲ爲サス若ハ爲シタリト云フ卽チ法律又ハ契約ノ違反ノ所爲ニ對シ被ラシムヘキ法律上ノ効果ヲ謂フモノナレハ責任ノ生スルニハ必ス義務ニ違反スルノ事實ナクンハアラス自巳ノ職務ヲ全フシ何等ノ義務違

背ナク又毫モ過失ノ咎ムヘキナキニ責任ヲ負ハシムルカ如キハ背理ノ甚シキモノト謂フヘシ是本條ノ出納官吏ハ自已ノ保管スル現金若ハ物品ノ紛失毀損ニ付保管上避ケ得ヘカラサリシ事實ヲ證明シテ責任解除ノ判決ヲ受クルニアラサレハ負擔ノ責ヲ免ルコトヲ得ストシ以テ其ノ反面ニ過失ナキヲ證明スルトキハ責任解除ヲ得ヘキコトヲ明ニシタル所以ナリ

本條ハ出納官吏ハ水、火災、盜難又ハ其ノ他ノ事故ニ依リ其ノ保管スル現金若ハ物品ヲ紛失毀損シタルトキハ直接自已ノ所爲ニ基カサルモノナリト雖保管上到底避ケ得ヘカラサリシ事實ヲ證明スルニアラサレハ負擔ノ責ヲ免レサルモノトセリ故ニ其ノ保管物ノ紛失毀損ノ直接ノ原因ハ洪水ノ爲ニ流失シ若ハ火災ノ爲ニ燒失シ或ハ他人ノ爲ニ竊取セラレタルニ因ルモノナリト雖當時之ヲ避クルノ途ナキニアラサリシモ自己ノ過失怠慢ニ依リ遂ニ亡失毀損スルニ至リシトキハ其ノ責ニ任セサルヘカラス而シテ本條ハ其ノ避ケ得ヘカラサリシ事實證明ノ責任ヲ出納官吏ニ負ハシメタルヲ以テ出納官吏ハ如何ナル原因ニ依ルヲ問ハス其ノ紛失又ハ毀損ニ付テハ到底難ヲ免レ得サリシコトヲ自ラ證明スルニアラサレハ其ノ責任ヲ免ルルコトヲ得スト約言セハ不可抗力ニ原因スルコトヲ立證セサレハ賠償責任ノ解除ヲ得ヘカラサルナリ其ノ果シテ避クヘカラサルシヤ否ヤハ全ク事實上ノ問題ニ屬シ其ノ時々ノ狀況如何ニ依リ之ヲ決セサルヘカラサルヲ以テ今茲ニ具體的ニ各場合ヲ列擧スルハ因ヨリ不可能事ニ屬スト雖モ左ニ一二ノ假例ヲ示セハ

一、出納官吏自ラ現金ヲ保管セシトキ深夜隣家ヨリ發火シ偶々烈風火熱ヲ熾ンナラシメ炎焰忽チ自已ノ寢室ヲ蔽ヒ僅ニ身ヲ以テ免レタル如キ危難ニ際シ其ノ保管金ヲ燒失スルニ至ラシメタル場合ノ如キ之ヲ避クヘカラサル事實ト認ムルヲ得ヘシ

二、前號ノ場合ニ於テ若シ其ノ保管カ出納官吏現金取扱規程ニ定ムル現金納付期間ヲ經過シタルモノナルトキハ若シ一定ノ期間內ニ金庫ヘ納付セハ此ノ如キ災危ニ遇フコトナカルヘキヲ以テ此ノ場合ニ於テハ法定納付期間ヲ經過セシ原因ニ遡テ全ク避クヘカラサル事由ノ爲ニ出テタルコトヲ立證セサレハ責任ヲ免ルヲ得ス

三、收入官吏官廳外ニ於テ稅金ヲ領收シ歸途强盜ノ爲ニ其ノ稅金ヲ掠奪セラレタル場合ノ如キハ因ヨリ避ケ得ヘカラサルモノト謂フヲ得ヘキハ論ナシト雖モ若シ其歸途ニシテ職務執行後自已ノ便宜ノ爲ニ時ヲ費サシ夜ニ入リタルカ爲ニ剽盜

ノ襲フ所トナリタルモノナルトキハ保管上避ケ得ヘカラサルモノト云フヲ得サルナリ

以上ノ外種々ナル場合ヲ想像スルヲ得ルモ之ヲ要スルニ本條ノ規定ハ全ク出納官吏ニ過失ナクシテ其ノ保管物ヲ亡失毀損シタルニアラサレハ賠償責任ヲ免ルルヲ得スト云フニ歸著ス

出納官吏ハ現金若ハ物品ノ出納保管ニ任スルモノナリト雖物品ノ保管出納ニ關シテハ前既ニ述ヘタルカ如ク特ニ物品會計規則ノ存スルモノアリテ物品會計官吏ノ管掌スル所ナルヲ以テ茲ニ所謂物品トハ物品會計規則ノ目的タラサル特種ノ物品ヲ指スモノト解セサルヘカラス即チ有價證券ノ如キ是ナリ有價證券ノ何モノタルヤ換言セハ如何ナルモノヲ有價證券ト謂フヘキヤハ學者間大ニ議論ノ存スル所ナリト雖要スルニ有價證券ハ學者ノ所謂流通證券ト稱スル者ニシテ證券ノ裏書若ハ交付ノミニ依リ證券ヲ表示セラルル權利ヲ移轉シ得ルノミナラス又其ノ證券ノ存在ハ權利成立ノ要件タルカ若ハ權利ノ移轉ニハ證券ノ交付ヲ要スルカ如ク證券ト權利ト分離スルヲ得サルヲ以テ（普通ノ債權證書ハ單ニ權利ノ存在ヲ證スルノ用ニ供セラルヽニ過キス）證券其レ自身ニ價値アルカ如ク看做サルルモノナレハ之ヲ稱シテ物品ト稱スルモ必スシモ不當ニアラサ

ルヘシ況ンヤ無記名證券ノ如キ民法ニ於テモ之ヲ動産ト看做スノ規定存スルニ於テヲヤ

第二十八條　現金又ハ物品ノ出納ヲ掌ルニ付身元保證金ヲ納メシムルコトヲ要スルモノハ勅令ヲ以テ之ヲ定ムヘシ

本條ハ出納官吏ノ身元保證金ヲ納メシムルヲ要スルモノハ令令ヲ以テ之ヲ定ムヘシト謂ヒ必スシモ出納官吏ニ對シテ總テ身元保證金ヲ納付セシムルノ主義ヲ採ラス明治三十五年八月勅令第二百五號モ亦其ノ第一條ニ於テ「各省大臣ハ必要ト認ムル場合ニ於テ現金若ハ物品ノ出納ヲ掌ル所ノ官吏ニ身元保證金ノ納付ヲ命スルコトヲ得」ト規定シ必要ノ認定ヲ各省大臣ニ委任セリ而シテ各省大臣身元保證金ノ納付ヲ必要ト認メタルトキハ會計規則第百二條ニ依リ各省大臣其ノ金額ヲ定メ會計檢査院ニ通知スヘキモノトス

身元保證金ハ現金ヲ以テ納メシムルヲ本則トスルモ公債證書若ハ土地ヲ以テ現金ニ代用スルコトヲ得（會計規則第百三條）身元保證金ニ代用セントスル公債證書及土地ノ價格ハ各省大臣ニ於テ相當ト認メタル時價ニ依ルヘキモノトス（明治三十五年八月勅令第二百五號）

身元保證金ヲ納付セシムル所以ハ出納官吏ハ自己ノ管掌スル現金若ハ物品ヲ適當

ニ保管スヘキ義務ヲ負フモノニシテ若シ其ノ義務ニ違背シ損害ヲ生シタルトキハ賠償責任ヲ負ハサルヘカラサルヲ以テ之ヲ擔保セシムルカ爲ニシテ賃貸人カ賃借料支拂ノ義務履行ヲ擔保セシムルカ爲ニ賃借人ヲシテ敷金ヲ提供セシムルト全ク其ノ理ヲ同フスルモノナリ故ニ身元保證金ノ性質ハ敷金ノ性質ト殆ト異ナル所ナシ而シテ身元保證金、敷金等ノ法律上ノ性質如何ハ民法學者間頗ル議論ノ存スル所ナルヲ以テ茲ニ二ノ相反スル重ナル學説ヲ掲ケテ鄙見ヲ述ヘントス

第一説ニ曰ク敷金ハ一ノ權利質ニシテ初メ賃貸人カ敷金ヲ受取ルヤ賃借人ニ對シテ賃借權消滅ノ時ニ之ヲ返還スルノ義務ヲ負フモノナリ然レトモ此ノ債務卽チ賃借人ノ債權ハ賃貸人ノ爲ニ擔保ト爲リ若シ賃借人カ賃借料ノ支拂ヲ怠リタルトキハ直ニ其ノ敷金中ヨリ之ヲ控除シ以テ其ノ辨濟ニ充ツルコトヲ得ヘキ旨ヲ約シタルモノナリ然リト雖此ノ權利質ハ普通ノ權利質ト大ニ其ノ性質ヲ異ニスルカ故權利質ニ關スル規定ニ依ルコトヲ要セサルモノナリ思フニ當事者ノ意ハ賃貸人ハ若シ賃借人カ借賃ヲ滯ルコトナクンハ敷金ノ全額ヲ返還スヘク若シ借賃ノ支拂ヲ怠ラハ其ノ滯リタル金額ニ付テハ敷金ヲ賃借人ニ返還スヘキ義務ト之ヲ相殺シ其ノ殘餘ヲ返還スレハ可ナルモノトシタルナリ故ニ學理上權利質ト異ナルコトナシト

雖モ當事者ノ意思ニ於テハ普通ノ權利質ト大ニ異ナル所アリ質貸人ハ單ニ一ノ條件付債務ヲ負ヘルモノト見テ可ナリ即チ若シ賃借人カ借賃ノ支拂ヲ怠ラサレハ敷金ノ全額ヲ支拂フヘク若シ借賃ノ支拂ヲ怠ラハ其怠リタル金額ヲ控除シタル殘額ヲ支拂フヘキモノトシタルナリ故ニ此ノ契約ニハ契約ノ一般ノ規定ヲ適用スヘク敢テ權利質ニ關スル特別ノ規定ヲ適用スヘキニ非サルナリ身元保證金ノ如キモ亦是ト同一ノ性質ヲ有スト

第二說ニ曰ク保證金カ封金ナルトキハ純然タル動產質ノ性質ヲ有スルコト疑ナシト雖金錢ヲ目的トスル動產質ハ動產中ニ在リテモ破格ノモノナリト云フヘク從テ質權者ハ相殺ノ方法ニ依リ其ノ債權ノ優先辯濟ヲ受クルコトトナル若シ保證金カ債權者ニ流用ヲ許ストキハ其ノ保證金ハ債權質タルノ性質ヲ有スルモノニシテ即チ債務者カ債權者ニ對シテ有スル保證金ノ返還ヲ目的トスル當事者ノ債權ハ實ニ質權ノ目的ヲ爲スモノナリ蓋シ債權者カ債務者ヲシテ一定ノ金額ヲ第三者ニ寄託セシメ之ヲ其ノ債權ノ擔保ト爲ス場合ニハ第三者ニ對スル債務者ノ預金ノ債權ヲ目的トスル債權質ノ成立スルコト異論ナキ所ニシテ債權者カ其ノ金額ヲ第三者ニ寄託セシムル代リニ之ヲ自己ニ寄託セシメタル場合ニ於テモ亦同一ニ論決セサル

ヘカラス唯此ノ場合ニ於テハ其ノ債權質ニ在リテハ債權者ハ債權者タルト同時ニ第三債務者ト爲リ自己ニ對シテ權利ヲ行フノ奇觀ヲ呈シ債權質ニ關スル普通ノ原則ヲ以テ之ヲ律スルコトヲ得サル破格ノモノトナルヘシト雖其ノ債權ニシテ既ニ債務者ノ債權トシテ其ノ財産ヲ組成スル以上ハ何人ヲ問ハス自己ノ債權者タル者ニ對シテ之ヲ債務ノ擔保ニ供シ債權者ヲシテ其ノ債權ニ付優先辨濟ヲ受クルコトヲ得セシムルハ理論ニ於テ何等支障アルコトナク債權者ノ權利實行ノ形式カ普通ノ場合ト趣ヲ異ニスルカ爲ニ債權質ノ成立ヲ否定スヘキニアラス故ニ余ハ敷金其ノ他一般ニ契約保證金ニ付テハ其ノ性質ノ許ス限リ權利質ニ關スル規定ヲ適用シ債權者ニ優先權ヲ與フルヲ可ナリト信スト

今兩說ヲ比較スルニ前說ハ保證金ノ性質ハ學理上一ノ權利質ナリト雖普通ノ權利質ト大ニ性質ヲ異ニスルカ故權利質ニ關スル規定ヲ適用セス寧ロ當事者ノ意思ヲ忖度シテ停止條件付債權ヲ生スルモノト爲スヲ可ナリトシ後說ハ停止條件付債權說ハ普通ノ法律行爲ノ效力ヲ假リテ質ト同一ナル效果ヲ生セシメント試ミタルモノニシテ未タ以テ保證金ノ本質ヲ道破スルニ足ラスト駁シ保證金ハ全ク債權質タルノ性質ヲ有シ唯債權者ハ債權者タルト同時ニ第三債務者ト爲リ自己ニ對シテ權

利ヲ行フカ如キ一般權利質ト異ナルモノアリト雖理論上債權質タルニ害ナキヲ以テ其ノ性質ノ許ス限リ權利質ニ關スル規定ヲ適用スヘシト云フノ意ナルカ如シ余ヲ以テ之ヲ見ルニ前說ハ學理上債權質ノ性質ヲ有スルヲ認ムルモ當事者ノ意思ニ重キヲ措キ停止條件付債權ヲ生スルモノト爲シタルモノニシテ必スシモ批難スヘキニアラス何トナレハ法律行爲ノ性質如何ヲ究ムルニハ當事者ノ意思ヲ度外ニ置クヘカラサルハ勿論ナルヲ以テナリ後說モ亦當事者ノ意思ハ賃借人カ其ノ債務ヲ履行セサルトキハ賃貸人ヲシテ賃借人カ賃貸人ニ對シテ有スル敷金ノ債權ニ付キ其ノ債權ノ優先辨濟ヲ受クルコトヲ得セシムルニ在リトシ是即チ債權質ヲ設定スルモノナリト謂ヒ當事者ノ意思ヲ解釋シタルノ點ハ同一ナリト雖モ之ヲ法律的ニ解釋シテ權利質ヲ設定スルモノナリト斷定スルニ於テ大ニ異ナレリ而シテ其ノ說ク所論理明晰一點ノ批難スヘキモノナキカ如シ然レトモ余輩ノ怪訝ニ堪ヘサルハ保證金ヲ提供シタル場合ノ債務者ノ債權卽チ保證金ノ返還ヲ目的トスル債權ヲ以テ單純ナル債權ト稱スルノ點是ナリ思フニ此ノ場合ニ於ケル債務者ノ保證金ニ對スル權利ハ之ヲ未必ノ停止條件付債權ナリト云フハ何人モ異論ナキ所ニシテ之ヲ以テ單純ナル金錢債權ヲ有スルモノナリト云フカ如キハ未タ曾テ余ノ聞カサル所

ナリ即チ例之賃貸借ノ場合ニ於テハ債務者ハ賃借料ヲ完全ニ履行セルノ條件付ニテ其返還ヲ請求シ得ル權ヲ有スルニ過キス然ラハ債務者カ其ノ賃借料ヲ支拂ハサルトキハ是卽チ條件ノ成就セサル明白ナル場合ニシテ債權者ハ其ノ擔保トスル條件付債權ヲ得ルモ條件ノ不成就ニ因リテハ其ノ債權ノ優先辯濟ヲ受クルニ由ナキニアラスヤ然リ而シテ條件成就ノ日ハ賃借料支拂ノ義務ヲ完全ニ履行シタル時ニ在ルヲ以テ債權者ノ擔保權ハ遂ニ實行スルノ日ナクシテ終ラントス此ノ如ク權利質ヲ以テ保證金ノ性質ヲ說明スルハ論理徹底セサルノミナラス我民法第三百六十三條ニ依レハ債權ヲ以テ質權ノ目的ト爲ス場合ニ於テ其ノ債權ノ證書アルトキハ質權ノ設定ハ其ノ證書ノ交付ヲ爲スニ因リ其ノ効力ヲ生スト謂ヘルヲ以テ賃借人ハ必ス敷金受領ノ證書ヲ有スヘキヲ以テ權利質ヲ成立セシメント欲セハ敷金受領證ヲ債權者タル賃貸人ニ交付セサルヘカラス然ルニ敷金受領證ハ賃借人ノ敷金納付ヲ證スル唯一ノ證據物ナルヲ以テ之ヲ交付シ權利質ヲ有効ニ成立セシメントスルカ如キハ殆ト想像スル能ハサル所ナルヲ以テ余輩ハ到底權利質ノ成立ヲ否定セサルヘカラサルナリ故ニ寧ロ前說ニ從ヒ停止條件付債權ヲ生スルモノナリト云フヲ以テ論理ノ正鵠ヲ得タルモノト信ス

出納官吏ノ納付スル身元保證金モ亦之ト同一ノ性質ヲ有スルモノナリ卽チ一旦身元保證金ヲ納付セシ以上出納官吏ハ會計規則第百十條ニ依リ會計檢查院ノ責任解除ヲ得タル後ニアラサレハ之カ還付ヲ請求スルヲ得ス是卽チ出納官吏カ完全ニ其義務ヲ履行シ國家ニ何等財產上ノ損害ヲ加フルコトナクンハトノ條件ニ繫ルモノニシテ其ノ條件成就ノ後ニアラサレハ保證金ノ返還ヲ請求スルヲ得サルナリ身元保證金ノ擔保トシテ有効ナル所以此ニ存スルモノト謂フヘシ

第二十九條　仕拂命令ノ職務ハ現金出納ノ職務ト相兼ヌルコトヲ得ス

國庫ニ對シ仕拂命令ヲ發スルノ權限ヲ有スルモノハ國務大臣タルコト本法第十三條ノ規定スル所ニシテ又同時ニ別ニ定ムル所ノ規定ニ從ヒ他ノ官吏ニ委任シテ仕拂命令ヲ發スルヲ得セシメタルハ前旣ニ述ヘタルカ如シ而シテ仕拂命令ハ國庫ニ對シテ現金ノ支出ヲ命令スルモノナレハ其ノ職責ヤ重且大ナリト謂ハサルヘカラス然ルニ今若シ仕拂命令官ヲシテ同時ニ現金出納ノ職務ヲ兼ネシムルトキハ自ラ其ノ保管スル現金ノ支拂ヲ爲スモノナレハ自己ノ欲スル所ニ從ヒ其ノ支出自由ナルヲ以テ實際ノ弊害測リ知ルヘカラサルモノアラン是本條ノ規定アル所以ニシテ

深ク說明ノ要ナカルヘシ

第十章　雜則

本章ハ特別會計及國庫金ノ取扱ニ關スル二箇ノ規定ヲ爲スト雖其ノ規定タルヤ二者直接相關セサル別異ノ事項ニ屬スルヲ以テ雜則ト題シタルノミ卽チ一章ノ下ニ種々ナル規定ヲ羅列スル場合ニ之ヲ雜則ト稱スルヲ通例トス一言以テ之ヲ蔽ヘハ雜則トハ雜多ナル規定ト云フノ意味ニ外ナラサルナリ

第三十條　特別ノ須要ニ因リ本法ニ準據シ難キモノアルトキハ特別會計ヲ設置スルコトヲ得

特別會計ヲ設置スルハ法律ヲ以テ之ヲ定ムヘシ

本條ハ特別會計ノ設置ヲ認ムルモノナリ卽チ特別ノ須要ニ因リ本法ニ準據シ難キ場合ニハ特別會計ヲ設置スルコトヲ得ルモノトセリ故ニ特別會計トハ本法ノ規定ニ依ルヲ要セサル特種ノ會計ナリト云フヲ得而シテ特別會計ノ設置ハ法律ヲ以テ之ヲ定ムルカ故其ノ內容ハ各其ノ特別法ノ規定ヲ俟ツニアラサレハ知ルヲ得サル

ハ勿論ナリト雖而カモ特別會計ノ本質トシテ各特別會計ニ共通ノ性質ナクンハアラス即チ官廳ヲシテ特別ノ資金ヲ有セシメ之ニ依リテ事業ヲ經營セシメ因テ以テ其事業ヨリ生シタル收入若ハ附隨的ニ生シタル總テノ收入ハ之ヲ一般ノ歳入ニ編入セシムルコトナク直ニ事業經營ノ費用ニ充當スルコトヲ得セシムルコト是實ニ特別會計ノ眞髓タラスンハアラス彼ノ一般會計法ノ本則タル各官廳ハ特別ノ資金ヲ有スルコトヲ得ス（本法第四條）每會計年度ニ於テ政府ノ經費ニ充ツル所ノ定額ハ其ノ年度ノ歳入ヲ以テ之ヲ支辨スヘシ（本法第十一條）トノ規定ハ之ヲ或ル事業ヲ目的トスル官廳ノ會計ニ適用スルノ不便ナルヲ免レス是特別會計設置ノ必要アル所以ナリ然リ而シテ特別會計ヲ設置スルニハ法律ヲ以テセサルヘカラサルコト本條第二項ノ規定スル所タリ是蓋シ會計法ニ對スル例外ヲ設クルヲ目的トスルヲ以テ事頗ル重要ニ屬スルノミナラス法律ニ對スル例外ヲ規定スルハ實質ニ於テハ法律ヲ變更スルモノナルヲ以テ法律ヲ以テスヘキハ當然ナルカ故ナリ從テ議會閉會中特別會計ヲ設置スルノ必要ニ迫ルトキハ憲法第八條ニ依リ法律ニ代ル緊急勅令ヲ以テセサルヘカラス現行朝鮮總督府特別會計ナルモノハ實ニ明治四十三年九月勅令第四〇六號ヲ以テシタルモノナリ

特別會計ノ設置ハ憲法上ノ問題ニアラスシテ會計法上ノ問題タリ之カ設置ノ利害得失ヲ攻究スルハ政策ニ關スル問題ニシテ實際上ノ必要ハ到底之ヲ廢滅スル能ハサルモノナリト雖學者ノ之ニ對スル批難亦尠ラサルモノアリ卽チ

一、特別會計ハ單一豫算主義ヲ紊リ國家全經費ノ通覽ヲ缺カシムルノミナラス往々豫算ノ膨脹ヲ隱蔽スルニ便ナラシム

二、特別會計ノ經費及資金ニ餘裕アルモ各會計間流用ヲ許ササルヲ以テ或會計ニ於ケル不急ノ資金又ハ剩餘ヲ他ノ緊急ノ費途ニ充ツルコトヲ得サラシメ爲ニ冗費ヲ促カスノ傾向アリ

三、議會ハ概ネ一般會計ニ關スル總豫算ニノミ熱中スルヲ常トスルカ故ニ會期ニ限アル監督ヲ以テ特別會計ノ豫算ヲ忽ニスルノ弊アリ

ト然レトモ(一)原則ニハ例外アルヲ常トス豫算ハ單一主義ヲ可ナリトスト雖モ特別ノ必要アル場合ニハ特計會計ヲ設置シ別個ニ豫算ヲ成立セシムルモ己ムヲ得サルナリ從テ國家全體ノ經費ヲ一瞥スルヲ得サルノ不便アリト雖特別會計豫算ハ一般會計總豫算ト共ニ帝國議會ニ提出スルヲ以テ議會ハ之ヲ查覈スルニ甚シキ不便アルニアラサルナリ其ノ他豫算ノ膨脹ノ如キ議會ノ監督其ノ宜ヲ得ハ之ヲ隱蔽スル

ニ由ナケン(二)特別會計ニ餘裕アルモ各會計間流用ヲ許サザルヲ以テ或ル他ノ會計ノ緊急ナル費途ニ充ツルコトヲ得サルノ結果冗費ヲ促カスノ傾向アリト云フハ事實ナリト雖是唯リ特別會計ニ限レルニアラスシテ一般會計ニ於テモ各款項互ニ流用ヲ禁スルヲ以テ亦此ノ缺點ナシト云フヘカラス然レトモ若シ其ノ流用ヲ許容スルアラハ却テ豫算ノ濫費ヲ助長セシメ其ノ弊ヤ之ヲ禁スルノ比ニアラサルヤ明ナリ(三)第三ノ弊ヤ是全ク協算權ヲ有スル帝國議會ノ用意如何ニ因ルモノニシテ制度其モノノ罪ニアラサルナリ之ヲ要スルニ特別會計ハ一般會計ノ外ニ獨立シテ特別資金ヲ有シ收入支出ヲ爲スモノナレハ經費共通ノ便ヲ缺カシムルハ事實ナルヲ以テ其ノ濫設ヲ戒ムヘキハ勿論其設置ノ後ニ於テモ一般會計トノ調和ヲ圖リ事業ノ擴張、改良等緩急其ノ宜ニ從ヒ之ヲ行ヒ以テ一般會計繰入額ノ增加ヲ計ルヘキハ當路者ノ留意スヘキ點ナランカ

今左ニ現行ニ於ケル主ナル特別會計ノ實例ヲ示シテ參考ニ供セントス

作業會計法(造幣局、印刷局、製鐵所、電信燈臺用品製造所、海軍採炭所、專賣局ニ於ケルモノ)。貨幣整理資金特別會計法。海軍工廠資金會計法。陸軍營繕費補充資金特別會計法。森林資金特別會計法。帝國鐵道會計法臺灣官設鐵道用品資金會計法。紙幣交換基金特別會計法。鎖店銀行紙幣交換基金特

別會計法。治水費資金特別會計法。學校及圖書館特別會計法。帝國大學會計法。帝國學士院學術奬勵金特別會計法。軍艦水雷艇補充基金特別會計法。教育基金特別會計法國債整理基金特別會計法。事業公債及鐵道公債特別會計法。在外國帝國專管居留地特別會計法。陸海軍ニ屬スル臨時事件費特別會計法。預金、郵便貯金郵便爲替金特別會計法。臺灣總督府特別會計法。樺太廳特別會計法。關東都督府特別會計法。朝鮮總督府特別會計ニ關スル件。朝鮮事業公債金特別會計法。朝鮮鐵道用品資金會計法。朝鮮森林特別會計法。朝鮮醫院及濟生院特別會計法。

第三十一條　政府ハ國庫金ノ取扱ヲ日本銀行ニ命スルコトヲ得

國家ノ有トナルヘキ現金ハ之ヲ國家ノ機關ニ保管出納セシムルハ當然ナリト雖爲ニ一々獨立ノ機關ヲ設置セントセハ尠カラス國家ノ經費ヲ要スルヲ以テ若シ他ニ適當ナル機關ヲ見出スヲ得ハ寧ロ之ニ委スルノ國家經濟上策ノ得タルモノナルヤ言ヲ竢タサルナリ然リ而シテ日本銀行ハ我國ニ於ケル最モ重要ナル金融機關ニシテ銀行條例ニ依リ設立セル一般銀行ト異ナリ直接ニ政府監督ノ下ニ成立スルヲ以テ其ノ組織ハ株式組織ナリト雖初ヨリ資本金額ハ日本銀行條例ニ依リ定メラレ隨

意ニ變更スルヲ得ス株主總會ノ決議ヲ以テスルモ定款ノ變更ヲ爲スヲ得ス更ニ大藏大臣ノ認許ヲ得サルヘカラス定款以外ノ事件ヲ處理セントスル場合ニハ總會ノ決議ノ外政府ノ許可ヲ受ケサルヘカラス其ノ他特ニ政府ヨリ監理官ヲ派遣シ諸般ノ事務ヲ監視セシメ且ツ其總裁ハ勅任トシ副總裁ハ奏任トシ政府之ヲ任命スル等種々ナル制限ヲ受ケ他方ニハ兌換銀行券ヲ發行スルノ特權ヲ有シ營業ノ目的タル事項モ一般銀行業ノ如ク土地家屋等ノ不動產ヲ抵當トシテ貸金ヲ爲スヲ得ス單ニ地金銀若ハ有價證券ヲ擔保トスルニ過キスシテ多クハ手形ノ割引預金等ヲ以テ本務トシ其ノ基礎ノ强固確實ナル上ニ更ニ其事業モ堅實ヲ主トスルヲ以テ一般社會ノ信用厚キコト他ニ比類ナシ之ヲ以テ日本銀行條例第十三條ニ於テモ「政府ノ都合ニ依リ日本銀行ヲシテ國庫金ノ取扱ニ從事セシムヘシ」ト謂ヘリ故ニ日本銀行ハ其ノ成立ノ初ヨリ政府ノ命令アレハ國庫金ノ取扱ニ從事セサルヘカラサル義務ヲ負フモノナリ是本條ニ於テ政府ハ國庫金ノ取扱ヲ日本銀行ニ命スルコトヲ得ト規定セル所以ナリ

本條ハ唯日本銀行ヲシテ國庫金ノ取扱ニ從ハシムルヲ得ル旨ヲ規定シタルニ過キサルヲ以テ日本銀行ハ未タ之ニ依リテ何等ノ義務ヲ負フモノニアラサルヤ勿論ナ

リ今日ノ如ク實際日本銀行ヲシテ國庫金ノ保管出納ヲ爲サシムルニ至ラシメタルモノハ明治二十二年十二月勅令第百二十六號金庫規則ノ規定ナリトス依テ今左ニ其ノ概要ヲ示セハ(一)國庫ニ於テ保管出納スル現金ハ金庫ニ於テ之ヲ取扱フモノトス(二)金庫ニハ中央金庫、本金庫、支金庫ノ區別アリテ中央金庫ハ東京ニ本金庫及支金庫ハ各地方ニ之ヲ置キ本金庫及支金庫ノ位置及其ノ出納區域ハ大藏大臣之ヲ定ムルモノトス(三)中央金庫、本金庫、支金庫ノ現金ノ保管出納ハ日本銀行之ヲ取扱フモノトス(權限ノ根據)(四)故ニ又日本金庫支金庫ニ於ケル現金ノ保管出納ヲ取扱ハシムル爲各地ニ支店、出張店又ハ代理店ヲ設置スヘキモノトセリ(五)日本銀行ノ支店長、出張店、又ハ代理店長ハ金庫出納役ノ(日本銀行總裁)代理人トシテ其ノ事務ヲ分擔スヘキモノトス(六)日本銀行ハ中央金庫、本金庫、支金庫ノ現金ノ保管出納ニ付政府ニ對シ一切ノ責任ヲ有スルモノナリ

此ノ如ク國庫金ハ金庫ニ於テ之ヲ取扱フモノトシ其ノ金庫ニ於ケル現金ノ出納ヲ掌ラシムル爲日本銀行ヲシテ各地ニ其取扱店ヲ設置セシメテ而シテ日本銀行ヲシテ之ニ關スル全責任ヲ負ハシムルヲ以テ國家ニ取リテハ頗ル有利安全ノ方法ナリト謂フヘシ他方日ハ銀行ニ於テモ之カ爲メニ兌換劵發行ノ如キ權利ヲ附與セラル

ルヲ以テ國庫金ノ取扱ニ關シ何等ノ報酬ヲ受クルコトナキモ毫モ不利ナカルヘキナリ

前述ノ如ク金庫規則ニ依レハ日本銀行ハ國庫金ノ取扱ニ關シ政府ニ對シ一切ノ責任ヲ有スルモノナリト雖之ト同時ニ日本銀行總裁モ亦本法第二十六條及會計規則第百十一條ノ規定ニ依リ金庫出納役トシテ責任ヲ負フモノナリ是蓋シ日本銀行總裁ハ金庫出納役トシテ國庫金ノ出納ヲ掌ルモノ換言セハ現金ノ保管出納ニ任スル者ナルヲ以テ他ノ現金出納ヲ掌ル官吏ト同シク其ノ責ニ任セシメサルヘカラサルハ當然ナレハナリ從テ日本銀行總裁ノ金庫出納役トシテノ責任ハ日本銀行ノ政府ニ對スル責任トハ全ク別異獨立ノモノナリトス顧フニ本法第二十六條及會計規則第百十一條ノ規定ヨリ推測スルトキハ國庫金ノ取扱ニ關スル責任ハ日本銀行總裁金庫出納役トシテ第一次ニ國家ニ對シテ賠償責任ヲ負ハサルヘカラス而シテ若シ日本銀行總裁カ其ノ責任ヲ充タス能ハサルトキハ日本銀行其ノ責ニ任スヘキモノト信ス是レ恰モ其ノ出納官吏カ損失金ノ辨償ヲ爲ササルトキ身元保證金ヲ以テ辨償ニ充ツルカ若ハ保證人ヲシテ辨償セシムルト同一ノ趣旨ニ出テタルモノニシテ彼ノ金庫規則第十一條ノ日本銀行ヲシテ保證ノ地位ニ一歩ヲ進メテ直接責任ノ衝

ニ當ラシメタルハ法人ハ其ノ機關ノ職務ニ關シ生シタル賠償責任ヲ負フヘキヲ至當トストノ立法上ノ理由ニ基クモノナルハ明ナリト雖須ラク先ツ其ノ執行機關ニ責ヲ負ハシムルハ當然ノ事理ナリト謂フヘシ

國庫金ノ取扱主義ニ關シテハ預金制度ニ依ルヘシトノ說アリ卽チ國家ノ總テノ收入ハ預金トシテ中央銀行ニ拂込ミ而シテ國家ハ其ノ所要ノ經費ヲ預金ニ宛テ振出シタル切手ヲ以テ之ヲ支辨スル英國流ノ主義是ナリ然レトモ此ノ主義ハ金融機關充分發達シタル國ニアラサルヨリハ行フヘカラサルナリ我國ノ如キ何レノ日カ能ク此ノ主義ヲ採ルニ到ルヘキカ

終ニ臨ミ國庫ト金庫トノ區別ニ付テ一言スヘシ國庫ノ意義ニ關シテハ前既ニ詳細論述シタルヲ以テ此ニ再ヒ贅言ヲ費サスト雖モ要スルニ國庫トハ財產權ノ主體トシテノ國家ヲ表示スルノ語ナルヲ以テ金庫トハ固ヨリ異ナレリ金庫ハ國家ノ現金卽チ國庫金ノ保管出納ヲ實際ニ取扱フ機關ニシテ日本銀行其ノ任ニ當ルモノトス以テ二者ノ區別知ルヘキナリ

第十一章　附則

本章ハ附則即チ附隨ノ法則ヲ規定シタルモノニシテ其ノ規定ノ實質ハ本法施行ニ關スル一時ノ規定タル性質ヲ有スルニ過キサルヲ以テ現今ニ於テハ全ク其ノ必要ナキモノナリ從テ之カ解說ヲ試ムルノ徒爾ナルヲ覺ウト雖モ法文トシテ存在スル以上之ヲ省略スルハ逐條解義ノ趣旨徹底セサル嫌アルニ依リ敢テ一言ヲ費サントス

第三十二條　本法ノ條項帝國議會ニ關涉セサルモノハ明治二十三年四月一日ヨリ施行シ其ノ關涉スルモノハ帝國議會開會ノ時ヨリ施行ス

決算ニ係ル條項ハ帝國議會ノ議定ヲ經タル年度ノ歲計ヨリ施行ス

本條ハ本法ノ施行時期ニ關スル規定ニシテ第一項ニ於テハ本法ノ條項ニシテ帝國議會ニ關係ナク行政廳自身ニ於テ實行シ得ルモノハ總テ明治二十三年四月一日即チ本法ニ定ムル會計年度ノ始期ヲ以テ施行スルモノトシ其ノ帝國議會ニ關係ヲ有スルモノノ例之豫算ニ關スル第六條乃至第八條ノ規定ノ如キ大藏省證券發行額ニ關

スル第九條ノ規定ノ如キ帝國議會開會ノ時ヨリ之ヲ施行スヘキ旨ヲ明ニセリ是當然ノ事理ニシテ別ニ說明ヲ要セサルモ明ナラシ其ノ第二項ハ決算ニ關スル條項ハ帝國議會ノ議決ヲ經タル年度ノ歲計ヨリ施行スヘキコトヲ規定セリ卽チ帝國議會ノ議決ヲ經タル年度ノ歲計トハ明治二十四年度ノ歲計ヲ指スコトトナル何トナレハ帝國議會ハ明治二十三年度ニ於テ開會セラレタリト雖二十三年度歲計豫算ハ帝國議會ノ協贊ヲ經タルモノニアラスシテ（會計年度ヲ四月一日ヨリ始マルモノトセシヲ以テ實際上二十三年度ノ議會ニ二十三年度豫算ノ協贊ヲ求ムルヲ得サルナリ）明治二十四年度豫算初テ帝國議會ノ協贊ヲ經ルニ至リタルモノナリ然リ而シテ明治二十四年度歲計決算ノ議會ニ提出セラルルハ明治二十六年度ニ於テ開カルヘキ通常議會トナルヘシ蓋シ明治二十四年度ノ歲入歲出ノ總計ハ二十四年度歲計ノ閉鎖期タル明治二十五年十一月三十日ニ到ラサレハ確定スルモノニアラス政府ハ其ノ確定ヲ俟テ之ヲ會計檢查院ニ報告シ會計檢查院之ヲ檢查確定スルニハ少クトモ數ケ月ヲ要スヘキヲ以テ到底明治二十五年度ニ開カル議會ニ之ヲ提出スルヲ得サルヘキナリ

本條第二項ハ何故ニ二十三年度歲計ニ就テハ之ヲ不問ニ附シ會計檢查院ノ檢查ヲ要セス同時ニ又議會ニ提出スルヲ要セスト爲シタルヤ思フニ二十三年度豫算ハ元

來政府カ單獨ニ決定シタルモノニシテ帝國議會ノ協贊ヲ經タルモノニアラサルカ故ニ其ノ歳入歳出ハ初ヨリ議會ノ承認ヲ得タルモノニアラサルヲ以テ政府ハ議會ノ承認ヲ經タル範圍ニ於テ支出シタリト云フ證明ヲ爲スノ責務ヲ有セサルモノト謂フヘシ是其ノ帝國議會ノ議定ヲ經タル年度ノ歳計ヨリ議會ニ對スル決算報告ノ責務ヲ負ハシメタル所以ナリ

第三編　會計規則

第一章　會計年度所屬區分、歲入歲出金出納

第一條　歲入ノ年度所屬ハ左ノ區分ニ據ル
第一　納期ノ一定シタル收入ハ其ノ納期末日ノ屬スル年度
第二　隨時ノ收入ニシテ納額告知書ヲ發スルモノハ納額告知書ヲ發シタル日ノ屬スル年度
第三　隨時ノ收入ニシテ納額告知書ヲ發セサルモノハ領收ヲ爲シタル日ノ屬スル年度

會計法第一條ニ依レハ會計年度ハ毎年四月一日ヨリ始マリ翌年三月三十一日ニ終ルモノナレハ其間ニ收入支出セルモノハ當該年度ノ收入支出タルヘキコト明白ナリト雖本則第四十四條ニハ仕拂命令ハ翌年度五月三十一日マテ之ヲ發行セルヲ得ト規定シ又其ノ第三條ニハ金庫ニ於テ當該年度所屬歲入歲出金ヲ取扱フハ翌年度六月三十日限トストアルヲ以テ實際上ノ收入支出ハ必スシモ各年度ノ終ニ於テ全

ク終決スルモノニアラス今歲出ニ付テ之ヲ論スレハ此ニ仕拂フヘキ事實ノ生スルコトアルモ仕拂命令官ハ先ツ其ノ事實ヲ調査シ法律上果シテ仕拂ハサルヘカラサルモノナリヤ否ヤヲ決シ然ル後仕拂命令ヲ發スルヲ常トスルカ故ニ仕拂フヘキ事實ノ生シタル時ト仕拂命令ヲ發スル時トハ其ノ年度ヲ異ニスル場合ヲ生スルコトアルハ自然ノ結果ナリト謂ハサルヘカラス又仕拂命令ヲ發スルモ金庫ハ債權者ノ請求アルニアラサレハ其ノ仕拂ヲ爲ササルヲ以テ原則ト爲スカ故ニ未タ實際ニ歲出アリト謂フヲ得サルナリ然ラハ今若シ甲年度內ニ仕拂フヘキ事實ノ生シタルモ甲年度經過後二ケ月以內ニ仕拂命令ヲ發シタルモノアルトキハ其ノ歲出ハ甲年度ノ歲出トスヘキヤ將タ乙年度ノ歲出ナリトスヘキヤ或ハ甲年度ハ既ニ仕拂命令ヲ發スルモ其ノ年度內ニ債權者之カ仕拂ヲ請求セス乙年度ニ到リテ請求シタルニ依リ之ニ對シテ仕拂ヲ爲シタル場合ニハ何レノ時ヲ以テ歲出年度トスヘキヤ直ニ分明ナラサルモノアリ縱テ歲入ニ付テ之ヲ考フルモ丙年度ニ於テ納付スヘク決定セルモノ悉ク其ノ年度內ニ納付ヲ終ルモノナリトセハ何等疑ヲ生セスト雖例之第三種所得稅ノ納期タル丙年度三月十五日ヲ經過シ丁年度ニ至リテ漸ク徵收ヲ了シタルモノアルトキハ此ノ場合ニ於ケル歲入ノ年度所屬ハ如何ニ之ヲ定ムヘキヤ卽チ

此第三種所得税金ハ之ヲ丙年度ノ歳入トスヘキヤ將タ丁年度ノ歳入トスルヲ至當トスヘキヤ等ノ問題ヲ生スヘシ而カモ歳入、歳出金ノ如キ之ヲ甲年度ノ所屬ト爲スト乙年度ノ所屬ト爲ストハ當該年度ノ豫算施行上ニ影響ヲ及ホスコト寡カラス加之會計年度ヲ設クルモ歳出入金ノ所屬年度明ナラサレハ年度ノ分界ハ自ラ錯綜シテ不明ニ歸スノ虞アルヘキヲ以テ本條及次條ニ於テ截然歳入出年度所屬ノ區分ヲ明ニセリ而シテ本條ハ歳入ノ年度所屬ヲ左ノ如ク區分セラレタリ

（一）納期ノ一定シタル收入ハ其ノ納期末日ノ屬スル年度　此ニ納期ノ一定シタル收入トハ例之租税收入ノ如キヲ謂フ租税ハ各其ノ法律ニ何月何日ヨリ何日マテニ定ムヘシト規定セルヲ例トス故ニ其ノ納期最終日ノ屬スル年度ヲ以テ歳入年度ト定メ縱令實際納付ヲ了シタル日ハ翌年度ニ屬スルモ之ヲ翌年度ノ歳入トセスシテ今年度ノ歳入ト爲ス故ニ又今年度ノ經費ニ充當スルヲ得ルコト勿論ナリトス若シ之ヲ翌年度ノ歳入ト爲ストキハ今年度ノ經費ニ充ツルヲ得サルノ結果ヲ生ス然レトモ前年度ニ屬スル歳入ヲ翌年度ニ於テ前年度歳入トシテ金庫ニ於テ之ヲ受領スルハ翌年六月三十日限ナルヲ以テ此期間經過後ニ於テハ最早ヤ前年度ノ歳入ニ編入スルヲ得サルナリ前年度所屬金トシテ翌年度ノ一般歳入ヘ組入

レサルヘカラサルナリ故ニ之ヲ前年度經費ニ充當スルヲ得スト云フ所以ナリ納期ノ一定シタル收入トハ必スシモ租税ノミニ限ルニアラス彼ノ年賦貸付金ノ如キモ亦定時ニ國家ニ對シテ金錢ノ仕拂ヲ爲スヘキモノナレハ是亦納期ノ一定シタル收入ト云フヲ得ヘキナリ故ニ其ノ納付スヘク定マレル期日ハ必シモ法律ヲ以テ定メタルモノノミニ限ルニアラス行政官廳ノ處分又ハ契約ヲ以テ定メタルモノナルモ其時限リ隨意ニ定ムルニアラスシテ豫メ一定ノ納期日定マレルモノハ總テ納期ノ一定シタル收入ト謂フヲ妨ケサルヘシ

此ノ如ク納期ノ一定シタル收入ハ其實際收入ノ如何ニ拘ラス其ノ納期日ノ屬スル年度ノ歳入ト爲ス所以ハ是其實際上ノ必要ニ基クモノニシテ元來年度日ニ於テ納期ヲ定ムルハ其ノ年度ニ於テ收入スルヲ目的トスルモノナレハ其納期日ノ屬スル年度ヲ以テ其ノ歳入年度ト爲スハ立法ノ目的ニ合致スルモノト謂フヘシ若シ夫レ實際ニ收入シタル日ノ屬スル年度ヲ以テ歳入ノ所屬年度ト爲ストキハ收入ハ豫期ニ反スルノ結果ト爲リ卽チ之ヲ同年度ノ歳入ト爲スヲ得スシテ收入豫算ノ目的ニ副ハサルニ至ラン

(二) 隨時ノ收入ニシテ納額告知書ヲ發スルモノハ納額告知書ヲ發シタル日ノ屬スル

年度　隨時收入トハ定時收入ニ相對スルモノニシテ卽チ初ヨリ納付スヘキ一定ノ時期定マラサルモノ若シクハ一定ノ納期アルモ或ル場合ニ於テ官廳ノ職權ヲ以テ隨時ニ納付ヲ命スル場合ヲ謂フ其ノ後ノ場合ハ例之酒造稅第一期分ハ前年十月一日ヨリ翌年四月三十日マテニ査定シタル造石數ニ對スル稅額四分ノ一ヲ七月十六日ヨリ同三十日限納付スヘキハ酒造稅法第六條ノ規定スル所ニシテ納期ノ一定セシモノナリト雖若シ納稅者ニシテ國稅徵收法第四條ノ一各號ニ該當スルトキハ納期末日到來セサルモ前年十月一日以後ノ査定ニ係ル造石稅ハ七月十六日以前ニ於テ何時ニテモ隨時ニ徵收スルヲ得ヘキヲ以テ之ヲ隨時收入ト謂フヘキナリ而シテ此ノ場合ニ於テハ納稅告知書ヲ發スルヲ以テ是亦本號ニ所謂納額告知書ヲ發シタルモノト云フニ該當ス從テ此ノ場合ニハ納稅告知書ヲ發シタル日ノ度スル年度ヲ以テ歲入年度ト爲ス蓋シ是亦前號ノ場合ト同一趣旨ニ基クモノニシテ納稅告知ヲ發スルハ卽チ一定ノ金額ノ收納ヲ目的トスルモノナレハ實際ノ收入ハ納額告知ヲ發シタル日ノ屬スル年度ヲ超フルコトアルモ其ノ告知書ヲ發シタル日ノ屬スル年度ヲ以テ歲入所屬年度ト爲ス所以ナリ

本號ニハ納稅告知ト謂ハスシテ納額告知書ト謂フ是蓋シ納稅告知ト謂フトキハ

單ニ租税ヲ納ムヘキ告知ニ過キサルヲ以テ租税其他一切ノ收入ヲ包含センカ爲納額告知書ト稱シタルノミ決シテ納税告知書ヲ除外スルノ旨趣ニアラサルナリ故ニ納税告知書ハ勿論一般ノ納入告知書ハ納額告知ノ語ニ包含セラルルモノト知ルヘシ

(三)隨時ノ收入ニシテ納額告知書ヲ發セサルモノハ領收ヲ爲シタル日ノ屬スル年度

隨時收入ノ中ニハ納額告知書ヲ發セス收入官吏直ニ其ノ收入金額ヲ受領スルコトアリ郵便切手類其他收入印紙類ノ賣下代金ヲ領收スル場合ノ如キ是ナリ此ノ場合ニ於テハ其ノ領收ヲ爲シタル日ノ屬スル年度ヲ以テ其ノ歳入所屬年度ト爲ス蓋シ屬額告知書ヲ發セサル隨時收入ナルモノハ全ク對手ノ意思如何ニ因ルモノニシテ豫メ其ノ收入ヲ期スヘカラサルヲ以テ現實ニ其領收ヲ爲シタル日ヲ以テ其ノ所屬年度ト爲スハ當然ノ事理ナリト謂フヘシ彼ノ鐵道乘車賃ノ如キ又之ニ伴フ通行税金ノ如キ皆此ノ類ニ屬スルモノトス

本條ノ說明ヲ終ルニ臨ミ一言スヘキモノアリ本條第一號ニ依レハ納期ノ一定シタル收入ハ其納期末日ノ屬スル年度ヲ以テ歳入年度ト爲スカ故ニ縱令實際ノ收入ハ何レノ時ニ在ルモ何等ノ疑ヲ生セサルカ如シト雖若シ納期日所屬年度內ニ納額告

知書ヲ發セスシテ翌年度ニ至リテ納額告知書ヲ發シタルカ如キ場合ニハ之ヲ翌年度ノ歲入ト爲スヲ至當トスルヲ以テ本則第三十一條ノ二ヲ以テ之ヲ明ニセリ詳細ハ其條下ニ於テ說明セントス

第二條　歲出ノ所屬年度ハ左ノ區分ニ據ル

第一　公債ノ元利賞勳年金恩給諸祿ノ類ハ仕拂期日ノ屬スル年度

第二　諸拂戾缺損補塡ハ其拂戾又ハ補塡ノ決定ヲ達シタル日ノ屬スル年度

第三　俸給手數料旅費ノ類ハ其支給スヘキ事實ノ生シタル時ノ屬スル年度

第四　廳中雜費土木建築費其他物件ノ購入代價ノ類ハ契約ヲ爲シタル日ノ屬スル年度但土木建築費ノ如キ契約ノ數年ニ涉ルコトヲ得ヘキモノハ契約ニ據リ定メタル仕拂期

日ヲ以テ區分スヘシ

第五　前各項ニ掲クル類別ニ入ラサル費用ハ總テ仕拂命令ヲ發シタル日ヲ以テ年度ノ所屬ヲ定ムヘシ

歳出所屬年度ヲ定ムルノ必要ナルハ歳入所屬年度ヲ定ムルノ必要ナルト同一ナルコト前條ニ於テ既ニ説述シタル所ナリ本條ハ歳出所屬年度ヲ定ムル左ノ如シ

(一)公債ノ元利賞勳年金恩給所祿ノ類ハ仕拂期日ノ屬スル年度是等ノ歳出ハ法令又ハ契約ノ結果ニ依リ既ニ仕拂期日ノ定マレルモノナルカ故ニ其期日ニハ當然仕拂ヲ爲スヘキモノト推測スルヲ得ヘキニ依リ縱令實際上ノ仕拂ハ請求遲延ノ爲年度ヲ經過スルコトアルモ其仕拂期日ノ屬スル年度ヲ以テ歳出所屬年度ト爲スヲ豫算ノ目的ニ適フモノト謂フヘシ是恰モ納期日ノ定マレル歳入ハ其納期日ノ屬スル年度ヲ以テ歳入所屬年度ト爲スト全ク立法上ノ理由ヲ同フスルモノナリ一般的ニ汎ク公債ト稱スルトキ所謂地方債卽チ府縣郡市町村債等ヲモ包含スヘシト雖國家ノ會計ニハ何等ノ關係ヲ有セサルヲ以テ此ニ公債トハ之ヲ狹義ニ解シテ國債ノ意味ニ解スヘキハ言ヲ俟タス

國債ノ元利償還期日ハ國債募集ノ時既ニ他ノ條件ト共ニ一定セラレ應募者ハ初メニ是等ノ條件ヲ承諾シテ國債ノ引受ヲ爲スモノナリ國債ノ一般的利子仕拂期日ハ例之國庫債劵整理規程第八條ニ依レハ利子仕拂ハ毎年六月一日及十二月一日ノ兩度ナルカ如シ勳章年金ニ付テハ同支給細則第四條官吏恩給年金ニ付テハ官吏恩給法施行規則第七條ニ其仕拂期日ヲ定ムルナリ皆法令上既ニ一定セルモノナリ

茲ニ恩給諸祿トアルハ恩給其他之ニ類スル諸給トノ意義ニシテ恩給ノ外扶助料等ノ類ヲ云フ恩給扶助料ニ關シテハ明治三十年四月大藏省訓令第二十三號恩給諸祿仕拂取扱順序第九條第十條ニ特種ノ場合ニ於ケル特別ノ所屬年度ヲ定メタルモノアリ卽チ恩給扶助料ノ支給ヲ廢止若ハ停止センカ爲月割ヲ以テ交付スル金額ハ其翌月ヲ以テ所屬年度トシ新ニ下賜セラレタル恩給並ニ扶助料證書ニ記載アル起算點以降ノ金額ニシテ交付期日ヲ經過シタルモノ及一時限支給ノ辭令書ニ屬スル金額ハ其證書及辭令書發付ノ日附ヲ以テ所屬年度トシテ仕拂フヘシト

（二）諸拂戻缺損補塡ハ其拂戻又ハ補塡ノ決定ヲ達シタル日ノ屬スル年度

諸拂戻トハ一度國家ニ收入シタル金額ヲ其ノ納付者ニ返還スルヲ謂フ拂戻ノ原

因ニ付テハ法律ニ明ニ之ヲ規定セルモノアリ例之酒造税法第十二條、酒精及酒精含有飲料税法第十一條麥酒税法第七條ノ場合ニ該當シ税金ヲ免除セラレタル場合及工業用酒精酒類其ノ他酒精含有飲料戻税法第一條第二條ニ依リ税金額ニ相當スル金額ノ下付ヲ受ケ其他醬油税則第十三條ニ依リ若ハ酒精酒類其他酒精含有飲料輸出下戻金ニ關スル法律第一條ニ依リ金額ノ下付ヲ受クル場合等ノ如キ是ナリ拂戻ハ或ハ法律上ノ理由ナクシテ徴收シタルニ因リ之ヲ還付セサルヘカラサル場合アリ即チ租税其他諸收入ニ於ケル過誤納金返還ノ如キ是ナリ過納金誤納金ノ説明ハ既ニ會計法ニ於テ之ヲ盡シタルヲ以テ再言セサルナリ

缺損補塡トハ收入官吏自ラ領收シタル現金ヲ不可抗力ノ爲ニ亡失シタルトキ歳出ヨリ之ヲ補塡スルヲ謂フ蓋シ一旦義務者ヨリ領收シタル金額ハ再ヒ義務者ヨリ之ヲ徴收スヘカラサルハ勿論不可抗力ノ爲ニ亡失シタル金額ヲ收入官吏ニ賠償セシムルハ責任ノ原理ニ背戻スルモノナリ然ラハ因テ生シタル歳入ノ缺陷ハ如何ニカシテ之ヲ塡補セサルヘカラス何トナレハ歳入トシテハ既ニ一旦領收濟ニ係ルヲ以テ歳入トシテ之ヲ整理シ他方ニ其ノ缺損ヲ補塡スル爲一般歳出ヲ補充スルヲ以テ條理ニ適合スルモノト謂フヘケレハナリ是ニ於テ明治十六年四月

二十六日大藏卿上申太政官裁令ナルモノアリ今其全文ヲ左ニ示スヘシ
従前府縣郡區戸長ニ於テ租税ヲ徴收シ未タ國庫ヘ繰入サル内盗火災等ノ事故ニ罹リ缺損セシトキハ收税ノ減額トシ缺損ノ金額ヲ歳入ニ算セサルノ慣例ニ候處收税ノ任アル官吏若ハ戸長ニ於テ徴收シタル租税ハ縦令國庫ニ繰入レサルモ既ニ該年度ニ於テ收入シタル國庫金ニ外ナラス然ラハ即チ其缺損ハ歳出ニ屬スヘクシテ他ノ官金棄損ト同シク處分スルヲ相當ト存候ニ付十五年度以降右ノ場合ニ於テハ其缺損高ハ該年度ノ雜出トシテ交付シ而シテ收入ノ金額ヲ納入セシメ候樣可致
但雜收入及諸返納金ノ義モ人民ヨリ收入シ未タ國庫ニ繰入サル内缺損セシトキハ本文同樣整理可然
右缺損補塡金ニ充ツルカ爲大藏省所管歳出中諸支出金ノ款諸拂戻缺損補塡ノ項ヲ設ケ各省大臣ヨリ請求アリタルトキハ之ニ應スルノ道ヲ開ケリ而シテ諸拂戻若ハ缺損補塡ヲ爲スニハ先ツ其ノ事實ヲ調査シ然ル後拂戻若ハ補塡ヲ爲スヘク決定スヘキモノトス其ノ決定ヲ與ヘタルトキハ此ニ仕拂ヲ爲スヘキ義務確定スルヲ以テ之カ決定ヲ遂シタル日ノ屬スル年度ヲ以テ歳出所屬年度ト定メタルハ

因ヨリ至當ナリト謂フヘシ

(三)俸給手數料旅費ノ類ハ其ノ支給スヘキ事實ノ生シタル時ノ屬スル年度

本號ニ定ムル歲出金ハ其ノ仕拂フヘキ事實ノ生シタル時ノ屬スル年度ヲ以テ歲出所屬年度ト爲スモノニシテ前號ト同シク寧ロ當然ナリト謂フヘシ

此ニ俸給トハ官吏ノ生活資料ニ供セシメンカ爲ニ國家ヨリ給與スル金錢上ノ給付ヲ謂フ本號ニハ俸給手數料其他旅費ノ類云々ト謂ヒ獨リ此ニ列記ノ事項ノミナラス之ニ類スル事項ヲモ包含セシムルノ趣旨ナルヲ以テ官吏ノ俸給ノミナラス雇員其他小使ニ對スル給料若ハ囑託者ニ對スル月手當ノ如キ皆俸給ノ類ト謂フヲ得ヘキナリ又手數料トハ各個ノ場合ニ或事務ヲ囑託シ其勞務ニ對スル報酬トシテ提供スル謝金ノ如キ若ハ所謂鑑定料ノ如キ其他辯護士ニ仕拂フ訴訟代理委任ノ報酬ノ如キヲ謂フ國稅徵收法第五條ノ規定ニ依リ國稅徵收ノ費用トシテ市町村ニ交付スル金額ノ如キ是亦手數料ノ性質ヲ有スルモノナルヲ以テ當然手數料ノ語ニ包含セラルルモノト謂フヘシ旅費トハ官吏其他之ニ準スヘキ者等公務ノ爲旅行スル者ニ對シ內國旅費規則ニ依リ支給セラルル費用ヲ謂フ

以上ノ諸費ハ其支給スヘキ事實ノ生シタル時ノ屬スル年度ヲ以テ歲出所屬年度

ト爲ス然ラハ其ノ支給スヘキ事實ノ生シタル時トハ何レノ時ヲ指スモノナルヤ今左ニ之ヲ例解セハ

（イ）旅費ニ付テハ卽チ旅行ノ事實ノアリタル時例之大正四年三月五日出發旅程ニ上リ同月二十八日歸廳シタル場合ニ於テハ三月五日ヨリ同月二十八日迄ノ間ハ卽チ旅費ヲ支給スヘキ事實ノ生シタル時ナリトス故ニ今事例ヲ替ヘ三月二十九日出發翌年度四月十日迄旅行ノ事實繼續シタリトセヨ此場合ニ三月三十一日迄ノ旅行ニ關シテハ其屬スル年度卽チ大正三年度歳出トシ同年度所屬經費ヨリ之ヲ支辨シ四月一日ヨリ十日迄ノ旅行ニ關シテハ其時ノ屬スル年度卽チ大正四年度歳出トシ同年度經費ヨリ支出スヘキモノナリ若シ一旅行ニシテ兩年度ニ跨ル場合ニ於テ汽車旅行若ハ水路旅行ニシテ其區分判明ナラサルトキハ最近ノ到達地ニ著シタル日ヲ以テ其路程ヲ區別シ計算スヘキモノトス（內國旅費規則第十四條）

（ロ）手數料ヲ支給スヘキ事實ハ現實ニ仕拂フヘキ義務ノ生シタル時ナルヲ以テ卽チ契約ノ內容如何ニ依リ決スヘキモノナリト雖通常ノ場合ニ於テハ前例鑑定料ニ付テハ其ノ鑑定ヲ終リタル時辯護士謝金ノ如キハ事件終了ノ時支拂ノ義務生スヘキヲ以テ此ノ時ノ屬スル年度ヲ以テ歳出所屬年度トス市町村交付金

（ハ）ハ市町村カ其徴收シタル國税金ヲ金庫ニ送付シタル時ノ屬スル年度ナリトス

俸給ニ關シテハ稍々疑ノ生スルモノアリ高等官々等俸給令第三十二條ハ十二分シテ毎月之ヲ支給ストアリ又判任官俸給令第十四條ニハ月俸ハ毎月下旬之ヲ支給スト規定シ其支給方法ニ關シテハ明治二十五年十二月大藏省令第十一號文官俸給支給細則ヲ以テ之ヲ定ムルアリ今其第一條ニ依レハ毎月同條ノ定ムル日ニ於テ支給スルモノトス故ニ其俸給支給定日ノ到來ヲ以テ支給スヘキ事實ノ生シタル時ト爲スモ妨ナキカ如シト雖俸給支給期日以前ニ於テモ支給スヘキ事實ヲ生セスト謂フヲ得ス凡ソ官吏ハ任官ノ事實繼續スル間ハ所定ノ俸給ヲ受クヘキ權利ヲ有スルヲ以テ在官ノ日數ニ應シテ之カ支給ヲ受クヘキ權利ヲ有スルモノト謂フヘシ從テ一方ニ國家ハ日時ノ經過ト共ニ日々其俸給ニ對スル幾部分ノ支拂義務ヲ負フモノナリ然レトモ此ノ權利ハ在官中ハ停止セラレテ毎月其支給期日ニ到ラサレハ實行スルヲ得サルハ勿論ナリ唯退官ノ場合ニ於テハ俸給支給期日以前ニ於テモ在官日數ニ應シテ其支給ヲ受クヘキナリ之ヲ要スルニ俸給ハ在官ノ事實ニ伴フモノナルカ故ニ官職ニ在ル間ハ日々支給スヘキ事實ノ生シタルモノト謂フヘク依テ其ノ在官ノ時ヲ以テ支給ス

ヘキ事實ノ生シタル時ト謂フヘキナリ

（ニ）退官賜金、死亡賜金ノ本號ニ包含セラルルハ異論ナキ所ナリト雖其所屬年度ニ付テハ議論ナキニアラス或ハ曰ク賜金發令ノ日ノ屬スル年度ヲ以テ歳出所屬年度ト爲スヘシト其意蓋シ支給スヘキ義務確定セサレハ未タ以テ支給スヘキ事實ヲ生シタリト云フヲ得ス支給スヘキ義務ノ確定ハ發令ノ時ニ在リト謂フモノノ如シ然レトモ退官賜金死亡賜金ハ其退官若ハ死亡ノ事實生スルトキハ之ト同時ニ得ヘキ權利ヲ有スルニ至ルヘキハ明治二十三年六月勅令第八九號及高等官々等俸給令第三十一條判任官俸令第十三條ノ規定ニ依リ既ニ明白ナレハ退官若ハ死亡ノ事實確定セハ之ヲ支給スヘキ義務モ亦確定シタルモノト謂フヲ得ヘシ而シテ金何圓ヲ賜フト云フノ辭令ヲ發スルハ單ニ形式上一定ノ金額ヲ下賜スヘキコトヲ豫告スルニ過キスシテ此ノ如ク辭令ヲ發付セサルモ仕拂命令官ハ其退官若ハ死亡ノ事實ヲ確認シタルトキハ直ニ仕拂命令ヲ發スルモ決シテ違法ニアラサルナリ知ルヘシ辭令ノ交付ハ國家ノ仕拂義務發生ノ原因ト爲ルモノニアラサルヲ故ニ余ハ退官シタル時若ハ死亡シタル時ヲ以テ支給スヘキ事實ノ生シタルモノトシ此時ノ屬スル年度ヲ以テ歳出所屬年度ナ

リト斷言スルヲ憚カラサルナリ

(四)廳中雜費土木建築費其他物件ノ購入代價ノ類ハ契約ヲ爲シタル日ノ屬スル年度但土木建築費ノ如キ契約ノ數年ニ渉ルコトヲ得ヘキモノハ契約ニ據リ定メタル仕拂期日ヲ以テ區分スヘシ

茲ニ廳中雜費トアルハ物件ノ購入以外ノ諸雜費ヲ謂フ卽チ例之ハ運搬費ノ如キ廣告料、掃除費、給水費、船車馬等ノ借入等ノ如キ日常使用スル雜多ノ費用ヲ總稱スルモノナリ又土木建築トハ土木費建築費ト謂フト同義ニシテ單ニ建築費ト謂フトキハ建物ノ築造ノミニ限ラレ土中ニ鐵管等ヲ埋沒シ其他溝渠ヲ設クルカ如キハ包含セラレサルノ嫌アルニ依リ兩者ヲ包含セシムル爲明ニ土木建築費ト稱シタルモノナルヘシ次ニ物件ノ購入ナル物件ノ意義ニ關シテハ會計法第二十五條ノ明文上頗ル議論ノ存セシハ既ニ同法ニ於テ詳細セシ如クナレトモ本號ニ於テハ敢テ疑ヲ生セス卽チ物件ハ之ヲ物品ト同義ナリト解シテ誤ナカルヘシ何トナレハ或論者ノ所謂勞力ノ買入(運搬費)ノ如キハ廳中ノ雜費ノ語ニ包含セラルルカ故「其ノ他物件ノ購入代價」ト謂ヘルハ是等ノ費用ヲ除キタルモノ卽チ物品購買費ヲ稱スルノ謂ナルコト察スルニ難カラサレハナリ以上ノ諸費ハ契約ヲ爲シタル日ノ屬スル年度ヲ以テ其ノ歳出所屬年度ト爲ス而シテ此ニ「契約ヲ爲シタル日」トハ文字ノ如ク之ヲ解セハ何等論議ノ餘地ナキカ如シト雖契約ヲ爲シタル日ト其ノ履行ノ日トハ必スシモ一致スルモノニアラス故ニ例之物品購入ヲ爲スニ當リ大正四年三月三日ニ之カ契約ヲ締結シ其ノ月二十日ニ履行ヲ爲スヘキニ或ル原因ノ爲翌年度四月ニ入リ履行ヲ終ハリタル場合ニ於テハ其歳出所屬年度ハ如何ニ之ヲ定ムヘキヤノ疑問ヲ生ス卽チ此場合ニハ契約ハ甲年度ニ結ハレタリト雖現實ニ仕拂ヲ爲スヘキ義務ハ乙年度ニ至リテ確定シタルモノナレハ乙年度歳出ト爲スヲ至當ナリト謂フノ說ハ必スシモ無稽ナリト謂フヘカラサルカ如シ蓋シ本條ニ於テ契約ヲ爲シタル日ノ屬スル年度ヲ以テ歳出所屬年度ト爲シタル所以ハ本號所揭ノ經費ハ多クハ契約ノ日ト履行ヲ爲スヘキ日トハ僅々タル日子ヲ隔ツルカ若ハ契約ト同時ニ履行セラルルヲ通常トシ土木建築費ノ如キ其間幾多ノ時日ヲ要スルコトアルモ契約締結ノ日ト履行ヲ爲スヘキ日トハ同一年度ニ在ルヲ原則トセサルヘカラサルハ豫算ノ本質上然ラシムル所ナルヲ以テ（本年度ノ契約ヲ以テ翌年度ニ義務ヲ負擔スルカ如キハ憲法第六十二條第二項ニ違反ス）多クノ場合ニ於テハ契約締結ノ日ノ屬スル年度ト其ノ履行ヲ爲スヘキ年度トハ相合致スヘキニ依リ

此ノ如ク規定シタルモノナリ故ニ若シ其ノ年度内ニ契約ノ履行ヲ終ラサル場合ニハ會計法第二十一條ニ依リ繰越ヲ爲シ得ルモノノ外ハ新ナル契約ノ履行セラレタルモノト看做シ之ヲ翌年度ノ歲出ト爲ササルヘカラス若シ然ラスシテ契約ヲ爲セシ日ハ前年度ニ屬スルヲ以テ之ヲ前年度歲出ナリトシ前年度經費ヨリ支出スルヲ得ルトセハ豫算ノ存スル限翌年度ニ於テ履行セラルルヲ豫期シテ物品ノ製造又ハ工事ノ請負契約ヲ締結スルヲ得ルノ結果ト爲（翌年度五月三十一日迄チ期シ）リ會計法第二十一條年度繰越規定ノ一半ハ無意義ニ歸スルノミナラス是實ニ當年度ノ契約ヲ以テ來年度ニ義務ヲ負擔スルモノニシテ憲法第六十二條第二項ノ規定ニ違背スルモノト謂ハサルヘカラス是豈ニ立法ノ本旨ナランヤ故ニ余輩ハ「契約ヲ爲シタル日」ノ屬スル年度トハ「契約ノ屬行ヲモ終リタル日」ノ屬スル年度ノ意義ニ解スルノ至當ナルヲ信スルモノナリ

以上ハ本號前段ノ說明ナリト雖其後段ニ於テハ土木建築等ノ性質ニ鑑ミ但書ヲ設ケテ適應ノ年度區分ヲ爲セリ卽チ土木建築事業ノ如キハ規模宏大ナルヲ欲スルトキハ殆ト際涯ナキモノナレハ數年ニ跨リ契約ヲ締結セサルヲ得サル場合ヲ生スヘキハ決シテ珍シカラス是其會計法第二十二條ノ繼續費トシテ繰越使用ヲ

認メタル所以ナリ從テ若シ土木建築事業ニシテ此ノ如ク契約ノ數年ニ涉ルコトヲ得ヘキ場合ニハ其ノ契約ニ依テ仕拂期日ヲ適宜ニ定ムヘキモノナレハ之ニ依リテ其ノ歳出所屬年度ヲ區分スヘキモノトセリ此ニ注意スヘキハ土木建築事業請負ノ如キ仕事ノ結果ニ對シテ對價ヲ仕拂フヘキモノニ對シテハ濫ニ仕拂期日ヲ定ムル能ハスト雖契約ニ依リ其工事ノ既濟部分又ハ物品ノ既納部分ニ對シテ完濟前ニ比例的仕拂ヲ爲スヲ得ヘキコト本則第六十七條及第六十八條ノ認ムル所ナルヲ以テ契約ニ依リ自ラ仕拂期日ヲ定ムルヲ得ヘキコト是ナリ例之數年ヲ期シテ竣工スヘキ繼續費ニ於テ各年度十二月ニ於ケル工事既濟部分ニ對シテ仕拂ヲ爲スヘク契約ヲ締結シタル場合ニ於テハ即チ其仕拂期日ノ屬スル年度ヲ以テ歳出所屬年度ト爲スノ類ノ如シ

(五) 前各項ニ揭クル類別ニ入ラサル費用ハ總テ仕拂命令ヲ發シタル日ヲ以テ年度ノ所屬ヲ定ムヘシ

前諸號ニ於テハ各其ノ經費ノ種類ニヨリ大體其所屬年度ヲ區分セリト雖固ヨリ總テノ場合ヲ網羅セシニアラサルナリ故ニ本號ニ於テハ若シ以上ノ類別ニ入ラサルモノハ總テ仕拂命令ヲ發シタル日ノ屬スル年度ヲ以テ歳出所屬年度ト爲ス

ヘキヲ定メタリ

以上說明ノ如クニシテ年度所屬ノ分界ハ劃然區別セラレタルカ如シト雖而カモ實際問題トシテハ尙其何レニ該當スヘキモノナルヤ明瞭ナラサルモノアリ今一二ノ例ヲ示シテ之ニ對スル大藏省ノ決議ヲ參考ノ爲ニ揭クヘシ

一、國稅滯納處分法ニヨリ差押ヘタル物件買上代金壹圓六拾錢ヲ要シ候處右再入札ノ開札ハ本年三月二十八日ナリシヲ以テ同日既ニ買上クヘキ事實ノ生シ契約ヲ爲シタル日ノ屬スルト同樣ニシテ二十二年度歳出ニ處スヘキ義ト相考候ニ付過年度卽チ本年度當該科目ヨリ支出ノ義御承認相成度（明治二十三年四月七日島根縣上申）

(回答)差押物件ノ買上代ハ會計規則第二條第五項ニ據リ其仕拂命令ヲ發シタル日ノ屬スル年度ノ經費ヨリ支出スヘシ（明治三十三年四月十八日大藏省指令）

二、他所ヨリ郵送セル郵便物ニ不足稅アリタルトキハ受信廳ノ仕拂ニ立ツヘキ義ニ候處茲ニ三月三十日到達ノモノニ屬スルモノニ關スル不足稅ヲ四月ニ至テ支出スル年度區分方ノ義ハ契約ニ依リ成立ツモノニアラサレハ會計規則第二條第五項ニ依リ可然哉（明治二十九年四月十八日島根縣照會）

(回答)郵便物ヲ受取リタル日ノ屬スル年度ニ於テ仕拂相成可然（明治二十九年四月二十九日主稅）

（税局同答）

三、第一會計規則第二條第四廳中雜費中ニハ廳費ノ運搬費等モ包含スル乎第二臨時帳綴經師職其他人足等傭入ニ於テハ別ニ契約締結セサルコトアルモ差支ナキ哉

第三會計規則第六十九條中其ノ契約ヲ結ハントスル者ハ云々トアリ右ハ競爭ト隨意トニ拘ラス總テ契約ヲ結ハントスル者ニ適用スヘキ義ニ候（明治二十三年四月七日會計局照會）

（同答）右第一項第三項ハ御意見ノ通第二項御問合ノ意小金額ニテ契約證書ノ取替ハセニ及フマシトノ義ニ有之候ハハ御意見ノ通ニテ可然（明治二十三年四月十日主計局同答）

第三條　毎年度所屬歳入歳出金ヲ金庫ニ於テ出納スルハ翌年度六月三十日限リトス

本條ハ金庫ニ於ケル出納事務ノ閉鎖期ヲ定メタルモノニシテ金錢出納事務整理上必要ノ規定ナリトス抑モ金庫ハ毎會計年度ニ於ケル國家ノ歳入歳出金ヲ出納又ハ保管スルモノ（金庫規則第一條）ナレハ其ノ事務モ亦會計年度ト共ニ終始スヘキヲ本則トスヘシト雖前ニモ一言セシ如ク仕拂命令官ハ甲年度ニ於テ既ニ仕拂命令ヲ發行シタ

リト雖若シ債權者ニシテ其年度經過ノ後ニ至リテ仕拂ノ請求ヲ爲ス者アルトキハ國家ハ年度經過ノ故ヲ以テ固ヨリ其仕拂ヲ拒絶スルヲ得ルモノニアラス又仕拂命令官カ仕拂命令ヲ發スルニ際シテモ年度經過後五月三十一日迄ハ當該年度ニ屬スル經費ノ仕拂命令ヲ發スルヲ得ルモノナレハ（本則第四十四條）金庫出納事務ハ自ラ其ノ以後ニ於テモ尙之ヲ取扱ハシメサルヘカラス然レトモ一定ノ時期ヲ以テ之カ限界ヲ定ムルニアラサレハ事務ノ整理完結ヲ告クルノ機ナキヲ以テ本條ハ金庫ニ於ケル出納事務ハ仕拂命令發行期間經過後一ヶ月卽チ翌年度六月三十日ヲ以テ終了スヘキモノトセリ

此ノ如ク本條ニ於テハ一會計年度ニ於ケル金庫出納事務ハ年度經過後三ヶ月ヲ以テ全ク閉鎖スルモノナレハ此以後ニ於テハ縱令前年度ニ屬スル收入アルモ之ヲ前年度歲入ト爲スヲ得スシテ實際收入ヲ爲シタル日ノ屬スル年度ノ歲入トシテ整理スルノ外ナキナリ（會計法第二十三條）又歲出ニ付テハ翌年度五月三十一日迄ニ仕拂命令ヲ發セサルトキハ之ヲ其ノ年度ノ歲出トシテ當該年度經費ヨリ支出スルヲ得スシテ現在ノ年度ニ於テ過年度支出トシテ整理セサルヘカラス過年度支出ニ付テハ第六十二條ノ制限アルヲ以テ若シ過年度支出ノ整理ヲ爲ス能ハサル場合ニハ如何ニ之ヲ

處理スヘキヤノ問題ハ之ヲ後ニ詳說スヘシ

第二章　豫　算

第一欵　總豫算

第四條　大藏大臣ハ歲入ノ景況ヲ調査シ各省ノ豫定經費要求書ニ基キ歲入歲出總豫算ヲ調製スヘシ

總豫算ノ首ニハ歲計全體ニ關スル說明ヲ付スヘシ

本章ハ豫算ニ關スル規定ニシテ就中本款ニ於テハ總豫算編成ニ關スル規定ヲ爲シ次款ニハ總豫算調製ノ基礎ト爲ルヘキ各省豫定經費要求書調製ノ方法ヲ規定シ第三款ニ於テハ仕拂豫算第四款ニ歲入歲出現計書調製第五款ニハ豫備金支出ニ關スル手續等ヲ規定セリ而シテ本款ニ所謂總豫算ナルモノハ固ヨリ一般會計ニ於ケル總豫算ヲ指スノ意ニシテ特別會計ニ屬スルモノハ之ヲ包含セサルヤ論ヲ俟タサルナリ

大藏大臣ハ政府ノ財務ヲ統轄シ會計、出納、租稅、國債、貨幣、預金、保管物信託及銀行ニ關スル事務ヲ管理シ府縣郡市町村及公共組合ノ財務ヲ監督スルノ權限ヲ有スルモノナリ(大藏省官制第一條)此ノ如ク大藏大臣ハ政府ノ財務總轄者タルノ故ヲ以テ本條ニ於テモ大藏大臣ハ歲入ノ景況ヲ調査シ各省ノ豫定經費要求書ニ基キ歲入歲出總豫算ヲ調製スヘシト規定シ以テ總豫算ノ編成ハ大藏大臣ノ職司ナルコトヲ明ニセリ

今茲ニ少シク豫算編成ニ關スル順序方法ヲ說明センニ之ニ關シテハ明治二十二年三月閣令第一二號歲入歲出豫算概定順序ナルモノアリテ先ツ歲入ノ事務管理廳ハ歲入概算書ヲ調製シ前年度五月三十一日マテニ之ヲ大藏大臣ニ送付シ(但經常臨時ニ大別シ更ニ之チ款項目ニ區分シ前年度ノ豫算ニ比シ增減ノ理由チ說明スヘシ)又各省大臣ハ歲出概算書ヲ調製シ前年度五月三十一日迄ニ之ヲ大藏大臣ニ送付シ(歲入概算書ト同シク經常臨時ノ二部ニ大別シ更ニ款項ニ區分シ前年度豫算ニ比シ增減ノ理由チ示スヘシ)大藏大臣ハ各廳ヨリ提出シタル歲入概算書及歲出概算書ヲ檢案シ歲入出ヲ對照調理シ歲入出總豫算書ヲ調製シ之ヲ前年度六月三十日マテニ閣議ニ提出シ(總概算書ハ歲入出共ニ經常臨時ニ大別シ更ニ款項ニ區分シ前年度ニ比シ增減ノ理由チ說明スヘシ)內閣ニ於テハ前年度七月十五日マテニ歲入出總概算書ヲ決定シ歲入出概算此ニ確定シタルトキハ各省大臣ハ各省所管經費各項ノ概算決定額以內ニ於テ節約ヲ旨トシ豫定經費要求書ヲ調製シ前年度八月三十一日マテニ之ヲ大藏大臣ニ送付スヘキモノトス

前述ノ如ク各省ノ豫定經費要求書ナルモノハ初メ各省大臣ヨリ提出シタル歲入出

概算書ニ付大藏大臣之ヲ檢案查定シ總概算書ヲ調製之ヲ閣議ニ提出シ既ニ内閣ノ決定ヲ經タルモノナルヲ以テ本條ニ於テモ大藏大臣ハ之ヲ基礎トシ總豫算ヲ編製スヘキモノトセリ

又豫定經費要求書ヲ作成スルニ當リテ其ノ經費ヲ算出スルニ付テハ明治二十二年六月閣令第一九號豫定經費算出概則(第一條乃至第十條)ニ是レ據ラサルヘカラス詳細ヲ知ラントセハ同則ヲ參觀セラレンコトヲ希フ

本條第二項ニ依レハ總豫算ノ首ニハ歲計全體ニ關スル說明ヲ爲ササルヘカラス其如何ナル程度ニ於テ說明ヲ爲スヘキヤハ總豫算調製權ヲ有スル者ノ任意ニシテ今此ニ說明スヘキ限ニアラスト雖當該年度ニ於テ新ナル要求ニ係ハルモノ若ハ前年度豫算額ニ比シ著シク增減ノ差アルモノノ如キ之カ理由ヲ說明スヘキヲ至當トスヘシ

第五條 歲入豫算ハ經常臨時共ニ款項ニ區分シテ調製シ成ルヘク歲入ノ性質ヲ明示スヘシ

歲入歲出總豫算ハ之ヲ經常臨時ノ二部ニ大別シテ各部ハ之ヲ款項ニ區分スヘキハ既ニ會計法第六條ノ規定スル所ニシテ本條ハ之ニ附加シテ成ルヘク歲入ノ性質ヲ明ニスヘキコトヲ命シタリ故ニ例之租稅ナル款ノ下ニ更ニ項ヲ設ケ各稅ノ種類ヲ

異ニスル毎ニ各項ニ區分掲上スルカ如キ又例之官有物拂下代ナル款ニ於テモ各項ニ分チテ物件ノ種類ヲ明擧スルカ如キハ即チ歳入ノ性質ヲ明ニセシムル所以ノ途ナリト謂フヘシ

第六條　歳出豫算ハ經常臨時共ニ款項ニ區分シテ調製シ成ルヘク經費ノ目的ヲ明ニスヘシ

本條モ亦前條ト其ノ趣旨ヲ同フシ歳入豫算ノ其ノ歳入ノ性質ヲ明ナラシムルト同時ニ歳出豫算ニ於テモ又其歳出ノ目的ヲ明ナラシメサルヘカラサルヲ規定セリ而シテ歳出ノ性質ヲ明ナラシムルニハ即チ其ノ經費ハ如何ナル目的ニ使用セラルルモノナリヤヲ審ニセサルヘカラス之ヲ以テ本條ハ成ルヘク經費ノ目的ヲ明ニスヘシト謂ヘリ蓋シ經費ノ目的ニシテ明白ナラサランカ實際豫算ヲ施行スル上ニ於テ種々ナル不利不便アルヲ免レサルヘシ何トナレハ仕拂命令官タルモノハ豫算ノ目的ノ外ニ金額ヲ使用スルヲ得サルハ會計法第十二條、第十三條ノ規定スル所ナルヲ以テ經費ノ目的明瞭ヲ缺クトキハ法規違反ヲ慮リテ必要ナル經費ノ支出ヲモ躊躇スルニ至ルヘク或ハ又時トシテ之ト反對ニ其ノ經費ノ目的不明ナルニ乘シテ却テ目的外ニ濫費セラルル弊ヲ生スヘキヲ以テ成ルヘク經費ノ目的ヲ明ナラシムルハ極メテ必要ノコトナリト謂フヘシ然リ而シテ經費ノ目的ヲ明ナラシムル方法ハ豫算款項ノ區分ヲ爲スニ際シ各款各項ノ名目ヲ附スルニ注意シ可成其ノ目的ヲ明示スルニ足ルノ語ヲ擇ムニ如クハナシ余輩カ前ニ豫算ノ目的ナルモノ款項ニ依リテ表示セラルルモノナリト唱導スル所以ノモノ亦此ノ規定ノ存スル之カ一理由タラスンハアラサルナリ

第七條　歳入歳出總豫算款項ノ區分ハ大藏大臣之ヲ定ムヘシ

既ニ第四條ニ於テ説明セシ如ク大藏大臣ハ政府ノ財務ニ關スル一切ヲ總轄スルモノナルヲ以テ歳入歳出總豫算調製ノ權限ヲ附與セラレタルモノナリ而シテ總豫算ハ之ヲ款項ニ區分スヘキモノナルコトハ會計法第六條ノ明示スル所ナルヲ以テ本條ニ於テ歳入歳出總豫算款項ノ區分ハ大藏大臣之ヲ定ムヘシト規定シ總豫算調製權ヲ有スル者ニ同時ニ豫算款項ノ區分ヲ爲サシメタルハ當然ニシテ別ニ説明ヲ俣タサルヘシ

第二款　豫定經費要求書

第八條　各省大臣ハ毎年度其所管經費ノ需要高ヲ算定シ前年度ノ定額ト比較ヲ立テ豫定經費要求書ヲ調製シ前年度八月

三十一日迄ニ之ヲ大藏大臣ニ送付スヘシ

本條ハ各省大臣ニ對シテ豫定經費要求書ヲ調製シ大藏大臣ニ送付スヘキコトヲ命シタリ豫定經費要求書ハ大藏大臣ノ總豫算編成ノ根基ヲ爲スモノニシテ歳入歳出總豫算ハ實ニ各省ヨリ提出シタル豫定經費要求書ニ基キ大藏大臣ノ調製スヘキモノナルコトハ第四條ノ規定スル所ノ如シ然リ而シテ此ニ所謂豫定經費要求書ナルモノハ各省大臣カ其所管官廳ノ一會計年度間ニ於ケル所要經費ノ金額ヲ見積リタルモノニシテ（經費ノ見積ニ關シテハ第四條ニ於テ一言シタル如ケ明治二十二年六月閣令第十九號豫定經費算出概則ニ依據セサルヘカラス）其ノ提出ニハ前年度ノ豫算定額ト比較ヲ立テ之カ增減事由ヲ明白ニシ前年度八月三十一日迄ニ大藏大臣ニ送付スヘキモノトス

此ノ如ク豫定經費要求書ハ總豫算ノ根源ヲ爲スモノニシテ豫算編成上最モ重要ノモノナルヲ以テ或學者ノ如キハ豫定經費要求書ハ豫算ノ一部ヲ爲スモノナリト謂ヘリ然レトモ余輩ハ之ヲ以テ豫算ノ一部分ヲ爲スモノナリト謂フノ理論上適切ナラサルハ既ニ會計法第六條ノ說明ニ之ヲ言明シタルカ如クナリト雖豫定經費要求書ニハ豫算款項ノ區分ノ外更ニ各目ノ明細ヲ詳記スルヲ以テ豫算成立ノ根基ヲ一層明白ナラシムルノ利益アルヲ認容セスンハアルヘカラス會計法第六條ニ於テ議

會參考ノ爲ニ各省ヨリ提出シタル豫定經費要求書ヲ總豫算ト共ニ提出スヘキコトヲ規定セルハ蓋シ亦之カ爲ナリト謂フヘシ

豫定經費要求書ノ提出期限ヲ八月三十一日ト爲シタルハ大藏大臣ニ於テ各省ノ豫定經費要求書ニ基キ總豫算ヲ調製スルニ至ルマテニハ相當ノ日子ヲ要スルヲ以テ通常議會ノ開會期迄ニ總豫算編成ヲ終了セシムル爲ニハ相當ナル準備期間ヲ必要トスルニ由ルモノナリ而シテ通常議會ハ毎年十二月中ニ開會スルヲ例トスルヲ以テ八月三十一日迄ニ各省ノ豫定經費要求書ノ提出終ラハ議會ノ開期迄ニハ三ケ月ノ期間存スルヲ以テ總豫算調製ニハ十分ノ餘裕アリト謂フヘシ唯實際ニ於テハ概算書ノ提出其期限ヲ後ルルノ傾向アリ延テ豫定經費要求書ノ提出遲延ト爲リ總豫算ノ調製亦之カ影響ヲ被リ自然通常議會開會ノ期ヲ遠カラシムルノ因ト爲リシカ輓近ニ至リテハ可及的規定ノ期限内ニ概算書又ハ豫定經費要求書ノ提出ヲ促カシ從來ノ弊習ヲ矯正スルニ努ムルモノノ如シ蓋シ是遵法的精神ノ發現ニ外ナラスシテ固ヨリ當然ノコトナリト雖モ惡慣習打破ノ勞ヲ多トセサルヘカラサルナリ

第九條　各省ノ豫定經費要求書ハ經常臨時共ニ欵項ニ區分シ更ニ各項中所要ノ金額ヲ各目ニ區分シ尚ホ必要ノ場合ニ於

テハ番號ヲ以テ之ヲ細分シ又經費所要ノ理由計算ノ基ク所ヲ示スヘシ

目ノ區分ハ各省大臣大藏大臣ト協議シテ之ヲ定ムヘシ

前條ハ豫定經費要求書ノ提出ヲ命シ本條ハ其ノ豫定經費要求書作製ニ關スル一定ノ形式ヲ規定シタルモノナリ卽チ豫定經費要求書ハ總豫算ノ根帶ヲ爲スノミナラス總豫算ノ內容ヲ可及的詳細ニ知ラシメンカ爲メ總豫算ト共ニ參考トシテ帝國議會ニ提出スヘキモノナルカ故總豫算ト同ク經常臨時ノ二大部ニ分チ各部共ニ款項ニ區分スルノ外更ニ各項ノ金額ヲ各目ニ細分シ尙必要ト認ムル場合ニ於テハ番號ヲ以テ之ヲ區分スヘキモノトセリ一例ヲ擧レハ「俸給」ノ項ヲ勅任俸給、奏任俸給、判任俸給ノ各項ニ分チ更ニ各目中ノ「勅任俸給」ヲ長官、局長、技師俸給等ノ各節ニ分別シ或ハ「奏任俸給」ヲ各官每ニ區分シ（書記官、事務官ノ類ノ如シ）「判任俸給」ヲ屬、技手其他ノ各官ニ區分シ「節ヲ設クル等是ナリトス蓋シ豫算ノ目的ハ豫算ニ依リテ之ヲ知ルノ外ナキハ前來余ノ屢々論述シタル所ノ如シト雖豫定經費要求書ニ掲クル各目ノ明細ハ偶々以テ豫算ノ目的ノ範圍內ナルヤ否ヤノ疑點ヲ解決スルノ標準ト爲スニ足ルモノナリト斷セントスルモノナリ何トナレハ總豫算ハ豫定經費要求書ヲ基礎トシ調製スルモノナレハ豫定經費要求書ハ豫算ノ淵源ヲ爲スモノト謂フヘク從テ其ノ源ニ溯テ成立ノ目的ヲ知ラント欲スルハ當然ノ事理ナレハナリ是恰モ法律ノ解釋上其ノ法律草按ノ理由等ヲ以テ參考ト爲スト同一ナリト謂フヘキナリ

又豫定經費要求書ナルモノハ豫メ翌年度ニ於テ要スヘキ經費ヲ要求スルモノナレハ其ノ之ヲ要スルニ至リタル理由並ニ其ノ計算ノ根基ヲ示サヽルヘカラス是固ヨリ當然ノ規定ニシテ經費所要ノ理由ヲ示スニアラサレハ其ノ果シテ必要ナル經費ナリヤ否ヤヲ判定スルヲ得ス又其ノ經費ヲ要スルニ至リシ理由ハ正當ナリトスルモ之ニ要スル費額ハ相當ナリヤ否ヤ換言セハ要求金額ハ過大ナル見積ニアラサルナキヤ否ヤヲ認識スルニハ其ノ計算ノ因テ基ク所ヲ知ラシムルヲ要ス是本條第一項末段ノ規定アル所以ナリ

更ニ本條第二項ニ於テ目ノ區分ハ各省大臣大藏大臣ト協議シテ之ヲ定ムヘシト爲シタルハ若シ此ノ規定ナキトキハ各省大臣ハ各自ニ各省所管ノ經費ニ付豫定經費要求書ヲ調製スルモノナルヲ以テ目ノ區々ニ渉リ科目ノ統一期シ難キモノアレハナリ

第十條　各省ノ豫定經費要求書ニハ各省所管經費全體ニ關スル說明及各款各項ノ說明ヲ付スヘシ

各省ヨリ提出スヘキ豫定經費要求書ニハ各省所管ノ經費全體ニ關スル說明例之前年度ニ對スル增減事由若ハ新規要求ニ係ルモノノ理由其ノ他繼續費又ハ繰越明許ノ事由等ヲ說明シ更ニ各款各項ニ付逐一同樣ノ說明ヲ爲スヘキモノトス是ニ依リテ大藏大臣ハ各省ノ豫定經費要求書ノ說明ヲ綜合シテ總豫算ニ付歲計全體ニ關スル說明ヲ爲スノ資タラシムルヲ得ヘキナリ

第三款　仕拂豫算

第十一條　各省大臣ハ每年度決定ノ豫算定額ニ基キ仕拂命令官每ニ所要ノ費額ヲ豫メ仕拂豫算ヲ調製シ大藏大臣及會計檢査院ニ送付スヘシ

仕拂豫算ハ各項ノ金額ヲ示スヘシ

國家ノ歲入歲出總豫算ハ初ニ豫算概算ヲ調製シ閣議ノ決定ニ依リ概算確定シタル後之ニ基キ各省大臣豫定經費要求書ヲ作成シ大藏大臣之ニ依テ總豫算ヲ編成シ議會ニ提出スルニ至ルモノナルコトハ前各條ニ依リ明ナリトス而シテ議會若シ其豫算ヲ議決確定シ天皇ノ裁可ヲ得タルトキハ豫算全ク茲ニ其成立ヲ告クルニ至ルヘ

キコト亦前ニ說明シタル所ノ如シ然レトモ豫算ハ裁可セラルルモ未タ公布ナキ間ハ行政官ハ之ヲ施行スルニ由ナキナリ豫算ヲ裁可公布スルハ行政官ニ對シテ豫算ノ施行ヲ命スルニ外ナラサルナリ故ニ各省大臣ハ豫算ノ公布アリタルトキハ其ノ所管經費ニ付實際ニ仕拂ヲ爲シ得ル權能ヲ有スルニ至ルモノトス然レトモ各省大臣ハ其所管經費ニ付テ一々自ラ仕拂命令ヲ發スルヲ得サルニ依リ之ヲ他ノ官吏ニ委任スルコトヲ得ルハ會計法第十三條ノ示ス所ニシテ其委任ニ關シテハ明治二十二年七月勅令第八九號仕拂命令委任規程ナルモノアリ其第一條ニ依レハ「各省大臣ハ他ノ官吏ニ委任シテ其所管定額ノ仕拂命令ヲ發セシムルトキハ會計規則第十一條ニ據リ仕拂豫算額ヲ定メテ之ヲ委任スヘシ」トアリ本條ハ卽チ其ノ仕拂豫算調製ニ關スル規定ヲ爲シタルモノナリ

此ニ仕拂豫算ト云ヘルハ仕拂ニ充ツヘキ豫算ト云フノ意味ニ外ナラスシテ公布豫算ニ相對シテ仕拂豫算ノ名稱ヲ用キタルモノノ如シ蓋シ歲出豫算ハ支出ヲ目的トス從テ總テノ歲出豫算ハ支拂ニ充ツヘキモノナリト雖モ豫算施行ノ任ニ當ル各省大臣ハ每年度決定豫算定額ノ範圍ニ於テ可成節約ヲ旨トシテ豫メ其ノ所要經費ヲ定メテ各仕拂命令官ニ委任シ漫ニ豫算定額ヲ費消セシムルモノニアラス其ノ各仕

拂命令官ニ對シ所要費額ヲ定ムルヲ仕拂豫算ノ調製ト謂ヒ之ニ依リテ仕拂命令官ニ對シ仕拂ヲ爲スヘク委任セラレタル豫算ハ卽チ仕拂豫算ナリトス各省大臣自ラ仕拂命令官トシテ其仕拂ニ供スヘク定メラレタル豫算亦仕拂豫算ナリト謂フヘシ之ヲ要スルニ仕拂豫算ナルモノハ其ノ年度ニ於ケル豫算定額ノ範圍内ニテ更ニ各省大臣カ實際仕拂ニ供スヘク定メタル豫算ヲ謂フモノトス

仕拂豫算ハ毎年度決定ノ豫算定額ニ基キ調製スルモノトス所謂毎年度決定ノ豫算定額トハ議會ノ協賛ヲ經テ裁可公布スル所ノ豫算ヲ指スモノニシテ豫算不成立ノ場合ニ於テハ前年度豫算定額ハ卽チ本年度ノ豫算定額ト爲ルモノナリ

本條ニ依リ各省大臣仕拂豫算ヲ調製シタルトキハ之ヲ大藏大臣及會計檢査院ニ送付スヘキモノトス是卽チ大藏大臣ハ財務ノ總轄者タルカ故ニ其豫算ノ實行ニ付テモ各省大臣ヲシテ先ツ仕拂豫算ヲ大藏大臣ニ提出セシメ然ル後大藏大臣ヲシテ第十三條ノ規定ニ從ヒ之ヲ金庫ニ令達セシムル所以ニシテ其會計檢査院ニ送付セシムルハ同院ヲシテ是ニ依リテ各仕拂命令官ノ支出ハ仕拂豫算ヲ超過スルコトナキヤ將タ支出科目ヲ誤ルモノナキヤ等支出ノ當否ヲ審案セシムルノ標的タラシムルニ在リ

然リ而シテ仕拂豫算ニハ各項ノ金額ヲ示セハ足ルモノニシテ各目以下ヲ示スニ及ハサルナリ是蓋シ各目ノ流用ハ會計法上全ク自由ナルヲ以テ之ヲ一々明記スルノ煩雜ニシテ何等ノ益ナキニ因ル

第十二條　仕拂豫算ヲ更定シタルトキハ其計算書ヲ大藏大臣及會計檢査院ニ送付スヘシ

前條ニ於テ既ニ仕拂豫算ヲ調製シタルトキハ之ヲ大藏大臣及會計檢査院ニ送付スヘキコトヲ定メタル以上ハ其仕拂豫算ヲ變更訂正シタルトキハ更ニ其計算書ヲ提出セシムルハ當然ニシテ説明ヲ要セサルナリ

第十三條　大藏大臣仕拂豫算若ハ其更定計算書ノ送付ヲ受ケタルトキハ之ヲ金庫ニ令達スヘシ

前二條ノ規定ニ依リ大藏大臣仕拂豫算若ハ其更定計算書ノ送付ヲ受ケタルトキハ之ヲ金庫ニ令達スヘキモノトス金庫ニ於テ仕拂豫算ノ令達ヲ受ケタル後ハ仕拂豫算各項ノ金額ノ範圍内ニ於テハ仕拂命令官ノ仕拂命令ヲ受ケタルトキハ本則第四十五條ノ規定ニ從ヒ仕拂ノ手續ヲ爲スヘキモノトス

第四款　歳入歳出現計書

第十四條　會計法第六條ニ掲クル歳入歳出現計書ハ大藏省ニ備ヘタル主計簿ニ據リ大藏大臣之ヲ調製スヘシ

會計法第六條ニ依レハ總豫算ニハ帝國議會參考ノ爲ニ其ノ年三月三十一日ニ終リタル會計年度ノ歳入歳出現計書ヲ添付セサルヘカラサルヲ以テ本條及次條ニ於テ歳入歳出現計書調製ニ關スル規定ヲ爲セリ蓋シ歳入歳出現計書ナルモノハ會計年度ニ於ケル總テノ收入支出ノ計數ヲ現ハスモノナルヲ以テ之ヲ調製スルニハ固ヨリ其ノ據ル所ナクンハアラス然ルニ大藏省ニハ主計簿ヲ備フルヲ以テ大藏大臣ハ之ニ依據シテ歳入歳出現計書ヲ調製スヘキモノトセリ主計簿ニ關シテハ第百十三條ノ規定アリテ總テ歳入ノ豫算額、調定濟額、收入濟額、不納缺損額、收入未濟額、歳出ノ豫算額、豫算決定後增加額、仕拂命令濟額、翌年度繰越額、殘額ヲ登記スヘキモノトス而シテ一方ニハ歳入ニ關シテハ本則第三十一條ノ規定アリテ歳入事務管理廳ヨリ每月徵收總報告書ヲ作リテ大藏大臣ニ送付スヘク又歳出ニ關シテハ本則第四十九條ニ依リ金庫出納後ヨリ每月仕拂命令受領濟額報告書ヲ調製シ翌年中ニ大藏省ニ送付スヘキモノナルヲ以テ之ニ依リテ本簿ニ登錄シ得ヘキナリ

第十五條　歳入歳出現計書ニハ總豫算ニ定メタル區分ニ從ヒ其年三月三十一日ヲ以テ終リタル年度ニ屬スル歳入ノ八月三十一日ニ於ケル左ノ事項ノ現計ヲ示スヘシ

歳入ノ部

歳入豫算額

調定濟歳入額

收入濟歳入額

不納欠損額

收入未濟歳入額

歳出ノ部

歳出豫算額

豫算決定後增加歳出額

仕拂命令濟歳出額

翌年度繰越額

歳出殘額

本條ハ歳入歳出現計書調製ノ方式ヲ定メタルモノナリ即チ現計書ニハ總豫算ニ定メタル區分ニ從ヒ其年三月三十一日ヲ以テ終リタル年度ニ屬スル歳入歳出ノ八月三十一日ニ於ケル現計ヲ示スヘキモノトセリ

抑モ會計年度ハ毎年四月一日ニ始マリ翌年三月三十一日ニ終ルヘキハ既ニ會計法第一條ノ示ス所ナリト雖其年度ニ於テ收入スヘク若ハ支出スヘク決定セルモノ必ラスシモ其年度内ニ實際ニ收入又ハ仕拂ヲ了シ得ルモノニアラサルハ前ニ既ニ説明セル所ナリ之ヲ以テ本則第三條ニ於テハ金庫ニ於テ收入支出ヲ爲スハ翌年度六月三十日限トシ年度經過後尚歳入歳出金ノ出納ヲ爲シ得ル旨ヲ明ニシ又同第四十四條ニ於テ仕拂命令ハ翌年度五月三十一日迄ハ之ヲ發行スルヲ得ト規定セラレタル所以ニシテ金庫ニ於テ其ノ歳入ノ納付額ヲ最後ニ大藏省ニ報告スルニハ七月ニ至ルヘク大藏省ニ於テ更ニ之ニ依リテ主計簿ニ登錄ヲ爲シ其他歳入歳出ニ關スル一切ノ事項ヲ整理スルニハ尚多少ノ日子ヲ要スルモ八月ニ到ラハ略完結シ歳入歳出額ハ殆ト玆ニ確定スルニ至ルヘキヲ以テ本條ニ於テハ三月三十一日ニ終リタル

年度ニ屬スル歳入歳出ノ八月三十一日ニ於ケル左ノ事項ノ現計ヲ示スヘシト規定シ依テ以テ前年度ニ於ケル歳入歳出ノ一切ノ計算ヲ明白ナラシメ當該豫算議定ノ資ニ供セシムルモノトス卽チ歳入ノ部ニ於テハ

一、歳入豫算額　歳入豫算額トハ卽チ豫算ニ於テ歳入幾何トシテ見積リタル金額ヲ云フ

二、調定濟歳入額　調定濟歳入額トハ歳入徴收官ニ於テ（歳入徴收官ニ付テハ後ニ述フル所アルヘシ）收入ヲ爲スヘク決定シタル金額ヲ云フ未タ實際ニ收入セサルモノナリ

三、收入濟歳入額　收入濟歳入額トハ前號ノ調定額ニ基キ實際國庫ニ收入シタル金額ヲ云フ

四不納缺損額　不納缺損額トハ前第二號ノ調定額ニシテ全ク收入スルヲ得スシテ遂ニ已ムヲ得ス缺損處分ヲ爲スニ至リタル金額ヲ云フ

五、收入未濟歳入額　收入未濟歳入額トハ其調定額ハ未タ全ク收入スルニ至ラス而カモ滯納處分未タ結了セス從テ缺損處分ヲ爲ス能ハサルモノノ如キ收入スヘク定マレルモノナリト雖モ其年度ニ於テ未タ收入スルニ至ラサル金額ヲ云フ

次ニ歳出ノ部ニ於テハ

一、歳出豫算額　歳入豫算額トハ歳入豫算ト同シク其ノ歳入ノ豫算ニ於テ歳出豫算トシテ見積ラレタル金額ヲ云フ

二、豫算決定後増加歳出額　豫算決定後増加歳出額トハ當初豫算ニ定メラレタル金額ノ外更ニ其ノ豫算ニ不足ヲ生シタルニ因リ若ハ豫算ニ定メラレタル目的ノ外ニ新ニ支出ノ必要ヲ生シタルニ因リ豫備金ヨリ支出ヲ仰キ或ハ追加豫算ヲ要求シテ歳出ニ供シタル金額ヲ云フ

三、仕拂命令濟歳出額　仕拂命令濟歳出額トハ仕拂命令官カ歳出ノ仕拂ニ供スルカ爲金庫ニ對シテ仕拂命令ヲ發行シタル金額ヲ云フ故ニ實際金庫ニ於テ仕拂ヲ爲シタル金額トハ一致スルモノニアラサルナリ何トナレハ仕拂命令ヲ發行スルモ債主ニシテ金庫ニ對シ仕拂ヲ請求セサルトキハ金庫ハ仕拂ヲ爲スモノニアラサレハナリ

四、翌年度繰越額　翌年度繰越額トハ其年度ニ終ルヘキ工事製造等ニシテ避クヘカラサル事由ノ爲事業遲延シ其年度内ニ支出ヲ爲ス能ハサル場合若ハ豫算ニ於テ特ニ翌年度ニ於テ繰越使用ヲ認容シタル場合ニ於テ翌年度ニ繰越シタル金額ヲ云フ

五、歳出殘額　歳出殘額トハ歳出豫算ノ殘額ニシテ歳出豫算中全ク其ノ支出ヲ爲スニ及ハサリシモノ及翌年度ニ繰越シタル金額ヲ控除シタル金額ヲ云フ卽チ歳出殘額ヲ知ルニハ歳出豫算ノ總額（當初豫算額及豫算決定後ノ增加額共）ヨリ仕拂命令濟額及翌年度繰越額ヲ控除シタルモノハ歳出豫算殘額ナリトス

第五欵　豫備金支出

第十六條　豫備金ハ大藏大臣之ヲ管理ス

豫備金ハ憲法第六十九條ノ規定ニ基キ豫算ノ不足又ハ豫算外ニ生シタル必要避クヘカラサル經費ノ爲ニ豫メ備フルモノナルヲ以テ本條ハ其支出ヲ漫ニセサラシメンカ爲之ヲ各省ニ分屬セシメス大藏大臣ヲシテ管理セシムルコトトセリ而シテ豫備金ハ會計法第七條ニ依リ第一豫備金第二豫備金ノ二ニ分タルモノナルハ前ニ說明セシ所ニシテ本條以下ニ其ノ支出ニ關スル取扱手續ヲ規定セラレタルヲ以テ順次之ヲ說明スヘシ

第拾七條　豫備金ヲ以テ補充シ得ヘキ費途及豫備金ヲ以テ支辨スル費途ノ金額ハ他ノ費途ニ流用スルコトヲ得ス

本條ハ豫備金支出ニ關スル制限ヲ規定シタルモノナリ卽チ豫備金ヲ以テ補充シ得ヘキ費目及豫備金ヲ以テ支辨スル費途ノ金額ハ他ノ費途ニ使用スルコトヲ得ストセリ蓋シ若シ此ノ制限ヲ設ケサルトキハ補充費途ニ屬スル豫算金額ノ不足ナル場合ニハ何時ニテモ豫備金ヨリ補充シ得ヘキカ故ニ例之或ル一項中ニ補充費目ノ存スルモノアルトキハ妄ニ他ノ通常費目ノ支出ヲ多大ナラシメ遂ニ其ノ不足ヲ告ケタル場合ニ容易ニ補充費目ヨリ流用スルノ弊アルヲ免レス是レ本條ノ規定アル所以ナリ

此ニ豫備金ヲ以テ補充シ得ヘキ費途トハ次條ニ依リ勅令ヲ以テ豫メ第一豫備金ヲ以テ補充シ得ヘキ費途ト定メタル費目其ノモノヲ謂フモノニシテ補充費途ハ毎年勅令ヲ以テ之ヲ定メ其以外ノ費目ハ縱令豫算ニ不足ヲ生スルコトアルモ豫備金ヨリ之ヲ補充スルコトヲ許ササルナリ是蓋シ豫備金ナルモノハ無限ニ之ヲ蓄積スルヲ得ヘキニアラサルヲ以テ若シ漫ニ豫算不足ノ故ヲ以テ之ヨリ補充シ得ヘシトセハ自ラ支出ノ增加ヲ來タスノ虞アルニ依リ其避クヘカラサル費途ニ屬スルヤ否ヤハ毎年度豫メ勅令ヲ以テ之ヲ定メ勅令ノ定ムル費途以外ニハ之ヲ補充スルヲ得サルコトトセリ而シテ實際上勅令ニ依リ豫備金ヲ以テ補充シ得ヘキ費途ヲ定ムル標

準ハ多クハ法令又ハ契約ノ結果其支出ハ當然免ルヘカラサル費途ニ屬スルモノナリ例ヘハ各省一般ニ行ハルル退官賜金、死亡賜金、官吏療治料死傷手當等ノ如キ是ナリ

次ニ豫備金ヲ以テ支辨スル費途ノ金額トハ豫算ノ外ニ生シタル必要ノ經費ニ充ツル爲第二豫備金ヨリ其ノ支出ヲ仰キタル金額ヲ謂フ此ノ場合ニ於テ是等ノ費途ニ供シタル金額ハ之ヲ他ノ經費ニ流用スルヲ許ササルハ第一豫備金ヲ以テ補充シ得ヘキ費途ノ金額ヲ他ノ經費ニ流用スルヲ許ササルト全ク其理由ヲ同フスルモノナリ唯第一豫備金ト第二豫備金トハ彼是流用スルヲ得ヘキコトハ前既ニ會計法第七條ノ説明ニ於テ一言セシ所ノ如シ

第十八條　第一豫備金ヲ以テ補充シ得ヘキ費途ハ毎年度豫メ勅令ヲ以テ之ヲ定ム

第一豫備金ハ豫算ノ不足ヲ補フ爲ニスルモノナルコトハ前屢々縷述セル所ナリ此ノ如ク第一豫備金ハ豫算ノ不足ヲ補充スルヲ目的トスルモノナリト雖豫算各科目ノ不足ヲ補フモノトセハ避クヘカラサルヤ否ヤハ程度問題ニシテ一定ノ標準ナキニ依リ前條ニモ一言セシ如ク遂ニハ自ラ歳出ノ増加ヲ來タスニ至ルヘキハ數ノ免

ル能ハサル所ナルヲ以テ本條ハ之ヲ制限センカ爲ニ第一豫備金ヲ以テ補充シ得ヘキ費途ハ每年度豫メ勅令ヲ以テ之ヲ定ムルコトトハ爲セリ故ニ勅令ヲ以テ補充費途ト定メサル他ノ豫算科目ニ不足ヲ生スルコトアルモ之カ補充ヲ許ササルナリ

第十九條　各省大臣第一豫備金ノ支出ヲ要スルトキハ金額理由ヲ示ス所ノ計算書ヲ作リ大藏大臣ノ承認ヲ經ヘシ

前條ニ依リテ補充費途ト定マリタル豫算科目中不足ヲ生シ之カ支出ヲ要スルトキハ本條ニ依リ其ノ金額並ニ之ヲ要スルニ到リタル理由ヲ示シ計算書ヲ作成シ大藏大臣ノ承認ヲ經サルヘカラス大藏大臣ハ各省大臣ヨリ提出シタル第一豫備金支出要求書ヲ調査シ其理由ハ果シテ正當ナリヤ卽チ其支出ハ到底避クヘカラサルモノナリヤ否ヤヲ判斷シ若シ必要ト認メタルトキハ之ヲ承認シ然ラサル場合ニハ否認スルモ固ヨリ妨ナキナリ是蓋シ大藏大臣ハ政府ノ財務ヲ總統スルノ任ニ在ルモノナレハ其職責上當然ノ事ニ屬スルモノト謂フヘシ

第二十條　大藏大臣第一豫備金ノ支出ヲ承認シタルトキハ之ヲ會計檢査院ニ通知スヘシ

本條ニ於テ各省大ヨリ要求シタル第一豫備金支出ヲ承認シタルトキハ其支出ヲ承認シタル金額並ニ理由ヲ會計檢査院ニ通知スヘキモノトシタルハ會計檢査院カ會計實地檢査等ノ場合ニ當初ノ豫算金額以外ニ支出ヲ爲シタルハ全ク第一豫備金ヨリ補充セシモノナルコトヲ知ラシムルノ便ニ出テタルモノニシテ卽チ會計監督ノ趣旨ヲ全カラシムルノ目的ニ外ナラサルナリ

第二十一條　各省大臣第二豫備金ノ支出ヲ要スルトキハ金額理由ヲ示ス所ノ計算書ヲ作リ之ヲ大藏大臣ニ送付スヘシ

本條ハ第二豫備金支出ノ方法ニ關シテ規定シタルモノナリ第一豫備金支出ニ關シテハ既ニ第十九條ニ示ス如ク其支出ヲ要スル金額理由ヲ示ス計算書ヲ作リテ之ヲ大藏大臣ニ請求シ其承認ヲ經ヘキモノナリト雖第二豫備金ノ支出ヲ要スルトキハ同シク金額理由ヲ示ス所ノ計算書ヲ作リ先ツ之ヲ大藏大臣ニ送付スヘキモノトセリ第一豫備金ノ支出ニ關シテハ大藏大臣之ヲ許否スルノ權限ヲ有スルコト右ノ如クナルニ反シ第二豫備金ニ關シテハ各省大臣ノ支出要求書ヲ受理スルニ止メシメタルハ其ノ間自ラ輕重ノ差アルヲ以テノ故ナリ卽チ第一豫備金ヲ以テ補充シ得ヘキ費途ニ屬スルモノハ豫算ニ於テ既ニ其目的ノ爲ニ支出ヲ認メタルニ拘ハラス偶々

豫算額不足ナリシ爲其目的ヲ達スルヲ得サルニ於テハ之ヲ補充セシムルハ洵ニ當然ナルヲ以テ之ヲ大藏大臣ノ決定ニ委シタリト雖モ第二豫備金ヲ以テ支辨スルモノハ全然豫算ニハ其ノ目的及金額等認メラレサルモノ換言セハ全ク豫算外ニ其ノ支出ノ必要ヲ生シタル場合ニシテ第一豫備金ノ如ク豫算額不足部分ノ補充ヲ目的トスルモノト異ナリ新ニ支出ヲ要スルモノナルカ故之カ支出ヲ爲スニ付テハ愼重審議ヲ要スヘキハ言ヲ待タサルヲ以テ次條ノ如ク此ノ場合ニハ勅裁ヲ請フヘキモノトセリ

第二十二條　大藏大臣ハ前條ノ計算書ヲ調査シ其ノ意見ヲ付シテ勅裁ヲ請フヘシ

大藏大臣前條ニ依リ第二豫備金ノ支出要求書ノ送附ヲ受ケタルトキハ其計算書ヲ調査シ其ノ支出ハ果シテ必要避クヘカラサルモノナリヤ且ツ其金額ハ其經費ヲ支辨スルニ相當ナリヤ等ノ諸點ヲ精査シ之ニ關スル意見ヲ付シ御裁可ヲ請ハサルヘカラス調査ノ結果大藏大臣若シ其支出ノ必要ヲ認メストト思料シタルトキハ拒否スヘキ聖斷ヲ仰キ其他金額ノ當否若ハ既定豫算ノ費目ヨリ支出スルヲ相當ナリト云フカ如キ隨意ニ所信ヲ奏上シ勅裁ヲ請フコトヲ得ヘシ

第二十三條　第二豫備金支出ノ勅裁アリタルトキハ大藏大臣其ノ事故金額ヲ會計檢査院ニ通知シ及官報ニ揭載スヘシ

前條ニ依リテ大藏大臣ヨリ勅裁ヲ仰キタルニ若シ其支出ノ御裁可アリタルトキハ大藏大臣ハ本條ニ依リ其支出ノ目的タル事項及金額ヲ會計檢査院ニ通知シ尙且ツ官報ニ揭載スヘキモノトス之ヲ會計檢査院ニ通知スルハ第一豫備金支出ノ承認ヲ爲シタル場合ニ通知スルト其目的ヲ同フシ之ヲ官報ニ揭載セシムルハ其支出ノ目的タル事項ハ元來豫算ノ外ニ生シタル必要ノ經費ニ屬スト雖モ世人ハ未タ豫算外ニ支出アルヲ知ラサルニ依リ之ヲ公表シ一定ノ事故ノ爲ニ豫算外ニ支出ノ必要ヲ生シタルモノナリトノコトヲ明ニシ正々堂々支出ノ止ムヲ得サルモノナルヲ一般ニ確認セシムルノ趣旨ニ出テタルモノナリ

第二十四條　豫備金ヲ以テ補充支辨シタル金額ハ各省大臣其計算書ヲ作リ各費途每ニ說明ヲ付シ年度經過後五ヶ月以內ニ之ヲ大藏大臣ニ送付スヘシ

大藏大臣ハ豫備金支出ヲ第一豫備金支出ト第二豫備金支出

トニ大別シ其總計算書ヲ作リ之ニ說明ヲ付シ各省大臣ヨリ送付シタル豫備金支出ノ計算書ト共ニ帝國議會ニ提出スル手續ヲナスヘシ

本條ハ豫備金支出ノ後ニ於ケル處理方法如何ヲ規定シタルモノナリ憲法第六十四條第二項ニ依レハ豫算ノ款項ニ超過シ又ハ豫算ノ外ニ生シタル支出アルトキハ後日帝國議會ノ承諾ヲ求ムルヲ要ストアリ又會計法第八條ニモ豫備金ヲ以テ支辨シタルモノハ年度經過後帝國議會ニ提出シ其ノ承諾ヲ求ムルヲ要ストノ規定アルヲ以テ豫備金支出ニ付テハ年度經過後帝國議會ニ提出セサルヘカラサルナリ本條ハ其帝國議會ニ提出スルノ準備手續ヲ規定セラレタルモノナリ即チ豫備金ヲ以テ補充支辨シタル金額ハ先ツ各省大臣ニ於テ其ノ計算書ヲ作リ各費途毎ニ說明ヲ附シ其年度經過後五ケ月以內ニ之ヲ大藏大臣ニ送付スヘキモノトス而シテ此ニ豫備金ヲ以テ補充支辨シタル云々ト謂ヒ補充ト支辨ト其語ヲ異ニシアルハ第一豫備金ヲ以テ豫算ノ不足ヲ補ヒタルトキハ之ヲ補充ト謂ヒ第二豫備金ヲ以テ新ニ豫算外ノ費途ニ對スル金額ヲ支辨シタルトキハ之ヲ支辨スト云フニ過キスシテ敢テ深キ意味アルニアラサルナリ本則第十七條ニ於テ豫備金ヲ以テ補充シ得ヘキ費途及豫備

金ヲ以テ支辨スル費途ノ金額云々ト謂ヘルモノ亦此ノ意味ニ外ナラサルナリ
各省大臣第一豫備金又ハ第二豫備金支出ノ計算書ヲ作ルニハ各費途毎ニ一々其支出ヲ要スルニ至リタル理由ヲ説明セサルヘカラス例之其費途ヲ異ニスル毎ニ豫算額、流用増減額第一豫備金補充額ノ總計ヲ現ハシ次ニ仕拂命令濟額、殘額等ヲ示ス所ノ計算表ヲ作リ何々ノ事由ニ依リ豫算ニ不足ヲ生シタルニ依リ大藏大臣ノ承認ヲ經テ何年何月何日金何圓第一豫備金ヨリ補充シ若ハ何々ノ支出ヲ要セシモ豫算外ノ費途ナルニ依リ何年何月何日勅裁ヲ經テ金何圓ヲ第二豫備金ヨリ支出セリト記載スルカ如キ是ナリ

各省大臣ノ豫備金支出計算書ヲ大藏省ニ送付スルハ年度經過後五ケ月以内ニ於テスヘシト規定セラレシハ年度内ニ於テハ一旦豫備金支出ヲ爲スモ更ニ再ヒ同一ノ必要ヲ生スルヤモ難計支出ヲ爲ス毎ニ常ニ計算書ヲ作成セシムルハ頗ル煩累ニ失スルヲ以テ年度經過後ニ一回計算書ヲ作ラシムルノ便ヲ與ヘ同時ニ其提出期間ノ如キモ大藏大臣之ヲ總計シテ通常開カルヘキ議會ニ提出スルニ足ルノ期間ヲ存スルニ於テハ何レノ時ヲ以テスルモ事ニ害ナキヲ以テノ故ナリトス

大藏大臣ヨリ豫備金支出計算書ノ送付ヲ受ケタルトキハ之ヲ第一豫備金ノ支出ト

第二豫備金ノ支出トニ大別シ其總計算書ヲ作リ之ニ其ノ支出ヲ要スルニ至リタル理由ヲ說明シ各省大臣ヨリ送付シタル計算書ト共ニ帝國議會ニ提出スルノ手續ヲ爲サヽルヘカラス而シテ大藏大臣ノ作リタル總計算書ハ各省大臣ヨリ送付シタル計算書ヲ總計シタルニ過キサルヲ以テ各省大臣ノ作成シタル計算書ハ總計算書ノ內容ヲ爲スモノナリ

此ノ如ク豫備金支出計算書ヲ議會ニ提出スルハ前ニモ既ニ一言セシ如ク國家ノ歲入歲出ハ每年豫算ヲ以テ豫メ帝國議會ノ協贊ヲ經ヘシト云フ憲法上ノ根本原則ニ基クモノナリ蓋シ豫備費其者ハ一定ノ金額範圍ヨリ成ルモノナルコトハ固ヨリ議會ニ於テモ既ニ承認セシ所ナリト雖モ其支出ハ避クヘカラサル豫算ノ不足ヲ補フカ爲ナルコト若ハ必要避クヘカラサルニ是レ因ル所以ヲ明ナラシメ議會ノ承諾ヲ求メシムル所以ナリ

豫備金ヲ以テ補充支辨シタル金額ハ元是議會ノ協贊ヲ經タル歲出豫算ノ範圍外ニシテ議會ハ未タ其ノ豫算ノ不足部分ニ對スル支出其者ヲ承認シタルニアラス況ンヤ豫算外ノ支出ナルヲヤ

果シテ然ラハ此場合ニ於テ若シ議會之ヲ承認セサルトキハ如何此點ニ關シテハ何

等ノ明文ナシト雖モ余輩ノ考フル所ニ依レハ政府ハ正當ナル手續ニ依リ其支出ヲ為シタルモノナレハ縱令避クヘカラサルモノナリヤ否ヤノ事實上ノ判斷ニ關シ政府ト議會ト所見ヲ異ニシ議會ハ其必要ヲ否認スルコトアルモ敢テ其支出ヲ無効タラシムルモノニアラス從テ此場合ニ於ケル不承諾ノ効果ハ法律上何等ノ効果ヲ生スルモノニアラスシテ唯事實ノ如何ニ依リテハ輿論ノ批難攻擊ヲ受クルニ至ランノミ政府若シ不當ノ支出タルヲ自覺セハ他日再ヒ之ヲ繰返ササルニ至ルノ道義上ノ責任アルノミ

第三章 收入

第二十五條 收入官吏租稅其他ノ收入金ヲ領收スルトキハ其領收證ヲ納入ニ交付シ領收濟ノ旨ヲ歲入ヲ徵收スル官吏ニ報告スヘシ

玆ニ收入官吏トハ租稅ヲ徵收シ若ハ國ノ一切ノ歲入ヲ收納スヘク法律命令ニ依リ其資格ヲ附與セラレタル者ヲ謂フ

收入官吏カ租稅其他ノ歲入金ヲ收納スル場合ニハ法令ノ手續ニ從ハサルヘカラサ

ルハ言ヲ待タス本條ハ收入官吏カ其現金（今日ハ現金ニ限ヲサル場合アリ）ヲ領收スルトキハ其領收證ヲ納付者ニ交付シ以テ納稅其他ノ義務ノ履行ヲ終リタリトノ證憑ヲ與ヘ一方ニハ之ト同時ニ歲入徵收官ニ對シテ其調定セラレタル金額ノ實際領收セラレタル旨ヲ報告スルモノトス歲入徵收官ハ之ニ依リテ其徵收又ハ收納スヘク決定シタル金額ノ實際ニ收入セラレタルヤ否ヤヲ知ルコトヲ得ヘキナリ

第二十六條　收入官吏ハ大藏大臣定ムル所ノ規則ニ從ヒ毎月一囘若ハ數囘其領收シタル金額ヲ金庫ニ拂込ムヘシ但金庫ノ設ケナキ運輸通信ノ不便ナル地方ニ在ル收入官吏ノ領收シタル金額ハ該官吏之ヲ保管シ大藏大臣ノ指定ニ從ヒ金庫ニ拂込ノ手續ヲ爲スヘシ

本條ハ收入官吏ノ領收シタル現金ノ處理方法ヲ規定シタルモノナリ卽チ收入官吏ハ大藏大臣ノ定ムル規則ニ從ヒ毎月一囘若ハ數囘ニ其領收シタル金額ヲ金庫ニ拂込ムヘキモノトス而シテ大藏大臣ノ定メタル出納官吏現金取扱規則（明治二十二年大藏省令第一三號）第十五條ニ依レハ「金庫所在地ノ收入官吏租稅其他ノ歲入金ヲ領收シタルトキハ毎

日之ヲ取纒メ拂込書ヲ添ヘテ翌日マテニ金庫ニ拂込ムヘシ但收入金額五十圓未滿ナルトキハ毎一ケ月取纒メ金庫ニ拂込ムコトヲ得」トアルヲ以テ收入官吏ハ之ニ依據シテ拂込ヲ爲サヽルヘカラス

又本條但書ニ依レハ金庫ノ設置ナキ運輸通信ノ不便ナル地方ニ在ル收入官吏ノ領收シタル金額ハ其收入官吏自ラ之ヲ保管シ大藏大臣ノ指定ニ從ヒ金庫ヘ拂込ノ手續ヲ爲スモノトセリ而シテ大藏大臣ハ前示出納官吏現金取扱規則第十六條ニ於テ之ヲ指定セリ即チ同第十六條ハ規定シテ曰ク

金庫ノ設置ナキ地方ノ收入官吏租稅其他ノ收入金ヲ領收シタルトキハ左ノ制限ニ從ヒ之ヲ取纒メ拂込書ヲ添ヘテ其在勤地ヲ出納區域トスル金庫若ハ歲入徵收官ノ規定シタル金庫ニ拂込ムヘシ但次條ニ定メタル場合ハ此ノ限ニアラス

第一收入金高	五十圓未滿ハ	毎一ケ月
第二收入金高	百圓未滿ハ	毎十日
第三收入金高	三百圓未滿ハ	毎五日
第四收入金高	三百圓以上ハ	翌日限

同第十七條ニ曰ク

運輸通信ノ不便ナル地方ニシテ金庫ノ設置ナキ場合ニ於テ收入官吏租稅其他ノ收入金ヲ領收シタルトキハ其金額ノ監守證ヲ作リ最近便ヲ以テ其在勤地ヲ出納區域トスル金庫ニ送付スヘシ但外國ニ於テ領收シタル收入金ノ監守證ハ中央金庫ヘ送付スヘシ

第十八條ニ曰ク

金庫ハ前條ノ場合ニ於テ收入官吏ト同場所又ハ其場所ト爲替送金ノ便アル地方ニ於テ仕拂フヘキ仕拂命令ヲ受ケタルトキハ收入官吏ノ監守領收證ヲ添ヘテ之ヲ受取人ニ送付スヘシ但仕拂命令ノ金額ニシテ監守證ノ金額ヨリ少額ナルトキハ領收證金額ノ右方ニ何年何月何日何號監守證金何圓ノ內ト附記シ受取人ニ送付シ監守證ノ金額盡キタルトキニ其監守證ヲ收入官吏ニ送付スヘシ

第十九條ニハ收入官吏ハ前條ノ受取人ヨリ監守證ニ領收證ヲ添ヘ若ハ但書ノ領收證ヲ以テ現金ノ拂渡ヲ請求セラルルトキハ之ト引換ニ現金ヲ交付スヘシト規定セラレタリ

第二十七條　金庫ハ收入官吏又ハ納人ヨリ租稅其他ノ收入金ヲ領收スルトキハ其領收證ヲ拂込人又ハ納人ニ交付シ領收

濟ノ旨ヲ歳入ヲ徵收スル官吏ニ通知スヘシ

前條ハ收入官吏ノ收入金ヲ領收シタル場合ニ於ケル手續ニ關スルモノニシテ本條ハ金庫カ收入官吏又ハ納人ヨリ諸收入金ヲ領收シタル場合ノ規定ナリトス此ノ場合ニハ其領收證ヲ拂込人又ハ納人ニ交付シ且ツ領收濟ノ旨ヲ歳入徵收官ニ通知スヘキモノトセリ之ニ依リテ歳入徵收官ハ調定シタル收入ノ實際ニ收入官吏ニ依リテ領收セラレ若ハ納人ヨリ直接ニ國庫ニ納入セラレタルコトヲ知ルヲ得ヘキナリ然リ而シテ收入官吏自ラ領收シタル現金ヲ不可抗力ノ爲ニ亡失シタルトキハ收入トシテハ既ニ一旦領收濟ニ係ルヲ以テ收入トシテ之ヲ整理シ一方ニハ其收入ノ缺損ヲ補塡スル爲歳出ヨリ之ヲ補充スルヲ以テ條理ニ適合スルモノト謂フヘシ是ニ於テ明治十六年四月二十六日大藏卿上申太政官裁令ナルモノアリ卽チ其前文ヲ左ニ掲クヘシ

從前府縣郡區戶長ニ於テ租稅ヲ徵收シ未タ國庫ヘ繰入レサル內盜火災等ノ事故ニ罹リ欠損セシトキハ租稅ノ減收トシ欠損ノ金額ヲ收入ニ算セサルノ慣例ニ候處收稅ノ任アル官吏若ハ戶長ニ於テ徵收シタル租稅ハ縱令國庫ニ繰入サルモ已ニ該年度ニ於テ收入シタル國庫金ニ外ナラス就テハ卽チ其缺損ハ歳出ニ屬スヘ

クシテ他ノ官金棄損ト同シク處分スルノ相當ト存候ニ付十五年以降右ノ場合ニ於テハ其欠損高ハ該年度ノ雜出トシテ交付シ而シテ收入ノ金額ヲ納入セシメ候樣可致

但雜收入及諸返納金ノ義モ人民ヨリ收入シ未タ國庫ニ繰入サル內缺損セシトキハ本文同樣整理可然

所謂缺損補塡金ナルモノ卽チ是ナリ

第二十八條　(削除)

第二十九條　(削除)

第三十條　歲入ヲ徵收スル官吏ハ其徵收ノ結果ニ據リ每月徵收報告書ヲ調製シ參照書類ヲ添ヘ各省大臣ノ定メタル期限ニ之ヲ其ノ事務管理廳ニ送付スヘシ

收入官吏現金ヲ領收シタルトキハ其領收濟ノ旨ヲ歲入徵收官ニ報告スヘク又金庫ニ於テ收入官吏其他ノ者ヨリ租稅其他ノ收納金ノ拂込ヲ受ケタルトキハ其ノ領收濟ノ旨ヲ歲入徵收官ニ通知スヘキハ第二十五條以下ノ規定スル所ナリ而シテ歲入

徴收官ハ第百十四條ノ規定ニ從ヒ徴收官ヲ備ヘテ調定濟額、收入濟額、不納欠損額、收入未濟額ヲ登錄スヘキモノナルヲ以テ本條ハ歳入ヲ徴收スル官吏ニ對シ其ノ徴收簿ニ基キ毎月徴收報告書ヲ調製シ參照書類ヲ添ヘ各省大臣ノ定メタル期限ニ之ヲ其ノ事務管理廳ニ送付スヘキヲ命シタリ

歳入ヲ徴收スル官吏トハ法令ニ依リテ租税其他ノ歳入ヲ收納スルノ權限ヲ有スルモノヲ謂フ而シテ歳入ヲ徴收スル官吏ハ自ラ直接ニ其歳入金ヲ領收スルコトナク部下ノ官吏ニ對シテ租税其他ノ歳入ヲ收納スヘク命令ヲ爲スモノナリ歳入徴收官ノ命令ニ依リ實際ニ收納ヲ爲スモノハ即チ所謂收入官吏ナリトス例之税務署長ハ税務署官制ノ規定ニ依リ内國税ニ關スル法律命令執行ノ任ニ膺ルヘキモノナレハ茲ニ所謂歳入ヲ徴收スル官吏ニ該當スルモノナリ

此ニ少シク收入官吏ト歳入徴收官トノ區別ヲ説明センニ收入官吏ハ租税其他ノ收入金ヲ實際ニ領收スルノ任ヲ負フト同時ニ其ノ領收シタル現金ハ之ヲ規定ノ期間内ニ金庫ニ拂込ヲ爲ササルヘカラス即チ入ルヲ司ルト同時ニ出ツルヲモ職トスルモノナルヲ以テ又之ヲ出納官吏ト稱ス歳入徴收官ハ前ニモ述フルカ如ク歳入ノ徴收ヲ命令スルモ自ラ現金ノ領收ヲ爲ササルヲ以テ出納官吏ノ如ク賠償責任ヲ負フコ

トナシ唯一般官吏ト同シク服務法上ノ責任ヲ負フヘキノミ又歳入徴收官ハ第五十二條ノ規定ニ從ヒ各年度歳入徴收額計算書ヲ調製シ會計檢査院ニ證明ヲ爲サヽルヘカラスト雖第九十七條ノ規定ニ依リ收入官吏カ一年度間ノ出納計算書ヲ會計檢査院ニ送付シ責任解除ヲ求ムルモノトハ自ラ異ナルヲ以テ歳入徴收官ニ更替アルモ其在職期限間ノ證明ヲ爲スニ及ハサルナリ

收入事務管理廳トハ收入事務ヲ管理スル官廳ヲ謂フ而シテ內國稅收入事務ハ稅務署之ヲ執行シ稅務監督局ハ其ノ事務ヲ監督スル位置ニ在ルモノナレハ內國稅ニ關スル歳入事務ノ管理廳ハ稅務監督局ナルカノ疑ヲ起サシムルモ稅務監督局ハ唯歳入事務ヲ監督スル機關タルニ過キスシテ都テ稅務監督局ハ大藏大臣ノ管理ニ屬スルモノナルヲ以テ內國稅收事務ノ管理廳ハ大藏省ナリト謂フヘシ卽チ各省大臣トシテノ大藏大臣ハ歳入事務管理廳ナリト知ルヘシ然レトモ現行ノ規定ハ事務管理廳ノ職務ヲ稅務監督局ニ委任セラレタリ

第三十一條　歳入ノ事務管理廳ハ前條ノ徴收報告書ニ據リ每月徴收總報告書ヲ作リ之ニ必要ナル參照書類ヲ添ヘ其翌月中ニ大藏大臣ニ送付スヘシ

歳入事務管理廳ハ前條ニ依リ歳入徴收官ヨリ提出シタル徴收報告書ニ依リ毎月各徴收報告書ヲ綜合シテ徴收總報告書ヲ作リ之ニ必要ナル參照書類(不納缺損額ニ對スル證憑書ノ如キ)ヲ添ヘ翌月中ニ大藏大臣ニ送付スヘキモノトセリ大藏省ハ之ニ依リテ歳入ノ狀況ヲ知ルヲ得ヘク又之ヲ主計簿ニ登錄シテ決算ノ根基トナスモノナリ

第三十一條ノ二　納期ノ一定シタル收入ニシテ納期所屬ノ年度ニ於テ納額告知書ヲ發セサルモノハ總テ納額告知書ヲ發シタル年度ノ歳入ニ編入スヘシ

納期ノ一定シタル收入ハ其ノ納期末日ノ屬スル年度ノ歳入ト爲スコトハ既ニ本則第一條ノ規定スル所ナリ故ニ納期所屬年度ヲ越ヘ翌年度若ハ後年度ニ至リテ納額告知書ヲ發シテ收入シタル金額アリトスルモ其ノ歳入ノ年度所屬ハ納額告知書ヲ發シタル日若ハ現金領收ノ日ニ屬スル年度ニアラスシテ其納期末日ノ屬スル年度ナリト云ハサルヘカラス從テ直ニ當該年度ノ歳入ニ編入スルヲ得スシテ徒ニ其年度所屬歳入トシテ繰越整理ヲ爲ササルヘカラサルノ不便アルニ依リ本條ニ於テハ

之ニ對スル例外トシテ納期ノ一定シタル收入ト雖モ其納期所屬ノ年度ニ於テ納額告知書ヲ發セサルモノハ總テ納額告知書ヲ發シタル年度ノ歲入ニ編入スヘキモノトセリ此ノ結果甲年度ニ徵收スヘキ稅金ヲ乙年度ニ於テ納額告知書ヲ發シ之ヲ收入シタルトキハ乙年度歲入トシテ乙年度歲出ニ充當スルヲ得ヘキナリ而シテ納期所屬ノ年度ニ於テ既ニ納額告知書ヲ發シタルトキハ縱令次年度ニ於テ領收スルコトアルモ(次年度ノ六月三十日以前ハ勿論ナリ)前年度ノ歲入トシテ整理ヲ爲ササルヘカラス是蓋シ納額告知書ヲ發シタルトキハ多クハ其ノ年度ニ於テ收納セラルルニ至ルヘク偶々翌年度ニ至リテ收納セラルルコトアルモ納額告知書ヲ發スルハ收入ノ第一手續ヲ盡クシタルモノナレハ之ヲ其年度ノ歲入トスルハ至當ナルヲ以テナリ之ヲ要スルニ本條ハ賦課洩ノ場合ニ於テハ其ノ賦課洩ヲ發見シテ納額告知書ヲ發シタル時ノ屬スル年度或ハ又定時收納金ニ對スル納額告知ヲ爲ササリシ場合ニ後年ニ至リテ告知ヲ發シタルトキハ其ノ告知ヲ發シタル時ノ屬スル年度ノ歲入ト爲スヘキコトヲ規定シタルモノナリ

此ノ如ク本條ノ規定ハ收入其者ノ手續ニ關スルモノニアラスシテ收入金ノ所屬年度ヲ明ニセシモノナレハ寧ロ之ヲ第一條第一號ノ但書ト爲スカ將タ同條ニ獨立シ

テ一號ヲ追加スルヲ適當トスヘキカ如シ元來本條ハ後年ノ追加ニ係ルモノニシテ此點ニ關シテハ固ヨリ精密ナル審議ヲ遂ケタルモノナラント信セラルルト雖モ余輩ノ不明ナル遂ニ其ノ理由ヲ忖度スル能ハサルナリ

第四章　支出

第一款　仕拂命令

第三十二條　仕拂命令官ハ總テ仕拂命令ヲ發スル前其ノ經費ハ正當ニシテ必要ナルヤヲ調査シ該經費ノ金額ヲ算定シ又該經費ハ仕拂豫算額ニ超過スルコトナキヤ支出科目及所屬年度ヲ誤ルコトナキヤ該經費ハ豫算ヲ以テ定メラレタル目的ニ違フコトナキヤヲ調査スヘシ

本章ハ國庫金ノ支出方法ニ關スル規定ヲ爲シタルモノニシテ第一款ハ卽チ仕拂命令ノ發行方法ニ關スルモノ第二款ハ仕拂命令ノ執行方法卽チ金庫ニ於ケル實際仕拂ノ方式ニ關スルモノノ規定ナリトス而シテ本條ハ仕拂命令官ニ對スル注意ノ規

定ニシテ甚タ重要ノモノナリトス

元來仕拂命令トハ國庫ニ對シテ現金仕拂ヲ要求スルノ謂ヒニシテ會計法第十三條ニ依リ國務大臣及國務大臣ヨリ委任ヲ受ケタル官吏ノミ此權限ヲ有スルモノナリ國庫金ハ金庫ニ於テ保管出納スルモノナリト雖仕拂命令官ノ命令アルニアラサレハ厘毛ノ微ト雖漫ニ仕拂ヲ爲スコトヲ得サルト同時ニ巨額ノ仕拂ト雖正當ナル仕拂命令ニ對シテハ之ヲ拒ムヲ得サルナリ此ノ如ク仕拂命令官ハ金庫ノ鎖鑰ヲ開閉セシムル實權ヲ有スルト同一ナレハ之カ命令ヲ發スルニハ最モ愼重ノ調査ヲ爲ササルヘカラス是ニ於テ本條ハ仕拂命令ヲ發スルノ前必ラス先ツ(一)其經費ハ正當ノモノナリヤ否ヤ卽チ之カ支出ヲ爲スコトハ法令ニ違背セサルヤ否ヤ又支出其モノハ正當ナリトスルモ果シテ之カ支出ヲ爲ササルヘカラサルノ必要アリヤ否ヤ例之或物件ヲ購入スルハ仕拂命令官ノ權限ニ屬スルヲ以テ物件購入其モノハ不當ニアラサルモ果シテ之ヲ購買セサルヘカラサルノ必要ニ迫レリヤ否ヤヲ調査シ若シ必要ナリトセハ其金額ハ幾何ノ程度マテ仕拂フヲ相當トナスヘキヤヲ考量シテ其支出スヘキ金額ノ計算ヲ定メ(二)其支出スヘク計算セシ金額ハ仕拂豫算ニ超過スルコトナキヤ及其支出スル金額ハ支出科目ヲ誤ルコトナキヤ卽チ甲科目ヨリ支出スヘ

キヲ乙科目ヨリ支出セシカ如キ誤謬ナキヤ(三)支出スヘキ金額及支出科目ハ正當ナリトスルモ尚所屬年度ヲ誤ルコトナキヤ卽チ甲年度所屬ノ經費ヲ乙年度ニ於テ仕拂フカ如キ不當ニ陷ルナキヤ例之甲年度ニ於テ仕拂フヘク決定セシ金額ハ翌年度ニ至ルモ五月三十一日迄ハ仕拂豫算ノ存スル限リ之ヲ仕拂フコトヲ得ヘキニ拘ラス之ヲ乙年度豫算ヨリ仕拂ハントスルカ如キ誤ナキヤ（過年度支出ノ場合ハ例外ナリ）(四)其經費ノ支出ハ必要止ムヲ得サルニ出テタルノミナラス支出科目所屬年度等亦正當ナリトスルモ其支出ハ豫算ノ目的ニ背馳スルモノニアラサルカ等ノ事項ヲ調査セサルヘカラサルナリ而シテ調査ノ結果若シ其適當ナルヲ認ムルトキハ仕拂命令ヲ發スヘキモノトス此ニ調査スヘキ事項中最モ困難ナルハ豫算ノ目的ニ背クコトナキヤ否ヤノ點ナリトス本條末段ハ「豫算ヲ以テ定メラレタル目的ニ違フコトナキヤ云々」ト謂ヘリ然ラハ豫算ヲ以テ定メラレタル目的トハ何ヲ指スヘキヤ蓋シ豫算ハ歲入歲出共ニ款項ニ區分シ更ニ之ヲ目節ニ區分スルモノナリト雖其目節ニ區分セラレタル費途ハ必スヤ款項ヲ以テ定メラレタル目的以外ニ涉ルヲ得スシテ款項ノ範圍內ニ屬スルモノナラサルヘカラス故ニ結局豫算ノ目的ハ余輩之ヲ款項ニ依リ定ムルノ外ナシト謂フヲ斷言セント欲スルモノナリ其ノ詳細ハ會計法第十二條ニ於テ既ニ說

述セシ所ナリ

第三十三條　仕拂命令ニハ債主若ハ其代理人ノ氏名仕拂フヘキ金額支出科目年度番號ヲ記載スヘシ但支出科目ノ同一ナルモノハ數人ノ債主ニ對シ集合仕拂命令ヲ發シ別ニ各債主ノ金額代名表ヲ添ユルコトヲ得

現金前渡ノ仕拂命令ニハ前渡ヲ受クヘキ官吏ノ資格氏名（銀行ナレハ其名稱）前渡ヲ爲スヘキ金額支出科目年度及番號ヲ記載スヘシ

仕拂命令官前條ニ依リ諸般ノ調査ヲ爲シタル結果仕拂命令ヲ發セントスルトキハ其ノ仕拂命令ニハ債主即チ金額ノ仕拂ヲ受クヘキ者若ハ其者ノ代理人（債主ヨリ何某ヲ以テ何々金ノ受取代理人ト爲ス旨ノ屆書アリタルトキ）ノ氏名及仕拂ヲ爲スヘキ金額、支出科目（即チ何款何項ノ類）年度（即チ歳出ノ所屬年度）其他番號等ヲ記載セサルヘカラス但支出科目ノ同一ナル場合ニハ數人ノ債主ニ對シ集合仕拂命令ヲ發シテ唯各債主ノ氏名金額ノ記載シタル別表ヲ添付スレハ足ルコトトセリ例之俸給ノ仕拂ヲ爲スニ當リ同一ノ款同一ノ項ニ在リテハ各人各別ニ仕拂命令ヲ發スルハ徒ニ仕拂上ノ手續ヲ煩ナラシムルニ過キスシテ何等實際ニ益ナク却テ集合仕拂命令即チ一個ノ仕拂命令ニ依リ一人ヲシテ多數ヲ代表シテ現金ヲ受取ラシムルニ於テハ各人ノ便益固ヨリ言ヲ待タサル所ナリ是但書ノ規定アル所以ナリ

第二項ハ現金前渡ノ仕拂命令發布ニ關スルモノニシテ第一項ノ一般仕拂命令ト異ナル所ハ代理人ニ對スル仕拂命令ノ發行ヲ認容セサル點ニアリ蓋シ現金前渡ヲ爲スハ止ムヲ得サルニ出テタル變例ニシテ會計法第十五項ニ依レハ現金前渡ハ同項第一號乃至第八號ノ場合ニ該當スルニアラサレハ其仕拂命令ヲ發スルヲ得サルモノニシテ其經費ノ種目金額ニモ一定ノ制限アリ殊ニ國務大臣ノ命シタル主任ノ官吏又ハ政府ヨリ命令ヲ受ケタル銀行ニアラサレハ現金前渡ノ仕拂命令ヲ發スルヲ得サルカ如キ頗ル嚴格ナル規定ノ存スルモノナルヲ以テ國務大臣ノ特ニ命シタル官吏以外ノ者ヲシテ濫ニ現金前渡ヲ受クルノ代理ヲ爲サシムルカ如キハ同條規定ノ旨趣ヲ沒却スルモノナレハ本項ニ於テモ其代理ヲ認メス前渡ヲ受クヘキ官吏ノ資格氏名若ハ銀行ナレハ其銀行名及前渡ヲ爲スヘキ金額、支出科目、年度、番號ヲ記載スヘシト爲セリ

第三十四條　仕拂命令ハ一項每ニ之ヲ發スヘシ

本條規定ノ旨趣ハ唯錯雜ヲ防キ可成誤謬ナカラシメンコトヲ期スルカ爲ナリ金庫ニ於ケル帳簿ヲ一項每ニ區分セシムルモ亦之カ爲ナルヲ以テ仕拂命令ヲ發スルニモ亦一項每ニ之ヲ發セシムルコトトセリ同一人ニ對スル仕拂ニシテ廳費ト雜給雜費トノ二費目タル場合ニハ之ヲ一仕拂命令ニ記載スルモ不可ナキカ如キモ尙各別ニ之ヲ發セシムルハ全ク以上ノ理由ニ是因ルモノト謂フヘシ

第三十五條　仕拂命令官第三十二條ノ調査ヲ了シタルトキハ其仕拂命令ヲ受取人ニ交付スヘシ但數人ノ債主ニ對スル集合仕拂命令及仕拂命令ヲ當テタル金庫所在地外ニ在ル債主ニ仕拂ヲ要スルモノハ直ニ仕拂命令ヲ金庫ニ送付シ受取人ニ仕拂ノ手續ヲ爲スヘシ

本條ハ仕拂命令官カ其仕拂命令ヲ發スルニ當リ調査ノ上其支出ノ正當ナルヲ認メ遂ニ仕拂命令ヲ發スヘキモノト決定シタルトキハ其仕拂命令ヲ受取人ニ交付スヘキモノトセリ通常ノ仕拂命令卽是ナリ然レトモ數人ノ債主ニ對スル集合仕拂命令

及仕拂命令ヲ當テタル金庫所在地外ニ在ル債主ニ對スル仕拂命令ハ之ヲ金庫ニ送付シテ受取人ニ仕拂ノ手續ヲ爲スヘキモノトス

仕拂命令ナルモノハ前既ニ一言セシ如ク仕拂命令官ヨリ金庫ニ對スル仕拂命令書タルニ外ナラスシテ明治二十六年十一月大藏省令第三二號諸計算書仕拂命令領收書及諸帳簿樣式第六號書式ニ依レハ普通ノ仕拂命令ハ持參人拂即チ仕拂命令持參人ニ仕拂ヲ爲スヘキ形式的證券ナリ（仕拂命令用紙ハ大藏省ニ於テ調製シ各省ノ請求ニ由リテ配付スルモノトス）而シテ此ノ仕拂命令ヲ受取人ニ交付セントスルトキハ臨時至急ヲ要スル場合ハ格別可成其交付ヲ爲サントスル日ノ前日ニ其案內仕拂命令ヲ金庫ニ送付スヘキモノトス金庫ハ之ニ依リテ仕拂命令ノ科目金庫等ヲ照覈シ果シテ案內命令ニ符合スルヤ否ヤヲ確認スルヲ得ヘキナリ仕拂命令ノ受取人ハ此ノ如ク持參人拂ノ形式ナルヲ以テ何人ヲシテ受取ラシムルモ全ク隨意ニシテ極メテ便利ナルモノト云フヘシ

若シ集合仕拂命令又ハ仕拂命令ヲ當テタル金庫所在地外ノ債主ニ仕拂ヲ要スルトキハ金庫ニ送付スヘキ仕拂命令ニハ其仕拂命令ノ裏面ニ「表書ノ金額ハ金額氏名表ニ記載ノ通仕拂ヲ要ス」若クハ「表書ノ金額ハ何府縣郡市町村番地何某ヘ仕拂ヲ要ス」トノ裏書ヲ爲シ別ニ案內仕拂命令ノ送付ヲ要セサルモノトス而シテ此ノ集合仕拂命

令ハ債主ニ之ヲ交付セス直ニ金庫ニ送付スヘク一方受取人ニ對シテハ明治二十六年十一月大藏省訓令第四〇號仕拂命令仕拂請求書、合仕拂命令及集合仕拂請求書發付等ニ關スル取扱手續第二條ニ依リ同訓令附屬第一號書式ノ仕拂通知書ヲ受取人ニ交付シ受取人ヲシテ書式ノ示ス所ニ從ヒ其金額領收ノ旨ヲ記入シ署名捺印シテ之ト引換ニ現金ヲ金庫ヨリ受取ラシムルモノトス

仕拂命令ヲ當テタル金庫所在地外ニ在ル債主ニ仕拂ヲ要スル時發スル仕拂命令モ亦金庫ニ送付スヘク受取人ニ對シテハ集合仕拂命令ノ場合ト同樣通知書ヲ送付シ現金領收ノ際受取人ヲシテ現金領收ノ旨ヲ記入シ署名捺印シテ之ヲ金庫ニ差出サシムルモノトセリ受取人ノ住所地カ仕拂金庫ノ所在地外ニシテ自己ノ住居地迄現金ノ送達ヲ望ム者ハ其旨仕拂金庫ニ請求スヘシ

其他仕拂命令ノ發行ニ關シテハ前示明治二十六年大藏省令第三二號同年同省訓令第四〇號ヲ一讀セハ詳細ヲ知ルヲ得ヘシ

第三十六條　仕拂命令官前條ニ據リ仕拂命令ヲ受取人ニ交付セントスルトキハ前以テ案內仕拂命令ヲ金庫ニ送付スヘシ

本條ハ仕拂命令官ヲシテ其仕拂命令ヲ受取人ニ交付セントスルトキハ前以テ案內

仕拂命令ヲ金庫ニ送付セシメ金庫ヲシテ豫メ備フル所アラシムルト同時ニ之ヲ以テ受取人ノ提出シタル仕拂命令ト相對照シテ案内仕拂命令ニ符合スルヤ否ヤ且ツ其仕拂命令ハ仕拂命令官ヨリ發シタル正當ノモノナリヤ否ヲ判スルノ資料タラシムルニ在リ卽チ明治二十六年大藏省令第三十二號樣式ニ依レハ仕拂命令ト案内仕拂命令トハ同一用紙ニ分割シ得ヘク之ヲ認メ仕拂命令官其分割スヘキ部分ニ割印ヲ爲スヲ以テ容易ニ其眞僞ヲ知ルヲ得ヘキナリ

第三十七條　(削除)

第三十八條　(削除)

第三十九條　現金前渡ノ仕拂命令ハ左ノ區分ニ從ヒ之ヲ發スヘシ

第一　常時ノ費用ニ係ルモノハ毎一ケ月分ノ費額ヲ豫定シテ仕拂命令ヲ發スヘシ但在外各廳ノ經費外國ニ於テ仕拂ヲ爲ス經費運輸通信ノ不便ナル内國地方ニ於テ仕拂ヲ爲ス經費其他仕拂場所ノ一定セサル經費ハ事務ノ必要ニ依

リ二ケ月以上六ケ月マテ合セテ仕拂命令ヲ發行スルコトヲ得

第二　隨時ノ費用ニ係ルモノハ所要ノ費額ヲ豫定シテ事務上差支ナキ限リハ成ルヘク分割シテ仕拂命令ヲ發スヘシ

第三　各廳ニ於テ直接ニ從事スル工事ノ經費ハ工事ノ大小ニ由リ其所要ヲ量リ六千圓以內ニ於テ仕拂命令ヲ發スヘシ

現金前渡ノ仕拂命令發行ハ會計法第十五條第二項ノ規定ニ基クモノニシテ其之ヲ必要トセシ所以ハ既ニ同法ノ説明ニ於テ之ヲ盡クシタルカ如ク實際仕拂ヲ爲スヘキ時期ニ至リテ仕拂命令ヲ發スルトキハ到底其ノ必要ヲ充タス能ハサルカ如キ場合卽チ急遽仕拂ヲ要スル場合若ハ豫メ一定ノ金額ヲ交付シ置キ之ヨリ現金ヲ以テ仕拂ハシムルニアラサレハ一々仕拂命令ヲ發スルノ不可能ナルカ如キ場合又或ハ仕拂命令ヲ當ツヘキ金庫機關ノ設ナキ外國ニ於テ仕拂ヲ爲スカ如キ場合ニ止ムヲ得ス前渡ノ仕拂命令ヲ發セシムルモノナルヲ以テ本條ニ於テモ現金前渡ノ仕拂命

令發行ニ關シテ一定ノ制限ヲ爲セリ卽チ左ノ如シ

第一 常時ノ費用ハ毎一ケ月ノ費額ヲ豫定シテ仕拂命令ヲ發スヘキモノトス此ニ常時ノ費用トハ常時要スル經費ノ類ニシテ各年度ヲ通シテ毎月仕拂ヲ爲スヘキ俸給廳費其他ノ經費ヲ稱スルモノニシテ第二項隨時費用ニ相對スルモノナリ只第一項但書ノ經費ニ屬スルモノハ毎一ケ月分ノミノ經費ニテハ結局毎月仕拂命令ヲ發セサルヘカラサルノ煩ニ堪ヘサルヲ以テ二ケ月以上六ケ月分ヲ限度トシ適宜仕拂命令官ニ於テ其費額ヲ定ムルコトヲ得セシメタリ

第二 隨時ノ費用ニ係ルモノ卽チ臨時ノ費用ニ屬スルモノハ其所要額ヲ豫定シ事務ニ支障ナキ限リ成ルヘク分割シテ仕拂命令ヲ發スヘキモノトス例之軍隊ノ行軍演習ニ要スル費用ノ如キハ豫メ其之ヲ行フヘキ回數及費額ヲ見積リ毎回各別ニ仕拂命令ヲ發スルノ類ノ如キ是ナリ其他國債ノ元利拂ノ如キ一年兩度ニ元金償還若クハ利拂ヲ爲スモノナリトセハ一年ヲ通シテ總額ノ仕拂命令ヲ發セサルモ仕拂ニ支障ナキヲ以テ此ノ如キ場合ニハ兩回ニ其仕拂命令ヲ發スヘキナリ

第三 各廳ニ於テ直接ニ從事スル工事卽チ工事ノ請負ヲ民間人士ニ委ネス官廳自ラ經營スル場合ニ於テハ材料ノ買入職工人夫ノ傭上等種々ナル經費ノ仕拂ヲ要

スルヲ以テ此ノ如キ場合ニハ其工事ノ大小ニ由リテ其必要ノ費額ヲ豫定シ六千圓ヲ超ヘサル範圍内ニ於テ適宜ニ前金渡ノ仕拂命令ヲ發スルヲ得ルモノトス

第四十條　會計法第十五條第八ニ據リ現金前渡ヲ爲シタルトキハ左ノ場合ヲ除クノ外更ニ同一ノ主任官吏ニ現金前渡ヲ爲ス爲メ仕拂命令ヲ發スルコトヲ得ス

第一　前ニ發シタル仕拂命令ノ金額三分ノ二以上ノ仕拂濟證明アリタルトキ但此場合ニ於テハ更ニ發スル仕拂命令ノ金額ト前ニ發シタル仕拂命令ノ仕拂濟證明未濟ノ金額ト合シテ六千圓ヲ超ユルコトヲ得ス

第二　前ニ發シタル仕拂命令ノ金額六千圓未滿ニテ更ニ發スル仕拂命令ノ金額ト合シテ六千圓ヲ超エサルトキ

會計法第十五條第一項第八ニ依レハ各廳ニ於テ直接ニ從事スル工事ノ經費ニ付テハ一主任官吏ニ對シテ六千圓ヲ限リトシテ現金前度仕拂命令ヲ發スルヲ得ルモノナリ今若シ更ニ其以上ノ仕拂ヲ要スルトキハ再ヒ前渡ノ仕拂命令ヲ發スルヲ得ヘ

キヤ否ヤ單ニ同條ノ規定ノミニテハ不可ト答ヘサルヘカラス是ヲ以テ本條ハ左ノ場合ニハ同一ノ主任官吏ニ對シテ再ヒ現金前渡ノ仕拂命令ヲ發スルコトヲ得ルモノトシ其他ノ場合ニハ斷シテ之ヲ許サヽルモノトセリ即チ

一、前ニ發シタル仕拂命令ノ金額三分ノ二以上ノ仕拂濟證明アリタルトキハ其殘額ト更ニ發セントスル仕拂命令ノ金額トヲ合シテ六千圓ヲ超エサル範圍內ニ於テ前渡命令ヲ發スルヲ得例之初メ六千圓ノ仕拂命令ヲ發シテ現金前渡ヲ爲シタル場合ニ其前渡ヲ受ケタル官吏ニ於テ既ニ四千五百圓ノ仕拂ヲ爲シタルコトヲ證明シタルトキハ更ニ四千五百圓マテノ仕拂命令ヲ發スルヲ得ヘキカ如シ

二、前ニ發シタル仕拂命令金額六千圓以內ナルトキハ何時ニテモ更ニ發セントスル仕拂命令ノ金額ト合シテ六千圓ヲ超エサル範圍ニ於テ之ヲ發行スルヲ得是其初ノ仕拂命令額ハ最高限度以內ナルヲ以テ後ヨリ追加シテ最高限度迄其仕拂命令ヲ發スルヲ得セシムルハ規定ノ旨趣ヨリ之ヲ見ルモ當然ナリト謂ハサルヘカラス

之ヲ要スルニ本條ノ規定ハ一時ニ多額ノ現金ヲ前渡スルハ濫費ヲ促カス等ノ虞ア

ルヲ以テ最高限度ヲ定メテ之ヲ制限シタルモノナリ

第四十一條　現金前渡ヲ受ケタル官吏監督ノ規則ハ大藏大臣各省大臣ニ協議シテ之ヲ定ムヘシ

現金前度ヲ受ケタル官吏ハ一身ニシテ仕拂命令官ト現金出納官吏トノ兩職ヲ兼ヌルト同樣ナルヲ以テ之カ任命ニハ最モ注意ヲ要スヘキハ勿論其監督ニ關シテモ亦適應ノ規程アルヲ必要トスヘシ而シテ大藏大臣ハ財務ノ總轄者トシテ一般的ニ財務ニ關スル監督權ヲ有スルモ各省大臣モ亦其部下ノ官吏ニ對シテハ監督權ヲ有スルハ勿論ナルヲ以テ其之ヲ有スル各省大臣ト協議シテ一般前渡官吏ニ共通セル監督規程ヲ定ムヘキコトトセリ

第四十二條　會計法第十五條ニ據リ政府ノ命シタル銀行ニ委任シテ現金仕拂ヲ爲サシムル爲ニ發スル現金前渡ノ仕拂命令ハ國債元利金仕拂ノ場合ニ限ル

會計法第十五條第二項ニハ左ノ諸項ノ經費ニ限リ主任官吏ニ委任シ又ハ政府ノ命シタル銀行ニ委任シテ現金仕拂ヲ爲サシムル爲ニ現金前渡ノ仕拂命令ヲ發スルヲ

得トアルニ依リ同項各號ノ總テノ場合ニ於テモ銀行ニ委任スルヲ得ヘキカ如キモ此ノ如キハ現行仕拂制度ノ根本ニ於テ到底認ムヘカラサルコトナルカ故ニ唯其必要ヲ感シタル國債元利金仕拂ノ場合ニ於テノミ銀行ニ現金前渡ヲ爲シ以テ國債ノ元金償還利子仕拂等ヲ爲サシムルヲ得ルコトトセリ是國債償還及利子仕拂ノ如キハ一時ニ多數ノ仕拂ヲ各方面ニ於テ爲ササルヘカラサルヲ以テ單ニ金庫ノミニテ之ヲ取扱ハシムルトキハ金庫ハ臨時事務ノ激增ニ忙殺セラルルニ至ルヘク之カ仕拂ヲ受クヘキ者モ亦單ニ金庫ニノミ是依ルトセハ實際上ノ不便アルニ依リ特ニ政府ノ命シタル銀行ニ委任シテ之等ノ事務ヲ司ラシムル所以ナリ

第四十三條　仕拂命令ハ所屬年度經過後五ケ年內ハ仕拂ノ請求アル每ニ金庫ニ於テ仕拂フモノトス

本條ハ仕拂命令ノ有効期間ヲ規定シタルモノニシテ會計法第十八條ノ規定ト相關聯スルモノナリ卽チ同條ノ規定ニ依レハ政府ノ負債ハ其仕拂フヘキ年度經過後滿五ケ年內ニ支出又ハ仕拂ノ請求ナキトキハ期滿免除トシテ其義務ヲ免ルモノナレハ仕拂命令發行年度經過後五ケ年內ハ未タ其仕拂義務消滅セサルヲ以テ本條ニ於テモ仕拂命令ハ所屬年度卽チ發行シタル年度經過後五ケ年內ハ何時ニテモ金庫

ニ於テ仕拂ノ請求ニ應スヘキコトヲ規定シタルモノナリ金庫ハ此ノ如ク一旦發行シタル仕拂命令ニ對シテハ五ケ年間ハ仕拂ヲ爲サヽルヘカラサルヲ以テ第四十七條ノ規定ヲ設ケ五ケ年間ハ繰越整理ヲ爲スヘキコトヽセリ

仕拂命令ノ有効期間タル五年ハ長キニ失スルトノ批難ハ各註釋者ノ異口同音ニ唱フル所ニシテ著者亦同感者ノ一人タリト雖其期間ノ短ニ失センヨリハ寧ロ權利者ノ利益保護ノ上ヨリスレハ其長キヲ優レリトスヘシ

第四十四條　各年度ニ屬スル經費ヲ精算シテ仕拂命令ヲ◎スルハ翌年度五月三十一日限リトス

各年度ニ於テ決定シタル經費ノ定額ヲ以テ他ノ年度ニ屬スル經費ノ仕拂ニ充ツルコトヲ得サルハ會計法第三條ノ既ニ明言セル所ナリト雖各年度ニ屬スル經費ノ仕拂ハ其金額ノ存スル限リ必スシモ其年度内ニ終ラシムルノ要ナキノミナラス實際ニ於テハ此ノ如キハ頗ル不便ナルヲ以テ本條ハ二ケ月ノ猶豫期間ヲ與ヘ各年度經費ノ仕拂命令發行ハ翌年度五月三十一日迄之ヲ爲スコトヲ得セシメタリ

第二款　仕拂命令ノ執行

第四十五條　金庫ハ案內仕拂命令集合仕拂命令若ハ金庫所在

地外ニ在ル債主ニ仕拂ヲ要スル仕拂命令ヲ受ケタルトキハ其命令合式ニシテ且仕拂豫算各項ノ金額ニ超過セサルトキハ仕拂ヲ爲スヘシ

金庫ニ於テハ休日ヲ除クノ外毎日其開庫時間内ハ何時ニテモ仕拂命令持參人ニ仕拂命令ト引換ニテ現金ヲ交付スヘシ

但集合仕拂命令金庫所在外ニ在ル債主ニ仕拂ヲ要スル仕拂命令ニ對シテハ領收證書ト引替ニ現金ヲ交付スヘシ

本款ハ仕拂命令ノ執行ニ關スルモノナルヲ以テ其規定主トシテ金庫ニ對スルモノナリ而シテ本條ハ金庫カ案内仕拂命令(先ニ説明アリ)若ハ集合仕拂命令、金庫所在地外ニ在ル債主ニ仕拂ヲ要スル仕拂命令ヲ受ケタルトキハ其命令カ方式ニ缺クル所ナク且ツ其金額ハ仕拂豫算各項ノ金額(仕拂豫算ハ各項別ニ配賦スルモノナリ)ニ超過セサルトキハ卽チ適法ノ仕拂命令ニ接シタルトキハ必ス仕拂ヲ爲ササルヘカラサル義務ヲ負ハシメタリ而シテ金庫ハ休日ヲ除クノ外(金庫休日ハ各廳ノ休日ト同シク祭日日曜)毎日其開庫時間内ハ(七月十一日ヨリ九月十日マテ午前九時ヨリ午後三時迄九月十一日ヨリ翌年七月十日マテ午前九時ヨリ午後四時迄土曜日ハ正午限リ閉鎖ス大正二年六月大藏省告示第九四號)何時ニテモ仕拂命令持參人ニ對シテ其命令ト引換ニ現金ヲ交付スヘク集合仕拂命令、金庫所在地外ニ在ル債主ニ對スル仕拂命令ハ受取人ノ領收證書ト引替ニ現金ヲ交付スヘキモノトセリ蓋シ證券ト引替ニ現金ヲ交付セシムルハ債權者ヲシテ再ヒ證券ヲ利用スルコト能ハサラシムルノ旨趣ニシテ債務ノ消滅ヲ證明スルノ方法トシテ最モ安全ナルモノト謂フヘシ

第四十六條　左ノ場合ニ於テハ事由ヲ仕拂命令持參人ニ告ケ金庫ニ於テ仕拂命令ノ執行ヲ拒ムヘシ

第一　案內仕拂命令ノ到着セサルトキ

第二　仕拂命令ト案內仕拂命令ト符合セサルトキ

第三　仕拂命令汚損シ案內仕拂命令ト照合シ難キトキ

仕拂命令ノ合式ニシテ且ツ仕拂豫算各項ノ金額ニ超過セサルトキハ金庫ハ之ニ對シテ仕拂ヲ爲スヘキハ前條ノ命スル所ナリト雖本條ハ尚左ノ場合ニ於テハ其事由ヲ仕拂命令持參人ニ說明シテ仕拂ヲ拒絕スヘキコトヲ命シタリ

イ、案內仕拂命令ノ到着セサルトキ　金庫ニ於テハ案內仕拂命令ノ到着セサルト

ハ其仕拂命令ノ果シテ正當ノモノナリヤ否ヤヲ知ルニ由ナキヲ以テナリ

ロ、仕拂命令ト案內仕拂命令ト符合セサルトキ　案內仕拂命令ハ仕拂命令ヲ發シタルコトヲ案內スルモノナレハ其案內仕拂命令ニハ仕拂命令ニ記載セル歲出所屬年度、科目金額仕拂命令官氏名調印等悉ク同一ノ記載アルヲ以テ之ト相對照シテ若シ符合セサルトキハ縱令其仕拂命令ハ正當ナル仕拂命令官ノ手ヨリ出テタル、モノナルヲ認ムルニ足ル場合ト雖モ金庫ハ其仕拂ヲ拒絕セサルヘカラス何トナレハ其符合セサルハ案內命令カ誤記ノ爲ナルヤ將タ仕拂命令ニ過誤アリシ爲ナルヤ知ルヘカラス何レヲ正當ト認ムヘキヤ判斷スルヲ得サレハナリ

仕拂命令ノ誤謬訂正ニ關シテハ明治二十三年十月大藏省令第二七號受取人ニ現金交付前仕拂命令及仕拂命令書ノ誤拂過渡ヲ發見シタル場合ノ整理手續及同三十一年七月大藏省訓令第四十八號歲入歲出年度科目所管廳誤記訂正手續等ノ規定ノ外尙左ノ如ク明治四十三年十一月八日大藏大臣ノ通牒アリ

從來仕拂命令官ニ於テ仕拂命令（又ハ仕拂請求書）發行前ニ於テ金額以外ノ箇所ニ誤記脫字アルコトヲ發見シタルトキハ其箇所ニ訂正ヲ加ヘ（訂正）印等ヲ押捺シ其儘發行ノ向モ有之候哉ニ聞及ヒ候處右ハ訂正ノ方法簡易ニ過クルカ爲現ニ犯行ヲ容易ナ

ラシメタルノ實例モ有之危險不尠候ニ付爾今右誤脱ノ箇所ニハ從來ノ通相當訂正ヲ加ヘ(捺印ヲ要セス)更ニ裏面ニ左記ノ通記載發行相成度此段及通牒候也

表記ノ內「何々ヲ何々ト改ム」又ハ「何々ノ下ニ何々ヲ加フ」〔仕拂命令官印〕

ハ、仕拂命令汚損シ案內仕拂命令ト照合シ難キトキ

仕拂命令汚損シ案內仕拂命令ト照合シ難キ場合ニ仕拂ヲ拒ムヘキハ當然ニシテ敢テ說明ヲ要セサルヘシ玆ニハ汚損トアルモ破毀セラレタル場合モ勿論包含セラルルモノト知ルヘシ

第四十七條

各年度ノ仕拂命令ニシテ翌年度六月三十日マテニ仕拂ノ請求ナキ仕拂命令濟金額ニ相當スル資金ハ會計法第二十條ノ歲計剩餘ニ組入レス國庫ニ於テ繰越整理スヘシ

各年度ニ於ケル歲出ノ仕拂命令ヲ發スルハ翌年度五月三十一日限ニシテ金庫ニ於テ其仕拂命令ニ對シテ仕拂ヲ爲スヘキ期間ハ六月三十日限リトス故ニ若シ六月三十日マテニ現金仕拂ノ請求ナキトキハ其ノ年度ノ歲出ハ遂ニ仕拂ヲ爲サスシテ止ミタルモノト謂フヘク從テ之ニ相當スル金額ハ歲計ノ剩餘トシテ翌年度ニ繰入ルヘキヲ相當トスヘシト雖一方ニハ本則第四十三條ノ規定アリテ仕拂命令ハ其所屬

年度經過後五ヶ年内ハ仕拂ノ請求アル毎ニ金庫ニ於テモ仕拂ハサルヘカラサルヲ以テ即チ此ノ仕拂ノ請求ナキ仕拂命令濟金額ニ相當スル資金ハ會計法第二十條ノ歳計剩餘トセスシテ國庫ニ於テ漸次繰越整理スヘキコトトセリ其然ル所以ハ若シ之ヲ一般歳計剩餘ニ組入ルトキハ最早ヤ之ヨリ支出スルヲ得スシテ仕拂ノ請求アリタル年度ノ歳出ヨリ過年度支出ノ方法ニ依リ仕拂ハサルヘカラスシテ其年度ノ豫算ヲ損フノ結果トナルカ故ナリトス

第四十八條　前條ノ資金中年度經過後滿五ヶ年内ニ仕拂ノ請求ナクシテ會計法第十八條ノ期滿免除ニ據リ政府カ負債ノ義務ヲ免レタルモノアルカ爲不用トナリタルモノハ其ノ負債ノ期滿免除トナリタル年度ノ歳入ニ組入ルヘシ

前條ニ於テ仕拂ノ請求ナキ仕拂命令濟金額ニ對シテハ國庫ニ於テ漸次繰越整理スヘキヲ命セルハ是其ノ仕拂命令受領者ヨリ何時請求セラルルヤ測リ知ルヘカラサルヲ以テノ故ナレハ其權利ヲ主張シ得ヘキ期間内ハ之ニ對スル相當資金ノ準備ヲ要ストノ理由ニ基クモノナリト雖既ニ仕拂命令ニ對スル期滿免除ノ効力發生シテ

國家ハ其仕拂ノ義務ヲ免レタル以上ハ其資金ハ要ナキモノトナルニ到リタルモノナレハ本條ハ之カ爲ニ不用ト爲リタル金額ハ其仕拂義務免除ト爲リタル年度ノ歳入ニ組入ルヘキコトト爲セリ

第三款　計算報告

第四十九條　金庫出納役ハ毎月仕拂命令受領濟額報告書ヲ調製シ其翌月中ニ大藏省ニ送付スヘシ

但運輸不便ノ土地若ハ遠隔ノ地方ニシテ本文期限ニ據リ難キモノハ豫メ大藏大臣ノ認可ヲ受クヘシ

本條ハ金庫出納役ニ對シテ計算報告ヲ命セラレタルモノナリ即チ金庫出納役ハ毎月仕拂命令受領濟額報告書ヲ調整シ其翌月中ニ大藏省ニ送付セサルヘカラス但シ運輸不便ナル土地又ハ遠隔ノ地方ニシテ本文期限ニ據リ難キモノハ豫メ大藏大臣ノ認可ヲ受ケサルヘカラストセリ

明治二十六年十一月大藏省訓令第三十九號金庫出納事務規程第六十一條ニハ仕拂命令受領濟報告書ハ支出簿ニ依リ中央金庫ニ於テ直接ニ受領セシ金額ヲ揭ケ毎月

之ヲ調製シ（帳簿登記ノ日附ニ拘ラス仕拂命令受領總額ハ仕拂命令ニ記載シアル金庫ヘ送付ノ月ニ屬スル金額ヲ掲ク）翌月五日迄ニ仕拂命令官ヘ送付スヘク該報告書ハ當該官吏ノ證明ヲ受ケ然ル上金庫出納役式ノ如ク署名捺印シ支金庫ヨリ送付シタル仕拂命令受領濟額報告書ヲ添ヘ翌月十五日迄ニ毎月出納計算書ト共ニ大藏省ヘ差出スヘシ而シテ本支金庫ノ仕拂命令受領濟額報告書ニハ金庫出納役式ノ如ク署名捺印スヘシ

仕拂命令受領濟額トハ中央金庫ニ於テ仕拂命令官ヨリ受ケタル各仕拂命令ニ記載セル金額ノ總計ヲ謂フモノニシテ其仕拂命令ニ對スル仕拂額トハ固ヨリ同一ニアラサルナリ

金庫出納役ノ法律上ノ性質ニ付テハ後ニ詳論スル所アルヘシ

第五十條　（削除）

第五章　決算

第一款　總決算

第五十一條　歳入歳出總決算ハ總豫算ト同一ノ區分ニ據リ大

藏大臣之ヲ調製スヘシ

本章ハ決算ニ關スル規定ニシテ決算ノ何モノタルヤハ既ニ會計法ニ於テ屢々既明セシ所ニ係ルヲ以テ敢テ詳言セサルモ要スルニ決算トハ實際上ニ於ケル收支ノ決算ヲ明ニシタルモノニシテ卽チ豫算ニ基キ實際ニ收入シ若クハ支出シタル金額ノ總計カ決算ノ內容ヲ爲スモノナリ

決算ハ亦豫算ト同シク各省各別ノ決算ト之ヲ合一シタル總決算トアリ本條ハ其歲入歲出總決算ハ總豫算ト同一ノ區分ニ據リ卽チ會計法第六條ニ示ス如ク之ヲ經常臨時ノ二部ニ大別シ各部中更ニ款項ニ區分シ大藏大臣之ヲ調製スヘキモノトス

總豫算編成權ヲ大藏大臣ニ委スル以上ハ總決算モ亦大藏大臣ノ管掌ト爲スヘキハ當然ナリト謂フヘシ而テ總決算ハ各省ヨリ送付シ來リタル決算報告書ヲ綜合シテ調製スヘキモノタルハ言ヲ待タサルナリ總決算ニハ會計檢査院ノ檢査報告ト共ニ各省決算報告書國債計算書特別會計計算書ヲ添付スヘキモノトス(會計法一七條)

第二款　各省決算報告書及收入支出計算書

第五十二條　各省大臣ハ翌年度十一月三十日マテニ各省豫定經費要求書ト同一ノ區分ニ據リ其省所管ニ屬スル經費ノ決

算報告書ヲ調製シ之ヲ大藏大臣ニ送付スヘシ
歳入ヲ徴收スル官吏ハ會計檢査院ニ證明ノ爲毎年度歳入徴收額計算書ヲ調製シ證憑書類ヲ添ヘ其歳入事務管理廳ニ送付シ歳入事務ノ管理廳ハ之ヲ會計檢査院ニ送付スヘシ
仕拂命令官ハ會計檢査院ニ證明ノ爲毎月支出ノ計算書ヲ調製シ證憑書類ヲ添ヘ其主管大臣ニ送付シ主管大臣ハ之ヲ會計檢査院ニ送付スヘシ
本條第二項第三項ノ場合ニ於テ歳入歳出ニ關スル計算書ハ特ニ監督ノ任アル官吏若ハ特ニ主管大臣ヨリ委任ヲ受ケタル官吏ヨリ直ニ會計檢査院ニ送付セシムルコトヲ得
本款ハ各省大臣ヨリ大藏大臣ニ提出スヘキ其省ニ於ケル經費ノ決算報告書及歳入事務管理廳又ハ仕拂命令官ヨリ會計檢査院ニ送付スヘキ收入及支出ノ計算書調製ニ關スルコトヲ規定セラレタリ而シテ本條ニ依レハ各省大臣ハ翌年度十一月三十

日マテニ決算報告書ヲ大藏大臣ニ送付スヘキモノトス總決算報告書調製ニ關シテハ各省豫定經費要求書ト同一ノ區分ヲ爲スヘキモノトス

今現行ニ於ケル樣式取扱例ニ依ルトキハ卽チ經常臨時ノ二大部ニ分チ更ニ之ヲ款項ニ區分シ尚便宜ノ爲項以下ノ目ヲモ附シ其ノ年度ノ豫算額及豫算決定後增加額(卽前年度繰越額豫備金支出額豫備金外臨時支出額)流用增減額ヲ示シテ現豫算額ヲ揭ケ次ニ仕拂命令濟額翌年度繰越額ヲ表ハシ後不用額ヲ明ニスヘキモノトナセリ

收入及支出計算書ノ調製ニ關シテハ大正四年七月會計檢查院達第一號計算證明規定ニ從ハサルヘカラス

各省決算報告書ノ提出ヲ十一月三十日マテト爲シタルハ主計簿ノ締切ハ各年度經過後七ケ月ノ末日卽チ十月三十一日(本則第百十九條)ナルヲ以テ其年度ノ歲入歲出ハ初テ此ノ時ニ於テ確定スルモノナレハ其以後一ケ月ノ期間ヲ存スルノ要アルカ爲ナリ蓋シ此ノ如クナルトキハ一見其期間ノ短キニ過クルノ感アリト雖實際ニ於テハ其年度ニ於ケル歲入歲出金ヲ金庫ニ於テ取扱フハ翌年度六月三十日限ナルノミナラス八月三十一日ニ於ケル歲入歲出現計書ハ總豫算ト共ニ參考ノ爲ニ議會ニ提出スヘキモノナレハ固ヨリ正確ナラサルヘカラサルヲ以テ彼ノ明治三十一年七月大藏

省訓令第四八號歳入歳出年度科目所管廳誤記訂正手續第七項ニ於テハ歳入歳出ノ誤記ヲ訂正スルハ總テ翌年度六月三十日限トシ但シ金庫ニ於テ訂正ヲ爲スハ翌年度六月三十日以前訂正請求書ヲ受ケタルモノニ限ルトノ制限ヲ附シタルニ依リ大藏省ニ備ヘタル主計簿ノ八月三十一日ノ歳入歳出現計ハ殆ト確定的ノモノト見ルモ不可ナカルヘク從テ八月三十一日以後ニ於テハ各省ニ於テモ最早ヤ更正ヲ要スルモノナカルヘキヲ以テ九月ヨリ決算調製ノ準備ニ著手スルヲ得ヘク十一月三十日迄ニハ三ケ月ノ期間存スルト同一ノ結果ニ歸スヘケレハ優ニ其報告書ヲ調製送付シ得ヘキナリ

總決算ヲ議會ニ提出スルノ時期ニ付テハ既ニ會計法ニテ詳述セシヲ以テ再説セス

第三款　國債計算書

第五十三條　國債計算書ハ大藏大臣之ヲ調製スヘシ

本款ハ會計法第十七條ニ依リ決算ニ添付スヘキ國債計算書ノ調製ニ關スル規定ニシテ本條ハ國債計算書ノ調製ハ大藏大臣ノ權限ニ委ネタリ蓋シ國債ノ募集償還等ハ法令ノ規定ニ從ヒ大藏大臣其ノ任ニ當ルモノナレハ國債計算書ノ調製ノ如キ亦當然之カ職務ノ範圍タラシメサルヘカラス是本條ニ之ヲ明ニシタル所以ナリ

第五十四條　國債計算書ニハ左ノ事項ヲ示スヘシ
第一　當該年度末日ニ於ケル國債ノ種類及現高ヲ示ス所ノ計算
第二　當該年度ニ於テ償還シ及仕拂ヒタル各種國債ノ元高及利子ノ計算
第三　最近五ケ年度間ニ於ケル各種國債增減ノ形況ヲ示ス所ノ計算

本條ハ國債計算書ニ記載スヘキ事項ヲ明ニシタルモノナリ元來國債ノ計算ナルモノハ國家ノ負擔スル金錢債務額ノ計數ヲ表ハスモノニ外ナラスト雖モ所謂國債トハ自ラ一定ノ意義ヲ有シ卽チ法令ノ定ムル手續ニ從ヒ內國若ハ外國ニ於テ廣ク一般的又ハ一法人ヨリ募集シタル債務ノ謂ヒニシテ例之何公債何々國債券又ハ個人經營ニ係ル事業ヲ國家カ繼承シタル場合當然會社ノ負擔スル社債ヲ引受ケタル額等世ニ所謂公債國債社債劵ト稱スルモノヲ謂フ故ニ彼ノ國家カ或會社ニ何年間一定ノ金錢ノ補給ヲ為ス債務ヲ負フコトアルモ是ヲ以テ玆ニ所謂國債ナリト云フヲ

得サルナリ

國債ノ計算書ハ此ノ如ク國債額ノ計數ヲ示スモノナルヲ以テ現在ノ總額ハ何程ナルヤヲ明ニスヘキハ勿論其年度ニ於ケル償還額其他ノ狀況ヲ知ラシムルノ必要アルモノト謂フヘシ是ヲ以テ本條ハ左ノ事項ヲ示スヘキコトヲ命シタリ

一、當該年度末日ニ於ケル國債ノ種類及現高ヲ示ス所ノ計算　本號ニ依レハ當該年度末日卽チ三月三十一日ニ於ケル各國債ノ種類及其國債ノ總額ヲ示ササルヘカラス國債ノ種類トアルヲ以テ例之何々國庫債劵何々社債劵何々借入金ト云フカ如ク其國債ノ種類及各國債ノ額ヲ示スヘキモノトス是ニ依リテ國債ノ現況ヲ窺知スルヲ得ヘキナリ

二、當該年度ニ於テ償還シ及仕拂ヒタル各種國債ノ元高及利子ノ計算　本號ハ其年度ニ於テ償還シタル各種國債ノ元高及其年度ニ於テ仕拂タル各種國債ノ利子ノ計算ヲモ示スヘキモノトセリ是卽チ其年度ニ於ケル國債償還又ハ利子仕拂ノ狀態ヲ知ラシメンカ爲ナリ

三、最近五ケ年間ニ於ケル各種國債增減ノ形況ヲ示ス所ノ計算　本號ニ於テハ最近五ケ年度間ト云ヘルヲ以テ大正三年度決算ニ添付スヘキ國債計算ニハ大正

二年度ヨリ遡リテ五ヶ年度即チ明治四十二年度以降大正二年度ニ至ル五ヶ年度間ニ於ケル各年度ノ増減ヲ示ス計算ヲ示サヽルヘカラス例之四十二年度末ニ於ケル各種國債額ト四十三年度末ニ於ケル各種國債トノ比較ヲ爲シ其増減ヲ示シ次ニ四十三年度ト四十四年度トノ比較更ニ四十四年度ト大正元年及大正元年度ト大正二年度トノ比較増減ヲ示スノ類ノ如シ之ニ因リテ以テ各年度ニ於ケル國債ノ募集又ハ其償還ニ關スル狀況ヲ知悉スルヲ得ヘキナリ

第四款　特別會計計算書

第五十五條　特別會計計算書ハ會計法第三十條ニ據リ特別ノ會計ヲ立ツルコトヲ許サレタル事務ヲ管理スル所ノ各省大臣之ヲ調製シ毎年度經過後五ヶ月以內ニ之ヲ大藏大臣ニ送付スヘシ

本款ニ所謂特別會計計算書トハ彼ノ特別會計ニ屬スル計算書ノ謂ヒニシテ恰モ一般會計ニ屬スル決算ト同シク收入支出ノ計數ヲ示スモノナリ而シテ一般會計ニ於テ其ノ收支ノ計算ヲ決算ト謂ヒ特別會計ニ於テハ之ヲ決算ト稱セスシテ特別會計

計算書ト謂フハ唯一般會計トノ區別ヲ爲サンカ爲ニ外ナラスシテ特別會計ハ或ル事業ノ爲ニ特別ニ會計ヲ立ツルコトヲ許サレタルモノナルカ故總決算ノ外之ト共ニ其ノ收入支出ニ關スル計算ヲ示スヘキモノトセリ

本條ハ特別會計計算書ハ會計法第三十條ニ據リ特別ノ會計ヲ立ツルコトヲ許サレタル事務ヲ管理スル所ノ各省大臣之ヲ調製シ年度經過後五ケ月以内卽チ八月三十一日迄ニ之ヲ大藏大臣ニ送付スヘキコトトセリ故ニ例之帝國大學特別會計計算書ハ帝國大學ノ事務ヲ管理スル文部大臣ニ於テスヘク鐵道特別會計ニ關シテハ鐵道事務ノ管理廳タル遞信大臣之ヲ調製ス

第五十六條　特別會計計算書ニハ左ノ事項ヲ示スヘシ

第一　收入計算

第二　支出計算

第三　最近五箇年度間資金ノ增減

第四　最近五箇年度間損益ノ比較

本條ハ特別會計計算書ニ記載スヘキ事項ヲ明ニセリ卽チ第一ニハ其年度ニ於ケル

一切ノ收入額計算第二ニハ當該年度ニ於ケル一切ノ支出額計算ヲ示スヘキモノトセリ之ニ依リ其ノ收入ト支出トヲ相對比セハ其ノ年度ニ於ケル損益ノ計算ハ自ラ判明ナルニ至ルヘキナリ而シテ第三ニハ最近五ケ年度間ニ於ケル資金ノ增減第四ニハ最近五ケ年間ノ損益ノ比較ヲ掲クヘキモノトス是ニ依リテ既往ニ於ケル事業ノ盛衰消長ヲ考察シ以テ將來ノ經營ニ資スル所アラシメントセリ

第六章　定額繰越、過年度支出、定額戻入

第一款　定額繰越

第五十七條　各省大臣會計法第二十一條及第二十二條ニ據リ定額ノ繰越ヲ要スルトキハ翌年度五月三十一日マテニ繰越計算書ヲ作リ大藏大臣ノ承認ヲ求ムヘシ

本條繰越計算書ハ歲出豫算ノ區分ニ從ヒ調製シ左ノ事項ヲ示スヘシ

第一　繰越ヲ要スル項ノ定額

第二　右定額ニ對シ既ニ仕拂命令濟トナリタル額及當該年度所屬トシテ仕拂命令ヲ發スヘキ額

第三　右定額ニ對シ仕拂命令ヲ發スヘキ額卽チ翌年度ニ繰越ヲ要スル額

第四　右定額中全ク不用ニ歸シ決算ニ於テ取消スヘキ額

本章ハ豫算定額ノ翌年度ヘ繰越、既往年度ニ屬スル經費ノ支出及一定ノ場合ニ於ケル返納金ヲ原科目ニ戾入スル等ノ手續ヲ規定シタルモノナリ而シテ第一款ニハ其定額繰越第二款ニ過年度支出第三款ニ定額戾入ヲ規定セリ

本條ニ所謂定額繰越トハ會計法第二十一條ニ依リ豫算ニ於テ特ニ明許シタルモノ及一年度內ニ終ルヘキ工事又ハ製造ニシテ避クヘカラサル事故ノ爲ニ事業ヲ遲延シ年度內ニ其ノ經費ノ支出ヲ終ラサリシモノヲ翌年度ニ繰越シ若ハ同法第二十二條ニ依リ繼續費ノ總額ヲ定メタルモノノ每年度ノ仕拂殘額ヲ竣工年度マテ遞次繰越使用スルヲ云フ

本條ニ依レハ各省大臣定額ノ繰越ヲ要スルトキハ繰越計算書ヲ作リ大藏大臣ノ承

認ヲ求メサルヘカラス而シテ其承認ヲ求ムヘキ時期ハ翌年度五月三十一日限トセリ其終期ヲ五月三十一日迄ト爲シタルハ三月三十一日迄ニ終ルヘキ工事製造ノ如キハ其ノ仕拂フヘキ金額ハ年度末ニ到ラサレハ確定セス從テ翌年度ニ繰越スヘキ金額モ亦不明ナルノミナラス翌年度五月三十一日迄ハ尙前年度經費ニ對シテ仕拂命令ヲ發行シ得ルヲ以テ或ハ繰越ノ要ナキニ至ルヤモ計リ知ルヘカラサルニ依リ年度經過後二ケ月ノ終迄ニ之ヲ翌年度ニ繰越スヘキヤ否ヤヲ決セシメ若シ繰越ヲ要スルトキハ其期限內ニ必ス繰越計算書ヲ大藏大臣ニ提出シ承認ヲ求ムヘキモノトセリ

年度繰越ノ承認ヲ求ムルノ始期ニ付テハ何等ノ規定ナキヲ以テ何時ニテモ繰越ノ承認ヲ求ムルヲ得ヘシト雖年度未タ中ハナラサルニ若ハ僅ニ其中ハヲ過キタルノミニテ尙數月ノ餘日アルニ拘ハラス漫然其ノ工事ノ竣工セサルヘキヲ顧慮シテ繰越ノ承認ヲ求ムルカ如キハ大早計ナリト謂ハサルヘカラス此ノ如キ場合ニ於テハ到底年度內完成ノ見込ナキコト確然タルニ至ルマテハ承認ヲ留保シ置クヲ可トスヘシ

本條第二項ハ繰越計算書調製ノ方式ニ關スル規定ナリ卽チ繰越計算書ヲ調製スル

ニハ歳出豫算ノ區分ニ從ヒ之ヲ款項ニ區分シ先ツ第一ニ繰越ヲ要スル項ノ豫算定額ヲ掲ケ第二ニハ第一ニ掲ケタル豫算定額ニ對シ既ニ仕拂命令ヲ發行シタル金額及其年度ニ於テ尙仕拂命令ヲ發スヘキ確定額第三ニ第一項ニ掲ケタル豫算定額ニ對シ將來仕拂命令ヲ發スヘキ額卽チ翌年度ニ繰越ヲ要スル金額第四ニ其豫算定額中全ク不用ニ歸シ決算ニ於テ取消スヘキ額等ヲ掲記スヘキモノトス而シテ最後ノ豫算定額中全ク不用ニ歸シ決算ニ於テ取消スヘキ額ハ常ニ存在スルモノニアラスシテ唯其工事製造ノ豫定價格ヨリ低額ニ契約ノ締結ヲ爲シタルカ爲ニ豫算ニ殘餘ヲ生シ他ニ使用ノ要ナキ場合ニ初テ不用額ヲ生スルモノトス

第五十八條　會計法第二十一條ニ據リ年度內ニ其經費ノ支出ヲ終ラサリシ金額ヲ翌年度ニ繰越サントスルトキハ其繰越サントスル金額ノ計算書ニ各事件每ニ竣工遲延ノ事由ヲ示シ又請負ニテ爲サシムル工事若ハ製造ナレハ竣工遲延ノ事由ノ外ニ請負人ノ職業住所氏名ヲ示シ契約書ノ寫ヲ添フヘシ

本條ハ會計法第二十一號ニ依リ豫算ノ年度繰越ヲ爲サントスルトキハ其繰越ヲ要スルニ至リタル事由ヲ示スヘキコトヲ命シタリ蓋シ豫算ノ繰越ハ會計法第二十一條及第二十二條ノ規定スル所ニシテ其ノ第二十二條ハ繼續費ノ毎年度ノ仕拂殘額ヲ遞次翌年度ニ繰越使用スルコトヲ規定スルモノニシテ繼續費ノ性質上當然此ノ如クナラサルヘカラス而シテ會計法第二十一條ニ於ケル繰越ハ豫算ニ於テ特ニ繰越ヲ明許シタル場合及其年度内ニ終ルヘキ工事又ハ製造ニシテ避クヘカラサル事故ノ爲ニ事業ヲ遲延シ爲ニ其經費ノ支出ヲ終ラサリシ場合ナリト雖豫算明許ノ場合ハ格別第二ノ事業遲延ニ基クモノハ其果シテ避クヘカラサル事故ノ爲ナルヤ否ヤヲ究メサルヘカラス而シテ之ヲ知ルニハ其竣工遲延ノ事由ヲ明ナラシメサルヘカラス之ヲ以テ本條ハ繰越計算書ニハ各事件毎ニ竣工遲延ノ理由ヲ示スヘキモノトセリ此ニ「各事件毎」トアルハ一契約ヲ以テシタル一切ノ工事製造ヲ云フ例之今新營費ノ項中某廳舍新營又ハ倉庫新營若ハ何々新築費等ノ各目ニ分タルル場合ニ於テ某廳舍新營ヲ以テ一件トシ倉庫新營及何々新築費ヲ以テ各一件トシ各別ニ契約ヲ締結シタルトキハ各目毎ニ遲延ノ事由ヲ説明スヘシ若シ此ノ場合ニ一ノ契約ヲ以テ各目ニ於ケル工事ノ請負契約ヲ締結シタルトキハ全部ノ工事ヲ以テ一事件ト

爲スノ類ノ如シ

以上ノ場合ニ於テ若シ其工事製造カ請負人ヲシテ爲サシムルモノナルトキハ請負人ノ職業住所氏名ヲ示シ尙契約書ノ寫ヲ添付スヘキモノトス是本條末段ノ規定スル所ナリ蓋シ請負者ノ職業住所氏名ヲ知ルハ時ニ請負人其者ノ性格ヲ知ルノ必要ヲ生スルコトアリ又契約書ノ內容如何ニ依リテハ或ハ契約ノ解除ヲ爲シ若ハ相當ノ賠償金ヲ請求シ得ヘキヲ以テ監督上ノ必要ヨリ是等ノ書類ヲ添付セシムルコトトセリ

第五十九條　大藏大臣各省定額ノ繰越ヲ承認シタルトキハ之ヲ會計檢査院ニ通知スヘシ

大藏大臣第五十七條ノ請求ニ依リ豫算定額ノ繰越ヲ承認シタルトキハ之ヲ會計檢査院ニ通知セサルヘカラス其之ヲ通知セシムル所以ハ豫算ハ翌年度ニ涉リテ使用スヘカラストノ會計法ノ原則ニ對スル例外ノ正當ナル理由ニ出テタルモノナルコトヲ知ラシメンカ爲ナリ若シ然ラサレハ會計檢査院ハ繰越ノ承認アリシヤ否ヤヲ知ラサルヲ以テ決算審査ニ當リ若ハ支出ノ實地檢査ヲ爲スニ際シテ必ス不法ヲ詰責スヘク爲ニ無益ノ論爭ヲ爲サシムルニ至ルヘケレハナリ

第二欵　過年度支出

第六十條　過年度ニ屬スル經費ノ支出ヲ爲ストキハ現年度各省定額ニ對シ仕拂命令ヲ發スヘシ

國家ノ債務ハ其仕拂フヘキハ勿論ナリト雖債權者ノ請求ナクシテ其年度ヲ經過シ且ツ仕拂命令發行猶豫期限タル五月三十一日ヲ過クルトキハ最早其年度ノ豫算ヨリ之ヲ仕拂フコトヲ得ス此場合ニ於テハ請求アリタル現年度ノ豫算ヨリ仕拂ヲ爲ササルヘカラス之ヲ稱シテ過年度支出ト謂フ本條ハ規定シテ曰ク過年度ニ屬スル經費ノ支出ヲ爲ストキハ現年度各省定額ニ對シ仕拂命令ヲ發スヘシト即チ既往年度ニ屬スル經費ノ仕拂ヲ要スルトキハ其仕拂ヲ爲サントスル時ノ屬スル年度ノ各省豫算定額ニ對シ仕拂命令ヲ發スヘキコトト爲セリ例之甲年度ニ屬スル俸給ノ仕拂不足若ハ廳費ノ仕拂漏アリ乙年度ニ至リテ是等ノ不足額又ハ仕拂漏ノ請求アリタルトキハ乙年度ニ於ケル俸給又ハ廳費豫算ヨリ仕拂ヲ爲スヘキモノトス然レトモ過年度支出ヲ無制限ニ認ムルトキハ弊害ヲ生シ易キヲ以テ第六十二條ニ於テ一定ノ制限ヲ附セリ之カ理由ニ關シテハ次條ニ述フル所アルヘシ

第六十一條　（削除）

第六十二條　第六十條ニ據リ支出セントスル經費ノ金額ハ豫備金ヲ以テ補充シ得ヘキモノノ外其經費所屬年度ノ豫算ニ於テ該經費ノ屬スル毎項定額中不用トナリタル金額ヲ超過スヘカラス

本條ハ第六十條ニ依リ過年度ニ屬スル經費ノ仕拂ヲ爲スニ付一ノ制限ヲ設ケタルモノナリ即チ過年度支出ヲ爲スヘキ金額ハ豫備金ヲ以テ補充シ得ヘキモノ（所謂補充費目ト稱スルモノ）ノ外ハ今其ノ支出ヲ爲サントスル經費ノ屬スル年度ノ豫算ニ於テ該經費ノ屬スル各項ノ豫算定額中不用ト爲リ即チ殘餘トナリタル金額ヲ超過スルヲ得サルコトトセリ例之甲年度所屬廳費ノ項ニ千圓ノ殘餘ヲ生シタル場合ニハ乙年度若ハ丙年度ニ至リテ百圓ノ甲年度所屬廳費ノ請求アリタルトキハ其經費所屬年度即チ甲年度ノ豫算定額不用額千圓ノ範圍內ナルヲ以テ乙年度若ハ丙年度タルヲ問ハス其請求アリタル現年度ノ豫算定額ヨリ支出スルヲ得ヘキナリ然ラハ何故此ノ如キ制限ヲ附シタルヤト云フニ凡ソ各年度ニ於ケル支出ハ其年度ニ決定シタル豫算定

額ヲ超過スルヲ得サルハ會計法ノ明示スル所ナルヲ以テ理論上其經費所屬年度ノ不用額ヲ超過スル支出ハ有リ得ヘカラサルナリ故ニ之ヲ規定スルノ要ナキカ如シト雖時ニ仕拂命令官ノ錯誤ニ因リ若ハ會計官吏ノ過誤ノ爲メ其年度ノ豫算定額ヲ超過シテ支出ヲ爲スカ如キ之ナキヲ保セス此ノ場合ニ於テハ其超過額ハ之ヲ仕拂フコトヲ得サルナリ唯夫レ豫備金ヲ以テ補充シ得ヘキ費途ニ屬スルモノハ其經費所屬年度ニ於ケル豫算定額不足ノ場合ニハ何時ニテモ豫備金ヨリ補充ヲ爲シ支出ヲ爲シ得ル性質ノモノナレハ必スシモ其經費所屬年度ノ豫算定額ノ範圍ニ限ルヘキモノニアラス即チ是等ハ法令ノ結果若ハ法令執行ノ爲當然避クカラサル必要ノ經費ニ屬スルヲ以テ補充費目ニ對シテハ此ノ如キ制限ヲ設ケサルナリ

第三款　定額戻入

第六十三條　仕拂命令官會計法第二十三條但書ニ據リ定額ノ戻入ヲ爲サントスルトキハ其旨ヲ金庫ニ通知スヘシ

定額戻入ハ會計法第二十三條但書ノ規定スル所ニシテ即チ同法ニ於テ既ニ説明セシ如ク法律勅令ニ依リ前金渡、概算渡、繰替拂ヲ爲シタル場合他日精算ノ結果政府ニ返納ヲ受クルトキハ原則タル現年度ノ歲入ニ組入レスシテ之ヲ仕拂タル經費ノ定額ニ戻入ルルヲ云フ之カ理由ニ關シテハ既ニ詳述シタルヲ以テ再說セス本條ハ定額戻入ヲ爲サントスルトキハ仕拂命令官ヨリ其旨ヲ金庫ニ通知スヘキコトトセリ其ノ通知ニハ戻入スヘキ豫算原科目金額等ヲ明記スヘキハ勿論一方ニハ義務省ニ對シテ其過渡ニ屬スル金額ノ返納ヲ通知スヘキモノトス

第六十四條　金庫ハ定額ニ戻入ヲ爲シタルトキハ其旨ヲ仕拂命令官ニ通知スヘシ

定額戻入ヲ命セラレタル者其金額ヲ金庫ニ納付シタルトキハ金庫ハ定額戻入濟ノ旨ヲ仕拂命令官ニ通知スルヲ要ス之ニ依リテ仕拂命令官ハ其過渡金ノ返戻セラレタルヤ否ヤヲ知ルヲ得ヘキナリ而シテ定額ニ戻入ヲ爲シタルトキハ其戻入金額ハ再ヒ當該年度ニ於テ支出ニ充ツルヲ得ルノ便益アルハ既ニ說明セシ所ノ如シ

第六十五條　各年度ニ屬スル定額戻入ヲ爲スハ翌年度五月三十一日ヲ過クルコトヲ得ス

本條ハ定額戻入ヲ爲シ得ルノ時期ヲ制限シタルモノナリ卽チ各年度ニ於ケル定額

戻入ヲ爲スハ翌年度五月三十一日ヲ經過スルヲ得サルコトトセリ蓋シ誤拂過渡ニ屬スル返納金ハ返納スヘキ年度ノ一般歳入ニ組入ルヲ原則トシ前金渡概算渡等ノ場合ニハ精算ノ結果返納金ノ生スルコトアルハ當然ナルヲ以テ之ヲ其原豫算科目ニ戻入セシメ再ヒ使用セシムルノ便法ヲ設ケタルモノナリト雖各年度ニ於ケル仕拂命令ノ發行ハ翌年度五月三十一日限ナルヲ以テ此期限後ニ於テハ定額戻入ヲ爲サシムルモ再ヒ仕拂命令ヲ發スルヲ得サルニ依リ最早ヤ定額ニ戻入ヲ爲サシムルノ必要ナキヲ以テ定額戻入ハ翌年度五月三十一日限トセリ故ニ此期間經過後ニ於テハ返納ヲ爲スヘキ現年度ノ一般歳入ニ組入ルルノ外ナキナリ

第六十六條　（删除）

第七章　政府ノ工事及物件ノ賣買貸借

第一款　總則

第六十七條　各省大臣千圓以上ノ工事ニ付テハ竣功ノ後其工事ヲ監督シタル官吏又ハ技術者ヲシテ之カ調書ヲ作ラシム

ヘシ
契約ニ據リ工事ノ既濟部分又ハ物品ノ既納部分ニ對シ完濟前ニ代價ノ一部分ヲ仕拂ハントスルトキハ各省大臣ハ特ニ檢査ノ官吏ヲ命シテ事實ヲ調定シ其調書ヲ作ラシムヘシ
仕拂命令官ハ前各項ノ調書ニ據ルニアラサレハ仕拂命令ヲ發スルコトヲ得ス

本章ハ政府ノ工事及物件ノ賣買貸借ニ關スル諸多ノ規定ヲ設ケタリ而シテ第一款ニハ總則第二款ニ競爭契約第三款ニ其反對タル隨意契約ヲ規定ス卽チ本款ハ代金仕拂ノ方法請負者ノ資格及契約保證金ノ納付並ニ其處分等ニ關スルモノナリ以下直ニ各條ノ說明ヲ爲スヘシ
本條第一項ハ千圓以上ノ工事ニ付テハ竣功後卽チ工事全ク終ヲ告ケタル後其工事ヲ監督シタル官吏又ハ技術者ヲシテ之カ調書ヲ作ラシムヘキコトヲ命シタリ蓋シ建築又ハ土木ニ關スル工事ヲ起サントスルニハ豫メ工事施工ノ順序方法ヲ考案シ卽チ繪圖面及仕樣書等ヲ調製シテ之ニ基キ其事業ニ着手セシムルモノナルヲ以テ

請負人ハ果シテ仕樣書ニ定ムル材料等ヲ使用セルヤ否ヤ其他品質ハ如何又其ノ方法數量等仕樣書ニ符合スルヤ否ヤ等ヲ調査シ其工事ノ施行ニ付初ヨリ監督ヲ爲サシムルモノナルヲ以テ愈々工事ヲ竣ヘタルトキハ其工事ヲ監督シタル官吏若ハ技術者ヲシテ其監督ニ關スル調書ヲ作成セシムルモノトセリ茲ニ工事ヲ監督シタル官吏トハ解釋上固ヨリ技術官吏ニ限ルモノニアラサルモ普通ノ官吏ハ技術上ノ智識ニ缺クル所アルヲ以テ實際ニハ專門ノ技術官吏ヲ工事監督員タラシムルコト多カルヘシ尚適當ナル技術官吏ヲ得サルトキハ堪能ナル技術者ニ囑託シテ之カ監督ノ任ニ當ラシムルヲ得策トスルヲ以テ工事ノ監督ハ官吏ニ限ラス非官吏タル技術者ニ委スルヲ得ルハ本項ノ「又ハ技術者ヲシテ」云々ト規定セルヨリ觀ルモ明白ナリトス又工事竣工ノ場合ニ於テハ工事檢査員ヲ命シテ其ノ工事ノ適否ヲ審案檢査セシメ契約ニ定ムル條件ニ違反スルトキ卽チ仕樣書繪圖面等ニ符合セサルトキハ契約ノ約款ニ從ヒ相當ノ處置ヲ爲スヘキモノトス大藏省所屬工事取扱規程ニハ詳細ナル工事ニ關スル規定アリ各省大臣亦是等ニ關シテ規定スル所アラン就テ參看セラレンコトヲ希望ス

本條第二項ハ契約ニ據リ竣工以前ニ其工事ノ既濟部分若ハ物品供給ノ場合ニ其物

品ノ既納部分ニ對シ全部完濟前ニ代價ノ一部分ヲ仕拂ハントスルトキハ各省大臣ハ特ニ檢査官吏ヲ命シテ既濟部分ハ全工事ノ幾分ニ相當スルヤ將タ既納部分ハ全契約高ノ何分ニ相當スルヤ等ノ事實ヲ調査決定シテ其ノ調書ヲ作ラシムヘキコトトセリ是ニ依リテ幾何ノ代金ヲ仕拂フヘキヤヲ決定スルヲ得セシム仕拂命令官ハ第一項及第二項ノ調書ニ據ルニアラサレハ仕拂命令ヲ發スルヲ得サルコトハ本條第三項ノ規定スル所ナリ卽チ全部竣工ノ場合ニハ工事監督員ノ調書一部分ノ出來形若クハ一部分ノ納付ニ付テハ特ニ命シタル檢査官吏ノ調書ニ依リ仕拂フヘキ金額ヲ定メ然ル後仕拂命令ヲ發スヘキモノトス以テ其仕拂ノ正確ニシテ國家ニ損失ナカラシメンコトヲ期シタリ次條ニ於テ工事ニ付テハ既濟部分ニ對スル一部代價ノ仕拂ハ之ニ相當スル代價ノ九割ヲ限度トスヘキヲ規定シタル如キ亦之カ爲ナリ

第六十八條　前條第二項ノ仕拂ヲ爲サントスルトキハ工事ニ付テハ其既濟部分ニ對スル代價ノ十分ノ九物品ニ付テハ其既納部分ニ對スル代價ヲ超ユヘカラス但箇々ニ分立シ得ヘ

キ性質ノ工事ニ於ケル各個ノ完濟部分ニ對シテハ其代價ノ
全額マテヲ仕拂フコトヲ得

本條ハ工事ノ出來形ニ應シ又ハ物品ノ既納部分ニ對スル仕拂ヲ爲ス場合ニ於ケル仕拂ノ方法ヲ規定シタルモノニシテ卽チ工事ニ付テハ其工事ノ既濟部分ニ對シ例之ヲ全工事ノ七部通リ出來シタルトキハ請負金額ノ七分ニ相當スル金額ノ十分ノ九迄ヲ仕拂フコトヲ得ヘク又物品給付ノ契約ノ場合ニ於テハ既ニ納付シタル部分ニ對シテハ之ニ相當スル代價ノ全額マテヲ仕拂フコトヲ得ルモノトス然ラハ立法ハ何カ故ニ工事ノ既濟部分ニ對スル仕拂ト物品ノ既納部分ニ對スル仕拂トニ依リ區別ヲ爲シ一ハ代價ノ十分ノ九迄ヲ仕拂フヲ得トシ一ハ其代價ノ全額ヲ仕拂フコトヲ得ト爲シタルヤ蓋シ惟フニ物品ハ通常一見シテ其ノ種類及品質ノ良否ヲ判別スルヲ得ルヲ以テ其數量ニ應シテ契約ニ定ムル代價ヲ仕拂フモ國家ハ何等損失ヲ被ルコトナシ之ニ反シテ工事ノ既濟部分ニ對スル代價ヲ正確ニ定ムルハ頗ル困難ニシテ唯其ノ大體ノ工程ヲ檢案シテ代價ヲ定ムルニ過キサルヲ以テ其ノ代價ノ一割ハ最後ノ仕拂ニ留保シ苟モ過渡ニ屬スルカ如キコトナキヲ期セシ所以ナラン本條但書ニ於テ「箇々ニ分立シ得ヘキ性質ノ工事ニ於ケル各個ノ完濟部分ニ對シテハ其

代價ノ全額マテヲ仕拂フコトヲ得」ト規定セル偶々以テ右立法ノ旨趣ヲ窺知スルニ足ルヘシ本條但書ノ規定ハ例之本廳舍ト附屬家及倉庫其他掲示場井戸ト謂フカ如キハ之ヲ一工事トシテ請負契約ヲ爲シタル場合ニ於テモ元來個々ニ分立シ得ヘキ性質ノ工事ニ屬スルヲ以テ代價ノ如キモ其算定困難ナラサルニヨリ各個ノ完濟部分卽チ倉庫又ハ掲示場井戸ニ對スル代價ノ全額ヲ仕拂フコトヲ得セシメタルモノナリ

第六十九條　工事又ハ物品供給ノ競爭ニ加ハラントシ若クハ其契約ヲ結ハントスル者ハ其工事又ハ物品ノ供給ニ二年以來從事スルコトヲ證明スヘシ

各省大臣ハ工事又ハ物品ノ性質ニ依リ必要アルトキハ前項ノ外特ニ省令ヲ以テ其競爭者ノ資格ヲ定ムルコトヲ得

工事又ハ物品賣買ノ競爭ニ加ハラントシ若クハ其契約ヲ結ハントスル者ハ現金又ハ公債證書ヲ以テ保證金ヲ納ムヘシ

本條以下第七十一條ハ政府ノ工事又ハ物品供給ノ競爭入札者若クハ其契約締結者ニ

對シ一定ノ資格及其他ノ條件ヲ規定シタルモノニシテ本條第一項ハ工事又ハ物品供給ノ競爭ニ加ハラントシ若ハ其契約ヲ結ハントスル者ハ少クトモ其工事又ハ物品供給ニ二年以來從事スル者タルコトヲ證明セサルヘカラストセリ蓋シ是其業務上ノ經驗ヲ積ミタル者ヲシテ其ノ工事ヲ請負ハシメ若ハ物品ノ供給ヲ爲サシムルハ國家ニ最モ安全ナル方法ナルヲ以テナリ

故ニ若シ各省大臣ニ於テ工事又ハ品物ノ性質ニ依リ尚此外ニ資格ヲ定ムルノ必要アリト認ムルトキハ省令ヲ以テ競爭者ノ資格ヲ定ムルコトヲ得ル旨本條第二項ニ之ヲ明ニセリ例之相當ノ資産アルヲ要スト認ムルトキハ何年以上直接國稅金何圓以上ノ納稅者タルヲ要ストシ或ハ誠實ニ工事契約若ハ物品供給契約ノ履行ヲ爲サシメンカ爲ニハ刑法第二百三十三條以下第二百五十七條(信用及業務ニ對スル罪、強、竊盜ノ罪、詐欺恐喝罪、橫領ノ罪、贓物ニ關スル罪)等ノ罪ヲ犯シタルコトナキヲ要件トスル類ノ如シ

本條第三項ハ競爭入札ニ加入セントスル者又ハ契約ヲ結ハントスル者ニ對シ現金又ハ公債證書ヲ以テ保證金ヲ納ムヘキコトヲ規定シタリ元來保證金ハ契約上ノ義務ヲ履行セサル場合ニ損害ヲ賠償セシムル所謂物的擔保タルコトハ贅言ヲ要セサルナリ而シテ幾何ノ保證金ヲ納付セシムヘキヤハ本則第七十條ニ依リ各省大臣之

ヲ定ムヘキモノトセリ
本條第三項ノ保證金ヲ納付セシムルコト及第一項ノ二年以來其ノ業務ニ從事スルモノタルコトノ二條件ハ殆ト絶體ノ原則ニシテ唯隨意契約ノ場合ニ於テノミ各省大臣ノ見込ニ依リ此ノ制限ニ限ラサルコトヲ得ルノミ（本則第十三條第八）
本項ニ於テ「現金又ハ公債證書ヲ以テ保證金ヲ納ムヘシ」ト謂ヘルハ語句其當ヲ得サルモノノ如シ何トナレハ現金タルカ故ニ之ヲ保證金ト稱スルヲ得ヘキモ公債證書ヲ以テ直ニ保證金ナリト謂フハ當ラサレハナリ加之現金タルト公債證書タルトニ依リ稍々其ノ擔保ノ性質ヲ異ニス現金ヲ以テ保證金ト爲シタル場合ハ恰モ敷金若ハ身元保證金ト同シク現金ハ直ニ國家ノ所有ニ歸シ現金提供者ハ之ニ依リテ停止條件付債權ヲ有スルニ過キサルヘク（之ニ對スル反對論アルコト會計法ニ於テ詳説セリ）公債證書ヲ以テ擔保ト爲ストキハ是卽チ質權ノ設定ニ外ナラスシテ國家ハ其物ニ對シテハ質權ヲ有スルニ至ルヘシ從テ物權關係ナルモ前者ハ債權關係ヲ生スルニ過キスシテ法理上性質ヲ異ニスルノミナラス又其手續ニモ自ラ差異ヲ生スルハ辯ヲ俟タサルナリ然レトモ此ニ注意ヲ要スルハ若シ保證金トシテ現金ヲ提供スル場合ニ之ヲ封金トシテ自由處分ヲ禁スルノ意思ナルトキハ純然タル動産質權ノ

設定ナリト謂ハサルヘカラス故ニ本項ハ宜シク之ヲ「其ノ契約ヲ結ハントスル者ハ保證金ヲ納ムヘシ但シ公債證書ヲ以テ保證金ニ代ユルコトヲ得」ト云フカ如ク本則第百三條ノ文例ニ據ルヲ可トスヘキ乎

第六十九條ノ二　各省大臣ニ於テ左ノ各號ノ一ニ該當スト認メタル者ハ爾後二箇年間工事又ハ物品賣買ノ競爭ニ加ハルコトヲ得ス其之ヲ代理人、支配人、番頭又ハ手代トシテ使用シタル者亦同シ

一、工事又ハ物品供給ノ契約ヲ履行スルニ當リ故意ニ工事又ハ物品ヲ粗雜ニシタル者

一、競爭ニ際シ漫ニ價格ヲ競上ケ若ハ競下クルノ目的ヲ以テ連合ヲ爲シタル者

一、競爭ノ加入ヲ妨害シ若ハ競落者ノ契約履行ヲ妨害シタル者

一、工事又ハ物品ノ檢査監督ニ際シ掛員ノ職務執行ヲ妨ケタル者

一、前各號ニ該當スト認メラレタル後二箇年ヲ經過セサル者ヲ工事請負又ハ物品賣買ニ際シ代理人、支配人、番頭又ハ手代トシテ使用スル者

本條及次條ハ後年ノ追加ニ係ルモノニシテ競爭入札ノ弊害ヲ芟除シ以テ競爭入札ノ公正ニ行ハルルコトヲ期セントス即チ各省大臣ニ於テ左ノ各號ノ一ニ該當スト認メタルモノハ其ノ認メラレタル時ヨリ二箇年間ハ工事又ハ物品賣買ノ競爭契約ニ加入スルコトヲ得ストセリ

本項ニ於ケル「工事又ハ物品賣買ノ競爭云々」ト謂ヘルモ亦語句其ノ當ヲ得サルカ如シ何トナレハ「物品賣買」ノ競爭ト謂フハ可ナルモ「工事ノ競爭」ト謂フハ語足ラスシテ意義通セサレハナリ「物品賣買」ノ語ニ對應センカ爲ニハ宜シク「工事請負」ト云フカ如キ法律的用語ヲ以テスルヲ要ス卽チ「工事請負又ハ物品賣買ノ競爭ニ加ハルコトヲ得ス」ト改ムルヲ可トスヘシ强テ解セラレサルニアラサルカ如キモ法律ノ正文トシ

テハ斷シテ其當ヲ得タルモノニアラス本項末段ハ獨リ本人ニ左記各號ニ該當スル行爲アリタルノミナラス此ノ如キ行爲ヲ爲シタル者ヲ自己ノ代理人又ハ支配人番頭手代トシテ使用シタル者亦競爭入札ニ加入スルコトヲ得スト爲セリ是固ヨリ當然ノ規定ニシテ本人自身ニ此ノ如キ行爲ナキヲ要スル以上ハ此ノ如キ行爲アリタル者ヲ使用シテ競爭契約ニ干與セシムルモ亦之ヲ禁セサルヘカラサルハ明白ノ事理ナレハナリ

以下各號ノ說明ニ移ラン

一、工事又ハ物品供給ノ契約ヲ履行スルニ當リ故意ニ工事又ハ物品ヲ粗雜ニシタル者　工事又ハ物品供給ニ關スル契約ヲ履行スルニ當リ故意ニ卽チ故ラニ工事又ハ物品ヲ粗惡ニシタル者ノ如キハ再ヒ此ノ如キ行爲之ナキヲ保シ難キヲ以テ競爭ニ加ハラシメサルハ當然ナリ

二、競爭ニ際シ漫ニ價格ヲ競上ケ若ハ競下クルノ目的ヲ以テ連合ヲ爲シタル者　競爭入札ヲ行フニ當リ漫ニ價格ヲ競上ケ又ハ競下クル目的ヲ以テ各人間連合ヲ爲スカ如キハ政府ノ不利益勘カラサルヲ以テ本號ハ此ノ如キ徒輩ヲ除外セリ例之今玆ニ工事請負ノ競爭入札ヲ爲サントスルニ際シ其ノ工事ノ豫定價格

三萬五千圓ナル場合ニ或者ハ三萬圓若ハ三萬二千圓ニテ入札セントト欲スル者アルニ當リ之ヲ妨ケテ三萬五千圓以上ニ各自入札セント申合ヲ爲スカ如キコトアラハ國家ハ連合ノ爲ニ五千圓又ハ三千圓ノ損失ヲ被ル結果ト爲ルヘシ又物品ノ拂下ヲ競爭ニ付スル場合ニ其物件ノ價格ヲ引下クル目的ニテ連合ヲ爲スカ如キモ之ト同樣國家ノ不利ニ歸スヘキハ言ヲ待タサルナリ是本號ノ規定アル所以ナリトス

三、競爭ノ加入ヲ妨害シ若ハ競落者ノ契約履行ヲ妨害シタル者　本號前段ハ競爭契約ニ加入セントスル者ヲ妨ケ少數者ニ依リテ入札ヲ爲シ可成價格ノ競爭ヲ避ケシメントスル者後段ハ入札執行セラレテ落札人既ニ決定シタルトキ其者ノ契約履行ヲ妨害シタル者即チ落札人契約ヲ締結シ其實行ヲ爲サントスルニ當リ暴行脅迫ヲ加ヘテ契約ノ不履行ヲ迫ルカ如キ不法ノ行爲ヲ爲シタル者ナリ是等不正行爲者ヲ再ヒ競爭契約ニ加入セシムルハ國家ノ不利タルヤ勿論ナリ本號ハ妨害ノ方法ニ關シテハ何等制限ナキヲ以テ如何ナル手段方法ニ依リ妨害ヲ試ムルモ妨害ノ事實アレハ競爭ニ加ハラシメサルヲ得

四、工事又ハ物品ノ檢査監督ニ際シ掛員ノ職務執行ヲ妨ケタル者　工事施行ニ際

シテハ果シテ能ク仕様書ニ從ヒ誠實ニ其工事ニ從事セルヤ否ヤヲ檢査監督スル爲メ工事檢査員又ハ工事監督員ヲ置キ工事中ノ檢査監督ヲ爲サシメ或ハ竣功ノ際ニハ特ニ檢査官吏ヲ命シテ其工事ノ完全ナルヤ否ヤヲ檢査セシメ若ハ物品供給契約ノ履行セラルルニ當リテハ其提供シタル物品ノ檢査ヲ爲シ其ノ品質、數量若ハ形體等契約ノ定ムル所ニ適合セルヤ否ヤヲ檢査セシムルモノトス是等工事又ハ物品ノ檢査監督員ノ職務ヲ行フヲ妨ケタル者ノ如キモ亦競爭入札ニ加ハラシムルノ不適當ナル言ヲ待タス

五、前各號ニ該當スト認メラレタル後二箇年ヲ經過セサル者ヲ工事請負又ハ物品賣買ニ際シ代理人、支配人、番頭又ハ手代トシテ使用スル者

本號ハ前號ニ該當スト認メラレタル後二箇年ヲ經過セサル者ヲ工事請負又ハ物品賣買ニ際シ之ヲ代理人支配人番頭又ハ手代トシテ使用スル者ヲモ亦競爭入札ニ加ハルコトヲ得ストセリ

蓋シ是前各號ノ一ニ該當スト認メラレタル者ハ本條第一項ノ規定ニ依リ二箇年間工事請負又ハ物品賣買ノ競爭ニ加ハルコトヲ得サル者ナルニ拘ラス二箇年以内ニ是等ノ者ヲ代理人支配人番頭又ハ手代トシテ使用スルヲ許容スルト

キハ第一項ノ目的ヲ達スルヲ得サルニ因ル
本號ニハ「使用スル者」云々トアルヲ以テ世人或ハ既ニ使用シタル者ハ本號ニ包含セス從テ本條ノ制裁ヲ受ケサルニ至ルト謂フ者アリト雖既ニ使用シタル者ハ當然本條第一項末段ニ該當スルヲ知ラスヤ敢テ再考ヲ煩サン
終ニ臨ミ代理人、支配人、番頭又ハ手代ノ意義ヲ説明スヘシ
代理人トハ通俗的ニ之ヲ解スレハ本人ニ代リテ或事項ヲ爲スヘク本人ヨリ委託ヲ受ケタル者ヲ謂フ從テ代理人ハ其委託ヲ受ケタル事項以外ニ渉リテ本人ノ爲ニ何等ノ行爲ヲ爲スヲ得サルナリ而シテ代理權ノ範圍ハ本人ノ意思ニ依リテ各個ノ場合ニ定マルモノナルカ故代理人ノ爲シ得ル權限ノ範圍ハ豫メ之ヲ知ルニ由ナキナリ然レトモ此ニ所謂支配人ノ如キハ商法ノ規定ニ據リ主人ニ代リテ其ノ營業ニ關スル一切ノ行爲ヲ爲シ得ル權限ヲ有スルモノナリ故ニ之ヲ總括的代理人トモ稱スルヲ得ヘキナリ之ニ反シ番頭又ハ手代ハ支配人ト同シク共ニ商業使用人ナリト雖モ其權限ニ著シキ差異アリテ二者共ニ主人ヨリ其ノ營業ニ關スル或ル種類又ハ特定ノ事項ヲ委任セラルルニ過キサルヲ以テ支配人ノ如ク營業ニ關スル一切ノ權限ヲ有セサルナリ故ニ番頭手代ハ部分

的代理人若ハ部理代理人ト稱スルヲ得ヘシ但シ其ノ爲シタル行爲ノ法律上ノ効力ニ至テハ固ヨリ敢テ異ナル所ナシ即チ代　其者ノ性質ニ何等異ナル所ナク唯其代理權ノ範圍ニ廣狹ノ差異アルニ過キサルナリ

第六十九條ノ三　前條ニ該當シタル者ヲ入札代理人トシテ使用スル者ハ競爭ニ加ハルコトヲ得ス

本條ハ前條ニ該當シタル者卽チ二年間工事又ハ物品賣買競爭ニ加ハルコトヲ得サル者ヲ入札代理人トシテ使用スル者ハ自ラハ何等ノ瑕瑾ナキ正當ナル資格ヲ有スルモ其ノ競爭契約ニ加ハルコトヲ得サルモノトセリ而シテ其之ヲ代理人トシテ使用スル場合ニ前條ニ該當スル者ナルヲ知ルト否トハ本條ノ問フ所ニアラス

本條ヲ規定スルニ至リタル所以ハ蓋シ競爭ニ關シ自ラ不正行爲ヲ爲シタル者ニ對シテハ二年間競爭ニ加ハルコトヲ得ストノ制裁ヲ設ケタルニ拘ハラス他人ノ爲ニ代理人トシテ參與スルヲ許容スルトキハ制裁トシテノ目的ヲ達スルヲ得サルノミナラス競爭入札ノ公正ヲ期シ難キニ依リ是等不正行爲者ヲ入札代理人トシテ使用スル者モ亦競爭ニ加ハルコトヲ得ストシテ以テ不正行爲者ヲ其競爭場裡ヨリ驅逐セントスルニ在リト知ルヘシ

本條ハ單ニ競爭ニ加ハルコトヲ得スト規定シ前條ノ如ク何年間競爭ニ加ハルコトヲ得ストノ明文ナキヲ以テ現ニ不正行爲者ヲ入札代理人トシテ使用シタル其ノ工事ノ請負又ハ物品供給ノ競爭契約ニ加ハルコトヲ得サルノミト謂ハサルヘカラス文字ノミノ解釋ニ依リ永久競爭ニ加ハルコトヲ得スト云フカ如キハ全ク前條第一項ノ法意ヲ知ラサル者ノ言ナリ自ラ不正行爲ヲ爲シタル者ニ對スルモ尚且ツ二年後ニ於テハ競爭參加ヲ許容スルニ拘ハラス唯此ノ輩ヲ一時代理人トシテ使用シタルノ故ヲ以テ永久競爭ニ加ハルコトヲ得スト爲スカ如キハ非理モ亦甚シク余輩ハ到底此ノ如キ立法ノ意ナリト信スル能ハサルナリ

第七十條　前條ノ保證金ハ左ノ制限ニ據リ各省大臣之ヲ定ムヘシ

第一　競爭ニ加ハラントスル者ハ其事項ノ見積代金ノ百分ノ五以上

第二　契約ヲ結ハントスル者ハ其事項ノ代金ノ百分ノ十以上

本條ノ規定ニ依レハ前條ニ依リ納付セシムヘキ保證金額ハ各省大臣ニ於テ左ノ制限ニ據リ適宜之ヲ定ムヘキモノトス

一、競爭ニ加ハラントスル場合ノ保證金即チ入札保證金ハ其ノ契約ノ目的トナルヘキ事項ノ見積代金ノ百分ノ五以上タルヘキコト而シテ此ニ所謂見積代金ハ其目的物ニ對スル自己ノ見積代金ニシテ官廳ノ豫定價格ヲ指スニアラサルハ勿論ナリ例之此ニ或工事ノ請負競爭入札執行セラルルニ當リテ自己ハ五萬圓ニテ請負フヘキ見込ナルトキハ五萬圓ハ即チ其工事ニ對スル自己ノ見積代金ナリト謂フヘシ（入札保證金ハ入札以前ニ提供スヘキハ勿論ナリ）

二、入札執行セラレテ競落人茲ニ確定シ契約ヲ締結セントスル場合ニハ契約保證金トシテ其ノ目的タル事項ノ代金ノ百分ノ十以上納付セサルヘカラス此ノ場合ノ代金ハ競落人ノ申出テタル價格カ競落ニ依リテ確定代金ト爲リタルモノニシテ此ノ代金ノ百分ノ十以上ヲ納付セシムヘキモノトス

右ノ如ク入札保證金ハ見積代金ノ百分ノ五以上契約保證金ハ代金ノ百分ノ十以上ニ於テ之ヲ定メサルヘカラスシテ其ノ百分ノ五若ハ百分ノ十ハ最低限度ヲ示シタルモノナレハ此ノ以下ニ隨意ニ保證金之ヲ定スルコトヲ得サルヤ言ヲ待タサルナリ

第七十一條　競爭ノ落札者請負又ハ賣買ノ契約ヲ結ハサルトキハ其ノ保證金ハ政府ノ所得トス

本條ハ入札保證金ノ處理方法ヲ規定シタルモノナリ卽チ競爭入札ノ結果落札人カ更ニ進テ請負又ハ賣買ノ契約ヲ結ハサルトキハ其ノ保證金ハ之ヲ政府ノ所得ト爲スヘキコトヲ明ニセリ元來入札保證金ハ其入札ノ結果落札者ト爲リタル場合ニ契約ノ締結ヲ確保スル爲ニ納付セシムルモノナレハ其ノ契約ヲ結ハサルトキハ契約違反ニ對スル制裁トシテ政府ノ所得ト爲スヘキハ當然ナリ若シ然ラスンハ契約締結ノ擔保タル効力ナク全ク入札保證金ノ効果ヲ沒却スヘキナリ

入札保證金ハ以上ノ如ク落札者カ契約ノ締結ヲ爲ササルトキハ政府ノ所得ト爲スモ契約ヲ締結シタルトキハ國家ハ其ノ目的ヲ達シタルモノナレハ何等ノ規定ナシト雖入札保證金ハ當然之ヲ還付セサルヘカラス然レトモ更ニ契約ヲ結ハンニハ契約保證金トシテ其請負又ハ賣買金額ノ百分ノ十以上ヲ納付セサルヘカラサルヲ以テ實際ニ於テハ入札保證金ハ落札ノ場合ニハ多クハ契約保證金ニ轉用シテ其差額ヲ新ニ契約締結者ヨリ納付スルヲ最モ便利トスヘキニ依リ此ノ如キ方法ヲ採ルニ至ラン

第二款　競爭契約

第七十二條　競爭ハ總テ入札ノ方法ヲ以テ之ヲ行フヘシ

本款ハ政府ノ工事請負又ハ物件ノ賣買貸借ニ原則トシテ行ハルヘキ競爭契約ノ順序方法ヲ定メタルモノニシテ本條ハ先ツ競爭ハ總テ入札ノ方法ヲ以テ之ヲ行フヘキコトヲ規定セリ

抑モ競爭契約ハ契約ノ內容ヲ一般ニ熱知セシメ汎ク一般人ノ競爭ニ委シ政府ニ有利ナル契約ヲ締結セント欲スルカ爲ニ行フモノニシテ主義トシテ固ヨリ適當ナルノミナラス實際上ノ結果ニ至リテモ隨意契約ニ比シ一般的ニ有利ナルヘキハ疑フヘカラサルナリ之カ利害得失ニ關シテハ會計法ニ於テ旣ニ詳論シタルヲ以テ再ヒ茲ニ贅言ヲ費ササルモ近來各官廳ニ於ケル實際上ノ取扱モ亦競爭契約ノ方法ヲ取レルモノノ如シ然レトモ凡ソ物ニハ一利アレハ一害アルハ數ノ免レサル所ニシテ競爭契約固ヨリ必スシモ絕體ニ利益ナリト謂フヘカラサルヤ勿論ナリ唯余輩ハ之ヲ一般的ニ隨意契約ニ比シ其ノ利ノ寧ロ多キヲ主張セントスルノミ夫レ然リ故ニ若シ一般的無制限ノ競爭ニ付スルノ不利益ナルヲ認ムルトキハ更ニ何等カノ制限ヲ付スル不可ナキニアラス是ニ於テ明治三十三年六月勅令第二八〇號ノ發布ヲ見

ルニ至レリ今左ニ之ヲ掲クヘシ

政府ノ工事又ハ物件ノ購入ニシテ無制限ノ競爭ニ付スルヲ不利トスルトキハ指名競爭ニ付スルコトヲ得前項ニ依リ契約ヲ爲シタルトキハ事由ヲ詳具シ直ニ各省大臣ヨリ會計檢査院ニ通知スヘシ

所謂指名競爭契約ナルモノ即チ是ナリ蓋シ指名競爭ハ一般競爭ニ付スルノ不利益ナル場合ニ止ムヲ得ス契約擔當者ニ於テ資力、信用アル當業者ニシテ且ツ相當ナル技能及經驗等ヲ有スト認ムル者ヲ指名シ被指名者ヲシテ各自ニ入札セシムルモノナレハ可成多數者ヲ指名スルヲ政府ノ利益トス而シテ指名競爭ハ此ノ如ク競爭者ヲ制限スル極テ變則ノ例外ニ屬スルヲ以テ萬止ムヲ得サル場合ノ外漫ニ之ヲ行ハシメサランカ爲右勅令第二項ハ指名競爭ノ結果契約ヲ締結スルニ至リタルトキハ事由ヲ詳ニ説明シテ各省大臣ヨリ之ヲ會計檢査院ニ通知スヘキコトトセリ

指名競爭ニ關シテハ此ノ外各省大臣ニ於テ施行ノ方法ニ關シテ規定セルモノアリ大藏省所屬工事契約ニ關スル取扱手續（三十六年四月大藏省達甲第一五〇號）モ亦第十九條第二十條ニ

指名競爭ニ關スル特殊ノ規定ヲ設ケタリ卽チ指名競爭ヲ行ハンニハ指名シタル競爭者ノ住所氏名其者ノ經歷資力及營業ノ場所等ヲ具シテ大臣ノ認可ヲ受ケサルヘカラス認可ヲ受ケタル後契約ヲ締結シタルトキハ契約書ノ謄本ヲ添ヘ直ニ大臣ニ報告セサルヘカラサルカ如キ是ナリ

本條ハ工事請負又ハ物品賣買ヲ競爭ニ付スル場合ニハ入札ノ方法ニ據ルヘキコトヲ定メラレタルヲ以テ指名競爭ノ場合ニ於テモ亦當然本條ノ原則ニ依リ入札ノ方法ヲ以テセサルヘカラス何トナレハ指名競爭モ競爭契約ノ一種ニシテ唯廣ク一般人ノ競爭ニ付スト一部分ノ人ニ制限シタルトノ差アルニ過キサレハナリ而シテ入札ノ方法トハ契約ヲ締結セントスル者カ其引受クヘキ金額ヲ書面ニ認メテ密封シテ開札ノ場所ニ提出スルヲ謂フ故ニ入札ハ必ス書面ヲ以テセサルヘカラス各自ノ入札終リタルトキハ之ヲ開札シテ落札者ヲ定ムルモノトス是等ニ關シテハ第七十六條以下ニ規定アルヲ以テ順次ニ說明スル所アルヘシ

第七十三條　入札ノ方法ヲ以テ工事又ハ物件ノ賣買貸借ヲ契約セントスルトキハ其入札期日ヨリ少クモ十五日以前ヨリ揭示又ハ官報、新聞紙其他ノ方法ヲ以テ成ルヘク廣ク公告ス

ヘシ但要急ノ場合ニ於テハ公告期日ヲ七日迄ニ短縮スルコトヲ得

本條ハ競爭入札ノ方法ニ依リ工事又ハ物件ノ賣買貸借ヲ契約セントスル場合ニハ豫メ廣ク公告スヘキコトヲ規定ス公告方法ハ各所適宜ノ場所ニ揭示スルカ若ハ官報又ハ新聞紙等ニ公告シ周知ノ方法ヲ取ラシム而シテ其公告ハ入札期日ヨリ少クモ十五日以前ヨリ揭示スヘキモノナルヲ以テ公告ト入札期日トノ間ニハ二週間以上ノ期間ヲ存スルコトヲ要ス是卽チ可成期間ヲ存シテ以テ入札希望者ヲシテ熟慮ノ餘裕アラシメンカ爲ナリトス然レトモ其工事又ハ物品賣買ノ急速ニ行ハルルコトヲ必要トスル場合ニハ公告期間ヲ七日迄ニ短縮スルヲ得セシメ以テ實際上ニ不便ナカランコトヲ期シタリ

第七十四條　前條ノ公告ニハ左ノ事項ヲ示スヘシ

第一　競爭入札ニ付スル事項

第二　契約書案ヲ示ス場所及其契約ノ取結ヲ擔任スル官吏ノ官氏名

第三　競爭執行ノ場所日限及時刻

第四　入札ノ保證金額

本條ハ前條ニ依リテ公告ヲ爲ス場合ニ公告ニ記載スヘキ事項ヲ定メタルモノナリ第一ニハ競爭入札ニ附スヘキ事項即チ工事ノ請負若ハ何々物品ノ買入ト謂フカ如キ契約ノ目的物ヲ示シ第二ニ契約書ノ内容ヲ知ラシムル爲ニ其契納書案ヲ何處ニテ示スヘキカ其場所及契約ノ取結ニハ何人カ之ニ從フヘキヤ即チ契約ノ締結ヲ擔當スヘキ官吏ノ官氏名第三ニ競爭入札ヲ執行スヘキ場所及其日時第四ニ入札ニ加ハラントスル者ノ提供スヘキ保證金額等ヲ掲クヘキモノトス

第七十五條　各省大臣若クハ其委任ヲ受ケタル官吏ハ其競爭入札ニ付シタル工事又ハ物件ノ價格ヲ豫定シ豫定價格ヲ封書トシ開札ノトキ之ヲ開札場所ニ置クヘシ

本條ハ契約擔當者トナルヘキ各省大臣若ハ其委任ヲ受ケタル官吏ヲシテ競爭入札ニ付シタル工事又ハ物件ノ價格ヲ豫メ定メシメ其豫定價格ハ之ヲ封書トシテ開札ノトキ其場所ニ備ヘ置クヘキコトヲ規定シタリ之ニ依リテ入札加入者ニ對シテ政

府ハ此ノ豫定價格ノ範圍內ニ於テ最モ低價ニテ入札シタル者卽チ最モ政府ノ利益トナルヘキ價格ニテ申込ヲ爲シタル者ト契約ヲ締結スヘキ意ヲ表示スルモノナリ更ニ反面ヨリ之ヲ說明スルトキハ豫定價格ヲ決定シ置クハ其契約ノ目的タル事項ノ遂行ニ要スル費用ノ最高限度ヲ示シタルモノナレハ此ノ制限ヲ超過スルトキハ契約ヲ締結スルコトヲ得ス此場合ニ於テハ第七十七條ニ依リ再度ノ入札ヲ爲サシムルコトヲ得ヘシ

終ニ臨ミテ契約擔當者ニ就キ一言セン凡工事請負又ハ物品購買契約ノ締結權ヲ有スル者ハ理論上仕拂命令權ヲ有スルモノナリト謂ハサルヘカラス而シテ各省大臣ハ會計法第十三條ニ依リ仕拂命令權ヲ有スル者ナルカ故本條モ亦各省大臣ニ其權限アルヲ前提トシ同時ニ其委任ヲ受ケタル官吏亦之カ權限ヲ有スルモノタルヲ間接ニ規定シタルモノナリ故ニ此ノ論理ヲ貫クトキハ各省大臣ヨリ仕拂命令ヲ委任セラレタル官吏ハ其委任ヲ受ケタル金額ノ範圍ニ於テハ當然契約ヲ締結スルヲ得ヘシトノ結論ヲ生スヘキモ疑ヲ避クルカ爲大藏大臣ハ左ノ如キ訓令ヲ發セリ

當省所管歲出支辨ニ屬スル工事又ハ物品購買ニ關スル諸契約ハ仕拂豫算ヲ以テ仕拂命令ヲ委任シタル金額內ニ係ルモ

ノハ其被任者ニ於テ契約ヲ締結スルコトヲ得（明治二十三年三月大藏省訓令第四十一號）

第七十六條　開札ハ公告ニ示シタル場所日限時刻ニ入札人ノ面前ニ於テ之ヲ行フヘシ但入札人出席セサルカ又ハ出席セサルモノアルトキハ入札ニ關係ナキ官吏ヲシテ開札ニ立會ハシムヘシ

入札人ハ一旦提出シタル入札書ノ引換變更又ハ取消ヲ爲スコトヲ得ス

競爭加入ノ資格ナクシテ爲シタル者ノ入札ハ無效トス

各競爭者入札期日ニ既ニ入札ヲ爲シ終リタルトキハ之ヲ開札セサルヘカラス本條ハ其開札ノ方法ヲ規定セルモノナリ卽チ開札ハ必ラス前ニ公告ニ豫告シ置キタル場所及其日限時刻ニ入札人ノ面前ニ於テ之ヲ行フヘキモノトス是開札ノ公正ヲ期センカ爲ニ外ナラサルナリ故ヲ以テ入札人全部出席セサルモノアルトキハ其入札ニ關係ナキ官吏ヲシテ代テ其開札ニ立會ハシメサルヘカラス

又本條第二項ハ入札ノ嚴正ヲ期シ弊害ヲ避クルカ爲入札人ニ對シテハ一旦提出セシ入札書ハ假令意思ニ錯誤アリ若ハ金額ニ誤記アリトスルモ之ヲ引換又ハ變更シ取消スコトヲ得サル旨ヲ明ニセリ

第三項ハ競爭加入ノ資格ナキ者ノ入札ヲ無効タラシムル規定ニシテ是亦資格ヲ要件トセシ以上當然ノ規定ニシテ別ニ説明ヲ要スヘキモノナシ

第七十七條

開札ノ上ニテ各人ノ入札中一モ第七十五條ニ據リ豫定シタル價格ノ制限ニ達セサルトキハ直ニ出席入札人ヲシテ再度ノ入札ヲ爲サシムルコトヲ得

入札終了シタルトキハ之ヲ開札シテ競落者ヲ定メサルヘカラス然ルニ若シ各入札價格カ政府ノ豫定シタル價格ノ制限ニ達セサルトキハ如何本條ハ此場合ニ於テハ其ノ開札場所ニ出席シタル入札人ヲシテ直ニ再度ノ入札ヲ爲サシムルヲ得セシメタリ蓋シ第七十五條ニ據リ豫メ價格ヲ決定セルハ政府ニ於テハ此範圍内ヲ以テ相當ナリト認メ一定ノ限度ヲ示シタルモノナレハ此ノ制限額ヲ超越シテ漫ニ其ノ價格ヲ定メテ契約締結ヲ許スヘカラサルハ勿論ナルニ依リ此場合ニハ出席入札者ヲ

シテ再考ノ上再ヒ入札ヲ爲サシムルヲ得ルノ道ヲ開キタルモノトス

此ノ如ク再度ノ入札ニ附スルモ尙且ツ豫定入札ノ制限ニ達セサルトキハ如何ニスヘキヤ又初ヨリ全ク入札スル者ナカリシ場合ニハ如何明治二十三年九月勅令第百九十三號ハ此ノ如キ場合ニハ隨意契約ヲ締結スルコトヲ得ル旨ヲ明ニセリ卽チ

政府ノ工事又ハ物件ノ賣買貸借ニシテ競爭ニ付スルモ入札者ナキトキ又ハ會計規則第七十七條ニ依リ再度ノ入札ニ付スルモ尙ホ豫定價格ノ制限ニ達セサルトキハ隨意契約ヲ爲スコトヲ得但之カ爲メ最初競爭ニ付スルトキ定メタル價格及其他ノ條件ヲ變更スルコトヲ得ス

ト而シテ隨意契約トハ之ヲ競爭ニ付セス政府ニ於テ契約ヲ履行スルニ足ルト認ムル者ニ對シ其契約ノ內容ヲ示シ相手方若シ其條件ヲ承諾セハ契約ヲ締結スルノ謂ニシテ隨意契約ハ競爭契約ニ比シ相互ノ意思能ク相通シ妥協行ハレ易キヲ以テ從テ弊害亦生シ易キニ因リ此場合ニ隨意契約ヲ結ハンニハ最初競爭ニ付セシ時ノ豫定價格及其ノ他ノ條件ヲ變更スルヲ得ストセリ故ニ價格ヲ變更セサルモ前ノ仕樣

書ヲ變更シテ工事ノ豫定計畫ヲ變更スルヲ得サルハ勿論甲材料ヲ以テスヘク定メタルヲ更ニ乙材料ヲ以テ之ニ代ルカ如キ亦本規定ノ許ササル所ナリト謂フヘシ

第七十八條　落札トナルヘキ同價ノ入札ヲ爲シタル者數名アルトキハ直ニ抽籤ヲ以テ落札人ヲ定ムヘシ

競落者ヲ定ムルハ入札者中豫定價格ノ制限内ニ於テ最モ低價ニ入札シタル者ヲ以テスルハ前ニモ一言シタル如シト雖モ若シ其最低價ノ入札ヲ爲シタル者數名アル時ハ直ニ抽籤ノ方法ニ依リ落札人ヲ定ムヘキモノトセリ蓋シ此場合ニ於テ抽籤ノ方法ヲ採ルハ最モ公平ノ處置ナリト信ス

第七十九條　競爭ノ落札者請負又ハ賣買、貸借ノ契約ヲ結ハサルトキハ更ニ競爭ヲ行フヘシ但シ本條ノ場合ニ於テハ第七十三條ノ期限ヲ七日マテニ短縮スルコトヲ得

競爭入札ノ結果落札人ト決定シタル者請負又ハ賣買契約ヲ締結セサルトキハ其ノ事由ノ如何ナルヲ問ハス政府ハ之カ目的ヲ達スルヲ得サルニ依リ本條ニ依リ更ニ競爭ニ付セサルヘカラス但シ此ノ場合ニ於テハ同一事項ヲ再度公告ニ付スルモノ

ナレハ其ノ公告スヘキ期間ヲ七日マテニ短縮スルコトヲ得セシメタリ

第八十條　工事及物件ノ賣買貸借契約書ニハ其ノ契約セントスル事項ノ細密ナル設計、仕譯、落成期限、受渡期限保證金額契約違背ノトキ保證金ニ對スル處分其他一切必要ナル條件ヲ掲クヘシ

本條ハ請負若ハ賣買貸借ニ關スル契約書ニ必ス記載スヘキ事項ヲ明ニセリ即チ

一、契約ノ目的タル事項ノ細密ナル設計及仕譯　卽チ如何ナル方法ニ依リ工事ヲ施スヘキヤ等工事仕樣及其ノ工費ノ仕譯ヲ明記スヘキコト

二、落成期限及受渡期限　工事請負ニ付テハ其工事ノ竣ハルヘキ期限又物品ノ供給契約等ニ付テハ其納付スヘキ期限

三、保證金額及契約違背ノトキ保證金ニ對スル處分其他一切必要ナル條件　契約締結ニ付テハ保證金ヲ納付セシムルヲ以テ其金額及保證金ヲ如何ニ處分スヘキヤ等ヲ豫メ定メ置キ其他契約ノ履行ヲ完全ナラシムルニ必要ナル一切ノ條件ヲ掲記スヘキモノトス

第八十一條　契約ハ各省大臣若クハ特ニ其委任ヲ受ケタル官吏其ノ契約書ニ署名捺印スルニアラサレハ確定セサルモノトス

契約ハ當事者ノ意思ノ合致ニ因リ成立スルモノニシテ契約證書作成ノ如何ニ不拘（要式契約ハ格別）拘束力ヲ生スヘキハ理論上當然ノコトナリトス今政府ノ工事請負競爭契約ニ就テ之ヲ觀ルニ其工事請負ヲ競爭ニ付スルノ公告ヲ爲スハ所謂申込ノ誘引ニ外ナラスシテ之ニ應シテ入札期日ニ入札ヲ爲スハ卽チ契約ノ申込ヲ爲スモノニシテ其申込ニ依リ競落人ト確定シタル者ハ政府ト之カ契約ヲ締結セサルヘカラサル義務ヲ負フニ至ルモノニシテ若シ契約擔任者ニ於テ之ニ承諾ノ意思ヲ表示セハ契約ハ此ニ成立スヘキハ理論上ノ結果ナリト雖モ本條ハ其ノ契約書ニ契約締結ノ權限ヲ有スル官吏ノ署名捺印シタル後ニアラサレハ未タ確定セサルモノトセリ卽チ本條ノ契約ハ學者ノ所謂要式契約ト爲シタルモノニシテ其目的タル事項ノ愼重ナルヲ要スルカ故本條ノ規定ハ固ヨリ其所ナリト謂フヘシ

第三款　隨意契約

第八十二條　隨意契約書ハ第八十條及第八十一條ニ準據シ之ヲ作ルヘシ但シ一口千圓未滿ノ隨意契約ノ場合ニ於テハ本文ノ契約書ヲ省略スルコトヲ得

本款ハ隨意契約ニ關スル規定ニシテ僅々二ケ條ヨリ成レリ蓋シ隨意契約ト謂ヒ競爭契約ト謂フモ契約者其者ニハ何等異ナルモノアルニアラスシテ唯其契約ノ締結ヲ一般ノ競爭ニ付スルカ或ハ各個ノ場合ニ適當ト認ムル者ト直ニ契約ノ取結ヒヲ爲スト否トノ差ニ過キサルノミ故ニ本條ハ隨意契約書ハ競爭契約ノ場合ニ準シ其契約書ヲ作ルヘキコトヲ規定セリ唯一口千圓ニ滿タサル工事請負物品ノ賣買貸借ニ關スル隨意契約ノ場合ニハ但書ヲ以テ契約書ヲ省略スルコトヲ得セシメタリ是其ノ金額ノ小ニシテ損害等ノ生スルコト寡カルヘキヲ以テ事ノ煩ヲ避ケ可成簡ニ急速施行セシムルニ如カストノ趣旨ヨリ出テタルモノナレハ契約書ヲ省略スルニハ種々ノ狀況ヲ斟酌シテ違算ナキヲ期セサルヘカラス

第八十三條　隨意契約ノ場合ニ於テ各省大臣ノ見込ニヨリ第六十九條ノ規定ニ據ラサルコトヲ得

本條ハ隨意契約ノ場合ニ於テハ各省大臣ノ見込ニ依リテハ尙第六十九條ノ規定ニ據ラサルコトヲ得ル旨ヲ明ニセルヲ以テ二年以來其營業ニ從事スル者タルヲ要セス又保證金ノ納付ヲ要セサルカ故ニ契約者ニ取リテハ極テ便利ナリト謂フヘシ而シテ此ノ特別ナル取扱ヲ爲スハ全ク各省大臣ノ決スル所ニ因ルモノナルヲ以テ契約擔當者ニ於テ直ニ第六十九條ノ制限ヲ排除スルカ如キハ之ヲ爲スヲ得サル言ヲ待タス唯前條ノ契約書ノ省略ニ關シテハ何等規定ナキヲ以テ契約締結權限ヲ有スル者卽契約擔任者ニ於テ自由ニ決定スルヲ得ヘキナリ

以上ハ本條ノ解説ニ過キスト雖隨意契約ニ關シテモ亦各省大臣ニ於テ適宜ノ規定ヲ設ケタルモノアリ大藏省所轄工事契約ニ關スル取扱手續第二十七條第二十八條第二十九條ハ隨意契約ニ關スル特種ノ手續ヲ規定セリ就テ參觀セラレンコトヲ希フ

第八章　出納官吏

第一款　收入官吏現金前渡ヲ受ケタル官吏

第八十四條　出納官吏ハ其責任ニ屬スル會計ニ付自身ニ事務

ヲ取ラサルヲ理由トシテ其責任ヲ免ルコトヲ得ス但各省大臣ノ命令ヲ以テ特ニ其代理官若クハ分任官ヲ定メタルトキハ其代理官若クハ分任官ノ所爲ニ付テハ本條ノ限ニアラス

前項代理官ハ出納官吏ノ事務ノ全部ヲ代理シ分任官ハ其一部ヲ分掌スルモノトス

本章ハ出納官吏ノ責任及帳簿金櫃ノ檢査計算書ノ調製其他身元保證金ノ處分等ニ關シ詳細ナル規定ヲ爲シ分テ第二款トシ其第一款ニ收入官吏及現金前渡ヲ受ケタル官吏第二款ニ金庫出納役ニ關シ規定スル所アリタリ其規定ノ內容ハ本條ノ說明ニ依リ自ラ分明ナルニ至ルヘキヲ以テ此ニ詳言セス

本條ハ一般出納官吏ニ對スル規定ナルヲ以テ總テノ出納官吏ニ適用セラルルハ勿論ナリトス而シテ出納官吏トハ如何ナルモノナリヤト云フニ既ニ會計法第二十六條ニ於テ說明セシ如ク政府ニ屬スル現金又ハ物品出納ノ任ニ當ル官吏ヲ謂フモノナリト雖物品ノ出納ニ關シテハ特ニ物品會計規則（二十三年六月勅令第八四號）ノ存スルモノアルヲ以テ茲ニ所謂出納官吏ノ中ニハ物品出納官吏ヲ包含セサルコト亦既ニ一言セシ

所ナリ從テ出納官吏トハ收入官吏現金前渡ヲ受ケタル官吏及金庫出納役ヲ謂フモノトス現行法制ノ下ニ於テハ明治三十三年四月大藏省訓令第十六號ニ依リ稅關長及稅務署長ハ主任收入官吏トナリ稅關支署長ハ所屬稅關主任收入官吏ノ分任收入官吏トナリ又命令ノ定ムル所ニ依リ消費稅金ヲ領收シタル收稅官吏ハ所屬稅務署主任收入官吏ノ分任收入官吏ト心得ヘキコト其他稅關長又ハ稅務監督局長ハ必要アリト認ムルトキハ他ノ官吏ニ分任收入官吏ヲ命スルコトヲ得ルモノトス尙明治三十五年十二月大藏省訓令第五十五號ヲ以テ警視廳、北海道廳、各府縣長官ハ其廳ノ收入事務ニ關シ部下ノ官吏一人ヲ主任收入官吏トシ其他ヲ主任收入官吏所屬ノ分任收入官吏トスヘシ北海道廳ニ於テハ各支廳ノ收入官吏ノ一人ヲ主任收入官吏トスヘキコトヲ規定セラレタリ

收入官吏ハ國家ノ歳入ヲ受領スル權限ヲ有スルモ國ノ歳入ト爲ルニアラスシテ一時國家ノ保管ニ歸スルモノノ如キ現金ノ取扱ハ收入官吏當然ノ作用トシテ之ヲ爲スヲ得ルモノニアラス依テ明治三十七年一月大藏省訓令第三號ハ收入官吏タルモノハ歳入歳出外現金出納官吏トシテ歳入歳出外現金出納ノ職務ヲ兼掌スヘシ但シ各廳長官ハ必要ト認メタルトキハ他ノ官吏ニ歳入歳出外現金出納官吏ヲ命スルコ

トヲ得」ト規定シ原則トシテ收入官吏ヲシテ歳入歳出外現金出納ノ職務ヲ兼掌セシムルコトトセリ

歳入歳出外現金出納官吏ハ此ノ如ク收入官吏トハ全ク異ナレリト雖現金ノ出納其モノニ關シテハ二者ヲ區別スヘキ理由ナキニ依リ明治二十三年三月勅令第三五號ハ「政府ニ屬スル歳入歳出外ノ現金ヲ取扱フ出納官吏ニ關スル規則ハ會計規則第八章及第九章中現金ヲ領收スル收入官吏ニ關スル各條ニ準據ス」ト規定セラレタルヲ以テ歳入歳出外現金出納官吏ニ對シテハ本條以下收入官吏ニ關スル規定ハ悉ク之ヲ準用スルヲ得ヘシ

出納官吏ハ會計法第二十六條ノ規定ニ依リ其出納シタル現金ニ付一切ノ責任ヲ負フヘキハ明ナリト雖出納官吏若シ其出納ヲ部下ノ官吏ニ命シテ之ヲ行ハシメタル場合ニ其者ノ過失ニ因リ現金ヲ亡失又ハ盜取セラレタルトキハ出納官吏ハ其責ヲ免ルヘキヤハ疑ナキ能ハス凡ソ責任ノ原理ヨリスレハ他人ノ行爲ニ付キテハ責任ヲ負ハサルヲ原則トス他人ノ行爲ニ付責任ヲ負ハサルヘカラサル場合ハ其ノ行爲ニ付テ自ラ監督ヲ行ハサルヘカラサル義務ヲ負フニ拘ラス其ノ義務ヲ怠リタリト云フ消極的ノ自己ノ行爲ニ對シテ責任ヲ負フモノニシテ其ノ實他人ノ行爲ニ對シ

テ責任ヲ負フモノニアラサルナリ何トナレハ元來責任ナルモノハ義務違背ニ對スル法律上ノ効果ニシテ何等ノ「爲スヘキ」若クハ「爲ササルノ義務」ナキニ直ニ責任ノ生スヘキ理アラサレハナリ今前例ノ場合ニ於テ出納官吏ハ其現金領收ノ事務ヲ部下ノ官吏ニ委任スルヲ得ルヤ否ヤヲ論究スルニ國家ノ收入ハ其資格ヲ有スル官吏ニアラサレハ之ヲ爲スヲ得サルハ會計法第十條ノ明定スル所ナルヲ以テ法律ノ規定アルニアラサレハ漫ニ其事務ヲ他ノ官吏ニ委任スルヲ得スト謂ハサルヘカラス從テ前例ノ場合ニ於テモ其ノ現金ノ領收ハ收入官吏ノ名ニ於テ部下ノ官吏ヲシテ事實上之ヲ收入セシメタルニ過キサルモノト看做ササルヘカラサルヲ以テ出納官吏ハ當然其ノ全責任ヲ負ハサルヘカラサルナリ本條ニ於テ出納官吏ハ其責任ニ屬スル會計ニ付自身ニ事務ヲ取ラサルヲ理由トシ其責任ヲ免ルコトヲ得スト規定セルモノ亦此ノ理由ニ出テタルモノナリ卽チ本條第一項ハ出納官吏ハ自己ノ職責ニ屬スル會計事務ニ付テハ自ラ其ノ事務ヲ取ラス他ノ官吏ヲシテ爲サシメタル場合ニ於テモ尙其ノ責ニ任セサルヘカラストセリ蓋シ此ノ規定ハ一見頗ル酷ナルカ如キ感ナキニアラスト雖モ而カモ出納事務ハ直ニ國家ノ財産上ニ利害ノ影響ヲ及ホスニ依リ忽諸ニ附スヘカラサルヲ以テ重大ナル責任ヲ負ハシメ縱令他ノ官吏ヲシテ

代テ其事務ノ一部ヲ行ハシムル場合ニモ其監督ヲ嚴ニシ苟モ過誤ナカラシムルコトニ注意セシムルハ洵ニ必要止ムヲ得サルモノト謂フヘキナリ然レトモ一人ニシテ萬事ヲ處理スルハ難シ如何ニ法律ハ萬能ナリト雖モ豈不可能ヲ強ユルモノナランヤ宜ナリ本條ハ但書ヲ設ケテ各省大臣ヲシテ必要ノ場合ニハ代理官若ハ分任官吏ヲ命スルヲ得セシメ若シ特ニ其代理官若ハ分任官吏ヲ定メタルトキハ其代理官若ハ分任官ノ所爲ニ付テハ出納官吏ハ其ノ責ニ任セサルコトヲ明ニセリ

如何ナル場合ニ代理官ヲ命スヘキヤハ固ヨリ各省大臣ノ自由ニ決定スル所ナリト雖出納官吏カ永ク事實上其事務ヲ取ル能ハサル狀態ニ在ル時ノ如キ或ハ又出納官吏ノ故障ノ爲其事務ヲ行フ能ハサル場合アルヘキヲ慮リ豫メ代理官ヲ命スルコトアラン分任官ノ如キハ其廳ニ於ケル出納事務ノ繁閑ニ從ヒ隨意ニ之ヲ定ムルヲ得ヘキナリ本條第三項ニ依レハ代理官ト分任官トハ其ノ權限ノ範圍ヲ異ニス即チ代理官ハ出納官吏ノ事務ノ全體ヲ代理シ分任官吏ハ事務ノ一部分ヲ分任スルニ過キス代理官ヲシテ出納事務ノ全部ヲ代理セシムルハ之カ設置ノ理由ヨリスルモ當然ノ事理ナリトス分任官ノ一部分ノ分掌是亦説明ヲ要セサルナリ

第八十五條　各省大臣ノ命シタル出納官吏代理官若ハ分任官ハ其所爲ニ付會計法第二十六條ノ責任ヲ免カルルコトヲ得ス

本條ハ前條ニ依リテ定メラレタル出納官吏ノ代理官及分任官吏ノ責任ヲ規定シタルモノナリ卽チ出納官吏ノ代理官若ハ分任官ハ其行爲ニ付テハ會計法第二十六條ノ責任ヲ免ルルコトヲ得ストセリ故ニ現金若ハ物品ノ出納ニ付一切ノ責任ヲ負ヒ會計檢査院ノ檢査判決ヲ受ケサルヘカラス從テ出納官吏代理官若ハ分任官吏ハ出納官吏ト同シク自己ノ所爲ニ付テハ會計檢査院ノ判決ニ依リ適法ニ其事務ヲ執行シタリシコトヲ認證セラルル迄ハ其責ヲ免ルルコトヲ得サルモノトス然リ而シテ若シ其間ニ現金若ハ物品ヲ紛失毀損シタル場合ニ於テハ其保管上避ケ得ヘカラサリシ事實ヲ會計檢査院ニ證明シ責任解除ノ判決ヲ受クルニアラサレハ其ノ負擔ノ責ヲ免ルルコトヲ得サルナリ（會計法第二十七條參照）本條ノ規定ハ固ヨリ相當ニシテ既ニ代理官若ハ分任官ヲ定メテ其事務ヲ行ハシムル以上出納官吏ト同シク之ニ對シテ責任ヲ負ハシムルハ特ニ代理制ヲ認メタル趣旨ヨリスルモ當然ナリト謂ハサルヘカラス

第八十六條　出納官吏ハ現金前渡及現金收入ニ關シ大藏大臣ノ指揮監督ヲ受ク

出納官吏ノ中ニハ收入官吏及現金前渡ヲ受ケタル官吏、金庫出納役等アリ而シテ本條ハ現金前渡ヲ受ケタル出納官吏ノ現金前渡ニ關シ若ハ取入官吏ノ現金收入ニ關シテハ大藏大臣ノ指揮監督ヲ受クヘキコトヲ規定ス現行法ニ於テ現金出納官吏ノ出納ニ關スル主要ナル規定ハ明治二十二年十月大藏省令第十三號出納官吏現金取扱規則ナリトス該規則ニハ現金ノ委托保管拂込等ニ關シテ詳細ノ規定アルアリ出納官吏ハ之ニ依リテ行動セサルヘカラサルハ言ヲ待タス

第八十七條　（刪除）

第八十八條　各省大臣ハ所屬出納官吏ノ所爲ニ據リ政府ノ損失ヲ生シタリト認ムル場合ニ於テハ會計檢査院ノ判決以前ト雖モ其出納官吏ニ向テ辨償ヲ命スルコトヲ得

出納官吏ハ會計法第二十六條ノ規定ニ依リ出納事務ニ關シテハ一切ノ責任ヲ負ヒ會計檢査院ノ檢査判決ニ依リ其責任ハ解除セラレ若ハ辨償ヲ命セラルルニ至ルモ

ノナリ然レトモ會計檢査院ノ判決決定スルニ至ル迄ニハ相當日子ヲ要シ資産ノ狀態ニ變動ヲ生シ或ハ辨償ノ目的ヲ達スルヲ得サルコトアラン故ニ本條ハ各省大臣ニ於テ所屬出納官吏ノ所爲ニ依リテ政府ノ損失ヲ來タセシト認メタルトキハ會計檢査院ノ判決ヲ待タス直ニ其出納官吏ニ對シテ辨償ヲ命スルコトヲ得セシメタリ唯此規定ハ便宜ニ基ク變例ニ屬スルヲ以テ次條ニ於テハ本則ニ依リ出納官吏ヲシテ會計檢査院ニ向テ是非ノ判決ヲ求ムルコトヲ得セシメ濫ニ誤斷ナカラシムルコトヲ期セリ

第八十九條　前條ノ場合ニ於テ其辨償ヲ命セラレタル出納官吏負擔ノ責ヲ免ルヘキ理由アリト信スルトキハ計算書ヲ作リ證憑書類ヲ添ヘ本屬大臣ヲ經由シテ之ヲ會計檢査院ニ送付シ其判決ヲ定ムルコトヲ得

各省大臣ハ前項ノ場合ト雖其命シタル損失金ノ辨償ヲ猶豫セス

會計檢査院ニ於テ其出納官吏ニ向テ辨償ノ責ナシト判決シ

タルトキハ其既納ニ係ル辨償金ハ直ニ之ヲ還付ス

出納官吏前條ニ依リ各省大臣ヨリ辨償ヲ命セラレタル場合ニ其損害ハ自己ノ過失ニ基クモノニアラスシテ全ク不可抗力ニ因ルモノナリ從テ其辨償命令ハ不當ナリト信スルトキハ本條ニ依リ其計算書ニ負擔ノ責任ナキ理由並ニ之ヲ證明スヘキ書類等ヲ添付シ所屬大臣ヲ經由シテ會計檢査院ニ送付シ正式ニ同院ノ判決ヲ求ムルコトヲ得ルモノトス從テ會計檢査院ノ判決アルマテハ出納官吏ノ賠償責任ハ未タ確定セルモノニアラス唯所屬大臣ノ一應ノ推定ニ依リ辨償ノ責任アルモノトシテ取扱ハルルニ過キス而カモ既ニ一定ノ事實ニ依リ各省大臣ニ於テ負擔ノ責任アリト認メタル以上ハ是亦信ヲ措クニ足ルヲ以テ一旦各省大臣カ命シタル損失金ノ辨償ハ出納官吏カ會計檢査院ニ判決ヲ求メ其審理中ナルニ拘ハラス之ヲ猶豫セス執行シ得ヘキモノトセリ(本條第二項)是其會計檢査院ノ判決ヲ待ツトキハ或ハ其目的ヲ達シ得ラレサルノ虞アルニ因ルモノナルコト恰モ前條ノ規定ニ依リ判決以前ニ辨償ヲ命スルノ趣旨ト異ナルコトナシ

而シテ若シ會計檢査院ニ於テ賠償ノ責任ナシト判決シタルトキハ前ニ徴收シタル辨償金ハ原因ナキ收納換言セハ不當ノ收納ニ歸スルヲ以テ之ヲ還付セサルヘカラ

サルハ當然ナリトス是本條第三項ノ規定アル所以ナリ

第九十條　（刪除）

第九十一條　收入官吏及現金前渡ヲ受ケタル官吏ノ帳簿金櫃ハ毎年三月三十一日若クハ該官吏轉免死亡停職ノトキ本屬大臣檢査員ヲ命シテ之ヲ檢査セシムヘシ但臨時ニ現金前渡ヲ受ケタル官吏ノ帳簿金櫃ハ定時ノ檢査ヲ要セス

大藏大臣又ハ各省大臣ハ必要ト認ムルトキハ臨時ニ檢査員ヲ命シテ收入官吏及現金前渡ヲ受ケタル官吏ノ帳簿金櫃ヲ檢査セシムルコトアルヘシ

本條ハ收入官吏及現金前渡ヲ受ケタル官吏ノ帳簿金櫃檢査ニ關スル規定ニシテ即チ毎年三月三十一日又ハ出納官吏ノ轉勤轉任免官（依願タルト懲戒ニ因ルトヲ問ハス）死亡其他停職（休職）ノ時本屬大臣檢査員ヲ命シテ之ヲ檢査セシムヘキモノトセリ蓋シ三月三十一日ハ會計年度ノ最終日ニ屬スルヲ以テ其年度ニ於ケル出納ノ計算ヲ檢査シ適法ニ

其事務ヲ執行シタルヤ否ヤヲ調査セシムルニ在リ又出納官吏轉免、死亡、停職等ノ場合ニ檢査ヲ命スルハ前任官吏ニ代ハルヘキ後任出納官吏ノ計算トノ分界ヲ明白ニシテ責任ノ所在ニ付テ紛爭ノ餘地ナカラシムルカ爲ニ外ナラサルナリ但臨時ニ現金前渡ヲ受ケタル官吏ノ帳簿金櫃ハ定時ノ檢査ヲ要セス是此ノ場合ハ臨時的ニ現金ノ前渡ヲ受ケタルモノニシテ常ニ現金ヲ保管セルモノニアラス定時ノ檢査ヲ行フ必要ナキカ故ナリ然リト雖現金ノ出納保管ニ關シテハ最モ嚴密ナル監督ヲ要スルヲ以テ時ニ或ハ實地檢査ノ必要ヲ認ムルコトアラン此ノ故ニ本條第二項ハ「大藏大臣又ハ各省大臣ハ必要ト認ムルトキハ臨時ニ檢査員ヲ命シテ收入官吏及現金前渡ヲ受ケタル官吏ノ帳簿金櫃ヲ檢査セシムルコトアルヘシ」ト規定シ何時ニテモ隨時ニ檢査ヲ行フコトヲ得セシメタリ

本條第二項ニ於テ「大藏大臣又ハ各省大臣」ト謂ヒ各省大臣ト大藏大藏トヲ區別シタル理由ハ各省ノ長官タル大臣ハ其省所屬ノ出納官吏ニ對シテノミ指揮命令權ヲ有スルモ國庫大臣トシテノ大藏大臣ハ國庫金ノ出納ニ關シテハ各省ニ於ケル一般收入官吏又ハ前金前渡ヲ受ケタル官吏ニ對シテモ尙指揮監督スルノ權限ヲ有セサルヘカラサルヲ以テ此ニ其權限ヲ明ニシタルモノナリ而シテ大藏大臣ハ明治二十五

年五月大藏省訓令第三十號ヲ以テ出納官吏檢査規程ヲ設ケ檢査ノ方法ニ關シテ規定スル所アリ參看ヲ請フ

第九十二條　前條ノ檢査ヲ執行スルニ當リ主務ノ出納官吏事故ニ由リ自身檢査ヲ受クル能ハサルトキハ其代理者若クハ特ニ本屬大臣ノ命シタル官吏ニ於テ立會ヲ爲スヘシ

本條ハ出納官吏ノ檢査ヲ受クルニ當リテハ定期ノ檢査タルト將タ臨時ノ檢査タルトヲ問ハス自ラ之ニ立會ヒ檢査員ノ計數其他出納事務ニ關スル質問ニ對シテハ之ニ應答說明ヲ爲サヽルヘカラサルハ當然ノ義務ナルヲ以テ主務ノ出納官吏自ラ立會檢査ヲ受クヘキヲ原則トシ若シ故障ノ爲自身檢査ヲ受クル能ハサルトキハ其代理者又ハ本屬大臣ノ命シタル官吏ヲシテ立會ヲ爲サシムヘキモノトセリ此ニ代理者ハ何人ヲ以テスヘキヤ聊カ疑ナキ能ハサルモ出納官吏ヨリ委任若ハ其廳ノ官吏ニシテ代理者トシテ長官ヨリ指定セラレタルモノハ代理者タルニ妨ナカルヘシト信ス

第九十三條　收入官吏及現金前渡ヲ受ケタル官吏ノ帳簿金櫃

ヲ檢查シタルトキハ其檢查書二通ヲ製シ檢查員及主務ノ出納官吏若クハ立會人之ニ署名シ一通ハ該官吏若ハ立會人ニ交付シ一通ハ本屬大臣ニ提出スヘシ

本條ハ檢查員カ出納官吏ノ帳簿金櫃ヲ檢查シタル場合ニハ檢定書ヲ作成シテ檢查ノ結果ヲ明ニシテ一通ヲ被檢查者ニ交付シ一通ヲ本屬大臣ニ提出スヘキコトヲ規定シタリ此ニ所謂檢定書ナルモノハ檢查員カ其ノ檢查ノ事蹟ヲ明ニシタルモノニシテ卽チ帳簿記載ノ計數ト金櫃中ニ存在スル現金トハ符合シ若クハ符合セスト云フカ如キ檢查ノ結果ヲ明確ニシタル書面ヲ謂フ而シテ檢查員カ檢定書ヲ作製シタルトキハ檢查員及主務ノ出納官吏若クハ其代理者タル立會人之ニ署名シ其一通ハ之ヲ主務出納官吏若ハ立會人ニ交付シ一通ハ本屬大臣ニ提出スヘキモノトス
出納官吏若ハ其代理者タル立會人ヲシテ檢定書ニ署名セシムルハ檢定書ニ記載セル事項ハ實際ノ事實ニ違ハサルヲ證明スルノ責任ヲ負ハシメタルモノニシテ其ノ一通ヲ交付スルハ之ニ依リテ自己モ亦出納事務ノ執行上過誤違算ナキヲ證明スルノ具ニ供スルヲ得ヘク又其一通ヲ本屬大臣ニ提出スルハ之ニ依リテ以テ出納官吏カ其職務執行ニ關シテ國家ニ損失ヲ被ラシメタル事實之ナキヤ否ヤヲ判斷スルノ

資タラシムルニ在リ故ニ若シ之アリトセハ直ニ辨償ヲ命スルノ手段ヲ取ルニ至ルヘク從テ檢定書ノ作製ハ會計官吏ノ責任ニ關スル最モ重要ナル事項ナリト謂フヘシ

第九十四條　收入官吏及現金前渡ヲ受ケタル官吏他ノ公金ノ出納ヲ兼掌スルトキハ別ニ檢査ノ方法アルニ拘ハラス金櫃ノ檢査ヲ執行スル場合ニ於テハ他ノ公金ヲ併セテ檢査ヲ行フヘシ

本條ハ出納官吏ニシテ他ノ公金ノ出納ヲ兼掌スル場合ニハ其ノ公金ノ出納ニ關シテハ特別ニ檢査ノ方法アルニ拘ハラス金櫃ノ檢査ヲ執行スルトキハ同時ニ他ノ公金ノ檢査ヲモ行フヘキモノト規定シタリ例之町村制ノ施行セサル地方ノ稅務署所在地外ニ在ル町村ノ戶長ハ所屬稅務署主任收入官吏ノ分任收入官吏トシテ國稅徵收事務ヲ取扱フト同時ニ町村ノ收入金ノ出納ヲモ兼掌スルノ類ノ如シ又府縣廳ノ收入官吏ハ同時ニ公共團體タル府縣ノ收入金ノ出納ヲ兼掌スルコトアルヘシ此ノ如キ場合ニ於テハ國庫金ト公金トハ同一出納官吏ノ手裡ニ存スルヲ以テ彼此流用

シ易ク國庫金ヲ費消シタル爲ニ檢査ニ際シテ一時他ノ公金ヨリ補塡セントスルノ虞アリ是本條ノ他ノ公金ヲモ併セテ檢査ヲ行フヘキコトヲ命シタル所以ナリ

第九十五條 （刪除）

第九十六條 （刪除）

第九十七條 收入官吏ハ會計檢査院ノ檢査判決ヲ受クル爲一年度內ニ執行シタル出納ノ計算書ヲ調製シ證憑書類ヲ添ヘ歲入ヲ徵收スル官吏ニ送付シ歲入ヲ徵收スル官吏ハ其下檢査ヲ執行シ下檢查書ヲ添ヘ之ヲ會計檢査院ニ送付スヘシ

本條ハ收入官吏ノ收入計算書作成並ニ提出ノ方法ヲ規定セリ即チ收入官吏ハ會計法第二十六條ノ規定ニ依リ其出納事務ニ關シテハ會計檢査院ノ檢査判決ヲ受ケサルヘカラス之ニ依リテ本條ハ其檢査判決ヲ受クルカ爲ニ一年度內ニ執行シタル出納計算書ヲ調製シ證憑書類ヲ添ヘ歲入徵收官ニ送付シ歲入徵收官ハ下檢査ヲ行ヒ其檢査書ヲ添ヘ之ヲ會計檢査院ニ送付スヘキモノトセリ

茲ニ出納計算書トアルハ收入及支出ノ計算ナルカ如キ觀アルモ其實收入金ノ計算

ニ外ナラサルナリ唯收入官吏ハ其收入シタル金額ハ之ヲ金庫ニ拂込マサルヘカラサルヲ以テ之ヲ「出」トシ現金ノ領收ヲ「納」ト謂フノ意味ニ於テ之ヲ出納計算ト謂フニ過キス卽チ收入官吏ノ拂出ハ債權者ニ對スル仕拂ノ謂ヒニアラスシテ金庫ニ對シテ拂込ヲ爲スニ過キサルナリ從テ其證憑書類ノ如キモ多クハ金庫ニ拂込ヲ爲シタル領收證書等ノ外ニ出テサルヘシ

收入官吏ノ作成シタル收入計算書ヲ歳入徵收金ノ下檢査ヲ行フニ當リテハ收入計算書ト現金出納簿トハ符合セルヤ否ヤヲ調査シテ下檢査書ヲ調製シ之ヲ添ヘテ會計檢査院ニ送付スヘキナリ

右計算書ノ調製ニ關シテハ大正四年七月會計檢査院達第一號計算證明規程第七十四條乃至第八十二條ノ規定ニ從ハサルヘカラス之ニ依レハ收入計算書ハ年度經過後若ハ出納官吏交替後三十日限リ會計檢査院ニ提出スヘキモノトス

第九十八條　現金前渡ヲ受ケタル官吏ハ會計檢査院ノ檢査判決ヲ受クル爲メ毎月仕拂計算書ヲ調製シ證憑書類ヲ添ヘ仕拂命令官ニ送付シ仕拂命令官ハ其下檢査ヲ執行シ下檢査書

ヲ添ヘ之ヲ會計檢査院ニ送付スヘシ但行軍費航海費ノ如キハ行軍若クハ航海ノ終リタルトキ本條ノ手續ヲナスコトヲ得

本條ハ現金前渡ヲ受ケタル官吏ニ對シテ收入官吏ト同シク會計檢査院ノ檢査判決ヲ受クル爲仕拂計算書ヲ調製シ之ヲ會計檢査院ニ送付スヘキ手續ヲ規定セルモノナリ而シテ收入官吏ノ收入計算書ハ一會計年度ニ於ケル出納計算ニ對シ一回之ヲ提出セシムルモノナルニ反シ現金前渡ヲ受ケタル官吏ノ仕拂計算書ハ毎月之ヲ調製セサルヘカラス其他證憑書類(領收證書ノ如キ)ヲ添ヘ仕拂命令官ニ送付シ仕拂命令官ハ下檢査ヲ行ヒ其檢査書ヲ添ヘ之ヲ會計檢査院ニ送付スヘキコト收入計算書ヲ調製シ之ヲ歲入徵收官ニ送付シ歲入徵收官ハ下檢査ヲ爲シ其檢査書ヲ添ヘ會計檢査院ニ送付スルト全ク同一ナリ

此ノ如ク仕拂計算書ハ毎月之ヲ調製送付スヘキモノナリト雖行軍費航海費ノ如キハ其行軍中若ハ航海中ハ單ニ仕拂計算書ノ作製ハ容易ナリトスルモ之ヲ仕拂命令官ニ送付スルハ頗ル困難ナルノミナラス又事實上不可能ナル場合之アラン故ニ本條但書ハ此ノ場合ニ於テ其行軍若ハ航海ノ終リタルトキニ於テ是等ノ手續ヲ爲スコトヲ得ルモノトセリ

本條但書ノ行軍費、航海費ハ字義自ラ明白共ニ別ニ說明ヲ要セサルカ如キモ敢テ之ヲ一言セハ卽チ陸海軍ノ演習ノ爲ノ行軍費或ハ海軍ニ於ケル軍艦ノ外國派遣ノ場合ニ要スル航海費若ハ商船學校等ニ於テ實地練習ノ爲ニ沿海又ハ遠洋ヲ航海スル爲ニ要スル費用ノ如キヲ謂フ

尙仕拂計算書ノ調製ニ關シテハ收入計算書ト同シク大正四年七月會計檢查院達第一號計算證明規程ニ據ラサルヘカラス卽同規定第三十五條乃至第三十八條ノ規定ニ從フヲ要ス本規程ニ依レハ仕拂計算書ノ提出期限ハ翌月十五日限トス唯特別ノ事情アリテ其期限內ニ提出シ難キモノアルトキハ豫メ會計檢查院ノ承認ヲ經テ延期スルヲ得ヘシ

第九十八條ノ二　分任出納官吏ノ出納ハ總テ主任出納官吏ノ計算トシテ取扱ヒ其報告書及計算書ハ各別ニ提出ヲ要セス

但各省大臣若ハ會計檢查院ニ於テ必要ト認ムルトキハ特ニ分任出納官吏ヲシテ報告書又ハ計算書ヲ提出セシムルコトアルヘシ

分任出納官吏ハ主任收入官吏ノ事務ノ一部分ヲ分任スルニ過キスト雖自己ノ所爲ニ付テハ會計法第二十六條ノ責任ヲ負フモノナレハ其ノ計算書ノ如キ別個ニ之ヲ調製提出セシムルヲ本義トスヘキカ如キモ此ノ如キハ計算上ノ繁雜ヲ來タシ且ツ强テ此ノ如クセサルヘカラサル必要常ニ存スルモノト謂フヘカラサルヲ以テ本條ハ分任官吏ノ出納ハ總テ主任出納官吏ノ計算トシテ取扱ヒ其ノ報告書及計算書ハ各別ニ之ヲ調製スルヲ要セサルコトトセリ但各省大臣又ハ會計檢査院ニ於テ調査上必要ヲ認ムルトキハ特ニ分任官吏ヲシテ報告書又ハ計算書ヲ提出セシムルコトヲ得（本條但書）ルモノトス

此ニ所謂報告書トハ本則第二十五條ニ依リ收入官吏カ租稅其他ノ收入金ヲ領收シタル時領收濟ノ旨ヲ歲入徵收官ニ報告シ若ハ同第三十條ノ規定ニ依リ歲入徵收官カ其徵收濟ノ結果ニ依リ每月徵收報告書ヲ調製シ之ヲ其事務管理廳ニ送付スルカ如キ等ノ場合ニ於ケル報告書ヲ謂フナリ

第九十九條　出納官吏交替ヲ爲シタルトキハ其在職期限間ニ執行シタル會計ノ計算書ヲ調製シ第九十七條第九十八條ノ手續ヲ爲スヘシ

本條ハ出納官吏交替ノ場合ニ於テハ在職期間中ノ計算書ヲ調製シ第九十七條及第九十八條ノ規定ニ從ヒ會計檢査院ノ檢査判決ヲ受クヘキコトヲ規定セラレタリ即チ收入官吏ハ第九十七條ニ依リ現金前渡ヲ受ケタル官吏ハ第九十八條ニ據リ其ノ在職期間中ニ於ケル收入計算書若ハ仕拂計算書ヲ調製シ會計檢査院ノ檢査判決ヲ受ケサルヘカラス蓋シ交替ノ場合ニハ其原因ノ轉免又ハ死亡シタルトヲ問ハス其ノ計算ハ後任者ニ依リテ繼續セサルヘカラサルニ依リ之ヲ打切リ計算シ前任者ノ計算ト後任者ノ計算トヲ截然區劃セシムルハ責任ノ歸屬ヲ明ナラシムルニ最モ必要ナルモノト謂フヘシ

本條ノ計算替ハ前任者ニ於テ之ヲ作製スヘキハ言ヲ待タス然レトモ前任出納官吏ノ死亡其他身體ノ故障等ニ因ル交替ノ場合ニハ自ラ之ヲ調製スル能ハサルニ依リ次條ハ各省大臣特ニ他ノ官吏ニ命シテ調製セシムヘキコトヲ規定セリ

第百條　出納官吏死亡其他ノ事故ニ由リ自身ニ計算書ヲ調製スル能ハサルトキハ各省大臣特ニ命シタル官吏ヲシテ之ヲ調製セシムヘシ

出納官吏定期内ニ計算書ヲ送付セサルトキハ各省大臣ハ他ノ官吏ニ命シテ之ヲ調製セシムヘシ

本條ニ據リ調製シタル計算書ハ出納官吏ノ自身ニ調製シタルモノト見做シ會計檢査院ニ於テ檢査判決ヲナスヘシ

出納官吏死亡其他ノ事故ニ由リ自ラ計算書ヲ調製スル能ハサルトキハ各省大臣特ニ他ノ官吏ニ命シテ之ヲ調製セシムヘキコト本條第一項ノ規定スル所ニシテ固ヨリ當然ノ規定ナリトス

本條第二項ニ於テハ出納官吏ノ提出スヘキ計算書ヲ其提出期間内ニ送付セサルトキハ各省大臣ハ之ヲ他ノ官吏ニ命シテ調製セシムヘシト規定セリ然ラハ出納官吏ノ計算書提出期限ハ何時ナリヤ本規則ニハ何等規定スル所ナク會計檢査院法第十八條ニ依リ會計檢査院之ヲ定ムルモノトス而シテ大正四年七月會計檢査院達第一號計算證明規程第七十五條ニ依レハ收入官吏ノ計算書ハ交替後三十日限（通常ハ年度經過後三十日限リ）同第三十六條ニ依レハ現金前渡ヲ受ケタル官吏ハ翌月十五日限トス

本條第一項及第二項ノ場合ニ於テ各省大臣ノ特ニ命シタル官吏ノ調製シタル計算

書ハ之ヲ本人自身ソ調製シタルモノト看做シテ會計檢査院ニ於テ檢査判決ヲ受クヘキモノトス是亦當然ノ規定ニシテ出納官吏死亡ノ場合ニ於テハ止ムヲ得ス他ノ官吏ヲシテ代テ其計算書ヲ作ラシムルト雖元來死亡セル出納官吏ノ執行シタル會計ノ計算ニ外ナラサルヲ以テ之ヲ其出納官吏ノ計算トシテ檢査判決ヲ爲スヘキハ勿論ナリ本條第二項ノ場合ニ於ケルモ亦出納官吏自ラ期限ヲ怠リ若ハ過リタル爲已ムヲ得ス他ノ官吏ニ調製ヲ命シタルモノナレハ自身ニ調製シタルモノト看做サレ其檢査判決ニ對シテ責任ヲ負ハサルヘカラサルハ當然ナリト謂フヘシ

第百一條　出納官吏ノ計算書ハ提出ノ後修正變更スルコトヲ得ス

本條ハ出納官吏一旦計算書ヲ提出シタルトキハ之ヲ修正若ハ變更スルヲ得サル旨ヲ明ニシタリ蓋シ計算書ノ如キ若シ後日ニ至リテ漫ニ變更ヲ許ストキハ初ヨリ計算ノ正確ヲ期スヘカラサルノミナラス弊害ノ之ニ伴フモノアルハ睹易キノ理ナルニ因リ如何ナル事由アリト雖提出後ニ於テハ絶體ニ之ヲ禁制シタリ

人或ハ本條ニ所謂「提出ノ後」トハ之ヲ廣義ニ解スヘク收入官吏カ收入計算書ヲ歳入徴收官ヘ送付シタルトキ若ハ現金前渡ヲ受ケタル官吏カ仕拂計算書ヲ仕拂命令官

ニ送付シタルトキハ院ニ計算書ヲ提出シタルモノト謂ハサルヘカラス故ニ此ノ以後ニ於テハ修正變更スルヲ得ス獨リ會計檢査院ニ提出シタル場合ノミヲ謂フニアラサルナリ假リニ若シ果シテ後者ノ如キ立法ノ意思ナリトセハ明ニ「會計檢査院ニ提出シタル後」云々ト記載スヘキハ之ヲ前後ノ條文ヨリ窺知スルヲ得ヘキナリト謂フ者アリト雖余ハ寧ロ其ノ下檢査ヲ行ハシムル趣旨ヨリ之ヲ察スルトキハ下檢査ノ結果違算等ヲ發見シタルトキハ之ヲ修正セシムルヲ可トスヘク又計算書ノ提出ヲ命スルハ之ヲ會計檢査院ニ送付シ其判決ヲ求メシムルニ在ルヲ以テ同院ニ提出シタル後ニハ修正變更ヲ爲スヲ得サルモノナリト解セント欲ス而カモ實際上ノ便宜ヨリ同院ニ於テモ多少ノ誤記訂正等ハ之ヲ許容スルヲ例トセリ

第百二條　會計法第二十八條ニ據リ出納官吏ノ納ムヘキ身元保證金額ハ各省大臣之ヲ定メ會計檢査院ニ通知スヘシ

出納官吏相當ノ資産アル者二人以上ヲ以テ保證人トナストキハ各省大臣前項ノ身元保證金ノ全部若クハ一部ヲ免除スルコトヲ得此ノ場合ニ於テハ各省大臣ヨリ其保證人ノ住所

氏名職業ヲ會計檢査院ニ通知スヘシ但保證人ノ責任ハ免除シタル保證金額ニ止マルモノトス

會計法第二十八條ニハ現金又ハ物品ノ出納ヲ掌ルニ付身元保證金ヲ納メシムルコトヲ要スルモノハ勅令ヲ以テ之ヲ定ムヘシト謂ヒ明治三十五年八月勅令第二百五號ヲ以テ其第一條ニ各省大臣ハ必要ト認ムル場合ニ於テ現金若ハ物品ノ出納ヲ掌ル所ノ官吏ニ身元保證金ノ納付ヲ命スルコトヲ得ト規定セルヲ以テ身元保證金ノ納付ハ全ク各省大臣ノ決スル所ニ依ルモノトス

此ノ如ク出納官吏ニ對シテ身元保證金ノ納付ヲ命スルハ各省大臣ノ權限ニ屬スルヲ以テ本條第一項ハ其ノ納ムヘキ金額モ各省大臣之ヲ定メテ會計檢査院ニ通知スヘキコトトセリ之ヲ會計檢査院ニ通知セシムルハ元來身元保證金ノ納付ハ出納官吏ノ辨償義務ヲ擔保スルカ爲ニシテ其ノ辨償ヲ命スルハ會計檢査院ノ決スル所ナルヲ以テ辨償責任ノ擔保タル保證金額ニ付テモ之ヲ會計檢査院ニ通知スルハ相當ナルカ故ナリ以テ間接ニハ身元保證金額ノ高低不同ナキヲ期スルヲ得ヘキナリ

本條第二項ハ身元保證金ノ免除ニ關スル規定ニシテ卽チ相當資産ヲ有スル者二人以上ヲ保證人ト爲ストキハ各省大臣ハ身元保證金ノ全部又ハ一部ヲ免除スルコト

ヲ得ルモノトセリ蓋シ保證金ヲ納付セシムルハ出納官吏カ辨償義務ヲ履行スル能ハサル場合ニ之ヲ以テ辨償ノ資タラシムルニ在ルヲ以テ若シ他ニ適當ナル方法ノ存スルモノアラハ必スシモ保證金ニノミ限ルモノニアラス是本項ニ於テ相當資產ヲ有スル者二人以上ヲ保證人ト爲ストキハ保證金全部又ハ一部ヲ免除スルヲ得ルト定メラレタル所以ナリ

然ラハ此場合ノ保證人ハ如何ナル範圍ノ責任ヲ負フモノナリヤ一般普通ノ保證人ハ主タル債務者ノ債務額(主タル債務ニ從タルモノヲ包含ス)ヲ限度トスルモノナリト雖本項ノ保證人ハ元來出納官吏ノ納付スヘキ一定ノ保證金額ノ代リニ保證ノ地位ニ立ツモノナルカ故出納官吏ノ辨償責任ノ全部ヲ保證セシムルハ甚タ酷ニ失スルノミナラス身元保證金ニ比シ權衡ヲ得サルモノト謂フヘシ之ヲ以テ本項ハ但書ヲ以テ保證人ノ責任ハ免除シタル保證金額ニ止マルモノトスト規定シ保證人ノ責任ノ範圍ハ免除シタル保證金額ヲ限度トスル旨ヲ明白ニセラレタリ例之五百圓ノ保證金ヲ納付スヘキ場合ニ保證人ヲ以テ其保證金ノ全部ノ免除ヲ得タルトキハ保證人ノ責任ハ五百圓ヲ限度トスヘク若シ此ノ場合ニ三百圓ヲ納付シ二百圓ノ免除ヲ得タルトキハ保證人ノ責任モ亦二百圓ノ外ニ出テサルナリ

若シ保證人二人以上ヲ定メタルトキ其責任ノ分擔ニ付テ何等ノ定ナキトキハ平等ノ割合ヲ以テ其ノ責ニ任スヘキハ當然ナリ

出納官吏ニ對シテ身元保證金ニ代フルニ保證人ヲ許可シタルトキハ各省大臣ハ其保證人ノ住所氏名職業等ヲ會計檢査院ニ通知スヘキモノトス是其第一項ニ於テ身元保證金額ヲ定メタルトキ通知セシムルト同一ノ理由ニ基クモノナリ

第百三條　身元保證金ハ現金ヲ以テ納ムヘシ但公債證書若クハ土地ヲ以テ現金ニ代用スルコトヲ得

本條ハ身元保證金ハ公債證書又ハ土地ヲ以テ之ニ代用スルヲ得ヘキコトヲ規定シタリ本文ニ於テ「身元保證金ハ現金ヲ以テ納ムヘシ」ト謂ヒ當然言フヲ待タサルノ規定ヲ爲シタルハ其但書公債證書若クハ土地ヲ以テ保證金ニ代用スルヲ得ヘキ旨ヲ言明スルノ必要アルカ爲ナラスンハアラス而シテ公債證書又ハ土地ノ價格ハ如何ニ之ヲ定ムヘキヤ明治三十五年八月勅令第二百五號第三條ハ各省大臣ニ於テ相當ト認メタル時價ニ依ルヘシト規定セルモ明治四十一年十一月勅令第二百八十七號ハ政府ニ納ムヘキ保證金其他ノ擔保ニ充用スル國債、帝國鐵道會計法第二條ノ二ノ證券及大藏省證券ノ價格ハ其債權金額ニ依ルト規定シタルヲ以テ本條ノ公債證書

中國債證劵ハ時價ニ依ラス債權金額ニ依ルヘキナリ
又右三十五年勅令第二百五號第二條ハ出納官吏ノ便利ヲ慮リテ各省大臣ハ相當ト認ムル期間內ニ於テ身元保證金ノ分納ヲ許可スルコトヲ得ルモノトセリ
本條ニハ公債證書トアルヲ以テ國家若ハ其他ノ公共團體ヨリ發行スル債劵ニ限ルモノト謂フヘク從テ勸業銀行興業銀行ニ於テ發行スル勸業債劵及興業債劵ハ之ヲ包含セス而カモ擔保力確實ナルノミナラス之ヲ公債ト同一ニ取扱フハ納付者ニ極テ便利ナルヲ以テ明治三十六年十二月勅令第二百八十三號ハ右二種ノ債劵ハ本則第六十九條及本條ヲ保證金ニ使用スルコトヲ得ルトシ其價格ハ公債ト同一ノ方法ニ依リ之ヲ定ムルコトトセリ後明治三十八年一月勅令第二十一號大正四年二月勅令第二十八號ヲ以テ右勅令中ニ北海道拓殖銀行法第十二條又ハ貯蓄債劵法ニ依リ發行シタル債劵ヲモ保證金ニ代用スルコトヲ得トシ代用證劵ノ範圍ヲ擴張セラレタリ

第百四條　身元保證ノ現金ハ大藏省預金局通常預金ノ利子ヲ付スヘシ
身元保證ニ供スル公債證書若ハ土地ハ出納官吏ヨリ各省大

臣若ハ各省大臣ノ指定シタル官吏ニ書入トシ其土地ハ出納官吏ノ私費ヲ以テ登記ヲ受クヘシ

身元保證ニ現金ヲ以テシタルトキハ大藏省預金局通常預金ノ利子ヲ付スヘキコト本條第一項ノ規定スル所ナリ而シテ大正四年三月大藏省告示第二十六號ニ依レハ大藏省預金部利子ノ割合ハ千圓以上年三分六厘千圓未滿ノ利子年四分八厘ナリトス預金ニ利子ヲ付スルハ通常ノ慣習ナリト雖保證金ニハ通常利子ヲ付セサルヲ例トスルカ如シ借家料擔保ノ爲ニスル敷金ノ如キ其他諸會社等ニ於ケル身元保證金ノ如キ皆然リ是其預金ト保證金トノ目的ノ相異ナルヨリ來ル自然ノ結果ナルヘク即チ預金ヲ爲ス者ハ一定ノ金錢ヲ他人ニ交付シ其使用ヲ許ス報酬トシテ利子ヲ得ンコトヲ欲シ預リ主亦其預金ヲ他ニ有利ナル方法ニ使用スルヲ得ルノ利益アルヲ以テ此利益ヲ享受スルノ報酬トシテ利子ヲ付セント欲スルモノニシテ利子ヲ付スルハ預金ニ於ケル相互ノ目的ニ副フモノト謂フヘシ然ルニ保證金ヲ納付スルハ若シ將來或義務不履行ノ爲ニ損害ヲ生シタル場合ニハ之ヲ以テ直ニ其辨濟ノ資ニ充テンコトヲ欲スルモノニシテ相互ノ意思共ニ利子ヲ得又ハ利子ヲ與フルコトヲ目的トスルモノニアラサルカ故ナリ然レトモ他方ヨリ之ヲ觀レハ保證金ハ將來發生

スルコトアルヘキ債權ノ爲ニ之ヲ擔保トシテ受領スルモノナリト雖受領者ハ之ヲ自由ニ處分シ得ルヲ以テ擔保物ノ爲ニ却テ圖ラサル利益ヲ得ルモノト謂フヘク從テ條理ヨリ之ヲ論スレハ保證金ニ對シテ利子ヲ付スルハ寧ロ至當ナルカ如キ感ナクンハアラス蓋シ保證金ヲ納付セシムルハ之ニ因リテ利益ヲ得ンコトヲ欲スルニアラスシテ擔保ノ目的ヲ達セントスルニ在レハナリ本條ニ於テ一般ノ慣例ニ反シ身元保證金ニ對シ利子ヲ付シタルハ公正ノ措置ナリト謂フヘシ

本條第二項ニ依レハ身元保證ニ供スル公債證書若ハ土地ハ出納官吏ヨリ各省大臣ノ指定シタル官吏ニ書入卽チ公債證書ハ之ヲ提出シテ質權ヲ設定シ土地ハ抵當權ヲ設定シテ出納官吏自身ノ費用ヲ以テ登記ヲ受ケサルヘカラス而シテ其ノ登記ニ關シテハ不動產登記法ニ依ルヘキハ勿論ナリ

第百五條　會計檢查院ノ判決ニ依リ各省大臣出納官吏ノ損失金辨償ヲ命シタル場合ニ於テ其指定シタル期限內ニ出納官吏ヨリ損失金ノ辨償ヲ爲ササルトキハ其身元保證金ヲ以テ辨償ニ充ツヘシ

前項ノ場合ニ於テ身元保證金ニ代用シタル公債證書若ハ土地ハ各省大臣之ヲ公賣ニ付シ其ノ代價ヨリ公賣ニ關スル費用及損失金額ヲ差引シ剩餘アルトキハ出納官吏ニ返付スヘシ

保證人ヲ以テ身元保證金ノ免除ヲ得タル官吏損失金ノ辨償ヲ命セラレタル場合ニ於テ辨償スルコト能ハサルトキハ其保證人ヲシテ損失金ヲ辨償セシムヘシ

本條ハ出納官吏ノ損失金辨償ノ方法ニ關スル規定ニシテ第一項ハ出納官吏ノ出納計算ニ對シ會計檢査院ノ判決アリ之ニ依リテ各省大臣其損失金ノ辨償ヲ命シタル場合ニ指定期限內ニ辨償セサルトキハ身元保證金ヲ以テ直ニ其辨償金ニ充當スルヲ得ヘキコトヲ規定シタリ

此ノ如ク出納官吏カ損失金ノ辨償ヲ爲ササルトキハ身元保證金ハ直ニ辨償ニ充ツルヲ得ヘキモ公債證書若ハ土地ノ如キハ之ヲ公賣ニ付シ其賣上代價ヨリ公賣ノ爲ニ要シタル費用及辨償金ヲ引去ルノ方法ニ依ラサルヘカラス而シテ此場合ニ尙若

シ剰餘アルトキハ之ヲ出納官吏ニ返付スヘキハ當然ナリ何トナレハ元來出納官吏ノ所有ニ屬スル物件ヲ賣却シテ得タル金〻ハ亦是出納官吏ノ有ニ歸スヘキハ明ナレハナリ本條第二項ハ以上ノ趣旨ヲ明言シタルモノナリ

本條第三項ハ保證人ニ對スル辨償命令ヲ規定シタルモノナリ即チ保證人ヲ以テ身元保證金ノ免除ヲ得タル出納官吏カ損失金ノ辨償ヲ命セラレタル場合ニ資力乏シク辨償スルコト能ハサルトキハ其ノ保證人ヲシテ損失金ノ辨償ヲ爲サシムヘキモノトス若シ此ノ場合ニ保證人尙辨償ヲ爲ササルトキハ如何法令上何等ノ明文ナシト雖余ハ保證人ニ對シテ司法裁判所ニ保證義務ノ履行ヲ請求スルコトヲ得ヘシト信ス

第百六條　前條ノ場合ニ於テ出納官吏ノ身元保證金ヲ以テ損失金ノ辨償ニ充ツルニ足ラサルトキハ其不足ハ出納官吏ヨリ徴收スヘシ

前條ニ於テハ各省大臣出納官吏ノ損失金ノ辨償ヲ命シタル場合ニ其指定期日內ニ辨償ヲ爲ササルトキハ身元保證金ヲ以テ辨償ニ充ツヘキコトヲ規定シタリト雖モ若シ身元保證金ヲ以テ辨償金ニ充ツルニ足ラサルトキハ其不足額ハ出納官吏ヨリ

更ニ之ヲ徴收スヘキハ固ヨリ至當ナルヲ以テ本條ハ此旨ヲ明ニシタルモノナリ而シテ此ニ所謂徴收トハ强制的ノ意味ナルカ如キモ他ニ何等規定ナキヲ以テ其所有財產ヲ差押ヘ公賣ニ付スルカ如キ强制方法ハ之ヲ爲スヲ得サルモノト謂ハサルヘカラス何トナレハ法令ノ根據アルニアラサレハ漫ニ所有權ヲ侵害スルヲ得サルハ憲法ノ明文上炳乎トシテ明ナル所ナレハナリ故ニ本條ノ規定ハ出納官吏ニ對シテ一旦辨償ヲ命シタルモ期限內之ニ應セサルニ依リ其ノ擔保タル身元保證金ヲ以テ先ツ之ニ充テ尙不足ナルトキハ再ヒ本人ニ要求セシムルノ趣旨ニ過キスシテ出納官吏ニ對シテ强制徴收ヲ爲シ得ルモノト解スヘカラサルナリ

身元保證金ヲ以テ辨償金ニ充ツルモ不足ナルニ因リ更ニ出納官吏ニ對シ不足額ノ辨償ヲ命シタルモ尙之ニ應諾セサルトキハ最早何等施スヘキ手段ナキカ政府ハ其ノ欠損ニ甘ンスヘキヤ余輩ノ考フル所ニ依レハ保證人ニ對スルト等シク司法裁判所ニ損失金ノ辨償ヲ求ムルヲ得ヘキモノナリト信ス何トナレハ出納官吏ノ現金ヲ保管スルニ當リ之ヲ紛失若ハ費消シタルニ依リ國家ニ損害ヲ被ラシメタルトキ其損害ノ辨償ヲ命スルハ是唯特別處分ノ方法ヲ認メタルニ過キスシテ其辨償ヲ求ムルハ國家ノ財產權ヲ侵害セラレタルヨリ生スル損害ノ賠償ヲ求ムルモノニシテ權

利ノ性質ハ私權タルコト疑ヲ容ルヘカラサレハナリ從テ若シ其特別處分ノ結果損害ノ補償ヲ全フスル能ハサルトキハ原則ニ戻リテ司法裁判所ニ訴ヲ求ムル毫モ怪ムニ足ラサルナリ

第百七條　出納官吏數職ヲ兼務シタルカ爲メ各職每ニ身元保證ヲ爲シタルトキト雖モ身元保證金ハ出納官吏ノ責任其何職ヲ行ヒタルヨリ生シタルヲ問ハス流用シテ辨償ニ充ツヘシ

本條ハ出納官吏カ一人ニシテ數職ヲ兼務シタル爲ニ各職每ニ各別ニ身元保證ヲ爲シタル場合ニ身元保證金ヲ以テシタルトキハ其ノ出納官吏ノ辨償責任ノ何職ヲ行ヒタルヨリ生シタルヲ問ハス流用シテ辨償ニ充ツヘキコトヲ規定シタル故ニ例之甲職ノ爲ニ納付セシ身元保證金ニシテ甲職ヲ行フタルヨリ生シタル辨償金ヲ償フニ足ラサルトキハ乙職ノ爲ニ納付シタル身元保證金ヲ以テ辨償ニ充テサルヘカラス而シテ此ノ場合ニ於テハ乙職ノ爲ニ納付シタル身元保證金ハ流用ノ爲ニ減殺セラレテ擔保力ノ減少ヲ來タシタルニ因リ明文ナシト雖當然各省大臣ニ於テ當初定

メタル保證金額ニ達スルマテ追補ヲ命スルコトヲ得ヘキナリ

第百八條 (削除)

第百九條 (削除)

第百十條 出納官吏ノ身元保證金ハ其解職後會計檢査院ニ於テ其官吏ノ執行シタル會計事務ニ付責任解除ヲ與ヘタル後ニ非サレハ之ヲ還付セス

身元保證金ハ出納官吏ノ其職務執行ニ當リ國家ニ財產上ノ損害ヲ被ラシメタル場合ニ出納官吏其損失ノ辨償ヲ爲サヽルトキハ直ニ之ヲ以テ辨濟ニ充ツルカ爲納付セシムルモノナレハ其ノ職務執行ニ關シテ何等ノ責任ナキコト確實トナルニアラサレハ從令其職務ヲ免セラルルト雖保證金ハ之ヲ還付スヘキモノニアラス是即チ本條ニ於テ出納官吏ノ辭職後會計檢査院ニ於テ其ノ官吏ノ執行シタル會計事務ニ付責任解除ノ判決ヲ與ヘタル後ニ非サレハ身元保證金ヲ還付セスト規定セル所以ナリトス

責任解除ニ關シテハ會計檢査院法第二十條ニ之ヲ規定セリ曰ク會計檢査院ハ出納

官吏ノ計算書及證憑書類ヲ檢査シ正當ナリト判決シタルトキハ該官ニ對シ認可狀ヲ交付シ其ノ責任ヲ解除ス若シ必要ナル場合ニ於テハ之ヲ推問シ辯明又ハ正誤ヲ爲サシメ仍正當ナラスト判決シタルトキハ本屬長官ニ移牒シテ處分ヲ爲サシムヘシ故ニ出納官吏ハ解職後自己ノ計算ニ對スル會計檢査院ノ正當ナリトノ認可狀ヲ交付セラレタルトキハ之ヲ提示シテ身元保證金ノ還付ヲ要求シ得ヘキナリ

第二款　金庫出納役

第百十一條　會計法第三十一條ニ據リ國庫金ノ取扱ヲ日本銀行ニ命シタル場合ニ於テハ日本銀行總裁ハ金庫出納役トシテ金庫ノ出納ヲ掌ルヘシ

金庫出納役ハ會計檢査院ノ檢査判決ヲ受クル爲メ一年度内ニ執行シタル出納ノ計算書ヲ調製シ證憑書類ヲ添ヘ之ヲ大藏大臣ニ送付スヘシ

金庫出納役ハ會計檢査院ノ檢査ヲ受クル爲メ毎月各金庫出納內譯書ヲ調製シ證憑書類ヲ添ヘ大藏大臣ニ送付スヘシ

大藏大臣ハ前各項ノ出納計算書及内譯書ヲ調製シ之ヲ會計檢査院ニ送付スヘシ

本款ハ國庫金ノ出納ヲ掌ル所ノ金庫出納役ニ對シ收入官吏其他ノ出納官吏ト同シク出納計算書ヲ調製シ會計檢査院ノ檢査判決ヲ受クヘキコト及其手續ヲ規定シタルモノニシテ本條ヲ以テ其總テニ關スル事項ヲ網羅シタリ

本條第一項ハ先ツ金庫出納役ハ何人カ之ニ當ルヘキヤヲ明ニセリ曰ク「會計法第三十一條ニ據リ國庫金ノ取扱ヲ日本銀行ニ命シタル場合ニ於テハ日本銀行總裁ハ金庫出納役トシテ金庫ノ出納ヲ掌ルヘシ」ト蓋シ國庫金ノ出納ハ國家自ラ獨立ノ機關ヲ設ケテ其執行ノ任ニ當ラシムルヲ得ヘシト雖會計法第三十一條ハ國庫金ノ取扱ヲ日本銀行ニ命スルコトヲ得ト規定シ明治二十二年十二月勅令第百二十六號金庫規則第六條ヲ以テ日本銀行ヲシテ國庫金ノ保管出納ヲ取扱ハシムルコトトセリ故ニ本條第一項ノ規定ニ依リ日本銀行總裁ハ當然金庫出納役トシテ金庫ノ出納ヲ掌ルモノトス

然ラハ金庫出納役トシテ日本銀行總裁ノ地位ハ如何ナル性質ノモノナリヤ之ヲ官吏ト稱スルヲ得ヘキヤ否ヤ思フニ日本銀行總裁ハ政府之ヲ命スト雖一般官吏ノ任

命トハ固ヨリ同カラス又日本銀行條例ニ依リ總裁ハ當然勅任タリト雖是唯勅任官ノ待遇ヲ受クヘキコトヲ明ニシタルニ過キスシテ本官タル勅任ト同一視スヘカラサルハ勿論ナリ從テ日本銀行總裁トシテハ固ヨリ官吏ト稱スヘカラス隨テ金庫出納役トシテノ地位如何ヲ考究スルニ是亦單ニ金庫ノ事務卽チ國庫金ノ保管出納ニ關スル事務ヲ掌ルニ過キスシテ國家ノ事務ヲ執行スル者必スシモ官吏ニアラサルハ言ヲ待タス例之雇傭關係ニ基キ國家事務ヲ行モノノ如キ若ハ各種ノ委員トシテ(租稅ノ調査又ハ審査委員若ハ試驗委員)一定ノ事務ノ執行ニ任セラレタル者ノ如キ固ヨリ官吏ト謂フヘカラサルハ異論ナキ所ナリ金庫出納役ハ大藏大臣ノ指揮監督ヲ受ケ卽チ官吏ト同シク命令服從ノ關係ニ立ツモノナリト雖モ是唯國家ノ事務ヲ行フカ故ニ其事務ヲ管理スル者ノ指揮監督ニ從ハサルヘカラサルハ當然ナルカ故ニシテ命令服從ノ關係ニ在ル者必ラスシモ官吏ニアラサルハ是亦絮説ヲ要セサルナリ例之兵卒ノ如キ是ナリ果シテ然ラハ金庫出納役ハ官吏ニアラサルカ蓋シ之レ畢意官吏ノ意義如何ニ依ルモノナルヲ以テ先ツ之ヲ決セサルヘカラス而シテ余輩ハ一般公法學者ノ定說ニ從ヒ官吏トハ國家ノ特別ナル行爲(任命)ニ依リ國家ニ對シテ無定限ナル國家ノ事務ヲ行フヘキ公法上ノ義務ヲ負擔スル者ヲ謂フト定義セント欲ス

此ノ見解ニ依レハ金庫出納役ハ官吏ニアラスト謂ハサルヘカラス何トナレハ金庫出納役ハ本條第一項ノ規定ニ依リ日本銀行總裁ノ地位ニ在ル者カ金庫出納役トシテ國庫金ノ保管出納ヲ掌ルヘキ義務ヲ負フニ過キスシテ特別ナル國家ノ行爲ニ依リ其義務ヲ負フモノニアラサルナリ卽チ法令ノ規定ニ依リ一定ノ國家ノ事務ヲ行フヘキ義務ヲ負フモノニシテ恰モ市區町村長カ衆議院議員選擧法ノ規定ニ依リ其選擧事務ヲ行フト異ナル所ナキナリ加之其事務ノ範圍モ亦單ニ國庫金ノ保管出納ニ限ラルルモノニシテ其他ノ國家事務ヲ行フヘキ義務ヲ負ハサルナリ官吏ハ之ニ反シテ其職務ノ範圍ハ自ラ一定ノ限界アリト雖其範圍內ニ於テハ無定量ニ其事務ヲ行ハサルヘカラサル義務ヲ有スルノミナラス大權ノ發動ニ依リ更ニ他ノ職務ヲ命セラルルモ之ヲ拒ムノ權ナキナリ然ルニ金庫出納役ハ國庫金ノ出納ニ關スル事務以外ニハ更ニ他ノ國家事務ヲ命セラルルモ之ヲ行フノ義務ナシ是余ノ金庫出納役ヲ以テ官吏ニアラスト斷スル所以ナリトス

然レトモ熟々我現行ノ法制ヲ見ルニ必スシモ學者ノ定說ト一致スルモノニアラス本則ニ所謂出納官吏ノ意義ノ如キ亦然リ卽チ本章ハ出納官吏ト題シ第一款ニ收入官吏現金前渡ヲ受ケタル官吏第二款ニ金庫出納役トシテ各其ノ規定ヲ爲シタルヨ

リ推則スルトキハ金庫出納役ヲ以テ出納官吏ト認メタルハ明白ナル事實ナリトス從テ會計法上所謂出納官吏ナルモノハ學者ノ所謂官吏トハ其意義ヲ異ニス卽チ出納官吏トハ收入官吏現金前渡ヲ受ケタル官吏及金庫出納役等國家ニ屬スル現金ノ出納ヲ命セラレタル者ヲ稱スト謂フノ外ナシ

金庫ノ出納ニ關シテハ明治二十二年十二月勅令第百二十六號金庫規程等ノ規定ニ從フヘキナリ

金庫出納役ハ國庫金ノ出納ヲ掌ルモノナレハ第九十七條ノ如ク收入官吏ト同シク會計檢査院ノ檢査判決ヲ受クル爲一年度間ニ執行シタル出納ノ計算書ヲ調製シ證憑書類ヲ添ヘテ之ヲ大藏大臣ニ送付スヘク又金庫出納役ハ會計檢査院ノ檢査ヲ受クル爲每月各金庫ノ出納內譯書ヲ調製シ證憑書類ヲ添ヘ同シク之ヲ大藏大臣ニ送付スヘキコト本條第二、三項ノ規定スル所ナリ而シテ每月出納內證書ヲ提出セシムルハ恰モ第九十八條ニ於テ現金前渡ヲ受ケタル官吏ヲシテ每月仕拂計算書ヲ調製提出セシムルト全ク同一ノ理由ニ出テタルモノニシテ其趣旨蓋シ依テ以テ金庫出納ニ關スル非違誤謬等ナカラシメントスルニ外ナラサルナリ

要スルニ本條第三項ハ每月金庫出納役ヲシテ各金庫ニ於ケル出納內譯書ヲ調製セ

シメテ國庫金ノ出納狀態ヲ明瞭ナラシメ其間ニ不正ノ所爲ナカラシメンコトヲ期スルニ在リ其ノ第二項ハ一年度間ニ執行シタル全體ノ出納計算書ヲ提出セシメ之ニ依リテ國庫金ノ取扱ニ關シテ國家ニ損害ヲ被ラシメタルカ如キコトナキヤ否ヤヲ檢査シ以テ責任解除ノ判決若ハ損失ノ辨償ヲ命スルノ資ト爲サシムルモノナリト雖又聽テ會計檢査院カ總決算及各省決算報告書ノ金額ト各出納官吏ノ提出シタル計算書ノ金額ト符合スルヤ否ヤノ調査ト相待テ更ニ各出納官吏ノ計算書ハ金庫出納役ノ提出シタル出納計算書ト相合スルヤ否ヤヲ比較對査セシムルノ根抵ト爲ルモノナリ

本條第四項ニ依レハ前各項ノ出納計算書及各金庫出納內譯ハ大藏大臣之ヲ調査シテ後會計檢査院ニ送付スヘキモノトス茲ニ聯カ疑問ニ屬スルハ此ノ場合ニ大藏大臣若シ金庫ノ所爲ニ依リ政府ノ損失ヲ生シタリト認ムルトキハ金庫出納役ニ對シテ辨償ヲ命スルコトヲ得ヘキヤ否ヤノ點之ナリ大藏大臣ハ國庫大臣トシテ金庫ニ對スル管理權ヲ有シ各地金庫ノ金櫃帳簿ヲ檢査スルノ權限ヲ有スルモノナリト雖（金庫規則第四條第十條）金庫出納役ニ對シテハ第八十七條ノ如キ規定ナキヲ以テ會計檢査院ノ判決ヲ俟タスシテ直ニ其ノ辨償ヲ命スルコトヲ得スト謂ハサルヘカラス何トナレハ各

省大臣カ其所屬ノ出納官吏ニ對シテ損失金ノ辨償ヲ求ムルハ急速之カ辨償ヲ命セサルトキハ遂ニ其ノ目的ヲ達スルヲ得サルカ如キ場合ニ變例トシテ特別處分ヲ認メタル結果ニ外ナラスシテ此ノ如キハ法ノ明文アルニ非サレハ爲シ能ハサル所ナレハナリ

第九章　帳簿

第百十二條　大藏省ハ日記簿原簿、補助簿ヲ備ヘ國庫ノ計算ニ入ルヘキ一切ノ現金ノ出納ヲ登記スヘシ

本章ハ歳入歳出ノ金額ヲ記載スヘキ帳簿ノ作成並ニ其記載方法ニ關シテ規定シタルモノナリ而シテ本條ハ先ツ我國ノ財政燮理ノ衝ニ膺ル大藏省ニ於テハ日記簿原簿及其補助簿ヲ備ヘテ日々國庫ノ計算ニ入ルヘキ一切ノ現金ノ出納ヲ登記スヘキコトトセリ日記簿原簿ハ金庫ノ現金出納報告ニ依リテ登記スルモノニシテ其帳簿ノ記載ニ關スル樣式ハ明治二十六年十一月大藏省令第三十二號諸計算書仕拂命令領收書及諸帳簿樣式第九號書式ニ依ルヘキモノトス之ニ依リテ大藏省ニ於テハ常ニ歳入歳出ノ金額如何ヲ知ルヲ得ヘキナリ

第百十三條　大藏省ハ歳入歳出ノ主計簿ヲ備ヘ總テ歳入ノ豫算額、調定濟額、收入濟額、不納缺損額、收入未濟額、歳出ノ豫算額豫算決定後增加額、仕拂命令濟額、翌年度繰越額、殘額ヲ登記スヘシ

本條ハ前條ニ於ケル日記簿原簿ノ外大藏省ニ歳入歳出ノ主計簿ヲ備フヘキコトヲ規定ス蓋シ主計簿ハ歳入歳出ノ現計ヲ表ハスモノニシテ極テ重要ノモノナリトス會計法第六條ニ依リ總豫算ニ參考トシテ添付スヘキ歳入歳出現計書ハ此ノ主計簿ニ據リ調製スルモノナリ

主計簿ハ之ヲ歳入ト歳出トニ區分シ歳入主計簿ニハ歳入豫算額、調定濟額（歳入徴收官カ徴收スヘク決定セシ額）收入濟額、不納缺損額（義務履行ノ資力ナク遂ニ國家ノ損失ニ歸シタル額）收入未濟額即チ調定額ニシテ未タ收入濟ニ至ラサル金額ヲ掲クヘク歳出主計簿ニハ歳出豫算額、豫算決定後ニ於テ豫備金ヨリ補充シ若ハ追加豫算ニ依リ增加セシ額、仕拂命令濟額、翌年度ヘ繰越スヘキ額及其殘額ヲ記載スヘキモノトセリ茲ニ其殘額トハ歳出豫算額及豫算決定後增加額ノ全體ヨリ仕拂命令額及翌年度繰越額ヲ控除シタル金額ヲ謂フ

歳入主計簿ハ歳入事務管理廳ノ徴收額報告書（本則第三十一條ニ據ルモノ）ニ依リ歳出主計簿ハ金庫出納役ノ仕拂命令受領濟額報告書（本則第四十九條ニ據ルモノ）ニ依リテ登記スヘキモノトス其ノ帳簿ノ様式及記載ノ方法ハ前條ニ既ニ示シタル明治二十六年十一月大藏省令第三十二號ニ依ルヘキハ勿論ナリ

第百十四條　歳入ヲ徴收スル官吏ハ徴收簿ヲ備ヘ歳入ノ種類ヲ區分シ調定濟額、收入濟額、不納缺損額、收入未濟額ヲ登記スヘシ

本條ハ歳入徴收官ノ備フヘキ張簿並ニ其記載スヘキ事項ヲ規定シタルモノナリ即チ歳入徴收官ハ徴收簿ヲ備ヘテ歳入ノ種類ヲ區分シ收入スヘキ確定額、收入濟額、缺損額及收入未濟額ヲ掲クヘキモノトス而シテ調定濟額ハ收入スヘキ金額ノ確定シタルトキ、收入濟額ハ金庫及收入官吏ヨリ現金收入濟ノ通知ヲ受ケタルトキ登記スヘク不納缺損額ハ其缺損ナルコトノ確定シタルトキ證憑書類ニ據リ登記シ收入未濟額ハ調定濟額ノ内ヨリ收入濟額ト不納缺損額トヲ差引タル差額ヲ登記スルモノトス

第百十五條　歳入ノ事務管理廳ハ歳入簿ヲ備ヘ歳入ノ種類ヲ

區分シ歳入ノ豫算額、調定濟額、收入濟額、不納缺損額、收入未濟額ヲ登記スヘシ

前條ニ依リ歳入徴收官ハ其徴收シタル金額ヲ明ニスルカ爲徴收簿ヲ備ヘテ一定ノ事項ヲ記載シ且ツ本則第三十條ニ依リ毎月其徴收簿ニ依リ徴收報告書ヲ歳入事務管理廳ニ提出スヘキモノナレハ本條ハ又歳入事務管理廳ヲシテ歳入簿ヲ備ヘ歳入徴收官ノ報告ニ依リ歳入ノ種類及豫算額其他前條ノ徴收簿ト同一事項ノ記載ヲ爲スヘキコトトシ一方ニハ本則第三十一條ニ依リ其徴收報告書ニ據リ毎月徴收總報告書ヲ大藏大臣ニ送付スヘキモノトセリ而シテ歳入簿ニ豫算額ヲ登記シ前條ノ徴收簿ニ之ヲ掲ケシメサルハ歳入徴收官ハ其數多ク各官毎ニ歳入豫算ヲ區別スルモノニアラサルヲ以テ全體ノ豫算額ヲ登記セシムルハ無意義ニ屬スルカ故ナリ

第百十六條　金庫出納役ハ支出簿ヲ備ヘ歳出ノ科目ヲ區分シ仕拂豫算額、仕拂命令受領濟額ヲ登記スヘシ

本條ハ金庫出納役ニ對シテ支出簿ノ作成ヲ命シ之ニ歳出科目ヲ區分シ仕拂豫算額及仕拂命令受領濟額ヲ登記スヘキコトトセリ

支出簿ハ歳出金額ヲ登錄スルモノニシテ各款各項ノ區分ヲ爲シ仕拂豫算額卽チ大藏大臣ヨリ其年度ニ於テ仕拂ヲ爲スヘク令達ヲ受ケタル豫算額及仕拂命令官ヨリ送付セラレタル案內仕拂命令、集合仕拂命令其他送金ニ係ル仕拂命令、集合仕拂命令ノ受領額ヲ揭記スヘキモノトス其他帳簿ノ樣式、記載方法ノ詳細ハ前示明治二十六年十一月大藏省令第三十二號ノ定ムル所ニ依ルヘシ

第百十七條　（删除）

第百十八條　收入官吏、現金前渡ヲ受ケタル官吏及金庫出納役ハ現金出納簿ヲ備ヘ現金ノ出納ヲ登記スヘシ

本條ハ出納官吏ノ現金出納ヲ明瞭ナラシムル爲ニ現金出納簿ヲ備ヘテ其出納ヲ登記スヘキコトヲ命シタリ卽チ收入官吏現金前渡ヲ受ケタル官吏及金庫出納役ハ必ス現金出納簿ヲ備ヘテ其收納シタル金額若ハ拂出シタル金額ヲ登記シ出納ニ關スル事蹟ヲ明ニセサルヘカラス而シテ收入官吏及現金前渡ヲ受ケタル官吏ノ現金出納簿ハ其樣式及記載ノ方法單純ナリト雖金庫出納役ノ備フヘキ現金出納簿ハ稍々多種多樣ナルモノアリ是亦明治二十六年十一月大藏省令第三十二號ノ詳記スル所

ナリ

第百十九條　各年度經過後七ケ月ノ末日ニ於テ大藏大臣ハ會計檢査官立會ノ上ニテ大藏省ニ備ヘタル主計簿ヲ締切ルヘシ

主計簿ハ國家ノ歳入歳出ノ現計ヲ表示スルモノニシテ實ニ總決算ノ基礎ヲ爲スモノナルヲ以テ極テ重要ノモノタルコトハ既ニ述ヘタルカ如ク其帳簿記載ノ方法ハ第百十三條ノ規定スル所ニシテ本條ハ主計簿ノ締切時期ニ付テ規定シタルモノナリ蓋シ各年度ニ於ケル歳入歳出金ノ金庫ニ於ケル取扱期間ハ翌年度六月三十日限(本則第三條)ナルヲ以テ其取扱ニ係ル歳入歳出金ノ誤謬更訂等アリトスルモ一二ケ月ノ後ニハ殆ント確定的ノモノト見ルヲ得ヘキヲ以テ各年度經過後七ケ月ノ末日即チ十月末日ハ帳簿ノ締切期間トシテ稍々長キニ過クルノ感アリ然レトモ是全ク立法上ノ用意深キニ出テタルモノニシテ之カ爲ニ何等ノ不便ナキヲ以テ敢テ繰上クルノ要ナカルヘキナリ而シテ其帳簿ノ締切ニハ會計檢査官ヲ立會ハシメ其以後ニ於テハ如何ナル理由アルモ斷シテ帳簿ノ記載ヲ許ササルモノトセリ故ニ大藏省ノ主計簿ハ此ノ時ニ於テ全ク確定スルモノト謂フヘシ

第十章　雜則

第百二十條　本規則ニ據リ當該官吏及金庫出納役ヨリ會計檢査院ニ提出スル所ノ證明書ニ關スル規定樣式ハ會計檢査院ニ於テ之ヲ定ムヘシ

本條ハ本則ニ依リ出納事務ニ關シ會計檢査院ニ證明スヘキ責務ヲ有スル當該官吏即チ收入官吏現金前渡ヲ受ケタル官吏分任出納官吏及金庫出納役等ヨリ會計檢査院ニ提出スベキ計算ニ關スル證明書ノ樣式ハ會計檢査院之ヲ定ムヘキモノトセリ而シテ現ニ會計檢査院ノ規定スルモノ大正四年七月會計檢査院達第一號計算證明規程ナルモノアリ之ニ從ハサルヘカラサルハ言ヲ待タス

第百二十一條　前條ノ外本規則ニ揭クル諸計算書仕拂命令領收證ノ樣式ハ大藏大臣之ヲ定ムヘシ

第百二十二條　帳簿ノ樣式及記載ノ方法ハ大藏大臣之ヲ定ムヘシ

右兩條ハ本規則ニ定ムル諸計算書、仕拂命令領收證ノ樣式其他諸帳簿ノ樣式及記入ノ方法ハ大藏大臣之ヲ定ムヘキコトヲ規定シタルモノニシテ別ニ説明ヲ要スヘキ點ナシ而シテ大藏大臣ハ明治二十六年十一月大藏省令第三十二號ヲ以テ諸計算書仕拂命令領收證及諸帳簿樣式ヲ規定セリ讀者乞フ就テ參看セラレヨ

第百二十三條　本規則ハ明治二十三年四月一日ヨリ施行ス

本規則ト牴觸スル命令ハ本規則施行ノ日ヨリ總テ廢止ス

本條第一項ハ本則ノ施行時期ヲ定メタルモノニシテ卽チ本則ノ主法タル會計法ノ施行ト共ニ實施セサルヘカラサルヲ以テ會計法ノ施行期タル明治二十三年四月一日ヨリ施行スヘキコトヲ規定シタルモノナリ唯其會計法中帝國議會ニ關涉スルモノハ帝國議會開會ノ時ヨリ施行スヘキハ當然ノ理ナルヲ以テ會計法第三十二條ハ此ノ趣旨ヲ明ニセリ

第二項ハ所謂新法ハ舊法ニ優ルノ原則ヲ明ニシタルモノニシテ當然ノ事理ナリトス卽チ從前ノ規定ニシテ本規則ト相反スルモノハ總テ本規則施行ノ日ヨリ廢止スト規定シ以テ新法ニ抵觸スル舊規定ノ效力ヲ失ハシメタリ蓋シ法理上ヨリ論スレハ第二項ノ規定ナシト雖新舊兩法相反スルトキハ新法ハ舊法ヲ改メタルモノト解

スヘキハ當然ナルヲ以テ同一ノ結果ニ歸着スヘキモ世人ノ疑ヲ避ケンカ爲ニ之ヲ明言シタルノミ

附録

第一編　大藏省決議、通牒、及伺指令

◉時效ニ關スル件（二八年四月五日大藏省決議）

會計法第十八條及第十九條ノ時效ニ付テハ明治二十五年三月十五日ノ會議ニ於テ省議一旦決定致候處今ヤ同法實施後恰モ五年ヲ經過シ其時效愈々活動ヲ始メントスルニ際シ實際ノ應用ノ猶多少ノ疑義ヲ存シ候ニ付今般更ニ會議ヲ開キ左ノ通決定致候也

第一　左ノ場合ニ於ケル時效期間ノ起算點

合意ニ依リ身代持直シ次第返納スヘキ契約書アルモノハ合意又ハ裁判所ノ判決ニ依リ請求權ノ生シタル時ヨリ起算ス

第二　時效ノ中斷

會計法第十八條及第十九條ニ依ル請求又ハ納入告知及一般法ニ定ムル時效中斷ノ原因ハ會計法ノ時效ヲ中斷ス

免責時效ハ不確實ノ訴訟ヲ防止センカ爲メニ總テノ債權ニ對シテ設クルモノナリ

故ニ之ヲ中斷シ既ニ經過シタル時日ヲ無效ナラシムルニハ法律ノ規定アルヲ要ス會計法第十八條ハ曰ク請求ヲ爲サスシテ云々又第十九條ハ曰ク納入ノ告知ヲ受ケサル云々ト此規定ハ一旦請求ヲ爲シ又ハ納入ノ告知ヲ爲セハ會計法上ノ時效ニ罹ラスト云フ意味ニ解センヨリハ一旦請求又ハ納入ノ告知ヲ爲セハ其以前經過シタル時日ハ無效トナリ時效期日ハ爾後更ニ進行ヲ始ムルト云フ意味ニ解スルヲ適當トス若シ否ラスハ政府ノ同一債權債務ニシテ時トシテ會計法ノ時效ニ罹リ時トシテハ一般法ノ時效ニ罹リ二樣ノ時效法ノ支配ヲ受クルニ至ルヘシ右兩條ハ請求又ハ納入告知ノ時效中斷ノ原因タルコトヲ示スニ過キスシテ其ノ此ニ限ルコトヲ定メス故ニ一般法ニ定ムル中斷ノ原因ハ政府ノ債權債務ノ時效ヲモ中斷スヘシ會計法ニ於ケル特別規則ハ偏ニ時效期間及其起算點ニ關係スルニ止マル

第三　時效ノ停止

會計法ハ時效停止ノ原因ヲ示サスト雖又停止ヲ認メサルコトヲ示サス故ニ一般法ニ於ケル時效停止ノ原因ハ會計法ノ時效ニモ適用ス

第一決議ハ明治二十五年三月時效起算點ニ關スル決議ノ應用ヲ定ムルニ過キス二十五年三月決議ノ要ニ曰ク請求權ノ生シタルハ年度ヲ支拂フヘキ年度及納ムヘキ年度トス而テ請求權ハ有期義務ニ於テハ期間滿盡ノ後又無期義務ニ於テハ權利義務ノ關係ノ生シタル時ニ於テ生スト此ニ於テ身代持直次第返濟スヘシトアル契約ニ於テ其義務ノ有期ナルヤ無期ナルヤヲ定ムルノ必要ヲ生シタルカ本會議ハ之ヲ以テ有期ニアラス又無期ニアラス停止條件附義務ト議定セリ故ニ「身代持直」ノ條件成就スルマテハ返濟ノ義務ノ發生停止セラレ要約者請求權ヲ得ス從テ此間ハ時效進行セス

右條件ノ成就スル時期ハ當事者ノ意思又ハ裁判所ノ決定ニ依テ定マルヘシ要約者ハ諾約者カ身代ヲ持直シタリト認メテ要求シ諾約者之ニ應スルトキハ之ヲ當事者ノ意思即合意ニ依リ條件成就ノ時期定マリタリト謂フヲ得ヘシ双方ノ意思合致セス裁判所ノ決定ヲ請フニ至リ裁判所身代持直シタリト決定スルトキハ裁判所ノ判決ニ依リ條件成就ノ時期定マリタリト謂フヲ得ヘシ隨テ時效ハ此時ヨリ進行ヲ始ムヘシ

第二及第三決議ハ會計法ノ時效モ中斷又ハ停止セラルルコトアルヤ否ノ問題ニ關

スルモノニシテ本會議ニ於テ認メタル中斷及停止ノ原因ハ左ノ如シ

中斷ノ原因

(一)會計法第十八條及第十九條ニ依ル支出又ハ支拂ノ請求及納入告知但請求又ハ納入告知ノ時效中斷ノ效力ヲ生スルニハ各々債務者又ハ其正當代理者ニ達スルヲ必要トス

(二)一般法ニ於ケル時效中斷ノ原因

成文ニ依リ慣習ニ依リ又ハ條理ニ依リ今日裁判例ノ明カニ認ムル中斷ノ原因ハ(イ)出訴(ロ)自認ノ二トス仕拂命令ノ申請ヲ爲シ引續キ訴求スルトキハ仕拂命令申請ヲ以テ時效中斷ト認ムルコトモ疑ナキカ如シ此他明白ナル判決例ナシ

時效中斷ノ原因生スル時ハ其以前ニ經過シタル時日ハ全ク無效トナルヘク又此原因ノ起リテヨリ止ムニ至ルマテ譬ヘハ訴ヲ起シテヨリ訴ノ止ムマテノ間ハ時效進行セサルヘク即チ時效ハ中斷ノ原因ノ止ムテヨリ更ニ進行ヲ始ムヘシ故ニ五年ノ滿盡前毎ニ中斷行爲アレハ債權ハ永ク喪失スルコトナシ

停止ノ原因

現時一般法ニ於テ時效ノ進行停止サルル場合ハ大要左ノ如シ

(一)條件附義務ナレハ條件ノ成就スルマテ
(二)期限附義務ナレハ期限ノ到着スルマテ
(三)明治八年第六號布告ニ依リ裁判所ノ裏書ヲ得タル債權ニ付テハ最長期三十六ケ月間(布告第四條)
(四)明治七年司法省第二十三號達ニ依リ證文ニ裏書ヲ得タル債權ニ付テハ身代持直シマテ
右ハ時效ヲ停止スルコト疑ナキモノナリ時效停止セラルルトキハ其間ノ時日ハ時效期間中ニ算入セス其前後ノ時日ヲ通算シテ五年ヲ定ムルモノトス

◉會計法ノ時效ニ關スル件(四二年八月二三日發第八九八號仙臺稅務監督局照會)

既往ニ溯リ賦課又ハ免除處分ニ依リ追徵又ハ還付スヘキモノノ時效起算方ハ其ノ處分ヲナシタル年度即チ追徵ニ付テハ之カ納入ヲ告知シ又還付ニ付テハ之カ拂戾ヲ請求シ得ヘキ年度經過後滿五年ヲ以テ完成スルモノト解釋スルヲ至當ト認メラレ候ヘトモ地價ノ誤謬訂正等ニ依ルモノニアリテハ甚シキハ十數年ニ溯リテ追徵又ハ還付ヲ爲ササルヲ得サル場合往々有之少カラサル手數ヲ要シ時效ヲ設ケラレタル趣旨ニ悖ル樣存セラレ候ニ付會計法ノ仕拂フヘキ年度又ハ納ムヘキ年度トハ

事實納入ヲ要シ又ハ過誤納トナリタル年度ヲ意味スルモノト解シ其年度ノ翌年度ヨリ起算シ中斷ナク滿年經過シタルモノハ時效完成シタルモノトシテ取扱可然哉

回答（四二年九月七日往第一〇九七九號主稅局回答）

會計法ノ時效起算方ハ原因タル事實ノ發生シタルトキノ屬スル年度ノ翌年度ヨリ起算スヘキ義ニ有之候

●所得稅及相續稅ノ時效計算ニ關スル件（四四年一二月六日廣島稅務監督局照會）

賦課スヘキ法人ノ所得稅又ハ相續稅ノ調査決定ヲ爲サス課稅洩トナリタルモノニ對スル會計法第十九條ノ時效ノ計算方ハ賦課洩發見ノ場合卽チ課稅標準ノ決定通知ヲ爲シタル日ノ屬スル翌年度ヨリ之ヲ計算シ可然乎又ハ第一種所得稅ニ付テハ事業年度ノ最終日相續稅ニ付テハ相續開始ノ日ノ屬スル翌年度ヨリ之ヲ計算スヘキ哉疑義ニ涉リ候ニ付至急何分ノ御回示ヲ得度

回答（四五年一月一八日往第四二四號主稅局回答）

後段御見込ノ通ニテ可然

●既往ニ溯リ賦課又ハ免除處分ニ依リ追徵又ハ還付スヘキモノ、時效起算方ノ件（四四年一二月一九日第一五三三號仙臺稅務監督局照會）

既往ニ溯リ賦課又ハ免除處分ニ依リ追徵又ハ還付スヘキモノノ時效起算方ノ件ニ關シ四十二年八月二十三日發第八九八號當局照會ニ對シ同年九月七日往第一〇、九七九號ヲ以テ追徵又ハ還付ヲ要スル事實ノ發生シタル年度ノ翌年度ヨリ起算スヘキ義ナル旨御回答ノ次第モ有之候處所得稅法第四十一條ニ依ル更訂處分ノ結果還付ヲ要スヘキモノノ如キハ所得金額ノ査覈、更訂通知ヲナシタル時ヲ以テ還付ヲ要スル事實カ發生シタルモノト解スルヲ至當ト存候得共聊カ疑義ニ涉リ候條御意見承知致度

回答(四五年一月一八日往第四二五號主稅局回答)

更訂スヘキ事實ノ發生シタル年度ノ翌年度ヨリ起算スヘキモノト存候

◎民法第六百三十八條第一項ノ擔保期間幷會計規則第六十九條第一項ノ資格ニ關スル件(三六年五月四日大藏省決議)

第一　擔保期間ニ關スル件

民法第六百三十八條第一項ノ擔保期間ハ注文者タル官廳ノ見込ニ因リ特約ヲ以テ適宜ニ之ヲ短縮シ可然哉

(理由)

本條ノ期間ハ主トシテ公益上ノ理由ニ因リテ設ケタルモノニアラスシテ畢竟注文者ノ私益ヲ保護スル爲メニ立法者カ實際ノ便宜ヲ斟酌シテ適當ト認ムル所ニ基キ一般ノ通則ヲ規定シタルニ止マルモノナルヲ以テ之ニ異リタル期間ヲ約定スルコトヲ妨クルノ趣旨ニアラサルハ第六百三十九條及第六百四十條ノ規定ニ依ルモ殆ト疑ヲ存スルノ餘地ヲ有セス果シテ然ラハ注文者タル官廳ハ工作物ノ種類性質等ニ因リ右期間ニ從フノ必要ナシト認メタルトキハ特約ヲ以テ適宜ニ其期間ヲ短縮スルモ敢テ支障ナカルヘシ或ハ云ハン擔保期間ヲ短縮スルハ官廳カ濫リニ其利益ヲ拋棄スルモノナリト然レトモ其工作物ノ種類、性質ニ因リ强テ法定ノ期間ニ從フノ必要ナキニモ拘ラス尙ホ其ノ期間ヲ短縮シ得サルモノトセハ勢ヒ多額ノ報酬ヲ仕拂ハサルヲ得サルカ如キ却テ不利益ノ結果ヲ生スルニ至ルヘシ故ニ右期間ノ短縮ヲ以テ必スシモ其利益ヲ拋棄スルモノト云フヘカラス是レ本案ノ如ク期間短縮ノ必要ヲ認ムル所以ナリ

第二　會計規則ノ資格ニ關スル件

會計規則第六十九條第一項ノ資格ハ請負人ノ相續人ニハ適用ナキモノト解釋シ可然哉

（理由）

會計規則第六十九條第一項ハ「工事又ハ物品供給ノ競爭ニ加ハラントシ若クハ其契約ヲ結ハントスル者ハ其工事又ハ物品ノ供給ニ二年以來從事スルコトヲ證明スヘシ」トアリ故ニ右資格ハ當初契約締結ノ當時ニ於ケル必要條件ヲ定メタルモノト見ルヘキハ文理上當然ノ解釋ト信スルヲ以テ請負人ノ死亡ニ因リ相續人其ノ契約ヲ承繼スル場合ニ於テハ右資格ハ其ノ相續人ニハ必要ナキモノト見サルヘカラス但シ請負人其ノ者ノ伎倆ニ着眼シテ請負契約ヲ取結ヒタル場合ニ於テ請負人死亡シタルトキハ其契約ハ當然消滅スヘキコト疑ナキヲ以テ無論本問ノ解釋ノ必要ナシト雖モ斯ル事情ノ存セサル場合卽チ普通ノ土木建築工事ノ如キ請負人ノ死亡ニ因リテ當然契約ノ消滅セサル場合ニ於ケル相續人ノ資格ニ關シテハ豫メ其解釋ヲ一定シ置クノ必要アルヘシト信ス

●定額戻入解釋ノ件（二五年二月五日大藏省ヨリ會計檢査院へ申牒）

客年八月十三日乾第三九二四號ヲ以テ定額戻入檢視ノ理由ニ付及御回答候處再考致候ヘハ會計法第二十三條但書ハ其本文誤拂過渡ノ除外例ナルヲ以テ該但書ノ明文セル名義ノ仕拂ハ總テ戻入シ得ヘキ義ト存候且實際上ニ於テモ此ノ如クナラサ

レハ不都合不尠候ニ付旁該條ノ解釋ハ最前回答第一段ノ通ニ改メ候條此段爲念申進候也

◎概算渡前金渡等誤拂過渡定額ニ戻入ノ件（二九年五月五日司法大臣官房會計課照會）

當省ニ於テハ從來歳出金ニシテ定額ニ戻入シ得ルモノハ概算渡又ハ前金渡ノモノニシテ誤拂ニ屬セサルモノノ過剩金ヲ返納セシムル場合ノミニ限ル儀ト解釋シ處理來リ候處客年二月長野縣ヨリノ照會ニ對シ大藏省主計局ノ回答ニ依レハ前金渡概算渡、繰替拂ノ名義下ニ仕拂タルモノニシテ誤拂過渡トナリタルトキハ總テ定額ニ戻入シ得ルトノ事ニ有之就テハ自今當省ニ於テモ同樣處理致シ度候條貴院ノ御檢定振リ承知致度

回答（二九年五月一九日會計檢査院部長回答）

來示ノ通ノ院議ニ有之候條左樣御承知相成度

◎年度繰越ノ件（三〇年二月一九日坤第一五四三號大藏省主計局ヨリ內務省庶務局ヘ通牒）

年度繰越ノ件ニ付明治二十七年三月十三日坤第一〇二三號ヲ以テ御回答致置候處會計規則第二條第四ニ契約ヲナシタル日ノ屬スル年度トハ其年度內ニ契約ノ履行ヲモ終ルヘキ場合ヲ指シタルモノニシテ履行期日ノ翌年度ニ屬スルモノハ該規

中ニ包含セサルモノト解スル方穩當ナル旨今般省議決定候

追テ本解釋ハ將來ノ取扱方ヲ定メタルモノニ有之候

◉歳出所屬年度ノ件（三〇年二月二日第四二二號主税局通牒）

會計規則第二條第四號中ニ物品購入代價ノ類ハ契約ノ履行ヲ終ル場合ヲ指シタルモノト御了知有之度就テハ歳入出及物品出納簿等ニシテ年度開始ト共ニ需用ノ必要アルモ其調製卽時ニ相整ハサルモノニ限リ右會計規則ノ趣旨ニ因リ前年度ニ於テ調製スルモ差支ナキモノトス

右依命通牒

◉歳出所屬年度ニ關スル件（四三年四月九日發第三八一號仙臺稅務監督局照會）

退官賜金、死亡賜金、賞與、慰勞金等ノ歳出所屬年度ハ事實ノ生シタル時ノ屬スル年度ヲ所屬年度トスルヲ穩當ト認メラルルモ會計規則第二條第三項ノ明文ニ考フルトキハ同項中ニ包含セシメ難ク思料セラルルニ依リ同條第五項ノ仕拂命令ヲ發シタル日ノ屬スル年度ヲ以テ所屬年度ト定ムヘキヤ

囘答（四三年四月二五日往第四九三九號主税局囘答）

從來ノ見解ノ如ク會計規則第二條第三項ニ包含スルモノトス

◉差押物件買上代支出年度區分ノ件（二三年四月七日乾收第二三號島根縣上申）

國税滯納處分法ニヨリ差押ヘタル物件買上代金壹圓六十錢ヲ要シ候處右再入札ノ開札ハ本年三月二十八日ナリシヲ以テ同日已ニ買上クヘキ事實ノ生シ契約ヲ爲シタル日ノ屬スルト同樣ニシテ二十二年度歳出ニ屬スヘキ義ト相考候ニ付過年度即チ本年度當該科目ヨリ支出ノ義御承認相成度

指令（二三年四月一八日第一五八一號大藏省指令）

差押物件ノ買上代ハ會計規則第二條第五項ニ據リ其仕拂命令ヲ發シタル日ノ屬スル年度ノ經費ヨリ支出スヘシ

◉借地料支拂ニ關スル年度區分ノ件（二四年二月二日直第二八號埼玉縣照會）

今般忍及岩槻直間税分署新築敷地借上ケニ付テハ右借地料ハ一ケ年曆年金若干ト定メ之ヲ翌年一月ニ仕拂フ筈ニ候處其内一月ヨリ三月マテ三ケ月分ハ會計年度ヨリ云フトキハ前年度分ニ屬スル如キモノナルモ抑此借地料ハ一年ヲ以テ極メタルモノナレハ彼ノ會計規則第二條第一ノ例ニ準シ仕拂期日相當ノ年度ニ於テ一年ノ全額ヲ支拂可然トハ存候得共聊疑義ニ渉ルヲ以テ御答ヲ乞フ

回答（二四年二月一二日課第一二二號會計課長回答）

會計法第三條ノ規定モ有之候條會計年度毎ニ契約締結相成候方可然

◉郵便物不足税支出年度區分ノ件（二九年四月一八日坤收第三一號島根縣照會）

他所ヨリ郵送セル郵便物ニ不足税アリタルトキハ受信廳ノ仕拂ニ立ツヘキ義ニ候處茲ニ三月三十日到達ノモノニ對スル不足税ヲ四月ニ至テ支出スル場合ノ年度區分方ノ義ハ契約ニヨリ成立ツモノニ非サレハ會計規則第二條第五項ニヨリ可然哉

回答（二九年四月二四日坤第三五九四號主税局回答）

郵便物ヲ受取リタル日ノ屬スル年度ニ於テ支拂相成可然

◉廳中雜費及契約締結ニ付疑義ノ件（二三年四月七日乙第七八號會計局照會）

會計規則中疑義ノ廉左ニ

一　會計規則第二條第四廳中雜費中ニハ廳費ノ運搬費等モ包含スル乎

二　臨時帳綴經師職其他人足等備入ニ於テハ別ニ契約締結セサルコトアルモ差支ナキ哉

三　會計規則第六十九條中其契約ヲ結ハントスル者ハ云々トアリ右ハ競爭ト隨意トニ拘ラス總テ契約ヲ結ハントスル者ニ適用スヘキ義ニ候哉

回答（二三年四月一〇日主計局回答）

右第一項第三項ハ御意見ノ通第二項御問合ノ意小金額ニテ契約證書ノ取替ハセニ及フマシトノ義ニ有之候ハハ御意見ノ通ニテ可然

◉仕拂命令番號記載其他ノ件（二三年三月一九日會計局照會）

第一項　（略之）

第二項　凡仕拂命令ニ番號ヲ記載スルニハ仕拂命令多數ニシテ記載方一時ニ差湊ヒ候場合ニ於テハ「イロハ」分チ等ヲ以テ番號記載シ可然ヤ但番號ハ「アラビツク」ニテ數字ノミニ記載シ差支無之哉

第三項　會計規則第三十三條但書集合仕拂命令ニハ該六種ト同性質ヲ有スルモノ卽チ文具料並賄費ノ如キモノノ類ハ定額拂切經費ノ範圍內トシテ集合仕拂命令ヲ發シ差支無之哉

回答（二三年三月二四日會計局回答）

第二項　差支有之間敷ト存候

第三項　文具料賄費ノ類ハ諸給ノ範圍內トシテ集合仕拂命令ヲ發シ得ル義ト存候追テ仕拂命令ニ「イロハ」番號ヲ付スル義ハ金庫ヘ達方ノ都合モ有之由ニ付右御記入ノ分ハ出納局ヘ御通知有之度

◉仕拂通知書記載方ニ關スル件（四二年五月三日往第五六二一號大臣官房會計課通牒）

客年十月當省訓令第五十號及十一月當省省令第四十四號ヲ以テ仕拂通知書樣式ヲ改正シ債主ヲシテ現金受取ノ際其住所ヲ記載セシムルコトトセシハ近來仕拂通知書ヲ窃取シ僞書僞印等ノ行爲ヲ以テ金庫ヨリ現金ヲ詐取スルモノ頻々有之依テ之カ遂行ヲ容易ナラシメサル一方法トシテ改正ヲ加ヘタル儀ニ候處仕拂命令官中該通知書債主氏名ニ其住所ヲ肩書シ發行ノ向往々有之哉ニ相聽ヘ候右ハ改正ノ趣旨ニ反シ且其ノ書式ニモ違フ義ニ付住所ヲ附記セス發行方御取扱相成度

◉仕拂委任取扱方ノ件（二三年四月二一日坤第八四〇號主税局通牒）

數人ノ債主ヨリ現金領收方ノ委任ヲ受ケタル代理人ヨリ總金額ニ對シ通常ノ仕拂命令ヲ發スル場合ニ於テハ該命令書及領收書等記載方左ノ通御取計相成度候

一　仕拂命令（仕拂命令ヲ發スル前ニ代理人ノ正當ナルヲ證スル爲メ委任狀ノ正本謄本ヲ差出サセ正本ハ還付シ謄本ハ領收證書ニ添付シ置ク等便宜他日ノ紛議ヲ生セサル手續ヲ盡スハ勿論ナリトス）ニハ何某外何人代理何某渡ト記載ス

一　領收證書ハ債主各人別ノ金額內譯ヲ記シ何某外何人代理何某渡ト記載セシム

一　仕拂命令ヲ當テタル金庫所在地ノ外ニ於テ仕拂ヲ爲スタメ送金シタルトキハ本年當省訓令第十八號會計主務官心得中ニ規定アル領收書ニ何某何人代理何某

ト記載シ別ニ債主各人別ノ金額內譯書ヲ添付セシム

右省議決定ニ付內國稅徵收費取扱方及御通知候也

◉仕拂命令(又ハ仕拂請求書)中誤記脫字訂正方ニ關スル件

(四三年一一月八日往第一二〇二一號大藏大臣通牒)

從來仕拂命令官ニ於テ仕拂命令(又ハ仕拂請求書)發行前ニ於テ金額以外ノ箇所ニ誤記脫字アルコトヲ發見シタルトキハ其箇所ニ訂正ヲ加ヘ訂正印等ヲ押捺シ其儘發行ノ向モ有之候哉ニ聞及ヒ候處右ハ訂正ノ方法簡易ニ過クルカ爲メ現ニ犯行ヲ容易ナラシメタルノ實例モ有之危險不尠候ニ付爾今右誤脫ノ箇所ニハ從來ノ通相當訂正ヲ加ヘ(捺印ヲ要セス)更ニ裏面ニ左記之通記載發行相成度此段及通牒候也

表記ノ內「何々ヲ何々ト改ム」又ハ「何々ノ下ニ何々ヲ乞フ」 [仕拂命令官印]

◉歲出金通知書面金額以外ノ誤記脫字訂正ニ關スル件

(大正二年一二月一三日往第一一二五五號大臣官房會計課通牒)

歲出金仕拂通知書面金額以外ノ誤記脫字ハ附箋ノ上訂正方ノ件ニ關シ曩ニ及御通牒置候處該仕拂通知書裏面ニ多少ノ餘白ヲ存シ該事項ヲ記載シ得ル場合ニ於テハ仕拂命令同樣御取扱相成候モ差支無之趣大藏省ヨリ通牒有之候ニ付右ニ依リ御取

扱相成度

追テ雜部保管金引出切符及雜部保管金仕拂通知書面金額以外誤記脫字ノ場合ニ於テモ仕拂命令及歲出金仕拂通知書ニ準シ訂正ノコトニ御取扱相成度

◉仕拂通知書幷金額氏名表中誤記訂正方ニ關スル件

（四三年一一月一七日往第一二四〇五號大藏大臣官房會計課通牒）

仕拂通知書幷金額氏名表中ノ誤記訂正ハ仕拂命令訂正ノ場合ニ準シ仕拂通知書ノ訂正ハ附箋ノ上金額氏名表ノ訂正ハ其ノ備考欄內ニ夫々仕拂命令官印ヲ以テ證明スヘキコトニ省議決定金庫出納役ヘ令達ノ趣大藏省ヨリ通牒有之候ニ付右ニ依リ御取扱相成度命ニ依リ此段申進候也

◉仕拂通知書裏面事項ニ關スル件（四二年二月二〇日國甲第五一號大阪府知事照會）

客年十月三十日訓令第五十號ヲ以テ歲出金仕拂通知書樣式改正相成候處該通知書裏面注意事項第二項ノ受取人ノ住居地カ仕拂金庫ノ所在地外ニシテ自己ノ居住地迄現金ノ送達ヲ望ムモノハ其旨仕拂金庫ニ請求スヘシトアルハ苟モ其居住地カ仕拂金庫ノ所在地外ナルトキハ金庫出納區域ノ內外ニ拘ハラス現金ノ送達ヲ仕拂金庫ニ請求シ得ルモノト解シ居候處金庫ニ對スル實際ノ取扱振ハ出納區域內ニ限リ

テ區域外ニ及ハサル事ニ一定相成居リ假令ハ甲區域內ノ某地ニ居住セシモノカ乙區域內ノ某地ニ轉居セシ場合該裏書ニ依リ甲金庫ニ對シ現金ノ送達ヲ請求スルモ金庫出納區域外ナリトノ理由ヲ以テ其取扱ヲ爲サヽルカ故ニ仕拂命令官ニ於テ不得止仕拂金庫ノ變更ヲ爲シ始メテ債主ハ轉居地ノ金庫ニテ仕拂ヲ受ケ得ラルヽ事トナリ彼我ノ不便不尠右ハ何レノ解釋ヲ正當トセラルヽヤ若シ金庫ノ解釋ノ如クナリトスレハ寧ロ一歩ヲ進メ之ヲ區域外ニモ及ホスコトニ變更セラレ度サスレハ仕拂命令官及金庫ニ於テモ手數ヲ省略シ且實務上何等差支無之被認候條御意見如何可有之哉

回答（四二年三月一七日往第三二二六號大臣官房會計課回答）

金庫ハ仕拂命令官ノ命令ニ從ヒ仕拂ヲ完結スルモノニ付御例示ノ如キハ仕拂命令官ノ命令外ナルヲ以テ金庫ハ之カ取扱ヲ爲サヽル儀ニ付如此場合ハ仕拂命令官ヨリ金庫ニ對シ新住居地ニ於テ仕拂フヘキコトヲ更ニ命セラルヽノ外途ナク卽通知書裏面第二項ノ主意モ茲ニ存スル儀ニ有之候

◉仕拂命令及仕拂請求書等ノ記載事項ニ關スル件

（四二年二月二三日往第二〇一〇號大臣官房會計課通牒）

一、官廳又ハ市町村若クハ公共團體等ノタメニ發行スル仕拂命令及金額氏名表ニハ官廳又ハ市町村名若クハ公共團體名ヲ記載スルコト

二、明治四十年一月九日往第一六七七五號ヲ以テ大臣ヨリ御達相成候甲乙官廳間ニ於ケル歳入金取扱手續中前項ニ關スル廉ハ自然變更セラレタルコト

◉仕拂命令面宛名記載方ノ件（四二年六月七日往第七五六三號主計局通牒）

本年二月十三日付往第一五五二號（前號四二年二月二三日往第二〇一〇號、大臣官房會計課通牒ニ相當ス）ヲ以テ仕拂命令宛名記載方ノ件ニ付及御通牒置候處右ハ會社其他ノ私法人ヲ債主トシテ發行スル場合ニ於テモ官廳等ト同シク其會社名若ハ法人名ノミヲ記載スルコトニ御取扱相成度

追テ歳出金仕拂通知書宛名記載方モ本文同樣ノ儀ト御承知相成度爲念申添候也

◉仕拂通知書宛名記載方ノ件（四二年一月一一日第一五號東京稅務監督局照會）

明治四十一年十月三十日御省訓令第五〇號ヲ以テ歳出金仕拂通知書樣式改正相成候處備考第一項ニ依レハ官廳又ハ市町村若クハ公共團體等ノ收入トナルヘキモノハ宛名ニ官廳名又ハ市町村若クハ公共團體名ヲ記入シテ發行スヘシトアリ右ハ官廳、市町村、公共團體等宛發行スル場合ハ單ニ官廳名市町村名若クハ公共團體名ノミヲ記シ其代表者名ヲ記載セスシテ發行シ裏面注意事項第一項但書ニ依リ正當ノ資

格アル者其ノ官職氏名ヲ記載シ現金ヲ受領スル義ニ有之候哉聊カ從前ノ取扱振ト相違致シ居候ノミナラス四十年十一月九日往第一六七七五號御達ト矛盾致居候樣被考候條何分ノ義至急御回答相煩度

回答（四二年一月一五日往第三八號ニ稅局回答）

官廳名又ハ市町村其ノ他公共團體名ノミヲ記入シ可然被存候從テ過ル四十年十一月九日往第一六七七五號達ニ變更ヲ及ホシタル義ト御了知相成度

◉仕拂通知書中宛名記載ニ關スル件（四二年四月二六日金庫出納役照會）

仕拂通知書書式ノ義ハ四十一年十月大藏省訓令第五十號ヲ以テ改正セラレ同書式備考第一ニ依リ市町村ノ收入トナルヘキモノハ宛名ニ市町村名ヲ記入發行スヘク規定セラレ候處右通知書宛名ニシテ何市町村長何某ト記載アル分ハ該市町村ノ收入トナルヘキモノト認メ總テ當該市町村收入役ヘ拂渡取計可然哉

追テ官廳長官名又ハ公共團體代表者名ヲ附記シ何某渡ト宛名記載セラレタルモノニ對シテハ金庫ハ宛名ノ債主ニ拂渡取計可然哉

回答（四二年五月七日理財局回答）

右ハ客年當省訓令第五十號ヲ以テ改正ノ趣旨ニ反スルノミナラス本年二月往第一

五五二號ヲ以テ仕拂命令金額氏名等ニ於テモ仕拂通知書ト宛名記載方一致セシムル件御通牒申候次第モ有之處理上統一ヲ缺クノ虞有之候間本件ニ對シテハ仕拂方拒絶致サレ可然哉

◉私法人ニ對シテ發行ノ仕拂命令等宛名記載方ノ件

（四五年七月六日元第四八五號神戸稅關照會）

私法人ニ對シテ發行スル仕拂命令、仕拂通知書等ハ其法人名及代表者名ヲ併記致居候處神戸支金庫ハ法人ニ對スル仕拂ハ單ニ其團體名ヲ記載セルニアラサレハ仕拂フヘカラサル旨其筋ヨリ通達アリトシテ今般或會社及其代表者名ヲ併記シタル仕拂命令ノ受理ヲ拒絶致候就テハ私法人ニ對スル仕拂命令モ亦公法人ト同樣取扱フヘキ事ニ變更相成候哉右ハ差掛リ解決ヲ要シ候義ニ有之候條至急何分ノ御回示相煩度

回答（四五年七月一三日往第七九六四號大臣官房會計課回答）

法人ハ私法人ヲモ包含スル義ニ付右御承知相成度

◉過渡俸給返納ノ際納金差引ノ件（一三年一〇二〇日千葉縣照會）

本年勅令第百二十五號第三條第二項ニ轉任其他ニ依リ過渡俸給ノ返納ヲ要スルト

キハ其百分ノ一ヲ納人ニ於テ差引スヘシト有之ニ付テハ右返納告知書ニハ單ニ返納金ノミヲ記載スヘキヤ又ハ現金納付高ト本人引去高トヲ内譯ニ記載スヘキ哉

回答（二三年一〇月二二日坤第一〇〇三九號主計局回答）

本人ニ於テ引去リタル殘額卽チ現返納額ヲ告知書面ニ揭記シ返納金額ト本人引去高ハ但書トシテ付記スヘキ義ニ有之候

◉仕拂命令發布方ノ件（二三年四月一日大阪府伺）

俸給若ハ文具料等ノ請求及領收方ヲ數人ヨリ委任ヲ受ケタル者アルトキハ請求書領收證共各人別ノ金額內譯記載セシメ合金額ヲ以テ受任者一人ニ對シ普通ノ仕拂命令ヲ發シ得ヘキヤ

指令（二三年四月二二日大藏省指令）

伺之通

◉電報送金通知ニ關スル件（大正二年六月一九日往第六〇五六號主稅局通牒）

所在地外債主ニ對スル電信送金ヲ爲シタル場合受取人ヘノ送金通知ハ金庫ニ於ケル仕拂上ノ都合有之候條暗號又ハ符號ヲ使用セサルコトニ御取扱相成度

◉仕拂命令及現金引出切符用紙保管方ノ件（二九年二月一三日第九三〇號主稅局通牒）

仕拂命令用紙又ハ現金引出切符用紙保管方ノ不注意ニ起因シ僞造仕拂命令若クハ僞造現金引出切符ヲ以テ金庫ヨリ現金ヲ詐取スルモノ往々有之候趣其筋ヨリ注意有之候間右保管方嚴重取締方相成度右依命通牒

◉年度更新ノ際仕拂命令支出科目誤記整理ノ件（三六年六月一日電報熊本稅務監督局伺）

三月發行廳費仕拂命令ノ內滯納及犯則者處分費所屬分發見本年四月九四二號ニテ豫算增加稟申ノ處過年度支出ノ義御指令ニヨリ金庫ヘ訂正請求セシニ年度開始前支出トナルニ付中央金庫ノ指揮ニヨリ請求ニ應シ難キ旨申出如何取計フ可キヤ

指令（三六年六月四日第二三九號大藏省指令）

廳費ハ歲入ヘ返納セシメ過年度支出額ハ仕拂命令ヲ發スヘシ

◉仕拂命令ノ年度訂正ニ關スル件（四一年四月一七日國第六五一號金庫出納役照會）

客年十二月十日仕拂命令官橫濱稅務監督局長發行四十年度仕拂命令（本年一月中現金交付濟）ニ對シ本月十三日ヲ以テ四十一年度ヘ訂正方同仕拂命令官ヨリ請求有之候處右訂正ノ結果ハ年度開始前仕拂命令受領ノ事ト可相成ニ付（中略）右請求ハ拒絕可然ト存候ヘ共云々

回答（四一年四月二七日往第五二二七號主計局回答）

御見込ノ通リ其要求ニ應スヘキ限リニ無之存候間拒絶相成可然

◉誤拂過渡ニ付キ定額戻入方ノ件（二七年二月一六日外務省官房會計課照會）

曩ニ及御照會候不用トナリタル旅費定額戻入取扱方ニ關シ本月五日坤第五〇〇號貴信ヲ以テ先年當省ニ於テマニラ領事館ヘ送金シタル旅費債主出發後到着不用トナリタル先例有之ニ付右整理方取調可然旨御回答ノ趣了承然ルニ右マニラ領事館ヘ送付セシハ前渡金ニテ後チ經費仕拂殘額トシテ歳入金ニ編入シタルモノニ有之先般御照會ニ及ヒタル旅費ハ概算渡ニシテ其送金本人ヘ到着前辭職シタルカ故ニ不用ニ相成其儘返戻シ來リテ金庫ニ保管シアルヲ以テ之ヲ定額ニ戻入セントスルモノニ有之候ヘハ自ラ其性質相異リ居候ニ付本件ノ先例ニハ相成ラサル儀ニ候仍テ右定額戻入方ニ關シ若シ別ニ先例無之儀ニ候ヘハ如何ノ手續ヲ以テ取扱可然ヤ

回答（二七年二月二八日大藏省主計局回答）

今回當省大臣ヨリ別紙寫ノ通金庫出納役ヘ令達相成候ニ付該達ノ趣旨ニ依リ御整理相成可然

（別紙）

仕拂命令官ヨリ金庫ニ送付シタル仕拂命令若クハ仕拂請求書ニシテ受取人ニ現金交付前ニ於テ誤拂過渡ニ出テタルコトヲ發見シ仕拂命令官ヨリ仕拂命令若クハ仕拂請求書ノ金額誤拂過渡ニ出テタル旨ヲ以テ左ノ事項ヲ記入シタル定額戻入請求書ノ送付ヲ受ケタル時ハ金庫ハ該請求書ノ指定ニ從ヒ戻入ノ手續ヲ爲シ直チニ其旨ヲ當該仕拂命令官ニ通知スヘシ

仕拂命令若クハ仕拂請求書ノ金額、番號、年度、所管廳、科目、振出日付、仕拂命令官氏名、受取人氏名

●債權轉付命令効力發生疑義ノ件（大正二年九月一二日官第八九六號横濱稅關伺）

元當關監吏（某）ニ仕拂フヘキ退官賜金九十九圓ニ對シ當仕拂命令官ハ本年六月五日債權者甲某ヨリ金參拾圓ノ債權假差押命令ノ送達ヲ受ケ又翌六日債權者乙某ヨリ金九十五圓ノ債權差押及同轉付命令ノ送達ヲ受ケタリ（以上甲乙何レモ優先權ヲ有スル債權者ニアラス）然ルニ昨十一日甲某ハ債務者（某）ト示談調ヒタルノ故ヲ以テ假差押命令取下ヲ爲シタル旨裁判所ヨリ通達ヲ受ケタリ是ト同時ニ乙某ハ當關ニ出頭シ曩キニ得タル轉付命令ニ依リ自己ニ轉付仕拂方ヲ請求セリ然ルニ此場合ニ於テ乙某ノ得タル轉付命令ノ効力ノ有無ニ關シ

一債權差押ノ競合スル場合ニ發シタル轉付命令ハ優先權ヲ有スル債權者カ得タルモノヲ除クノ外其效力ヲ有セサルヲ以テ甲某ノ差押解除ノ有無ニ拘ハラス該轉付命令ハ初メヨリ其効力ヲ有セサルノ説ト

二、債權差押競合ノ場合ニ於テ發シタル轉付命令ハ競合中ハ競合ノ障害ニ依リ轉付ノ効力ヲ生セサル迄ニシテ障害ノ原因タル競合ノ差押カ解除セラレタルトキハ該轉付命令ハ既ニ競合ナキ狀態ノ下ニアルヲ以テ轉付命令トシテ有効ナリトノ

二説アリ

（以上大審院判決例明治四十三年（オ）第三百八十三號同四十四年五月四日民刑聯合部判決參照）

右仕拂上疑義相生シ差當リタル事實ニ有之至急何分ノ御指令相仰度

金庫出納役

回答（大正二年一〇月二日往第九一一四號大臣官房會計課回答）

第一項御意見ノ通ニテ可然候

◉歲出金月計對照表ノ件（二七年五月二五日主計局通牒）

歲出金月計對照表ハ仕拂豫算額ニ異動アリテ仕拂命令受領濟額竝現金仕拂額ナキ月ニ在リテハ調製スルニ及ハス又仕拂豫算額竝仕拂命令受領濟額ナクシテ現金仕

拂額ノミアリタル月ニ在リテハ式ノ如ク甲乙號ヲ調製シテ仕拂命令官ノ證明ヲ受クヘキモノトス

◉出張官吏ニ於テ繰替拂ノ件（二三年四月一日大阪府伺）

土地檢査其他ノ用務ニ依リ官吏出張先ニ於テ要スル人足賃ノ如キハ債主受取人ヨリ請求セシムルコトトセハ僅少ナル金額ナルヲ以テ手數ヲ厭ヒ終ニ其求メニ應セサルコトアルヘシ就テハ是等事實不得止モノハ便宜出張員ニ於テ繰替仕拂ハセ而シテ該官吏ヨリ證憑書類ヲ添付シテ一時ニ請求セシメ通常仕拂命令ヲ發シ苦シカラスヤ

指令（二三年四月二二日大藏大臣指令）

伺ノ通

◉少額ノ物品代價ヲ繰替拂ト爲スノ件（二三年五月二三日徵第六〇號靜岡縣收稅部照會）

官吏出張先ニ於テ要スル人足賃支出方大阪府伺ニ對シ御指令濟ノ件本月九日坤第一〇二七號ヲ以テ知事ヘ御通知相成候處茲ニ收稅部出張所租稅檢査員派出所ニ於ケル需用物品購買中マッチ附木蠟燭生麩箒雜巾布巾ササラタワシノ類金額僅少ナルモノハ多數有之之ヲ正當債主ヨリ請求セシムルトキハ其請求書ヲ差出スト及規

定ノ領收證ヲ本金庫ヘ送付スルノ手數ノミナラス僅カノ金額ニ對シ郵便稅ヲ要シ候義ニ付自然買上代價ニ影響ヲ來シ事實不都合ノ義モ可有之乎就テハ是等ノ如キモノハ右ニ準シ所長若クハ主幹ニ於テ繰替仕拂置キ該官吏ヨリ證憑書類ヲ添付シ請求セシメ差支無之哉

回答（二三年五月二九日坤第七五號主稅局回答）

金額僅少ナルモ仕拂命令ハ正當債主ニ對シ其請求方ハ便宜御處置可然

●犯則者ノ處分ニ要スル用紙代立替拂ノ件（二九年二月一四日收第三三號三重縣照會）

二十八年度內國稅徵收費中犯則者處分費ニ於テ用紙購買代金ヲ收稅屬ニ於テ立替仕拂ヒアレハ不都合ニ付（中略）爾後右樣ノ義無之樣注意スヘキ旨本月五日第二七六號ヲ以テ大藏大臣ヨリ御達ノ趣モ有之施設ヲ變更セントスルニ就キ差向キ困難ヲ感スル廉左ニ

第一　犯則者處分ニ要スル使丁ノ如キハ他ノ書狀ヲ送達スルモノト異リ法定ノ手續ヲ履ミ書類ヲ送達スルモノニ付眼ニ一丁字ナキモノニテハ其用ヲ辨シ難ク偶相當ノ者アルモ直ニ賃金ヲ支給スルニアラサレハ之カ使役ニ應スルモノナキトキ收稅署ハ如何ナル方法ニヨリ書類ヲ送達セシムヘキヤ

第二　仕拂命令委任ニ係ル豫算額ヲ拂切リタルトキハ知事ニ於テ其項ニ對スル物品購入ノ契約ヲ爲スコトヲ得サルハ勿論隨テ間税官吏等ニ於テ使用スル用紙ヲ交付スルコト能ハス然ルニ滯納及間接國税犯則者處分費ノ不足額ハ精算額ニアラサレハ金額ノ請求ヲナスコトヲ得ス此場合ニ於テ犯則事件ニ必要ナル用紙ヲ使用セントスルトキハ如何ナル方法ニ依リ處辨セシムヘキヤ

右ハ僅ニ數百戸ニ過キサル小町村ニ設置セル收税署ニ於テ要スル人足賃ト同樣實際已ヲ得サルモノトシ立替拂ヲナサシメタル義ニ候ヘ共將來之ヲ禁スルモノトセハ貴局ニ於テ他ニ適當ノ方法之アル御見込ニ候乎

回答（二九年二月二二日坤第一三四〇號主税局回答）

第一　使丁賃人足賃等ハ請負人ニ之ヲ請負ハシメ後拂トシテ實費ヲ以テ請求スルコト

第二　用紙及郵便税ノ如キ物品ニ屬スヘキモノハ其購入スヘキ金額ヲ以テ請求スルコト

右ハ過ル二十六年收税長召集ノ際一般ヘ注意セラレタル趣旨ニ有之此例ニ依リ御取扱相成候ヘハ實際御差支ハ無之義ト存候

◉人足賃又ハ少額ノ物品買入代繰替拂ノ件（二九年一二月二日發廳第一五八號丸龜税務管理局伺）

土地檢査其他ノ事務ニ依リ出張先ニ於テ要スル人足賃仕拂方ノ義ニ付二十三年四月一日付大阪府伺及御指令書寫同年五月九日坤第一〇二七號ヲ以テ主税局長ヨリ府縣知事ヘ送付有之候處右ハ出張先ニ於ケル人足賃ノ繰替拂ニ係ルト雖其主旨ヲ按スルトキハ啻ニ出張先ニ於テ要スルモノノミニ限ルニアラス廳下（管理局又ハ税務署所在地）ニ於テ人足ヲ使役シ又ハ物品ヲ購買スル等ノ場合モ金額僅少ニシテ請求書差出領收書送付等ノ手數又ハ金員仕拂ノ速カナラサル等ヲ厭ヒ官廳ノ求メニ應セサルアリテ事實不得止モノハ官吏ニ於テ繰替仕拂ハセ置キ該官吏ヨリ其事由及正當ノ受取人領收證書ヲ添付シテ一時ニ請求セシメ通常仕拂命令ヲ發シ苦シカラサル義ニ候乎

指令（二九年一二月二四日第二三五七號大藏省指令）

正當債主ノ請求書ニ對シ仕拂命令ヲ發スル儀ト心得ヘシ

◉人足傭上賃金繰替拂ノ件（四一年一一月一四日第一三〇號東京税務監督局上申）

所在地内巡回先ニ於テ人足ヲ使役シ又ハ物品ヲ購買スル等ノ場合便宜繰替拂ノ件ニ付丸龜局伺ニ對シ二十九年十二月二十四日大藏省指令第二三五七號ヲ以テ正當

債主ノ請求書ニ對シ仕拂命令ヲ發スル義ト心得ヘシトノ御指令モ有之候處當局東京市内稅務署ノ所在地ハ其區域廣汎ニシテ大部分ハ事實他局ノ所在地外ニ該當シ實際市内各署ニ於テ滯納又ハ犯則差押物件ヲ處理スル場合ニ滯納者又ハ犯則者若クハ第三者ニ於テ物件ノ保管ヲ諾セス又ハ保管セシムルヲ不利益ナリト認ムルトキハ勢ヒ市内區役所若クハ稅務署ニ送付セサルヘカラス候此場合ニ賃金後拂ニテハ日稼ノ人足ハ運搬ヲ承諾セサルノミナラス其手數及金員仕拂ノ速カナラサル等ヲ厭ヒテ全然官廳ノ求メニ應セス殊ニ犯則ハ多ク偏僻ナル場所ニ在ルヲ以テ特ニ運送業者ヲ索メテ之ニ托センカ事ノ敏速ヲ缺キ犯則處分ニ至リテハ或ハ其間ニ證憑ノ湮滅ヲ見ルニ至ルノ虞ナキヲ保シ難ク候條市内滯納差押ノ物件及犯則證據物件運搬ノ場合ニ限リ事實不得止モノハ當該收稅官吏ニ於テ繰替仕拂ハセ置キ該官吏ヨリ其事由ヲ詳記シ及正當ノ領收證ヲ添付シ請求セシメ通常仕拂命令ヲ發シ度候條特ニ御詮議相成度

指令（四一年一一月三〇日往第一四四八七號大藏省指令）

人足傭上賃金繰替拂ノ件申出ノ通

◉經費仕拂ニ關スル件（大正二年一月一一日第二八號仙臺稅務監督局照會）

左記事項ニ付聊カ疑義ノ廉有之候條何分ノ御指示仰キ度

一　官吏出張先キニ於テ市外電話ノ使用ヲ要スルトキハ其ノ料金ハ繰替拂ヲナサシメ歸廳後使用明細書ヲ添付シ精算請求セシメ差支無之候哉

二　税務監督局技手及税務署技手ニシテ所在地酒造家ニ釀造指導ノ爲メ出張シ長期間滯在シタル場合ハ右ニ對シ旅費及車賃等支給スヘキノ途ナキヲ以テ支出科目雜費賄料ヨリ滯在中一日金五拾錢以内ノ賄料ヲ支給シ差支無之候哉

回答（大正二年一月二二日往第五八七號大臣官房會計課回答）

一　御見込ノ通

二　滯在中徹夜勤務ノ場合ハ明治四十年十二月大藏省達往第一七九九九號第一條第四號ニ依リ徹夜賄料一夜ニ付金拾五錢支給シ可然

◉赴任旅費概算渡ノ際請求書省略方ノ件

（四五年七月八日發第七九五號仙臺税務監督局照會）

當局管內税務署員轉勤ヲ命シタル場合ニ於ケル赴任旅費概算ノ支給方ハ從來本人ヨリ請求書ヲ徵シ支給シ來リ候處右ハ偶々請求書ノ不備缺點等ノ爲メ往復照會ヲ重ネ遂ニ出發期日ニ間ニ合ハサル爲メ事務進捗上非常ナル不便ヲ感スル場合モ有

之候ニ付自今轉勤ノ場合ニ限リ請求ヲ俟タス仕拂調書ヲ作成シ概算旅費支給スルコトニ取計可然哉

回答（大正元年八月二七日往第九三六八號大臣官房會計課回答）

赴任旅費概算渡ノ請求アリタルトキハ請求書ヲ省略シ仕拂調書其ノ他ノ書類ヲ以テ之レニ代ヘ支給スルハ差支無之ト存候

◉地租等拂戾ノ場合正當債主ニ關スル件

（三一年一二月一二日坤第八五六二號ノ二大臣官房第四課ヨリ東京稅務管理局ヘ通牒）

地租等拂戾ノ場合ニ於テ總テ市町村長ヲ以テ會計法第十五條ノ正當債主トシ拂戾相成候向モ有之候處市町村ニ於テ過誤納ヲ生セシ場合ハ市町村長ヲ以テ債主トナスハ勿論ニ候得共法律施行上ノ結果納稅義務ノ免除セラレタルモノモ尙前同樣トシ取扱ヘキ限リニ無之ト存候間右ニ御了知御取扱相成度右依命通牒

◉共有地々租還付ニ關スル件（四五年二月七日發第一二一號仙臺稅務監督局照會）

共有土地ニ對スル地租ノ納付後免租ノ事實發生シタル場合ニ於テハ從來共有者全部ノ請求具備スルニアラサレハ之カ還付ヲナササルコトニ取扱居候處當管內ニハ從前事實上部落有ノ土地ナルモ之ヲ部落有トセスシテ部落住民ノ共有地トシテ土

地臺帳ニ登錄セラレアルモノ有之是等住民中ニハ年月ヲ經ルニ從ヒ或ハ他ニ移住シ或ハ失踪シタルモノヲ生シ免税金拂戻ノ請求ヲナスニ當リ共有者全部ノ連印ヲ要ストセハ不能ヲ強ユルノ場合ヲ生シ候ニ付連印者ニ對スル地租額ヲ分割シ其負擔部分ノミヲ還付スヘシトノ說モ有之候得共寧ロ共有土地ニ對スル地租ヲ自ラ全部納付シタル者又ハ取纏納付シタルモノニシテ其事實ニ付市町村長ノ證明アルモノヨリ請求シタル場合ハ之ヲ共有者ノ總代人ト見做シテ還付スルコトトセハ實際ニ適切ナル取扱ト被存候得共疑義ニ渉リ候條貴見承知致度

回答（四五年二月二七日往第二〇一〇號主税局回答）

共有地々租還付ノ件ハ法律上各共有者ノ負擔部分ヲ定メサルニ依リ共有者ノ一人ハ總共有者ノ爲メニ還付ノ請求ヲ爲シ得ヘク又國庫モ總共有者ノ爲メニ共有者ノ一人ニ對シ仕拂ヲ爲シ得ル義ト被存候

◉拂戻債主ノ件（三二年一月一三日東京税務管理局照會）

地租等拂戻ノ場合ニ於ケル債主區分ニ關スル客年十二月十二日付坤第八五六二號ノ二御通牒中市町村ニ於テ過誤納ヲ生セシ場合ハ市町村長ヲ以テ債主トスルハ勿論トアルハ税務署ニ於テ調定誤謬ヲ爲シ從テ市町村ニ於テ其納額ヲ徴收納付シタ

ルモノノ內所得稅等一人別納額ヲ通知スルモノノ如キ其過誤納者判明セルモノニ付テモ市町村長ヲシテ債主トスルノ御趣意ナルヤ

回答（三二年一月二八日坤第六三七號大臣官房第四課同答）

納稅本人ヲ以テ債主トシ可然見込ニ有之候

◉四十一年法律第三十八號解釋ノ件（四一年四月二五日官報）

本年法律第三十八條中ノ「一錢未滿ノ端數及全額一錢未滿ハ厘位未滿」ヲ包含スルモノト解シ取扱フヘキヤ否ヤトノ大阪稅務監督局長ヨリノ照會ニ對シ包含スルモノトシテ取扱フヘキ旨大藏省主稅局長ヨリ回答セリ

◉二十六年勅令第二百二十八號ノ解釋ニ關スル件（大正元年一〇月四日大藏省決議）

隨意契約ニ依リ官有財產ノ賣渡又ハ貸渡ヲ爲シ得ル場合ハ土地ニ付テハ明治二十三年七月勅令第百三十五號官有地特別處分規則第一條第一號ニ於テ「直接公用ニ供スル爲又ハ公共ノ利益トナル事業ノ爲府縣郡市町村及公共組合又ハ其ノ他ノ起業者ニ官有地ヲ貸渡又ハ賣渡ストキ」トアリ而シテ建物及其ノ附屬物ニ付テハ明治二十六年十二月勅令第二百二十八號ニ於テ「官有ノ建物及其ノ附屬物ヲ公用ニ供スル

爲府縣郡市町村及公共組合ニ賣渡又ハ貸渡ストキ」トアリ卽チ前者ハ「直接公用ニ供スル爲又ハ公共ノ利益トナル事業ノ爲」トアルモ後者ハ單ニ「公共ニ供スル爲」トアルニ依リ右公用ノ文字中ニハ公共ノ利益トナルヘキ事業ハ包含セサル如シト雖モ均シク官有財產ノ處分ニ關スル特別規定ニシテ土地ト建物ニ付其ノ處分ノ範圍ヲ異ニスルノ理由ナシト信スルノミナラス前者ニハ特ニ「直接」ノ文字アルモ後者ニハ其ノ文字ナキヲ以テ規定ノ精神ヨリ推考スルトキハ公共ノ利益トナルヘキ事業モ亦公用ノ文字中ニ包含セシムルノ趣旨ナリト解釋シ可然哉

◉競爭入札ノ豫定價格開示ノ件（二三年四月一日收第一五一七號大阪府伺）

會計規則第七十五條ニ競爭入札ニ付シタル工事又ハ物件ノ價格ヲ豫定シ其豫定價格ヲ封書トシ開札ノトキ之ヲ開札場所ニ置クヘシトアリ若シ開札ニ先タチ又ハ落札ノ後該豫定價格ノ公示ヲ請フ者アルトキハ之レヲ開示スルモ苦シカラスヤ

指令（二三年四月二二日第一六五五號大藏省指令）

豫定價格ノ封書ハ開札後ニ限リ落札ト否トニ不拘開示スルヲ得

◉隨意契約ノ場合契約書作製省略ノ件（二三年六月一八日主計局決議）

會計規則第八十二條ニ隨意契約書ハ第八十條及第八十一條ニ準據シテ之ヲ作ルヘ

シトアリ右ハ隨意契約ヲ爲サントスル時ハ總テ契約書ヲ作ルヘシトノ旨趣ニ之レアルヘシト雖トモ一口五百圓未滿ノ物品買入見積價格二百圓ヲ越ヘサル動產ノ賣拂又ハ一時家屋ヲ借入（證券印稅檢査場トシテ一日若クハ二三日間借入ルル類）ルルカ如キ隨意契約中ニハ契約ノ締結ト實行ト同時ニ起ル場合不尠如斯場合ニ於テハ別ニ契約書ヲ作ルノ必要ヲ認メサルヲ以テ單ニ支拂金ノ領收證ノミヲ徵スルニ止メ契約書ヲ要セサルモノト心得可然哉相伺候

◉指名競爭施行ニ關スル件（三六年四月七日原第甲四〇號大藏總務長官通牒）

専賣局、造幣局、稅關、稅務監督局

明治三十三年勅令第二百八十號ニ據リ指名競爭ノ方法ニ依リ契約ヲ爲スノ必要アルトキハ明治三十三年九月十八日達第一三五九號乙工事契約ニ關スル取扱手續第十七條ニ依リ其事由ヲ詳具シ大藏大臣ノ認可ヲ經テ執行セラルヘキ筈ナルヲ以テ實際當業者指名ノ場合ニ於テハ何レモ其事業ニ經驗アル者ヲ撰定セラルヘキハ勿論ノ義ニ有之候處契約締結ノ報告ニ依リ調査スルトキハ全ク其事業ニ經驗ナキ者ヲ指名シテ之ト契約ヲ爲スカ如キ不都合ノ向モ有之此ノ如キハ自然業務ノ區分ヲ誤リタルモノモ可有之候得共畢竟指名競爭ヲ爲スノ趣旨精神ニ背戾スルノ行爲ニ

付右勅令ニ依リ指名競爭ヲ執行セラルル場合ニ於テハ工事ノ種類ニ依リ何レモ其事業ニ經驗アル專業者ヲ撰定シテ競爭ニ付セラルヘキ義ト御承知相成度右御注意迄ニ此段特ニ及通牒置候也

◉稅務署長ヘ工事請負契約締結委任ニ關スル件

（三五年一一月八日鹿兒島稅務監督局伺）

那覇外三稅務署建築工事請負契約那覇稅務署長ニ委任致シ度電信ニテ指令ヲ請フ

指令（三五年一一月一一日大藏大臣指令）

仕拂命令官ノ外ハ契約シ難シ

◉會計規則中工事及物件賣買ニ關スル疑義ノ件

（四三年六月三日山發第四三二號農商務省山林局長照會）

左記ノ廉疑義相生シ候ニ付御省議承知致度

一　競爭入札ハ可成多數ノ希望者ヲ參加セシメ豫定價格ノ範圍內ニ於テ最モ有利ニ工事又ハ物件賣買ノ目的ヲ遂セントスルノ趣旨ナルヲ以テ會計規則第七十七條ニ依リ各人ノ入札一モ豫定價格ニ達セス之ヲ再入札ニ付スル場合ニ於テハ當初ノ入札無效ニ歸シタル者又ハ初度ノ入札ニ加ハラサリシ出席者ヲモ參加入札

セシメ差支ナキヤ

二　工事及物件賣買ニ關シ競爭ニ付スルモ不結果ニ了リ二十三年勅令第百九十三號ニ依リ隨意契約ヲ以テ其目的ヲ達セントスル場合ニ於テハ會計規則第八十三條ニ依リ契約保證金ヲ免除スルモ自然ノ結果トシテ該勅令但書ノ制裁ヲ受ケサルモノト認メ差支ナキヤ

三　工事及物件賣買ヲ當初競爭ニ付スルトキ竣功納付又ハ搬出ノ期限ヲ何月何日限トシテ公告シタルモ前項ノ場合ニ於テ十數日若ハ數十日ヲ經過シ隨意ノ契約ヲ締結スルトキハ該契約締結ノ日ヨリ入札公告ニ示シタル期間ノ日數ニ應シ順次繰下ケ期限ヲ定ムルモ二十三年勅令第百九十三號但書ニ違背セサルモノト認メ差支ナキヤ

四　隨意契約ニ依ル一口千圓未滿ノ工事及物件賣買ニ付テハ會計規則第八十二條但書ニ依リ契約書ヲ省略スルコトヲ得ル規定ナルモ各官廳間ノ賣買ニ付テハ一口千圓以上ト雖モ契約書ヲ省略シ相互ノ申込書及回答書ヲ以テ之ニ代用スルモ差支ナキヤ

回答（四三年六月二九日往第七六四四號主計局回答）

六月三日付山發第四三二號ヲ以テ會計規則中工事及物件賣買ニ關スル疑義ノ件御照會ノ趣了承右第一會計規則第七十七條ニ依リ再度ノ入札ニ付スル場合ニ於テハ最初ノ入札ニ加ハリタル者ニ限ル儀ト存候又第二第三ニ付テハ御見解之通御取扱相成可然第四ニ付テハ相互ノ申込書及回答書ニシテ條件等ヲ具備シ契約書ト看做シ得ル儀ニ有之候ハハ是亦差支ナキ儀ト存候

右經省議回答

◉不足郵便税繰替拂ノ件（二六年七月七日坤眞第七二號島根縣問合）

他廳ヨリ送致ニ係ル公翰ニシテ郵便税ノ不足アルトキハ受信先官廳ノ仕拂ニ立テヘキ筈ニ有之就テハ其追納金仕拂方經費ノ出納ヲ取扱ハサル直間税分署ノ如キニ在テハ本廳ヨリ分署所在ノ郵便局ニ交付セサルヘカラス然ルニ郵便局ニ於テハ受領證ヲ發セサルニ付之ニ對シテハ直接送金難取計候間此場合ニ當テハ不得止分署長ニ於テ一旦繰替仕拂ハシメ追テ其交換主分署長ニ仕拂命令ヲ發スルノ外無之樣存ス差支ナキヤ

回答（二六年七月一四日坤第一八二五號主税局回答）

御見込ノ通ニテ差支無之

◉反古紙交換ノ件（二七年一〇月二〇日庶第一九〇五靜岡縣照會）

元來收稅部署古書類中全ク不用ニ屬シタルモノハ製紙業者ニ委託シ漉返シヲナサシメ內國稅徵收費所屬物品ニ編入使用致候處反古ヲ漉返シ白紙ニナスニハ多量ノ三椏ヲ混和スルニ非サレハ製成スル能ハス隨テ多額ノ製紙代ヲ仕拂フニモ拘ハラス該製成紙タル色澤共ニ劣等ニシテ寫字ニ適セス殆ント使用ニ堪ヘサルノ嫌アリ因テハ今後不用書類ヲ生シタルトキハ漉返シトナサス直ニ反古ヲ以テ諸白紙交換ノ方法ヲ用ユルトキハ適當ノ用紙ヲ得ラルルノ便利アルノミナラス反古ヲ白紙ニ交換スルモ反古ヲ漉返シテ白紙トナスモ其結果ニ於テ大差無之唯製紙代ヲ拂フト拂ハサルトニ依リ受入ルヘキ白紙ノ數量ニ多少ノ差違アルノミニ付右ニ取計度尤モ會計法ニ於テモ牴觸ノ廉モ無之樣相考候得共云々

回答（二七年一〇月二三日主第五一〇八號主稅局回答）

反古紙ヲ以テ白紙ニ交換スルハ其實反古紙ヲ賣却シテ其代金ヲ以テ白紙ヲ購入スルト結果ニ於テ異ナル所ナケレハ自然會計法第十二條第二項ノ精神ニ反シ穩當ナラサル義ト被存候

◉訴訟用假納金概算渡ノ件（三一年二月四日大藏省決議）

當省訴訟代理人辯護士鈴木充美ヨリ大田黑一貫ニ係ル過剩金請求再審上告事項假納金參圓請求有之候處右ハ會計法第二十三條但書ニ「法律勅令ニ依リ前金渡概算渡繰替拂ヲ爲シタル場合ニ於ケル返納金ハ各々之ヲ仕拂ヒタル經費ノ定額ニ戻入ルコトヲ得」トアリ然ルニ右返納金ハ十七年九月八日司法省達丁第三十一號ニ依ル假納金ニ有之就テハ憲法第七十六條ニ「法律規則命令又ハ何等ノ名稱ヲ用ヒタルニ拘ラス此憲法ニ矛盾セサル現行ノ法令ハ總テ遵由ノ効力ヲ有ス」トアルニ基キ右司法省達ハ憲法發布以前ナルヲ以テ法律勅令ト同一ノ効力アルモノトシ概算拂ヲ爲シ追テ定額ニ戻入取計可然

参照（一七年九月八日丁第三一號司法省達）

民事上呼出狀及其他ノ書類ヲ送達スル際其送達ヲ受クル者不在ナルカ又ハ本人若クハ親族等ニテ此受領ヲ拒ムニ由リ戸長ヘ送達方取扱ハシムル場合ニ於テ戸長ヨリ本人ヘノ送達費用ハ役場ニテ支出シ又ハ人民ニ對シテ繰替候義ハ難相成筋ニ付役場ニ於テハ小使ヲ以テ送達セシムル等裁判所ヨリ費用送致アルヲ待チ仕拂ヒ得ヘキ方法ヲ用フヘキ筈ニ付右等ノ費用送致方役場ヨリ申越候節ハ至急送致ノ手續ニ及フ可ク就テハ其送致ニ差支ナキ爲メ訴訟ノ起頭原告人ヨリ相當ノ金圓假納爲致置可シ右ハ內務省ト協議ノ末同省ヨリ各府縣ヘ訓示相成候趣ニ有之候條此旨相達候事

◉行政訴訟豫納金支出方ノ件（四一年六月二六日經第一五五一號宇都宮稅務監督局照會）

行政訴訟費用ノ確定決定ノ申請ヲ爲スニハ明治三十二年四月行政裁判所告示第一

號行政訴訟豫納金手續第三條ニ依リ書類送達等ノ費用ニ充ツル爲金壹圓ノ豫納ヲ要シ從來之カ豫納金ハ當事者ニ於テ一時立替仕拂ヲ爲シ來リ候處元來立替仕拂ハ強制スヘキ性質ノモノニ無之且ツ之ヲ強フルハ事情忍ヒ難キ點モ有之候得共權利ノ行使上必要缺クヘカラサル費用ナルヲ以テ止ムナク上述ノ通取扱來リ候然ルニ本年度ハ幸ヒ年度始ニ於テ賠償及訴訟費ノ仕拂豫算ノ御配賦相受ケ候ニ付右豫納金ハ其性質概算渡ヲ爲スニ最モ適當ナル費用ト認メラレ旁此仕拂豫算ノ内ヨリ概算渡ヲ致度所存ニ御座候處一面ニハ概算渡ハ法律命令ニ依リ特許アリタル場合ニ限リ豫納金ニ對シテハ概算渡ヲ許スノ規程無之樣被存候得共爾今便宜概算渡ヲ爲シ差支無之儀ニ候哉

前項概算渡ノ件差支無シトセハ代表當事者ニ拂渡シ確定精算ノ上剩餘額ハ定額戻入ノ手續可取計見込ニ有之候

回答（四一年七月一七日往第九二二一號主税局回答）

代表當事者ノ請求ニ便リ豫納金トシテ精算拂ヲ爲シ可然尤モ事件終局後該當事者ニ於テ剩餘金ノ還付ヲ受ケタルトキハ歳入ヘ納付セシメラルヘキ義ト御了知有之度經省議回答

◉物品會計官吏交替ノ際物品出納簿ヘ署名省略方ノ件

（三一年八月三日東京稅務管理局上申）

物品會計官吏交替ノトキ事務引繼手續ノ義ハ二十三年御省訓令第五十四號出納官吏事務引繼手續ニ依リ處理セシムルハ勿論ニ候處物品會計官吏ノ物品出納簿ハ收入官吏收入簿現金出納簿ト異ナリ其科目品名等數多有之加之各稅務署ノ如キハ人員配置ノ必要上ヨリ自然該官吏ノ交替頻繁ナルカ爲メ每ニ物品出納簿ニ兩物品會計官吏署名捺印セシムルハ實ニ容易ナラサル手續ニ有之候尤モ該官吏交替ノ場合ニ在リテ何レモ引繼ヘキ帳簿證憑書其他書類ノ目錄ヲ作リ後任物品會計官吏立會ノ上現物ニ照シ受授ヲ了シ兩物品會計官吏署名捺印スルヲ以テ其引繼ヲナシタル事實ハ明瞭ナルカ故ニ物品出納簿ニ在リテハ最終記帳ノ下ニ單線ヲ畫キ合計高ヲ記載シ其下ニ二線ヲ畫クニ止メ年月日兩物品會計官吏署名捺印方省略致シ候ハハ大ニ取扱上繁冗ヲ省キ至極便宜ト被認候ニ付當局ニ於テハ右樣取扱度候特ニ御承認相成度

指令（三一年八月一五日第一七二七號大藏省指令）

聽許ス但シ最終記帳ノ下適宜ノ所ニ前後兩會計官吏檢印シ置クヘシ

附録

第二編　會計諸法規

○會計法（二二年二月法律第四號）

第一章　總則

第一條　政府ノ會計年度ハ四月一日ニ始マリ翌年三月三十一日ニ終ル

一會計年度所屬ノ歳入歳出ノ出納ニ係ル事務ハ翌年度十一月三十日マテニ悉皆完結スヘシ

第二條　租税及其ノ他一切ノ收納ヲ歳入トシ一切ノ經費ヲ歳出トシ歳入歳出ハ總豫算ニ編入スヘシ

第三條　各年度ニ於テ決定シタル經費ノ定額ヲ以テ他ノ年度ニ屬スヘキ經費ニ充ツルコトヲ得ス

第四條　各官廳ニ於テハ法律勅令ヲ以テ規定シタルモノノ外特別ノ資金ヲ有スルコトヲ得ス

第二章　豫算

第五條　歳入歳出ノ總豫算ハ前年ノ帝國議會集會ノ始ニ於テ之ヲ提出スヘシ

必要避クヘカラサル經費及法律又ハ契約ニ基ク經費ニ不足ヲ生シタル場合ノ外追加豫算ヲ提出スルコトヲ得ス

第六條　歳入歳出ノ總豫算ハ之ヲ經常臨時ノ二部ニ大別シ各部中ニ於テ之ヲ款項ニ區分スヘシ

總豫算ニハ帝國議會參考ノ爲ニ左ノ文書ヲ添付スヘシ

第一　各省ノ豫定經費要求書但シ各項中各目ノ明細ヲ記入スヘシ

第二　其ノ年三月三十一日ニ終リタル會計年度ノ歳入歳出現計書

第七條　豫算中ニ設クヘキ豫備費ハ左ノ二項ニ分ツ
　第一　豫備金
　第二　豫備金
第一豫備金ハ避クヘカラサル豫算ノ不足ヲ補フモノトス
第二豫備金ハ豫算外ニ生シタル必要ノ費用ニ充ツルモノトス
第八條　豫備金ヲ以テ支辨シタルモノハ年度經過後帝國議會ニ提出シ其ノ承諾ヲ求ムルヲ要ス
第九條　每年度大藏省證劵發行ノ最高額ハ帝國議會ノ協贊ヲ經テ之ヲ定ム

第三章　收　入

第十條　租稅及其ノ他ノ歲入ハ法律命令ノ規程ニ從ヒ之ヲ徵收スヘシ
法律命令ニ依リ當該官吏ノ資格アル者ニ非サレハ租稅ヲ徵收シ又ハ其ノ他ノ歲入ヲ收納スルコトヲ得ス

第四章　支　出

第十一條　每會計年度ニ於テ政府ノ經費ニ充ツル所ノ定額ハ其ノ年度ノ歲入ヲ以テ之ヲ支辨スヘシ
第十二條　國務大臣ハ豫算ニ定メタル目的ノ外ニ定額ヲ使用シ又ハ各項ノ金額ヲ彼此流用スルコトヲ得ス
國務大臣ハ其ノ所管ニ屬スル收入ヲ國庫ニ納ムヘシ直ニ之ヲ使用スルコトヲ得ス
第十三條　國務大臣ハ其ノ所管定額ヲ使用スル爲ニ國庫ニ向ヒテ支拂命令ヲ發スヘシ但シ別ニ定ムル所ノ規程ニ從ヒ他ノ官吏ニ委任シテ仕拂命令ヲ發セシムルコトヲ得
第十四條　國庫ハ法律命令ニ反スル仕拂命令ニ對シテ仕拂ヲ爲スコトヲ得ス
第十五條　國務大臣ハ政府ニ對シ正當ナル債主若ハ代理人ノ爲ニスルニ非サレハ仕拂命令ヲ發スルコ

トヲ得ス
左ノ諸項ノ經費ニ限リ國務大臣ハ主任ノ官吏ニ委任シ又ハ政府ノ命シタル銀行ニ委任シテ現金支拂ヲ爲サシムル爲ニ現金前渡ノ仕拂命令ヲ發スルコトヲ得
第一　國債ノ元利拂
第二　軍隊軍艦及官船ニ屬スル經費
第三　在外各廳ノ經費
第四　前項ノ外總テ外國ニ於テ仕拂ヲ爲ス經費
第五　運輸通信ノ不便ナル內國ノ地方ニ於テ仕拂ヲ爲ス經費
第六　廳中常用雜費ニシテ一箇年ノ總費額千圓ニ滿タサルモノ
第七　場所ノ一定セサル事務所ノ經費
第八　各廳ニ於テ直接ニ從事スル工事ノ經費但シ一主任官ニ付六千圓マテヲ限ル

第五章　決　算

第十六條　會計檢査院ノ檢査ヲ經テ政府ヨリ帝國議會ニ提出スル總決算ハ總豫算ト同一ノ樣式ヲ用ヰ左ノ事項ノ計算ヲ明記スヘシ
歲入ノ部
歲入豫算額
調定濟歲入額
收入濟歲入額
收入未濟歲入額
歲出ノ部

歳出豫算額
豫算決定後增加歳出額
仕拂命令濟歳出額
翌年度繰越額
第十七條　前條ノ總決算ニハ會計檢査院ノ檢査報告ト倶ニ左ノ文書ヲ添付スヘシ
第一　各省決算報告書
第二　國債計算書
第三　特別會計計算書

第六章　期滿免除

第十八條　政府ノ負債ニシテ其ノ仕拂フヘキ年度經過後滿五ヶ年内ニ債主ヨリ支出ノ請求若ハ仕拂ノ請求ヲ爲サヽルモノハ期滿免除トシテ政府ハ其ノ義務ヲ免ルヽモノトス但シ特別ノ法律ヲ以テ期滿免除ノ期限ヲ定メタルモノハ各々其ノ定ムル所ニ依ル
第十九條　政府ニ納ムヘキ金額ニシテ其ノ納ムヘキ年度經過後滿五ヶ年内ニ上納ノ告知ヲ受ケサルモノハ其ノ義務ヲ免ルヽモノトス但シ特別ノ法律ヲ以テ期滿免除ノ期限ヲ定メタルモノハ各々其ノ定ムル所ニ依ル

第七章　歳計剩餘定額繰越豫算外收入及定額戻入

第二十條　各年度ニ於テ歳計ニ剩餘アルトキハ其ノ翌年度ノ歳入ニ繰入ルヘシ
第二十一條　豫算ニ於テ特ニ明許シタルモノ及一年度内ニ終ルヘキ工事又ハ製造ニシテ避クヘカラサル事故ノ爲ニ事業ヲ遲延シ年度内ニ其ノ經費ノ支出ヲ終ラサリシモノハ之ヲ翌年度ニ繰越シ使用スルコトヲ得

第二十二條　數年ヲ期シテ竣功スヘキ工事製造及其ノ他ノ事業ニシテ繼續費トシテ總額ヲ定メタルモノハ毎年度ノ仕拂殘額ヲ竣功年度マテ遞次繰越使用スルコトヲ得

第二十三條　誤拂過渡トナリタル金額ノ返納出納ノ完結シタル年度ニ屬スル收入及其ノ他一切豫算外ノ收入ハ總テ現年度ノ歲入ニ組入ルヘシ但シ法律勅令ニ依リ前金渡概算渡繰替拂ヲ爲シタル場合ニ於ケル返納金ハ各々之ヲ仕拂ヒタル經費ノ定額ニ戾入ルヽコトヲ得

第八章　政府ノ工事及物件ノ賣買貸借

第二十四條　法律勅令ヲ以テ定メタル場合ノ外政府ノ工事又ハ物件ノ賣買貸借ハ總テ公告シテ競爭ニ付スヘシ但シ左ノ場合ニ於テハ競爭ニ付セス隨意ノ約定ニ依ルコトヲ得ヘシ

第一　一人又ハ一會社ニテ專有スル物品ヲ買入レ又ハ借入ルヽトキ

第二　政府ノ所爲ヲ秘密ニスヘキ場合ニ於テ命スル工事又ハ物品ノ賣買貸借ヲ爲ストキ

第三　非常急遽ノ際工事又ハ物品ノ買入借入ヲ爲スニ競爭ニ付スル暇ナキトキ

第四　特種ノ物質又ハ特別使用ノ目的アルニ由リ生產製造ノ場所又ハ生產者製造者ヨリ直接ニ物品ノ買入ヲ要スルトキ

第五　特別ノ技術家ニ命スルニ非サレハ製造シ得ヘカラサル製造品及機械ヲ買入ルヽトキ

第六　土地家屋ノ買入又ハ借入ヲ爲スニ當リ其ノ位置又ハ構造等ニ限アル場合

第七　千圓ヲ超エサル工事又ハ物品ノ買入借入ノ契約ヲ爲ストキ

第八　見積價格四百圓ヲ超エサル動產ヲ賣拂フトキ

第九　軍艦ヲ買入ルヽトキ

第十　軍馬ヲ買入ルヽトキ

第十一　試驗ノ爲ニ工作製造ヲ命シ又ハ物品ヲ買入ルヽトキ

第十二　慈惠ノ爲ニ設立セル救育所ノ貧民ヲ傭役シ及其ノ生産又ハ製造物品ヲ直接ニ買入ルヽトキ
第十三　囚徒ヲ傭役シ又ハ囚徒ノ製造物品ヲ直接ニ買入ルヽトキ及政府ノ設立ニ係ル農工業場ヨリ直接ニ其ノ生産又ハ製造物品ヲ買入ルヽトキ
第十四　政府ノ設立シタル農工業場又ハ慈惠救育ニ係ル各所ノ生産製造物品及囚徒ノ製造物品ヲ賣拂フトキ
第二十五條　軍艦兵器彈藥ヲ除ク外工事製造又ハ物件買入ノ爲ニ前金拂ヲ爲スコトヲ得ス

第九章　出納官吏

第二十六條　政府ニ屬スル現金若ハ物品ノ出納ヲ掌ル所ノ官吏ハ其ノ現金若ハ物品ニ付一切ノ責任ヲ負ヒ會計檢査院ノ檢査判決ヲ受クヘシ
第二十七條　前條ノ官吏水火盜難又ハ其ノ他ノ事故ニ由リ其ノ保管スル所ノ現金若ハ物品ヲ紛失毀損シタル場合ニ於テハ其ノ保管上避ケ得ヘカラサリシ事實ヲ會計檢査院ニ證明シ責任解除ノ判決ヲ受クルニ非サレハ其ノ負擔ノ責ヲ免ルヽコトヲ得ス
第二十八條　現金又ハ物品ノ出納ヲ掌ルニ付身元保證金ヲ納メシムルコトヲ要スルモノハ勅令ヲ以テ之ヲ定ムヘシ
第二十九條　仕拂命令ノ職務ハ現金出納ノ職務ト相兼ヌルコトヲ得ス

第十章　雜　則

第三十條　特別ノ須要ニ因リ本法ニ準據シ難キモノアルトキハ特別會計ヲ設置スルコトヲ得特別會計ヲ設置スルハ法律ヲ以テ之ヲ定ムヘシ
第三十一條　政府ハ國庫金ノ取扱ヲ日本銀行ニ命スルコトヲ得

第十一章　附則

第三十二條　本法ノ條項帝國議會ニ關渉セサルモノハ明治二十三年四月一日ヨリ施行シ其ノ關渉スルモノハ帝國議會開會ノ時ヨリ施行ス

決算ニ係ル條項ハ帝國議會ノ議定ヲ經タル年度ノ歳計ヨリ施行ス

第三十三條　本法ノ條項ト牴觸スル法令ハ各々其ノ條項施行ノ日ヨリ廢止ス

○會計法補則（二三年八月法律第五七號）

第一條　明治二十三年度歳出豫算中左ノ費用ハ明治二十四年度ノ豫算ニ於テ憲法第六十七條ニ規定シタル大權ニ基ケル既定ノ歳出トス

一　文武官ノ俸給及文官退官賜金

二　陸海軍軍事費憲兵費屯田兵費

三　賞勳年金及褒賞費

四　外國條約及約束ニ依レル支出額

五　各廳ノ廳費及經常修繕費

第二條　帝國議會開會前ニ發布セラレタル法令ニ基ク左ノ費用ハ法律ノ結果ニ由ルノ歳出トス

一　帝國議會經費

二　裁判所竝會計檢査院經費

三　恩給扶助料罷役恤金及死傷手當

四　徵兵費

五　徵税費（證券印紙切手類製造買戻押印費鑑札製造費所得税調査委員手當市町村ニ交付スル徵税費滯納處分費差押物件買上代）

六　囚徒費

七　遞信事業及航路標識費
八　內外國難破船費
九　沖繩縣及小笠原島地方費
十　備荒儲蓄
十一　北海道拂下土地買上代
十二　恩賞及救助費

第三條　明治二十四年度歲出豫算ニ於テ左ノ費用ハ憲法第七十六條第二項ニ規定シタル政府歲出上ノ義務トス
一　神社費
二　公債償還利子及拂手數料
三　既ニ定マレル效力アル命令ニ依リ毎年各地方ニ付與スヘキ公共工事費補助及警察費聯帶支辨金
四　沖繩縣諸祿
五　既ニ定マレル效力アル命令ニ依リ航運鐵道製造殖產ノ會社及病院學校ニ付與スヘキ補助又ハ利子保證
六　雇外國人俸給恩給及手當
七　法律上ノ賠償及訴訟費
八　諸佛戾金
九　國庫金取扱費
十　預金利子

十一　既約アル地所家屋借料

第四條　明治二十三年度以前ノ歳出豫算ニ於テ數年ヲ期シタル事業ニシテ明治二十四年度ニ至ルマテ未タ竣工ニ至ラサルモノハ繼續費ノ例ニ依ル

○會計規則（二二年四月勅令第六〇號）

第一章　會計年度所屬區分、歳入歳出金出納

第一條　歳入ノ年度所屬ハ左ノ區分ニ據ル

第一　納期一定シタル收入ハ其納期末日ノ屬スル年度

第二　隨時ノ收入ニシテ納額告知書ヲ發スルモノハ納額告知書ヲ發シタル日ノ屬スル年度

第三　臨時ノ收入ニシテ納額告知書ヲ發セサルモノハ領收ヲ爲シタル日ノ屬スル年度

第二條　歳出ノ所屬年度ハ左ノ區分ニ據ル

第一　公債ノ元利賞勳年金恩給諸祿ノ類ハ仕拂期日ノ屬スル年度

第二　諸拂戻缺損補塡ハ其拂戻又ハ補塡ノ決定ヲ達シタル日ノ屬スル年度

第三　俸給手數料旅費ノ類ハ其支給スヘキ事實ノ生シタル時ノ屬スル年度

第四　廳中雜費土木建築費其他物件ノ購入代價ノ類ハ契約ヲ爲シタル日ノ屬スル年度但土木建築費ノ如キ契約ノ數年ニ渉ルコトヲ得ヘキモノハ契約ニ據リ定メタル仕拂期日ヲ以テ區分スヘシ

第五　前各項ニ掲クル類別ニ入ラサル費用ハ總テ仕拂命令ヲ發シタル日ヲ以テ年度ノ所屬ヲ定ムヘシ

第三條　毎年度所屬歳入歳出金ヲ金庫ニ於テ出納スルハ翌年度六月三十日限リトス

第二章　豫算

第一款　總豫算

第四條　大藏大臣ハ歳入ノ景況ヲ調査シ各省ノ豫定經費要求書ニ基キ歳入歳出總豫算ヲ調製スヘシ總豫算ノ首ニハ歳計全體ニ關スル說明ヲ付スヘシ
第五條　歳入豫算ハ經常臨時共ニ款項ニ區分シテ調製シ成ルヘク歳入ノ性質ヲ明示スヘシ
第六條　歳出豫算ハ經常臨時共ニ款項ニ區分シテ調製シ成ルヘク經費ノ目的ヲ明ニスヘシ
第七條　歳入歳出總豫算款項ノ區分ハ大藏大臣之ヲ定ムヘシ

第二款　豫定經費要求書

第八條　各省大臣ハ每年度其所管經費ノ需用高ヲ算定シ前年度ノ定額ト比較ヲ立テ豫定經費要求書ヲ調製シ前年度八月三十一日マテニ之ヲ大藏大臣ニ送付スヘシ
第九條　各省ノ豫定經費要求書ハ經常臨時共ニ款項ニ區分シ更ニ各項中所要ノ金額ヲ各目ニ區分シ尙ホ必要ノ場合ニ於テハ番號ヲ以テ之ヲ細分シ又經費所要ノ理由計算ノ基ク所ヲ示スヘシ
目ノ區分ハ各省大臣大藏大臣ト協議シテ之ヲ定ムヘシ
第十條　各省ノ豫定經費要求書ニハ各省所管經費全體ニ關スル說明及各款各項ノ說明ヲ付スヘシ

第三款　仕拂豫算

第十一條　各省大臣ハ每年度決定ノ豫算定額ニ基キ仕拂命令官每ニ所要ノ費額ヲ定メ仕拂豫算ヲ調製シ大藏大臣及會計檢查院ニ送付スヘシ
仕拂豫算ハ各項ノ金額ヲ示スヘシ
第十二條　仕拂豫算ヲ更定シタルトキハ其計算書ヲ大藏大臣及會計檢查院ニ送付スヘシ
第十三條　大藏大臣仕拂豫算若ハ其更定計算書ノ送付ヲ受ケタルトキハ之ヲ金庫ニ令達スヘシ

第四款　歳入歳出現計書

第十四條　會計法第六條ニ揭クル歳入歳出現計書ハ大藏省ニ備ヘタル主計簿ニ據リ大藏大臣之ヲ調製

スヘシ

第十五條　歳入歳出現計書ニハ總豫算ニ定メタル區分ニ從ヒ其年三月三十一日ヲ以テ終リタル年度ニ屬スル歳入歳出ノ八月三十一日ニ於ケル左ノ事項ノ現計ヲ示スヘシ

歳入ノ部

歳入豫算額
調定濟歳入額
收入濟歳入額
不納缺損額
收入未濟歳入額

歳出ノ部

歳出豫算額
豫算決定後增加歳出額
仕拂命令濟歳出額
翌年度繰越額
歳出殘額

第五款　豫備金支出

第十六條　豫備金ハ大藏大臣之ヲ管理ス

第十七條　豫備金ヲ以テ補充シ得ヘキ費途及豫備金ヲ以テ支辨スル費途ノ金額ハ他ノ費途ニ流用スルコトヲ得ス

第十八條　第一豫備金ヲ以テ補充シ得ヘキ費途ハ毎年度豫メ勅令ヲ以テ之ヲ定ム

第十九條　各省大臣第一豫備金ノ支出ヲ要スルトキハ金額理由ヲ示ス所ノ計算書ヲ作リ大藏大臣ノ承認ヲ經ヘシ

第二十條　大藏大臣第一豫備金ノ支出ヲ承認シタルトキハ之ヲ會計檢査院ニ通知スヘシ

第二十一條　各省大臣第二豫備金ノ支出ヲ要スルトキハ金額理由ヲ示ス所ノ計算書ヲ作リ之ヲ大藏大臣ニ送付スヘシ

第二十二條　大藏大臣ハ前條ノ計算書ヲ調査シ其意見ヲ付シテ勅裁ヲ請フヘシ

第二十三條　第二豫備金支出ノ勅裁アリタルトキハ大藏大臣其事故金額ヲ會計檢査院ニ通知シ及官報ニ掲載スヘシ

第二十四條　豫備金ヲ以テ補充支辨シタル金額ハ各省大臣其計算書ヲ作リ各費途毎ニ説明ヲ付シ年度經過後五ケ月以内ニ之ヲ大藏大臣ニ送付スヘシ

大藏大臣ハ豫備金支出ヲ第一豫備金支出ト第二豫備金支出トニ大別シ其總計算書ヲ作リ之ニ説明ヲ付シ各省大臣ヨリ送付シタル豫備金支出ノ計算書ト共ニ帝國議會ニ提出スルノ手續ヲナスヘシ

第三章　收入

第二十五條　收入官吏租税其他ノ收入金ヲ領收スルトキハ其領收證ヲ納人ニ交付シ領收濟ノ旨ヲ歳入ヲ徴收スル官吏ニ報告スヘシ

第二十六條　收入官吏ハ大藏大臣定ムル所ノ規則ニ從ヒ毎月一回若クハ數回其領收シタル金額ヲ金庫ニ拂込ムヘシ但金庫ノ設ケナキ運輸通信ノ不便ナル地方ニ在ル收入官吏ノ領收シタル金額ハ該官吏之ヲ保管シ大藏大臣ノ指定ニ從ヒ金庫ニ拂込ノ手續ヲ爲スヘシ

第二十七條　金庫ハ收入官吏又ハ納人ヨリ租税其他ノ收入金ヲ領收スルトキハ其領收證ヲ拂込人又ハ納人ニ交付シ領收濟ノ旨ヲ歳入ヲ徴收スル官吏ニ通知スヘシ

第二十八條　（删除）
第二十九條　（删除）
第三十條　歳入ヲ徴收スル官吏ハ其徴收簿ノ結果ニ據リ毎月徴收報告書ヲ調製シ參照書類ヲ添ヘ各省大臣ノ定メタル期限ニ之ヲ其事務管理廳ニ送付スヘシ
第三十一條　歳入ノ事務管理廳ハ前條ノ徴收報告書ニ據リ毎月徴收總報告書ヲ作リ之ニ必要ナル參照書類ヲ添ヘ其翌月中ニ大藏大臣ニ送付スヘシ
第三十一條ノ二　納期ノ一定シタル收入ニシテ納期所屬ノ年度ニ於テ納額告知書ヲ發セサルモノハ總テ納額告知書ヲ發シタル年度ノ歳入ニ編入スヘシ

第四章　支出

第一款　仕拂命令

第三十二條　仕拂命令官ハ總テ仕拂命令ヲ發スル前其經費ハ正當ニシテ必要ナルヤヲ調査シ該經費ノ金額ヲ算定シ又該經費ハ仕拂豫算額ニ超過スルコトナキヤ支出科目及所屬年度ヲ誤ルコトナキヤ該經費ハ豫算ヲ以テ定メラレタル目的ニ違フコトナキヤヲ調査スヘシ
第三十三條　仕拂命令ニハ債主若クハ其代理人ノ氏名、仕拂フヘキ金額、支出科目、年度番號ヲ記載スヘシ但支出科目ノ同一ナルモノハ數人ノ債主ニ對シ集合仕拂命令ヲ發シ別ニ各債主ノ金額氏名表ヲ添ユルコトヲ得
現金前渡ノ仕拂命令ニハ前渡ヲ受クヘキ官吏ノ資格、氏名（銀行ナレハ其名稱）前渡ヲ爲スヘキ金額、支出科目、年度及番號ヲ記載スヘシ
第三十四條　仕拂命令ハ一項毎ニ之ヲ發スヘシ
第三十五條　仕拂命令官第三十二條ノ調査ヲ了シタルトキハ其仕拂命令ヲ受取人ニ交付スヘシ但數人

ノ債主ニ對スル集合仕拂命令及仕拂命令ヲ當テタル金庫所在地外ニ在ル債主ニ仕拂ヲ要スルモノハ直ニ仕拂命令ヲ金庫ニ送付シ受取人ニ仕拂ノ手續ヲ爲スヘシ

第三十六條　仕拂命令官前條ニ據リ仕拂命令ヲ受取人ニ交付セントスルトキハ前以テ案內仕拂命令ヲ金庫ニ送付スヘシ

第三十七條　（刪除）

第三十八條　（刪除）

第三十九條　現金前渡ノ仕拂命令ハ左ノ區分ニ從ヒ之ヲ發スヘシ

第一　當時ノ費用ニ係ルモノハ每一ケ月分ノ費額ヲ豫定シテ仕拂命令ヲ發スヘシ但在外各廳ノ經費外國ニ於テ仕拂ヲ爲ス經費運輸通信ノ不便ナル內國ノ地方ニ於テ仕拂ヲ爲ス經費其他仕拂場所一定セサル經費ハ事務ノ必要ニ由リ二ケ月以上六ケ月マテ合セテ仕拂命令ヲ發スルコトヲ得

第二　隨時ノ費用ニ係ルモノハ所要ノ費額ヲ豫定シテ事務上差支ナキ限リハ成ルヘク分割シテ仕拂命令ヲ發スヘシ

第三　各廳ニ於テ直接ニ從事スル工事ノ經費ハ工事ノ大小ニ由リ其所要ヲ量リ六千圓以內ニ於テ仕拂命令ヲ發スヘシ

第四十條　會計法第十五條第八ニ據リ現金前渡ヲ爲シタルトキハ左ノ場合ヲ除クノ外更ニ同一ノ主任官吏ニ現金前渡ヲ爲スタメ仕拂命令ヲ發スルコトヲ得ス

第一　前ニ發シタル仕拂命令ノ金額三分ノ二以上ノ仕拂濟證明アリタルトキ但此場合ニ於テハ更ニ發スル仕拂命令ノ金額ト前ニ發シタル仕拂命令ノ仕拂濟證明未濟ノ金額ト合シテ六千圓ヲ超ユルコトヲ得ス

第二　前ニ發シタル仕拂命令ノ金額六千圓未滿ニシテ更ニ發スル仕拂命令ノ金額ト合シテ六千圓

ヲ超エサルトキ

第四十一條　現金前渡ヲ受ケタル官吏監督ノ規則ハ大藏大臣各省大臣ニ協議シテ之ヲ定ムヘシ

第四十二條　會計法第十五條ニ據リ政府ノ命シタル銀行ニ委任シテ現金仕拂ヲ爲サシムル爲メニ發スル現金前渡ノ仕拂命令ハ國債元利金仕拂ノ場合ニ限ル

第四十三條　仕拂命令ハ所屬年度經過後五ケ年内ハ仕拂ノ請求アル毎ニ金庫ニ於テ仕拂フモノトス

第四十四條　各年度ニ屬スル經費ヲ精算シテ仕拂命令ヲ發スルハ翌年度五月三十一日限リトス

第一款　仕拂命令ノ執行

第四十五條　金庫ハ案內仕拂命令集合仕拂命令若クハ金庫所在地外ニ在ル債主ニ支拂ヲ要スル仕拂命令ヲ受ケタルトキ其命令合式ニシテ且ツ仕拂豫算各項ノ金額ニ超過セサルトキハ仕拂ヲ爲スヘシ金庫ニ於テハ休日ヲ除クノ外毎日其開庫時間內ハ何時ニテモ仕拂命令持參人ニ仕拂命令ト引替ニテ現金ヲ交付スヘシ但集合仕拂命令金庫所在地外ニ在ル債主ニ支拂ヲ要スル仕拂命令ニ對シテハ領收證書ト引替ニ現金ヲ交付スヘシ

第四十六條　左ノ場合ニ於テハ事由ヲ仕拂命令持參人ニ告ケ金庫ニ於テ仕拂命令ノ執行ヲ拒ムヘシ

第一　案內仕拂命令ノ到着セサルトキ

第二　仕拂命令ト案內仕拂命令ト符合セサルトキ

第三　仕拂命令汚損シ案內仕拂命令ト照合シ難キトキ

第四十七條　各年度ノ仕拂命令ニシテ翌年度六月三十日マテニ仕拂ノ請求ナキ仕拂命令濟金額ニ相當スル資金ハ會計法第二十條ノ歲計剩餘ニ組入レス國庫ニ於テ繰越整理スヘシ

第四十八條　前條ノ資金中年度經過後滿五ケ年內ニ仕拂ノ請求ナクシテ會計法第十八條ノ期滿免除ニ據リ政府カ負債ノ義務ヲ免レタルモノアルカ爲メ不用トナリタルモノハ其負債ノ期滿免除トナリタ

ル年度ノ歳入ニ組入ルヘシ

第三款　計算報告

第四十九條　金庫出納役ハ毎月仕拂命令受領濟額報告書ヲ調製シ其翌月中ニ大藏省ニ送付スヘシ但運輸不便ノ土地若クハ遠隔ノ地方ニシテ本文期限ニ據リ難キモノハ豫メ大藏大臣ノ認可ヲ受クヘシ

第五十條　（刪除）

第五章　決　算

第一款　總決算

第五十一條　歳入歳出總決算ハ總豫算ト同一ノ區分ニ據リ大藏大臣之ヲ調製スヘシ

第二款　各省決算報告書及收入支出計算書

第五十二條　各省大臣ハ翌年度十一月三十日マテニ各省豫定經費要求書ト同一ノ區分ニ據リ其省所管ニ屬スル經費ノ決算報告書ヲ調製シ之ヲ大藏大臣ニ送付スヘシ

歳入ヲ徴收スル官吏ハ會計檢査院ニ證明ノ爲メ毎年度歳入徴收額計算書ヲ調製シ證憑書類ヲ添ヘ其歳入事務管理廳ニ送付シ歳入事務管理廳ハ之ヲ會計檢査院ニ送付スヘシ

仕拂命令官ハ會計檢査院ニ證明ノ爲メ毎月支出計算書ヲ調製シ證憑書類ヲ添ヘ其主管大臣ニ送付シ主管大臣ハ之ヲ會計檢査院ニ送付スヘシ

本條第二項第三項ノ場合ニ於テ歳入歳出ニ關スル計算書ハ特ニ監督ノ任アル官吏若クハ特ニ主管大臣ヨリ委任ヲ受ケタル官吏ヨリ直ニ會計檢査院ニ送付スルコトヲ得

第三款　國債計算書

第五十三條　國債計算書ハ大藏大臣之ヲ調製スヘシ

第五十四條　國債計算書ニハ左ノ事項ヲ示スヘシ

第一　當該年度末日ニ於ケル國債ノ種類及現高ヲ示ス所ノ計算
第二　當該年度ニ於テ償還シ及仕拂ヒタル各種國債ノ元高及利子ノ計算
第三　最近五箇年度間ニ於ケル各種國債增減ノ景況ヲ示ス所ノ計算

第四款　特別會計計算書

第五十五條　特別會計計算書ハ會計法第三十條ニ據リ特別ノ會計ヲ立ルコトヲ許サレタル事務ヲ管理スル所ノ各省大臣之ヲ調製シ每年度經過後五ヶ月以內ニ之ヲ大藏大臣ニ送付スヘシ
第五十六條　特別會計計算書ニハ左ノ事項ヲ示スヘシ
第一　收入計算
第二　支出計算
第三　最近五箇年度間資金ノ增減
第四　最近五ヶ年度間損益ノ比較

第六章　定額繰越、過年度支出、定額戾入

第一款　定額繰越

第五十七條　各省大臣會計法第二十一條及第二十二條ニ據リ定額ノ繰越ヲ要スルトキハ翌年度五月三十一日マテ繰越計算書ヲ作リ大藏大臣ノ承認ヲ求ムヘシ
本條繰越計算書ハ歲出豫算ノ區分ニ從ヒ調製シ左ノ事項ヲ示スヘシ
第一　繰越ヲ要スル項ノ定額
第二　右定額ニ對シ既ニ仕拂命令濟トナリタル額及當該年度所屬トシテ仕拂命令ヲ發スヘキ額
第三　右定額ニ對シ仕拂命令ヲ發スヘキ額卽チ翌年度ニ繰越ヲ要スル額
第四　右定額中全ク不用ニ歸シ決算ニ於テ取消スヘキ額

第五十八條　會計法第二十一條ニ據リ年度內ニ其經費ノ支出ヲ終ラサリシ金額ヲ翌年度ニ繰越サントスルトキハ其繰越サントスル金額ノ計算書ニ各事件每ニ竣功遲延ノ事由ヲ示シ又請負ニテ爲サシムル工事若クハ製造ナレハ竣工遲延ノ事由ノ外ニ請負人職業住所氏名ヲ示シ契約書ノ寫ヲ添フヘシ

第五十九條　大藏大臣各省定額ノ繰越ヲ承認シタルトキハ之ヲ會計檢査院ニ通知スヘシ

第二款　過年度支出

第六十條　過年度ニ屬スル經費ノ支出ヲ爲ストキハ現年度各省定額ニ對シ仕拂命令ヲ發スヘシ

第六十一條　(删除)

第六十二條　第六十條ニ據リ支出セントスル經費ノ金額ハ豫備金ヲ以テ補充シ得ヘキモノノ外其經費所屬年度ノ豫算ニ於テ該經費ノ屬スル每項定額中不用トナリタル金額ヲ超過スヘカラス

第三款　定額戾入

第六十三條　仕拂命令官會計法第二十三條但書ニ依リ定額ノ戾入ヲ爲サントスルトキハ其旨ヲ金庫ニ通知スヘシ

第六十四條　金庫ハ定額ニ戾入ヲナシタルトキハ其旨ヲ仕拂命令官ニ通知スヘシ

第六十五條　各年度ニ屬スル定額戾入ヲナスハ翌年度五月三十一日ヲ過クルコトヲ得ス

第六十六條　(删除)

第七章　政府ノ工事及物件ノ賣買貸借

第一款　總則

第六十七條　各省大臣千圓以上ノ工事ニ就テハ竣功ノ後其工事ヲ監督シタル官吏又ハ技術者ヲシテ之カ調書ヲ作ラシムヘシ
契約ニ據リ工事ノ既濟部分又ハ物品ノ既納部分ニ據シ完濟前ニ代價ノ一部分ヲ仕拂ハントスルトキ

ハ各省大臣ハ特ニ檢査ノ官吏ヲ命シテ事實ヲ調定シ其調書ヲ作ラシムヘシ
仕拂命令官ハ前各項ノ調書ニ據ルニアラサレハ仕拂命令ヲ發スルコトヲ得ス

第六十八條　前條第二項ノ仕拂ヲナサントスルトキハ工事ニ付テハ其既濟部分ニ對スル代價ノ十分ノ九物品ニ就テハ其既納部分ニ對スル代價ヲ超ユヘカラス但箇々ニ分立シ得ヘキ性質ノ工事ニ於ケル各箇ノ完濟部分ニ對シテハ其代價ノ全額マテヲ仕拂フコトヲ得

第六十九條　工事又ハ物品供給ノ競爭ニ加ハラントシ若クハ其契約ヲ結ハントスル者ハ其工事又ハ物品ノ供給ニ二年以來從事スルコトヲ證明スヘシ
各省大臣ハ工事又ハ物品ノ性質ニ依リ必要アルトキハ前項ノ外特ニ省令ヲ以テ其競爭者ノ資格ヲ定ムルコトヲ得
工事又ハ物品賣買ノ競爭ニ加ハラントシ若クハ其契約ヲ結ハントスル者ハ現金又ハ公債證書ヲ以テ保證金ヲ納ムヘシ

第六十九條ノ二　各省大臣ニ於テ左ノ各號ノ一ニ該當スト認メタル者ハ爾後二箇年間工事又ハ物品賣買ノ競爭ニ加ハルコトヲ得ス其之ヲ代理人支配人番頭又ハ手代トシテ使用シタル者亦同シ
一、工事又ハ物品供給ノ契約ヲ履行スルニ當リ故意ニ工事又ハ物品ヲ粗雜ニシタル者
一、競爭ニ際シ漫ニ價格ヲ競上ケ若ハ競下クルノ目的ヲ以テ連合ヲ爲シタル者
一、競爭ノ加入ヲ妨害シ若ハ競落者ノ契約履行ヲ妨害シタル者
一、工事又ハ物品ノ檢査監督ニ際シ掛員ノ職務執行ヲ妨ケタル者
一、前各號ニ該當スト認メラレタル後二箇年ヲ經過セサル者ヲ工事請負又ハ物品賣買ニ際シ代理人支配人番頭又ハ手代トシテ使用スル者

第六十九條ノ三　前條ニ該當シタル者ヲ入札代理人トシテ使用スル者ハ競爭ニ加ハルコトヲ得ス

第七十條　前條ノ保證金又ハ左ノ制限ニ據リ各省大臣之ヲ定ムヘシ
第一　競爭ニ加ハラントスル者ハ其事項ノ見積代金ノ百分ノ五以上
第二　契約ヲ結ハントスル者ハ其事項ノ代金ノ百分ノ十以上
第七十一條　競爭ノ落札者請負又ハ賣買ノ契約ヲ結ハサルトキハ其保證金ハ政府ノ所得トス

第二款　競爭契約

第七十二條　競爭ハ總テ入札ノ方法ヲ以テ之ヲ行フヘシ
第七十三條　入札ノ方法ヲ以テ工事又ハ物件ノ賣買貸借ヲ契約セントスルトキハ其入札期日ヨリ少クモ十五日以前ヨリ掲示又ハ官報新聞紙其他ノ方法ヲ以テ成ルヘク廣ク公告スヘシ但要急ノ場合ニ於テハ公告期間ヲ七日迄ニ短縮スルコトヲ得
第七十四條　前條ノ公告ニハ左ノ事項ヲ示スヘシ
第一　競爭入札ニ付スル事項
第二　契約書案ヲ示ス場所及其契約ノ取結ヲ擔任スル官吏ノ官氏名
第三　競爭執行ノ場所日限及時刻
第四　入札ノ保證金額
第七十五條　各省大臣若クハ其委任ヲ受ケタル官吏ハ其競爭入札ニ付シタル工事又ハ物件ノ價格ヲ豫定シ其豫定價格ヲ封書トシ開札場所ニ置クヘシ
第七十六條　開札ハ公告ニ示シタル場所日限時刻ニ入札人ノ面前ニ於テ之ヲ行フヘシ但入札人出席セサルカ又ハ出席セサルモノアルトキハ入札ニ關係ナキ官吏ヲシテ開札ニ立會ハシムヘシ
入札人ハ一旦提出シタル入札書ノ引換變更又ハ取消ヲ爲スコトヲ得ス
競爭加入ノ資格ナクシテ爲シタル者ノ入札ハ無効トス

第七十七條　開札ノ上ニテ各人ノ入札中一モ第七十五條ニ據リ豫定シタル價格ノ制限ニ達セサルトキハ直ニ出席入札人ヲシテ再度ノ入札ヲ爲サシムルコトヲ得

第七十八條　落札トナルヘキ同價ノ入札ヲ爲シタル者數名アルトキハ直ニ抽籤ヲ以テ落札人ヲ定ムヘシ

第七十九條　競爭ノ落札者請負又ハ賣買貸借ノ契約ヲ結ハサルトキハ更ニ競爭ヲ行フヘシ但本條ノ場合ニ於テハ第七十三條ノ期限ヲ七日マテニ短縮スルコトヲ得

第八十條　工事及物件ノ賣買貸借契約書ニハ其契約セントスル事項ノ細密ナル設計、仕譯、落成期限、受渡期限、保證金額、契約違背ノトキ保證金ニ對スル處分一切必要ナル條件ヲ掲クヘシ

第八十一條　契約ハ各省大臣若クハ特ニ其委任ヲ受ケタル官吏其契約書ニ署名捺印スルニアラサレハ確定セサルモノトス

第三款　隨意契約

第八十二條　隨意契約書ハ第八十條及第八十一條ニ準據シ之ヲ作ルヘシ但一口千圓未滿ノ隨意契約ノ場合ニ於テハ本文ノ契約書ヲ省略スルコトヲ得

第八十三條　隨意契約ノ場合ニ於テハ各省大臣ノ見込ニヨリ第六十九條ノ規定ニ據ラサルコトヲ得

第八章　出納官吏

第一款　收入官吏、現金前渡ヲ受ケタル官吏

第八十四條　出納官吏ハ其責任ニ屬スル會計ニ付自身ニ事務ヲ取ラサルヲ理由トシ其責任ヲ免ルコトヲ得ス但各省大臣ノ命令ヲ以テ特ニ其代理官若クハ分任官ヲ定メタルトキハ其代理官若クハ分任官ノ所爲ニ付テハ本條ノ限ニアラス

前項代理官ハ出納官吏ノ事務ノ全部ヲ代理シ分任官ハ其一部ヲ分掌スルモノトス

第八十五條　各省大臣ノ命シタル出納官吏代理官若クハ分任官ハ其所爲ニ付會計法第二十六條ノ責任ヲ免カルルコトヲ得ス

第八十六條　出納官吏ハ現金前渡及現金收入ニ關シ大藏大臣ノ指揮監督ヲ受ク

第八十七條　（刪除）

第八十八條　各省大臣ハ所屬出納官吏ノ所爲ニ據リ政府ノ損失ヲ生シタリト認ムル場合ニ於テハ會計檢査院ノ判決以前ト雖モ其出納官吏ニ向テ辨償ヲ命スルコトヲ得

第八十九條　前條ノ場合ニ於テ其辨償ヲ命セラレタル出納官吏負擔ノ責ヲ免ルヘキ理由アリト信スルトキハ計算書ヲ作リ證憑書類ヲ添ヘ本屬大臣ヲ經由シテ之ヲ會計檢査院ニ送附シ其判決ヲ求ムルコトヲ得

各省大臣ハ前項ノ場合ト雖モ其命シタル損失金ノ辨償ヲ猶豫セス

會計檢査院ニ於テ其出納官吏ニ向テ辨償ノ責ナシト判決シタルトキハ其既納ニ係ル辨償金ハ直ニ之ヲ還付ス

第九十條　（刪除）

第九十一條　收入官吏及現金前渡ヲ受ケタル官吏ノ帳簿金櫃ハ每年三月三十一日若クハ該官吏轉免死亡停職ノトキ本屬大臣檢查員ヲ命シテ之ヲ檢查セシムヘシ但臨時ニ現金前渡ヲ受ケタル官吏ノ帳簿金櫃ハ定時ノ檢查ヲ要セス

大藏大臣又ハ各省大臣ハ必要ト認ムルトキハ臨時ニ檢查員ヲ命シテ現金ヲ領收スル收入官吏及現金前渡ヲ受ケタル官吏ノ帳簿金櫃ヲ檢查セシムルコトアルヘシ

第九十二條　前條ノ檢查ヲ執行スルニ當リ主務ノ出納官吏事故ニ由リ自身檢查ヲ受クル能ハサルトキハ其代理者若クハ特ニ本屬大臣ノ命シタル官吏ニ於テ立會ヲナスヘシ

第九十三條　收入官吏及現金前渡ヲ受ケタル官吏ノ帳簿金櫃ヲ檢査シタルトキハ其檢定書二通ヲ製シ檢査員及主務ノ出納官吏若クハ立會人之ニ署名シ一通ハ該官吏若クハ立會人ニ交付シ一通ハ本屬大臣ニ提出スヘシ

第九十四條　收入官吏及現金前渡ヲ受ケタル官吏他ノ公金ノ出納ヲ兼掌スルトキハ別ニ檢査ノ方法アルニ拘ハラス金櫃ノ檢査ヲ執行スル場合ニ於テハ他ノ公金ヲ併セテ檢査ヲ行フヘシ

第九十五條　（刪除）

第九十六條　（刪除）

第九十七條　收入官吏ハ會計檢査院ノ檢査判決ヲ受クル爲メ一年度內ニ執行シタル出納ノ計算書ヲ調製シ證憑書類ヲ添ヘ歲入ヲ徵收スル官吏ニ送付シ歲入ヲ徵收スル官吏ハ其下檢査ヲ執行シ下檢査書ヲ添ヘ之ヲ會計檢査院ニ送付スヘシ

第九十八條　現金前渡ヲ受ケタル官吏ハ會計檢査院ノ檢査判決ヲ受クル爲メ每月仕拂計算書ヲ調製シ證憑書類ヲ添ヘ仕拂命令官ニ送附シ仕拂命令官ハ其下檢査ヲ執行シ下檢査書ヲ添ヘ之ヲ會計檢査院ニ送付スヘシ但行軍費航海費ノ如キハ行軍若クハ航海ノ終リタルトキ本條ノ手續ヲナスコトヲ得

第九十八條ノ二　分任出納官吏ノ出納ハ總テ主任出納官吏ノ計算トシテ取扱ヒ其報告書及計算書ハ各別ニ提出ヲ要セス但各省大臣若クハ會計檢査院ニ於テ必要ト認ムルトキハ分任出納官吏ヲシテ報告書又ハ計算書ヲ提出セシムルコトアルヘシ

第九十九條　出納官吏交替ヲ爲シタルトキハ其在職期限間ニ執行シタル會計ノ計算書ヲ調製シ第九十七條第九十八條ノ手續ヲナスヘシ

第百條　出納官吏死亡其他ノ事故ニ由リ自身ニ計算書ヲ調製スル能ハサルトキハ各省大臣特ニ命シタル官吏ヲシテ之ヲ調製セシムヘシ

出納官吏定期內ニ計算書ヲ送付セサルトキハ各省大臣ハ他ノ官吏ニ命シテ之ヲ調製セシムヘシ
本條ニ據リ調製シタル計算書ハ出納官吏ノ自身ニ調製シタルモノト見做シ會計檢查院ニ於テ檢查判決ヲナスヘシ
第百一條　出納官吏ノ計算書ハ提出ノ後修正變更スルコトヲ得ス
第百二條　會計法第二十八條ニ據リ出納官吏ノ納ムヘキ身元保證金額ハ各省大臣之ヲ定メ會計檢查院ニ通知スヘシ
出納官吏相當ノ資産アル者二人以上ヲ以テ保證人トナストキハ各省大臣前項ノ身元保證金ノ全部若クハ一部ヲ免除スルコトヲ得此場合ニ於テハ各省大臣ヨリ其保證人ノ住所氏名職業ヲ會計檢查院ニ通知スヘシ但保證人ノ責任ハ免除シタル保證金額ニ止マルモノトス
第百三條　身元保證金ハ現金ヲ以テ納ムヘシ但公債證書若クハ土地ヲ以テ現金ニ代用スルコトヲ得
第百四條　身元保證金ノ現金ハ大藏省預金局通常預金ノ利子ヲ付スヘシ
身元保證ニ供スル公債證書若クハ土地ハ出納官吏ヨリ各省大臣若クハ各省大臣ノ指定シタル官吏ニ書入レ其土地ハ出納官吏ノ私費ヲ以テ登記ヲ受クヘシ
第百五條　會計檢查院ノ判決ニ依リ各省大臣出納官吏ノ損失金辨償ヲ命シタル場合ニ於テ其指定シタル期限內ニ出納官吏ヨリ損失金ノ辨償ヲ爲サヽルトキハ其身元保證金ヲ以テ辨償ニ充ツヘシ
前項ノ場合ニ於テ身元保證金ニ代用シタル公債證書若クハ土地ハ各省大臣之ヲ公賣ニ付シ其代價ヨリ公賣ニ關スル費用及損失金額ヲ差引シ剩餘アルトキハ出納官吏ニ返付スヘシ
保證人ヲ以テ身元保證金ノ免除ヲ得タル官吏損失金ノ辨償ヲ命セラレタル場合ニ於テ辨償スルコト能ハサルトキハ其保證人ヲシテ損失金ヲ辨償セシムヘシ
第百六條　前條ノ場合ニ於テ出納官吏ノ身元保證金ヲ以テ損失金ノ辨償ニ充ツルニ足ラサルトキハ其

不足ハ出納官吏ヨリ徵收スヘシ
第百七條　出納官吏數職ヲ兼務シタルカ爲メ各職每ニ身元保證ヲ爲シタルトキト雖モ身元保證金ハ出納官吏ノ責任其何職ヲ行ヒタルヨリ生シタルヲ問ハス流用シテ辨償ニ充ツヘシ
第百八條　（删除）
第百九條　（删除）
第百十條　出納官吏ノ身元保證金ハ其解職後會計檢査院ニ於テ其官吏ノ執行シタル會計事務ニ付責任解除ヲ與ヘタル後ニ非サレハ之ヲ還付セス

第二款　金庫出納役

第百十一條　會計法第三十一條ニ據リ國庫金ノ取扱ヲ日本銀行ニ命シタル場合ニ於テハ日本銀行總裁ハ金庫出納役トシテ金庫ノ出納ヲ掌ルヘシ
金庫出納役ハ會計檢査院ノ檢査判決ヲ受クル爲メ一年度內ニ執行シタル出納ノ計算書ヲ調製シ證憑書類ヲ添ヘテ之ヲ大藏大臣ニ送付スヘシ
金庫出納役ハ會計檢査院ノ檢査ヲ受クル爲メ每月各金庫出納內譯書ヲ調製シ證憑書類ヲ添ヘ大藏大臣ニ送付スヘシ
大藏大臣ハ前各項ノ出納計算書及內譯書ヲ調査シ之ヲ會計檢査院ニ送付スヘシ

第九章　帳簿

第百十二條　大藏省ハ日記簿原簿補助簿ヲ備ヘ國庫ノ計算ニ入ルヘキ一切現金ノ出納ヲ登記スヘシ
第百十三條　大藏省ハ歲入歲出ノ主計簿ヲ備ヘ總テ歲入ノ豫算額、調定濟額、收入濟額、不納欠損額收入未濟額、歲出ノ豫算額、豫算決定後增額、仕拂命令濟額、翌年度繰越額、殘額ヲ登記スヘシ
第百十四條　歲入ヲ徵收スル官吏ハ徵收簿ヲ備ヘ歲入ノ種類ヲ區分シ調定濟額、收入濟額、不納缺損

額、收入未濟額ヲ登記スヘシ

第百十五條　歳入ノ事務管理廳ハ歳入簿ヲ備ヘ歳入ノ種類ヲ區分シ歳入ノ豫算額、調定濟額、收入濟額、不納缺損額、收入未濟額ヲ登記スヘシ

第百十六條　金庫出納役ハ支出簿ヲ備ヘ歳出ノ科目ヲ區別シ仕拂豫算額、仕拂命令受領濟額ヲ登記スヘシ

第百十七條　（削除）

第百十八條　收入官吏、現金前渡ヲ受ケタル官吏及金庫出納役ハ現金出納簿ヲ備ヘ現金ノ出納ヲ登記スヘシ

第百十九條　各年度經過後七箇月ノ末日ニ於テ大藏大臣ハ會計檢査官立會ノ上ニテ大藏省ニ備ヘタル主計簿ヲ締切ルヘシ

第十章　雜則

第百二十條　本規則ニ依リ當該官吏及金庫出納役ヨリ會計檢査院ニ提出スル所ノ證明書ニ關スル規定樣式ハ會計檢査院ニ於テ之ヲ定ムヘシ

第百二十一條　前條ノ外本規則ニ揭クル諸計算書仕拂命令領收證ノ樣式ハ大藏大臣之ヲ定ムヘシ

第百二十二條　帳簿ノ樣式記入ノ方法ハ大藏大臣之ヲ定ムヘシ

第百二十三條　本規則ハ明治二十三年四月一日ヨリ施行ス

本規則ト牴觸スル命令ハ本規則施行ノ日ヨリ總テ廢止ス

◉會計年度開始前現金支出規則（二二年七月勅令第九五號）

第一條　各省大臣ハ會計法第十五條第二項ニ依リ現金前渡ヲナスニ當リ該年度ノ未タ開始セサルトキハ其前渡ヲ要スル經費ヲ算定シ其計算書ヲ作リ大藏大臣及會計檢査院ニ送付スヘシ

第二條　大藏大臣前條計算書ノ送付ヲ受ケタルトキハ之ヲ金庫ニ令達スヘシ
第三條　前各條ニ定メタルモノノ外仕拂命令發付ノ方法及該仕拂命令ニ對スル仕拂ノ手續ハ總テ會計規則ニ依ル

◉旅費其外概算渡金前渡ノ件（二二年二月勅令第一二一號）

第一條　內國及外國出張ヲ命シタル者ノ旅費ハ旅行ノ見積リ行程及日數ニ依リ概算渡ヲ爲スコトヲ得
第二條　外國留學ヲ命シタル者ニ支給スル學資金及諸手當ハ給額半箇年分以內ニ於テ前金渡ヲ爲スコトヲ得
第三條　府縣稅又ハ地方稅ノ補助トシテ國庫ヨリ支出スル府縣警察費連帶支辨金、府縣傳染病豫防費黴菌檢查費國庫補助金及北海道沖繩縣ニ於ケル區町村間切傳染病豫防費國庫補助金ハ豫算ニ依リ概算渡ヲ爲スコトヲ得
第三條ノ二　外國ニ於テ鐵道又ハ船舶運送ノ業務ヲ營ム會社ニ下付スヘキ補給金ハ該會社ノ決算期ニ於テ其ノ期間ニ相當スル割合ヲ以テ概算渡ヲ爲スコトヲ得
第四條　本令ハ明治二十三年四月一日ヨリ施行ス

◉印刷局製造ノ物件買入代前金拂ノ件（四〇年二月法律第五號）

官廳ニ於テ印刷局製造ノ物件ヲ買入ルル場合ニ於テハ前金拂ヲ爲スコトヲ得

◉諸計算書仕拂命令領收證及諸帳簿樣式（二六年一一月大藏省令第三二號）

明治二十二年當省令第十一號諸計算書仕拂命令領收證及諸帳簿ノ樣式左ノ通改正ス

附　則

本令ハ明治二十七年一月一日ヨリ施行ス
目下現存ノ用紙帳簿ニシテ尙ホ使用シ得ヘキモノハ之ヲ取繕ヒ當分使用スルモ妨ナシ

第一號書式　仕拂豫算計算書
第二號書式　領收書
第三號書式　現金拂込幷領收證書及通知書
第四號書式　歳入徵收官徵收報告書
第五號書式　歳入事務管理廳徵收報告書
第六號書式　仕拂命令
第七號書式　金庫出納役仕拂命令受領濟額報告書
第八號書式　繰越計算書
第九號書式　國庫日記簿原簿補助簿
第十號書式　主計簿
第十一號書式　歳入徵收官徵收簿
第十二號書式　歳入事務管理徵歳入簿
第十三號書式　金庫出納役支出簿
第十四號書式　出納官吏現金出納簿

（書式略）

◉歳入歳出豫算概定順序（二二年三月閣令第一二號）

各官廳

第一條　歳入ノ事務管理廳ハ毎年度歳入概算書ヲ調製シ前年度五月三十一日マテニ之ヲ大藏大臣ニ送付スヘシ

第二條　歳入概算書ハ經常ト臨時トニ大別シ更ニ之ヲ款項目ニ區分シ前年度ノ豫算ニ比シ増減ノ理由

ヲ説明スヘシ

第三條　各省大臣ハ毎年度歳出概算書ヲ調製シ前年度五月三十一日マテニ之ヲ大藏大臣ニ送付スヘシ

第四條　歳出概算書ハ各省ノ所管經費ヲ經常ト臨時トニ大別シ更ニ之ヲ款項ニ區分シ前年度ノ豫算ニ比シ增減ノ理由ヲ說明スヘシ

第五條　大藏大臣ハ各廳ノ歳入概算書及歳出概算書ヲ檢案シ歳入出ヲ對照調理シ歳入出總概算書ヲ調製シ前年度六月三十日マテニ之ヲ閣議ニ提出スヘシ

第六條　歳入出總概算書ハ歳入出共ニ經常ト臨時トニ大別シ更ニ之ヲ款項ニ區分シ前年度ニ比シ增減ノ理由ヲ說明スヘシ

第七條　內閣ニ於テハ前年度七月十五日マテニ歳入出總概算書ヲ決定スヘシ

第八條　各省大臣ハ內閣ニ於テ決定シタル各省所管經費每項ノ概算額以內ニ於テ節約ヲ旨トシ每年度ノ各省豫定經費要求書ヲ調製シ前年度八月三十一日マテニ之ヲ大藏大臣ニ送付スヘシ

第九條　歳入概算書及歳出概算書ノ樣式ハ大藏大臣之ヲ定ムヘシ

第十條　明治二十三年度豫算ニ限リ前各條ノ期限ヲ一箇月間延スコトヲ得

◉豫定經費算出概則（二二年六月閣令第一九號）

各　　　省

第一條　經費ヲ算出スルニハ其必要ヲ生スル法算命令契約其他經費ヲ請求スル確實ノ理由ヲ示スヘシ

第二條　經費中其給與ニ屬スルモノハ一人當リノ給額ヨリ積算シ又其物件ニ屬スルモノハ一箇當リノ費用ヨリ稱算スヘシ

第三條　一人當リノ給額ヲ算出スルニハ規定ノ給額アルモノハ其規定ノ額ヲ基トシ又規定ノ給額ナキモノハ各々其據ル所ヲ示スヘシ

第四條　一箇當リノ費用ヲ算出スルニハ規定ノ價格アルモノハ其價格ヲ基トシ又規定ノ價格ナキモノハ時々ノ相場ニ據リ其據ル所ヲ示スヘシ

第五條　給與ニ屬スル經費ヲ積算スルニハ定員アルモノハ定員ヲ限度トシ定員ナキモノハ前年度四月一日ノ現員ヲ標準トスヘシ但事務ノ繁閑ニ隨ヒ臨時傭入及解傭ヲナス人員ハ前々年度以前三箇年度ノ人員ノ平均ヲ標準トスヘシ

第六條　物件ニ屬スル經費ヲ積算スルニハ規定ノ箇數アルモノハ規定ノ箇數ヲ限度トシ規定ノ箇數ナキモノハ前々年度以前三箇年度間ニ實際使用ニ供シタル箇數ノ平均ヲ標準トスヘシ

第七條　國債償還ノ金額（定期アルモノハ除ク）ハ財政ノ都合ニ依リ其利子及手數料ハ定期ニ據リ之ヲ豫算スヘシ

第八條　常例ノ旅行ニ屬スル旅費ハ各用務毎ニ人員、旅費等級、里程及滯在日數ヲ概定シテ豫算スヘシ

第九條　法律命令契約ニ據リ支出スヘキ總金額ノ定リタルモノハ其總金額ヲ以テ豫算額トスヘシ

第十條　前各條ニ據ルヘカラサル經費ハ最モ適實ノ方法ヲ以テ豫算シ其計算ノ基ク所ヲ示スヘシ

◉仕拂命令委任規程（二二年七月勅令第八九號）

第一條　各省大臣ハ他ノ官吏ニ委任シテ其所管定額ノ仕拂命令ヲ發セシムルトキハ會計規則第十一條ニ據リ仕拂豫算額ヲ定メテ之ヲ委任スヘシ

第二條　委任ヲ受タル仕拂命令官ハ其發シタル仕拂命令ニ付責任ヲ有ス

◉仕拂命令等盜難又ハ亡失ノ場合ニ關スル取扱手續（三八年七月大藏省令第三九號）

明治二十三年七月大藏省令第十八號仕拂命令等盜難又ハ亡失ノ場合ニ關スル手續左ノ通改正ス

仕拂命令等盜難又ハ亡失ノ場合ニ關スル取扱手續

第一條　仕拂命令、仕拂請求書仕拂命令官ヨリ交付シタル通知書若クハ出納官吏ヨリ交付シタル引出切符ヲ盜取セラレ又ハ亡失シタル時ハ記名者ヨリ署名捺印シタル書面ヲ以テ其旨ヲ仕拂命令、仕拂

請求書、通知書引出切符ニ指定シタル金庫ニ屆出ツヘシ
屆書ニハ其種類ニ從ヒ左ノ事項ヲ記載スヘシ
一 仕拂命令、仕拂請求書ナルトキハ金額番號年度科目振出日附、仕拂命令官ノ官氏名、仕拂フヘキ金庫名、受取人氏名住所
二 通知書ナルトキハ金額、番號（仕拂命令又ハ仕拂請求書ノ番號共）年度、仕拂フヘキ金庫名、通知書ヲ交付シタル官廳竝ニ仕拂命令官ノ官氏名、受取人氏名住所
三 引出切符ナルトキハ番號、金額、振出日附、出納官吏ノ官氏名仕拂フヘキ金庫名、受取人氏名屆書ニ押捺スル印章ハ前ニ仕拂命令官又ハ出納官吏ニ差出シタル請求書又ハ受取書ニ押捺シタル印章ト同一ナル印章ヲ用ユヘシ
第二條 金庫ニ於テ前條ノ屆書ヲ受ケタルトキ既ニ仕拂濟ナルトキハ其旨ヲ屆出人ニ告ケテ屆書ヲ返付シ若シ仕拂以前ナルトキハ案內仕拂命令案內仕拂請求書仕拂命令仕拂請求書又ハ金額氏名表、案內引出切符若クハ金庫事務規程ニ依リ振換拂ノ通知ヲ受ケタルモノナルトキハ其通知書ニ仕拂故障アル旨ヲ符箋シ屆書ハ仕拂命令官又ハ出納官吏ニ送付スヘシ但屆出人ニ對シテハ屆書ノ受取證書ヲ渡スヘシ
第三條 仕拂命令官又ハ出納官吏金庫ヨリ屆書ノ送付ヲ得タルトキハ之ヲ調査シ正當ナリト認ムルトキハ其旨ヲ屆書ニ記入シ署名捺印シテ金庫ニ還付スヘシ
第四條 金庫ニ於テ仕拂命令官又ハ出納官吏ヨリ屆書ノ返付ヲ受ケタルトキハ債主ニ通知シテ仕拂ヲ爲スヘシ

◉仕拂命令同請求書規定ノ領收證書引出切符及仕拂切符盜難又ハ亡失ニ係ル取扱手續（二三年八月大藏省令第一二一號）

仕拂命令仕拂請求書引出切符及通知書ヲ盜取セラレ又ハ亡失シタルトキニ係ル取扱手續左ノ通リ相定ム

第一項　金庫ニ於テ仕拂命令等盜難又ハ亡失ノ場合ノ取扱ニ關スル大藏省令第二條ニ據リ屆出人ニ交付スヘキ屆書ノ受取證書ハ本訓令附屬書式ニ據リ調製スヘシ

第二項　金庫ニ於テ同省令第四條ニ據リ仕拂命令官又ハ出納官吏ヨリ屆書ノ返付ヲ受ケ現金ノ仕拂ヲナストキハ債主ヨリ屆書ニ用ヒタル印章ト同一ナル印章ヲ押捺シタル現金ノ受取證書ニ前ニ金庫ヨリ渡シ置キタル屆書ノ受取證書ヲ添ヘ差出サシムヘシ

但金庫ヨリ債主ヘ現金支拂ノ通知ヲナストキ本文現金ノ受取證書及前ニ渡シ置キタル屆書ノ受取證書共提供スヘキ旨ヲ通知スヘシ

第三項　金庫ニ於テ仕拂命令仕拂請求書ノ裏書ニ依リ金庫所在地外ノ債主ヘ送金手形若クハ爲替手形ヲ郵便ニテ債主ヘ回送ヲナシタル際債主ニ於テ仕拂命令官ヨリ交付セシ通知書ヲ盜取セラレ又ハ亡失シタルニ付其債主ヨリ差出シタル同省令第一條ノ屆書ヲ受ルトキハ同第二條ニ據リ取扱フヘシ

（金庫ヨリ爲替手形送金手形ヲ郵便ニテ債主ヘ送付スルモ債主ヨリ既定ノ領收證書ヲ金庫ヘ差出サヽル間ハ未タ現金支拂ノ執行ヲ結了セシモノニ非サリシニ依ル）

第四項　前項屆書ヲ仕拂命令官又ハ出納官吏ヨリ返付シ來ルトキハ金庫ハ債主ヨリ屆書ニ用ヒタル印章ト同一ナル印章ヲ捺印シタル回送金額ノ受取證書及金庫ヨリ渡シ置タル屆書ノ受取證書ヲ差出サシメ之ニ依リ仕拂ヲ完給スヘシ

第五項　金庫ニ於テ仕拂命令仕拂請求書ノ裏書ニ依リ金庫所在地外ノ債主ヘ現金ヲ以テ交付スルタメ遞送人ヲシテ回送ナサシメタル際債主ニ於テ仕拂命令官ヨリ交付セシ通知書又ハ會計主務省ヨリ交付セシ規定ノ領收證書ヲ盜取セラレ又ハ亡失シタルニ付之レヲ徴スルコト能ハサルトキハ遞送人ハ

現金ヲ交付セサルモノトス故ニ此場合ニ於テ其債主ヨリ差出シタル同省令第一條ノ届書ハ同第二條第二項ニ據リ取扱フヘシ

第六項　前項ノ届書ヲ仕拂命令官又ハ出納官吏ヨリ返付シ來ルトキハ金庫ハ仕拂ヲナスタメ更ニ遞送人ヲシテ現金ヲ送達セシメ届書ニ用ヒタル印章ト同一ナル印章ヲ押捺シタル受取證書及前ニ金庫ヨリ渡シ置キタル届書ノ受取證書ト引替ニ現金ヲ債主ニ交付セシムヘシ

原符

第　何　號

届出入　何府何縣市町村何番地　何ノ誰

一仕拂命令盗難亡失届書　一通

但　一仕拂命令ノ金額　一仕拂命令ノ番號　一仕拂命令官官氏名　一仕拂命令ノ年度　一會計主務官官氏名

明治何年何月何日

金庫割印　印

受取證書

第　何　號

一仕拂命令盗難亡失届書　一通

但　一仕拂命令ノ金額　一仕拂命令ノ番號　一仕拂命令官官氏名　一仕拂命令ノ年度　一會計主務官官氏名

右書面領收候也

明治何年何月何日

何府何縣市町村何番地　何之誰宛

何地金庫　印

備考　用紙寸法適宜

仕拂請求書通知書領收證書仕拂切符及引出切符ニ係ル分モ此書式ニ依ル

大藏省所管經費仕拂命令官

◉仕拂通知書主管記入ノ件（二六年一二月大藏省令第五五號）

本年當省訓令第四十號第一號通知書々式中取扱廳トアル傍ニ大藏省主管ト記入スヘシ

大藏省所管經費仕拂命令官

◉仕拂命令及請求書ニ記入スヘキ年月日記載方（二七年大藏省令第三號）

仕拂命令仕拂請求書集合仕拂命令及集合仕拂請求書ヘ記入スヘキ年月日ハ之ヲ調製シタル年月日ヲ記入スヘキ儀ト心得ヘシ

◉前金渡概算渡ノ返納金ヲ定額ニ戻入スル取扱規程（二二年一二月大藏省令第一六號）

會計法二十三條但書ニ依リ前金渡概算渡ノ返納金ヲ定額ニ戻入スルノ取扱規定ヲ定ム

前金渡概算渡ノ返納金ヲ定額ニ戻入ルノ取扱規程

第一條　前金渡概算渡ノ返納金ニシテ經費ノ定額ニ戻入スルモノアルトキハ仕拂命令官ヨリ返納人ニ對シ返納告知書ヲ發シ同時ニ通知書ヲ金庫ニ送付スヘシ

第二條　返納人ハ返納告知書ニ現金ヲ添ヘ其返納告知書ニ指定シタル金庫ニ之ヲ拂込ムヘシ

第三條　金庫ハ現金ヲ領收シタルトキハ其領收證書ヲ返納人ニ交付シ其通知書ハ直チニ當該仕拂命令官ニ送付スヘシ

第四條　前金渡概算渡ノ返納金ニシテ經費ノ定額ニ戻入ヲ要セサルモノハ通常歲入金取扱手續ニ依リ返納人ヲシテ金庫又ハ收入官吏ニ納入セシムヘシ

第五條　本規程ニ依リ發スル返納告知書ハ左ノ書式ニ依リ調製スヘシ（書式略）

◉定額ニ戻入ヲ爲シ得ヘキ返納金ノ件（二六年一二月一日大藏省達第一八二六號）

內國稅徵收費定額ニ戻入ヲ爲シ得ヘキ期限ヲ過キ返納人現金ヲ金庫ニ納入シタル場合ニハ金庫ニ於テ

之ヲ其納入アリタル日ノ屬スル年度ノ歳入トシテ領收シ其旨ヲ當該仕拂命令官ニ通知スヘキ筈ニ付仕拂命令官右ノ通知ヲ受ケタルトキハ右金額ノ歳入科目取扱主任收入官吏官氏名等ヲ當該金庫ニ通知シ同時ニ本文金額歳入ニ編入方ヲ歳入調査官ニ通知シ歳入調査官ハ其金額科目年度等ヲ主任收入官吏ニ通知スヘシ

◎受取人ニ現金交付前仕拂命令及仕拂請求書ノ誤拂過渡ヲ發見シタル場合ノ整理手續（二三年一〇月大藏省令第二七號）

會計規則第三十五條但書ニヨリ金庫ニ送付シタル仕拂命令及仕拂請求書ニシテ受取人ニ現金交付前ニ於テ誤拂過渡ニ出タルコトヲ發見シタルトキ整理手續左ノ通リ定ム

第一條　仕拂命令官ヨリ仕拂命令及仕拂請求書ノ金額誤拂過渡ニ付歳入ニ編入ノ儀金庫ヘ請求スヘシ

但仕拂命令及仕拂請求書ノ金額一部分誤拂過渡ナルトキハ其一部分ヲ受取人ニ交付シ殘額ハ歳入ニ編入ノ儀金庫ヘ請求スヘシ

第二條　前條ノ請求書ニハ左ノ事項ヲ詳記スヘシ

一　仕拂命令及仕拂請求書ノ金額、番號、年度、科目、振出日附、仕拂命令官官氏名、受取人氏名

一　誤拂過渡ヲ歳入トスヘキ歳入ノ主管廳名、取扱廳名、歳入徵收官官氏名、及歳入ノ年度

第三條　仕拂命令官第一條ノ請求ヲ爲シタルトキハ同時ニ誤拂過渡ノ金額歳入ニ編入ノ儀ヲ歳入徵收官ニ通知スヘシ

第一條但書ノ場合ニ於テハ仕拂命令官ハ正當ニ交付スヘキ金額ニ對スル通知書ヲ作リ之ヲ債主ニ交付シ前ニ交付シタル通知書ハ取上ケ廢棄スヘシ

第四條　第一條ノ請求ヲ受ケタルトキハ金庫ハ誤拂過渡ノ金額ヲ歳出ノ手續ヲ以テ拂出シ直チニ之ヲ

請求書ニ指定ノ歳入主管廳取扱廳及歳入徵收官ノ收入トシテ歳入ニ受入ルヘシ此場合ニ於テ金庫ハ直チニ其趣ヲ仕拂命令官及歳入徵收官ニ通知スヘシ

第五條　前條ニ依リ金庫ヨリ仕拂命令官ニ送付スル通知書ニハ第二條一項ノ事項ヲ記入スヘシ但仕拂命令及仕拂請求書ノ金額一部分誤拂過渡ノ場合ニハ其誤拂過渡ニ係ル金額ヲモ記入スヘシ

前條ニ依リ金庫ヨリ歳入徵收官ニ送付スル通知書ニハ第二條一項及二項ノ事項ヲ記入スヘシ

第六條　（削除）

第七條　本年大藏省令第十七號ニ依リ定メタル書式ノ仕拂命令及仕拂請求書ニシテ本令ノ場合ニ係ルトキ其國庫納金引去高ハ總テ本年勅令第百二十五號官吏遺族扶助法納金收入規則ニ依リ當該主管廳取扱廳ノ歳入ニ立テ其他ハ本令ニ依リ收支ノ手續ヲナスヘシ

◎政府カ第三債務者トシテ差押命令ヲ受クル場合ニ關スル件（二六年一二月勅令第二六一號）

第一條　政府ヲ第三債務者トシテ發スル差押命令ハ左ノ四項ニ掲クルモノノ外仕拂命令官ニ宛テ之ヲ發スルモノトス

仕拂命令官既ニ現金前渡ノ仕拂命令又ハ仕拂請求書ヲ發シタル場合ニ於テハ現金前渡ヲ受ケタル官吏ニ向テ差押命令ヲ發スルモノトス但シ記名公債元利ニ對スル差押命令ハ公債元利ノ仕拂ヲ取扱フ銀行ニ向テ發スルモノトス

出納官吏カ繰替拂ヲ爲ス歳出金ニ對スル差押命令ハ其繰替拂ヲ命令スル官吏ニ向テ發スルモノトス

預金、保管金、供託金ニ對スル差押命令ハ中央金庫ニ係ルモノハ金庫出納役ニ本支金庫ニ係ルモノハ關係ノ金庫出納役代理人ニ向テ發スルモノトス但シ出納官吏ノ保管ニ係ル歳入歳出外現金ニ對スル差押命令ハ當該出納官吏ニ向テ發スルモノトス

郵便爲替金及郵便取立金ニ對スル差押命令ハ之カ仕拂ヲ爲スヘキ出納官吏ニ郵便預金ニ對スル差押

命令ハ其原簿ヲ管掌スル官署ノ長ニ向テ發スルモノトス但便便貯金ニシテ仕拂證書ヲ發行シタルモノ及通帳ノ呈示ニ依リ卽時拂渡ヲ爲スヘキモノニ對スル差押命令ハ之カ仕拂ヲ爲スヘキ出納官吏ニ向テ發スルモノトス

第二條　繼續收入ノ債權差押ノ場合ニ於テ關係官廳又ハ金庫ニ變更アルトキハ甲官吏又ハ甲金庫ノ受ケタル差押命令ハ乙官吏又ハ乙金庫ニ於テ之ヲ承繼スルモノトス

第三條　差押債權者差押命令送達ノ通知ヲ受ケタルトキ緊急ノ場合ニ於テハ仕拂ヲ執行スヘキ金庫又ハ出納官吏ニ向ヒ假リニ仕拂ノ停止ヲ求ムルコトヲ得

第四條　仕拂命令、仕拂請求書、集合仕拂命令集合仕拂請求書及現金引出切符ヲ政府ノ債權者ニ交付シタル後差押命令ヲ受ケタルトキハ當該仕拂命令官又ハ出納官吏ハ速カニ金庫ニ向テ差押金額ノ仕拂ヲ停止スヘシ

繰替拂ヲ命令スル官吏カ繰替拂ノ命令ヲ發シタル後差押命令ヲ受ケタルトキハ速カニ出納官吏ニ向テ差押金額ノ仕拂ヲ停止スヘシ

第五條　差押ヘラレタル金額ヲ裁判所ノ命令ニ依リ差押債權者ニ仕拂フヲ要スルトキハ當該仕拂命令官郵便貯金ノ原簿ヲ管掌スル官署ノ長、繰替拂ヲ命令スル官吏出納官吏銀行又ハ金庫ニ於テ仕拂ノ手續ヲ爲スヘシ

第六條　配當要求ノ送達又ハ民事訴訟法第六百七條ノ命令ヲ受ケタル場合ニ於テ當該仕拂命令官郵便貯金ノ原簿ヲ管掌スル官署ノ長、繰替拂ヲ命令スル官吏出納官吏銀行又ハ金庫ニ於テ供託ノ手續ヲ爲スヘシ

第七條　差押金額ノ仕拂停止、仕拂執行又ハ供託ニ關スル手續ハ大藏大臣之ヲ定ムヘシ

第八條　假差押命令ノ場合ニ於テハ本令ヲ準用ス

附　則

第九條　本令ハ明治二十七年一月一日ヨリ施行ス

◎政府カ第三債務者トシテ差押ヘラレタル債務額ノ仕拂停止仕拂執行及供託ニ關スル手續(二七年二月大藏省令第二號)

政府カ第三債務者トシテ差押ヘラレタル債務額ノ仕拂停止仕拂施行及供託ニ關スル手續左ノ通相定ム

第一條　仕拂命令官ニ於テ裁判所ノ命令ニ據リ差押金額ノ仕拂ヲ要スルトキハ仕拂命令又ハ仕拂請求書竝ニ案内仕拂命令又ハ案内仕拂請求書ニ何之誰ノ差押債權者何之誰渡ト記入シ仕拂命令又ハ仕拂請求書ヲ差押債權者ニ交付スヘシ

第一條ノ二　歳出金ノ繰替拂ヲ命令スル官吏ニ於テ裁判所ノ命令ニ據リ差押金額ノ仕拂ヲ要スルトキハ歳出金繰替拂證票又ハ同通知書ニ「何之唯差押債權者何之誰渡」ト記入シ之ヲ差押債權者ニ交付スヘシ但シ歳出金繰替拂證票又ハ同通知書ヲ發行セサル場合ニ於テハ繰替拂傳票ニ本文ノ記入ヲ爲シ之ヲ出納官吏ニ交付スヘシ

第一條ノ三　郵便貯金ノ原簿ヲ管掌スル官署ノ長ニ於テ裁判所ノ命令ニ據リ差押金額ノ仕拂ニ要スルトキハ郵便貯金拂出證書ニ「何之誰ノ差押債權者何之誰」ト記入シ之ヲ差押債權者ニ交付スヘシ

第二條　政府カ差押債權者ニ仕拂フヘキ金額ニシテ政府ノ債權者ニ仕拂フヘキ金額ノ一部分ナルトキハ其仕拂命令又ハ仕拂請求書歳出金繰替拂證票、同通知書又ハ同傳票ヲ各別ニ發行シ差押債權者ニ交付スヘキモノハ前條ノ如ク記入スヘシ

第三條　第二條ノ場合ニ於テ官吏遺族扶助法納金ノ差引ヲ要スルトキハ政府ノ債權者ニ對シ發行スル仕拂命令、仕拂請求書歳出金繰替拂證票、同通知書又ハ同傳票ニ於テスヘシ

第四條　出納官吏又ハ記名公債元利ノ仕拂ヲ取扱フ銀行ニ於テ裁判所ノ命令ニ依リ差押金額ノ仕拂ヲ

要スルトキハ差押債權者ヨリ適宜ノ領收證書（公債元利拂ノ場合ニ於テハ公債證書又ハ利札トモ）ヲ徵シ其差押金額ヲ仕拂フヘシ

第五條　金庫出納役又ハ其代理人ニ於テ裁判所ノ命令ニ據リ差押ヘラレタル預金保管金供託金ノ仕拂ヲ要スルトキハ差押債權者ヨリ明治二十六年大藏省令第十九號第九條ノ領收證書（差押債權者之ヲ調製スルモノトス）及預金通帳又ハ同年大藏省令第二十號第十條ノ保管證書第十二條ノ拂渡證書又ハ明治三十二年大藏省令第六號第九條ノ請求書及受領證第十三條ノ拂渡證書等ヲ提出セシメ總テ預金保管金供託金拂戻ノ例ニ據リ其差押金額ヲ仕拂フヘシ

第六條　金庫出納役又ハ其代理人カ差押債權者ニ仕拂フヘキ金額ニシテ差押ヘラレタル保管金ノ一部分ナルトキハ明治二十六年大藏省令第二十號第十二條第十五條ノ順序ニ準據シ差押債權者ヲシテ拂渡證書又ハ保管證書分割ノ手續ヲ爲サシメタル上其差押金額ノ仕拂ヲ爲スヘシ

第六條ノ二　出納官吏ニ於テ裁判所ノ命令ニ據リ差押ヘラレタル保管金ノ仕拂ヲ要スルトキハ政府ノ債權者ニ交付シアル保管金領收證書ヲ差押債權者ヨリ提出セシメタル上差押金額ノ仕拂ヲ爲スヘシ

前項ノ場合ニ於テ差押債權者ニ仕拂フヘキ金額カ差押ヘラレタル保管金ノ一部分ナルトキハ保管金領收證書分割ノ手續ヲ爲シタル後差押金額ノ仕拂ヲ爲スヘシ

第六條ノ三　出納官吏カ差押債權者ニ仕拂フヘキ金額ニシテ郵便貯金、郵便爲替金又ハ郵便取立金ナルトキハ政府ノ債權者ニ交付シアル郵便貯金通帳、郵便貯金拂出證書郵便爲替證書又ハ郵便取立金取立濟通知書ヲ差押債權者ヨリ提出セシメ貯金爲替金又ハ取立金拂渡ノ例ニ依リ差押金額ノ仕拂ヲ爲スヘシ

前項ノ場合ニ於テ差押債權者ニ仕拂フヘキ金額カ郵便貯金拂出證書、郵便爲替證書又ハ郵便取立金

取立濟通知書ニ記載セル金額ノ一部分ナルトキハ適宜ノ領收證書ヲ徵シ差押金額ヲ差押債權者ニ仕拂ヒ郵便貯金拂出證書、郵便爲替證書、郵便取立金取立濟通知書ノ裏面ニ「表記金額ノ內金何程ハ差押債權者何之誰ニ仕拂ヲ了ス」ト記入捺印シ之ヲ政府ノ債權者ニ交付スヘシ

第七條　差押債權者明治二十六年勅令第二百六十一號第三條ニ據リ金庫又ハ出納官吏ニ向テ仕拂ノ停止ヲ請求セントスルトキハ差押命令送達通知書ヲ添ヘ第一號書式ノ仕拂停止請求書ヲ金庫又ハ出納官吏ニ差出スヘシ

第八條　金庫又ハ出納官吏ニ於テ第七條ノ請求書ヲ受ケ其金額ノ既ニ仕拂濟ナルトキハ直チニ請求書並ニ差押命令送達通知書ヲ返付スヘシ但仕拂未濟ナルトキハ差押命令送達通知書ノミ返付スルモノトス

第九條　仕拂命令官出納官吏既ニ仕拂命令仕拂請求書集合仕拂命令集合仕拂請求書又ハ現金引出切符ヲ政府ノ債權者ニ交付シ若クハ金庫ニ送付シタル後差押命令ヲ受タルトキハ直ニ第二號書式ノ仕拂停止通知書ヲ金庫ニ送付スヘシ

第九條ノ二　歲出金ノ繰替拂ヲ命令スル官吏既ニ歲出金繰替拂證票又ハ同通知書ヲ政府ノ債權者ニ交付シ又ハ繰替拂傳票ヲ出納官吏ニ交付シタル後差押命令ヲ受ケタルトキハ第二號書式ニ準シ仕拂停止通知書ヲ調製シ遲滯ナク之ヲ出納官吏ニ交付スヘシ

出納官吏現金引出切符ヲ政府ノ債權者ニ交付シタル後前項ノ仕拂停止通知書ヲ受ケタルトキハ直ニ第二條書式ノ仕拂停止通知書ヲ金庫ニ送付スヘシ

第十條　金庫又ハ出納官吏ニ於テ前二條ノ仕拂停止通知書ヲ受ケ其金額ノ既ニ仕拂濟ナルトキハ直チニ其旨ヲ附箋シテ通知書ヲ返付スヘシ

第十一條　仕拂停止ノ通知ヲ爲シタル後差押ノ解除アリタルトキハ其通知ヲ發シタル官吏直チニ第三

號書式ノ仕拂停止解除通知書ヲ金庫又ハ出納官吏ニ送付スヘシ

第十二條　仕拂命令官出納官吏裁判所ノ命令ニ據リ第九條ノ仕拂停止ヲ爲シタル金額ヲ差押債權者ニ仕佛フコトヲ要スルトキハ政府ノ債權者ニ交付シアル仕佛命令仕拂請求書通知書（明治二十六年大藏省訓令第四十號附屬第一號書式ノ以下同シ）又ハ現金引出切符ヲ差押債權者ヨリ提出セシメ之ニ同書式中何之誰渡トアル渡ノ文字ニ朱ノ二線ヲ劃シ其下ニ「ノ差押債權者何之誰渡」（通知書ノ場合ニハ何某殿トアル何某ノ文字ニ朱ノ二線ヲ劃シ「何某ノ差押債權者何之誰」）ト記入シ差押債權者ニ交付スヘシ

第十二條ノ二　歳出金ノ繰替拂ヲ命令スル官吏裁判所ノ命令ニ據リ第九條ノ二ノ仕拂停止ヲ爲シタル金額ヲ差押債權者ニ仕拂フコトヲ要スルトキハ政府ノ債權者ニ交付シアル歳出金繰替拂證票又ハ同通知書ヲ差押債權者ヨリ提出セシメ前條ノ例ニ依リ訂正ノ記入ヲ爲シ之ヲ差押債權者ニ交付スヘシ但シ繰替拂傳票ニ依リ出納官吏ヲシテ仕拂ハシムル場合ニ於テハ本文ニ準シ該傳票ニ訂正ノ記入ヲ爲スヘシ

第十三條　第十二條ノ場合ニ於テ差押債權者ニ仕拂フヘキ金額ニシテ仕拂命令仕拂請求書通知書又ハ現金引出切符ニ記載シタル金額ノ一部分ナルトキハ仕拂命令仕拂請求書通知書又ハ現金引出切符ノ裏面ニ「表面ノ金額内何程別ニ差押債權者何之誰ニ仕拂フヘシ」ト記入シ之ヲ政府ノ債權者ニ交付シ尙ホ第四號書式ニ據リ金庫ニ於テ差押金額ヲ受取ルヘキ證票ヲ調製シ之ヲ差押債權者ニ交付スヘシ

第十三條ノ二　第十二條ノ二ノ場合ニ於テ差押債權者ニ仕拂フヘキ金額ニシテ歳出金繰替拂證票又ハ同通知書ニ記載シタル金額ノ一部分ナルトキハ其裏面ニ「表記金額ノ内金何程ハ差押債權者何之誰ニ拂渡ヲ要スルニ依リ別ニ歳出金繰替拂證票（又ハ同通知書）ヲ發行ス」ト記入捺印シ之ヲ政府ノ債權者ニ交付シ別ニ差押金額ニ對スル歳出金繰替拂證票又ハ同通知書ヲ發行シ之ヲ差押債權者ニ交付スヘシ但シ繰替拂傳票ニ依リ出納官吏ヲシテ仕拂ハシムル場合ニ於テハ該傳票ノ金額及氏名ノ傍ニ

「内金何程ハ差押債權者何某渡」ト朱書シ之ヲ出納官吏ニ交付スヘシ

第十四條　第十二條第十三條ノ手續ヲ爲スニ當リ旣ニ現金引出切符ノ無効トナリタルトキハ更ニ現金引出切符ヲ發行シ差押債權者ニ交付スヘシ

第十五條　仕拂命令官出納官吏第十二條ノ記入ヲ爲シタルトキハ第五號書式第十三條ノ記入ヲ爲シタルトキハ第六號書式ノ仕拂通知書ヲ金庫ニ送付スヘシ

第十五條ノ二　歳出金ノ繰替拂ヲ命令スル官吏第十二條ノ二及第十三條ノ二ノ記入ヲ爲シタルトキハ仕拂通知書ヲ調製シ遲滯ナク之ヲ出納官吏ニ送付スヘシ但シ繰替拂傳票ニ依リ出納官吏ヲシテ仕拂ハシムル場合ハ此ノ限リニアラス

第十六條　第七條第九條及第九條ノ二ノ規定ニ依リ仕拂停止ヲ爲シタル金額ハ第十一條ノ仕拂停止解除ノ通知又ハ第十五條若クハ第十五條ノ二ノ仕拂通知アルニアラサレハ仕拂ヲ爲スコトヲ得ス

第十七條　金庫又ハ出納官吏第十二條第十三條及第十三條ノ二ノ記入アル仕拂命令仕拂請求書通知書歳出金繰替拂證票同通知書現金引出切符又ハ證票ヲ以テ現金仕拂ノ請求ヲ受ケタルトキハ普通仕拂ニ關スル手續ヲ爲シタル上第十五條又ハ第十五條ノ二ノ通知書ト對査シ之ヲ仕拂ヲ爲ヘシ

繰替拂傳票ニ依リ仕拂ヲ爲ス場合モ亦之ニ準ス

第十八條　仕拂命令官出納官吏ニ於テ差押金額ノ供託ヲ要スルトキハ仕拂命令仕拂請求書現金引出切符又ハ現金ニ明治三十二年大藏省令第六號附屬第一號書式ノ供託書ヲ添ヘ金庫ニ送付シ其旨執行裁判所ニ通知スヘシ但供託受領證ハ當該仕拂命令官又ハ出納官吏ニ於テ保管シ若ハ執行裁判所ヘ送付ヲ要スルトキハ之ヲ裁判所ニ送付シ其領收證書ヲ受クヘシ

第十八條ノ二　歳出金ノ繰替拂ヲ命令スル官吏ニ於テ差押金額ノ供託ヲ要スルトキハ供託スヘキ金額ニ對スル歳出金繰替拂證票又ハ同傳票ヲ發行シ其裏面若ハ餘白ニ「表(前)記ノ金額ハ何執行裁判所

ノ命令ニ依リ金庫ヘ供託スル爲何出納官吏ニ拂渡ヲ要ス」ト記入捺印シテ之ヲ出納官吏ニ送付スヘシ

第十八條ノ三　郵便貯金ノ原簿ヲ管掌スル官署ノ長ニ於テ差押金額ノ供託ヲ要スルトキハ供託スヘキ金額ニ對スル郵便貯金拂出證書ヲ發行シ其裏面ニ「表記ノ金額ハ何執行裁判所ノ命令ニ依リ金庫ヘ供託スル爲何局所出納官吏ニ拂渡ヲ要ス」ト記入捺印シ之ヲ出納官吏ニ交付スヘシ

第十八條ノ四　出納官吏前二條ノ歳出金繰替拂證票同傳票又ハ郵便貯金拂出證書ヲ受ケタルトキハ現金ニ明治三十二年大藏省令第六號附屬第一號書式ノ供託書ヲ添ヘ金庫ヘ送付シ其旨執行裁判所ヘ通知ノ手續ヲ爲スヘシ

第十八條但書ノ規定ハ前項ノ場合ニ之ヲ準用ス

第十九條　第十八條及第十八條ノ二ノ供託スヘキ金額ニシテ政府ノ債權者ニ仕拂フヘキ金額ノ一部分ナルトキハ仕拂命令仕拂請求書又ハ現金引出切符歳出金繰替拂證書又ハ同傳票ヲ各別ニ發行シ各其所定ノ手續ヲ爲スヘシ

第二十條　差押金額ヲ供託シタル仕拂命令官歳出金ノ繰替拂ヲ命令スル官吏郵便貯金ノ原簿ヲ管掌スル官署ノ長出納官吏ニ於テ取立命令ヲ受ケタル後配當ニ與カルヘキ各債權者連署ノ仕拂請求又ハ裁判所ノ命令アリタルトキハ供託金拂渡ノ手續ヲ爲スヘシ

第二十一條　仕拂命令官出納官吏ニ於テ差押金額ノ供託ヲ要スル場合ニシテ第九條ノ仕拂停止ヲ爲シタル後ナルトキハ第七號書式ノ政府ノ債權者ニ交付シアル仕拂命令仕拂請求書通知書又ハ現金引出切符ノ取消通知書ヲ金庫及政府ノ債權者ニ送付シタル上第十八條第十九條ノ手續ヲ爲スヘシ

第二十一條ノ二　歳出金ノ繰替拂ヲ命令スル官吏ニ於テ差押金額ノ供託ヲ要スル場合ニシテ第九條ノ二ノ仕拂停止ヲ爲シタル後ナルトキハ第七號書式ニ準シ政府ノ債權者ニ交付シアル歳出金繰替拂證

票同通知書ノ取消通知書ヲ調製シ之ヲ出納官吏及政府ノ債權者ニ送付シタル　第十八條ノ二及第十九條ノ手續ヲ爲スヘシ但シ繰替拂傳票ニ依リ出納官吏ヲシテ仕拂ハシムルモノナルトキハ同官吏ヨリ繰替拂傳票ヲ提出セシメタル後本文後段ノ手續ヲ爲スヘシ

第二十一條ノ三　出納官吏ニ於テ差押金額ノ供託ヲ要スル場合ニシテ當該差押金額カ郵便貯金、郵便爲替金、郵便取立金ナルトキハ政府ノ債權者ニ交付シアル郵便貯金通帳、郵便貯金拂出證書、郵便爲替證書郵便取立金取立濟通知書ヲ提出セシメタル後第十八條ノ四及第十九條ノ手續ヲ爲スヘシ

第二十二條　銀行又ハ金庫ニ於テ差押金額ノ供託ヲ要スルトキハ其現金ニ明治三十二年大藏省令第六號附屬第一號書式ノ供託書ヲ添ヘ金庫ニ送付シ其旨執行裁判所ニ通知スヘシ但供託受領證ハ其銀行又ハ金庫ニ保管シ若クハ執行裁判所ニ送付ヲ要スルトキハ之ヲ該裁判所ニ送付シ其領收證書ヲ徵スヘシ

第二十三條　差押金額ヲ供託シタル銀行又ハ金庫ニ於テ取立命令ヲ受ケタル後配當ニ與カルヘキ各債權者連署ノ仕拂請求又ハ裁判所ノ命令アリタルトキハ第四條第五條差押金額仕拂ノ例ニ據リ供託金拂渡ノ手續ヲ爲スヘシ（書式略）

◉政府ト私人トノ債務相殺ニ關スル件（三四年六月勅令第一三一號）

民法ノ規定ニ從ヒ政府ト私人トノ債務ヲ相殺スルトキハ其ノ相殺シタル金額ハ金庫又ハ現金前渡官吏ニ於テ之ヲ差引クヘシ

前項ニ依リ金庫ニ於テ差引シタル金員ハ歲入徵收官ノ計算ニ移シ直ニ當該官吏ニ報告シ現金前渡官吏ニ於テ差引シタル金員ハ相殺額表ヲ添ヘ收入官吏ニ送付スヘシ

◉相殺金額取扱順序（三四年七月大藏省訓令第二六號）

歲入徵收官、大藏省所管經費仕拂命令官、收入官吏、金庫出納役

明治三十四年勅令第百三十一號相殺金額取扱順序左ノ通心得ヘシ

第一條　金庫ニ於テ明治三十四年勅令第百三十一號ノ規定ニ從ヒ現金ノ仕拂ヲ執行スルトキハ仕拂命令面内譯ニ列記シタル相殺額引去高（年度科目ノ通知ハ便宜ノ方法ニ依ルコト）ヲ控除シ現金仕拂高ヲ受取人ニ交付スヘシ而シテ其控除シタル相殺額引去高ハ普通仕拂ノ順序ニ依リ一旦之ヲ拂出シ直ニ之ヲ相當年度ノ歳入ニ振替納付ヲナスヘシ

第二條　金庫ニ於テ前條ノ相殺額引去高ヲ歳入金ニ振替納付シタルトキハ即日其年度、科目、金額仕拂命令番號ヲ歳入徴收官ニ報告スヘシ

第三條　歳入徴收官金庫ヨリ前條ノ報告ヲ受ケタルトキハ徴收簿收入濟額ノ欄内ヘ其金額ヲ登記スヘシ

第四條　現金前渡官吏ニ於テ相殺額ヲ差引シタルトキハ適宜ノ相殺額表ヲ製シ之ヲ現金ニ添ヘテ收入官吏ニ送付スヘシ

第五條　收入官吏前條ノ送付ヲ受ケタルトキハ之ニ對シ現金ノ領收證書ヲ交付シ現金出納簿ヘ登記及ヒ金庫ヘ拂込ノ手續ヲナスヘシ

第六條　收納スヘキ金額ノ相殺額ニ超過スルトキハ其相殺額ニ付テハ歳入徴收官ハ納入告知書（仕拂命令官納）ヲ仕拂命令官ニ送付シ仕拂命令官ハ普通ノ仕拂命令ヲ發シ之ヲ納入告知書ニ添ヘテ金庫若クハ收入官吏ニ送付スヘシ

右超過額ニ對シテハ普通收納ノ例ニ依リ納入告知書ヲ納人ニ交付シ納入ノ手續ヲナサシムヘシ

相殺額ノ全ク同等ナル場合ニ於テハ第一項ノ手續ニ依ルヘシ

第七條　收入官吏納入告知書ニ添ヘタル仕拂命令ヲ受ケタルトキハ之ヲ現金ト看做シ金庫ヘ拂込ノ手續ヲナスヘシ

◉政府ト私人トノ債務ヲ相殺シタル場合ニ發スル仕拂命令ニ二十三年省令第十七號書式準用方(三四年六月大藏省令第二二號)

本年勅令第百三十一號ニヨリテ政府ト私人トノ債務ヲ相殺シタル場合ニ於テ發スル仕拂命令ハ明治二十三年七月大藏省令第十七號ノ書式ニ準ス

◉甲乙廳間收入取扱順序(二三年四月大藏省訓令第七一號)

甲廳ヨリ乙廳ニ向テ收入金ヲ收納スルモノアルトキ其取扱順序左ノ通心得ヘシ

第一條　甲廳ヨリ乙廳ニ向テ明治二十六年當省訓令第四十二號諸收入收納取扱規程附屬乙號書式納入告知書ヲ發スヘシ

第二條　乙廳ニ於テ甲廳ヨリ納入告知書ヲ受ケタルトキ乙廳仕拂命令官ハ甲廳收入官吏ヲ受取人トシテ仕拂命令ヲ發スヘシ

前項ノ場合ニ於テ甲廳所在地ト仕拂命令ヲ宛テタル金庫所在地ト同一ナルトキハ乙廳仕拂命令官ヨリ仕拂命令ヲ直チニ甲廳收入官吏ニ送付スヘシ又甲廳所在地ト仕拂命令ヲ宛テタル金庫所在地ト異ナルトキハ會計規則第三十五條但書ニ依リ仕拂命令ヲ金庫ニ送付スヘシ

第三條　甲廳ノ收入官吏前條ノ仕拂命令ヲ受取タルトキハ會計規則第二十五條ノ領收證書ヲ乙廳ノ支拂命令官ニ送付スヘシ但會計規則第三十五條但書ノ場合ニ於テ收入官吏金庫ヨリ現金ノ遞送ヲ受ケタルトキハ二十三年當省訓令第十八號第二十三條ニ依リ會計主務官ヨリ送付シタル領收證書用紙若クハ明治二十六年當省訓令第四十號第二條ニ依リ仕拂命令官ヨリ交付シタル通知書ニ式ノ如ク記入捺印シ金庫ニ交付スヘシ

第四條　甲廳ノ收入官吏ハ仕拂命令又ハ現金ニ拂込書ヲ添ヘ諸收入收納取扱規程第十一條ニ依リ金庫ヘ拂込ムヘシ

◉歲入歲出年度科目所管廳誤記訂正手續（三一年七月大藏省訓令第四八號）

明治二十七年五月大藏省訓令第三十號歲入歲出年度科目所管廳誤記訂正手續左ノ通改正ス

歲入歲出年度科目所管廳誤記訂正手續

一 歲入徵收官ニ於テ納額告知書又ハ納額通知書發付ノ後科目所管廳ニ誤記アルヲ發見シ之ヲ訂正ヲ爲ストキハ徵收簿ニ訂正ノ記入ヲ爲シ其記入ヲ爲シタルトキ既ニ其ノ月ノ計算締切後ナルトキハ訂正ヲ爲シタル月ノ徵收報告書ニ事由ヲ付シテ之ヲ揭記スルコト

二 前項ノ歲入金ニシテ既ニ納額告知書又ハ送付書若クハ納付書ニ依リ金庫ニ於テ現金領收ノ後ナルトキハ歲入徵收官ヨリ又收入官吏ニ於テ現金拂込書ノ科目所管廳ニ誤記アルヲ發見シタルトキハ收入官吏ヨリ關係金庫ニ之レカ訂正ヲ請求スルコト

但シ科目ノ訂正ニシテ租稅ト租稅外收入トニ關聯セサルモノハ此限ニアラス

三 （削除）

四 金庫ニ於テ第二項ノ訂正請求若クハ明治二十四年大藏省令第十一號ニ依リ歲入年度ノ訂正請求ヲ受ケタルトキハ直チニ現金出納原簿歲入金各廳內譯簿其ノ他關係帳簿ニ之レカ訂正ノ記入ヲ爲ス事

五 仕拂命令官ニ於テ仕拂命令集合仕拂命令ヲ發行シタル後年度科目所管廳ニ誤記アルヲ發見シタルトキハ年度科目所管廳訂正書ヲ金庫ニ送付スル事

六 金庫ニ於テ第五項訂正書ノ送付ヲ受ケタルトキハ直チニ支出簿其ノ他關係帳ニ訂正ノ記入ヲナス事

七 歲入歲出ノ誤記ヲ訂正スルハ總テ翌年度六月三十日限リトス

但金庫ニ於テ訂正ヲ爲スハ翌年度六月三十日以前訂正請求書ヲ受ケタルモノニ限ル

八 經常部ト臨時部トノ誤記モ本令ニ準シテ訂正スル事

◎金庫ニテ現金領收後誤謬ヲ發見シタルトキ整理手續（二四年六月大藏省令第一五號）

明治二十二年大藏省令第十六號ニ依リ發シタル返納告知書ニシテ金帳ニ於テ現金領收濟ノ後誤謬ヲ發見シ其全部若クハ一部ヲ歲入ニ編入ヲ要スルトキ整理手續左ノ通リ定ム

第一條　返納告知書ノ金額全部誤謬ニ係ルトキハ當該仕拂命令官ハ該告知書別符裏面ニ誤謬ニ付歲入ニ編入スル旨ヲ記入シ署名捺印ノ上歲入ノ調定官ヲ經テ之ヲ收入官吏ニ交付スヘシ

返納告知書ノ金額一部誤謬ニ係ルトキハ當該仕拂命令官ハ該告知書別符ノ寫ヲ作リ其裏面ニ返納額ノ內若干ハ過納ニ付歲入ニ編入スル旨ヲ記シ署名捺印ノ上別符本書ト割印シテ歲入ノ調定官ヲ經テ之ヲ收入官吏ニ交付スヘシ

第二條　收入官吏ハ別符若クハ別符寫ノ交付ヲ受ケタルトキハ一般ノ順序ニ依リ收入簿ノ登記ヲ了シ之ニ現金拂込書ヲ添ヘ當該金庫ニ拂込ムヘシ

第三條　金庫ハ前條ノ拂込ヲ受ケタルトキハ別符若クハ別符寫ニ依リ當該仕拂命令官ニ係ル雜部金ヨリ該金額ヲ拂出シ更ニ現金拂込書ヲ以テ歲入ニ編入ノ手續ヲナスヘシ但該返納告知書裏面ニ仕拂命令官某ノ作リタル別符若シクハ別符寫ニ依リ歲入ヘ組換タル旨ヲ記入シ別符若クハ別符寫ト共ニ之ヲ保存スヘシ

◎仕拂命令濟額報告書樣式（三一年九月大藏省訓令第六一號）

大藏省所管經費仕拂命令官

當省所管經費仕拂豫算ヲ以テ仕拂命令ヲ委任シタル仕拂命令濟額報告書恩賞諸給ヲ除ク左ノ樣式ニ依リ調製シ翌年度六月七日以內ニ其廳ヲ發シ報告スヘシ（樣式畧）

前項報告ノ後科目誤謬ノ訂正ヲ爲シタルモノアルトキハ其都度科目金員及事由ヲ詳悉シタル訂正報告書ヲ差出スヘシ

但明治二十三年訓令第五十一號同二十四年訓令第三十六號同第三十七號同二十五年訓令第三十六號同三十八號同二十六年訓令第五十八號同三十年訓令第三號同第二十五號同第六十九號爾今廢止ス

◉月計對照表金員外ノ誤謬發見ノ場合取扱方ノ件（二四年一月大藏省訓令第四號）

出納官吏、金庫出納役

歲入歲出金月計對照表ニ出納官吏ニ於テ證明ノ後金員外ニシテ誤謬ノ賬（押印誤脫等ノ類）アルコトヲ出納官吏金庫ノ間ニ於テ發見シタルトキハ其誤謬ヲナシタル方ニ於テ其理由ノ證明書ヲ作リ各其對照表ニ添付方取計フヘシ

◉歲出金月計對照表ノ件（二七年五月二十五日大藏省主計局通牒）

金庫出納役

歲出金月計對照表ハ仕拂豫算額ニ異動アリテ仕拂命令受領濟額竝現金仕拂額ナキ月ニ在リテハ調製スルニ及ハス又仕拂豫算額竝仕拂命令受領濟額ナクシテ現金仕拂額ノミアリタル月ニ在リテハ式ノ如ク甲乙號ヲ調製シテ仕拂命令官ノ證明ヲ受クヘキモノトス

◉經費被詐取ノ場合檢査院ヘ報告ノ件（三十五年三月七日第二二號大藏總務長官通牒）

大藏省所管各廳

今般會計檢査院長ヨリ當省所管經費仕拂上被詐取ノ事實發見ノ場合ニハ其事實直ニ報告スヘキ旨照會有之候ニ付右ノ場合ニハ貴廳ヨリ直ニ同院ヘ御報告相成度

◉會計規則第六十七條ノ檢査員任命ノ件（二十三年四月大藏省訓令第五五號）

明治二十三年度以降內國稅徵收費所屬經學ニ係ル明治二十二年勅令第六十號會計規則第六十七條ノ檢査官吏及第百條第一項第二項ノ場合ニ要スル官吏ハ仕拂命令被任者ニ於テ之ヲ命スルコトヲ得

◎歲出簿樣式中番號記入方ノ件（二六年一二月一六日乙徵第四四一一號長崎縣照會）

本年貴省訓令第五十二號歲出簿樣式中番號欄ヘハ何種ノ番號ヲ記入スヘキモノナルヤ又同樣式中仕拂豫算額ハ本年度ニ在テハ二十六年十二月三十一日ノ殘額ヲ仕拂命令濟額ハ二十七年一月一日分ヨリ登記スル義ナルヤ

回答（二六年一二月二一日坤第二九二五號主稅局回答）

仕拂豫算ノ增減等本省達若ハ指令ニ係ルモノハ其番號支出ニ在テハ仕拂命令番號縣限リノ處分ニ係ルモノ（流用又ハ計畫分配等ノ類）決議書ノ番號又仕拂豫算額及仕拂命令濟額ハ二十六年十二月三十一日迄ノ合計額ヲ記入相成可然

◎歲出簿樣式中月計累計記入方ノ件（二九年七月二二日收發甲第九二號秋田縣照會）

明治二十六年十二月大藏省訓令第五十二號ヲ以テ稅關經費及內國稅徵收費歲出簿等樣式相定メラレ居候處右樣式ニ依レハ終始付ケ込ミノ式ニテ月計ヲ付記スヘキモノニ無之候得共每月計算書調製及金庫月計對照表突合等ノ必要有之ノミナラス帳簿整理上頗ル便宜ト被存候間一ケ月ノ支出ヲ終ルトキハ單線ヲ橫畫シ其下ニ月計及累計ヲ付シ整理致度候條右樣記帳致候モ差支無之候ヤ

回答（二九年七月二九日坤第九二〇四號主稅局回答）

月計及累計ヲ付記スヘキハ當然ノ義ニ付御見込ノ通リ御取扱相成可然

◎國庫出納上一錢未滿ノ端數計算ニ關スル件（四〇年三月法律第三一號）

第一條　國庫ノ收入金又ハ仕拂金ニ一錢未滿ノ端數アルトキハ之ヲ切捨ツ國稅ノ課稅標準額ニ付テモ亦同シ

第二條　法令ノ規定又ハ行政上ノ處分ニ依リ分納ヲ爲ス場合ニ於テ其ノ分納額ニ一錢未滿ノ端數ヲ生

スルトキハ其ノ端數ハ最初ノ納期ノ分納額ニ合算ス

第三條　地租ノ稅額ニ付テハ前二條ノ規定ヲ適用セス其ノ稅額及每納期ノ分納額ニ一錢未滿ノ端數アルトキハ之ヲ五厘トシテ計算ス

第四條　國庫ノ收入金又ハ仕拂金ニシテ其ノ全額一錢未滿ノモノハ之ヲ五厘トシテ計算ス

國庫ノ收入金ニシテ收入印紙又ハ郵便切手ヲ以テ納メシムルモノニ付テハ第一條及前項ノ規定ヲ適用セス

一筆ノ土地ノ地價ニシテ其ノ全額一錢未滿ノモノハ切リ上ケテ一錢トス

前三項ノ外國庫ノ收入及仕拂上本法ノ規定ヲ適用セサルモノハ命令ヲ以テ之ヲ定ム

附　則

第五條　本法ハ明治四十年度分ヨリ之ヲ適用ス

第六條　明治三十五年法律第二十二號ハ明治四十年度分ヨリ之ヲ適用セス但シ土地臺帳ニ登錄シタル地價ニシテ同法第七條ノ規定ニ依ル更正ヲ了セサルモノニ付テハ仍同法ノ規定ヲ適用ス

第七條　本法ノ規定ハ府縣市町村其ノ他勅令ヲ以テ指定シタル公共團體ノ租稅及公課ニ之ヲ準用ス

◉明治四十年法律第三十一號第四條第二項ニ依ル命令ノ件（四〇年三月勅令第九八號）

國庫ノ收入及仕拂中左ニ掲クル種目ニハ明治四十年法律第三十一號ノ規定ヲ適用セス

一　沒收金
二　切手及印紙類賣下代金
三　缺損補塡金
四　切手貯金拂込金
五　貨幣交換差金

附　則

本令ハ明治四十年四月一日ヨリ之ヲ施行ス

◎政府ノ工事又ハ物件ノ購入ニ關スル指名競爭ノ件（三三年六月勅令第二八〇號）

政府ノ工事又ハ物件ノ購入ニシテ無制限ノ競爭ニ付スルヲ不利トスルトキハ指名競爭ニ付スルコトヲ得

前項ニ依リ契約ヲ爲シタルトキハ事由ヲ詳具シ直ニ各省大臣ヨリ會計檢査院ニ通知スヘシ

◎政府ノ工事又ハ物件ノ賣買貸借ニ關スル隨意契約ノ件（二三年九月勅令第一九三號）

政府ノ工事又ハ物件ノ賣買貸借ニシテ競爭ニ付スルモ入札者ナキトキ又ハ會計規則第七十七條ニ依リ再度ノ入札ニ付スルモ尚ホ豫定價格ノ制限ニ達セサルトキハ隨意契約ヲ爲スコトヲ得但之カ爲メ最初競爭ニ付スルトキ定メタル價格及其他ノ條件ヲ變更スルコトヲ得ス

◎官有ノ建物等公用ノ爲メ賣渡貸渡ノ場合隨意契約ノ件（二六年一二月勅令第二二八號）

官有ノ建物及其附屬物ヲ公用ニ供スル爲メ府縣郡市町村及公共組合ニ賣渡シ又ハ貸渡ストキハ競爭ニ付セス隨意ノ契約ニ依ルコトヲ得

◎國ノ起業ニ係ル工事ニ要スル土地ノ貸付ニ關スル隨意契約ノ件（三〇年二月勅令第一五號）

國ノ起業ニ係ル工事ニ要スル土地ニシテ買收又ハ收用ノ後未タ其ノ土地ニ工事ヲ施行セサルモノハ其

ノ施行ニ至ル迄隨意契約ヲ以テ之ヲ其ノ舊所有者ニ貸付スルコトヲ得

◎政府ニ於テ直接ニ從事スル事業ニ要スル職工人夫雇傭ノ請負ニ關スル隨意契約ノ件（三四年二月勅令第八號）

政府ニ於テ直接ニ從事スル事業ニ要スル職工人夫雇傭ノ請負ハ隨意契約ニ依ルコトヲ得

附　則

明治二十九年勅令第二百八號同年勅令第二百八十號明治三十年勅令第四百六十號及明治三十三年勅令第四百號ハ之ヲ廢止ス

◎工事請負契約解除後再契約ニ關スル件（三七年二月勅令第五四號）

戰時ニ際シ政府ノ都合ニ依リ工事請負ノ契約ヲ解除シタル後更ニ其ノ工事ニ着手スルトキハ前契約ト同一又ハ之ニ相應スル割合ニ依ル條件ヲ以テ同一請負人ニ之ヲ請負ハシムルコトヲ得

◎政府ニ於テ產業組合ヨリ直接ニ物品ノ買入ヲ爲ス場合隨意契約ノ件（三八年八月勅令第二〇一號）

政府ニ於テ產業組合ヨリ直接ニ物品ノ買入ヲ爲ストキハ隨意契約ニ依ルコトヲ得

◎政府ニ於テ建築工作其ノ直接事業ニ要スル材料ヲ御料局ヨリ買受クル場合隨意契約ノ件（三八年九月勅令第二〇二號）

政府ニ於テ建築工作其ノ他直接ニ從事スル事業ニ要スル材料ヲ御料局ヨリ買受クルトキハ隨意契約ニ依ルコトヲ得

附　則

明治二十九年勅令第三百十七號同年勅令第三百五十四號ハ之ヲ廢止ス

◉工事用機械器具鐵軌車輛船舶建物及其附屬物其他材料素品ニ關スル隨意契約ノ件（二九年七月勅令第二六八號）

政府ニ於テ工事ニ要スル機械器具鐵軌車輛船舶建物及其ノ附屬物其ノ他材料素品ヲ府縣郡市町村及公共組合ヨリ買上ケ借入レ又ハ官有ノ機械器具鐵軌車輛船舶及其ノ附屬物其ノ他材料素品ヲ工事ノ爲メ府縣郡市町村及公共組合ニ賣渡シ貸渡ストキハ競爭ニ付セス隨意契約ニ依ルコトヲ得

◉官廳用電信及電話ニ關スル件（三三年九月勅令第三五六號）

官廳カ事務執行ノ爲電信電話ヲ施設スルトキハ軍用電信法ニ依ルモノヲ除クノ外總テ遞信大臣ノ定ムル規程ニ依ルコトヲ要ス

前項ニ依リ施設シタル電信電話ニシテ鐵道所屬ノモノ及公衆通信ノ用ニ供スル電信電話ナキ地ニ施設シタルモノ並當該官廳ノ事務執行ニ差支ナキモノハ遞信大臣之ヲ公衆通信ノ用ニ供スルコトヲ得

附　則

本令ハ明治三十三年十月一日ヨリ之ヲ施行ス

◉外國政府ニ聘用セラレタル官吏ニ關スル件（三七年八月勅令第一九五號）

在職官吏ニシテ許可ヲ受ケ外國政府ニ聘用セラレタル者アルトキハ其聘用中ニ限リ臨時其官ヲ增置セラレタルモノトス其現役軍人ナルトキハ定員外トス

前項ノ官吏ニ對シ必要アルトキハ特ニ在職者ニ關スル規定ヲ適用スルコトヲ得

前二項ノ場合ニ於テ俸給ハ之ヲ停止シ其他ノ給與ハ之ヲ支給セス

附　則

明治三十三年勅令第九號ハ之ヲ廢止ス

◉官吏ノ待遇ヲ受クル在職者ニシテ外國政府ニ聘用セラレタルモノニ關スル件（三七年一二月勅令第二三七號）

明治三十七年勅令第百九十五號ハ官吏ノ待遇ヲ受クル在職者ニシテ許可ヲ得テ外國政府ニ聘用セラレタルモノニ之ヲ準用ス

◉戰時事變ニ際シ臨時特設ノ部局又ハ陸海軍ノ部隊ニ配屬セシメタル文官補闕ノ件（三八年二月勅令第四三號）

戰時又ハ事變ニ際シ臨時特設ノ部局又ハ陸海軍ノ部隊ニ配屬セシメタル文官ハ之ヲ所屬官廳ノ定員外トシ其補闕ヲ爲スヲ得

◉會計檢査院法（二二年五月勅令第一五號）

第一章　組織

第一條　會計檢査院ハ天皇ニ直隷シ國務大臣ニ對シ特立ノ地位ヲ有ス

第二條　會計檢査院ハ院長一員部長二員檢査官八員ヲ置キ之ヲ會計檢査官トシ別ニ書記官專任一員副檢査官專任十六員及書記技手ヲ置ク

第三條　院長及部長ハ勅任、檢査官ハ勅任又ハ奏任、書記官及副檢査官ハ奏任、書記及技手ハ判任トス

勅任檢査官書記及技手ノ定員ハ勅令ヲ以テ之ヲ定ム

第四條　院長ハ院務ヲ總理シ部長ハ部務ヲ掌理ス

院長事故アルトキハ上席ノ部長ヲシテ代理セシムルコトヲ得

第五條　會計檢査院ニ二部ヲ設ケ各部部長一員檢査官四員ヲ以テ檢査ノ事務ヲ分掌ス

第六條　會計檢査官ハ勅令ニ定メタル資格ヲ具フル者ヲ以テ之ニ任ス

會計検査官ハ刑事裁判若クハ懲戒裁判ニ依ルニアラサレハ其ノ意ニ反シテ退官、轉官又ハ休職ヲ命セラルルコトナシ

會計検査官ニ關ル懲戒ノ條規ハ別ニ定ムル所ニ依ル

第七條　父子兄弟ハ同時ニ會計検査官トナルコトヲ得ス

第八條　會計検査官ハ他ノ官職ヲ兼ネ及帝國議會又ハ地方議會ノ議員トナルコトヲ得ス

第九條　會計検査院ノ議事ハ總會議又ハ部會議ヲ以テ決ス總會議ハ院長ヲ以テ議長トシ部會議ハ部長ヲ以テ議長トス

議事ハ多數ヲ以テ決ス可否同數ナルトキハ議長ノ決スル所ニ依ル

第十條　左ノ場合ニ於テハ總會議ヲ以テ議決ス

一　第十五條ニ依リ上奏ヲ爲シ又ハ天皇ノ下問ニ奉答スルトキ

二　第十四條ニ依リ報告書ヲ確定スルトキ

三　第十七條ニ依リ意見ヲ陳述スルトキ

四　検査事務ノ規程計算證明ノ樣式及提出ノ期限ヲ定メ又ハ之ヲ改正スルトキ

五　其ノ他院長ニ於テ總會議ニ付スルノ必要アリト認メタルトキ

第十一條　計算検査ノ判決ハ凡テ會議ニ於テス其ノ總會議ニ於テスルト部會議ニ於テスルトハ會計検査院長ノ定ムル所ニ依ル

第二章　職權

第十二條　會計検査院ハ官金ノ收支官有物及國債ニ關ル計算ヲ検査確定シテ會計ヲ監督ス

第十三條　會計検査院ノ検査ヲ要スルモノ左ノ如シ

一　總決算

二　各官廳及官立諸營造ノ收支及官有物ニ關ル決算
三　政府ヨリ補助金又ハ特約保證ヲ與フル團體及公立私立諸營造ノ收支ニ關スル決算
四　法律勅令ニ依リ特ニ會計檢査院ノ檢査ニ屬セラレタル決算
第十四條　會計檢査院ハ憲法第七十二條ニ依リ決算ヲ檢査確定スルト同時ニ左ノ諸項ニ付報告書ヲ作ルヘシ
一　總決算及各省決算報告書ノ金額ト各出納官吏ノ提出シタル計算書ノ金額ト符合スルヤ否ヤ
二　歲入ノ賦課徵收歲出ノ使用官有物ノ得有沽賣讓與及利用ハ各其ノ豫算ノ規程又ハ法律勅令ニ違フコトナキヤ否ヤ
三　豫算超過又ハ豫算外ノ支出ニシテ議會ノ承諾ヲ受ケサルモノナキヤ否ヤ
第十五條　會計檢査院ハ各年度ノ會計檢査ノ成績ヲ上奏シ其ノ成績ニ就テ法律又ハ行政上ノ改正ヲ必要トスヘキ事項アリト認ムルトキハ併テ意見ヲ上奏スルコトヲ得
第十六條　會計檢査院ハ各官廳中一部ニ屬スル計算ノ檢査及責任解除ヲ其ノ廳ニ委託スルコトヲ得但テ其ノ檢査ノ成績ハ該廳ヲシテ之ヲ會計檢査院ニ報告セシムヘシ
前項ノ委託ニ拘ラス會計檢査院ハ時宜ニ依リ其ノ所管ノ官廳ヲシテ計算書ヲ送付セシメ之カ檢査ヲ行フコトアルヘシ
第十三條第三項團體及公立私立諸營造ノ決算ニ就テモ亦本條ヲ適用スルコトヲ得
第十七條　金庫ノ出納及簿記上ニ關ル各省ノ命令ニ付會計檢査院ハ其ノ發布ノ前通知ヲ受ケ意見アルトキハ之ヲ陳述スルコトヲ得
會計檢査院ハ收入及支出ニ關ル規則ヲ定メ及既定ノ規則ヲ改正スル各省ノ命令ニ付其ノ發布ノ前通知ヲ受ク

第十八條　會計檢査院ハ計算書及計算證明ノ樣式並其ノ提出及推問ニ對スル答辯ノ期限ヲ定ム

第十九條　會計檢査院ハ各官廳ヲシテ檢査上必要ナル簿書及報告ヲ提出セシメ及主任官吏ノ辯明書ヲ求ムルコトヲ得

會計檢査院長ハ檢査上必要ト認ルトキハ主任官吏ヲ派遣シ實地檢査ヲ爲スコトヲ得此ノ場合ニ於テハ豫メ本屬長官ニ通知シ該長官ハ主任官吏ヲシテ檢査ニ立會ヲ爲サシムルコトヲ得

第二十條　會計檢査院ハ出納官吏ノ計算書及證憑書類ヲ檢査シ正當ナリト判決シタルトキハ該官ニ對シ認可狀ヲ付シ其ノ責任ヲ解除ス若シ必要ナル場合ニ於テハ之ヲ推問シ辯明又ハ正誤ヲ爲サシメ仍正當ナラスト判決シタルトキハ本屬長官ニ移牒シテ處分ヲ爲サシム

第二十一條　會計檢査院ノ判決ニ據リ辨償ノ責ヲ負フ者ハ天皇ノ恩赦ニ由ルノ外本屬長官之ヲ減免スルコトヲ得ス

第二十二條　出納官吏計算書及證憑證ノ提出ヲ怠リ又ハ樣式ヲ守ラサルトキハ會計檢査院ハ本屬長官ニ移牒シテ懲戒處分ヲ要求スルコトヲ得

第二十三條　政府ノ機密費ニ關ル計算ハ會計檢査院ニ於テ檢査ヲ行フ限ニ在ラス

第二十四條　會計檢査院ハ認可狀ヲ付スルノ後ト雖其ノ付シタル日ヨリ五箇年以內ニ於テハ出納官吏ヨリ之ヲ請求スルカ又ハ計算書ノ誤謬脫漏二重記載アルコトヲ發見シタルトキハ再審ヲ爲スコトヲ得但シ詐僞ノ證憑ヲ發見シタルトキハ五箇年後ト雖再審ヲ爲スコトヲ得

出納官吏ハ會計檢査院再審ノ判決ニ對シテ再ヒ審判ヲ請求スルコトヲ得ス

第三章　附則

第二十五條　會計檢査院ノ事務章程ハ別ニ勅令ヲ以テ定ム

◎會計檢査院事務章程（三二年一二月勅令第四五七號）

第一條　會計檢査院ニ第一部第二部ヲ設ケ各部ニ課ヲ置キ檢査ノ事務ヲ分掌セシム
第二條　會計檢査院ニ院長官房ヲ置ク
第三條　會計檢査院ノ會議ハ會計檢査官ヲ以テ組織ス
總會議ハ院長之ヲ開キ部會議ハ部長之ヲ開ク
第四條　總會議ハ會計檢査官現員ノ三分ノ二以上部會議ハ其ノ部ノ會計檢査官現員ノ半數以上出席スルニアラサレハ議決ヲ爲スコトヲ得ス
出席會計檢査官前項ノ數ニ滿タサルトキハ總會議ニ於テハ二名部會議ニ於テハ一名ヲ限リ副檢査官ヲ以テ補充スルコトヲ得
第五條　總會議及部會議ハ會計檢査官委員又ハ副檢査官ノ提出シタル文書ヲ以テ議案トス
第六條　會計檢査官總會議又ハ部會議ノ議決ヲ要スル事件ニ付議案ヲ提出セムトスルトキハ其案ヲ具ヘ理由ヲ附シ總會議ノ議決ヲ要スルモノハ院長ニ部會議ノ議決ヲ要スルモノハ部長ニ之ヲ提出スヘシ
委員ヲ設ケタル場合ニ於テ其委員ヨリ提出スル議案ニ付テ亦同シ
第七條　會計檢査官ハ父子兄弟ノ提出シタル計算書ヲ檢査シ又ハ其ノ檢定若ハ判決ニ與ルコトヲ得ス
第八條　院長ハ所部ノ職員ヲ統督シ奏任官ノ進退ハ内閣總理大臣ヲ經テ之ヲ上奏シ判任官以下ハ自ラ之ヲ行フ
第九條　院長ハ内閣總理大臣ヲ經テ所部職員ノ叙位叙勳ヲ上奏シ又ハ增俸賞與ヲ行フ
第十條　院長ハ會計檢査院全般ニ關スル事務又ハ臨時ノ事務ヲ處理セシムル爲會計檢査院高等官中ヨリ委員ヲ設クルコトヲ得
第十一條　左ノ事項ハ院長ノ職權ニ屬ス

一　各部ノ分課ヲ定ムルコト
二　各部課主管ノ事務及職員ノ配置ヲ定ムルコト
三　各部ヨリ提出スル文書ニシテ總會議又ハ部會議ノ議決ヲ要セサルモノヲ處分スルコト
四　副檢査官ニ總會議出席ヲ命スルコト
五　所部ノ職員ニ出張ヲ命スルコト
六　議事ニ關シ細則ヲ定ムルコト
七　部會議ノ議決スヘキ事項ヲ定ムルコト
八　行務監督規程及其ノ他ノ行政事務ニ關スル諸規程ヲ定ムルコト
第十二條　院長ハ各部ヨリ提出スル文書ニ付主任部長及檢査官ノ同意ヲ得テ其主意ヲ變更スルコトヲ得若其ノ同意ヲ得サルトキハ之ヲ總會議ニ付スヘシ
總會議又ハ部會議ノ議決ヲ經タル文書ト雖其主意ヲ變更セサル限リ院長ハ文書ノ訂正ヲ爲スコトヲ得
第十三條　院長ハ總會議ノ議決ヲ不當ト認ムルトキハ其ノ執行ヲ停止シ議決ノ日ヨリ十四日以内ニ之ヲ再議ニ付スヘシ
再議ノ議決ニ對シテハ其執行ヲ停止スルコトヲ得ス
院長ハ部會議ノ議決ヲ不當ト認ムルトキハ其執行ヲ停止シ其議決書ヲ受ケタル日ヨリ十四日以内ニ之ヲ總會議ニ付スヘシ
第十四條　院長ハ各部ヨリ提出スル文書ニシテ總會議又ハ部會議ノ議決ヲ要セサルモノニ付再調査ヲ爲サシムルコトヲ得
第十五條　左ノ事項ハ部長ノ職權ニ屬ス

一　其ノ名ヲ以テ審理書ヲ發スルコト
二　副檢査官ニ部會議出席ヲ命スルコト
三　部員ヲシテ其ノ部主管ノ事務ニ付一時相互ニ幇助セシムルコト
四　部員ノ行務ヲ監督シ院長ニ報告スルコト
第十六條　部長ハ各課ヨリ提出スル文書ヲ審査シ其總會議若ハ部會議ノ議決ヲ要セサルモノ又ハ院長ニ提出スルヲ要セサルモノハ直ニ之ヲ處分スヘシ
其部會議ニ付シタルモノハ總テ之ヲ院長ニ提出スヘシ
第十七條　部長ハ各課ヨリ提出スル文書ニ付主任檢査官ノ同意ヲ得テ其主意ヲ變更スルコトヲ得
若其同意ヲ得サルトキハ之ヲ部會議ニ付シ又ハ之ヲ總會議ニ提出スヘシ
部會議ノ議決ヲ經タル文書ト雖其主意ヲ變更セサル限リ部長ハ文書ヲ訂正スルコトヲ得
第十八條　部長ハ部會議ノ議決ヲ不當ト認ムルトキハ其執行ヲ停止シ議決ノ日ヨリ七日以內ニ之ヲ總會議ニ提出スヘシ
第十九條　部長ハ各課ヨリ提出スル文書ニシテ總會議又ハ部會議ノ議決ヲ要セサルモノニ再調査ヲ爲サシムルコトヲ得
第二十條　檢査官ハ各課ノ長トナリ課務ヲ掌理ス
第二十一條　檢査官ハ檢査ノ執行ニ因リ檢定、判決、審理等ニ關スル文書ヲ調製シ之ヲ部長ニ提出ス
第二十二條　副檢査官ハ各課ニ分屬シ課長ヲ助ケ又ハ院長官房若ハ各部ニ分屬シ審議立案ヲ掌ル
第二十三條　副檢査官ハ檢査ノ事項ニ關シ意見アル場合ニ於テ總會議又ハ部會議ニ議案ヲ提出セムトスルトキハ院長又ハ當該部長ノ承認ヲ經ヘシ
第二十四條　書記官ハ院長官房ニ屬シ庶務ヲ掌ル

第二十五條　書記ハ上官ノ指揮ヲ承ケ檢査ノ事務又ハ庶務ニ從事ス
技手ハ上官ノ命ヲ承ケ速記ノ事務ニ從事ス
第二十六條　會計檢査院ハ行務年度ヲ定メ檢査ノ事務ヲ執行ス
第二十七條　會計檢査院ハ檢査ノ事項ニ付當該官吏ニ對シテハ審理書ヲ發シ國務大臣ニ對シテハ質問書又ハ注意書ヲ發スルコトヲ得
第二十八條　會計檢査院ハ出納官吏ノ計算正當ナリト判決シタルトキハ本屬長官ヲ經由シテ認可狀ヲ交付シ正當ナラスト判決シタルトキハ本屬長官ニ對シ處分要求書ヲ發スヘシ
會計檢査院ハ出納官吏其ノ負擔スヘキ缺損金ノ辨償ヲ終ヘタルトキハ本屬長官ヲ經由シテ認可狀ヲ交付スヘシ
第二十九條　會計檢査院ハ國ノ代表者ニ於テ出納官吏ニ對スル公訴附帶ノ私訴ヲ提起シタル事項ニ關シテハ之ニ對スル通牒又ハ特別裁判所ノ判決執行ノ結果ニ依リ其ノ檢査判決ヲ行フヘシ
第三十條　會計檢査院ハ第二十八條ノ處分要求書ニ對スル本屬長官ノ處分ヲ以テ適當ナラスト認ムルトキハ其ノ事由ヲ檢査成績ニ載セテ上奏スヘシ
第三十一條　會計檢査院ハ出納官吏ニ對シ再審ヲ行フ場合ニ於テハ前ニ該件ノ檢査ヲ擔當セサリシ他ノ部ニ移シテ審査セシムヘシ
第三十二條　會計檢査院ハ出納官吏ノ請求ニ因リ再審ヲ行フ場合ニ於テハ其ノ旨ヲ本屬長官ニ通知スヘシ
會計檢査院ハ職權ヲ以テ再審ヲ行フ場合ニ於テハ本屬長官ヲ經由シテ其ノ旨ヲ當該出納官吏ニ通知スヘシ
第三十三條　會計檢査院ハ左ノ場合ニ於テ本屬長官ヲシテ直ニ報告ヲ爲サシムルコトヲ得

一　出納官吏其ノ保管スル現金ヲ亡失シタルトキ
二　各省大臣出納官吏ニ對シ辨償ヲ命シタルトキ
三　出納官吏ニ對スル公訴ニ附帶シテ國ノ代表者私訴ヲ提起シタルトキ
第三十四條　會計検査院ハ各地方官廳ヲシテ其ノ地ノ物價ヲ定期又ハ臨時ニ報告セシムルコトヲ得

◉物品會計規則（二二年六月勅令第八四號）

第一條　此ノ規則ニ於テ物品ト稱スルハ政府ニ屬スル器具器械備品消耗品動物其ノ他一切ノ動產ヲ云フ但シ陸海軍ノ兵備ニ關ルモノハ各其ノ規則ニ依ル
政府ノ保管ニ屬スル物品ニシテ各省大臣ニ於テ特ニ指定スルモノハ本規則ヲ準用ス此ノ場合ニ於テハ各省大臣ヨリ會計検査院へ通知スヘシ
第二條　物品ノ會計ハ總テ年度ヲ以テ區分シ毎年四月一日ヨリ翌年三月三十一日ニ至ル十二箇月ヲ以テ一年度トス
第三條　物品ノ會計ハ現ニ其ノ出納ヲ執行シタル日ヲ以テ年度ノ所屬ヲ區分スヘシ
第四條　物品ヲ保管シ之カ出納ヲ掌ル者ヲ物品會計官吏トス
第五條　總テ物品ハ責任アル官吏ノ保管ニ付スヘシ
第六條　物品會計官吏ハ各省大臣ノ定メタル規定ニ據リタル命令アルニアラサレハ物品ヲ出納スルコトヲ得ス
第七條　物品會計官吏ハ其ノ故意怠惰ニ由リ保管ノ物品ヲ亡失毀損シタルトキ辨償ノ責ニ任スヘシ

第八條　各省大臣ノ定メタル規程ニ據リ各官吏以下ノ使用ニ供シタル物品ノ亡失毀損ニ就テハ物品會計官吏ハ合規ノ監督ヲ怠リタル場合ノ外ハ其ノ責任ヲ免ルコトヲ得
第九條　物品會計官吏ハ各省大臣ノ命シタル代理官ノ所爲ニ就テハ其ノ責任ヲ免ルコトヲ得
物品會計官吏ノ代理官ハ其ノ代理セル所爲ニ就テハ物品會計官吏タルノ責任ヲ免ルコトヲ得ス
第十條　物品會計官吏ハ物品ノ出納帳簿ヲ備ヘ其ノ出納ノ事實ヲ登記スヘシ
物品ノ消耗賣拂亡失毀損生産ノ爲メノ消費及其ノ他物品會計官吏ノ保管ヲ離ルルヲ出トシ買入生産及其ノ他其ノ保管ニ屬スルヲ納トス
第十條ノ二　各省大臣ハ檢査ノ官吏ヲ命シ四年以内ヲ以テ一期トシ物品會計官吏ノ保管スル物品ノ全部ヲ精細ニ檢査セシメ其ノ調書ヲ作ラシムヘシ但シ廳費ニ屬スル物品ハ各省大臣適宜ニ檢査ノ方法ヲ設クヘシ
第十一條　常時出納ヲナササル倉庫若クハ貯藏所ノ物品ハ各省大臣ヨリ毎年一回若クハ物品會計官吏交替ノ際檢査ノ官吏ヲ命シ目錄ト現在品ノ照合ヲナサシメ其ノ調書ヲ作ラシムヘシ
第十二條　在外各廳其ノ他特ニ主任ノ官吏ヲ置ク能ハサル支部局ニアル物品ハ各省大臣ヨリ毎年一回若クハ物品會計官吏交替ノ際檢査ノ官吏ヲ命シテ現在品及出納ノ實況ヲ調査セシメ其ノ調書ヲ作ラシムヘシ
第十三條　第十條ノ二第十一條第十二條ノ調書ニハ檢査官吏及檢査ヲ受ケタル物品會計官吏若クハ特ニ命セラレタル立會人之ニ署名スヘシ
第十四條　（削除）
第十五條　物品會計官吏ハ會計檢査院ノ檢査判決ヲ受クル爲メ毎年度間ニ執行シタル物品出納ノ計算書ヲ製シ會計檢査院所定ノ期限内ニ證憑書類ヲ添ヘ之ヲ本屬大臣ニ差出スヘシ

物品會計官吏交替ヲナシタルトキ前任官吏ハ前項ニ準シテ計算書ヲ差出スヘシ但シ前任官吏死亡其ノ他ノ事故ニ因リ自身計算書ヲ調製スル能ハサル場合ニ於テハ各省大臣ハ他ノ官吏ヲ命シテ之ヲ調製セシムヘシ

第十六條　前條第二項但書ニ據リ調製シタル計算書ハ責任ヲ有スル物品會計官吏ノ自身ニ調製シタルモノト同一ニ見做シ會計檢査院ニ於テ檢査判決ヲナスヘシ

第十七條　各省ノ部局長若クハ特ニ監督ノ任アル官吏ハ第十五條計算書ノ下檢査ヲ執行シ其ノ下檢査書ヲ添付シテ之ヲ會計檢査院ヘ送附スヘシ

第十八條　常時出納ヲナササル倉庫若クハ貯藏所ノ物品又ハ在外各廳其ノ他特ニ主任ノ官吏ヲ置ク能ハサル支部局ノ物品ヲ保管ルス物品會計官吏ハ第十一條又ハ第十二條ノ調書ヲ以テ第十五條ノ計算書ニ代ヘ責任ノ解除ヲ會計檢査院ニ求ムルコトヲ得

第十八條ノ二　會計檢査院法第十六條ニ依リ委託檢査ニ付シタル物品ニ對シテハ帳簿ヲ以テ出納ヲ證明セシメ第十五條ノ計算書ヲ省略スルコトヲ得

第十九條　會計規則第八十四條第八十五條第八十八條第八十九條第八十八條ノ二及第百二條乃至第百十條ハ物品會計官吏ニ準用ス

第二十條　物品ノ保管出納ニ關スル規定及帳簿ノ樣式ハ各省大臣之ヲ定メ發布前會計檢査院ヘ通知スヘシ

第二十一條　官吏ノ執務上必要ナル物品ノ交付及其ノ交付ヲ受タル官吏ノ責任ニ就テハ各省大臣之ヲ規定スヘシ

第二十二條　此ノ規則ハ明治二十二年十月一日ヨリ施行ス

◎出納官吏交替ノトキ事務引繼手續（二三年四日大藏省訓令第五四號）

第一條　出納官吏交替ノトキハ前任出納官吏ニ於テ引繼ヘキ帳簿證憑書其他書類ノ目錄二通ヲ作リ後任出納官吏立會ノ上ニテ現物ニ照シ受授ヲ爲シタル後チ目錄ニ年月日及無相違受授ヲ了シタル旨ヲ記入シ兩出納官吏ニ於テ署名捺印シ各一通ヲ所持スヘシ

第二條　出納官吏ニ於テ備フル所ノ帳簿ハ引繼ノ日ニ於テ最終記帳ノ下ニ單線ヲ畫シ合計高ヲ記載シ其下ニ二線ヲ畫シ其次ニ年月日ヲ記入シ前任出納官吏及後任出納官吏署名捺印スヘシ

第三條　會計規則ニ依リ收入官吏ニ於テ調製スル所ノ毎月收入報告書ハ後任收入官吏之ヲ調製スヘシ

第四條　（削除）

第五條　收入官吏交替ノトキハ前任收入官吏ニ於テ第二號書式ノ收入計算書二通ヲ調製シ收入未濟額ヲ後任收入官吏ニ引繼ヘシ

第六條　現金ヲ領收スル收入官吏現金前渡ヲ受ケタル官吏及政府ニ屬スル歳入歳出外ノ現金ヲ取扱フ出納官吏交替ノトキハ前任出納官吏ニ於テ現在保管ノ金額及金種類ヲ示ス所ノ第三號書式計算書ヲ作リ現金出納簿ト對照シ保管金ヲ後任出納官吏ニ引繼ヘシ

第七條　後任出納官吏第五條第六條ノ引繼ヲ受ケタルトキハ收入計算書及保管金現在高計算書ニ式ノ如ク記入捺印シ一通ヲ前任出納官吏ニ交付スヘシ

第八條　二十二年大藏省令第十三號第一章ニ依リ出納官吏ヨリ金庫ニ委託シタル現金ハ前任出納官吏ヨリ後任出納官吏ニ引繼キ後任出納官吏ハ同省令第二條ニ依リ印鑑ヲ金庫ニ送付スヘシ

第九條　（削除）

（書式略）

◉出納官吏身元保證金ニ關スル件（三五年八月勅令第二〇五號）

第一條　各省大臣ハ必要ト認ムル場合ニ於テ現金若ハ物品ノ出納ヲ掌ル所ノ官吏ニ身元保證金納付ヲ命スルコトヲ得

第二條　各省大臣ハ相當ト認ムル期間内ニ於テ身元保證金ノ分納ヲ許可スルコトヲ得

第三條　身元保證金ニ代用セムトスル公債證書及土地ノ價格ハ各省大臣ニ於テ相當ト認メタル時價ニ依ルヘシ

附　則

第四條　本令施行前身元保證金ヲ納付シタル者ニシテ其ノ必要ヲ認メサルトキハ之ヲ拂戻スヘシ

第五條　明治二十三年勅令第四號ハ本令施行ノ日ヨリ之ヲ廢止ス

◉勸業債券興業債券貯蓄債券ヲ保證金ニ使用ノ件（三六年一二日勅令第二八三號）

日本勸業銀行法第三十四條日本興業銀行法第十二條又ハ貯蓄債券法ニ依リ發行シタル債券ハ會計規則第六十九條及第百三條ノ保證金ニ使用スルコトヲ得

身元保證金ニ代用セムトスル債券ノ價格ハ明治三十五年勅令第二百五號第三條ノ例ニ依ル

附　則

明治三十二年勅令第四百三十三號ハ之ヲ廢止ス

◉政府ニ納ムヘキ保證金其他ノ擔保ニ充用スル國債ノ價格ニ關スル件（四一年一一月勅令第二八七號）

政府ニ納ムヘキ保證金其ノ他ノ擔保ニ充用スル國債ノ價格ハ其ノ債權金額ニ依ル

明治三十八年勅令第二十號ハ之ヲ廢止ス

◉保管金規則（二三年一月法律第一號）

第一條　法律勅令又ハ從來ノ規則ニ依リ政府ニ於テ保管スル公有金私有金ハ左ノ計算法ニ從ヒ滿五年ヲ過キテ拂戻ノ請求ナキトキハ政府ノ所得トス

但別ニ法律ヲ以テ失權ノ期限ヲ定メタルモノハ各其定ムル所ニ依ル

第一　保管義務解除ノ期アルモノハ其義務ヲ解除シタル翌日ヨリ起算ス

第二　保管義務解除ノ期ナキモノハ保管ノ翌日ヨリ起算ス

第三　訴訟事件ノ爲ニ拂戻ヲ請求スル能ハサル場合ニ於テハ裁判確定ノ翌日ヨリ起算ス

第二條　保管金ハ法律勅令又ハ從來ノ規則若クハ契約ニ依ルノ外利子ヲ付セス

第三條　保管金ノ證書ハ賣買讓與又ハ書入質入スルコトヲ得ス

第四條　保管金ノ受渡ニ屬スル證書ハ證券印税ヲ納ムルニ及ハス

◉政府ニテ保管ノ義務ヲ有スル公有金私有金寄託ノ件（二三年一月勅令第二號）

預金規則ニ定メタルモノノ外法律勅令又ハ從來ノ規則ニ依リ政府ニ於テ保管ノ義務ヲ有スル公有金私有金ハ總テ大藏省ニ寄託スヘシ

法律勅令又ハ從來ノ規則ニ依ルノ外政府ハ公有金私有金ヲ保管セス

◉政府所有ノ有價證券及政府ニ於テ保管ノ義務ヲ有スル有價證券寄託ノ件（二六年七月勅令第七〇號）

各官廳ニ於テ管理スル政府所有ノ有價證券ハ保管ノ爲メ大藏省預金局ニ寄託スヘシ

政府ニ於テ保管ノ義務ヲ有スル公有私有ノ有價證券ハ大藏省預金局ニ寄託スヘシ

◉保管物取扱規程（二六年九月大藏省令第二〇號）

第一條　明治二十三年勅令第二號明治二十六年勅令第七十號ニ依ル金錢有價證券ノ保管受渡ハ此規程

ニ依リ金庫ニ於テ取扱フモノトス

第二條　現金又ハ有價證劵ハ權利者ヨリ寄託スルモノト官廳ヨリ寄託スルモノトノ二種ニ分チ之ヲ取扱フヘシ

第三條　取扱官廳ニ於テ權利者ヲシテ現金又ハ有價證劵ヲ寄託セシムルトキハ第一號書式ノ寄託通知書ヲ製シ之ヲ權利者ヘ交附スヘシ

第四條　權利者ハ現金又ハ有價證劵ニ前條ノ寄託通知書ヲ添ヘ之ヲ金庫ヘ差出スヘシ

第五條　金庫ニ於テ前條ノ寄託ヲ受ケタルトキハ第二號書式ノ保管證書ヲ製シ之ヲ權利者ヘ交付スヘシ

第六條　官廳ニ於テ現金又ハ有價證劵ヲ寄託スルトキハ第三號書式ノ送付書ヲ製シ之ヲ現金又ハ有價證劵ニ添ヘ金庫ヘ送付スヘシ

第七條　金庫ニ於テ前條ノ寄託ヲ受ケタルトキハ第四號書式ノ領收證書ヲ製シ之ヲ寄託官廳ニ交付スヘシ

第八條　官廳ニ於テ數人ノ權利者ニ屬スル現金ヲ取纒メ寄託スルトキハ其送付書ニ第五號書式ノ仕譯書ヲ添付スヘシ

但權利者不分明ナル者ハ其旨ヲ送付書又ハ仕譯書ニ記入スヘシ

第九條　取扱官廳ハ本規程ニ依リ現金又ハ有價證劵等受渡ノ證明ニ供スル爲メ豫メ其廳及取扱主任官ノ印鑑ヲ金庫ヘ送付スヘシ廳印ノ更改主任官ノ改印又ハ主任官變更ノ場合ニ於テモ亦同シ
有價證劵ニ屬スル利札交付ノトキ其受渡ヲ證明スル爲メ權利者ハ有價證劵寄託ノ際印鑑ヲ金庫ヘ差出シ置クヘシ

第十條　權利者ニ於テ其寄託シタル現金又ハ有價證劵ノ拂戻ヲ受ケントスルトキハ取扱官廳ノ裏書ヲ

爲シタル保管證書ヲ得テ金庫へ差出シ之カ拂戻ヲ請求スヘシ

第十一條　取扱官廳ノ裏書アル保管證書ヲ以テ現金又ハ有價證券ノ拂戻ヲ請求スル者アルトキハ金庫ハ取扱官廳及主任官ノ印鑑ニ照合シ相違ナキモノハ之ト引換ニ現金又ハ證券ヲ交付スヘシ

第十二條　權利者ニ於テ官廳ヨリ寄託シタル現金又ハ有價證券ノ拂戻ヲ受ケントスルトキハ其事由ヲ具シ其取扱官廳ニ請求スヘシ

取扱官廳ニ於テ前項ノ請求ヲ審査シ相當ト認ムルトキハ金庫ニ宛タル第六號書式ノ拂渡證書ヲ製シ之ヲ權利者ヘ交付スヘシ

權利者ニ於テ前項ノ拂渡證書ヲ受ケタルトキハ之ヲ金庫ヘ差出シ現金又ハ證券ノ拂渡ヲ受クヘシ

第十三條　金庫ハ前條ノ拂渡證書ヲ以テ現金又ハ有價證券ノ拂渡ヲ請求スル者アルトキハ取扱官廳及主任官ノ印鑑ニ照合シ相違ナキモノハ之ト引換ニ現金又ハ證券ヲ交付スヘシ

第十四條　政府ノ所有ニ歸シタル保管金ハ左ノ手續ニ依リ取扱フヘシ

一　保管證書ヲ發シタルモノハ取扱官廳ニ於テ該證書ノ裏面ニ事由ヲ記載シ收入官吏ヲシテ歲入トシテ金庫ヘ納付セシムヘシ

一　保管證書ヲ發セサルモノハ大藏大臣ノ令達ニ依リ金庫ニ於テ歲入トシテ編入スヘシ

第十五條　取扱官廳ニ於テ保管金ノ幾分ヲ歲入ト爲シ又ハ幾分ヲ權利者ニ拂戻スコトヲ要スルトキハ保管證書ニ事由書ヲ付シ保管證書ノ分割ヲ金庫ニ請求スヘシ

第十六條　金庫ニ於テ前條ノ請求ヲ受ケタルトキハ新ニ保管證書ヲ製シ舊保管證書ト交換スヘシ

第十七條　保管金ノ利子ハ每年三月三十一日ヲ期トシテ之レカ計算ヲ爲スヘシ又元金悉皆拂戻ニ對スル利子ハ其元金ヲ拂戻シタルトキ計算ヲ爲スヘシ

權利者ニ於テ保管金利子ノ拂渡ヲ請求スルトキハ第七號書式ノ請求書ヲ取扱金庫ヘ差出スヘシ

第十八條　金庫ニ於テ前條第二項ノ請求書ヲ受ケタルトキハ利子金額ヲ算出シ式ノ如ク之ヲ記入證明シ日本銀行又ハ其支店ヘ之ヲ回付スヘシ

日本銀行又ハ其支店代理店ニ於テ前項ノ請求書ヲ受ケタルトキハ之ヲ調査シ利子受取人ヲシテ式ノ如ク受領ヲ證セシメ其現金ヲ交付スヘシ

第十九條　官廳又ハ權利者ニ於テ其寄託シタル有價證券ニ屬スル利子ノ渡期ニ至リ之カ利札ノ交付ヲ受ケントスルトキハ第十號書式ノ領收證書ヲ金庫ヘ差出スヘシ

金庫ハ前項ノ領收證書ト引換ニ利札ヲ交付スヘシ

第二十條　保管證書又ハ領收證書ヲ亡失シタルカ爲メ官廳又ハ權利者ヨリ保管ノ證明方ヲ金庫ニ請求スルトキハ金庫ニ於テハ第十一號書式ノ證明書ヲ製シ之ヲ官廳又ハ權利者ヘ交付スヘシ

保管證書又ハ領收證書ヲ汚染毀傷シ證書ノ要點ヲ見認メ難キニ至リタルカ爲メ官廳又ハ權利者ヨリ之カ引換ヲ金庫ニ請求スルトキハ金庫ハ更ニ保管證書又ハ領收證書ヲ製シ舊證書ト交換スヘシ

第二十一條　官廳ニ於テ金庫ヘ寄託シタル保管金ニシテ權利移轉又ハ其他ノ事故ノ爲メ其送付書ニ記載シタル期滿失效ノ年月（本文期滿失効ノ年月日トハ各其據ルヘキ法律規則ニ依リ算出シタルモノナ云フ）日ニ變更ヲ生スルトキハ卽日其旨ヲ金庫ヘ通知スヘシ

前項保管金ニシテ權利者自ラ其權利ヲ拋棄シ又ハ其他ノ事故ノ爲メ保管ノ必要ナク歳入ヘ編入スヘキモノハ其旨ヲ金庫ヘ通知スヘシ

附　則

第二十二條　前條保管金ニシテ本令發布以前既ニ其送付書ニ記載シタル期滿失效ノ年月日ニ變更ヲ生シタルモノハ明治二十七年二月二十八日迄ニ當該官廳ヨリ其旨ヲ金庫ヘ通知スヘシ

第二十三條　金庫ニ於テ前條ノ通知ヲ受說タルトキハ直ニ調査シ全ク期滿失效トナリタルモノハ計算

書ヲ作リ明治二十七年三月三十一日迄ニ當該官廳ニ送付シ其證明ヲ受ケ之ヲ整理スヘシ(書式略)

◉寄託金ニ關スル注意ノ件(二三年五月大藏省訓令第七八號)

廳府縣

本年一月勅令第一號ヲ以テ公有金私有金寄託ノ義ヲ定メラレ候處各廳ニ於テ一時ノ取扱ニ係ル金錢ハ包含セサル義ナルニ往々警察官拾得金未決囚所持金ノ類ニシテ直チニ交付又ハ仕拂ヲナス場合ニ於テモ「預金局」ニ寄託シ却テ事務取扱ノ不便ヲ釀スモノ有之候ニ付今後ハ數日内ニ其交付又ハ仕拂フヘキ見込ナキモノヲ「預金局」ニ寄託スル義ト心得ヘシ

◉保管金金庫換及振換拂ニ其利子仕拂手續(三六年三月大藏省令第九號)

保管金金庫換及振換拂竝ニ其利子仕拂手續左ノ通相定ム

第一條　保管物取扱規程第四條ニ依リ甲地金庫ヘ寄託シタル保管金ヲ乙地金庫ヨリ拂渡ヲ受ケントスル者ハ其事由ヲ記載シタル請求書ヲ取扱官廳ヘ差出スヘシ

取扱官廳ニ於テ前項ノ請求ヲ受ケタルトキハ保管證書ノ裏面ニ其事由(表書ノ金額振換拂ノ手續ヲ以テ何金庫ヨリ拂渡スコトヲ要ス)ヲ記載シ請求書ト共ニ甲地金庫ヘ送付シ其旨受取人ニ通知スヘシ

第二條　保管物取扱規程第六條ニ依リ甲地金庫ヘ寄託シタル保管金ヲ乙地金庫ヨリ拂渡ヲ要スルトキハ取扱官廳ニ於テ受取人ヨリ前條第一項ノ請求書ヲ徵シ之ニ其事由(前書ノ金額振換拂ノ手續ニヨリ何金庫ヨリ拂渡スコトヲ要ス)ヲ記載シタル保管金拂渡證書ヲ添ヘ甲地金庫ヘ送付シ其旨受取人ヘ通知スヘシ

第三條　前二條ノ請求ヲ受ケタル甲地金庫ハ之ヲ調査シ其請求書ニ振換拂通知書ヲ添ヘ乙地金庫ヘ送付スヘシ

第四條　乙地金庫ニ於テ前條ノ書類ヲ受ケタル後受取人ヨリ拂渡ノ請求アリタルトキハ適宜ノ領收證書ヲ徵シ其印章ヲ請求書ノ印章ニ對査ノ上現金ヲ受取人ニ交付シ請求書ハ當該官廳ヘ返付スヘシ

第五條　保管物取扱規程第六條ニ依リ甲官廳ヨリ甲地金庫ヘ寄託シタル保管金ヲ乙官廳ノ取扱ニ移シ乙地金庫ヲシテ保管セシムルコトヲ要スルトキハ甲官廳ニ於テ第二條ノ保管金拂渡證書ヲ作リ之ヲ甲地金庫ニ送付シ乙地金庫宛振換拂通知書ヲ得テ之ヲ乙官廳ヘ送付スヘシ

乙官廳ニ於テ前項ノ通知書ヲ得タルトキハ其金額ニ對スル領收證書ヲ添ヘ當該金庫ヘ送付スルト同時ニ保管物取扱規程第六條ノ送付書ヲ作リ其現金ヲ寄託スヘシ

第六條　第一條ニ依リ甲地金庫ニ寄託シタル保管金ノ利子ヲ受取ルヘキ者カ乙地金庫所在地ノ日本銀行本支店又ハ代理店ニ於テ仕拂ヲ受ケントスルトキハ保管物取扱規程ニ定メタル請求書ニ其事由（「利子請求書中金何圓ニ對スル利子」ノ下ニ「日本銀行又ハ日本銀行何地支店若クハ代理店ニ於テ仕拂相成度云々」ト記入スルコト）ヲ記載シ甲地金庫ヘ送付スヘシ

甲地金庫ニ於テ前項ノ利子請求書ヲ受ケタルトキハ式ノ如ク證明シ其請求書ニ指定ノ日本銀行本支店又ハ代理店ニ回付シ日本銀行本支店又ハ代理店ハ受取人ヲシテ式ノ如ク受領ヲ證セシメ其現金ヲ交付スヘシ但甲地金庫ハ本文ノ請求書ヲ回付スルト同時ニ其旨受取人ヘ通知スルコトヲ要ス

附　則

第七條　本令ハ明治三十六年四月一日ヨリ之ヲ施行ス

●供託法（三二年二月法律第一五號）

第一條　法令ノ規定ニ依リテ供託スル金錢及ヒ有價證券ハ金庫ニ於テ之ヲ保管ス

第二條　金庫ニ供託ヲ爲サント欲スル者ハ大藏大臣カ定メタル書式ニ依リテ供託書ヲ作リ供託物ニ添ヘテ之ヲ差出タスコトヲ要ス

第三條　金庫ハ金錢ノ供託ヲ受ケタル翌月ヨリ拂渡請求ノ前月マテ大藏大臣カ定メタル利息ヲ拂フコトヲ要ス

第四條　金庫ハ供託物ヲ受取ルヘキ者ノ請求ニ因リ供託ノ目的タル有價證券ノ償還金、利息又ハ配當金ヲ受取リ供託物ニ代ヘ又ハ其從トシテ之ヲ保管ス但保證金ニ代ヘテ有價證券ヲ供託シタル場合ニ於テハ供託者ハ其利息又ハ配當金ヲ請求スルコトヲ得

第五條　司法大臣ハ法令ノ規定ニ依リテ供託スル金錢又ハ有價證券ニ非サル物品ヲ保管スヘキ倉庫營業者ヲ指定スルコトヲ得

第六條　倉庫營業者ハ其營業ノ部類ニ屬スル物ニシテ其保管シ得ヘキ數量ニ限リ之ヲ保管スル義務ヲ負フ

倉庫營業爲ニ供託ヲ爲サントヲ欲スル者ハ司法大臣カ定メタル書式ニ依リテ供託書ヲ作リ供託物ニ添ヘテ之ヲ交付スルコトヲ要ス

第七條　倉庫營業者ハ供託物ヲ受取ルヘキ者ニ對シ一般ニ同種ノ物ニ付テ請求スル保管料ヲ請求スルコトヲ得

第八條　供託物ハ供託者カ指定シタル者又ハ法令若クハ裁判ニ依リテ定マリタル者ニ之ヲ還付ス

供託者ハ民法第四百九十六條ノ規定ニ依レルコト、供託カ錯誤ニ出テシコト又ハ其原因カ消滅シタルコトヲ證明スルニ非ラサレハ供託物ヲ取戻スコトヲ得ス

第九條　供託者カ供託物ヲ受取ル權利ヲ有セサル者ヲ指定シタルトキハ其供託ハ無效トス

第十條　供託物ヲ受取ルヘキ者カ反對給付ヲ爲スヘキ場合ニ於テハ供託所ニ其給付ヲ爲シ又ハ供託者ノ書面若クハ裁判ニ依リ其給付アリタルコトヲ證明スルニ非サレハ供託物ヲ受取ルコトヲ得ス

附　則

第十一條　本法ハ明治三十二年四月一日ヨリ之ヲ施行ス

第十二條　本法施行前ニ供託シタル金錢ニハ其施行ノ月ヨリ拂渡請求ノ前月マテ第三條ノ利息ヲ附スルコトヲ要ス

第十三條　第四條、第八條及ヒ第十條ノ規定ハ本法施行前ニ供託シタル物ニモ亦之ヲ適用ス

第十四條　明治二十三年勅令第百四十五號供託規則ハ本法施行ノ日ヨリ之ヲ廢止ス

◉供託物取扱規程（三二年三月大藏省令第六號）

第一條　明治三十二年法律第十五號供託法ニ從ヒ金庫ニ於テ保管スル供託物ハ此ノ規程ニ依テ取扱フモノトス

第二條　此ノ規程ニ於テ供託物ト稱スルハ法律命令中供託ヲ明記セラレタル場合ニ於テ保管スヘキ金錢、有價證券ヲ謂フ

第三條　供託ヲ爲サントスル者ハ左ノ事項ヲ明示シタル第一號書式ノ供託書二通ヲ作リ之ニ供託物ヲ添ヘ金庫ヘ提出スヘシ

第一　供託者ノ住所氏名官吏公吏ノ公務上取扱フ場合ハ其ノ官廳名官氏名又ハ職氏名但シ代人ヲ用ユルトキハ尙代人ノ住所氏名

第二　供託セントスル金額

有價證券ハ其ノ種類記號番號券面額枚數但シ全額拂込未濟ノモノハ券面額ノ左側ニ其ノ拂込濟額ヲ記入スルコトヲ要ス

第三　供託ノ原因（事實ヲ詳記スルノ外利害關係人ノ法律上ノ位置及氏名）

第四　供託スヘキ法令ノ條項

第五　供託物ヲ受取ルヘキ者ノ指定ヲ要スル場合ハ其ノ者ノ法律上ノ位置（質權者、抵當權者等特ニ其ノ名稱ヲ記スルコトヲ要ス）及氏名住所官廳ナレハ其ノ官廳名官氏名又ハ職氏名

第六　供託物ヲ受取ル可キ者ヨリ反對給付ヲ受クルコトヲ要スル場合ハ其ノ反對給付ノ目的物

第七　官廳ニ對スル保證又ハ擔保トシテ供託スルトキハ其ノ官廳名若シ訴訟ニ關スルトキハ其ノ件名及裁判所名

第四條　金庫ニ於テ前條ノ供託ヲ受ケタルトキハ之ヲ調査シ其ノ要件ノ具備シタルコトヲ認メタル後供託書ノ一通ニ式ノ如ク受領ヲ證シ供託者ニ交付スヘシ

第五條　供託物ハ郵便ニ依リ寄託スルコトヲ得但シ供託物カ金錢ナルトキハ供託者ノ危險負擔ヲ以テ銀行ノ送金手形若クハ郵便爲替券等ヲ以テ供託書ト共ニ金庫ニ送付スルコトヲ得

第六條　金庫ニ於テ前條ニ依リ送金手形若クハ爲替券等ノ送付ヲ受ケタルトキハ之ヲ現金ニ交換シタル後第四條ニ於ケル受領ノ手續ヲ爲スモノトス

第七條　供託物ヲ受取ルヘキ者ニ於テ供託ノ目的タル有價證券ノ償還金利息又ハ配當金ノ受取方ヲ請求セントスルトキハ第二號書式ノ請求書二通ヲ作リテ金庫ヘ提出スヘシ

保證金ニ代ヘテ有價證券ヲ供託シタル者ニ於テ前項ノ請求ニ依リ金庫ニ保管セラレタル其ノ利息又ハ配當金ヲ受取ラントスル者ハ第八條ノ附屬供託物受領證ニ式ノ如ク領收ノ奥書ヲ爲シ其ノ拂渡ヲ金庫ニ請求スヘシ

保證金ニ代ヘテ利札付有價證券ヲ供託シタル場合ニ於テハ本條第一項ノ手續ニ依ラス直チニ其ノ利札ヲ受取ルコトヲ得但シ此場合ハ第三號書式ノ領收證書ヲ作リ利札ノ交付ヲ金庫ニ請求スヘシ

第八條　金庫ニ於テ前條第一項ノ請求ヲ受ケタルトキハ其ノ償還金利息又ハ配當金ヲ受取リ償還金ハ代供託物利息又ハ配當金ハ附屬供託物トシテ之ヲ保管シ請求書ノ一通ニ式ノ如ク受領ヲ證シ請求者ニ交付スヘシ

前條第二項ノ請求ヲ受ケタルトキハ其ノ附屬供託物ヲ交付シ第三項ノ請求ヲ受ケタルトキハ其ノ利札ヲ交付スヘシ

第九條　供託法第八條ニ規定スル供託者ノ指定シタル者又ハ法令若クハ裁判ニ依リテ定マリタル者ニ於テ供託物ノ全部又ハ幾分ノ拂渡ヲ受ケントスルトキハ第四號書式ノ請求書ヲ作リ第四條及第八條

第一項ノ受領證ヲ添ヘ其ノ請求ノ原由ヲ證スヘキ左ノ書類ト共ニ金庫ヘ提出ス可シ但シ全部ノ拂渡ヲ要スルトキハ其ノ受領證ニ式ノ如ク奥書ヲ爲シ幾分ノ拂渡ヲ要スルトキハ第五號書式ノ領收證書ヲ提出スルコトヲ要ス

第一　供託者カ指定シタル者ハ其ノ供託通知書

第二　法令ニ依リテ定マリタル者ハ其ノ受取ルヘキ事由ヲ證スルニ足ル書類

第三　裁判ニ依リテ定マリタル者ハ執行力アル判決ノ正本又ハ裁判所ノ命令書

前項ノ拂渡ヲ請求スル者カ反對給付ヲ爲スヘキ者ナルトキハ其ノ給付ヲ爲シタル金錢、證券若クハ物件ノ數量等ヲ表示シタル左ニ掲クル者ノ證明書ヲ仍ホ提出スルコトヲ要ス

第一　供託所ニ給付ヲ爲シタルトキハ其ノ金庫又ハ倉庫營業者ノ作リタル供託受領ヲ證スル書類

第二　反對給付ヲ受クヘキ者ニ給付ヲ爲シタルトキハ供託者ノ書面又ハ判決ノ正本

第十條　供託者ニ於テ供託物ノ取戻ヲ爲サントスルトキハ前條第一項ノ手續ニ依リ其ノ請求ノ原由ヲ證スヘキ左ノ書類ヲ提出シ其ノ拂渡ヲ金庫ニ請求スヘシ

第一　債權者カ供託ヲ受諾セサル場合ニ於テハ其ノ事由ヲ表示シタル債權者ノ書面

第二　供託ヲ有效ト宣告シタル判決カ未確定ナル場合ニ於テハ其ノ判決書ノ正本

第三　第一、第二ノ場合ニ於テ供託カ質權又ハ抵當權ノ消滅ニ關スルモノナルトキハ其ノ質權又ハ抵當權ノ消滅セサリシコトヲ證明シ得ヘキ書類

第四　供託ノ原因カ消滅シ又ハ供託カ錯誤ニ出テシ場合ニ於テハ其ノ事實ヲ證明スルニ足ルヘキ書類又ハ判決ノ正本若シ官廳ニ對スル保證又ハ擔保トシテ供託シタルモノナルトキハ其ノ官廳又ハ裁判所ノ證明但シ官吏公吏ノ公務上取扱フモノナルトキハ其ノ事由ヲ表示シタル書面

第十一條　第二條ノ規程ニ依リ提出スヘキ書類其ノ他原由ヲ證明スルニ足ルヘキ書類ヲ提出スルコト

能ハサル正當ノ理由アル場合ニ於テハ其書面ニ代ヘテ金庫ノ承諾ヲ得タル二名以上ノ保證人ノ連署ヲ以テ其ノ供託物拂戻ノ爲メ政府ニ損害ヲ生シタルトキハ賠償ノ責ニ任スル旨記載シタル書面ヲ提出スルコトヲ得

第十二條　金庫ニ於テ第九條第十條ニ依レル拂渡請求ヲ受ケタルトキハ之ヲ調査シ請求ノ理由アルコトヲ確認シタル後供託物ヲ請求者ニ交付スヘシ但シ幾分ノ拂渡ヲ爲シタルトキハ供託受領證ニ式ノ如ク其ノ拂渡額ヲ記入シ請求者ニ返還スヘシ

第十三條　官廳又ハ裁判所ニ於テ分割拂渡ヲ要スルトキハ第六號書式ノ請求書ニ第四條及第八條第一項ノ受領證ヲ添ヘ金庫ニ送付シ同時ニ第七號書式ノ拂渡證書ヲ受取人ニ交付スヘシ

受取人ニ於テ前項ノ拂渡證書ヲ受ケタルトキハ式ノ如ク受領ヲ證シ供託物ノ拂渡ヲ請求スヘシ

第十四條　金庫ニ於テ前條ノ請求ヲ受ケタルトキハ拂渡證書ト引換ニ供託物ヲ受取人ニ交付スヘシ但シ其ノ拂渡カ幾分ニ係ルトキハ供託受領證ニ式ノ如ク拂渡額ヲ記入シ請求官廳又ハ裁判所ヘ返還スヘシ

第十五條　供託金ノ利息ハ其ノ元金ト同時ニ拂渡スヘキモノトス但シ元金ノ受取人ト利息受取人トヲ異ニスルトキハ元金拂渡ノ後利息ヲ拂渡スヘシ

營業ノ保證トシテ供託シタル現金ノ利息ハ毎年一月七月ノ二期ニ於テ前月迄ニ生シタル金額ヲ計算シ供託者又ハ之ヲ受取ルヘキ權利アル者ノ請求ニ依リ拂渡ヲ爲スヘシ

第十六條　前條第一項ニ依ル利息ノ拂渡ヲ受ケントスル者ハ第八號一書式ノ請求書又第二項ニ依ル利息ノ拂渡ヲ受ケントスルモノハ同號二書式ノ請求書ヲ金庫ヘ提出スヘシ

第十七條　金庫ニ於テ前條ノ請求書ヲ受ケタルトキハ利息金額ヲ計算シ式ノ如ク之ヲ記入シ中央金庫ニ在テハ日本銀行ノ支店代理店ヘ之ヲ回付スヘシ

日本銀行又ハ其ノ支店代理店ニ於テ前項ノ請求書ヲ受ケタルトキハ之ヲ調査シ利息受取人ヲシテ式ノ如ク受領ヲ證セシメ其ノ現金ヲ交付スヘシ

附　則

第十八條　此ノ規程施行後ニ爲シタル供託物ヲ受取ルヘキ者ヨリ反對給付ヲ受クルコトヲ要スル供託者ハ其ノ金錢證劵又ハ物件ノ數量等ヲ金庫ニ通知スルコトヲ要ス

第十九條　明治二十六年當省令第二十一號供託物取扱規程其ノ他此ノ規程ニ牴觸スルモノハ此ノ規程施行ノ日ヨリ之ヲ廢止ス（書式略）

大正七年三月二十日印刷
大正七年三月廿八日發行

不許複製

定價金貳圓貳拾錢

著作兼發行者　東京市牛込區新小川町三丁目四番地
稲葉敏

印刷者　東京市本所區表町四十六番地
片山又三郎
電話本所三六七〇番

發行所　東京市淺草區聖天町四十一番地
法政講究會
右代表者同所
神永桂四郎
電話下谷一三一三番
振替口座東京一一五八一番

會計法辯義　　日本立法資料全集　別巻 1223

平成31年4月20日　　復刻版第1刷発行

著　者　稲　葉　　敏

発行者　今　井　　貴
　　　　渡　辺　左　近

発行所　信　山　社　出　版
〒113-0033　東京都文京区本郷6-2-9-102
モンテベルデ第2東大正門前
電　話　03（3818）1019
ＦＡＸ　03（3818）0344
郵便振替　00140-2-367777（信山社販売）
Printed in Japan.

制作／（株）信山社，印刷・製本／松澤印刷・日進堂

ISBN 978-4-7972-7341-0 C3332

別巻　巻数順一覧【950～981巻】

数	書名	編・著者	ISBN	本体価格
50	実地応用町村制質疑録	野田藤吉郎、國吉拓郎	ISBN978-4-7972-6656-6	22,000円
51	市町村議員必携	川瀬周次、田中迪三	ISBN978-4-7972-6657-3	40,000円
52	増補 町村制執務備考 全	増澤鐵、飯島篤雄	ISBN978-4-7972-6658-0	46,000円
53	郡区町村編制法 府県会規則 地方税規則 三法綱論	小笠原美治	ISBN978-4-7972-6659-7	28,000円
54	郡区町村編制 府県会規則 地方税規則 新法例纂 追加地方諸要則	柳澤武運三	ISBN978-4-7972-6660-3	21,000円
55	地方革新講話	西内天行	ISBN978-4-7972-6921-5	40,000円
56	市町村名辞典	杉野耕三郎	ISBN978-4-7972-6922-2	38,000円
57	市町村吏員提要〔第三版〕	田邊好一	ISBN978-4-7972-6923-9	60,000円
58	帝国市町村便覧	大西林五郎	ISBN978-4-7972-6924-6	57,000円
59	最近検定 市町村名鑑 附 官国幣社 及 諸学校所在地一覧	藤澤衛彦、伊東順彦、増田穆、関惣右衛門	ISBN978-4-7972-6925-3	64,000円
60	鼇頭対照 市町村制解釈 附 理由書 及 参考諸布達	伊藤寿	ISBN978-4-7972-6926-0	40,000円
61	市町村制釈義 完　附 市町村制理由	水越成章	ISBN978-4-7972-6927-7	36,000円
62	府県郡市町村 模範治績　附 耕地整理法 産業組合法 附属法令	荻野千之助	ISBN978-4-7972-6928-4	74,000円
63	市町村大字読方名彙〔大正十四年度版〕	小川琢治	ISBN978-4-7972-6929-1	60,000円
64	町村会議員選挙要覧	津田東璋	ISBN978-4-7972-6930-7	34,000円
65	市制町村制 及 府県制　附 普通選挙法	法律研究会	ISBN978-4-7972-6931-4	30,000円
66	市制町村制註釈 完　附 市制町村制理由〔明治21年初版〕	角田真平、山田正賢	ISBN978-4-7972-6932-1	46,000円
67	市町村制詳解 全　附 市町村制理由	元田肇、加藤政之助、日鼻豊作	ISBN978-4-7972-6933-8	47,000円
68	区町村会議要覧 全	阪田辨之助	ISBN978-4-7972-6934-5	28,000円
69	実用 町村制市制事務提要	河郁貞山、島村文耕	ISBN978-4-7972-6935-2	46,000円
70	新旧対照 市制町村制正文〔第三版〕	自治館編輯局	ISBN978-4-7972-6936-9	28,000円
71	細密調査 市町村便覧(三府 四十三県 北海道 樺太 台湾 朝鮮 関東州)　附 分類官公衙公私学校銀行所在地一覧表	白山榮一郎、森田公美	ISBN978-4-7972-6937-6	88,000円
72	正文 市制町村制 並 附属法規	法曹閣	ISBN978-4-7972-6938-3	21,000円
73	台湾朝鮮関東州 全国市町村便覧 各学校所在地〔第一分冊〕	長谷川好太郎	ISBN978-4-7972-6939-0	58,000円
74	台湾朝鮮関東州 全国市町村便覧 各学校所在地〔第二分冊〕	長谷川好太郎	ISBN978-4-7972-6940-6	58,000円
75	合巻 佛蘭西邑法・和蘭邑法・皇国郡区町村編成法	箕作麟祥、大井憲太郎、神田孝平	ISBN978-4-7972-6941-3	28,000円
76	自治之模範	江木翼	ISBN978-4-7972-6942-0	60,000円
77	地方制度実例総覧〔明治36年初版〕	金田謙	ISBN978-4-7972-6943-7	48,000円
78	市町村民 自治読本	武藤榮治郎	ISBN978-4-7972-6944-4	22,000円
79	町村制詳解　附 市制及町村制理由	相澤富蔵	ISBN978-4-7972-6945-1	28,000円
80	改正 市町村制 並 附属法規	楠綾雄	ISBN978-4-7972-6946-8	28,000円
81	改正 市制 及 町村制〔訂正10版〕	山野金蔵	ISBN978-4-7972-6947-5	28,000円

別巻　巻数順一覧【915～949巻】

巻数	書　名	編・著者	ISBN	本体価格
915	改正 新旧対照市町村一覧	鍾美堂	ISBN978-4-7972-6621-4	78,000円
916	東京市会先例彙輯	後藤新平、桐島像一、八田五三	ISBN978-4-7972-6622-1	65,000円
917	改正 地方制度解説〔第六版〕	狭間茂	ISBN978-4-7972-6623-8	67,000円
918	改正 地方制度通義	荒川五郎	ISBN978-4-7972-6624-5	75,000円
919	町村制市制全書 完	中嶋廣蔵	ISBN978-4-7972-6625-2	80,000円
920	自治新制 市町村会法要談 全	田中重策	ISBN978-4-7972-6626-9	22,000円
921	郡市町村吏員 収税実務要書	荻野千之助	ISBN978-4-7972-6627-6	21,000円
922	町村至宝	桂虎次郎	ISBN978-4-7972-6628-3	36,000円
923	地方制度通 全	上山満之進	ISBN978-4-7972-6629-0	60,000円
924	帝国議会府県会郡会市町村会議員必携 附関係法規 第1分冊	太田峯三郎、林田亀太郎、小原新三	ISBN978-4-7972-6630-6	46,000円
925	帝国議会府県会郡会市町村会議員必携 附関係法規 第2分冊	太田峯三郎、林田亀太郎、小原新三	ISBN978-4-7972-6631-3	62,000円
926	市町村是	野田千太郎	ISBN978-4-7972-6632-0	21,000円
927	市町村執務要覧 全 第1分冊	大成館編輯局	ISBN978-4-7972-6633-7	60,000円
928	市町村執務要覧 全 第2分冊	大成館編輯局	ISBN978-4-7972-6634-4	58,000円
929	府県会規則大全　附 裁定録	朝倉達三、若林友之	ISBN978-4-7972-6635-1	28,000円
930	地方自治の手引	前田宇治郎	ISBN978-4-7972-6636-8	28,000円
931	改正 市制町村制と衆議院議員選挙法	服部喜太郎	ISBN978-4-7972-6637-5	28,000円
932	市町村国税事務取扱手続	広島財務研究会	ISBN978-4-7972-6638-2	34,000円
933	地方自治制要義 全	末松偕一郎	ISBN978-4-7972-6639-9	57,000円
934	市町村特別税之栞	三邊長治、水谷平吉	ISBN978-4-7972-6640-5	24,000円
935	英国地方制度 及 税法	良保両氏、水野遵	ISBN978-4-7972-6641-2	34,000円
936	英国地方制度 及 税法	髙橋達	ISBN978-4-7972-6642-9	20,000円
937	日本法典全書 第一編 府県制郡制註釈	上條慎蔵、坪谷善四郎	ISBN978-4-7972-6643-6	58,000円
938	判例挿入 自治法規全集 全	池田繁太郎	ISBN978-4-7972-6644-3	82,000円
939	比較研究 自治之精髄	水野錬太郎	ISBN978-4-7972-6645-0	22,000円
940	傍訓註釈 市制町村制 並ニ 理由書〔第三版〕	筒井時治	ISBN978-4-7972-6646-7	46,000円
941	以呂波引町村便覧	田山宗堯	ISBN978-4-7972-6647-4	37,000円
942	町村制執務要録 全	鷹巣清二郎	ISBN978-4-7972-6648-1	46,000円
943	地方自治 及 振興策	床次竹二郎	ISBN978-4-7972-6649-8	30,000円
944	地方自治講話	田中四郎左衛門	ISBN978-4-7972-6650-4	36,000円
945	地方施設改良 訓諭演説集〔第六版〕	鹽川玉江	ISBN978-4-7972-6651-1	40,000円
946	帝国地方自治団体発達史〔第三版〕	佐藤亀齢	ISBN978-4-7972-6652-8	48,000円
947	農村自治	小橋一太	ISBN978-4-7972-6653-5	34,000円
948	国税 地方税 市町村税 滞納処分法問答	竹尾高堅	ISBN978-4-7972-6654-2	28,000円
949	市町村役場実用 完	福井淳	ISBN978-4-7972-6655-9	40,000円

別巻　巻数順一覧【878 ～ 914 巻】

数	書　名	編・著者	ISBN	本体価格
8	明治史第六編 政黨史	博文館編輯局	ISBN978-4-7972-7180-5	42,000 円
9	日本政黨發達史 全〔第一分冊〕	上野熊藏	ISBN978-4-7972-7181-2	50,000 円
0	日本政黨發達史 全〔第二分冊〕	上野熊藏	ISBN978-4-7972-7182-9	50,000 円
1	政党論	梶原保人	ISBN978-4-7972-7184-3	30,000 円
2	獨逸新民法商法正文	古川五郎、山口弘一	ISBN978-4-7972-7185-0	90,000 円
3	日本民法鼇頭對比獨逸民法	荒波正隆	ISBN978-4-7972-7186-7	40,000 円
4	泰西立憲國政治攬要	荒井泰治	ISBN978-4-7972-7187-4	30,000 円
5	改正衆議院議員選擧法釋義 全	福岡伯、横田左仲	ISBN978-4-7972-7188-1	42,000 円
6	改正衆議院議員選擧法釋義 附 改正貴族院令,治安維持法	犀川長作、犀川久平	ISBN978-4-7972-7189-8	33,000 円
7	公民必携 選擧法規ト判決例	大浦兼武、平沼騏一郎、木下友三郎、清水澄、三浦數平	ISBN978-4-7972-7190-4	96,000 円
8	衆議院議員選擧法輯覽	司法省刑事局	ISBN978-4-7972-7191-1	53,000 円
9	行政司法選擧判例總覽―行政救濟と其手續―	澤田竹治郎・川崎秀男	ISBN978-4-7972-7192-8	72,000 円
0	日本親族相續法義解 全	髙橋捨六・堀田馬三	ISBN978-4-7972-7193-5	45,000 円
1	普通選擧文書集成	山中秀男・岩本溫良	ISBN978-4-7972-7194-2	85,000 円
2	普選の勝者 代議士月旦	大石末吉	ISBN978-4-7972-7195-9	60,000 円
3	刑法註釋 卷一～卷四(上卷)	村田保	ISBN978-4-7972-7196-6	58,000 円
4	刑法註釋 卷五～卷八(下卷)	村田保	ISBN978-4-7972-7197-3	50,000 円
5	治罪法註釋 卷一～卷四(上卷)	村田保	ISBN978-4-7972-7198-0	50,000 円
6	治罪法註釋 卷五～卷八(下卷)	村田保	ISBN978-4-7972-7198-0	50,000 円
7	議會選擧法	カール・ブラウニアス、國政研究科會	ISBN978-4-7972-7201-7	42,000 円
1	鼇頭註釈 町村制　附 理由 全	八乙女盛次、片野続	ISBN978-4-7972-6607-8	28,000 円
2	改正 市制町村制　附 改正要義	田山宗堯	ISBN978-4-7972-6608-5	28,000 円
3	増補訂正 町村制詳解〔第十五版〕	長峰安三郎、三浦通太、野田千太郎	ISBN978-4-7972-6609-2	52,000 円
4	市制町村制 並 理由書　附 直接間接税類別及実施手続	髙崎修助	ISBN978-4-7972-6610-8	20,000 円
5	町村制要義	河野正義	ISBN978-4-7972-6611-5	28,000 円
6	改正 市制町村制義解〔帝國地方行政学会〕	川村芳次	ISBN978-4-7972-6612-2	60,000 円
7	市制町村制 及 関係法令〔第三版〕	野田千太郎	ISBN978-4-7972-6613-9	35,000 円
8	市町村新旧対照一覧	中村芳松	ISBN978-4-7972-6614-6	38,000 円
9	改正 府県郡制問答講義	木内英雄	ISBN978-4-7972-6615-3	28,000 円
0	地方自治提要 全　附 諸届願書式 日用規則抄録	木村時義、吉武則久	ISBN978-4-7972-6616-0	56,000 円
1	訂正増補 市町村制問答詳解　附 理由及追輯	福井淳	ISBN978-4-7972-6617-7	70,000 円
2	改正 府県制郡制註釈〔第三版〕	福井淳	ISBN978-4-7972-6618-4	34,000 円
3	地方制度実例総覧〔第七版〕	自治館編輯局	ISBN978-4-7972-6619-1	78,000 円
4	英国地方政治論	ジョージ・チャールズ・ブロドリック、久米金彌	ISBN978-4-7972-6620-7	30,000 円